Os Alemães

Norbert Elias

Os Alemães

A luta pelo poder e a evolução do habitus nos séculos XIX e XX

Editado por
MICHAEL SCHRÖTER

Tradução:
ÁLVARO CABRAL

Revisão técnica:
ANDREA DAHER
Doutora em história pela
École des Hautes Études en Sciences Sociales
Professora do Depto. de História, IFCS/UFRJ

ZAHAR

Publicado originalmente sob o título
Studien über die Deutschen (Machtkämpfe und Habitusentwicklung im 19. und 20. Jahrhundert), em 1992,
por Suhrkamp Verlag, de Frankfurt, Alemanha

rua Marquês de S. Vicente 99 – 1º
22451-041 Rio de Janeiro, RJ
tel (21) 2529-4750/fax (21) 2529-4787
editora@zahar.com.br
www.zahar.com.br

Capa: Sérgio Campante

CIP-Brasil. Catalogação-na-fonte
Sindicato Nacional dos Editores de Livros, RJ.

E41a Elias, Norbert, 1897-1990
Os alemães: a luta pelo poder e a evolução do habitus nos séculos XIX e XX/Norbert Elias; editado por Michael Schröter; tradução, Álvaro Cabral; revisão técnica, Andrea Daher. — Rio de Janeiro: Zahar, 1997.

Tradução de: Studien über die deutschen
Inclui bibliografia e apêndice
ISBN 978-85-7110-410-5

1. Alemanha — Civilização. 2. Alemanha — Condições sociais. 3. Características nacionais alemãs. I. Schröter, Michael. II. Título.

CDD: 943
97-0794 CDU: 943

Sumário

Prefácio à edição inglesa

ERIC DUNNING E STEPHEN MENNELL

1

Os alemães é a obra mais importante de Norbert Elias desde a publicação de *O processo civilizador.* Sua tradução em inglês é, portanto, um evento sociológico de inegável significação. O último livro de Norbert Elias, publicado ainda durante sua vida e com sua aprovação pessoal, foi a edição alemã de *Studien über die Deutschen* (*Os alemães*). O livro trata de questões em que vinha pensando e escrevendo há décadas, mas sobre as quais havia publicado relativamente pouco. Constitui o produto final do que talvez seja uma das mais notáveis obras de pesquisa social não-quantitativa comparada ou transcultural realizadas nos últimos anos. Na época de sua morte, aos 93 anos de idade, em 1990, Elias era uma celebridade intelectual internacional, mas a fama chegara-lhe demasiado tarde numa longa vida. Sua reputação continuou crescendo após sua morte e é provavel que se amplie ainda mais com a publicação de *Studien über die Deutschen* em inglês. Ao mesmo tempo, este texto servirá para esclarecer certos pontos em relação aos quais sua obra continua sendo mal interpretada, especialmente no que diz respeito à teoria dos processos civilizadores, considerada por ele o eixo em torno do qual gira toda sua contribuição sociológica.

Studien über die Deutschen foi publicado em 1989, exatamente cinqüenta anos após *O processo civilizador*[1] e um ano antes da morte de Norbert Elias. Sua publicação deve muito ao empenho, energia e talento editorial de seu editor alemão, Michael Schröter. Não é um texto contínuo sobre o qual Elias tivesse trabalhado nos dois ou três anos que precederam sua publicação; trata-se, antes, de uma seleção de ensaios e conferências em que trabalhara, em alguns casos, ao longo dos últimos trinta anos. Por exemplo, o ensaio "O colapso da civilização" foi estimulado pelo julgamento de Adolf Eichmann em Jerusalém e ainda existe um extenso manuscrito que data dessa época, escrito no inglês característico de Elias, e contendo numerosas alterações do próprio punho do autor. Entretanto, o que está reproduzido na edição inglesa é a tradução do texto alemão, que é mais extensa e diferente em muitos aspectos em relação à versão inglesa original. Esta foi evidentemente trabalhada por Elias, talvez em conjunto com Schröter e/ou um dos assistentes de Elias.

Apesar das origens do livro estarem em distintos ensaios e conferências, com algumas inevitáveis superposições, a obra equivale a uma exposição quase contínua, do ponto de vista cronológico, do desenvolvimento social alemão, em especial desde o Iluminismo até o presente. Elias afirma que seria "uma bela tarefa escrever a 'biografia' de uma sociedade-Estado, por exemplo, a Alemanha" (ver p.165). Isso porque, sugere ele, "assim como no desenvolvimento de uma pessoa individual, as experiências de períodos anteriores de sua vida continuam tendo um efeito no presente, também as experiências passadas influem no desenvolvimento de uma nação." *Os alemães* corrobora amplamente essa proposição. Assim, através de um hábil entrelaçamento de provas empíricas e argumentos teóricos, Elias aponta os muitos caminhos em que aquelas características do habitus, da idiossincrasia, da personalidade, da estrutura social e do comportamento do alemão que se combinaram para produzir a ascensão de Hitler e os genocídios nazistas podem ser entendidas como resultantes do passado da Alemanha. Elias chama atenção particularmente para características da história alemã, como: a devastação causada no século XVII pela Guerra dos Trinta Anos; a tardia unificação da Alemanha, comparada com a de países como a Grã-Bretanha e a França, que foram unificados muito mais cedo e desfrutaram, em conseqüência, de um padrão muito menos descontínuo de história e desenvolvimento social; e o fato de que, no caso alemão, a unificação ocorreu através de uma série de guerras sob a liderança dos setores militaristas que governavam a Prússia, um processo no qual grandes parcelas das classes médias abandonaram os valores humanistas que tinham até então predominado em seus círculos sociais, e passaram a adotar os valores militaristas e autoritários dos prussianos hegemônicos. Elias descreve o Segundo Império da Alemanha — o unificado *Kaiserreich* de 1871-1918 — como uma *satisfaktionsfähige Gesellschaft*, uma expressão de que é impossível dar uma tradução direta, mas que significa uma sociedade gravitando em torno de um código de honra em que duelar, e exigir, e dar "satisfação" ocupavam um lugar de arrogante destaque. Segundo Elias, a unificação da Alemanha envolveu, pois, a "brutalização" de vastos setores das classes médias, um processo em que confrarias estudantis nas universidades desempenharam um papel crucial.[2]

Elias passa depois a analisar o enfraquecimento do controle do Estado na Alemanha depois da I Guerra Mundial e como, nesse contexto, surgiram as brigadas militares de voluntários dos Freikorps, desestabilizando a incipiente República de Weimar, e contribuindo para um movimento terrorista que se opunha ao palavrório do parlamento de Weimar e lutava pelo restabelecimento de um governo autoritário. (Ele também mostra como depois da II Guerra Mundial, grupos terroristas como o Baader-Meinhof nasceram de uma situação estruturalmente semelhante.) Entretanto, a tese de Elias não é que a ascensão de Hitler e os genocídios nazistas resultaram inevitavelmente de tais fontes estruturais mas, antes, que esses eventos internacionalmente estigmatizantes ocorreram em conseqüência de decisões tomadas num contexto de crise nacional por grupos dominantes que desfrutavam de amplo apoio popular, sobretudo da classe média, e que estavam agindo em função de aspectos que eram — e, em certa medida, ainda são — profundamente sedimentados do habitus, personalidade, idiossincrasia, estrutura social e comportamento alemão.

Por "habitus" — uma palavra que usou muito antes de sua popularização por Pierre Bourdieu[3] — Elias significa basicamente "segunda natureza" ou "saber social incorporado". O conceito não é, de forma alguma, essencialista; de fato, é usado em grande parte para superar os problemas da antiga noção de "caráter nacional" como algo fixo e estático. Assim, Elias afirma que "os destinos de uma nação ao longo dos séculos vêm a ficar sedimentados no habitus de seus membros individuais" (p.30), e daí decorre que o habitus muda com o tempo precisamente porque as fortunas e experiências de uma nação (ou de seus agrupamentos constituintes) continuam mudando e acumulando-se.[4] O conceito de habitus implica um equilíbrio entre continuidade e mudança, e em parte alguma isso está mais claramente demonstrado do que no ensaio de Elias sobre "Mudanças nos padrões europeus de comportamento no século XX" (Parte 1A). Essa é a ponderada resposta de Elias ao extenso debate, principalmente entre sociólogos holandeses, sobre se e de que maneira o surto informalizante das décadas de 1960 e 1970 (incluindo a ascensão da chamada "sociedade permissiva") representa uma inversão da principal tendência do processo civilizador europeu, conforme descrito por Elias, e de que formas é uma continuação dele.[5]

O fato de Elias ter sido capaz de escrever com tanta perspicácia uma "biografia" dos alemães dependeu claramente, em grande medida, de sua própria biografia. Desta depende também o fato de *Os alemães* estar repleto de comparações de padrões alemães de habitus e de desenvolvimento social com os padrões de outros países europeus, em particular da Grã-Bretanha, França e Holanda. O livro apóia-se nos tipos de conhecimento íntimo e detalhado, e de sensibilidade, em relação a esses países, que só pode provir de se ter vivido e trabalhado neles, e de se ter aprendido a falar, a ler e a escrever em suas línguas. (O holandês foi a única dessas línguas que Elias nunca aprendeu.) Filho de judeus alemães, Elias nasceu em Breslau em 1897 (hoje Wroclaw, na Polônia), fugiu para a França em 1933 e viajou para a Grã-Bretanha em 1935. Uma razão por que Elias esperou cerca de dezessete anos após o fim da II Guerra Mundial para começar a escrever a respeito dos genocídios e do colapso da civilização alemã sob o regime nazista pode ser sua luta para conviver com o fato de sua mãe ter sido assassinada nas câmaras de gás de Auschwitz — ao passo que ele escapara para a Grã-Bretanha. Naturalizou-se cidadão britânico e, à exceção dos dois anos passados em Gana (1961-63), lecionou sociologia, em especial na Universidade de Leicester. Em 1978, retornou definitivamente ao continente europeu, ensinando e escrevendo na Alemanha e na Holanda; aposentou-se enfim do ensino para viver e escrever em Amsterdã, onde veio a falecer em 1º de agosto de 1990.

Em parte, *Os alemães* pode ser considerado uma ampliação da comparação entre o desenvolvimento da Grã-Bretanha, França e Alemanha que transcorre ao longo de *O processo civilizador*, sobretudo na "Digressão sobre algumas diferenças nas trajetórias de desenvolvimento da Inglaterra, França e Germânia".[6] A sua tese central é de que a facilidade e rapidez com que Estados centralizados emergiram na Europa Ocidental dependeu, *ceteris paribus*, do tamanho das formações sociais envolvidas e, assim, da extensão das divergências geográficas e sociais existentes.[7] Ele mostra como o colossal Império "Romano Germânico" (ou "Sacro Império") — o I Reich — foi desmoronando e fragmentando-se em suas fronteiras durante séculos, sobretudo a oeste e ao sul, um processo que só foi parcialmente compensado pela colonização e pela expansão a leste. Essa tendência, argumenta ele, prosseguiu com a redução das dimensões do território da Alemanha depois de 1866, quando a guerra entre a Prússia e a Áustria levou à exclusão desta última da Confederação Alemã e à solução da pequena Alemanha (*kleindeutsche Lösung*) para o problema da unificação nacional dos povos de língua alemã. Houve ainda outra redução, depois de 1918, em conseqüência das perdas territoriais sofridas pela Alemanha na I Guerra Mundial. Tendência que se confirmou, como demonstra Elias neste *Os alemães*, em decorrência da derrota da Alemanha na II Guerra Mundial. Quer dizer, ocorreu nova divisão, desta vez entre a República Federal (ocidental) e a República Democrática (oriental).

Os ensaios deste livro foram escritos antes do colapso dos Estados comunistas da Europa Oriental e, não muito antes de morrer, Elias explicou que um dos seus intuitos ao escrever *Studien über die Deutschen* tinha sido o de tentar reconciliar o povo alemão com a probabilidade de que a divisão entre Leste e Oeste se revelasse permanente. Ironicamente, viveu o bastante para ver o fim da Guerra Fria e a reunificação alemã. Como a grande maioria das pessoas, não se apercebeu da fraqueza da ex-União Soviética e de seu desmoronamento final. Elias não só reconheceu essa sua falha como, na verdade, riu-se dela. Um dos pontos centrais de sua sociologia é que, de um modo mais geral, embora "toda a explicação possibilite predições de uma ou outra espécie", isso não implica, em absoluto, que seja possível "profetizar" eventos futuros na base de modelos sociológicos.[8] Se Elias tivesse aplicado o seu modelo em detalhe à ex-União Soviética, talvez fosse possível diagnosticar a fraqueza estrutural do "império" soviético, se não o momento de sua extinção.[9] Sem dúvida, Elias logrou realizar tal diagnóstico a respeito do ex-Império Britânico em 1939.[10]

Os alemães também deve ser visto como parte de uma série de livros e artigos escritos por Elias como resultado de *O processo civilizador* e comparando as trajetórias de formação de Estado e civilização da Grã-Bretanha, França e Alemanha. A trajetória francesa é examinada no segundo volume de *O processo civilizador* e em *A sociedade de corte*;[11] a trajetória alemã é examinada em *Os alemães* e em *Mozart: retrato de um gênio*;[12] e a trajetória britânica é examinada em *Quest for Excitement*, especialmente na "Introdução" de Elias e em seu "Ensaio sobre esporte e violência".[13] A trajetória britânica é ainda tratada em seus "Studies in the genesis of the naval profession".[14] Em seu conjunto, esses estudos constituem amplo leque de comparações transnacionais em termos de desenvolvimento.

2

Estamos escrevendo este prefácio em 1995, ano em que se comemora o 50º aniversário do fim da II Guerra Mundial, e em que a mídia tem focalizado regularmente o genocídio nazista. O assassinato de cerca de seis milhões de judeus, ciganos, eslavos e outros também vem ganhando novamente destaque como tema de debate acadêmico. *Os alemães* traz uma contribuição para duas discussões afins: a questão das causas de genocídios e a questão da validade da teoria de Elias dos processos civilizadores.

De todos os eventos que ocorreram até agora no século XX, o genocídio nazista foi aquele que infligiu o maior choque à imagem que a população européia tinha de si mesma, tão fortemente impregnada pela idéia de "civilização". Mas o que quer que possa ter sido, e por mais que envolvesse o uso de técnicas "civilizadas" como formas burocráticas "racionais" de administração, os genocídios dificilmente podem ser descritos, por maior que seja o esforço de imaginação, como algo "civilizado". De fato, eram extremamente "incivilizados" e ocorriam no contexto do que Elias descreveu como um "colapso de civilização" (ver especialmente a Parte IV). É claro, como Elias sustentou e mais recentemente foi sublinhado por Edward Said, entre outros,[15] que a idéia que os povos europeus têm de si mesmos como "civilizados" e "superiores" sempre supôs a existência de outros povos a quem estigmatizaram como "incivilizados" e "inferiores". Entretanto, a constatação de que povos europeus podiam agir de maneira tão "incivilizada" contra seus próprios concidadãos, como os alemães tinham agido no "Holocausto", foi recebida como um choque, e os genocídios nazistas subsistiram como a imagem central da maldade para a maioria das pessoas no Ocidente. O "Holocausto" permaneceu certamente como a imagem central do Mal para a maioria dos cientistas sociais, pelo menos desde o julgamento de Adolf Eichmann em 1961, e provavelmente desde os julgamentos de Nuremberg.

Por volta dos 20 a 30 anos após a II Guerra Mundial, a grande maioria das discussões por historiadores, psicólogos, sociólogos e outros cientistas sociais, direta ou indiretamente pertinentes em relação aos genocídios nazistas, concentraram-se na Alemanha — em sua sociedade, sua história e na psicologia de seu povo. Houve estudos sociológicos sobre as fontes de apoio eleitoral aos nazistas[16] e análises históricas de atitudes prussianas e sua amplitude.[17] Em seu livro *Society and Democracy in Germany*, Ralf Dahrendorf procurou persuasivamente mostrar os nazistas como agentes inconscientes de um processo de modernização que eles realizaram destruindo antigas elites e estruturas institucionais.[18] Mesmo obras em que foram propostas teses mais ostensivamente genéricas, como *As origens do totalitarismo*,[19] de Arendt, e *A personalidade autoritária*,[20] de Adorno e outros, foram, no fundo, germanocêntricas em seu enfoque.

Entretanto, dos anos 60 em diante, um número cada vez maior de pessoas começou a se conscientizar de que o genocídio é um problema permanente no mundo moderno.[21] Primeiro, a atenção concentrou-se em Stalin, que matou mais gente do que Hitler e durante um período mais longo. Depois, seguiu-se toda uma série de episódios estarrecedores — Uganda, Camboja, Ruanda, Bósnia, para citar apenas alguns — que parecem fadados a continuar e que adicionaram ao vocabulário do século XX expressões tais como "limpeza étnica". Não obstante, qualquer comparação que parecesse atenuar a monstruosidade e negar a natureza ímpar das atrocidades nazistas permaneceu sumamente controvertida, inclusive na própria Alemanha. Em 1986, o historiador Ernst Nolte desencadeou um acalorado debate entre historiadores alemães. Argumentou ele que a Solução Final não poderia ser entendida sem relacioná-la com o terror soviético, que servira de precedente para o nazista. Em certo sentido, o "Holocausto" baseara-se no modelo de um modo asiático de matar. A tese de Nolte foi vigorosamente rechaçada por outros acadêmicos alemães, inclusive Jürgen Habermas. Eles apontaram diferenças, tanto de escala quanto de espécie, entre os morticínios de Hitler e de Stalin; em particular, assinalaram a "intencionalidade planejada e as aspirações em escala européia do genocídio" e o fato de que

> o regime cercava pessoas em Westerbork, Salônica, Varsóvia, recolhia-as de todas as partes e levava-as para locais onde seriam mortas. Em muitos casos, nem mesmo eram usadas como mão-de-obra. As vítimas eram selecionadas em virtude de sua identidade de grupo. O comportamento era irrelevante.[22]

Acima de tudo, porém, aqueles que se opuseram à interpretação de Nolte objetaram que, se isso não desculpava o genocídio, então pelo menos tornava os genocídios nazistas menos excepcionais; o efeito da tese de Nolte foi, num certo sentido, incluir a Solução Final na mesma categoria de outras "soluções" equivalentes e restabelecer uma continuidade na vida social e política alemã "normal", antes e depois da aberração nazista.[23]

Alguns sociólogos, entretanto, foram menos hesitantes em colocar o "Holocausto" numa categoria mais ampla de genocídio moderno. A teorização recente inclinou-se para a deprimente noção de que o genocídio é endêmico nas sociedades do mundo moderno, de que é uma característica distintiva da "modernidade". Talvez a mais proeminente e extrema expressão desse ponto de vista seja fornecida por Zygmunt Bauman em seu livro *Modernity and the Holocaust*.[24] A essência do argumento de Bauman é que as sociedades "modernas", "racionais", produzem condições à sombra das quais os efeitos de ações individuais são removidos para além dos limites da moralidade. O livro de Bauman aproxima-se do pólo oposto àqueles que ainda desejam concentrar-se no excepcionalismo alemão: ele minimiza o que pode ser chamado de peculiaridade dos alemães. Elias, em *Os alemães*, adota uma posição intermediária entre esses dois pólos. Por um lado, trabalha com idéias de aplicação geral, como o seu reconhecimento do domínio de classes guerreiras e valores bélicos em sociedades agrárias,[25] a ligação que descreve entre a industrialização e a ascensão do nacionalismo, sua observação de que o que qualifica de gente "semi-educada" imprimiu seu cunho em todas as sociedades "modernas" e seu interesse pelos processos e conseqüências do "carisma de grupo" e da "desonra de grupo". (Vergonha e emoções afins são centrais em *Os alemães* como o foram em *O processo civilizador*, T.J. Scheff, em parte sob a influência de Elias, elaborou ainda mais o papel das "espirais de vergonha e furor" no nacionalismo.)[26] Por outro lado, ele também sublinha a particular conjunção de circunstâncias que se deu na história alemã para gerar, por exemplo, um ressurgimento de valores guerreiros quando uma teoria mais unilinear poderia ter levado à expectativa de seu declínio. Elias também atribuiu a essa conjuntura o desejo concomitante de um retorno ao governo do "homem forte"; o desprezo generalizado pela democracia parlamentar; a ascensão à dominação política do grupo "semi-educado"; e, basicamente, como o povo alemão profundamente perturbado da década de 1930 se deixou escravizar por Hitler, misto de curandeiro e feiticeiro político, com sua promessa quiliasta de realizar o velho sonho alemão de um Reich europeu em que os alemães gozariam — sem qualquer esforço de sua parte — do prestígio adicional de pertencer à chamada "raça ariana de senhores".

O livro de Bauman é também, entre outras coisas, uma sistemática polêmica contra a teoria de Elias, embora seja fácil não perceber o quanto um Elias mal compreendido é central para o argumento de Bauman, já que é diretamente citado pouquíssimas vezes.[27] Não é este o lugar adequado para examinar os argumentos de Bauman em detalhe, mas talvez não seja de todo impróprio comentar que, *pace* Bauman, *O processo civilizador* não é uma "celebração" da noção cotidiana e tida como certa de "civilização". Começa[28] por considerar as diversas conotações adquiridas pela palavra "civilizado" e chega à conclusão de que elas só podem ser entendidas através do estudo das *funções* do termo, o qual tinha passado a expressar a imagem que o Ocidente nutre de si mesmo. Expressava o sentimento de superioridade, primeiro dos membros das classes superiores sobre as ordens inferiores nas sociedades ocidentais, e depois das nações ocidentais como um todo em relação aos povos em outras partes do mundo a quem tinham conquistado, colonizado ou de alguma forma passado a dominar. Suas próprias atitudes, sentimentos e modos de conduta pareciam ser-lhes inerentes e "naturais" — uma segunda natureza. No século XIX, os modos como as pessoas no Ocidente usavam a *palavra* civilização — exceto na Alemanha, onde "civilização" foi rejeitado a favor do termo mais particularista "cultura" — mostraram que elas já tinham em grande parte esquecido seu próprio *processo* de civilização: para elas, esse processo já fora completado e constituíra-se numa realidade incontestável, até mesmo "algo" que tinha sido "naturalmente" (isto é, genética ou "racialmente") herdado. No resto do livro, Elias procura recuperar a estrutura desse processo semi-esquecido. Em *O processo civilizador*, assim como muito mais tarde em *Os alemães*, Elias estabelece uma ligação entre a formação do Estado e outros processos de desenvolvimento no nível "macro", e mudanças no habitus dos indivíduos no nível "micro". Em síntese, sua principal proposição diz que:

> se numa determinada região cresce o poder da autoridade central, se numa área maior ou menor as pessoas são forçadas a viver em paz umas com as outras, a formação de afetos e o padrão do impulso da economia doméstica (*Triebhaushalt*) também são gradualmente mudados.[29]

Mas *O processo civilizador* foi escrito contra o pano de fundo do III Reich no país natal de Elias, e sob a ameaça iminente de uma outra guerra mundial. Longe de celebrar a realização permanente de um estado final de "civilização", essa primeira obra está impregnada de um sombrio pressentimento. Elias advertia que:

> A armadura de conduta civilizada seria rapidamente desfeita se, através de uma mudança na sociedade, o grau de insegurança que existiu outrora nos acometesse de novo, e o perigo se tornasse tão incalculável quanto foi antes. Medos correspondentes não tardariam em derrubar os limites que hoje lhes são impostos.[30]

Numa obra ulterior, ele escreveu que "os nossos descendentes, se a humanidade conseguir sobreviver à violência de nossa época, poderiam muito bem considerar-nos bárbaros tardios".[31] A publicação desta tradução de *Os alemães* ajudará inevitavelmente a corrigir a percepção errônea da teoria dos processos civilizadores como uma teoria "otimista", "unilinear" e de "progresso" da história humana, e a promover um reconhecimento mais amplo do lugar dos processos *des* civilizadores dentro da teoria geral. Elias reconheceu claramente que processos civilizadores e descivilizadores podem ocorrer simultaneamente em determinadas sociedades, e não apenas nas mesmas ou em diferentes sociedades em diferentes pontos do tempo.

Introdução*

1

Dissimulada em segundo plano nos estudos aqui publicados está uma testemunha ocular que presenciou, por cerca de noventa anos, os acontecimentos relatados à medida que se desenrolavam. O quadro de eventos elaborado por alguém que é pessoalmente afetado por eles difere usualmente, de modo característico, daquele que se forma quando observados com a imparcialidade e o distanciamento de um pesquisador. É como uma máquina fotográfica, que pode ser focalizada em função de diferentes distâncias — *close up*, plano médio e grande distância. Algo semelhante ocorre com o ponto de vista de um pesquisador que também vivenciou os eventos que está estudando.

Muitas das considerações que se seguem tiveram origem na tentativa de tornar compreensível, para mim mesmo e para aqueles que estiverem preparados para ouvir, a maneira como ocorreu a ascensão do nacional-socialismo e, por conseqüência, também a guerra, os campos de concentração e o desmembramento da Alemanha *ante bellum* em dois Estados. O seu núcleo consiste numa tentativa de destrinçar desenvolvimentos no habitus nacional alemão que possibilitaram o violento surto descivilizador da época de Hitler, e apurar as conexões entre eles e o processo a longo prazo de formação do Estado na Alemanha. Dedicar-se a um problema como esse envolve certas dificuldades.

É mais fácil, em princípio, reconhecer os elementos compartilhados do habitus nacional no caso de outros povos do que no daquele a que se pertence. Ao tratar com italianos ou britânicos, é freqüente os alemães darem-se conta rapidamente de que aquilo que à primeira vista pareciam ser diferenças de caráter pessoal, envolve, na realidade, diferenças no caráter nacional. "Isso foi tipicamente italiano" ou "tipicamente britânico", dirão eles. A situação é diferente no caso da nação a que uma pessoa pertence. Adquirir consciência das peculiaridades do habitus da nossa própria nação requer um esforço específico de autodistanciamento.

---

* Esta introdução, assim como o livro em seu todo, deve muito à colaboração de Michael Schröter.

Além disso, no caso dos alemães ocidentais, qualquer consideração do habitus nacional invade uma zona tabu. A hipersensibilidade em relação a qualquer coisa que recorde a doutrina nacional-socialista resulta do problema de um "caráter nacional" ser em grande parte envolto num manto de silêncio. Mas talvez exatamente por causa disso, seja aconselhável transferir esse tópico e outros afins para a esfera da discussão serena, no âmbito das ciências sociais. Torna-se tão logo evidente que o habitus nacional de um povo não é biologicamente fixado de uma vez por todas; antes, está intimamente vinculado ao processo particular de formação do Estado a que foi submetido. À semelhança das tribos e dos Estados, um habitus nacional desenvolve-se e muda ao longo do tempo. Também existem, sem dúvida, diferenças biológicas, herdadas, entre os povos da Terra. Mas até mesmo povos de composição racial semelhante ou idêntica podem ser muito diferentes em seus respectivos habitus nacionais ou mentalidades — ou seja, no modo como se relacionam mutuamente. Pode-se encontrar pessoas na Holanda ou na Dinamarca que teriam grandes probabilidades de ser consideradas prototipicamente alemãs na era Goebbels; mas o habitus nacional dos holandeses e dos dinamarqueses tem um cunho acentuadamente diferente do dos alemães.

2

Se alguém me perguntasse que peculiaridades do processo de formação do Estado alemão me parecem ser de particular significação para entender o habitus alemão e, por extensão, para entender a mudança no habitus durante o período hitlerista, destacaria, neste caso, quatro do nó de processos parciais entrelaçados.[1]

O *primeiro* diz respeito à localização e às mudanças estruturais no povo que falou línguas germânicas e mais tarde alemão, em relação às sociedades vizinhas que falam outras línguas. As tribos de fala germânica, que se instalaram nas terras baixas a oeste do Elba e numa vasta área entre o Elba e os Alpes ao longo dos séculos de migração dos povos (*Völkerwanderung*), encontraram-se encravados entre tribos cuja língua era derivada do latim e tribos orientais falando línguas eslavas. Esses três grupos de povos lutaram por mais de mil anos em defesa das fronteiras de suas respectivas áreas de povoamento. As fronteiras eram ora empurradas a favor dos grupos ocidentais e orientais, ora a favor do bloco intermédio, germano ou de língua germânica. A transformação de partes do reino franco-germânico no Estado que hoje conhecemos como a França é apenas um bom exemplo da luta entre grupos latinizados e germânicos tanto quanto o foi a galicização da Alsácia-Lorena, centenas de anos mais tarde, ou os contínuos conflitos entre valões e flamengos na Bélgica de hoje. De modo análogo, a penetração de grupos de povos de língua germânica através do Elba na direção do leste mostra que a tensão entre grupos de origem germânica e de origem eslava permanece ativa. Ela expressou-se mais uma vez, talvez a última, no novo traçado mais a oeste da fronteira entre a Alemanha e os dois Estados eslavos da Rússia e da Polônia, como conseqüência da II Guerra Mundial.

O processo de formação do Estado entre os alemães foi profundamente influenciado pela sua posição como bloco intermédio na configuração desses três blocos de povos. Os grupos latinizado e eslavo sentiram-se reiteradamente ameaçados pelo populoso grupo germânico. E com igual freqüência, os representantes do nascente Estado alemão sentiram-se ameaçados de vários lados ao mesmo tempo. Cada grupo explorou implacavelmente a mínima oportunidade de expansão que lhe foi oferecida. As forças no interior dessa configuração de Estados levaram a uma constante separação do centro daquelas áreas situadas na periferia, regiões que abandonaram o grupo de Estados germânicos e se estabeleceram como Estados independentes. O desenvolvimento da Suíça e da Holanda está entre os mais antigos exemplos; a criação da República Democrática Alemã é o mais recente. Este último testemunha o temor permanente dos Estados circunvizinhos da posição hegemônica ocupada por um Estado alemão — um temor que encontrara novo estímulo na guerra de Hitler.

3

O *segundo* aspecto do processo de formação do Estado alemão que deixou sua marca peculiar no habitus alemão está intimamente relacionado com o primeiro. Até hoje, no desenvolvimento da Europa e, a bem dizer, da humanidade, um papel central tem sido desempenhado pelas lutas de eliminação entre grupos, estejam eles integrados ao nível de tribos ou ao de Estados. É possível que, para a espécie humana, as lutas de eliminação na forma de guerras estejam hoje chegando ao fim, mas não se pode ter certeza disso ainda. Com muita freqüência, unidades sociais estatais ou tribais foram derrotadas nesses confrontos violentos e tiveram daí por diante de viver com a certeza de que nunca mais voltarão a ser Estados ou tribos de suprema categoria; provavelmente serão para sempre unidades sociais de categoria inferior. Vivem à sombra de seu grandioso passado.

Pode ser tentador dizer: "E daí? Quem se importa se o Estado a que se pertence é um centro de poder de primeira, de segunda ou de terceira ordem?" Não estou falando aqui sobre desejos e ideais. Até agora, no curso da história humana, é um fato comprovado que os membros de Estados e outras unidades sociais que perderam suas pretensões a uma posição de superioridade em conseqüência de lutas de eliminação passadas necessitam de muito tempo, até mesmo de séculos, para render-se à realidade dessa nova situação e ao conseqüente declínio de seu amor-próprio. E talvez nunca o consigam. No passado recente, a Grã-Bretanha é um exemplo impressionante das dificuldades que uma grande potência de primeira ordem tem tido para ajustar-se ao seu rebaixamento a potência de segunda ou terceira classe.

Uma reação freqüente, nesse caso, é negar a realidade do próprio declínio. As pessoas comportam-se como se nada tivesse acontecido. Depois, quando não podem continuar escondendo mais de si mesmas que sua sociedade perdeu toda e qualquer possibilidade de ocupar uma posição nas categorias mais elevadas da hierarquia, seja de tribos ou de Estados, e assim perdeu, ao mesmo tempo, uma parcela de sua independência, então o habitus dos membros dessa sociedade mostra usualmente sinais de depressão. Começa uma fase de pesar e lamentação pela grandeza perdida. Veja-se a Holanda ou a Suécia. No século XVII, a Holanda ainda podia desafiar a Grã-Bretanha como potência naval. Até o século XVIII, a Suécia esteve envolvida em lutas de eliminação com a Rússia — e perdeu. Atualmente, a Europa como um todo está perdendo o monopólio da liderança do mundo proclamada por seus Estados-membros desde o século XVII. Resta observar como os europeus pretendem superar essa situação.

Para os alemães, uma existência à sombra de um passado mais grandioso nada tem de novidade. O império alemão medieval e, em particular, alguns dos mais notáveis imperadores medievais serviram por muito tempo como símbolos de uma Grande Alemanha que se perdera — e, por isso mesmo, também como símbolos de uma secreta aspiração à supremacia na Europa. Entretanto, foi a fase medieval do processo de formação do Estado alemão, em particular, que contribuiu significativamente para o fato de que na Alemanha esse processo não acompanhou o ritmo dos processos de formação do Estado em outras sociedades européias.

No caso de países como a França, Inglaterra, Suécia e até a Rússia, a sociedade medieval de Estados feudais passou por um contínuo processo de transformação em Estados do tipo mais compactamente integrado de monarquia absoluta, que era usualmente mais forte nas lutas de poder. Na Alemanha, o equilíbrio de forças afastou-se gradualmente do nível de integração representado pelo imperador e inclinou-se a favor do de príncipes regionais. Em contraste com crescente centralização do poder em outros países europeus, o império germânico (ou Sacro Império Romano) sofreu a decadência do poder central. O caso dos Habsburgo mostra com muita clareza de que forma o seu poder como imperadores passou a depender cada vez mais dos recursos que sua própria base de poder alodial ou familiar colocava à disposição deles. No transcorrer dos séculos, o Estado imperial medieval foi perdendo cada vez mais sua função. Já no século XVIII as lutas de eliminação eram deflagradas no interior de suas fronteiras entre os reis da Prússia e os governantes Habsburgo da Áustria. A Prússia, sob a liderança de Bismarck, reiniciou-as no século XIX. Muito claramente, as lutas eram em torno da hegemonia dentro das fronteiras do antigo império alemão. Quando a Prússia venceu a guerra de 1866, os governantes austríacos dissolveram seus vínculos com a Confederação Germânica, descartaram a inútil concha do velho Sacro Império e passaram a identificar-se daí em diante como imperadores da Áustria.

Em suas etapas iniciais, o Sacro Império Romano da Nação Germânica legitimou-se como uma espécie de reencarnação do Império Romano ocidental. Durante essas primeiras fases de formação do Estado, os governantes germânicos, fossem eles francos, saxões ou Hohenstaufen, gozaram de uma posição de preeminência nos domínios da Igreja de Roma, os quais abrangiam mais ou menos o que hoje em dia é conhecido como "Europa". Era uma expressão dessa posição o fato de serem os primeiros a travar a batalha pelo poder entre guerreiros e sacerdotes — uma batalha entre aqueles que tinham monopolizado o acesso à violência física como instrumento de poder, e aqueles que controlavam o acesso ao invisível mundo espiritual e aos meios de poder que lhe estavam vinculados. É muito possível que já por então o temor dos Estados europeus não-germânicos começasse tendo seus efeitos. As peculiaridades da formação do Estado alemão são devidas, não em pequena medida, à prática dos Estados não-germânicos de sair para o ataque sempre que o império mostrava algum sinal de fraqueza; esses ataques assumiam usualmente a forma de uma contra-ofensiva em resposta às pretensões imperiais de hegemonia.

Numa época em que muitos Estados vizinhos estavam sendo convertidos em monarquias efetivamente centralizadas e internamente pacificadas, a vaga integração do Sacro Império provou ser a mais importante fraqueza de sua estrutura e um convite às invasões. Depois dos choques internos entre os príncipes regionais protestantes reinantes e a casa imperial católica, e as desgastantes guerras religiosas do século XVI, a Alemanha seiscentista tornou-se importante arena de guerra onde os líderes e os exércitos de outros países católicos e protestantes travavam suas batalhas pela supremacia. E os exércitos de magnatas regionais também se guerreavam uns aos outros em território alemão. Todos eles precisavam de alojamentos e alimentos provenientes dos campos. A insegurança cresceu. Bandos vagavam pela terra, pilhando, queimando e matando. Uma elevada proporção do povo alemão empobreceu. Especialistas calculam que durante a Guerra dos Trinta Anos a Alemanha perdeu um terço de sua população.

No contexto do desenvolvimento alemão, esses trinta anos de guerra representam uma catástrofe. Deixaram marcas permanentes no habitus alemão. Na memória dos franceses, ingleses e holandeses, o século XVII é descrito como um dos mais brilhantes em relação ao desenvolvimento destes povos, um período de grande criatividade cultural e de crescente pacificação e civilização. Para a Alemanha, entretanto, esse século foi um período de empobrecimento, inclusive de empobrecimento cultural, e de crescente brutalidade entre as pessoas. O peculiar costume de beber dos alemães, que sobreviveu como regra e ritual estudantil nos séculos XIX e XX, teve precursores no século XVII (e provavelmente ainda mais cedo), sendo então observado nas cortes principescas, grandes e pequenas. Permitia que os indivíduos se embriagassem e se intoxicassem em boa companhia. Ao mesmo tempo, ensinava um indivíduo a controlar-se mesmo quando excessivamente bêbado, protegendo assim o próprio bebedor e seus companheiros dos perigos implícitos na perda de todas as inibições.

Os costumes sociais que incentivam o uso excessivo de bebida e, ao mesmo tempo, habituam o bebedor a uma certa dose de disciplina na embriaguez indicam um elevado grau de infelicidade: segundo parece, um transe social doloroso mas inevitável torna-se desse modo mais suportável. É freqüentemente sublinhado que a formação atrasada de um Estado moderno unitário constitui uma das características básicas do desenvolvimento alemão. Talvez seja menos claro que a fraqueza relativa de seu próprio Estado, comparado com outros Estados, acarrete crises específicas para as pessoas envolvidas. Sofrem em decorrência de perigos físicos, começam duvidando de seu próprio valor e de seus méritos intrínsecos, sentem-se humilhadas e degradadas, e são propensas à racionalização de desejos sobre a vingança que gostariam de infligir aos responsáveis por essa situação.

No final do século XVII, foram as tropas de Luís XIV que travaram batalhas pela supremacia contra as tropas imperiais em solo alemão. A destruição pelo fogo do castelo de Heidelberg durante essa luta ainda é lembrada. No século XIX, os exércitos revolucionários de Napoleão invadiram a Alemanha em sua tentativa de unificar a Europa sob a soberania francesa. Uma vez mais, era demonstrada a fraqueza da Alemanha em comparação com os Estados vizinhos mais eficazmente centralizados. A rainha da Prússia, que fugiu à aproximação do exército francês, tornou-se por algum tempo um símbolo da humilhação alemã. Estudantes alemães formaram Freikorps, ou brigadas de voluntários, que hostilizavam as tropas de ocupação napoleônicas. Um deles, Theodor Körner, exaltou "A espada a meu lado" num famoso poema, isso numa época em que os mais representativos poetas da França, Grã-Bretanha, Holanda e outros Estados mais consolidados raramente abordavam temas militares.

A fragilidade estrutural do Estado alemão, a qual tentava constantemente as tropas estrangeiras de países vizinhos a invadir seu território, produziu uma reação entre os alemães que levou a conduta militar e as ações bélicas a serem altamente respeitadas e, com freqüência, idealizadas. É extremamente típico que um Estado regional alemão relativamente jovem, cuja casa reinante chegara ao poder através de uma série de guerras arriscadas mas, no final, bem-sucedidas, se tornasse o porta-estandarte da reorganização militar da Alemanha que colocaria o país em pé de igualdade com o resto da Europa. A dinâmica das lutas de eliminação interestatais impeliu a casa reinante de Brandenburgo-Prússia, quando se tornou a casa reinante da Alemanha, para o centro da renhida luta pela supremacia na Europa. Alguns anos depois de ter alcançado a vitória nas lutas intestinas alemãs, levou a França, sua mais forte rival no mais alto nível seguinte à integração, à batalha e venceu-a. A vitória na guerra de 1870-71 poderia ter significado o fim da investida de recuperação alemã. Mas a Alemanha ainda era, em essência, uma monarquia absoluta. A etapa de desenvolvimento do Estado significou que rivalidades dinásticas continuaram sendo fatores decisivos nas relações entre as grandes potências. Assim, os políticos, escolhidos pelo Kaiser, tomaram inesperadamente o rumo de uma nova guerra, sem se perguntarem, segundo parece, se a Alemanha teria qualquer chance de vencer, caso a América também decidisse entrar ao lado dos Aliados ocidentais.

Para muitos alemães, a derrota de 1918 foi uma experiência inesperada e altamente traumática. Atingiu um ponto sensível no habitus nacional e foi sentida como um regresso ao tempo da fraqueza alemã, dos exércitos estrangeiros no país, de uma vida na sombra de um passado mais grandioso. Estava em risco todo o processo de recuperação da Alemanha. Muitos membros das classes média e superior alemãs — talvez a grande maioria — sentiram que não poderiam viver com tamanha humilhação. Concluíram que deviam preparar-se para a guerra seguinte, com melhores chances de uma vitória alemã, mesmo que, no começo, não estivesse claro como isso poderia ser feito.

Para se entender a ascensão de Hitler ao poder, é importante ter em mente que os grupos que apoiavam a República de Weimar eram, desde o começo, muito restritos. Incluíam, sobretudo, a massa de trabalhadores sociais-democratas. Contavam também com um número decrescente de membros das classes médias liberais, incluindo numerosos judeus. A maior parte das classes médias e superiores estava do outro lado. Para os membros jovens e velhos dessas classes dominantes tradicionais, a comunicação com as massas continuava sendo bastante difícil. Por conta própria, não tinham a menor chance de iniciar um vasto movimento em favor da rescisão do Tratado de Versalhes e, em última instância, provocar uma guerra revanchista. A fim de mobilizar alguns setores das massas, precisavam de um homem cujas estratégias bélicas e retórica estivessem mais de acordo com as necessidades desses grupos. Assim, deram a Hitler sua chance. Mas quando a situação se tornou crítica, ele os colocou fora de circuito.

De novo acenou a esperança de escapar da sombra de um passado mais grandioso. Vislumbrou-se a realização de um sonho em que, depois do primeiro império medieval, o Sacro Império Romano da Nação Germânica, e depois do Segundo Império (*Kaiserreich*) criado por Bismarck e destroçado com a derrota militar em 1918, um Terceiro Império — o Terceiro Reich — surgiria sob a liderança de Adolf Hitler. Essa esperança também foi esmagada.

4

Sejam quais forem os outros ângulos por onde se possa analisar o fim do Reich de Hitler, ele revela com muita clareza uma *terceira* peculiaridade estrutural do processo de formação do Estado alemão, que foi crucial no desenvolvimento do habitus alemão. Sua marca distintiva torna-se evidente quando são comparados entre si os processos de formação do Estado em vários países, e talvez os processos civilizadores também.

Comparado com outras sociedades européias, por exemplo, a francesa, britânica ou holandesa, o desenvolvimento do Estado na Alemanha mostra um número muito maior de rupturas e correspondentes descontinuidades. Uma primeira impressão dessa diferença é adquirida ao observar as cidades capitais de três Estados: França, Grã-Bretanha e Alemanha. Londres foi uma das principais bases de Guilherme, o Conquistador. Após mais de mil anos de existência, Guilherme aí construiu uma fortaleza: quase todas as dinastias inglesas deixaram sua marca na Torre de Londres, onde são hoje guardadas as jóias da Coroa. Essa continuidade de Londres como capital nacional reflete a continuidade do desenvolvimento do Estado britânico e a relativamente elevada estabilidade do desenvolvimento da cultura e civilização britânica que lhe está associada. Pode-se dizer o mesmo de Paris como capital da França. Aí, a catedral medieval de Notre Dame, e igualmente o Louvre com a pirâmide de vidro construída neste século e implantada em frente ao palácio, são símbolos da viva e ininterrupta tradição do país.

Já examinei com certa precisão o processo de formação do Estado na França.[2] É surpreendentemente contínuo e direto. Os governantes centrais do embrionário

Estado francês tiveram de enfrentar poucas derrotas. Por sorte, os reis de Paris e Orléans foram capazes de ampliar gradualmente suas áreas de soberania, graças a vitoriosas operações militares e favoráveis alianças matrimoniais, e através de seus esforços para cercar essas áreas de fronteiras estrategicamente bem escolhidas para assegurar sua defesa. A Revolução Francesa representou, certamente, uma ruptura na continuidade da tradição nacional. Mas, nessa altura, a língua e o habitus franceses eram já tão estáveis, em geral, que a continuidade do desenvolvimento manteve-se em muitos campos, apesar da ruptura com o Ancien Régime. Isso prevaleceu na forte centralização da máquina estatal, assim como na produção cultural. O caráter cortesão-aristocrático da língua francesa não se perdeu quando a burguesia francesa se tornou o grupo de poder que estabelecia modelos. É difícil ignorar a semelhança entre os romances de Proust e as memórias de Saint-Simon. Conheço poemas franceses do século XIX que lembram os grandes poetas da Pléiade no século XVI, mas que são, não obstante, criações inequívocas de seu tempo. Os porta-vozes do período clássico alemão pareciam achar insuportáveis os seus precursores barrocos. A civilização de corte do século XVIII dificilmente participou na formação do habitus alemão.

Comparada com Paris e Londres, Berlim é uma cidade jovem. Adquiriu sua importância como capital da área governada pelos Hohenzollern. Suas vitórias internas e externas, combinadas com habilidade diplomática, elevaram a importância da cidade, sobretudo nos séculos XVIII e XIX, quando finalmente se converteu na capital do Kaiserreich — o Segundo Império alemão. Uma única derrota do rei prussiano na luta com os rivais Habsburgo teria possivelmente sustado para sempre a ascensão de Berlim. Durante a Guerra dos Sete Anos, Frederico II esteve por várias vezes perto de selar esse destino para a sua capital. Talvez seja útil acrescentar que no período dos imperadores Habsburgo, Viena funcionou freqüentemente como cidade capital do império alemão. Praga também serviu nesse papel por algum tempo. Viena era uma cidade do império alemão muito antes dos Habsburgo aí instalarem sua corte. Walther von der Vogelweide pertenceu à corte vienense dos Babenberg no final do século XII. Tudo isso implica num padrão de desenvolvimento cheio de rupturas.

Um outro exemplo dessa peculiaridade é que o modo de vida e as realizações das cidades alemãs de administração autônoma da Idade Média dificilmente continuam sendo considerados um componente importante do desenvolvimento nacional com que os alemães possam identificar-se hoje em dia. Richard Wagner tentou mostrar esses estratos mercantis urbanos de maneira favorável em *Die Meistersinger*, mas o sucesso de sua ópera pouco fez para mudar o fato de que, na imagem que os alemães fazem de si mesmos, a cultura urbana da Idade Média desempenha um papel relativamente menor. Com a exceção parcial das cidades da Liga Hanseática, a tradição foi quebrada. A extensão dessa ruptura talvez possa ser melhor reconhecida se o desenvolvimento alemão for comparado com o de um país no qual uma tradição semelhante de cidades autogovernadas permaneceu continuamente viva até os dias atuais. Estou me referindo à tradição dos Países Baixos.

5

No século XVII, as cidades holandesas e as terras que lhes pertenciam, depois de terem vitoriosamente defendido sua independência contra as pretensões dos Habsburgo espanhóis, abandonaram a desarticulada associação de Estados germânicos em que o Sacro Império Romano se convertera, agora de uma vez por todas. Sob a liderança de Amsterdã, formaram a única república na Europa, além de Veneza e dos cantões suíços. Todos os outros Estados eram monarquias absolutas. Nos Países Baixos, em contraste, apesar da administração autônoma das cidades, desenvolveu-se ao mesmo tempo um governo geral que era primordialmente responsável pela política externa, mas sem deixar de ter certa influência sobre os assuntos internos das sete províncias. Esse órgão central republicano, os Estados-Gerais, era composto, em sua maior parte, por membros dos respectivos patriciados urbanos.

Existiam estratos mercantis urbanos análogos na Itália, Alemanha e Inglaterra. Na Alemanha, entretanto, a ascensão de monarquias absolutas muito centralizadas e da aristocracia de corte, na qual os membros da antiga nobreza guerreira estavam sendo incorporados, aboliu, de um modo geral, os começos de autogoverno parlamentar que tinha havido antes nas cidades. Em Florença, as correspondentes camadas intermédias foram submetidas aos Medici ainda mais cedo. Quando Carlos I da Inglaterra quis usar a força armada para forçar à obediência os membros rebeldes do Parlamento, os líderes da cidadania de Londres mobilizaram as milícias da cidade e, em conjunto com os oficiais de classe média e as tripulações de navios mercantes e da armada,[3] acudiram em auxílio dos parlamentares. Mas na Grã-Bretanha — como na Alemanha e em outras monarquias européias — esses importantes grupos de mercadores urbanos continuaram sendo considerados gente de segunda classe. Eram inferiores aos príncipes e aos níveis superiores da aristocracia de corte, e também, por vezes, à aristocracia provinciana. Somente na Holanda, e talvez em partes da Suíça, tais grupos de mercadores fizeram parte dos níveis mais elevados da hierarquia social. Governaram não só suas próprias cidades mas também a república toda, dando assim prosseguimento à tradição medieval de administração autônoma. Retratos de grupo representando homens desse estrato social, dos quais provavelmente o mais famoso exemplo é *A ronda noturna*, de Rembrandt, testemunham manifestamente o seu orgulho e a sua autoconfiança.

No transcurso de seu desenvolvimento nacional, os mercadores citadinos holandeses forneceram um caso exemplar para a solução do problema de como os civis podem proteger-se de violento ataque externo sem serem dominados pelos próprios militares que os ajudaram. Seus comandantes navais, desde os capitães aos almirantes, eram em grande parte oriundos da classe média e da pequena burguesia, de acordo com a natureza especial da guerra naval, que exigia sobretudo perícia técnica. Em terra, os holandeses bateram-se por sua independência e mantiveram-na como república protestante, principalmente com a ajuda de mercenários, que eram comandados por membros de uma dinastia de nobres protestantes, a Casa de Orange. Com o tempo, formaram-se gradualmente relações de mútua confiança entre esses nobres *Stadholders* e os patrícios mercantis, que tomaram a seu cargo as tarefas de governo nos Estados-Gerais. Tal relacionamento não estava livre de importantes disputas, mas era suficientemente estável para sobreviver a esses conflitos.

No Congresso de Viena, os monarcas aliados que tinham contrariado as tentativas de Napoleão de obter hegemonia, também decidiram instaurar uma nova ordem na Holanda. Para Metternich, a abolição de repúblicas e sua substituição por monarquias absolutas como contramedida para a Revolução Francesa tornou-se um princípio fundamental. Assim, a Holanda tornou-se uma monarquia, tendo por reis os prévios *Stadholders* hereditários. Pode ter havido casos em que um palácio ducal foi convertido numa municipalidade mas, em Amsterdã, a municipalidade passava agora a ser o palácio — provavelmente a única ocorrência desse tipo em toda a Europa. O relacionamento secular entre a Casa de Orange, que continuou sendo até hoje a família real holandesa, e todos os outros grupos da população é um sinal da continuidade e da natureza ininterrupta do desenvolvimento holandês. Embora a mudança formal dos Países Baixos para uma monarquia absoluta estreitasse a área de responsabilidade dos Estados-Gerais, estes conservaram ao mesmo tempo uma considerável dose de poder. Pessoas de uma tradição patrícia e, numa acepção mais ampla, da classe média mercantil desempenhavam ainda um papel importante nos negócios do país. Não houve, por certo, falta de tentativas para aumentar o prestígio de atitudes e valores militares, e o domínio colonial holandês fortaleceu essas tendências. Em suas colônias, os holandeses comportaram-se como todos os senhores coloniais: de forma impiedosa, cruel e opressiva. Mas tudo isso acontecia muito longe da metrópole, onde os não-iniciados sabiam muito pouco a respeito.

Como classes que estabeleciam modelos de conduta, os patrícios mercantis urbanos fundaram uma tradição de comportamento e de valores que diferiam acentuadamente dos de uma nobreza militar dominante, com os principais grupos de classe média orientados para estes últimos. Os Estados-Gerais eram um tipo de parlamento onde os membros esforçavam-se por exercer influência mútua com palavras e não com armas. Assim, os habitantes de cidades como Amsterdã ou Utrecht colocaram sua herança a serviço do desenvolvimento não só do Estado holandês, mas também do habitus holandês. A arte de governar com a ajuda da negociação e das concessões mútuas foi passada da cidade para o Estado. Na Alemanha, pelo contrário, os modelos militares de comando e obediência prevaleceram em vários níveis sobre os modelos urbanos de negociação e persuasão.

Um exemplo impressionante dessa diferença em termos de tradições e da força com que afeta o padrão social de conduta e de sentimento, de geração para geração, é a relação entre pais e filhos nos dois países. Diz-se muito — e a observação confirma isso — que os holandeses permitem a seus filhos mais liberdade que os alemães. Como diriam os alemães, as crianças holandesas são mais travessas.

Nessa área, como em outras, o caráter eminentemente burguês do desenvolvimento holandês está expresso na insistência e na intensidade com que a igualdade de seres humanos passou a ser o lema dos holandeses. Essa atitude fica mais fácil de entender quando se lembra que em outros países, na Europa dos séculos XVII a

XIX, um estrato superior de patrícios burgueses tinha de lutar constantemente para ser aceito como igual pelas cortes governantes e pelas aristocracias militares. Mas essas mesmas pessoas tinham o cuidado de preservar seu próprio status elevado enquanto patrícios, ou seja, mantinham a desigualdade entre elas e as camadas que, em seu próprio país, lhes eram inferiores. A situação paradoxal de contar com uma classe superior composta de mercadores urbanos deixou marcas profundas no habitus dos holandeses. Promover a igualdade era de primordial importância. Isso é evidente, por exemplo, no tratamento relativamente tolerante de católicos e judeus num país de predomínio protestante. Mesmo nos dias de hoje, é evidente na aversão a símbolos de desigualdade humana. Mas, apesar de tudo isso, não desapareceu o cultivo patrício da desigualdade, o qual não é orientado para seguir modelos militares. É mantido discretamente vivo pelos filhos e filhas de antigas casas patrícias como uma necessidade dissimulada ou inconsciente que é justificada por seu próprio comportamento, pelo decoro e a reservada cordialidade nas relações com outras pessoas. A nobreza alemã legitimou suas pretensões de superioridade através, sobretudo, de linhas contínuas de descendência, tão livres quanto possível de contaminação por elementos burgueses. Em contraste, a tácita pretensão dos patrícios holandeses — como é também o caso na aristocracia britânica — encontrou legitimação no comportamento especial. O sentimento de que "um holandês não faria isso", de que a reivindicação de um status social mais elevado acarreta uma obrigação para o indivíduo, mantém-se fortemente pronunciado.

6

Até os dias de hoje, parece óbvio até que ponto o habitus do holandês — apesar de suas afinidades físicas com os alemães — difere do habitus tradicional alemão. Sobretudo depois de 1871, os modelos militares foram incorporados a este num grau muito mais elevado. Mas a penetração das classes médias alemãs por tais modelos, que são particularmente característicos do desenvolvimento prussiano, não ocorreu de imediato e de uma só vez. Foi o resultado de um processo — o *quarto* processo parcial na formação do Estado alemão — que merece atenção neste contexto.

O período clássico na literatura e filosofia alemãs representa uma etapa no desenvolvimento social da Alemanha, durante a qual o antagonismo entre a classe média e a nobreza de corte foi muito pronunciado. A rejeição de atitudes e valores militares pela classe média foi correspondentemente vigorosa. Além disso, a menos que se inclua na classe média pessoas que serviram como conselheiros a um dos muitos monarcas, grandes e pequenos, no interior do (Sacro) Império (Romano) Germânico, a classe média em massa estava quase totalmente impedida de acesso à atividade política e militar.

Os conflitos entre a classe média e os estratos da aristocracia de corte na Alemanha setecentista, que examinei demoradamente na primeira parte de *O processo civilizador*,[4] constituíram a expressão de um verdadeiro conflito de classes. Este é um fato que, por vezes, passa hoje despercebido, dado que a idéia de um conflito como tal está predominantemente baseada nos conflitos econômicos entre a burguesia e a classe trabalhadora nos séculos XIX e XX. No caso mais antigo, é menos fácil destrinçar o embate de interesses econômicos, os quais desempenharam certamente um papel, de todo o complexo de oposições entre nobreza e classes médias. No quadro de referência das monarquias absolutas do século XVIII, esses conflitos eram de caráter simultaneamente político, civilizacional e econômico. É muito conhecida a desdenhosa rejeição por Frederico II da literatura burguesa de seu tempo: Götz von Berlichingen, de Goethe, horrorizou-o. É possível que o Goethe mais velho, clássico, também olhasse sua obra juvenil de um modo um tanto desaprovador. Ele foi um dos poucos porta-vozes da elite de classe média do seu tempo que conseguiu alcançar uma posição ministerial na corte de um príncipe — numa corte razoavelmente pequena de um Estado razoavelmente pequeno. Por via de regra, aos representantes do movimento clássico alemão era negado acesso a posições-chave na política. Essa posição marginal é refletida em seu idealismo.

Por algum tempo, o humanismo idealista do movimento clássico teve uma influência determinante nas iniciativas políticas da oposição da classe média alemã. De um modo geral, duas correntes da política da classe média podem ser reconhecidas no século XIX e começos do atual: uma idealista-liberal e outra conservadora-nacionalista. No início do século XIX, um dos principais pontos nos programas de ambas as correntes era a unificação da Alemanha, pondo fim à pluralidade de numerosos e pequenos Estados. Foi de grande significação para o desenvolvimento do habitus alemão da classe média que esses planos fracassassem. O choque causado por isso foi aprofundado quando um príncipe, o rei da Prússia com seu conselheiro Bismarck, logrou satisfazer militarmente os anseios de uma Alemanha unificada, através de uma guerra vitoriosa, quando as classes médias nada tinham conseguido por meios pacíficos. A vitória dos exércitos alemães sobre a França foi, ao mesmo tempo, uma vitória da nobreza alemã sobre a classe média alemã.

O Estado Hohenzollern tinha todas as características de um Estado militar que se erguera através de guerras vitoriosas. Seus dirigentes reconheciam a necessidade de crescente industrialização e, *lato sensu*, de crescente modernização. Mas os industriais burgueses e os donos do capital não formavam o estrato superior que governava o país. A posição da nobreza militar e burocrática, como o estrato mais elevado e mais poderoso da sociedade, foi não só preservada, mas também fortalecida pela vitória de 1871. Uma boa parte da classe média, mas não toda ela, adaptou-se com relativa rapidez a essas condições. Seus membros encaixaram-se na ordem social do Kaiserreich como representantes de uma classe de segunda categoria, como subordinados. A família de Max e Alfred Weber prova que a tradição de classe média liberal não tinha desaparecido, mas não se deve esquecer que, nos anos que antecederam 1914, era difícil imaginar que espécie de regime substituiria o imperial. Nessa etapa, vastos círculos da classe média alemã conciliaram-se com o Estado militar e adotaram seus modelos e normas.

Uma variedade particular de classe média entrou assim em cena: burgueses que adotaram o estilo de vida e as normas da nobreza militar como seus próprios. Isso associou-se a um claro distanciamento dos ideais do período clássico alemão. O fracasso dos esforços de sua própria classe para realizar o seu ideal de uma Alemanha unida, e a experiência de tê-lo conseguido sob a liderança da nobreza militar, levou a um desfecho que talvez possa ser descrito como a capitulação de vastos círculos da classe média à aristocracia. Eles trocavam agora, decisivamente, o idealismo burguês clássico pelo manifesto realismo do poder. Isso atesta também a natureza descontínua do desenvolvimento alemão: uma mudança no habitus que pode ser atribuída com grande precisão a uma fase específica no desenvolvimento do Estado. Neste caso, a ruptura foi especialmente significativa porque, com freqüência, os modelos aristocráticos adotados eram mal interpretados. Os oficiais nobres estavam usualmente sujeitos ao constrangimento de uma herança civilizadora profundamente inculcada. A noção de até onde se poderia ir na aplicação de modelos aristocráticos na prática perdia-se muitas vezes por causa de sua apropriação por grupos de classe média. Estes acabaram apoiando o uso ilimitado do poder e da violência.

Tratei a expansão de modelos militares em setores da classe média alemã de forma mais precisa porque acredito que o nacional- socialismo e o violento surto descivilizador que ele encarnou não podem ser completamente entendidos sem referência a esse contexto. Um simples exemplo da apropriação e, em seguida, vulgarização grosseira de modelos aristocráticos encontra-se na exigência de que todo o "ariano" ou "ariana" tinha de provar sê-lo através da apresentação de um número específico de ancestrais "arianos". Acima de tudo, porém, o recurso desenfreado a atos de violência como o único veículo realista e decisivo de política, que estava no centro da doutrina de Hitler e foi a estratégia já usada em sua ascensão ao poder, só pode ser explicado contra esses antecedentes.

7

O fim de Hitler significou ainda uma outra ruptura no desenvolvimento da Alemanha. Duas pesadas derrotas certamente não ficam sem conseqüências. Isso mostra a resiliência dos alemães que emergiram desses choques como uma nação viável e capaz. Pode-se apenas esperar que seu futuro desenvolvimento seja menos flagelado por rupturas e descontinuidades do que foi até agora. Só se pode desejar para a Alemanha um padrão mais linear e contínuo de desenvolvimento no futuro.

Recuemos alguns passos a fim de examinar a cena alemã de uma distância maior. Aí está a Alemanha. Duas guerras perdidas não marcaram os alemães como um grupo de pessoas decadente, humilhado e desprezado. Pelo contrário, encontramos um país afluente, até florescente, que desfruta, de um modo geral, do respeito dos outros Estados do mundo, incluindo os seus inimigos de ontem. Muitos deles são agora aliados da Alemanha Ocidental, por um lado, ou da Alemanha Oriental, por outro. Talvez as pessoas não pensem freqüentemente sobre isso. Mas, por certo, é bastante significativo em termos do padrão relativamente elevado de civilização da humanidade contemporânea o fato de, após duas implacáveis e destrutivas guerras em que a Alemanha lutou — em parte com uma pretensão de superioridade natural, racialmente determinada — a Alemanha Ocidental, pelo menos, poder levar uma vida razoavelmente normal como próspero Estado industrial. Este fato é sintomático da elevada interdependência global das nações. Era do interesse dos vencedores ajudar as regiões ocidentais semidestruídas a reerguerem-se. Mas essa ajuda torna-se ainda mais assombrosa e notável pelo fato de que, diretamente após o desaparecimento da ameaça nazista, foi do próprio interesse dos vencedores não abandonar a população derrotada à pobreza e à fome. Lembro-me de uma declaração por um destacado nacional-socialista, numa fase durante a última guerra, em que as tropas aliadas estavam avançando incessantemente nas frentes leste e oeste; é provável que a tenha lido na Chatham House em Londres onde, até 1945, jornais nacionais-socialistas eram distribuídos para uso dos sócios, com freqüência no próprio dia de sua publicação. Se foi de Goebbels ou de Goering ou de um dos outros, a declaração ficou na minha memória: "Se, uma vez mais, perdermos esta guerra, será o fim da Alemanha." Não foi o fim.

Mas enfrentar psicologicamente o que aconteceu não é fácil para muitos alemães. Gerações chegam e passam. Têm de se debater repetidamente com o fato de que a imagem que os alemães possuem de si mesmos está manchada pela lembrança dos excessos perpetrados pelos nazistas, e que outros, e talvez até suas próprias consciências, os culpem e os condenem pelo que Hitler e seus seguidores fizeram. Talvez se deva extrair dessa experiência a conclusão de que a percepção que temos de nós próprios como indivíduos independentes é falsa. Quer se queira ou não, um indivíduo é sempre membro de grupos. A língua que ele fala é uma língua de uso comum. É conjuntamente responsável, é-lhe atribuída responsabilidade conjunta pelas ações do grupo. Durante séculos, as igrejas fizeram meus ancestrais judeus responsáveis pela crucificação de Jesus. É muito útil perguntarmo-nos se não temos imagens depreciativas ou degradantes de outros grupos em nossa própria cabeça e se, quando encontramos indivíduos desses grupos, não procuramos involuntariamente a prova de que é correto o quadro estereotipado do grupo que temos em mente.

Já no passado, devido ao caráter intermitente do desenvolvimento alemão, havia grande incerteza sobre o valor e o significado de ser um alemão ou uma alemã. Hoje em dia, essa incerteza é maior que nunca. A dificuldade é exacerbada porque esse problema raramente é mencionado em público. O problema do orgulho nacional permanece fora de discussão. A lembrança da forma distorcida de orgulho nacional predominante no regime nacional-socialista fez com que se tornasse vergonhoso mencionar esse tópico. Penso que não se deveria hesitar em enfrentá-lo. Existem, de fato, formas de orgulho nacional que são perigosas e insultantes. Mas a questão não é se se pensa que o orgulho nacional é uma coisa boa ou má. O fato é que existe. Se olharmos à nossa volta imparcialmente, é evidente que pessoas em todos os estados do mundo têm de chegar a alguma solução conciliatória no tocante ao problema do orgulho nacional; e pessoas na etapa de desenvolvimento tribal (ou pré-estatal) têm de proceder da mesma forma em relação ao orgulho tribal. Por exemplo, os argentinos foram tão humilhados no caso das Falklands que nenhum político argentino pode atrever-se a afirmar que um futuro recompensador aguarda a Argentina, mesmo no caso de seus estadistas não estarem em situação de corrigir, por meios militares ou pacíficos, a guerra perdida pelo controle das ilhas Falkland e seus habitantes de língua inglesa. Um outro exemplo claro de orgulho nacional é visto nos Estados Unidos, onde, até agora, a transformação de imigrantes de todo o mundo em americanos tem sido surpreendentemente bem-sucedida. O serviço nas forças armadas, o culto da bandeira americana, o ensino de programas de formação cívica nas escolas — uma ampla variedade de instituições contribuem para que grupos marginais de imigrantes aprendam ao longo de gerações a identificar-se com a nação americana e com o orgulho nacional dos americanos.

Mesmo nos países mais poderosos, o orgulho nacional é, e continua sendo, um ponto sensível na estrutura da personalidade do povo em questão. Isto é particularmente verdadeiro no caso de países que, no decorrer do tempo, se despenharam de uma posição superior para uma inferior na pirâmide de Estados. Já falei sobre isso. Até mesmo a Grã-Bretanha e a França têm de se defrontar hoje com problemas de orgulho nacional. Na Holanda, outrora uma grande potência naval, as pessoas acostumaram-se, em considerável medida, à perda de poder, embora um tom levemente depressivo, uma certa mágoa discretamente verbalizada a respeito de seu passado mais glorioso, impregne o habitus nacional de muitas maneiras. Elas amam sua nação. Orgulham-se das grandes realizações do povo holandês, de Rembrandt a Van Gogh. Os pruridos de consciência deixados pela era de domínio colonial holandês não são dos piores. Mas, não obstante, comentam com uma ponta de amarga ironia: "Bem, agora somos apenas uma das menores nações..."

Os dinamarqueses são um exemplo elucidativo de uma nação pequena que resolveu bastante bem o problema do orgulho nacional. Após a derrota na guerra de 1864 com a Alemanha e a renúncia imposta ao território do Schleswig-Holstein em favor da Áustria e da Prússia, a existência da Dinamarca esteve seriamente ameaçada.[5] Era necessário um certo número de reformas a fim de manter a nação viva. Hoje, os dinamarqueses recuperaram o seu equilíbrio. Pensam ser uma nação atraente, que é agradável ser dinamarquês. Sobretudo depois da II Guerra Mundial, usar a forma familiar "tu", em vez da mais formal, tornou-se muito comum entre a população: era uma expressão da intimidade dentro da nação dinamarquesa e da relativa satisfação de cada um consigo mesmo. Certa vez, estava eu passeando com um amigo quando encontramos um casal de minhas relações mas que o meu acompanhante não conhecia. Um gritinho de surpresa, uma breve troca de palavras em dinamarquês, indicaram-me que algo tinha acontecido. Perguntei a respeito e foi-me explicado que ela tinha exclamado: "Ah, mas ele é um dinamarquês e usa comigo o tratamento formal!"

8

Os destinos de uma nação cristalizam-se em instituições que têm a responsabilidade de assegurar que as pessoas mais diferentes de uma sociedade adquiram as mesmas características, possuam o mesmo habitus nacional. A língua comum é um exemplo imediato. Mas há muitos outros.

No primeiro capítulo deste livro, examino o duelo, que estava desenvolvido de uma forma deveras impressionante na Alemanha, como um excelente exemplo da influência de instituições na formação do habitus. O duelo é uma instituição comum na Europa como um todo, tendo sua origem na cultura internacional dos nobres. Em outros países perdeu cada vez mais seu significado com a ascensão da classe média. Mas, na Alemanha, o duelo desenvolveu-se numa direção quase oposta. Com a adoção de modelos aristocráticos em círculos da classe média depois de 1871, e possivelmente já antes disso, o duelo tornou-se uma instituição potente e muito difundida mesmo entre estudantes não-aristocráticos. Dois de meus professores no último ano de meu curso universitário tinham cicatrizes de duelo no rosto. Escolhi o duelo como um símbolo de uma síndrome cultural específica. É um símbolo de uma determinada atitude humana, um incentivo socialmente regulamentado à violência. Estudantes e oficiais eram os principais expoentes da cultura do duelo. Estavam acostumados a uma ordem estritamente hierárquica e, por conseguinte, a uma ênfase sobre a desigualdade entre pessoas. Se perguntarmos como Hitler foi possível, não podemos deixar de concluir que a propagação de modelos de violência socialmente sancionados e da desigualdade social estão entre os requisitos preliminares do seu advento.

A partir deste exemplo, talvez se possa perceber que a presente obra abre uma vasta área de pesquisa que, em grande parte, foi até agora evitada. A questão central é como os destinos de uma nação ao longo dos séculos vêm a ficar sedimentados no habitus de seus membros individuais. Os sociólogos enfrentam neste caso uma tarefa que recorda, ainda que a uma boa distância, a tarefa a que Freud se dedicou. Ele tentou mostrar a conexão entre a conseqüência da canalização de pulsões dominadas por conflitos no desenvolvimento de uma pessoa e o seu habitus resultante. Mas também existem conexões análogas entre o destino e as experiências a longo prazo de um povo e seu habitus social em qualquer época subseqüente. Nessa camada da estrutura da personalidade — chamemo-lhe por agora a "camada 'nós'" — existem freqüentemente sintomas complexos de perturbação em ação cuja força e capacidade para causar sofrimento não são muito inferiores às das neuroses individuais. Em ambos os casos, trata-se de trazer de volta à consciência, muitas vezes face a uma forte resistência, coisas que foram esquecidas. Tanto num quanto no outro caso, um empreendimento como tal requer um certo distanciamento do eu e, se for bem-sucedido, pode contribuir para o abandono de modelos rígidos de comportamento.

Ainda hoje não é prática comum ligar o habitus social e nacional corrente de uma nação à sua assim chamada "história" e, em especial, ao processo de formação do Estado por que passou. Muitas pessoas parecem ter a opinião tácita de que "O que aconteceu no século XII ou XV ou XVIII é passado — o que é que isso tem a ver comigo?". Na realidade, porém, os problemas contemporâneos de um grupo são crucialmente influenciados por seus êxitos e fracassos anteriores, pelas origens ignotas de seu desenvolvimento. Isto aponta para uma das tarefas que a sociologia ainda não enfrentou — e, ao mesmo tempo, para um método que pode ajudar uma nação a conciliar-se com o seu passado. Uma das funções deste livro é preparar o terreno, intelectual e praticamente, para tratar de tais problemas. Talvez possa ter um efeito catártico se as relações entre passado e presente forem vistas desse modo, e os povos, através do entendimento de seu desenvolvimento social, puderem encontrar uma nova compreensão de si mesmos.

9

É uma questão em aberto se, e em que medida, os alemães digeriram seu próprio passado e, em particular, as experiências da era Hitler. Não é fácil para uma pessoa distanciar-se desses eventos. Tem-se freqüentemente a impressão de que o furúnculo Hitler ainda não estourou. Lateja, mas o pus ainda não saiu. Os estudos que se seguem estão primordialmente interessados em problemas do passado alemão. Talvez possam ajudar a encontrar uma forma de conciliação com o legado de Hitler. Mas o passado de um povo também aponta para diante: o seu conhecimento pode ser de uso direto para construir um futuro comum.

Hitler ainda estava completamente ligado aos problemas da velha Europa e às suas batalhas pela supremacia. Com obstinada determinação, procurou estabelecer a hegemonia da Alemanha na Europa numa época em que a hegemonia da Europa sobre o resto do mundo estava obviamente chegando ao fim. A Europa estava agora cada vez mais exposta à pressão da competição de outras regiões do mundo. Tivesse Hitler realizado seu objetivo, então a supressão de nações vizinhas pela Alemanha, assim como as suas inevitáveis tentativas de libertação, teriam reduzido consideravelmente o poder da Europa. Hoje, esse poder pode manifestar-se em toda a sua plenitude porque a Europa é uma associação de nações livres. Mas não é fácil estabelecer um equilíbrio entre solidariedade e competição nas relações mútuas das nações européias, assim como com as outras nações do mundo. É claro que a humanidade como um todo está agora ameaçada pela destruição do seu meio ambiente e pela possibilidade de guerras atômicas. Assim, questões vitais são suscitadas, que vão muito além do problema de Hitler.

O problema do passado é importante. Em muitos aspectos, ainda está inteiramente por resolver. Mas, sobretudo, encontramo-nos hoje num ponto de mutação em que muitos dos problemas, incluindo os de habitus, estão perdendo sua pertinência, e novas tarefas para as quais não existem paralelos históricos estão surgindo de todos os lados.

I

Civilização e Informalização

A Mudanças nos padrões europeus de comportamento no século XX*

1

Não é possível examinar adequadamente as mudanças em padrões de comportamento que são observáveis no século XX em sociedades européias em geral, e na Alemanha em particular, sem um exame preparatório de certas mudanças estruturais na sociedade como um todo, que ocorreram no mesmo período. Dessas, gostaria de mencionar brevemente cinco aspectos que me parecem ser importantes para o que tenho a expor sobre mudanças comportamentais.

1. No século XX, o produto nacional bruto da maioria dos países europeus aumentou com uma amplitude e a uma taxa de crescimento quase sem precedentes. O assombroso impulso nessa direção começou lentamente em meados do século XVIII e acelerou, com flutuações, no século XX, especialmente depois da II Guerra Mundial. Assim, por exemplo, o produto nacional bruto nos países da Comunidade Econômica Européia teve um crescimento anual médio entre 3% e 4% per capita, nos anos entre 1951 e 1976, o que equivale a um aumento de aproximadamente 100%. Essa taxa só foi superada, talvez, por Estados em fase inicial de industrialização, como a Grã-Bretanha no século XIX ou a Rússia no século XX. Mas em países que se encontravam em fases mais iniciais de industrialização, o crescimento foi usado principalmente para investimento de capital, ao passo que nas etapas ulteriores destinou-se sobretudo a melhorar os padrões de vida.[1]

Nessas sociedades, a solução de velhos problemas permitiu que novos problemas viessem à tona. Nelas, até as parcelas mais pobres da população estavam relativamente bem salvaguardadas contra a fome e a subnutrição; também, em considerável medida, todos os homens e mulheres se libertaram do pesado trabalho manual; um grau de segurança física sem precedentes na história da humanidade foi alcançado (dentro das fronteiras dos Estados, embora as guerras entre eles continuassem sendo uma ameaça); são mais abundantes que nunca os processos para

* A Seção A descreve em linhas gerais as questões que deram origem à conceituação na Seção B da *satisfaktionsfähige Gesellschaft* sob o Segundo Império alemão ou Kaiserreich. (Nota do editor alemão.)

economia de mão-de-obra e há uma redução crescente das horas de trabalho. Tudo isso trouxe à luz novos problemas humanos, problemas resultantes da vida em comum das pessoas em sociedade, que estão encobertos em sociedades menos afluentes pela dureza da labuta cotidiana, pela menor longevidade, e também pela maior distância entre as massas de população pobre e a minoria de ricos. Alguns desses novos problemas, característicos da mais recente fase de industrialização, que põe o acento em crescentes mercados de consumo, serão examinados abaixo.

2. Um segundo aspecto das mudanças estruturais na sociedade como um todo no século XX que pode contribuir para a compreensão das mudanças simultâneas no código de comportamento e de sentimento, é a série de movimentos de emancipação que o século presenciou. Esses movimentos estão a ponto de alterar os equilíbrios de poder entre grupos estabelecidos e grupos marginais das mais diversas espécies. Estes últimos estão ficando cada vez mais fortes, e os primeiros, mais fracos em poder. Esses movimentos emancipatórios levaram, num caso específico, a uma inversão na relação de forças em favor do grupo marginal, dotado de grande mobilidade ascendente, inversão essa que atingiu tal ponto, que o antigo grupo detentor do monopólio deixou de desempenhar qualquer papel que seja como fator de poder independente na interação de forças, no seio de sua própria sociedade. Refiro-me às relações da classe média com a aristocracia. O processo de desenvolvimento na Alemanha pode servir como exemplo.

Não esqueçamos que nos primeiros 18 anos do século XX, o Kaiser e sua corte ainda eram o centro das instituições alemãs. Os membros da classe média — e, com alguma hesitação, a classe trabalhadora — só tiveram acesso, realmente, pela primeira vez, aos altos cargos do Estado e ao serviço público civil, na República de Weimar.[2] Agora, a nobreza só podia fazer valer seu peso como aliada de grupos de classe média. Não obstante, as mais altas posições militares e diplomáticas ainda continuavam predominantemente nas mãos da aristocracia. Foram os líderes da experiência nacional-socialista que, na realidade, puseram fim também a esse remanescente da velha supremacia e assim desferiram o golpe final, sem que fosse talvez essa a sua intenção, na secular luta entre aristocracia e classe média, cujas origens remontam à Idade Média. Esse é, pois, o grande movimento emancipatório do século XX, em que a ascensão de uma classe, que outrora consistia num grupo marginal, redundou no desaparecimento, para todos os efeitos, do *establishment* anterior. Tanto para a continuidade quanto para a transformação do código de comportamento, esse resultado foi muito significativo.

3. No caso de todos os outros movimentos de emancipação do século XX que tiveram, similarmente, conseqüências significativas para a forma de vida social, e até mesmo para o comportamento e os sentimentos das pessoas em seu relacionamento mútuo, os grupos estabelecidos não desapareceram; antes, decresceu o gradiente de poder entre os grupos mais fortes e os mais fracos. Mencionarei apenas alguns exemplos. Durante o século XX, reduziu-se o diferencial de poder entre os seguintes grupos:

— nas relações entre homens e mulheres;

— nas relações entre pais e filhos ou, em termos mais gerais, entre as gerações mais velhas e mais jovens;
— nas relações entre as sociedades européias e suas antigas colônias e, de fato, com o resto do mundo;
— nas relações entre governantes e governados — com restrições.

Quando visto deste modo sucinto, o vigor desses movimentos pela emancipação de grupos marginais anteriormente fracos é certamente assombroso. Não me atreverei a explicar aqui essa mudança estrutural. Não obstante, duas de suas conseqüências devem ser mencionadas.

4. Uma mudança nas relações de poder de tantos e tão diversos grupos acarreta inevitavelmente um sentimento geral de incerteza em muitas pessoas que são colhidas no torvelinho de mudança. O código convencional que rege o comportamento entre grupos, que estava afinado em função de uma ordem hierárquica mais rígida, deixou de corresponder às relações reais de seus membros. Só será possível o surgimento gradual de um novo código de comportamento através de muitas experiências. Levando tudo em conta, este é um século de crescente *incerteza de status.* Com uma transformação das relações de poder como tal, o problema de identidade social também se tornou muito mais explícito do que numa sociedade onde o ritmo de mudança não é tão acelerado. Com a crescente insegurança de status e uma também crescente busca de identidade, as preocupações aumentam. Não há dúvida que o século XX é um século instável, inseguro, e não apenas por causa das duas Guerras Mundiais.

5. As causas dessa intranqüilidade, que desempenharam um papel crescente, sobretudo na segunda metade do século XX, incluem o fato de que sobretudo o decréscimo não-planejado das proporções de poder entre todos os grupos mencionados acima, levou pela primeira vez a extensão dessas proporções de poder, e o problema que elas nos colocam, à atenção consciente de muitas pessoas. Gostaria de demonstrar isso com um único exemplo.

Estamos hoje mais profundamente conscientes que nunca de que uma parcela imensa da humanidade vive a vida inteira flagelada pela fome, de que, de fato, há sempre e em muitos lugares gente morrendo de fome. Não se trata, por certo, de um novo problema. Com poucas exceções, a fome é uma característica de sociedades humanas que constantemente ressurge. Mas é uma peculiaridade dos nossos tempos em que a pobreza e a alta mortalidade deixaram de ser aceitas como uma condição da vida humana determinada por Deus. Muitos membros dos países mais ricos sentem ser quase um dever fazer alguma coisa a respeito da miséria de outros grupos humanos. Para evitar qualquer mal-entendido sobre este ponto, diga-se desde já que, na realidade, relativamente pouco tem sido feito. Mas a formação de consciência mudou no decorrer do século XX. O sentimento de responsabilidade que as pessoas têm umas pelas outras é certamente mínimo, se considerado em termos absolutos, mas em comparação com o que havia antes recrudesceu.

Não estou dizendo tudo isto a fim de expressar nenhum juízo sobre o que é bom ou ruim, mas simplesmente para apresentar uma observação fatual: par a par com pequenas mudanças no poder, para desvantagem de antigos grupos institucionalizados, e para vantagem de antigos grupos marginalizados, ocorreu em uns e outros uma mudança na formação da consciência.

2

Talvez tenha ficado evidente que não estou tentando considerar a conduta isolada das pessoas, como fazem as teorias de comportamento hoje predominantes. As mudanças em códigos de comportamento de que vou ocupar-me estão inseparavelmente entretecidas com maciças mudanças estruturais nas sociedades em questão. As compartimentações convencionais de assuntos que atribuem aos psicólogos o exame do comportamento humano, e aos cientistas políticos o exame das relações de poder, parecem-me, por essa razão, não estar inteiramente de acordo com os fatos observáveis. Vejamos, por exemplo, o comportamento de pessoas em suas relações mútuas como governante e governado, conforme ilustrado numa fonte do século XVIII.

Em agosto de 1778, o pai de Mozart, que era há muito tempo o suplente de Kapellmeister (ou subdiretor musical) da corte de Salzburgo, dirigiu um apelo ao seu arcebispo para promoção ao cargo de Kapellmeister, o qual ficara vago com a morte do seu ocupante anterior. Eis os seus termos:

> Vossa Clementíssima Alteza!
> Digníssimo Príncipe do Sacro Império Romano!
> Generosíssimo Príncipe do Reino e Soberano Senhor!
> Humildemente me prostro a Vossos pés, Clementíssima Alteza, e vendo que o Kapellmeister Lolli passou à eternidade, que ele percebeu somente o salário de um Kapellmeister suplente, que, como Vossa Clementíssima Alteza sabe, venho servindo a este digníssimo Arcebispado há 38 anos, e que, desde o ano de 1763, ou seja, há 15 anos, estive desempenhando e ainda desempenho sem censuras como Kapellmeister suplente a maioria dos serviços requeridos e, na verdade, quase todos eles, humildemente suplico a Vossa Clementíssima Alteza que me permita recomendar-me a Vossa Eminência e subscrever-me com a mais profunda reverência
> o mais humilde e obediente servo da
> Clementíssima Alteza,
> Clementíssimo Príncipe do Reino
> e Soberano Senhor
> Leopold Mozart[3]

O próprio Mozart usou um estilo semelhante, embora não tão servil, quando endereçava uma petição ao seu amo e senhor de Salzburgo. Também se lhe dirigia como "Príncipe Imperial, Clementíssimo Príncipe do Reino" (*Reichsfürst, grädigster Landesfürst*) e o singularmente bombástico, a nossos ouvidos, "Soberano Senhor" (*Herr Herr*). Como se deveria descrever essa linguagem, e o tipo de comportamento que ela expressa: como "formalismo", como "formalístico" ou como "formal"? Em qualquer dos casos, o cerimonial a que a pessoa de categoria inferior é forçada a obedecer em seu trato com a pessoa de categoria superior, a quem aborda como solicitante, reflete o gradiente de poder. Em seu relacionamento com as de classe superior, a pessoa de classe inferior deve expor constantemente sua própria posição baixa, sua submissão aos que estão acima dela, através da obediência a um ritual formal.

Mas essa estrita formalização do comportamento certamente não abrangia todos os aspectos da vida de uma pessoa nesses tempos. Com efeito, se uma formalidade ritual que excede qualquer formalidade nas sociedades industriais multipartites de hoje, como é evidente na citação acima, havia, não obstante, em outras áreas da mesma sociedade, um código de comportamento e sentimento que superava amplamente a nossa própria *in*formalidade, se assim se pode dizer. Mozart sugere, assim, a seu pai que gostaria de ter feito em seu nome um alvo para a competição de arco e flecha em Salzburgo, na qual estavam ilustradas as instruções que o *Götz von Berlichingen*, de Goethe, tinha tornado aceitáveis.[4] Mozart era capaz de falar sem rodeios e chamar ao pão pão e ao queijo queijo — ao contrário do autor de um texto acadêmico de hoje. O que ressalta neste caso não é um defeito pessoal de Mozart[5] mas, antes, a existência de um diferente código de comportamento no convívio social e de expressão de sentimentos no grupo social a que ele pertencia. Funções humanas de natureza animal, das quais hoje, especialmente em grupos mistos de homens e mulheres, só se pode, no máximo, falar marginalmente e num tom de voz decentemente abaixado, ainda podiam, no círculo de Mozart, ser mencionadas de maneira muito direta. Essas referências eram vistas como moderadas violações de tabu, deliberadamente usadas por homens e mulheres para aumentar a hilaridade da convivência; e assim fazendo, podiam usar expressões que hoje causariam reações de constrangimento e mal-estar, de vergonha e embaraço, não só em grupos mistos mas também em grupos só de homens. A sociedade do tempo de Mozart caracterizava-se pois, simultaneamente, pela formalidade no contato entre pessoas de níveis socialmente superiores e inferiores que, em sua severidade cerimonial, excedia de longe qualquer formalidade correspondente dos nossos dias, e a informalidade no âmbito do próprio grupo a que se pertence e que, da mesma forma, superava de longe tudo o que é possível agora em termos de intercurso social com pessoas de status relativamente igual. Esse aspecto do processo civilizador merece ser formulado com mais precisão. Em todas as sociedades mais diferenciadas, assim como em muitas das mais simples, existem categorias de situação social em que o código social exige dos membros criados na sociedade que se comportem de modo formal — ou, para usar um substantivo, exige *formalidade* de conduta; e há outras categorias de situação social em que, de acordo com o código, a conduta informal — ou seja, um grau mais ou menos elevado de *informalidade* — é o apropriado. Para examinar esse aspecto da civilização, necessita-se de um meio conceitual claro de orientação. O que deve ser sociologicamente apurado é, em poucas palavras, a *dimensão formalidade-informalidade* de uma sociedade. Isto relaciona-se com a operação de regulação de comportamento formal e informal numa sociedade, ao mesmo tempo; ou, por outras palavras, diz respeito ao gradiente sincrônico entre formalidade e informalidade. Isto é diferente dos sucessivos gradientes de informalização observados no decorrer do desenvolvimento social, o *gradiente diacrônico de informalização.*

Nas sociedades atuais, todos devem estar mais ou menos familiarizados com o que estou querendo dizer com isso, pois não há quem não tenha sido alguma vez convidado em algum lugar em que as coisas fossem um tanto tensas — todos os que estão presentes são reticentes, extremamente polidos e ponderam cuidadosamente cada palavra que proferem. Depois voltamos para casa, onde podemos ficar mais descontraídos, soltarmo-nos um pouco mais. As mesmas pessoas estão, por assim dizer, repartidas entre áreas formais e informais da vida social. Atualmente, a dimensão formalidade-informalidade em muitos dos mais avançados Estados industriais é relativamente pequena, e entre as pessoas das gerações mais jovens, talvez menor que nunca. Mas as pessoas não têm plena consciência disso; são incapazes de ver-se a si mesmas como se estivessem olhando no espelho de fases anteriores da sociedade, ou de outras sociedades contemporâneas correspondentes, estruturalmente, uma fase anterior de sua própria sociedade. O pequeno exemplo que dei da época de Mozart pode ajudar nisso. Mostra não só que existe um gradiente sincrônico no parâmetro de formalidade, mas também que ele pode mudar e, de fato, mudou. Talvez as etapas dessa mudança não tenham desaparecido totalmente da memória dos vivos.

Na época das grandes monarquias européias, dos Habsburgo, Hohenzollern e Romanov, antes da I Guerra Mundial, o gradiente entre formalidade e informalidade já não era tão acentuado quanto no século XVIII, mas ainda era mais elevado que durante a República de Weimar. Voltou a aumentar com os nazistas e declinou ainda mais nos anos do pós-guerra. Como decorrência disso, também me parece que há uma diferença perceptível entre as gerações mais velhas, que viveram uma parte substancial de suas vidas antes da guerra, e as gerações mais jovens que só nasceram depois da guerra. Estas últimas empenharam-se bastante conscientemente em demolir ainda mais a formalidade de comportamento. Existe, possivelmente, menos consciência do fato de que, ao mesmo tempo, diminuiu o espaço para a informalidade nas áreas-chaves do comportamento informal. A tendência — em parte involuntária, em parte deliberada — é para o mesmo comportamento em todas as situações. As experiências com graus extremos de informalidade realizadas pelas gerações mais jovens entre elas próprias talvez obscureça a dificuldade que se coloca no caminho dos esforços para realizar a total ausência de formalidade e de normas.

O abrandamento da conduta previamente formal estende-se, porém, muito além dos círculos da população mais jovem.[6] Os exemplos são óbvios. É o caso de muitas das previamente costumeiras frases polidas convencionais que desapareceram das cartas de rotina. Onde antes era usado em alemão "*Mit vorzüglicher Hochachtung Ihr sehr ergebener...*" ("Com profundo respeito, o seu mais obediente criado..."), tornou-se lugar-comum o simples "*Mit freundlichen Grüssen*" ("Com amistosas saudações"), que é semelhante ao britânico "*Yours sincerely*" ou ao americano "*Yours truly*" ("Sinceramente vosso" ou "Atenciosamente vosso"). Mesmo em cartas para altos funcionários, para ministros e presidentes, ou reis e rainhas, o

"Lanço-me respeitosamente a vossos pés" de Mozart seria impensável — mas, *mutatis mutandis*, também o seria a expressão "O mais humilde servo de Vossa Majestade", que era ainda usada no tempo de Guilherme II. Ou considere-se a severidade do ritual em torno da sobrecasaca e da cartola na sociedade guilhermina, e os gradientes que levaram disso para a ritualizada e barulhenta animação masculina dos clubes noturnos de oficiais e estudantes, ou a espirituosa jovialidade dos freqüentadores de *pubs*. Isto mostra, num simples relance, quanto a polarização entre comportamento formal e informal era ainda bem grande no reinado do Kaiser, o Kaiserzeit, no começo deste século, e como foi gradativamente reduzida — ao ponto de permitir a recaída da era Hitler. Ao mesmo tempo, é evidente que o processo de democratização funcional — o impulso no sentido de diminuir o gradiente de poder entre governantes e governados, entre as instituições estatais como um todo e a grande massa dos que vivem à margem delas — tinha algo a ver com essa transformação no código de comportamento.

Assinalemos, aliás, que o gradiente de formalidade-informalidade sincrônica pode também ter uma estrutura muito diferente em nações diferentes num determinado período. Há, por exemplo, uma nítida diferença entre a Grã-Bretanha e a Alemanha a esse respeito. Na Alemanha, a distância entre formalidade e informalidade é manifestamente maior, sendo a conduta formal na Alemanha muito mais aparatosa que na Grã-Bretanha. Entretanto, a oportunidade de se soltar informalmente é também comparativamente maior — na medida em que semelhantes estão sendo comparados com semelhantes e uma determinada classe com uma classe equivalente. O aperto de mão formal com todo o grupo presente, que é o habitual na Alemanha, ao chegar e ao sair de uma reunião social, foi substituído na Grã-Bretanha por um ritual casual e bem menos importuno, sem deixar de ser bem estabelecido, em que se acena com a cabeça e se desaparece de cena, com relativamente poucas despedidas. Isto é apenas um exemplo ilustrativo.

Assim, cumpre assinalar que o arcabouço de normas e controles, o código ou cânone de comportamento e sentimento em nossas sociedades (e talvez em todas as sociedades) não consiste num todo unificado. Em toda e qualquer sociedade existe um gradiente específico entre a relativa formalidade e a relativa informalidade, o qual pode ser apurado com grande precisão e ser mais ou menos elevado. A estrutura desse gradiente muda no decorrer do desenvolvimento de um Estado-sociedade. O seu desenvolvimento numa direção específica é um aspecto do processo civilizador.

3

Evitarei entrar em mais detalhes neste ponto sobre a natureza e o rumo geral dos processos civilizadores. Algumas breves notas e comentários devem ser suficientes a fim de preparar o terreno para o exame do peculiar surto de informalização, da qual uma pequena vaga pode ser observada depois da Primeira Guerra Mundial, e uma muito maior e mais forte após a Segunda. Esses comentários parecem-me ser particularmente necessários para eliminar uma dificuldade que se apresenta no modo de explicar esse processo. De tempos em tempos, tem sido afirmado que a chave para a minha teoria da civilização pode ser encontrada numa única frase de um livro de etiqueta do final da Idade Média: em tradução livre, diz que "As coisas que foram outrora permitidas, são agora proibidas".[7] A questão que compreensivelmente surge, então, de imediato é se o rumo da mudança não foi invertido a partir da década de 1930 e se não se deveria antes dizer, hoje em dia, que "Coisas que foram outrora proibidas são agora permitidas". E, se assim fosse, não significaria isso que estamos vivendo num tempo de regressão de civilização, ou de rebarbarização?[8] Esta questão, entretanto, creio estar baseada num entendimento inadequado da teoria dos processos civilizadores.

Caso se quisesse tentar reduzir o problema-chave de qualquer processo civilizador à sua fórmula mais simples, então poder-se-ia dizer que é o problema de como as pessoas conseguem satisfazer suas necessidades animalescas elementares, sem reciprocamente se destruírem, frustrarem, humilharem ou de algum outro modo causarem repetidos danos umas às outras em busca dessa satisfação — em outras palavras, sem que a realização das necessidades elementares de uma pessoa ou grupo de pessoas seja obtida à custa das de uma outra pessoa ou grupo. Em níveis mais incipientes do desenvolvimento social, as pessoas tinham inteiramente como aceites o seu próprio modo de vida e as suas próprias convenções sociais. Só muito mais tarde no desenvolvimento da humanidade e em especial em nosso próprio tempo, quando as pessoas adquiriram uma consciência cada vez maior de que os padrões de vida humana são sumamente diversos e mutáveis, é que isso passou a ser um problema. Só então, puderam as pessoas tentar explicar e examinar, num nível superior de reflexão, as mudanças não planejadas nesses padrões sociais e tentar planejar mudanças futuras a longo prazo.

O exame das coações a que as pessoas estão expostas é central em minha abordagem dos problemas da humanidade e, por conseguinte, do problema da civilização. De um modo geral, podemos distinguir quatro tipos:

1. As coações impostas às pessoas pelas características de sua natureza animal. Os imperativos de fome ou de impulso sexual são os exemplos mais óbvios desse tipo de coação. Mas as coações associadas ao envelhecimento, ser velho e morrer, ao anseio de afeição e amor, ou mesmo ao ódio e inimizade, e muitas mais que surgem espontaneamente nas pessoas, pertencem também a esta categoria.

2. As coações decorrentes da dependência de circunstâncias naturais não-humanas, sobretudo a coação imposta pela necessidade de procurar alimento, ou a necessidade de proteção contra os rigores do clima e as intempéries, para mencionar apenas duas.

3. As coações que as pessoas exercem mutuamente no decorrer de suas vidas sociais. Estas são freqüentemente conceituadas como "coações sociais". Mas convém deixar claro que tudo o que descrevemos como coações sociais ou, possivelmente, como coações econômicas, são coações que as pessoas exercem mutuamente, por causa de sua interdependência. Chamar-lhes-ei, por enquanto, "coações externas", embora sejam, literalmente, "coações por outras pessoas" (*Fremdzwänge*).

Tais coações externas são encontradas em todas as relações de duas ou três pessoas. Toda a pessoa que vive com outras, que é dependente de outras — e todos nós somos — está sujeita a essas coações por causa dessa mesma dependência. Mas também estamos sujeitos a coações externas quando vivemos com 50 milhões de pessoas; por exemplo, temos de pagar impostos.

4. Dessas coações baseadas na natureza animal dos seres humanos e, em particular, da natureza de seus impulsos, cumpre distinguir um segundo tipo de coação individual, a qual designamos através de conceitos tais como o de "autocontrole" (*Selbstkontrolle*). Mesmo o que chamamos "razão" é, entre outras coisas, um mecanismo de autocontrole, como é também "consciência". A esse tipo de coação dou o nome de "autocoação". Difere da primeira categoria de coações derivadas de impulsos naturais porque, biologicamente, estamos dotados apenas de potencial para a aquisição de autocoação. Quando esse potencial não é realizado através da aprendizagem e da experiência, permanece latente. O grau e o padrão de sua ativação dependem da sociedade em que uma pessoa cresce, e mudam, de modos específicos, ao longo do processo contínuo de desenvolvimento humano.

A teoria dos processos civilizadores encaixa-se neste ponto. A constelação de coações, que é a interação entre os quatro tipos, muda. As coações elementares da natureza humana — a primeira categoria — são as mesmas, com relativamente poucas variações, em todas as fases do desenvolvimento humano e são, assim, as mesmas para todos os ramos da nossa espécie *Homo sapiens.* Entretanto, os padrões de autocoações que se desenvolvem em resultado de experiências diferentes são altamente dessemelhantes. Isto vale, em especial, para as relações entre coações externas e autocoações, em sociedades em etapas diferentes de desenvolvimento e, num menor grau, também em diferentes sociedades na mesma etapa.

Até onde me é dado saber, não existe sociedade humana em que a repressão de impulsos animais elementares das pessoas assente somente na coação externa — ou seja, no medo de outros, ou na pressão de outros. Em todas as sociedades humanas que conhecemos, um padrão de autocoações é formado através de coações externas durante a criação dos filhos pequenos. Mas em sociedades mais simples e, de fato, nas sociedades agrárias de todo o mundo, o mecanismo de autocontrole é relativamente fraco e, se posso por esta vez usar tal expressão, cheio de buracos, em comparação com o desenvolvido em estados industriais altamente diferenciados e, em especial, multipartites. Isso significa que, para chegar à autocoação, os membros das espécies anteriores de sociedade requerem considerável soma de reforço através do medo criado e da pressão exercida por outros. A pressão pode vir de outras pessoas, como um chefe, ou de figuras imaginárias, como ancestrais, fantasmas ou deidades. Seja qual for a forma, é requerida neste caso uma coação externa muito considerável para fortalecer a estrutura da autocoação das pessoas, a qual é necessária à sua própria integridade e, com efeito, à sua sobrevivência como pessoas — e à integridade e sobrevivência das pessoas com quem elas têm de viver.

A característica dos processos civilizadores, como foi revelado pelas minhas pesquisas, consiste numa mudança na relação entre coações sociais externas e autocoações individuais. Embora esse seja apenas um dos muitos critérios, concentrar-me-ei aqui nele, um vez que permite o acesso relativamente simples aos problemas (bem longe de simples) criados pela tendência contemporânea para a informalização.

Vejamos o caso de uma criança que é freqüentemente espancada pelo pai colérico toda vez que, em seu entender, ela faz alguma travessura. Essa criança aprenderá a evitar a conduta desaprovada com medo de seu pai. Mas o seu mecanismo de autocoação só se desenvolverá parcialmente a esse respeito. Para ser capaz de conter-se, permanece dependente das ameaças de outros. Sua capacidade de coibição poderia desenvolver-se com maior vigor se o pai fizesse a criança evitar espontaneamente o comportamento indesejável através de persuasão, argumentação ou sinais de carinho. Mas a criança que é agredida com freqüência não aprende a conter-se independentemente de uma coação externa, sem a ameaça de punição paterna; e por isso fica também, em considerável medida, à mercê de seus próprios impulsos de rancor e hostilidade. É altamente provável que essa criança, por sua vez, venha a tornar-se mais tarde propensa a querer resolver tudo de forma agressiva, tomando inconscientemente seu pai por modelo.

Este exemplo pode ser transferido sem dificuldade para sistemas políticos. Membros de uma sociedade-Estado que foi absolutista por largo tempo — governada de cima para baixo na forma do que chamaríamos um Estado policial — desenvolvem estruturas de personalidade muito análogas, em que sua capacidade para exercer a autocoação permanece na dependência de uma coação externa, de uma força que os ameace desde fora com severas punições. Um regime não absolutista e multipartite requer um mecanismo muito mais forte e mais firme de autocoação. Corresponde ao modelo de criação que constrói tal mecanismo em indivíduos, não através do recurso à punição ou à ameaça de concretizá-la, mas através da persuasão e da argumentação convincente. Essa é uma das razões por que — embora a participação e a formação de opinião pelos governados ainda estejam severamente limitadas no tipo atual de sistema multipartite — a transição de um regime absolutista, ditatorial (ou de um regime de caudilhos) para um regime multipartite é tão árdua. Em termos de estrutura de personalidade, mesmo essa modesta reivindicação de formação de opinião e autocontrole por cada eleitor é imensamente difícil para pessoas que viveram sob um sistema de caudilhos ou déspotas; este é o caso, em especial, das campanhas eleitorais emocionalmente controladas e do refreamento de paixões que isso implica. Essas dificuldades são tão grandes que usualmente são precisas três, quatro ou mesmo cinco gerações para que as estruturas da personalidade se adaptem com êxito à forma não-violenta de disputa partidária.

Em suma, no decorrer de um processo civilizador, o mecanismo de autocoação torna-se mais forte do que as coações externas. Além disso, torna-se mais uniforme e abrangente. Um exemplo: em sociedades com proporções de poder muito desiguais, desenvolve-se um mecanismo de autocontrole para o *establishment* — aqueles que detêm o poder, aqueles que ocupam os mais altos cargos da hierarquia — sobretudo em relação aos seus iguais. Ao lidar com aqueles que lhes são inferiores na escala social, não necessitam conter-se e podem "soltar-se". Andreas Capellanus, que escreveu sobre as regras de comportamento entre homens e mulheres no século XII, descreveu em detalhe como um nobre deve conduzir-se com uma mulher de categoria superior, uma de categoria igual e também com uma "plebéia". Quando passa a falar do comportamento para com uma jovem camponesa diz, com efeito: "Você pode fazer o que quiser."[9] Uma dama da corte no século XVIII permite que seu lacaio permaneça na sua presença enquanto toma banho: para ela, ele não é um homem, não é uma pessoa em frente de quem precise sentir vergonha de sua nudez.[10] Em comparação com as sociedades desses tempos, a nossa cultiva um sentimento envolvente de vergonha. As diferenças sociais ainda são consideráveis, por certo, mas no decorrer do processo de democratização os diferenciais de poder declinaram. Correspondentemente, tivemos de desenvolver um grau relativamente elevado de auto-contenção no trato com todas as pessoas, incluindo os subordinados sociais.

4

Passo agora a tratar do atual surto de informalização que é central para estas reflexões. Gostaria de limitar-me a duas áreas de relações em que o processo pode ser observado com grande clareza: as relações entre homens e mulheres e entre as gerações mais velhas e mais jovens.

O modo como o impulso para a informalização se manifesta no relacionamento entre homens e mulheres talvez possa ser melhor demonstrado se compararmos o código que governava as relações entre os sexos e que era predominante entre os estudantes na Alemanha antes da I Guerra Mundial, com o que está se desenvolvendo hoje. Antes da guerra de 1914-18, a maioria dos estudantes alemães era oriunda de prósperas classes médias. Pertenciam geralmente a uma agremiação estudantil, muitas vezes uma confraria exercitada nas armas, estavam autorizados a dar e exigir satisfações e eram, portanto, treinados para o duelo. Para eles, havia uma clara distinção entre dois tipos de mulheres. Por um lado, havia as mulheres da mesma classe social — mulheres com quem podiam casar-se. Eram absolutamente intocáveis. As convenções da boa sociedade aplicavam-se a elas: eram alvo da reverência masculina, beijava-se-lhes a mão, dançava-se com elas de um modo prescrito, podiam receber um beijo quando o permitiam, podiam ser brevemente visitadas, desde que seus pais estivessem presentes — em suma, o contato com elas era regido por um código de conduta muito bem estabelecido e estritamente formalizado. Por outro lado, havia moças de uma outra classe social, ou prostitutas num bordel, ou da classe trabalhadora ou média baixa, com quem só poderiam ter um caso.

Pode-se ver como as coisas mudaram muito neste campo. A prostituição e os casos com moças de classes inferiores desapareceram quase por completo, até onde me foi dado saber, dos horizontes dos estudantes. Rituais como dirigir-se a uma jovem como "*Gnädiges Fräulein*" (generosa senhorita) e mesmo o frio e distante uso de "*Sie*" (o formal "vós") tornaram-se obsoletos nas relações entre os sexos em universidades e não apenas aí, por certo. Homens e mulheres estudantes, como outros membros do mesmo grupo etário, usam "*du*" (o informal "tu") entre eles com a maior naturalidade, mesmo que no começo do convívio acadêmico não existisse qualquer prévio conhecimento mútuo.

Isto fornece um exemplo simples de uma tendência informalizante; mas apresenta alguns problemas óbvios. Nas gerações do início do século XX, de que estávamos falando, havia rituais de namoro entre jovens que eram fixados com grande precisão. O mais jovem membro de uma confraria estudantil, o "calouro",[11] na improvável eventualidade de não lhe terem sido ensinadas essas regras em casa, muito em breve aprenderia com o seu "patrono", um dos estudantes veteranos da sua confraria, as regras de boa conduta em relação às senhoritas do círculo social que a confraria freqüentava e em relação a outras moças casadouras, assim como os cerimoniais da taverna ou do duelo. Tudo isso, embora certamente seja parte da história alemã, não é considerado, ao que parece, merecedor de estudo pelos autores de história convencional. Para os sociólogos, pelo contrário, é do maior significado, mas não para denegrir ou exaltar o passado, não para estabelecer uma abordagem de "história cultural" em oposição à "história política" — tais categorias deixaram de ter qualquer utilidade. Como seria possível separar as mudanças sociais nas universidades, de mudanças nas sociedades-Estados de que fazem parte? A tarefa imediata consiste, primeiro, em tornar compreensível a idéia geral de mudanças comportamentais e, através da comparação com as estruturas de uma fase anterior, projetar nova luz sobre o que é problemático na fase atual.

É evidente que a emancipação de um grupo anteriormente menos poderoso, as mulheres, abriu as universidades para as moças como pessoas com aproximadamente os mesmos direitos. Nessa situação, o ritual convencional muito peculiar que regulava as relações entre homens e mulheres nas sociedades européias perdeu boa parte de sua função. Hoje é observado apenas de forma muito rudimentar. Mas esse ritual deu a homens e mulheres uma certa quantidade de apoio em suas relações mútuas. Serviu como uma coação externa à qual podia acudir uma pessoa dotada de um mecanismo de autocoação relativamente fraco. O cerimonial das associações estudantis tinha, sob muitos aspectos, a mesma função. Através dele, os membros acostumavam-se a uma disciplina externamente controlada, exatamente como na militar.

A emancipação desse mecanismo de coação externa socialmente herdado, que tomou em alguns casos, mas não em todos, a forma de uma deliberada revolta, significa que os jovens na universidade (e, é claro, fora dela) se encontram diante de uma situação difícil em que a sociedade oferece hoje pouca orientação. No processo de atrair um parceiro sexual — todo o processo de formação de pares que caracteristicamente costumava ser descrito, do ponto de vista do homem, como "cortejar" —, os participantes são forçados, mais do que nunca, a confiar em si mesmos. Em outras palavras, marcar encontros, formar pares e namorar estão hoje, em considerável medida, individualizados. À primeira vista, talvez pareça paradoxal que esse processo de informalização, essa emancipação da coação externa de um ritual social predeterminado, faça maiores exigências ao mecanismo de autocoação de cada participante individual. Requer dos parceiros que se testem a si mesmos e uns aos outros em suas relações mútuas e, assim fazendo, não podem contar com ninguém exceto eles próprios, seu próprio discernimento e seus próprios sentimentos.

Naturalmente, os primórdios da formação de novos códigos de comportamento, inclusive os começos de uma forma de controle de grupo, podem ser também observados em tudo isso. Acontece, por vezes, que amigos num círculo de relações ver-se-ão envolvidos quando um casal está enfrentando problemas, quando um dos membros do casal está se conduzindo muito mal em relação ao outro, na opinião do grupo. Mas a principal responsabilidade de moldar a vida em comum recai, de qualquer modo, sobre os ombros dos indivíduos interessados. Assim, a informalização traz consigo exigências mais fortes sobre o mecanismo de autocoação e, ao mesmo tempo, a freqüente experimentação e a insegurança estrutural; não se pode confiar em modelos existentes, cada um tem de elaborar para si mesmo uma estratégia de encontros e namoro, assim como uma estratégia de convivência através de uma variedade de experiências em curso.

O que tentei ilustrar com o exemplo das relações entre os sexos em universidades também vale para o desenvolvimento das relações entre homens e mulheres de um modo mais amplo. A revista norte-americana *Time* publicou, em certa ocasião, uma reportagem sobre a insegurança manifestada por homens em quem os velhos costumes ainda estão profundamente arraigados:

> Um homem sentado no ônibus que vai para o centro da cidade sofre todos os tormentos de um exame íntimo antes de oferecer o seu assento a uma senhora. O macho tem de aprender a avaliar uma mulher pela idade, educação e possivelmente a ferocidade do feminismo antes de abrir uma porta para ela: será que se sentiria ofendida com o gesto de cortesia? Isso favorece a ambigüidade: se um homem intencionalmente se recusa a abrir uma porta para uma mulher, está dando provas de ser sexualmente liberado? Ou é apenas um cretino mal-educado?[12]

E um recente livro americano de etiqueta estabelece a regra, segundo a qual “Quem estiver porventura caminhando na frente, abre a porta e a segura para que passe o outro”.[13] Tudo isto aponta para o que, no plano sociológico, é particularmente pertinente neste contexto: primeiro, as características distintivas do surto informalizante que ocorreu no século XX e, em seguida, encontrar uma explicação para o mesmo. Somente quando a estrutura dessa tendência foi reconhecida e entendida pode então passar-se a responder à questão sobre se isso é o começo de um processo de rebarbarização. Será o princípio do fim do movimento civilizador europeu ou é, antes, a sua continuação num novo nível? O exemplo das relações entre os sexos mostra até que ponto o colapso de um tradicional e mais antigo código de conduta e sentimento está intimamente ligado a uma mudança no equilíbrio de forças entre os grupos sociais cujas relações eram socialmente reguladas pelo código. Não posso tratar aqui da sociogênese do código que regeu a conduta mútua de homens e mulheres das classes alta e média em sociedades européias. Deve ser suficiente sublinhar que, nesse código, as características da elevação social das mulheres estavam ligadas, de um modo notável, às de sua subordinação a homens. Em suma, as formas de conduta que eram inequivocamente características do comportamento em relação a pessoas de classes superiores, como a reverência e o beijo na mão, foram adotadas em relação a mulheres e integradas num código de comportamento que, em tudo o mais, era claramente andrárquico.[14] A transformação de toda essa estrutura ambivalente de poder na direção de maior igualdade é ilustrada pela mudança dos padrões de comportamento entre os sexos.

5

Sem uma clara idéia sociológica do passado, chega-se inevitavelmente a uma noção distorcida das relações sociais no presente. Assim, como isso é verdadeiro das relações entre os sexos, também o é das relações entre as gerações pré- e pós-guerra. E também neste caso, no interesse da brevidade, posso destacar melhor as mudanças no código de conduta e de sentimento limitando-me, em primeiro lugar, a comparar gerações universitárias, sobretudo estudantes.

Ao comparar a vida estudantil de minha própria juventude e a dos estudantes de hoje, a primeira coisa que me chama a atenção é a forma enfaticamente hierárquica de comportamento ao tempo do Kaiser e o não menos enfaticamente igualitário comportamento das gerações após a II Guerra Mundial. A diferença é ainda mais óbvia quando se recorda que no período que antecedeu a I Guerra Mundial, a maioria dos estudantes era composta de membros de confrarias; além disso, as confrarias estudantis inculcavam atitudes em que dominação e subordinação estavam nitidamente caracterizadas — talvez ainda estejam hoje. Ao "calouro" era exigido que realizasse toda a sorte de tarefas para o seu "patrono", um membro mais antigo da confraria, desde levar e trazer recados até engraxar-lhe diariamente os sapatos, como nas correspondentes relações nas *public schools* britânicas. As regras da confraria para beber em tavernas — conhecidas na Alemanha como *Bierkomment* — exigiam que o "calouro" esvaziasse seu copo toda a vez que o estudante mais antigo lhe fizesse um brinde ou erguesse o copo para ele. E quando acabava por sentir-se mal, era-lhe permitido desaparecer no banheiro. Como as universidades alemãs não ofereciam, tradicionalmente, quaisquer conveniências para a vida social dos estudantes, concentrando-se em cuidar de seus espíritos e dificilmente dedicando um pensamento ao resto do ser humano, as confrarias acadêmicas desempenharam um papel complementar que não deveria ser subestimado.

Além disso, até onde sei, a grande maioria dos estudantes tinha suas taxas e demais encargos do ensino, antes da I Guerra Mundial, pagos por seus pais. Por conseqüência, isso levou a um padrão muito específico de seleção social. Mesmo sem contar com dados estatísticos, pode-se estimar que antes da I Guerra Mundial 90% dos estudantes em universidades alemãs provinham das classes médias abastadas. Em contraste, veja-se a composição do quadro de estudantes, por ocupação dos pais, de uma universidade da Alemanha Ocidental em 1978:[15]

trabalhador	18,1%
trabalhador de colarinho branco	34,6%
servidor público	19,5%
autônomo	20,5%
outros	7,2%

Embora isto não corresponda, de fato, às proporções de profissões dos pais na população total, quando comparado com 1910 mostra a tendência de mudança na distribuição de poder.

Um exame mais minucioso revela que, entre os estudantes, existem certos traços que são menos específicos de classe do que específicos de geração. É possível que mudanças venham a ocorrer num futuro mais ou menos distante. De momento, porém, há uma desconfiança generalizada dentre os estudantes alemães, específica de sua geração, em relação às gerações mais velhas — ou seja, aquelas gerações que conheceram a guerra. Sem que isso seja articulado de uma forma precisa, eles são culpados por todos aqueles acontecimentos da guerra e da era nazista que, na realidade, preferiam esquecer e com os quais a geração mais jovem não pode identificar-se. O sentimento de que "Não tivemos nada a ver com isso" separa as gerações mais jovens das mais velhas e separa-as cada vez mais daqueles que "tiveram alguma coisa a ver com isso". Embora estes últimos ocupem, de fato, posições de autoridade na Alemanha Ocidental, as minhas observações indicam que sua autoridade não é reconhecida pelos estudantes.

A tendência fortemente igualitária entre as promissoras gerações em ascendência expressa-se também no uso pelos estudantes do informal "*du*" ("tu"). Numa certa medida, esse uso estende-se também aos professores mais jovens. Por algum tempo, pareceu ser a coisa mais natural do mundo dirigir-se até a um catedrático sem o seu título, simplesmente como "Sr..." — sinais claros de uma tendência informalizante e, ao mesmo tempo, de uma reivindicação maior de poder por parte dos estudantes em relação aos professores. Não me atrevo a profetizar como essa tendência se desenvolverá doravante. Em última análise, o desenvolvimento das universidades depende do desenvolvimento global da República Federal. Se as tendências autoritárias desta última forem fortalecidas, elas também serão mais fortes nas universidades.

Cas Wouters, num ensaio que se concentra em particular na Holanda, enfatiza o vigor com que muitas pessoas da geração mais jovem, muito conscientes do exemplo negativo da arregimentação pelo Estado, desejam "libertar totalmente a personalidade individual das coerções sociais". Mas em contraste com períodos anteriores, quando os jovens se empenhavam em encontrar uma responsabilidade significativa para si mesmos como indivíduos, existe agora

> uma tendência maior entre essas gerações emancipatórias para buscar a auto-realização em grupos ou em movimentos sociais. Nesse aspecto, as tendências fortemente idealistas que encontramos aqui têm um caráter muito diferente das apresentadas pelo liberalismo político ou cultural. [E portanto]... as restrições que a vida em grupos ou movimentos inevitavelmente impõe ao indivíduo são suscetíveis de frustrar, repetidas vezes, as esperanças imaginárias de liberdade individual...[16]

Com todas as devidas cautelas no que se refere a generalizações, isso suscita um problema estreitamente relacionado com a informalização. As organizações altamente formalizadas das primeiras corporações estudantis — as agremiações duelísticas, as confrarias nacionalistas, as sociedades de ginástica — e sua estrutura estritamente hierárquica e autoritária precisam apenas ser comparadas com os esforços dos estudantes de hoje para obter formas mais igualitárias de organização. A diferença fica então evidente; mas também as dificuldades especiais com que se defrontam as aspirações dos estudantes de hoje. O resultado de pessoas mais jovens se reunirem hoje para formar um grupo igualitário é, em muitos casos, a renovação de hierarquia. Porque pessoas vivendo juntas impõem sempre coações recíprocas, qualquer grupo que não reconheça esse fato e tente levar uma vida livre de coações(o que não existe) caminha inevitavelmente (se assim posso exprimir-me) para o desapontamento.

A comparação das associações estudantis alemãs do começo do século com as atuais revela alguns outros pontos importantes de diferença entre ontem e hoje, em especial a respeito das relações entre gerações. Dois pontos são particularmente notáveis. Em primeiro lugar, as confrarias declinaram; o deslocamento de poder em favor de estudantes que não são membros de confrarias significa *ipso facto* um impulso maciço em direção à individualização, uma emancipação da disciplina de um grupo formal que não abrandava seu domínio sobre os membros do grupo nem mesmo na atmosfera descontraída da taverna. E as gerações mais jovens e mais altamente individualizadas, que tampouco sentiam a necessidade do patrocínio dos *alte Herren* (os "velhos senhores", como eram apelidados os antigos alunos diplomados por essas universidades) em suas carreiras exigiam, pelo contrário, mais igualdade com as gerações mais velhas. Toda uma série de fatores interligados contribuiu para alterar o equilíbrio de poder entre as gerações a favor da mais jovem. A criação pelo Estado de bolsas para estudantes desempenhou um importante papel nesse contexto; o mesmo se pode dizer do descrédito de muitos dos membros das gerações mais velhas através de sua associação com o nacional-socialismo e, mais geralmente, com a guerra perdida. Mas esses são apenas exemplos. No conflito entre as gerações, que nunca desaparece inteiramente, todo um complexo de fatores colocou melhores trunfos nas mãos das gerações mais jovens do período do pós-guerra.

Como ocorre com freqüência em tal situação, muitos dos membros das gerações mais jovens sentiram que os ventos lhes eram favoráveis mas, ao mesmo tempo, superestimaram sua própria força. Numa avaliação por vezes grandiosamente errônea de seus reais recursos de poder, concluíram que poderiam agora realizar tudo o que quisessem. Se as gerações mais velhas tinham anteriormente expressado seu poder superior em relação às mais jovens através de rituais formais de comportamento, então, por algum tempo, os membros das últimas lutaram pela destruição de todas essas formalidades — não apenas aquelas usadas entre as gerações, mas as usadas entre as pessoas em geral. Pensando em retrospecto sobre as décadas de 1960 e 1970, talvez se recorde apenas desse tempo as excessivas esperanças e o gosto amargo de desapontamento que ficou na boca de muita gente pelo rumo real dos acontecimentos, quando essas expectativas não se concretizaram. A futilidade das lutas pelo poder com esperanças estratosféricas obscurece, por vezes, o simples fato de que, uma vez assentada a poeira dos conflitos, o desenvolvimento social nunca retrocede para o nível da etapa anterior de formalização. Os sonhos não foram realizados mas a distribuição de poder entre as gerações manteve-se definitivamente menos desigual do que tinha sido antes da eclosão do conflito entre as gerações.

Uma área em que isso é especialmente evidente é na relação entre filhas solteiras e seus pais e entre mulheres jovens e membros das gerações mais velhas em geral. De todas as mudanças nos padrões de formalização ou informalização e no equilíbrio de poder entre as gerações que ocorreram no decorrer deste século, uma das mais perceptíveis e significativas é o recrudescimento de poder das mulheres jovens e solteiras. Na parte inicial do século XX, a vida dessas mulheres em grandes segmentos da classe média e da aristocracia era predominantemente regulada pela família. As oportunidades individuais para auto-regulação acessíveis às jovens desses estratos sociais eram muito limitadas. O controle por pessoas mais velhas abrangia todos os aspectos de suas vidas. Ficar sozinha num aposento com um jovem que não fosse da família ou mesmo atravessar a rua desacompanhada era totalmente escandaloso. Sexo antes do casamento condenava uma mulher, que tivesse algum amor-próprio, a uma vida inteira de vergonha. A tragédia *Rose Bernd*, de Gerhart Hauptmann, retrata com bastante realismo a história da bela e honesta filha de um lavrador, perseguida por homens como se fosse uma peça de caça, que acabou sucumbindo aos talentos de sedutor de um deles e depois enlouquece sob o peso da vergonha que assim causou a si mesma e à família. Não devemos esquecer que essa regulação do comportamento e dos sentimentos das mulheres jovens pelos pais, a Igreja, o Estado e todo o círculo de relações pessoais era um tipo de formalização que correspondia ao então vigente equilíbrio de poder entre as gerações e os sexos.

Em menos de uma centena de anos, como se pode ver, foi consumada uma mudança realmente radical. Se agora, no final do século XX, uma jovem se junta com um rapaz e engravida, em muitos casos nem os pais nem os próprios jovens consideram isso um escândalo. O surto informalizante é evidente nessa atitude, se bem que esta não tenha sido certamente adotada em igual extensão por todos os estratos e todos os setores nas sociedades mais desenvolvidas. Mas o que realmente mudou, a estrutura da mudança, ainda permanece, com freqüência, pouco clara em discussões públicas. As pessoas podem não enxergar nessas mudanças outra coisa senão a degeneração na desordem. Apresenta-se-lhes meramente como a expressão de um relaxamento do código de comportamento e sentimento, sem o qual uma sociedade deve cair no caos e destruição. Mas tal ponto de vista não faz jus aos fatos. A mudança no código social que regula a vida de jovens solteiras mostra, de um modo inequívoco, que o peso da tomada de decisão e regulação transferiu-se agora, em considerável medida, dos pais e família para as próprias jovens. Também nas relações entre as gerações se registra uma crescente pressão social no sentido da auto-regulação ou, por outras palavras, um impulso no sentido da individualização. Se tal mudança for vista como descivilizadora, então isso é porque a teoria dos processos civilizadores foi mal interpretada.

B Duelo e filiação na classe dominante imperial: exigir e dar satisfação

1

Existem certos aspectos da estratificação social na Alemanha, por volta de 1900 (como em outras épocas e lugares), com os quais as pessoas estão muito familiarizadas, sem pensar muito a seu respeito, mas que podem muito bem ser consideradas numa sistemática investigação científica social. Isso evidencia-se quando se pensa em dois dos mais importantes métodos sociológicos para tratar de problemas de estratificação social: qualificar estratos de acordo com a ocupação e de acordo com a classe. Ambos os critérios de estratificação são essenciais mas nenhum é suficiente *per se* para explicar o ordenamento das pessoas em estratos de categoria superior ou inferior. Para tal propósito, é também necessário saber como os membros de uma sociedade que estão dotados de desiguais oportunidades de poder e status se classificam a si mesmos e uns aos outros.

São inadequados os critérios de estratificação que mostram como as pessoas numa sociedade são agrupadas quando vistas unicamente, desde a perspectiva de terceira pessoa do plural do investigador, como "eles". Tais critérios precisam ser usados em conjunto com outros derivados das perspectivas daqueles sob investigação. Pois as pessoas que estão sendo estudadas também têm suas próprias perspectivas sobre como são agrupadas e estratificadas, vendo-se a si mesmas e, mutuamente, das perspectivas da primeira e da terceira pessoas do plural, como "nós" e "eles".[1] A imagem que as pessoas que vivem juntas numa sociedade específica têm de sua própria posição e da de outras na pirâmide social deve conjugar-se com critérios de estratificação desde a perspectiva do pesquisador, a fim de se formar um modelo abrangente que tenha a chance de ser fecundo em novos trabalhos; pois a experiência de estratificação pelos participantes é um dos elementos constitutivos da estrutura da estratificação. Só levando em conta a estrutura da experiência de estratificação — inclusive a distorção ou o bloqueio de sua perspectiva — e colocando modelos mais objetivos em contraste com outros mais subjetivos, pode o pesquisador evitar a dissecação acadêmica da realidade e colocar os símbolos conceituais em melhor congruência com as ligações observáveis.

Uma concentração unilateral na imagem da estratificação em termos de classes econômicas — imagem essa que foi primeiro elaborada principalmente pelos fisiocratas e depois, mais tarde, fixada programaticamente por Marx — pode com facilidade fazer parecer que a estratificação social da Alemanha com o Kaiser foi exclusivamente determinada pela propriedade ou não-propriedade dos meios de produção. Se as desigualdades na distribuição de poder e as relações sociais de dominação e subordinação nesse período são entendidas primordialmente em função das relações entre as classes de especialistas "econômicos" que produziram e distribuíram bens — os industriais e os trabalhadores — então deveremos considerar os empresários, com sua abundância de capital, o estrato socialmente mais poderoso e de categoria mais elevada do Kaiserreich. Mas isso dificilmente constitui uma imagem fiel da sociedade alemã entre 1871 e 1918.

Quando se examina o modo como as próprias pessoas dessa sociedade classificavam os diferentes estratos sociais, torna-se evidente que os empresários e grupos afins, como os grandes comerciantes ou banqueiros, certamente não ocupavam as posições mais elevadas. Os altos funcionários da administração civil e as altas patentes militares tinham definitivamente um status social superior ao dos mais ricos comerciantes. E até um relativamente próspero diplomado universitário, como um advogado ou um médico, ocupava um status social mais elevado do que talvez um industrial ou comerciante muito mais rico, sem curso superior. Poder-se-ia ter a impressão de que um capitalista financeiramente forte, mesmo sem qualquer diploma acadêmico, era socialmente mais poderoso do que um doutor com menos capital; mas tal impressão deve ser tratada com grande circunspeção. Raras vezes se dá o caso em que o modo como estratos sociais em mútuo contato se classificam mutuamente — isto é, as imagens que se fazem da hierarquia social — é independente do real gradiente de poder entre eles. Do ponto de vista histórico, existem certamente fases de transição, quando a imagem popular da classificação dos estratos já não corresponde, ou ainda não corresponde, ao seu ordenamento em termos de poder. Mas com a exceção de tais discrepâncias de transição, a imagem que as classes participantes formam da hierarquia de status constitui usualmente um sintoma bastante confiável da real distribuição de poder entre elas.

Um dos critérios para definir a categoria social de uma pessoa na "boa sociedade" da Alemanha ao tempo dos Kaisers, numa medida muito maior do que nos dias de hoje, era a ancestralidade — isto é, a categoria social de pais e avós. No serviço público civil e no serviço militar, esse fator estava presente desde o início. No caso de diplomados universitários, era mais provável que a ancestralidade ficasse em segundo plano; pressupunha-se, talvez, que só uma família convenientemente abastada podia permitir-se mandar seus filhos para a universidade. E se o próprio pai não pertencia aos círculos superiores, então o fato de que alguém tinha superado as barreiras dos ritos de iniciação duelísticos numa confraria e, mais tarde, obtido um doutorado, era suficiente para apagar a memória de uma ancestralidade não particularmente distinta. Mas os comerciantes e industriais *nouveaux riches* que não tinham passado pelos sangrentos *rites de passage*, exigidos de estudantes e militares, eram olhados com sobranceria pela "boa sociedade" do Kaiserzeit como portadores do indelével estigma de origens humildes, de serem "alpinistas sociais" e *parvenus*.

Ao contrário do que sugere o uso um tanto impreciso da expressão "sociedade capitalista", no período após 1871, os capitalistas financeiramente poderosos não formavam ainda, em absoluto, o estrato socialmente mais poderoso e, concomitantemente, o mais elevado da sociedade alemã. A Alemanha foi um país em que, de acordo com o seu desenvolvimento tardio como nação-Estado, a grande riqueza burguesa dos tempos modernos se manifestou relativamente tarde. Dado o atual nível de conhecimentos, não é fácil dizer quantos dos ricos industriais e comerciantes, na segunda metade do século XIX, eram "alpinistas sociais", ou seja, a primeira geração de membros da classe alta, mas a suposição de que eles formaram uma considerável percentagem nada tem de descabida. De qualquer modo, na estrutura social do Kaiserreich até 1918, os membros das "velhas" famílias, que detinham mais ou menos o monopólio de posições nos altos escalões do funcionalismo civil, no oficialato militar e no serviço diplomático, eram inequivocamente superiores aos "capitalistas", tanto em poder social quanto em status social. Em seu romance *Der Untertan*,[2] Heinrich Mann caricaturou as relações do industrial com o alto funcionário nobre. Mas o seu retrato do gradiente de poder, mostrando o nobre servidor do Estado — um administrador regional, por exemplo — como muito superior e o industrial como o súdito menos poderoso, é bastante real.

Vejamos um exemplo de como os próprios participantes viram a hierarquia de poder e status na Alemanha no final do século XIX e começos do atual. É proporcionado pelo romance de Walter Bloem sobre a vida estudantil, *Der krasse Fuchs* (*O calouro*).

> Os cidadãos de Marburgo estão divididos em duas castas: a sociedade e aqueles que não pertencem à sociedade. Se uma determinada pessoa ou família fosse contada como pertencente a uma ou outra classe, era decidido por uma característica muito simples: os membros da "Associação do Museu" formavam a sociedade; quem não pertencesse a esse círculo era definitivamente uma forma inferior de vida. Os membros do serviço público civil, da universidade, a corporação municipal, o corpo de oficiais do batalhão de rifles, assim como todos os membros das profissões liberais e os comerciantes ricos pertenciam à associação. Por uma quantia modesta, os estudantes podiam adquirir a condição de membros associados e, assim, todos os membros do corpo discente, as confrarias, as associações de estudantes das várias regiões da Alemanha e os clubes universitários de ginástica eram, sem exceção, elegíveis para sócios do museu.
>
> Dentro dessa sociedade, entretanto, havia numerosos círculos mais seletos, os quais, embora fossem rivais em certos aspectos, não obstante formavam, de um modo geral, uma outra hierarquia social interna cujos degraus eram muito amplos no começo e depois iam estreitando lentamente.
>
> Era inculcado nos jovens estudantes, na própria cerimônia de iniciação, como membros júniores da agremiação pelo "líder dos calouros" o fato de terem de permanecer somente em certos degraus dessa hierarquia. Assim, quando foi ao seu primeiro Baile do Museu, Werner já sabia muito bem que não podia dançar com qualquer moça que lhe

apetecesse; que, em vez disso, antes de se apresentar, tinha que averiguar primeiro se a senhora escolhida pertencia ou não ao círculo onde a confraria se movimentava.

Mas ele sabia muito pouco da vida para sentir-se particularmente encurralado pelos estreitos limites dentro dos quais lhe era permitido buscar prazer e estimulação. Pouco a pouco, tornara-se a tal ponto um Cimber,[3] que considerou muito natural dançar somente com "senhoras Cimber". Para seus sentimentos azuis-e-brancos[4], as outras senhoras significavam tão pouco quanto as mulheres daqueles povos estrangeiros com quem, para um cidadão da antiga Roma, não havia *commercium et connubium*.[5]

As divisões sociais de uma pequena cidade universitária alemã por volta de 1900, vistas da perspectiva da classe alta, são nitidamente evidentes na descrição acima. Se usados de modo crítico, os romances podem ajudar a reconstituir para nós uma sociedade passada e sua estrutura de poder. Como provavelmente em toda a cidade alemã, grande ou pequena, havia em Marburgo um grupo, a "boa sociedade", que se destacava do resto da população citadina. Seus membros formavam uma rede de pessoas que, apesar de toda a rivalidade e inimizade interna, sentiam, no entanto, pertencer ao mesmo círculo e que juntas exerciam suficiente poder para estar aptas a constituir um grupo auto-suficiente e excluir todas as outras desse círculo de relações. Essa exclusividade, pertencer à "boa sociedade", tornava-se visível pela filiação numa agremiação local, a "Associação do Museu". O direito a assistir às suas cerimônias e festividades, sobretudo ao seu Baile de Gala, era o sinal visível e institucionalizado da muito menos visível e não-institucionalizada linha de divisão entre pessoas que eram consideradas pelos membros da própria "boa sociedade" como pertencendo-lhe e aquelas que não lhe pertenciam. A admissão na Associação do Museu era, pois, a expressão manifesta de "pertencer", mas não criava nem justificava esse status. Antes, eram invocados critérios internos — como ancestralidade, títulos, profissão, educação, reputação e nível de renda — numa discreta permuta de opiniões através dos canais de mexericos da rede das "boas famílias" locais a que os estudantes e fraternidades locais estavam vinculados.

Como se pode ver, o primeiro nível da Associação do Museu de Marburgo compunha-se de membros do serviço público civil, da universidade, da municipalidade, e dos oficiais da guarnição da cidade e suas famílias; o nível seguinte incluía os profissionais liberais da cidade e os membros das sociedades estudantis locais com direito a ostentar as cores heráldicas. Como extensão local, havia também alguns dos comerciantes mais abastados. De acordo com a distribuição do poder no Kaiserreich, também aí os representantes do Estado detinham a posição mais elevada. Os comerciantes, representando a economia, ainda tinham consideravelmente menos poder e status do que aqueles. Um jovem estudante teria de transpor inúmeras barreiras e provavelmente enfrentar toda a força da ira de seus camaradas se tivesse preferido a bela filha de uma comerciante a uma senhora do círculo "onde a confraria se movimentava".

Havia, portanto, como Bloem explicitamente afirma, uma série de gradações dentro desse círculo. Mas, de um modo geral, a filiação na Associação do Museu determinava com quem uma pessoa podia relacionar-se sem pôr em perigo o seu status proeminente. A filiação identificava uma pessoa como membro da "boa sociedade" e assim, na acepção mais ampla, do *establishment* alemão. Não ser membro estigmatiza uma pessoa como "marginal", como alguém a quem foi negado acesso às posições de poder, assim como aos círculos sociais das classes altas.

2

As "boas sociedades" são um tipo específico de formação social. Elas formam-se por toda a parte como correlatos de complexos institucionais capazes de manter sua posição de poder monopolístico por mais de uma só geração, como círculos de convivência social entre pessoas ou famílias que pertencem a esses complexos institucionais (*establishments*). A sociedade de corte é um tipo particular de "boa sociedade".[6] A maioria das ditaduras é jovem e instável demais para permitir a formação de uma "boa sociedade". Mas os primórdios de tal formação social podem ser observados na Alemanha Nacional-Socialista, assim como na mais estável União Soviética. Na Grã-Bretanha existe uma "alta sociedade" com uma longa tradição, onde, até recentemente, a corte era o pináculo de uma hierarquia e, ao mesmo tempo, a peça central que a integrava (e a página da corte de *The Times* servia como seu quadro de avisos). Quando a integração de um país está incompleta ou atrasada, como no caso da Alemanha, desenvolvem-se inúmeras "boas sociedades" locais; nenhuma delas, entretanto, obtém inconteste precedência sobre todas as outras, nem se torna a competente autoridade para o código de comportamento ou critério de "boa sociedade" para todas as demais. Ao passo que na Grã-Bretanha ou na França a "boa sociedade" da capital assumia definitivamente a precedência sobre todas as locais, e a "sociedade" de Washington está possivelmente começando a atrair para si tais funções nos Estados Unidos, no curto período do Kaiserreich unido, a sociedade de corte em Berlim só conseguiu parcialmente desempenhar esse papel centralizador e integrador.

Na Alemanha, pelo contrário, essas funções integradoras foram desenvolvidas pelas instituições mais antigas — primeiramente, o exército, seguido de perto pelas confrarias estudantis duelistas. Com a aceitação em uma das renomadas confrarias estudantis, um jovem ganhava acesso ao *establishment,* não apenas de uma única cidade, mas de mais de uma cidade universitária. A filiação numa tal associação estudantil identificava-o em todo o Império (*Reich*) como um de "nós", para os membros das várias instituições locais, alguém cujos sentimentos e conduta eram fiéis a um código específico e característico das classes altas alemãs da época. Esse era o fator decisivo. A absorção de um código específico de conduta e sentimento que, apesar de variações locais abrangia por igual, na realidade, todos os ramos da boa sociedade no período entre 1871 e 1918, era uma das principais funções das confrarias estudantis duelistas. Em conjunto com o código, afim mas acentuado de um modo um tanto diferente, em que os oficiais eram treinados, o código comum dessas confrarias contribuiu, em grande medida, para a padronização do comportamento e dos sentimentos das classes altas alemãs, os quais, no Kaiserzeit, ainda estavam longe de ser uniformes. Um elemento central ligando esses dois sistemas de regras era a compulsão para o combate singular e privado, para o duelo.

O código para os estudantes e oficiais alemães equivalia ao código para "cavalheiros ingleses", em função, senão em substância. Mas no decorrer dos séculos, o último tinha sido gradualmente transmitido com matizes e variações reconhecíveis dos grupos aristocráticos, senhores de terras, para outras classes; essa migração e modificação do que era originalmente um código da classe alta através de sua absorção por vastos setores da população foi indicativa da permeabilidade relativamente elevada das fronteiras entre estratos sociais, típica do desenvolvimento da sociedade britânica. Comparado com o alemão, a diferença do gradiente de formalidade-informalidade do código do "cavalheiro inglês" salta aos olhos. No século XIX, esse gradiente não era tão acentuado quanto o do código alemão correspondente. Em poucas palavras, no decorrer do tempo, a formalidade britânica tornou-se, em geral, mais informal e a informalidade britânica mais formal do que suas congêneres alemãs. Em parte, isso era porque o exército e o código marcial de seus oficiais desempenharam um papel muito menor no desenvolvimento britânico de um código nacional do que no alemão. Em meados do século XIX, a obrigação de duelar já tinha desaparecido até do código dos oficiais do exército na Grã-Bretanha. O príncipe Albert foi, em parte, o responsável por isso. Mas talvez a mais importante das razões para essa mudança tenha sido a primazia da marinha sobre o exército, desde o século XVII, como o principal meio de defesa e de ataque da Grã-Bretanha.[7]

Na Alemanha, como em quase todas as nações européias, o desenvolvimento seguiu um outro rumo, para o que contribuiu muito a sua fragmentação política e o seu repetido papel como arena de guerra da Europa. Aí, sobretudo na Prússia e na Áustria, o código de honra dos guerreiros — a obrigação de arriscar a vida em duelo para provar que se é digno de pertencer à elite social, àquela que possui "honra" — manteve seu papel crucial até as primeiras décadas do século XX. Como em outros países europeus, por exemplo, também na França, o costume aristocrático de duelar como um meio, nas classes altas, através do qual a honra impugnada de um indivíduo era fisicamente defendida, ludibriando as leis do Estado e os tribunais, propagou-se aos círculos mais elevados da classe média. Ao propagar-se, a sua função foi transformada: o código de honra e o duelo converteram-se num meio de disciplina e, ao mesmo tempo, um símbolo de pertença — tornado visível pelas cicatrizes de duelo — proclamando a candidatura de um estudante à admissão no *establishment* e a uma posição superior na sociedade alemã no Kaiserzeit.

A agremiação duelista estudantil e as confrarias nacionalistas[8] exerciam uma função fortemente padronizadora no Kaiserreich, o qual, depois de 1871, permanecia bastante díspar e escassamente integrado. Elas deram um cunho relativamente uniforme a pessoas das mais diversas regiões da Alemanha, apesar de todas as gradações hierárquicas mesmo entre os membros estudantis de sociedades heráldicas e suas cores tradicionais. No país tardiamente unido e na ausência de um modelo de "boa sociedade" ditado pela sua capital, e de instituições educacionais unificadoras, como as escolas públicas inglesas, foi às confrarias estudantis duelistas (juntamente com os cassinos de oficiais) que coube a função de cunhar um código comum de conduta e sentimento para as classes altas alemãs. Mas foi um padrão peculiar de comportamento que tentaram imprimir. Pode-se dizer que essas classes superiores, diferentes em muitos estados e cidades da Alemanha, formaram uma única e grande sociedade de homens que eram *satisfaktionsfähig* — capazes de exigir e dar satisfação num duelo. Em seu círculo social, aqueles que gozavam do privilégio de exigir satisfação pelas armas de qualquer outro membro por quem se sentiam insultados, eram obrigados, por seu turno, a aceitar o desafio para combate singular de confrades que sentissem sua honra impugnada.

Assim, tipos de relações que sempre foram característicos de sociedades guerreiras — mas que foram lenta e, muitas vezes, hesitantemente suprimidos em muitas áreas da vida social com a crescente monopolização da violência — persistiram no século XX na Alemanha e em algumas outras sociedades, como sinal de pertença ao *establishment*. Na forma de duelo, esse código guerreiro foi mantido até a geração dos nossos avós, habilitando o homem que era fisicamente mais forte ou mais capaz no uso dos meios de violência a impor sua vontade ao menos forte, menos competente no manejo de armas, e a arrebatar as mais altas honrarias. Desde então, a força física ou o talento no manejo de armas perderam em grande parte seu significado anterior, na determinação do status ou reputação de alguém na vida social, sobretudo nos países altamente industrializados. O desordeiro que usa seus dotes superiores para a luta, com ou sem armas, a fim de submeter outros à sua vontade, já não goza normalmente de qualquer respeito especial. Antes, as coisas eram diferentes. Em todas as sociedades guerreiras (incluindo, por exemplo, a antiga Atenas), provar seu valor em combate físico contra outras pessoas, vencê-las e, se necessário, matá-las, era parte integrante do estabelecimento da posição de um homem. A tradição militar atual busca limitar o treinamento no uso de violência física, tanto quanto possível, à violência contra pessoas que não pertencem ao próprio Estado-sociedade de um. O duelo era um remanescente dos tempos em que, mesmo dentro da própria sociedade a que se pertencia, o uso de violência em desavenças era a regra, quando a pessoa mais fraca, ou menos habilidosa, ficava totalmente à mercê daquelas que eram mais fortes.

A tradição do combate singular como meio de resolver disputas remonta ao tempo em que os governantes centrais do Estado estavam empenhados em pacificar a área sob seu mando, e em restringir o direito ao uso da força física nessa área a si próprios e a seus representantes. Por outras palavras, remonta ao tempo em que eles estavam proclamando o seu próprio monopólio do uso da violência. Desse modo, eles privaram os nobres guerreiros, em suas terras, dos principais meios de força em conflitos com seus pares, assim como no trato com gente que era socialmente mais fraca e, portanto, de uma classe inferior à deles próprios. Como gesto de resistência e desafio contra o governante central, cada vez mais poderoso, difundiu-se o costume no estrato guerreiro, e cada vez mais submisso, da nobreza, de resolver as pendências entre eles em duelos, pelo menos no tocante a questões de honra pessoal — em vez de apoiar a autoridade legal do governante central, conforme requerido pela lei do principado centralizado, que proíbe agora o uso privado de violência física. O costume do combate singular entre pares abrigou pela última vez uma espécie de sentimento e comportamento que os nobres guerreiros, cada vez mais integrados na máquina do Estado, compartilhavam com muitos outros estratos superiores em situação semelhante. "O mecanismo de coerção e as leis do Estado são úteis para manter a ordem entre as massas indisciplinadas" — esse era o sentimento — "mas nós, os guerreiros e governantes, somos as pessoas que sustentam a ordem no Estado. Somos os senhores do Estado. Vivemos de acordo com as nossas próprias regras, que impomos a nós próprios. As leis do Estado não se aplicam a nós."

No Kaiserreich, como em outros Estados, o uso de armas por pessoas particulares era proibido por lei. Igualmente proibido era o combate singular em que, a sério ou como atividade lúdica, as pessoas freqüentemente infligiam umas às outras graves danos físicos. Isso representava uma violação ostensiva do monopólio estatal da violência, o derradeiro bastião de um estrato superior que conduzia os assuntos pessoais entre seus membros de acordo com regras auto-impostas que só eram válidas para o seu próprio estrato — o dos privilegiados. Mas uma vez que, na Alemanha, entre 1871 e 1918, as posições cruciais do poder do Estado eram ocupadas ou controladas por membros da *satisfaktionsfähige Gesellschaft*, e uma vez que os guardiões das próprias leis que ameaçavam punir qualquer pessoa física que violasse o monopólio estatal da violência física pertenciam à sociedade privilegiada e transgressora da lei, formada por aqueles que tinham direito a exigir explicações, os órgãos executivos do poder estatal, como a polícia, não eram mobilizados contra esses transgressores da lei. A fim de tornar mais fácil a impunidade frente as infrações das leis do Estado pelos participantes em duelos, e provavelmente também para fazer com que esses usos tolerados da violência escapassem à atenção das massas, esses eventos eram realizados em lugares de difícil acesso aos não-participantes, como um celeiro ou uma cocheira especialmente preparados numa aldeia, ou, no caso de duelos com pistola, a clareira de um bosque. Mas, é claro, quase todo o mundo sabia o que estava acontecendo.

3

Na discussão anterior sobre as mudanças dos padrões de comportamento no século atual (ver p.35-51), mostrou-se que a estrutura do gradiente de formalidade-informalidade estava intimamente relacionada com o gradiente de poder de uma sociedade. Comparado com a República Federal da Alemanha da década de 1970, o gradiente de formalidade-informalidade do Kaiserreich entre 1871 e 1918 era muito maior. Mas o passado nunca é simplesmente o passado. Ele age — com maior ou menor força, de acordo com as circunstâncias — como uma influência sobre o presente. Não apenas por causa da inércia das tradições que deslizam cegamente de era em era, mas também porque uma imagem de fases pretéritas da nossa própria sociedade, por distorcida ou deformada que possa ser, continua vivendo na consciência de gerações subseqüentes, servindo involuntariamente como um espelho onde cada um pode ver-se a si mesmo. É útil, portanto, sublinhar algumas peculiaridades estruturais do desenvolvimento alemão entre 1871 e 1918 que são importantes para o desenvolvimento do código alemão de comportamento e sentimento, e, assim, também para o desenvolvimento de seu gradiente de formalidade-informalidade.

A unificação política dos Estados alemães, a elevação do rei da Prússia a imperador (*Kaiser*) da Alemanha, e a promoção de Berlim, a capital da Prússia, a capital do Kaiserreich, certamente não realizaram de uma só vez a integração de muitas "boas sociedades" locais e regionais e a padronização de seu código de comportamento e sentimento. Mas criaram uma estrutura institucional para a sua integração; e deram um forte impulso à formação de uma classe alta alemã mais uniforme.

Em virtude de seus próprios sentimentos de pertença, a classe alta alemã tradicional era particularista; sua lealdade era para com a sua terra, em todas as acepções da palavra,[9] não com o império. No começo, até a lealdade de Bismarck era primordialmente ao rei da Prússia. Foram grupos da burguesia urbana que abraçaram a causa da unificação da Alemanha. Mas sua luta para atingir esse objetivo tornou-se automaticamente ligada ao conflito de muitos séculos pela supremacia entre os estratos da burguesia e da aristocracia. Aos olhos dos líderes da burguesia, a unificação da Alemanha era um passo para o fim do domínio da aristocracia — no caminho da democratização — mas os estratos burgueses alemães não tinham os necessários recursos de poder para isso, em parte devido ao fato de estarem divididos entre os muitos Estados alemães soberanos. Assim, manifestou-se uma situação sumamente paradoxal no desenvolvimento da sociedade alemã. Os pioneiros burgueses da unificação alemã fracassaram em sua luta por esse objetivo, em primeiro lugar porque os príncipes e sua nobreza particularista[10] a viram, não sem razão, como uma meta da burguesia na luta de classes; e, em segundo lugar, porque o poder potencial da classe alta tradicional ainda era muito superior ao das classes médias, uma vez mais em virtude, precisamente, do caráter do país repartido entre muitos estados. Ironicamente, foram os representantes nobres do particularismo que provocaram o fim do particularismo alemão. Isso ocorreu, sobretudo, em conjunção com a dinâmica das relações interestados, ou seja, as tensões de rivalidade entre a Alemanha e outros Estados.

Assim, a classe dominante tradicional da Alemanha, os príncipes e a aristocracia, retiveram a supremacia dentro do recém-unificado Kaiserreich. E a unificação foi entregue aos pioneiros da classe média numa bandeja, sem que eles fossem capazes, a esse respeito, de atingir o objetivo de sua luta social, o seu objetivo como classe, que era o de privar a aristocracia de poder e democratizar a sociedade alemã. Essa situação paradoxal teve sérias conseqüências para todo o desenvolvimento da Alemanha. As antigas classes dominantes transferiram, intata, sua tradicional concepção do seu próprio papel nos principados alemães para o seu papel no império recém-unificado. Elas continuaram a ver-se como os reais detentores do poder na Alemanha, até como sua consubstanciação, tal qual o haviam considerado ponto pacífico em cada um dos antigos Estados alemães. Mantiveram sua tradição de governantes inatos nas regiões alemãs, sem se dar conta de que a unificação da Alemanha e, concomitantemente, as maiores chances de unificação que ela proporcionava à burguesia e aos trabalhadores, deviam a longo prazo afetar desfavoravelmente a sua própria posição convencional na estrutura social.

Com a unificação, a Alemanha viu-se quase automaticamente envolvida num rápido processo de recuperação do tempo perdido e na tentativa de ultrapassar as grandes potências européias mais antigas; sob a pressão dessa rivalidade, encontrou-se na voragem de um acelerado processo de modernização que imprimiu um impulso decisivo aos grupos especializados da economia, às classes médias industriais e comerciais e à força de trabalho industrial. É compreensível que, nessas circunstâncias, o antigo e intenso sentimento de fraqueza e vulnerabilidade da Alemanha se convertesse num talvez ainda mais intenso sentimento de força invulnerável. O Kaiser e a nobreza viram-se conscientemente como os governantes naturais da Alemanha, confirmados pelo papel decisivo desempenhado por seus pares na unificação do país. A unificação tendo sido alcançada através de uma guerra vitoriosa proporcionou ainda maior prestígio aos aristocráticos oficiais e aos militares em geral.

O fato de as oportunidades de poder dentre a burguesia terem sido fortalecidas nessa nova sociedade alemã não passou completamente por alto. Mas a convicção tradicional entre a nobreza guerreira de que a atividade mercantil não era muito honrosa permaneceu viva na sociedade de corte do império e nos círculos aristocráticos em geral. Mesmo no começo deste século, o *Deutsche Adelsblatt* (*Jornal dos Nobres Alemães*) estava realizando uma pequena ofensiva contra a mentalidade de lojista. Embora entre a mais alta nobreza, em especial, existissem relações entre os grandes proprietários rurais e a indústria, persistia em pleno vigor a idéia de que o emprego lucrativo, o trabalho remunerado, não condizia com o status de um nobre. E esse estigma permaneceu ligado aos indivíduos da classe burguesa, que eram aqueles que exerciam tais atividades e profissões. Sem dúvida, a sociedade de corte do Kaiserzeit abriu suas portas aos representantes dos estratos burgueses mais amplamente do que nunca, mas foram principalmente os altos funcionários públicos, incluindo professores universitários e, em particular, os homens de saber famosos, os que foram atraídos para ela. Eram sobretudo os diplomados universitários os que eram considerados socialmente aceitáveis, graças à importância das confrarias estudantis na divulgação do código aristocrático de honra.

Durante a relativamente curta existência do recém-unificado Kaiserreich, foi gradualmente formada e peculiarmente estruturada a classe alta de que tratamos acima. Em virtude do padrão específico de desenvolvimento da Alemanha, todas as diferentes áreas rurais e cidades tinham suas "boas sociedades" próprias. Mas os critérios para pertencer-lhes foram padronizados. Passaram a abranger, numa extensão crescente, elementos de classe média, assim como aristocráticos, embora mantendo intato o status hierárquico convencional que conferia precedência dos aristocratas sobre os cidadãos comuns. O requisito prévio era que estes últimos fossem qualificados para dar e pedir satisfação, ou seja, sua presteza e competência no caso de um insulto para dar ou exigir satisfação com uma arma na mão. De um modo geral, isso só era possível quando o cidadão comum era um oficial, mesmo um oficial da reserva, ou um membro de uma confraria estudantil para quem o duelo era o único meio de lavar uma afronta. O critério uniforme de filiação representado pelo direito a pedir ou dar satisfação — o reconhecimento de um mesmo código de honra e do combate singular — não foi, por certo, o único sinal mas foi o mais notável da formação na sociedade alemã de uma classe alta relativamente estruturada pela incorporação de cidadãos comuns e que foi gradualmente padronizada na esteira da unificação política do Kaiserreich.[11]

A sociedade de corte agrupada em torno da corte imperial formou o centro de integração do mais alto nível para essa *satisfaktionsfähige Gesellschaft.*[12] Considerando-se o importante papel desempenhado pelos militares na sociedade de corte, nem é preciso dizer que os varões que lhe pertenciam sentiam-se vinculados ao código comum de honra e comportavam-se de acordo com ele em suas relações mútuas. Os membros desse círculo de corte conheciam-se usualmente uns aos outros, pelo menos por nome e reputação.

O mesmo era válido para toda a nobreza alemã. Mesmo quando não existiam relações pessoais entre eles, os nobres de toda a Alemanha podiam, não obstante, situar-se precisamente em relação uns aos outros. Os oficiais, incluindo os oficiais da reserva, legitimavam sua pretensão a membros através de seus regimentos. Os diplomados universitários, quando não se distinguiam já por função e título, legitimavam-se através de suas confrarias acadêmicas. Além disso, as cicatrizes de duelos provavam sua filiação à primeira vista. Todas essas pessoas, desde a alta nobreza aos oficiais da reserva e estudantes das províncias eram consideradas como tendo o direito de exigir e dar satisfação. Os comerciantes, por mais ricos que fossem, não tinham esse direito, a menos que apresentassem outras qualificações. Esses grupos considerados não habilitados a pedir satisfação incluíam, como antes, lojistas, artesãos, trabalhadores, agricultores e judeus. Durante o século XIX, alguns destes últimos obtiveram acesso a confrarias, mas pelo final do século foram formalmente excluídos.

A posição social do Kaiser deu certamente ao seu titular maiores oportunidades e poder do que os de mera figura cerimonial, um símbolo de unidade nacional, uma figura paternal para as massas. Como comandante-chefe das forças armadas, tinha à sua disposição a maior parte do monopólio estatal da força. Em sua majestática posição, dificilmente poderia aperceber-se de que exércitos formados a partir de recrutamento geral, e guerras que necessitavam da mobilização do povo inteiro, significavam, na realidade, um imenso fortalecimento do potencial de poder das massas e um enfraquecimento do poder dos governantes centrais. Tal como os imperadores da Áustria e da Rússia, seus aliados e adversários, ele confiava na lealdade de seu corpo de oficiais, principalmente aristocráticos (pelo menos, os de altas patentes), cujos interesses coincidiam, de um modo geral, com os dele. O Kaiser e seus generais podem ou não aperceber-se da diferença entre a guerra levada a efeito, como no passado, com os filhos pobres e assoldadados de agricultores e artesãos, e a guerra no presente, utilizando exércitos formados de homens recrutados em todas as classes sociais; mas as conseqüências dessa mudança estrutural no tocante ao seu poder de comando e à amplitude do poder que detinham na guerra e na paz certamente lhes escaparam — e, no começo, parece terem escapado também à massa do povo. Assim, aconteceu que a impressão de poder absoluto que o Kaiser e seus generais tradicionalmente conservaram até a guerra de 1914-18 (a qual desfez gradualmente essa impressão) excedia em muito suas reais oportunidades de poder.

De qualquer modo, essas oportunidades de poder eram muito maiores para os príncipes europeus no começo do século XX do que três quartos de século depois. Toda a política externa dependia largamente das decisões, simpatias e antipatias pessoais do Kaiser. Decisões sobre guerra e paz dependiam, em última instância, dele. Suas oportunidades para influenciar a política interna eram também gigantescas. No império, tal como na Prússia, ele selecionava pessoalmente os seus ministros — inclusive o Ministério do Interior, ao qual estava subordinada a polícia — embora no império os partidos pudessem provocar a queda de um ministério escolhido por ele. O Kaiser também tinha o direito de nomear ou ratificar a nomeação de altos funcionários civis. Dessa forma, ele podia contar com o apoio dos dois pilares do Estado, a administração pública e as forças armadas. Em ambos os casos, de acordo com a tradição prussiana, ele reservou — com uma ou duas exceções — as posições principais e toda uma série de posições intermédias para os nobres. Com a difusa, mas perceptivelmente crescente pressão de baixo para cima, a alta aristocracia em suas propriedades rurais, cujos membros tinham, por vezes, olhado com desconfiança para os Hohenzollern, apoiou de um modo geral o Kaiser; e o mesmo aconteceu com a maior parte da aristocracia alemã. Até 1918, a nobreza como formação social foi capaz — apesar de todas as tensões internas — de sustentar sua pretensão ao mais alto status social porque detinha sólidas posições de poder à sua disposição e, assim, possuía ainda uma considerável medida de solidariedade.[13]

Diretamente abaixo dos membros da aristocracia, em termos de hierarquia social, vinham os funcionários civis da classe média alta, que eram normalmente formados em direito. Aí, ao nível dos escalões superiores do funcionalismo civil, havia freqüentemente estreito contato entre nobres e burgueses, que em muitos casos ocupavam cargos da mesma categoria. Mesmo na Prússia, o gradual deslocamento de poder nas relações entre nobreza e classe média, uma das conseqüências não previstas da urbanização e industrialização em curso, foi evidenciado num constante recrudescimento no número de oficiais de classe média comparado com o de nobres.[14] Os professores universitários de todas as faculdades também continuaram sendo considerados funcionários civis de classe média, diretamente abaixo dos membros da aristocracia. O alto clero protestante, e com algumas restrições também o da Igreja católica, estavam nesse mesmo nível social. Abaixo deles vinham todos os servidores públicos civis que eram burgueses e cujas qualificações acadêmicas os habilitavam ao título de doutor, incluindo não só os funcionários civis a serviço da corte e do Estado, mas também os diretores de departamento nas escolas de ensino médio, assim como os bem-sucedidos funcionários não-civis portadores de graus acadêmicos de toda a espécie.[15]

Assim, as confrarias estudantis duelistas, especialmente as associações acadêmicas e as confrarias nacionalistas, representaram no espírito da classe alta contemporânea e entre os próprios membros de confrarias centros de treinamento preparatório para o desenvolvimento daqueles traços de caráter nos jovens que seriam mais tarde necessários no desempenho de profissões graduadas, como as que foram antes descritas, sobretudo as destinadas ao funcionalismo público (*Staatsdienst*) — em complemento da educação puramente especializada e orientada para uma área científica que se recebe nas universidades. Era uma educação com o objetivo de prepará-los para o ingresso no estrato superior da sociedade alemã. E o código de comportamento e sentimento que deu à vida dos jovens nas confrarias duelistas desse período seu cunho inconfundível é, em muitos aspectos, característico do estrato superior da própria sociedade imperial alemã.[16]

Para se entender a estrutura desse estrato superior e seu código, pode ser útil saber que as relações de poder expressas nessa estrutura também influenciaram as idéias predominantes nos círculos governantes acerca da finalidade de uma universidade e os objetivos do estudo acadêmico. Atualmente, certos movimentos estão pressionando as escolas e universidades para que treinem os jovens, de um modo mais amplo, para as tarefas que os aguardam na economia, no comércio e na indústria. No Kaiserzeit, ainda era geralmente aceito, de acordo com a antiga tradição, que a tarefa primordial de uma universidade era preparar os estudantes para o serviço civil. Os estudantes pertencentes às sociedades que ostentavam cores heráldicas consideravam-se, pois, candidatos a uma carreira que os elevaria acima da massa geral de povo e os faria ingressar nas altas esferas da sociedade, especialmente nos escalões superiores do serviço público ou em uma das profissões liberais à disposição dos universitários. Só raras vezes membros de confrarias estabeleciam como sua meta uma carreira nos negócios, comércio ou indústria; esse era usualmente o objetivo de estudantes que, por conta de seu *background*, estavam certos de ocupar um cargo na administração de uma bem-sucedida empresa familiar. De acordo com o espírito do *establishment* de *satisfaktionsfähig*, com suas tradições guerreiras, até os estudantes de classe média com direito ao uso das cores de sua associação eram propensos a considerar as carreiras no mundo dos negócios como de segunda classe, e as pessoas que as seguiam como pessoas que ficavam abaixo deles na hierarquia social.[17]

A *satisfaktionsfähige Gesellschaft*, na qual nobres e burgueses, hierarquicamente classificados, estavam ligados através das mesmas formas de conduta, através do mesmo código de auto-regulação, dividia-se, como se pode ver, em setores militar e civil. No primeiro, o caminho levava, passando pelas escolas de cadetes, escolas de treinamento militar e instituições similares, a uma carreira de oficial, e podia incluir recrutas de estratos burgueses em regimentos menos seletivos até ao posto de major ou, sob circunstâncias favoráveis, talvez a posições mais elevadas. No outro setor, o civil, o caminho levava, através da universidade e da confraria duelista — com alguma variação em regiões não-prussianas — aos primeiros escalões da administração do Estado, com seus vários ramos (executivo, judiciário, educação etc.). Ambos os pilares estavam interligados através de muitas conexões cruzadas; encontravam-se no topo da pirâmide no governo alemão, na sociedade de corte e, finalmente, na pessoa do próprio Kaiser.

4

Superficialmente, a sociedade de corte dos últimos Hohenzollern, especialmente a do Kaiser Guilherme II, poderia não parecer fundamentalmente diferente da sociedade de corte de, digamos, Luís XIV.[18] O rigor do cerimonial, o caráter ritual de ocasiões festivas — um baile, a visita de um governante à ópera, o casamento de um príncipe — dificilmente eram menos pomposos do que na corte francesa de duzentos anos antes. E o mesmo podia ser dito do brilho e riqueza do vestuário feminino, e do esplendor do vestuário de corte, militar e civil, dos homens. Havia, entretanto, algumas diferenças consideráveis, duas das quais têm significação especial neste contexto.

A linha relativamente contínua da formação do Estado francês significou que Luís XIV pôde apoiar-se numa tradição de cerimonial e organização de corte, que ele ampliou com o intuito de aumentar o seu próprio potencial de poder e que percebeu como usar para os seus próprios fins. Os Kaisers Hohenzollern tinham atrás deles apenas a tradição bastante austera da corte prussiana. Sua elevação à posição de Kaiser e o novo influxo de riqueza que isso lhes proporcionou, em conjunção com novos compromissos, colocou-os, juntamente com seus conselheiros, na presença de um grande número de problemas de novos gêneros para a elaboração e implantação do cerimonial.

Talvez ainda mais significativa é a diferença na segurança do regime. Desde meados do século XVII até à segunda metade do século XVIII, as instituições monárquicas na França não foram seriamente ameaçadas por inimigos, quer internos, quer externos. Esse grau relativamente elevado de segurança consolidou a cortização (*Verhöflichung*) de uma parte principal da aristocracia francesa; foi uma das condições para o desenvolvimento do código de comportamento e sentimento aristocrático-cortesão nesse período e também, por fim, para a sua estagnação. Comparativamente, o desenvolvimento das instituições do Kaiserreich foi muito menos seguro. Tudo era novo; a organização e o cerimonial da corte régia prussiana tinham de desenvolver com relativa rapidez as formas apropriadas ao novo papel como corte imperial. A Alemanha imperial, unificada pela guerra, era uma ameaça para os seus vizinhos; os que se sentiam ameaçados estavam, por sua vez, ameaçando o império. Internamente, a unificação da Alemanha estimulou o crescimento econômico. Numa perspectiva a longo prazo, é possível perceber que, por seu turno, isso fortaleceu as oportunidades de poder dos estratos em ascensão, a burguesia comercial e industrial e a força de trabalho na indústria, em relação às instituições monárquico-aristocráticas convencionais.

No curto prazo, estas últimas foram reconhecidamente fortalecidas por sua vitória sobre a França e o novo status de "grande potência" do império unificado durante o governo do Kaiser. Além disso, o crescente potencial de poder da força de trabalho industrial, a par das concomitantes exigências de poder por parte daqueles que a representavam, empurrou gradualmente uma parcela significativa da burguesia alemã para o lado dos aristocratas. Entre 1871 e 1914, a maioria das classe médias alemãs fez a paz com o grupo privilegiado de status elevado. Os porta-vozes do comércio e da indústria, como eram chamados, sofreram, sem dúvida, com o tradicional desprezo de um *establishment* cujos membros somente consideravam de alta qualidade a riqueza adquirida através de herança ou casamento, ao passo que a riqueza obtida pelo suor do próprio rosto era inferior. Comércio e indústria, comerciantes e fabricantes, certamente resmungavam suas queixas e, de tempos em tempos, o jornal *Vossische Zeitung* protestava ruidosamente contra os privilégios dos nobres. Mas vastos setores da alta burguesia, com os escalões superiores do funcionalismo civil e os bacharéis na liderança, submeteram-se prazerosamente e, muitas vezes, com entusiasmo à liderança política e militar da corte e da nobreza. Aqueceram-se no intenso e fulgurante calor do novo império e contentavam-se com a posição de parceiros mais novos de segunda classe. Uma classe média que tinha, como o próprio nome indica, duas frentes, uma acima e a outra abaixo, tornou-se *de facto* um estrato de uma só frente. Seu grupo do topo sobressaía nas regiões inferiores do estrato superior. Aí, a frente sumia da vista. Todas as energias estavam então concentradas ainda mais na luta que se travava na outra direção, e nesse ponto coincidiam os interesses das classes média e superior. Isso significou um fortalecimento da corte e da nobreza.

Ao mesmo tempo, significou que o código burguês, que tinha sido outrora contra a corte e orientado para a igualdade social, estava impregnado mais do que nunca de elementos oriundos do código monárquico-aristocrático, o qual, de acordo com a situação social e a tradição do seu estrato proponente, era orientado para um *ethos* guerreiro, para a manutenção da desigualdade entre as pessoas, para julgar que os mais fortes são os melhores e, assim, para a implacável dureza da vida. Até as Guerras Napoleônicas (e é provável que por um período consideravelmente mais longo), como resultado da exclusão social relativamente forte e enfática dos grupos burgueses urbanos pela nobreza cortesã e provinciana, a cultura burguesa alemã e a cultura de corte alemã misturavam-se relativamente pouco. Portanto, a primeira tinha um caráter especificamente classe média muito mais acentuado que a cultura de classe média da Grã-Bretanha ou França.[19] Até que ponto essa peculiaridade do curso de desenvolvimento alemão mudou, antes de 1871, é uma questão que permanece em aberto. De qualquer modo, porém, depois de 1871, pode ser observada uma perceptível convergência na Alemanha entre setores da burguesia e a nobreza, e uma correspondente infiltração do código de comportamento e sentimento burguês por valores e atitudes que se originaram no código aristocrático desse período.[20] É uma evidência disso a padronização do código estudantil alemão de honra e de duelo.

Em muitas sociedades européias, elementos do código aristocrático de comportamento e sentimento penetraram nos códigos das classes trabalhadoras, no decorrer de sua ascensão social e, assim "aburguesados", converteram-se em aspectos do que é chamado, de um modo um tanto inadequado, o "caráter nacional" de um Estado-sociedade. O charme particular das mulheres e a natural elegância de linguagem nos territórios sucessores do que foram as duas mais poderosas cortes no século XVIII e mesmo no século XIX, a corte parisiense e a corte imperial em Viena, são igualmente um bom testemunho das transformações registradas nos padrões originalmente aristocráticos de conduta e sentimento, ao converterem-se em padrões nacionais. O mesmo ocorreu com a ampliação do código do "cavalheiro inglês", que estava originalmente limitado às classes altas mas tornou-se um aspecto aburguesado do código nacional britânico. Os padrões aristocráticos alemães, especialmente o prussiano, de comportamento e sentimento passaram também por aburguesamento e converteram-se em elementos no caráter nacional alemão. Tais traços já tinham, por certo, penetrado em vastos setores da população antes da fundação do império mas a tendência muito pronunciada da aristocracia alemã para distanciar-se das classes médias dificultou, se é que não impossibilitou, que padrões de conduta e sentimento fossem transportados de um estrato social para um outro. Somente com a unificação do império e com a crescente incorporação de grupos burgueses nos escalões inferiores do *establishment* cortesão-aristocrático, através de títulos e honrarias, por exemplo, é que menos obstáculos passaram a impedir o fluxo de padrões aristocráticos em direção aos círculos burgueses e a sua transformação em padrões nacionais.

O código de comportamento e sentimento da nobreza prussiana — e da nobreza alemã, na medida em que é possível falar de uma antes da unificação — tinha as suas idiossincrasias. Nos séculos XVII e XVIII, havia certamente um tipo de cultura cortesã-aristocrática cujo padrão de conduta e de sentimento se propagou, com variações, de Versalhes para todas as cortes da Europa, e que, com muita freqüência, também foi aceito nos círculos burgueses. Mas a Prússia era um país relativamente pobre, destroçado pela guerra e, em última análise, na periferia da cultura cortesã da época, a qual tinha seu centro na França. Os esforços esporádicos do rei Frederico II para criar uma sociedade cortesã em Berlim segundo o modelo francês não tiveram um efeito particularmente duradouro. A freqüente agitação da guerra, na qual a Prússia ampliou suas fronteiras, assegurou que, repetidas vezes, os valores do guerreiro tiveram prioridade sobre os do cortesão no comportamento e sentimento da aristocracia.

Mas também havia algo mais. Na França, até fins do século XVIII, o destino da nobreza guerreira foi determinado, em grau considerável, pelo fato de que, embora a tensão entre os dois Estados fosse relativamente grande (por razões que não precisamos examinar aqui), eles e a burguesia tinham oportunidades de poder quase idênticas. No reinado de Luís XIV, essa constelação foi deliberadamente encorajada e, em certa medida, solidamente institucionalizada, dado que era uma das mais importantes condições para os amplos poderes dos monarcas franceses.[21] Isso permitia a um rei e seus representantes jogar as várias castas e categorias umas contra outras. Desse modo, sem negar jamais sua própria pertença à aristocracia, ele podia ao mesmo tempo distanciar-se de todas elas; e podia forçar a alta nobreza, a qual apresentava um perigo para ele (e se queixava de que o rei os degradava na subserviência, como a todos os seus outros súditos), a submeter-se às leis da coroa e assim os amansar. Na Grã-Bretanha, a tensão entre partes da nobreza e partes da burguesia já diminuíra ao longo do século XVII. Juntas, elas foram capazes de restringir as pretensões de poder dos reis. Assim, no século XVIII, desenvolveu-se na Grã-Bretanha um complexo campo de tensões, dentro do qual o rei e a corte formaram um centro de poder — possivelmente não o mais forte — enquanto que grupos aristocráticos e burgueses (*gentry*) combinaram-se para formar um outro centro de poder que era tão importante quanto o primeiro e talvez até mais forte.[22]

Em contrapartida, na Prússia, pobre como era, os governantes centrais trataram, antes de tudo, de amansar a nobreza guerreira, como em outros países. Ou seja, com a transição para os exércitos permanentes (uma condição e um sintoma do crescente monopólio da violência pelos monarcas) os guerreiros, fidalgos e senhores de terras, relativamente livres, foram também transformados em oficiais a serviço do governante central de seu país. Na Prússia, porém, com suas cidades comparativamente pobres, a proporção de poder entre a nobreza e a burguesia era relativamente desigual e favorável à aristocracia, enquanto que a tensão social entre os dois estados permanecia, como na maior parte da Alemanha, bastante elevada. Assim, o equilíbrio de tensões entre as três concentrações centrais de poder — rei/nobreza/burguesia — fixou-se numa figuração que se avizinhou de um compromisso tácito entre a nobreza e o rei. Por um lado, a aristocracia necessitava de uma casa reinante hereditária em conflito com outros Estados mais ou menos centralizados; precisava de reis como comandantes-chefes do exército, como coordenadores supremos das organizações de serviço civil e militar, como árbitros na resolução de disputas entre a nobreza e burguesia, e para outras funções de integração. A república polonesa de nobres, com seu rei eleito, mostrou com extrema clareza a fragilidade de um governo conduzido puramente por nobres nos conflitos com os Estados monárquicos circunvizinhos, altamente centralizados. Por outro lado, entretanto, se essas eram razões bastantes para que a nobreza já dependesse do rei, a relativa fraqueza da burguesia ainda veio contribuir também para que a posição daquela se fortalecesse em relação ao monarca. Surgiu assim uma constelação em que a nobreza se submeteu ao rei; os aristocratas serviam-no como oficiais, funcionários da corte e administradores. Mas, ao mesmo tempo, o rei também se submeteu à aristocracia; incumbiu-se de garantir a posição dela como o mais alto estado, ou classe política, do país. Esse pacto tácito fez dele o protetor de privilégios aristocráticos. Estes incluíam o direito a todas as posições de mando na corte, no exército, na administração, e o máximo número possível de posições intermédias para os filhos mais jovens.

Além disso, a localização da Prússia, ameaçada como era de todos os lados, com fronteiras difíceis de defender, possibilitando sempre a renovação da guerra e sua concomitante devastação no interior do país, basicamente só permitia que os guerreiros fossem moderadamente civilizados.[23] Sem dúvida, também sob esse aspecto, a nobreza guerreira foi transformada com a crescente monopolização da violência pelos reis e a estreitamente associada comercialização e monetarização da sociedade; mas essa transformação no código da aristocracia prussiana ainda deixa os padrões militares predominando de longe sobre os padrões civis de corte.

As peculiaridades do código de comportamento e sentimento que gradualmente se converteu num código nacional alemão dominante no decorrer da crescente convergência entre grupos da nobreza agrária-militar e grupos da burguesia urbana, só podem ser plenamente entendidas se percebermos que a "boa sociedade" do Kaiserreich, muito embora tenha unido em si elementos do passado prussiano, bávaro e saxão, não possuía uma riqueza especial de tradições e era, basicamente, uma elite social precária e ameaçada. Atrás dela apresenta-se um período em que os territórios alemães tinham sido relativamente impotentes, comparados com o poder, rico em tradições, dos grandes e mais antigos Estados da Europa. Com a fundação do império, os sentimentos de humilhação converteram-se, dentro de poucas décadas, nos sentimentos opostos. Em especial, as instituições na Alemanha guilhermina estavam não só sob ameaça de dentro e de fora mas, como no caso com os *nouveaux riches*, eram instituições que não estavam muito seguras de si mesmas. Sem esta breve recapitulação da situação e da estrutura da classe alta imperial, criadora de modelos, a formalidade manifesta e acentuada dos alemães, por exemplo, continuaria sendo incompreensível, assim como a peculiaridade da extensão formalidade-informalidade, da qual faz parte. Modelos de comportamento de uma aristocracia militar que, na realidade, tinha passado por uma dose apenas modesta de submissão à vontade cortesã, foram absorvidos por vastas seções da burguesia no período após 1871 e, por conseqüência, também tiveram, então, uma considerável influência no que é usualmente chamado o caráter nacional alemão, ou, em termos mais precisos, a tradição especificamente alemã no código de comportamento e sentimento.

5

O papel do duelo nas relações sociais da nobreza e, por conseguinte, também entre os postos subalternos da hierarquia militar, foi sintomático de como se desenvolveu o equilíbrio de poder entre os governantes centrais e a nobreza guerreira, especialmente na Prússia. A determinação da aristocracia de não submeter desavenças pessoais entre homens do próprio grupo a que pertencem, ao veredicto competente do rei e de seus tribunais de justiça, reivindicando, pelo contrário, o direito de resolvê-las independentemente — e violando assim o monopólio régio da violência ao combaterem mutuamente com uma arma na mão, segundo as regras de seu próprio código de honra — era, como já foi sugerido, uma expressão simbólica da concepção que a nobreza tinha de si mesma, não só como o mais alto estrato da sociedade mas também como a verdadeira personificação do Estado. Como tal, os membros do *establishment* seguiam suas próprias regras, padrões de comportamento e estratégias de vida; em certos aspectos, sentiam-se justificados ao transgredir as leis do país, as quais existiam para manter na ordem a massa do povo, os súditos do rei. Os membros da alta aristocracia eram especialmente recalcitrantes; enquanto mantivessem suas propriedades herdadas, nunca se definiriam realmente como súditos do príncipe reinante.[24]

Até começos do século XX, as classes altas de outros países europeus também consideraram, provavelmente, as regras de um código aristocrático de honra como vinculatórias, mesmo que transgredissem as leis do país. Entretanto, dificilmente em qualquer outro país o duelo desempenhou um papel tão central, até 1918, quanto na Alemanha, Áustria incluída; aí continuou sendo a peça central do código de honra, não só dos estratos superiores, mas também das classes médias altas, não só da nobreza e de todo o quadro de oficiais do exército, mas também os estudantes e graduados de confrarias da burguesia. O duelo desempenhou esse papel, além disso, não como uma desgarrada relíquia de outros tempos que pode ser observada isoladamente. A sua importância não se restringia ao domínio dos pares envolvidos em violento combate armado; acima de tudo isso, representava a onipresente *possibilidade* de combate singular, a ameaça ubíqua que poderia, a qualquer momento, dar ao homem maior poder sobre o mais fraco, o melhor atirador sobre o pior. O primeiro, ciente de sua superioridade, podia rejeitar qualquer tentativa formal de reconciliação ou um pedido de desculpas.

Em outras palavras, o duelo era característico de um tipo socialmente estratégico de comportamento que estava generalizado nas sociedades menos pacificadas de pregressas épocas e agora, circunscrito por um ritual formalizado, ainda permanecia vivo em sociedades mais adiantadas e mais fortemente pacificadas, mesmo transgredindo o monopólio da violência exercido pelo Estado e seu governante central. Erguia acima das massas aqueles que pertenciam a certos estratos sociais; em primeiro lugar, os nobres e o corpo de oficiais, e depois as confrarias duelistas de estudantes burgueses e seus patronos, antigos estudantes diplomados — em suma, o estrato dos que tinham direito de exigir satisfações. Através do duelo, submetiam-se à coação de uma norma especial que fazia do uso formalizado da violência, possivelmente com conseqüências letais, um dever irrecusável para uma pessoa, sob determinadas circunstâncias. Assim se preservava a típica estratégia social das castas guerreiras: uma escala de valores em que o vigor físico, a habilidade e a agilidade pessoais para lutar ocupavam uma posição elevada, quando não a mais alta de todas. Formas alternativas, mais pacíficas, de competição e estratégia social, especialmente a arte do debate verbal através de argumentação e persuasão, eram consideradas, portanto, de menor valor ou virtualmente desprezíveis.[25]

Um episódio de meados do século XIX mostra em pequena escala até que ponto as relações de poder prussianas convencionais tornavam impotentes até um rei e seus órgãos executivos, a polícia, diante da força do código aristocrático de honra, e como eram forçados a aceitar atos de violência ilegais, embora formalizados.

Em 1848, um certo *Herr* von Hinckeldey, que tinha casado com uma hereditária Baronesa von Grundherr, era o chefe de polícia em Berlim. Era um homem forte, íntegro e zeloso, que acompanhava os de sua classe em não sentir muita simpatia pela agitação democrática da época e que deixava os agitadores sentirem na pele todo o rigor da lei. Mas como representante da lei, também considerava seu estrito dever defender a justiça quando os aristocratas violavam a lei. Era um dos costumes das altas rodas aristocráticas procurar diversão em clubes de jogatina, que, embora ilegais, tinham até então sido tolerados pela polícia quando eram freqüentados por cavalheiros da mais alta sociedade. Von Hinckeldey, porém, decidiu partir para a ação. Uma noite, participou pessoalmente do fechamento de um aristocrático cassino clandestino, durante o qual entrou em conflito com um cavalheiro de nome von Rochow-Plessow, que se sentiu insultado por von Hinckeldey e o desafiou para um duelo à pistola. Um folheto, escrito "por uma testemunha ocular", descreveu o que aconteceu então. A testemunha ocular era o médico Ludwig Hassel, que tinha tratado von Hinckeldey freqüentemente.

> Em 9 de março de 1856, Hassel foi solicitado através do então superintendente de Polícia, Patzke, a atender "na capacidade de médico a um caso de honra" e apresentar-se na residência do Conselheiro Privado Barão von Münchhausen, levando ataduras com ele. Daí foram em duas carruagens até Charlottenburg. Na primeira sentaram-se Hinckeldey e Münchhausen, na segunda o dr. Hassel sozinho. Perto da Chausseehaus de Charlottenburg as carruagens pararam; aí encontraram o velho chefe de Polícia, dr. Maass, com quem Hinckeldey trocou algumas palavras antes das carruagens poderem prosseguir. A viagem continuou num trote vivo, passando pela casa do guarda florestal de Königsdamm rumo ao bosque, o chamado Jungfernheide de Charlottenburg. Aí desceram, atravessando a pé o bosque até ao local do encontro, onde *Herr* von Rochow já os aguardava com o seu padrinho. O juiz, *Herr* von Marwitz, membro da Câmara Alta do Parlamento prussiano, ainda não chegara; chegou um quarto de hora mais tarde — fora retido numa ponte levadiça para dar passagem a barcaças.
>
> O duelo começou da forma usual. Marwitz tentou uma vez mais a reconciliação — sem resultado! De acordo com o relato de Hassel, o estado mental e físico de Hinckeldey deve ter sido terrível; o infortunado homem sofria de premonições e pensava o tempo todo em sua pobre esposa e sete filhos. No início do duelo, a pistola de Hinckeldey falhou; pediu uma segunda. Seguiram-se então os tiros. "Rochow permaneceu de pé, ileso; Hinckeldey, por outro lado, girou numa espécie de movimento semicircular e despencou nos braços de Hassel e Münchhausen, que o deixaram deslizar suavemente para o chão. Hassel percebeu imediatamente que o ferimento era fatal; sangue arterial escorria da boca do ferido, a bala tinha perfurado os pulmões. Com a ajuda de ambos os cocheiros e do criado, Hinckeldey foi colocado na carruagem. Para que Rochow não corresse o risco de ser preso, decidiram não regressar a Berlim mas, em vez disso, levar Hinckeldey para a casa do dr. Maass.
>
> Depois, Hassel e Münchhausen quiseram dar a notícia ao rei, que nessa época estava residindo no palácio de Charlottenburg... O rei recebeu os cavalheiros muito comovido, ficou andando de um lado para outro em lágrimas e parecia tomado de profundo desespero. A única coisa que ficava agora por fazer era dar a triste notícia à família de Hinckeldey... No dia do funeral, o rei, na companhia dos príncipes, compareceu na residência de Hinckeldey e confortou a desolada viúva."[26]

Isto mostra de uma forma sumamente expressiva como é impossível entender e explicar a vida social de um povo se confiarmos unicamente nas fontes oficiais, como as leis escritas. Para compreender o código que dá forma ao padrão de comportamento e sentimento observável entre pessoas que foram socializadas de acordo com ele, as regras sociais predominantemente não escritas são indispensáveis e, no mínimo, tão informativas quanto as leis oficiais que constituem uma das manifestações formais do monopólio estatal da violência. Atualmente é prática comum usar o conceito de "universo da vida cotidiana" a fim de observar e investigar formas de comportamento e experiência mais ou menos particulares.[27] Lamentavelmente, tal como é usado hoje por algumas seitas filosófico-sociológicas, tornou-se um instrumento de pesquisa um tanto inútil. Isso pode ser visto no presente caso. O duelo pelas classes altas, tal como a briga pelas classes baixas, pode ser um ato atribuído ao "universo da vida cotidiana" da fenomenologia, etnometodologia e outros ramos filosofóides da fragmentada sociologia dos nossos dias. Mas o uso vacilante e inarticulado desse conceito paralisa completamente qualquer entendimento de estruturas na vida de seres humanos, sobretudo das estruturas de poder. Faz com que uma dada situação seja analisada isoladamente, como se ela existisse num vácuo social, e com que o analista se perca em intermináveis interpretações arbitrárias. Fica-se então vogando à deriva sem bússola num mar episódico. Como pode um cientista social nutrir a esperança de dar vida a tais experiências cotidianas, como o duelo pelas classes altas e a briga pelas classes baixas, sem tentar, ao mesmo tempo, encontrar modelos teóricos das estruturas sociais que abranjam ambas?

A comparação entre o duelo e a briga é esclarecedora de um e de outro; esclarece também a distribuição de oportunidades de poder nessa sociedade. Duelos e brigas são guerras privadas, desfechos de conflitos.[28] Mas o duelo era um tipo altamente formalizado de violência, infringindo o monopólio estatal de violência, e reservado em primeiro lugar para a nobreza, sobretudo os oficiais, e depois também os civis de classe média e status suficientemente elevado. As pessoas de classes inferiores podem espancar-se sem cerimônia quando entram em conflito mútuo. Desde que não se machuquem seriamente, o Estado nem se dá ao trabalho de averiguar o incidente. Mas se essas mesmas pessoas se atacarem uma à outra com armas, serão trancafiadas, se possível. Se uma delas matar a outra numa briga, ela própria talvez venha a ser executada em nome da lei e do Estado. No caso do duelo, em contrapartida, as autoridades do Estado reconheceram tacitamente que tais delitos são meros pecadilhos que não podem ser punidos da mesma forma que as ações violentas das outras classes sociais. Assim, os duelistas não eram condenados à prisão, mas confinados aos seus quartéis ou colocados numa casa de detenção não desonrosa por um período de tempo que variava de acordo com a seriedade dos danos físicos infligidos. Quando o desfecho era fatal, o sobrevivente sumia freqüentemente, indo viver no estrangeiro por uns tempos.

Episódios como o que acabamos de examinar são representativos de uma determinada sociedade. Revelam a sua estrutura, especialmente a sua estrutura de poder — neste caso, primordialmente, a distribuição de poder entre os quadros superiores da sociedade durante a monarquia prussiana e sua herdeira, a Alemanha imperial. É impressionante ver como o código social das classes altas ativou usualmente a solidariedade de seus membros em face do poder do Estado, mesmo quando tinham se enfrentado antes como inimigos mortais. O código de honra dos aristocratas tinha prioridade sobre as leis do Estado. Até o rei tinha que submeter-se-lhe. Mesmo os guardiães das leis do Estado tentavam automaticamente proteger o assassino de elevada estirpe da punição pelos tribunais, o que imediatamente aconteceria se ele pertencesse a uma classe inferior.

A unanimidade com que, neste caso, todos os participantes cerraram fileiras — como fariam mais tarde, no caso dos concursos de esgrima e dos duelos estudantis, a fim de evitar o envolvimento dos tribunais do Estado e das leis nesse uso de armas e suas conseqüências — expressa uma convicção que, por certo, não foi sustentada unicamente pelas classes altas alemãs. Foi uma, entretanto, que teve efeitos particularmente duradouros no subseqüente desenvolvimento da Alemanha e é perceptível quase até aos dias atuais. Um desses efeitos é a convicção da classe alta, que recebeu outro forte apoio depois de 1871, de que os grupos relativamente mais poderosos — o Kaiser, a sociedade de corte e a nobreza, seguidos pelos pilares civil e militar do Estado — formavam a verdadeira Alemanha. Em relação a eles, as outras classes da sociedade pareciam ser, se não totalmente insignificantes, pelo menos inferiores, subordinadas e marginais. A identificação desse *establishment* com "o povo" ou "nação" formava-se da mesma maneira. Pelo menos em tempo de paz, abrangia a população inteira, mas simplesmente *in abstracto*, como fantasia simbólica carregada de fortes emoções positivas, embora na prática, se restringisse apenas à própria classe do *establishment.*

Essa idéia era complementar da tradicional imagem do Estado alimentada pela massa do povo alemão. Seus representantes viam o Estado não como algo que todos formavam juntos mas como algo que lhes era externo, como as autoridades, a elite governante, os estabelecidos, os que estavam no comando. Dada a distribuição concretamente observável de poder entre governantes e governados, o *establishment* dominante e os marginais dominados, essa idéia já era muito menos fiel à realidade durante o Kaiserzeit do que tinha sido antes, ao tempo da monarquia prussiana. Mas por causa do período particularmente extenso de regimes mais ou menos absolutos e autocráticos, somado ao código convencional de comando e obediência, a estrutura da personalidade da população dos Estados alemães estava preponderantemente adaptada para uma ordem social estritamente autocrática e hierárquica. A ancoragem de uma forma autocrática de governo no habitus de cada indivíduo continuou criando o forte desejo de uma estrutura social que correspondesse a essa estrutura da personalidade: ou seja, uma hierarquia estável de dominação e subordinação, expressa de maneira bem significativa nos rituais estritamente formalizados de distância social. Para as pessoas com tal estrutura de personalidade, a formalização social de distinções entre aqueles cujo dever era mandar e aqueles cujo dever era obedecer proporcionou claras orientações para a condução de relações sociais e tornou mais fácil enfrentar os problemas que elas suscitavam. Traçou fronteiras precisas em torno da área de tomada de decisões de cada indivíduo, ou, em outras palavras, ofereceu a cada pessoa uma base firme para tomar suas próprias decisões, atribuindo-lhe áreas restritas de personalidade. Assim permitiu um controle relativamente simples sobre tensões pessoais, as quais teriam imediatamente aumentado se essa estrutura social hierárquica enfraquecesse ou começasse até mesmo a desmoronar.

6

O episódio que acabamos de narrar é um ponto de partida de grande utilidade para continuarmos examinando o problema da formalização. Afinal de contas, não se tratava apenas de um ato qualquer de violência que a classe alta prussiana consentia e recomendava a seus membros — era um tipo de violência formalizado com extrema precisão. Paixões e temores estavam certamente envolvidos nisso, mas eram submetidos a rigoroso controle através de um ritual social elaborado em minucioso detalhe. O duelo entre Hinckeldey e von Rochow transmite uma certa impressão disso. Era óbvio que o chefe de polícia de Berlim temia o seu adversário. Não é incomum, em absoluto, que o medo por parte dos participantes contribua para o mau funcionamento técnico das armas. Sem dúvida, Hinckeldey sabia que o seu adversário era um excelente atirador e suspeitou que este último tinha a intenção de matá-lo. Mas a pressão social exercida sobre ele, da coação externa à autocoação, não lhe deixavam escolha. Desistir e ir embora teria significado não só a perda de sua posição mas também a perda de tudo o que dava à sua vida significado e satisfação.[29] Von Rochow, por seu lado, estava possivelmente ciente de que era melhor atirador. Talvez lhe desse prazer — um sombrio prazer — pôr no seu lugar o policial que tinha perturbado o seu divertimento de jogador. Acertou-lhe nos pulmões. Obviamente, era seu real propósito matar o outro homem, sabendo bem que nada de muito sério poderia acontecer-lhe.

Neste caso, pode discernir-se com extrema clareza a força dos modelos de conduta a que a classe alta se submetia. O termo "gradiente de formalidade-informalidade" não se refere apenas ao que poderia ser designado por maneiras, na mais estrita acepção da palavra. Não se refere apenas a se apertamos a mão a todos os presentes numa ocasião social ou se meramente olhamos à nossa volta e proferimos um genérico "olá", ou se um convidado trouxe ou não flores para a dona da casa. O que realmente se propõe indicar é, sobretudo, a extensão e o rigor de rituais sociais que ditam o comportamento das pessoas em suas relações mútuas — até mesmo ao ponto de renunciar à própria vida.

Além disso, encontra-se nessa história, uma vez mais, a relação entre estrutura social e estrutura da personalidade. As sociedades em que o uso de força física — mesmo de um tipo altamente formalizado — é tolerado ou, como neste caso, virtualmente exigido nas relações entre pessoas, encorajam modos de sentir e de comportar-se que habilitam a pessoa fisicamente mais forte a sentir prazer em intimidar com bravatas ou em maltratar uma outra pessoa, assim que se apercebe de sua fraqueza. A dinâmica imanente de grupos humanos em que ao uso da violência física, mesmo no formato formalizado de duelos e concursos de esgrima, é concedido um lugar central na vida social, levou um número incontável de vezes ao mesmo desfecho. Em tais grupos surgem tipos de pessoas que se distinguem não só por seu vigor físico ou habilidade, mas também pelo prazer que sentem em esmagar outras pessoas com armas ou com palavras, sempre que surge uma oportunidade. Tal como nas sociedades mais simples e menos pacíficas, também existem, em sociedades mais pacificadas, enclaves de violência ritualizada que dão à pessoa fisicamente mais forte ou mais habilidosa, à mais agressiva, ao valentão e ao desordeiro, a oportunidade de tiranizar outras e de ganhar grande respeito social por assim proceder. O duelo como ato formalizado de violência não era, como já se observou, um fato social isolado. Era sintomático de certas estruturas sociais, e tinha funções específicas para os estratos sociais a cujas estratégias comportamentais pertencia; era característico de um tipo específico de estratégia social predominante nesses círculos, assim como de um modo particular de avaliar as pessoas.

Ao discutir as funções do duelo para os estratos sociais em que era praticado, não se deve pensar que, para as pessoas que compunham esses grupos, tais funções eram clara e inequivocamente reconhecidas como o propósito fundamental da prática. Uma característica dessas funções merece ser examinada em maior detalhe, mas não podemos fazê-lo aqui. Ela é ilustrada pelo fato de os membros desse estrato estarem provavelmente cônscios, mas apenas de um modo um tanto vago, de que instituições características como o duelo desempenhavam uma função específica em sua existência social como classe. Mas a consciência que tinham dessa função não era explicitamente articulada em comunicação, seja entre membros do próprio grupo, seja com outros grupos, mesmo que tenha encontrado expressão de um modo indireto. Além disso, porém, houve legitimações diretas do duelo que usualmente serviram mais para obscurecer do que para esclarecer as reais funções sociais. Assim, por exemplo, costumava dizer-se que, para um oficial, era uma necessidade provar a sua coragem em todas as oportunidades, e estar sempre a postos, de arma na mão, para defender seu próprio nome e o de sua família de sofrer quaisquer difamações da parte de outros. Também era dito que o duelo tinha grande valor educativo igualmente para os civis, como preparação para as responsabilidades a serviço da nação.

As funções sociais que se escondiam atrás dessas e de outras legitimações explícitas eram de uma espécie diferente. Talvez isso possa ser visto com maior clareza comparando, uma vez mais, o duelo como um meio de resolver conflitos entre pessoas do mesmo nível nas classes altas com a briga como forma de lidar com os conflitos pessoais entre as classes inferiores. Consideremos o caso da briga. Sejam quais forem as razões remotas para o antagonismo entre duas pessoas que brigam mutuamente, neste caso é freqüente que a discussão seja rapidamente seguida de violência. A espontaneidade de sentimentos — ira, raiva e ódio — a plena força das paixões entra em cena. Só é emudecida, até certo ponto, através de um treinamento social que prescreve um padrão particular de luta física em choques violentos sem armas entre pessoas. Comparado com o duelo, o corpo-a-corpo espontâneo de uma briga é altamente informal, mesmo que seja parcialmente moldado pelos padrões da luta competitiva, como o boxe ou a luta greco-romana. O duelo, em contraste, é um exemplo do tipo altamente formalizado de confronto físico. Os adversários, neste caso, não se lançam espontaneamente um contra o outro sob a pressão da ira e do ódio. Pelo contrário, o ritual prescrito exige, primeiro que tudo, um rigoroso controle de todos os sentimentos hostis, bloqueando o acesso dos impulsos agressivos aos órgãos executivos, os músculos, e assim impedindo que qualquer ação seja levada a efeito. Aqui, a coação externa do código social requer uma autocoação sumamente intensa, o que é típico da formalização de estratégias de sentimento e comportamento.

O exemplo do duelo revela uma das funções sociais centrais da formalização. Trata-se, como se vê, de um sinal característico dos grupos de posição superior, um símbolo da diferenciação entre pessoas dos estratos superiores e inferiores da sociedade. O ritual do duelo, tal como outros rituais da classe alta, elevou os membros dos grupos que o apóiam acima das massas de pessoas que lhes são inferiores na hierarquia social. Era, pois, um meio de se distanciarem. A diferença entre a espécie de ato de violência minuciosamente formalizado num duelo e a briga comparativamente informal entre pessoas dos estratos mais simples, a par da extensão do gradiente de formalidade-informalidade que essa diferença demonstra, pode servir como critério da distância social entre os respectivos estratos.

Entretanto, o duelo também combinou a função de diferençar e distanciar os estratos superiores e inferiores com a de promover a integração do próprio grupo superior. Em conjunto com o sentimento de separação dos grupos inferiores, reforçou seus sentimentos de pertença aos grupos superiores e seu orgulho em fazer parte de um deles. Essa é uma dupla função recorrente da formalização de estratégias comportamentais em grupos estabelecidos. Estes impõem a seus membros modelos específicos de autocoação, os quais variam de acordo com a situação e a etapa de desenvolvimento; impõem formas de auto-recusa que também servem como sinais de distanciamento, marcas de distinção e símbolos de superioridade. Como prêmio e compensação para essa auto-recusa, é oferecido aos membros um sentimento elevado de valor pessoal, a profunda satisfação a ser repetidamente extraída da consciência de pertencer a grupo de categoria superior, e a autocompreensão, que usualmente acompanha tais sentimentos, de ser alguém da "melhor espécie de pessoas". O domínio das sutis estratégias da "boa sociedade" para relacionar-se com as pessoas, que os membros começam a aprender da infância em diante, é — entre outras coisas — um símbolo de pertença a um grupo especialmente prestigioso e através da prática dessas estratégias é satisfeita a necessidade de contínua reafirmação do amor-próprio individual. Fortalece a solidariedade com o seu próprio grupo e o sentimento de ser melhor pessoa, superior às outras.

A conexão entre as recusas e frustrações pessoais específicos do grupo e as frustrações impostas pelo código da classe alta a cada membro, por um lado, e o prazer simultâneo que, como compensação para as frustradoras autocoações, é extraído da consciência de pertencer ao grupo mais poderoso, mais distinto e socialmente mais valioso, por outro lado, é vista com maior nitidez quando o poder de um *establishment* como este começa a desmoronar. Então, sobretudo no entendimento dos membros mais jovens e das sucessivas gerações, o valor de seu próprio grupo é freqüentemente contestado, e assim também o valor da autodisciplina e dos sacrifícios exigidos de todos os membros — quer como um meio de governo, como um instrumento indispensável para dominar os menos disciplinados ou, simplesmente, como um símbolo de pertença aos eleitos. O ganho em prazer, o sentimento realçado de amor-próprio, o prêmio narcisista, que somados compensam os custos de obedecer às prescrições e proscrições específicas desse estrato, são diminuídos e enfraquecidos. E, assim, a capacidade para obedecer ao código específico da classe, e para suportar as frustradoras coações que ele impõe a cada pessoa, torna-se correspondentemente mais fraca.

Em tais casos, pode ser observado um impulso informalizante de uma espécie muito particular. Um modo de comportamento caracterizado por um padrão específico de autocoações torna-se frágil e desmorona, sem que exista um outro à vista para pôr no seu lugar. O significado e o valor de auto-recusas convencionais, que talvez funcionassem previamente como condições para manter o domínio, perdem-se na desintegração; e com a perda de poder, até os seus próprios membros duvidam do significado e valor do grupo. Em tal situação, é quase impossível para os membros do grupo decadente formar ou mesmo recorrer a um outro código que os habilite a regular suas vidas de um modo que considerassem igualmente significativo e valioso.

Um dos mais radicais processos de informalização desse tipo foi a destruição dos rituais que davam significado à vida e sustentavam modelos de vida coletiva entre os povos mais simples, no processo de colonização e no trabalho missionário por europeus. Talvez fosse útil examinar isso brevemente. Um dos mais extremos exemplos da desvalorização de um código que fornece significado e orientação a um grupo em ligação com a perda de poder do seu grupo-portador é a eliminação das classes superiores nas Américas Central e do Sul, no decorrer da colonização e imposição do cristianismo pelos espanhóis e portugueses. É verdade que nesses casos o antigo *establishment* foi substituído por um novo, mas o código de regras pelo qual o novo *establishment* regeu sua vida foi, no começo, incompreensível para os povos conquistados. Dificilmente poderia compensar a perda de significado. O lado humano desse processo ainda está pouco pesquisado, até onde pode ser entendido. Merece um exame mais cuidadoso, o que significa para os povos envolvidos experimentar a relativamente rápida destruição dos modos de vida que lhes deram significado e valor, e ter novos modos e um diferente código violentamente enxertados neles por um novo *establishment*. Expressões como "conversão ao cristianismo" pouco ajudam: elas representam o ponto de vista dos conquistadores, não dos conquistados.

No caso dos incas e dos astecas, houve um quase total colapso de uma organização social mais antiga e seus meios de orientação. As antigas instituições foram muito mais radicalmente destruídas do que no caso da Revolução Francesa, por exemplo, e o novo *establishment* que as substituiu era incomparavelmente mais estranho. Tem-se a impressão de que mesmo depois de vários séculos, a grande maioria da população agrária indígena ainda não se recuperou inteiramente dos golpes traumáticos dos espanhóis e portugueses. A antiga língua de suas nações sobreviveu em algumas partes da América Latina entre as populações rurais, mas as pessoas foram tão oprimidas por seus senhores ao longo dos séculos que, para todos os efeitos, uma apatia por ora incurável ainda persiste. O antropólogo britânico Rivers relata em maior detalhe o efeito semelhante provocado pelos missionários protestantes sobre os habitantes das ilhas da Melanésia. Neste caso, e talvez em muitos outros, a desvalorização dos antigos modos de vida por um grupo mais poderoso levou a uma fase de profunda tristeza e a sintomas do que, em linguagem clínica, têm o nome de depressão. Só que, neste caso, não era uma depressão individual, mas uma depressão coletiva.[30]

Não existe escassez de processos estruturalmente semelhantes na história de sociedades européias, embora aí seja provável que a ruptura na sucessão de *establishments* tenha sido usualmente menos radical. Mas não podemos ainda estar certos disso. Pois o que chamamos a história da Europa ainda encontra-se, até os nossos dias, escrita em tal medida do ponto de vista dos vencedores que o ponto de vista dos derrotados raras vezes participa do quadro corrente da história; e a polifonia de modos de vida, a absorção de padrões tipicamente de classes altas pelas classes médias e baixas, a ascensão de padrões de comportamento e sentimento das classes médias e inferiores para o topo, e a transformação de estruturas sociais, o quadro de referência em que ocorrem essas mudanças de padrões, tudo isso permanece largamente inexplorado.

7

Efeitos desse gênero, os quais surgem no decorrer de mudanças específicas no poder social, são o que se entende por um impulso formalizante ou informalizante. Um desses processos, em particular, foi muito discutido recentemente. Faz-se-lhe referência com expressões tais como "a sociedade permissiva". Mas termos dessa espécie dificilmente são apropriados para o processo que estamos examinando. Sem dúvida, o seu cerne é o colapso parcial da formalização habitual. Por isso a extensão e o caráter do processo de *informalização* que tem estado a acontecer — com muitos avanços e recuos — ao longo do século XX só se tornam claros em nossa mente quando vistos em relação à extensão e ao caráter da *formalização* que era típica das classes superior e média, e associados ao seu relativo potencial de poder. Só então pode ser formulado com precisão o problema apresentado pela diminuição ou até o desaparecimento de muitas regras previamente codificadas da vida social. Uma resposta para a questão sobre quais são os motivos para o impulso informalizante contemporâneo e em que consiste a sua estrutura depende, em resumo, do exame do impulso formalizante da fase prévia — o impulso formalizante que ocorreu na Alemanha no contexto da unificação de territórios sob domínio alemão através da instituição da corte imperial. Somente a partir desse ponto de vista mais amplo é possível começar a dizer se o processo informalizante atual é um colapso *per se* de autocontroles civilizadores ou se é, antes, uma desintegração de formalizações que perderam sua função — total ou parcialmente — no decorrer de mudança social.

Um certo endurecimento e maior rigor de maneiras, e uma acentuação da etiqueta e do cerimonial, podem ser observados no desenvolvimento do código de comportamento das classes média e alta alemãs, primeiro nos círculos cortesãos da monarquia prussiana e depois na sociedade de corte do Kaiserreich. Não foi um processo abrupto. Mudanças nessa direção ainda eram, relativamente falando, pouco perceptíveis enquanto o velho Kaiser viveu; mas tornaram-se mais acentuadas durante o reinado de Guilherme II. Por exemplo, quando comparecia a um baile, o velho Kaiser gostava de ser, por vezes, apresentado a pessoas desconhecidas e bater um papo com elas. Já Guilherme II mantinha distância. Durante o seu reinado, as cerimônias tornaram-se muito mais precisas e aparatosas, os movimentos das pessoas mais decididos, o vestuário das senhoras mais elegante, suas jóias mais ricas. Ao mesmo tempo, a competição na "boa sociedade" em geral tornou-se mais febril, com os participantes esforçando-se por superar-se uns aos outros no mobiliário de suas casas, na suntuosidade dos jantares que ofereciam ou até nas elevadas apostas que faziam nos jogos de azar ou corridas de cavalos. Tal como Luís XIV, Guilherme II gostava do auto-retrato de sua própria grandeza e dignidade através do cerimonial. Em ambos os casos, esse tipo de auto-apresentação servia como símbolo visível de poder e distância social — era um instrumento de domínio.

Hoje, esquece-se com freqüência que, na Alemanha, durante as primeiras duas décadas do século XX, uma poderosa sociedade de corte ainda formava o segmento superior de uma *satisfaktionsfähige Gesellschaft* que penetrou profundamente nos grupos mais elevados da classe média. Um exemplo pode estimular a memória; é extraído de uma coleção de velhas reportagens jornalísticas escritas por Fedor von Zobeltitz e publicadas sob o título de *Chronik der Gesellschaft unter dem letzten Kaiserreich* (*Crônica da sociedade no reinado do último Kaiser*):

> 23 de janeiro de 1897
> Começaram as *grandes celebrações* na corte. Toda a pompa do cerimonial se desenrolou no dia 18, durante a assembléia dos Cavaleiros da Águia Negra. Poder-se-ia ocasionalmente acreditar que se estava sendo transportado de volta aos tempos do primeiro rei prussiano, quando se lê o discurso ali proferido pelo conde Eulenburg. Mas não se pode negar que o esplendor e a magnificência eram impressionantes. Nesse ano, o cerimonial envolveu a investidura de seis novos cavaleiros: três personagens reais, o Grão-Duque de Saxônia, o Príncipe de Schwarzburg-Rudolstadt e o Príncipe de Wied, os generais von Hänisch e von Seeckt, e o ministro de Estado von Delbrück. O solene cortejo partiu da chamada galeria apainelada, contígua aos aposentos reais. Era encabeçada por dois arautos em antiga indumentária alemã, seguidos pelos pajens pessoais do rei, von Trotha e Barão von Rechenberg, e pelos pajens da corte em suas jaquetas vermelhas com guarnições douradas, transportando sobre almofadas de veludo as insígnias reservadas para os novos cavaleiros; o Tesoureiro da Ordem, Conselheiro Privado Borck, e seu secretário, o conde Kanitz, com os estatutos; o Mestre de Cerimônias, Conde Eulenburg; o plenário da Ordem, com todos os seus membros em uniforme de gala, com faixa, colar e capa; os Príncipes e Régios Cavaleiros da Ordem; e, finalmente, o próprio Kaiser. Quando o cortejo chegou ao Salão dos Cavaleiros, o corpo de trombeteiros, na Galeria Prateada, fez soar... uma clangorosa fanfarra. A Guarda Real e os Couraceiros fornecem usualmente esses trombeteiros; as trombetas são muito longas, à moda antiga, decoradas com bandeirolas e são usadas somente em cerimônias da corte. Desta vez, o número de convidados era muito grande. Só o número total de dignitários da corte representa um imponente séquito; seus uniformes variam desde o traje da corte com incrustações de ouro até a simples casaca azul escura dos camaristas. Somavam-se-lhes os ministros do governo e o gigantesco enxame de generais e almirantes. Entre eles, os Conselheiros Privados de Primeira Classe, também de uniforme, e todos de calção pelo joelho — um verdadeiro desfile de panturrilhas — quase desapareciam. As fanfarras, a cargo dos trombeteiros postados a certa distância, continuaram até que o Kaiser se instalasse no trono e a casa real se reunisse em torno dele, de acordo com o protocolo prescrito para a cerimônia. Só então começou o ato de investidura. As personalidades reais, neste caso o Duque Johann von Mecklenburg e o Príncipe Herdeiro de Saxe-Coburg, escoltam aqueles que vão ser admitidos na Ordem — os príncipes, os dois generais e os novos cavaleiros restantes — até ao trono, onde o Kaiser, em sua qualidade de Grão-Mestre, lhes põe no pescoço o colar da Ordem, lhes concede a *accolade* e, após prestarem seu juramento de vassalagem, lhes estende a mão...

> Menos rigorosa e cheia de dignidade, portanto mais animada mas não menos colorida, era a *grande présentation (die grosse Cour)* das quartas-feiras. Para o jovem oficial que entra pela primeira vez nos círculos palacianos, esse é um dia de especial prazer. Como a afluência de visitantes no palácio tende a ser colossal nesses dias, o gabinete do Mestre de Cerimônias tem seu trabalho de rotina reduzido a fim de se concentrar na tarefa de regularizar o ingresso dos vários contingentes. Até o Gabinete do Arquivista no andar térreo tem de ser mobilizado para esse serviço. Desta vez, o cortejo é formado a partir dos aposentos imperiais. A *grande entrée*, como é denominada, era liderada por todos os altos dignitários da corte, com destaque para o Camareiro-Mor, o Príncipe Herdeiro de Hohenlohe-Oehringen; vinham em seguida o casal imperial, as princesas e os príncipes. Estava presente todo o contingente de pajens e escudeiros. Os pajens pessoais da imperatriz e das princesas seguravam as caudas dos vestidos das nobres damas — o que, diga-se de passagem, parece ser mais fácil do que realmente é, dado que exige grande dose de destreza e constante atenção para seguir cada movimento das senhoras. Em tempos idos, cadetes destacados para servir como pajens adestravam-se usualmente segurando caudas feitas com grandes lençóis que os "*Schnappsäcke*", os cadetes mais jovens, tinham de atar em volta dos quadris para treinamento dos mais velhos. Depois que suas Majestades Imperiais tinham tomado seus lugares no trono, no Salão dos Cavaleiros, ladeados pelos príncipes e princesas, e quando o séquito real e seus convidados estrangeiros estavam em suas posições, iniciava-se o desfile cerimonial dos visitantes, que iam passando defronte do trono com acompanhamento musical.[31]

Uma das mais importantes celebrações no Kaiserreich, o Segundo Império alemão, era o dia do aniversário do Kaiser. Com Guilherme II, 29 de janeiro tornou-se um feriado, marcado por numerosas cerimônias, para toda a população alemã. Oficiais e estudantes celebravam-no em seus cassinos e confrarias, as escolas não funcionavam, bandeiras drapejavam nas cidades alemãs e em Berlim havia o desfile de carruagens para a recepção do Aniversário do Imperador. As ruas de acesso ao embandeirado palácio estavam fechadas por cordões a fim de conter a multidão à distância. E ela certamente acorreu — em "massas cinzentas" — para ver passar as ruidosas e pesadas carruagens de gala e as pessoas de alta linhagem que viajavam nelas a caminho do palácio. Após a recepção no palácio, havia uma exibição militar, a grande cerimônia de troca de guarda. Nevava freqüentemente durante ela, mas o povo costumava falar muito a respeito do "tempo Hohenzollern". Esperava-se que o céu ficasse luminoso e sem nuvens para o Kaiser durante as cerimônias ao ar livre. Segue-se um relato da cerimônia de troca da guarda no aniversário do Kaiser, também em janeiro de 1897:

> De súbito, tiros abafados ecoaram na direção do parque de recreação: eram as salvas de artilharia — o sinal de que começara no palácio a recepção pelo aniversário do imperador. Ao mesmo tempo, uma companhia de Granadeiros do Kaiser Franz aproxima-se ao som da marcha cadenciada da tropa e toma posição em frente do arsenal. O público torna-se irrequieto; a hora da grande cerimônia da troca de guarda está chegando. A multidão agita-se; a polícia, cortês como sempre, tem dificuldade em conter o povo apinhado... Agora as aclamações distantes convertem-se gradualmente num estrépito ensurdecedor. Um grupo cintilante, vindo do palácio, aproxima-se do arsenal. À frente caminha o herói do dia, o Kaiser, envergando um capote cinza com ampla gola de pele, sobre o qual se ostenta a faixa laranja da Ordem da Águia Negra, e usando um chapéu

de plumas de avestruz. O semblante levemente afogueado resplandece boa saúde. A seu lado está o general comandante da brigada da Guarda, *Herr* von Winterfeld, com quem o Kaiser conversa animadamente; atrás dele, os cavalheiros do quartel-general, os generais e seus oficiais-às-ordens, e uma multidão de oficiais superiores. O Kaiser passa em revista a primeira fila da companhia e depois cumprimenta o comandante do arsenal. Durante a cerimônia de troca de guarda — como sempre, brada-se "Longa vida ao rei e imperador!" — a banda marcial do regimento de Alexander executa vibrantes marchas. Depois, rufam os tambores, soam as cornetas e os pífaros — começa o desfile em continência ao Kaiser... Novas aclamações e ordens de "Três vivas ao Kaiser"; a cerimônia chega ao final e o Estado-maior acompanha Sua Majestade de volta ao palácio...[32]

Era política oficial do Kaiser Guilherme e de seu governo fazer tudo o que estivesse em seu poder para fomentar o comércio e a indústria. Assim, o dia da inauguração da Feira Comercial de Berlim também se converteu num negócio sumamente convencional. O relato de Zobeltitz da abertura da segunda Feira Comercial de Berlim em maio de 1896 fornece um retrato fiel das formalidades. Os que não puderam comparecer em uniforme, foram de casaca, e não seria necessário dizer que cada um ostentava todas as suas condecorações. Zobeltitz escarnece um pouco de um determinado cavalheiro com toda a aparência de judeu que levava o colar da Ordem de Cristo ao pescoço e a da Ordem Grega do Redentor sobre o peito:

Um indivíduo malicioso comentou que eram as cruzes em que os cavalheiros tinham se esquecido de pregar sua vaidade. Que estamos vivendo na era dos uniformes foi uma vez mais comprovado pela grande quantidade de altos funcionários civis — secretários permanentes, subsecretários e secretários assistentes — que compareceram em suas vestimentas cortesãs com bordados de ouro e calças com galões dourados. Antigamente, nenhum servidor público dos altos escalões teria usado semelhante uniforme; bastava a casaca. Mas os tempos mudam e, com eles, os servidores públicos também.

A Comissão Organizadora parecia ter esperado um acolhimento mais caloroso por parte de Sua Majestade. Ocorreu toda a sorte de acidentes e contratempos. Por exemplo, um dos três cavalheiros, que era tido na conta do mais desembaraçado e zeloso dos indivíduos, esqueceu-se de retirar seu *pince-nez* do nariz quando falou com o Kaiser. Isso foi evidentemente notado com reprovação. Também foi muito comentado o fato de o Kaiser não ter convidado a Comissão Organizadora para o café da manhã, que ele fez com o seu séquito a bordo do *Bremen*. Teria sido mais correto, porém, se a Comissão Organizadora tivesse feito sondagens a fim de averiguar se o Kaiser estaria propenso a "aceitar" um café da manhã. E a conduta mais adequada teria sido averiguar de antemão com alguma pessoa influente, por exemplo, *Herr* von Mirbach, como nos devemos comportar na presença do Kaiser. Então, os *faux pas* e os constrangimentos poderiam ter sido evitados, e não teria havido necessidade de lamentar este ou aquele desejo não satisfeito e de esganiçar-se anunciando um catastrófico descalabro na Bolsa de Valores de Berlim. Gostemos ou não, estamos vivendo em tempos em que as aparências contam muito; se seria melhor ou não aparar um pouco o rabinho da corte, é uma outra questão — de momento, temos de as levar em conta, por muito tempo que ainda possam durar.[33]

Pode-se perceber que, na corte, um rigoroso processo de formalização estava ocorrendo e que a burguesia comercial e industrial, especialmente, nem sempre lhe acompanhou o passo. Talvez não fosse ainda de conhecimento comum, mesmo entre os mais obsequiosos e sagazes representantes do empresariado industrial burguês, que Sua Majestade Imperial requeria que, além da reverência cerimonial, a pessoa tivesse, ao mesmo tempo, de retirar o *pince-nez* em sinal do respeito que lhe era devido. Ficou óbvio, portanto, que foi para manifestar seu desagrado que ele não convidou a profundamente consternada Comissão Organizadora para o café da manhã a bordo do seu iate. Tirar do nariz o *pince-nez* quando se cumprimenta alguém hierarquicamente superior, como expressão de respeito e de boas maneiras, é, em pequena escala, sintoma de um impulso formalizante. A prova de força que está subentendida nisso pode ser percebida nesse incidente de pequena monta. O Kaiser tinha o poder de conceder ou negar sinais de seu favor. Para uma burguesia composta de comerciantes e empresários, que formavam um estrato subordinado, ocupando um segundo lugar em poder e status em relação à sociedade da corte imperial, esse desfavor significou muito. Zobeltitz recomendou que deveriam ter solicitado de antemão o parecer de uma das personalidades influentes, ou seja, um homem da corte.

Um outro sinal do processo de formalização em curso durante a era guilhermina é que, em ocasiões cerimoniais, todos os servidores civis graduados, os secretários permanentes, os subsecretários, os secretários-adjuntos e seus auxiliares diretos, apresentavam-se agora em uniforme palaciano bordado a ouro. Na sociedade cortesã-aristocrática do Segundo Império alemão, durante o reinado de Guilherme II, os uniformes adquiriram grande prestígio. Os cavalheiros de casaca ou de fraque, os civis, foram rebaixados a cidadãos de segunda classe apenas pela falta de uniforme. Como sinal de seu favor, o Kaiser, à semelhança de outros príncipes reinantes, concedeu portanto aos altos funcionários da administração civil, que não tinham direito a um uniforme militar, pelo menos o direito de usar um uniforme da corte correspondente às suas respectivas posições. Zobeltitz, que possuía apurado olho crítico a esse respeito, observa que esses dispendiosos uniformes, com incrustações de ouro, da burocracia das corte, estavam apontando cada vez mais para uma falta de gosto. Algumas pessoas assim vestidas, comenta ele numa ocasião, assemelham-se aos porteiros dos grandes hotéis parisienses.

A observação de Zobeltitz de que estava "vivendo em tempos em que as aparências contam muito" também é outro sinal da tendência formalizante de um regime que talvez pudesse ter-se transformado numa monarquia constitucional em resposta à pressão crescente das classes industriais, caso tivesse havido mais moderação e maior habilidade política por parte de seus líderes. Mas o código dos grupos dominantes foi plasmado, em elevado grau, pela tradição militar sumamente inflexível de comando e obediência. Na concepção do Kaiser, ele próprio e seu círculo cortesão formavam a verdadeira, a autêntica Alemanha. Ele já estava sujeito demais às críticas públicas para ser capaz de dizer abertamente o que até Luís XIV talvez nunca tenha declarado explicitamente: "*L'état, c'est moi.*" Mas a tradição e o aparelho ainda semi-autocrático de governo que ele tinha à sua disposição permitiram-lhe considerar que a oposição aos seus governantes era sinônimo de traição contra o próprio país, algo que muitos ditadores contemporâneos também parecem acreditar sinceramente. Tanto o peculiar desespero da estratégia imperial quanto o impulso formalizante na era guilhermina não podem ser realmente entendidos sem se levar em conta que esse era um regime que se sentia ameaçado e era correspondentemente inseguro. A industrialização na Alemanha, empenhada em recuperar o tempo perdido, ao acelerar e tornar-se mais geral de 1871 em diante, enfraqueceu a supremacia dos tradicionais estratos privilegiados que se agrupavam em torno do Kaiser na corte, no exército e de um extremo ao outro do país. A unificação nacional, que fora obtida pela dinastia imperial e da qual o Kaiser, o exército e a corte tinham-se tornado, assim, símbolos, fortaleceu o regime.

O quadro dessa tendência formalizante estaria desequilibrado se não se fizesse menção, ainda que breve, à oposição abafada e à total incompreensão com que se defrontou nos círculos dominantes. É difícil resistir à oportunidade de citar ainda um outro excerto da *Chronik* de Zobeltitz, que ilustra num pequeno exemplo a atitude dos privilegiados para com a "ralé impatriótica" e o elemento cômico nas formalidades:

> 8 de setembro de 1895
> As celebrações do jubileu, comemorando a batalha de Sedan, desvaneceram-se gradualmente mas os efeitos do insolente episódio organizado pelos sociais-democratas para perturbar as grandes festividades ainda continuavam. Se caminhamos hoje pelas principais ruas de Berlim ao cair da noite, somos constantemente importunados por uma turma de garotos que ficam calcorreando as calçadas para cima e para baixo, sobraçando maços de jornais e irritando os transeuntes com o pregão estridente: "*Der 'Vorwärts', mein Herren!... Der 'Vorwärts' vom 2. September!*" (*Olha o "Avante", cavalheiros! O "Avante" de 2 de setembro!*) Os proprietários do porta-voz principal dos social-democratas tentaram fazer negócio à custa de sua falta de patriotismo. O infame número do *Vorwärts*, com suas injúrias ao grande e venerando Kaiser, ao exército e ao ânimo festivo da população, e incluindo a publicação das cartas particulares de terceiros, está sendo comprado aos milhares, a 20 *pfennigs* cada exemplar, por pessoas curiosas. O negócio acima de tudo! Só ontem a polícia decidiu pôr fim às suas jogadas e proibir a venda dos exemplares que, neste meio tempo, foram confiscados. A conduta da polícia nestes últimos dias, registre-se a propósito, merece incondicionais elogios. Note-se bem que as medidas tomadas para controlar a multidão durante a consagração da Igreja da Memória foram muito extensas; o povo estava concentrado numa densa massa no cruzamento da Kurfürstenstrasse com a Kurfürstendamm, e é realmente um milagre que não tenha ocorrido um só acidente.
>
> Um pequeno e curioso incidente na consagração da Igreja da Memória do Kaiser Guilherme não foi mencionado, até onde pude averiguar, por nenhuma das reportagens nos jornais. Um amigo oferecera-me um lugar na sacada de sua residência na Kurfürstendamm, donde eu pude confortavelmente presenciar a chegada de todas as personalidades importantes. Exatamente defronte, do outro lado da Kurfürstendamm, estende-se o muro do Jardim Zoológico. Quando os sinos começaram repicando e Sua Majestade Imperial era aguardada a qualquer momento, um desagradável ruído soou de súbito em contraste com o ritmo dos sinos e os primeiros aplausos e vivas ainda distantes do povo. Os animais de presa no Jardim Zoológico, especialmente os lobos, começaram a ficar inquietos; também havia excitação nos canis. Prolongados uivos dos lobos e ásperos latidos dos cachorros misturaram-se ao repicar dos sinos pela paz, acompanhado pelas ovações do público. A gritaria dos animais não estava, porém, no programa. Um policial

montado galopou como um louco até o Jardim Zoológico; um par de policiais a pé correu até o ruidoso recinto para proibir as uivantes criaturas de continuarem se manifestando... mas os rebeldes animais tinham pouco respeito por uniformes azuis: continuaram ladrando e uivando e latindo, imperturbáveis. Por fim, foi desentocado um tratador. Como conseguiu silenciar as bestas não sei; talvez lhes tenha dado o desjejum uma hora mais cedo do que o usual. Em todo o caso, o certo é que se calaram... mas tinham introduzido um divertido episódio na solene cerimônia.[34]

8

No prefácio de sua coletânea de reportagens e crônicas sobre os tempos do Kaiser, as quais foram originalmente escritas como descrições de eventos cotidianos para o jornal *Hamburger Nachrichten*, Zobeltitz, ao reler esses escritos, "dos dias que parecem ser infinitamente remotos", fala de seus sentimentos como cidadão da Primeira República alemã, no início da década de 1920. Encara-os, como ele mesmo diz, "com algum assombro... um sorriso resignado... e uma sensação de perplexidade":

> Portanto, *assim* era como tinha sido *ontem*, e entre esse ontem e o hoje está essa imensa convulsão que transformou de um dia para o outro uma monarquia de 500 anos numa república, e assim fazendo remodelou completamente a velha sociedade em todas as suas partes.[35]

Depois, ele acentua que ainda era claramente evidente para ele, mas estava ficando cada vez mais difícil de ser enxergado — ou concebido pelas gerações subseqüentes, a saber, o fato de que essa sociedade formou uma espécie de cooperativa, "como os trabalhadores nos vários sindicatos fazem hoje"; "o que era chamado de 'sociedade' naqueles dias era também um grupo consciente de seus próprios interesses e que tratava de realizá-los".

Para um observador contemporâneo, que pertencia ele próprio a essa "sociedade", era totalmente claro, portanto, que se tratava de uma formação social relativamente fechada. A comparação com sindicatos não é muito válida, na medida em que as pessoas dessa "sociedade" não estavam manifestamente representadas por uma única organização criada para finalidades específicas nem institucionalizado através de uma organização deliberadamente planejada e mantida. Mas a coesão das pessoas que formaram o que Zobeltitz chama apenas de "sociedade" (e que, em perspectiva mais ampla, prova ser um caso de "boa sociedade" como um tipo) certamente não era menor do que entre as pessoas que se reúnem em organizações com regras codificadas explícitas e, em sua grande maioria, escritas. As pessoas que formam uma "boa sociedade", à semelhança do *establishment* hierarquicamente graduado do Segundo Império sobre o qual Zobeltitz está falando, encontram-se realmente reunidas, em grande parte, por critérios não escritos e símbolos implícitos de filiação que, de uma forma geral, só são evidentes para os iniciados e nunca entendidos plenamente por quem está de fora; isso ajuda a explicar por que os historiadores, assim como os sociólogos, prestaram relativamente pouca atenção a tais padrões sociais, embora em muitos casos eles se contem entre as mais poderosas formações sociais de seus tempos. Em particular, os historiadores modernos desde Ranke foram tão treinados para concentrar-se em documentação explícita que, na realidade, não têm olhos para formas de vida social, onde a coesão se baseia em grande parte no conhecimento de símbolos escassamente articulados.

Nos círculos em questão, um sentimento íntimo de filiação comum prevaleceu entre todas as pessoas que lhes pertenciam, juntando até os maiores inimigos. E isso era expresso não poucas vezes através da rigorosa observância de rituais comuns, como o duelo. Foi certamente um dos fatores que, em tempos favoráveis, e apesar da ausência de qualquer organização explícita, deu à aparentemente pouco compacta formação social de uma boa sociedade, unidade e coesão muito fortes. A ronda anual de comparecimento de seus membros a bailes, bazares de caridade, à ópera, às cerimônias militares e de corte, e a muitos outros eventos, funcionou constantemente para reforçar a solidariedade, o sentimento de pertença ao grupo e de identidade, assim como de superioridade sobre todos os de fora do grupo, as massas de pessoas; por sua parte, as massas, como espectadores aplaudentes ou, de qualquer modo, como circunstantes aprovativos, podiam de tempos em tempos entrever as reuniões cerimoniais das altas rodas e, assim, serviam para fortalecer ainda mais a convicção da elite sobre a superioridade de seu próprio valor.

Os símbolos implícitos de pertença à "boa sociedade" eram familiares desde a tenra infância em diante para os membros dos grupos em questão, em especial para as pessoas que cresceram dentro dos rígidos vínculos da nobreza prussiana e, subseqüentemente, alemã. Os símbolos serviam como medida, não só para elas mas também para as outras pessoas, que usavam, sem ter realmente consciência disso, para julgar e avaliar pessoas de acordo com os padrões de uma classe específica — a sua própria classe. Em seus próprios círculos, todos julgavam as pessoas desse modo e, assim, consideravam seu modo de julgar perfeitamente natural. Não havia motivo nenhum para meditar sobre isso.

Na *Chronik* de Zobeltitz não faltam os exemplos desse uso irrefletido do modelo específico de uma classe como medida para avaliar as pessoas em geral. Não obstante, ainda que os acontecimentos do mundo aristocrático fossem, por certo, o seu interesse central, Zobeltitz também tinha contatos com pessoas de outros círculos e demonstrava para com elas uma tolerância afável. Precisamente porque durante o Segundo Império elementos do código aristocrático estavam sendo absorvidos em excepcional medida por certos setores das classes médias e depois convertidos em parte integrante do código nacional alemão, é esclarecedor ver, *en passant*, um exemplo do modo como ele julgava as pessoas. Em 18 de maio de 1913, Zobeltitz publicou um obituário de Erich Schmidt, o descobridor do *Fausto* original, professor de literatura alemã e por algum tempo reitor da Universidade de Berlim. Eis um excerto:

> Tinha uma esplêndida aparência, por isso as mulheres o idolatravam. Era uma pessoa de um vigor avassalador, por isso os homens o amavam. Nada do velho tipo de professor subsistia nele; na verdade, ele tinha criado um novo tipo. Quem o visse pela primeira vez,

> poderia tê-lo confundido com um militar à paisana. Um galhardo espírito ariano dava forma a todos os seus movimentos; havia sempre algo de luminoso nele, e seu olhar tinha um ardor excitante.[36]

Como se pode ver neste exemplo, nessa escala de valores para julgar pessoas, obtém uma classificação particularmente alta um civil que pareça ser "um oficial à paisana". Não era culpa de Erich Schmidt se ele parecia ter, como motivo de supremo elogio, "algo de luminoso", um "ardor excitante" e um "galhardo espírito ariano", pois tendo, na verdade, recebido numerosas condecorações, nunca quis usar nenhuma. "Galhardo espírito ariano" — Guilherme II exibia-o e Hitler imitava-o. Um conceito, uma característica, que os nazistas deturparam de forma grosseira e continuam desempenhando um papel como contra-imagem rejeitada entre os alemães da geração mais moça, podem ser aqui observados por quem olhar em retrospecto para o seu contexto original como parte do ideal humano de um oficial aristocrático. Valeria a pena investigar quanto do modo nacional-socialista de avaliar pessoas era uma versão degenerada e grosseira das antigas virtudes do nobre alemão.

"Luminoso" é um termo de elogio seguindo as mesmas linhas, tal como a afetação a que Zobeltitz concede notas altas em outra parte do seu obituário: "Um pouco de pose também é muito bonito..." Zobeltitz também menciona que Schmidt se considerava um liberal mas, "sabe Deus", acrescentou em jeito de desculpa, "não no mesmo sentido da gente da esquerda", e elogiou-o como "um homem do mundo da cabeça aos pés: provavelmente o único 'professor de literatura' que podia combinar profundo saber com uma personalidade urbana".[37] O retrato está ganhando forma. Entre os traços positivos enfatizados por Zobeltitz estão — além de uma aparência atraente — refinamento, elegância, gentileza, galhardia e um pouco de pose. Eram esses, em suma, os critérios pelos quais uma classe militar-aristocrática ajuizava as pessoas. Elementos desse código da classe alta eram então absorvidos através de um processo específico de seleção pelos estratos burgueses e, de acordo com suas próprias necessidades, seletivamente inseridos em seu código de comportamento.

Assinale-se, a propósito, que a atração sentida pelos estratos burgueses em relação aos modelos da classe alta declinou após a virada do século, quando se tornou cada vez mais clara a fraqueza da nobreza e sua incapacidade para proteger as classes médias da ascensão das classes trabalhadoras. O avanço da industrialização e, em especial, a urbanização contribuíram de forma decisiva para esse desenvolvimento. Ambas atenuaram a influência do poder político da população rural e agrícola em relação à população urbana. Em quase todas as eleições gerais, o Partido Social-Democrata aumentou seus votos e seu número de cadeiras no parlamento. É difícil visualizar a reação da classe alta *satisfaktionsfähig* quando os sociais-democratas emergiram das eleições gerais de 1912, pela primeira vez, como o partido mais forte. Como todos os velhos *establishments*, os aristocratas alemães e, em especial, os prussianos e os estratos burgueses que fizeram causa comum com eles — as pessoas da *satisfaktionsfähige Gesellschaft* — tinham como ponto pacífico que eles, e só eles, estavam destinados a governar na Alemanha. A seu juízo, era perfeitamente claro que essa gente das classes inferiores, esses trabalhadores e seus representantes, não possuíam a capacidade e o talento necessários para governar algo tão grande quanto o império alemão. E agora viam, no crescente número de votos para os sociais-democratas, a incoercível avalanche do que chamavam as "massas" rolando na direção deles.

Sem dúvida, a tensão entre os grupos comerciais e industriais urbanos e os grupos agrários recrudesceu no transcorrer desse processo, que foi uma das características mais salientes do Segundo Império. E as classes comerciais urbanas, representadas no Reichstag pelos liberais, por exemplo, também fizeram parte do bloco de oposição que, mesmo antes do início da guerra de 1914-18, já deixara de obedecer sempre às regras da boa sociedade cortesã-aristocrática. Em seu campo, nos finais da era imperial, já se registravam tendências para a informalização, infringindo o rigoroso e altamente formalizado código da classe alta.

Um exemplo está no desenvolvimento do vestuário feminino em fins da era imperial. Zobeltitz assinalou em junho de 1914, escandalizado, que o vestuário das mulheres, até as de boas famílias burguesas, já deixara de guiar-se pelo mais rigoroso código das classes superiores. Esse é um dos primeiros sinais de um processo informalizante que iria ganhar força após a guerra, no contexto da derrota das elites imperiais:

> Os protetores da moralidade têm censurado, com muita freqüência, o moderno vestuário feminino; foi invectivado desde os púlpitos; um bispo tem usado palavras contundentes contra o pecaminoso uso de saias com fendas e blusas muito decotadas. Ora, eu não sou um fanático ao ponto de considerar tudo o que é picante como pecaminoso; recentemente, falei até contra a condenação geral das modas adotadas por nossas damas. Entretanto, admito que o meu ponto de vista mudou, que as roupas de nossas damas tornaram-se não só picantes mas, aqui e ali, decididamente de péssimo gosto. No caso de senhoritas da chamada boa sociedade, mostrar as pernas até aos joelhos a todo o momento requer uma desconcertante falta de recato. Vestidos como os que vemos hoje teriam sido impossíveis há vinte anos; durante o Diretório, as ninfas do Palais Royal podiam ter usado roupa semelhante a essa. Nesses tempos, a revolução de cima para baixo imprimiu o impulso para o movimento ascendente; hoje em dia, o impulso parte do seio da valente burguesia. As senhoras de saias com fendas e profunda *décolletage* não são, Deus nos acuda!, mulheres de *night clubs*, mas pertencem a boas famílias. E é isso, exatamente, o que é tão escandaloso...
>
> Mas as formas de vestir dos cavalheiros no verão também se tornaram muito negligentes. Levar o chapéu na mão pode ser apenas aceitável. Mas sair de passeio com o paletó dobrado sobre um braço realmente está mais para maneiras de um caixeiro-viajante. E mesmo que a camisa esteja imaculadamente limpa, é indecoroso e significa *igualmente* uma falta de recato mostrar-se em público de uma forma que desrespeita as convenções usuais da sociedade.[38]

Captamos aqui, de relance, os começos de um longo processo de informalização no vestuário que ocorreu no século XX. No transcurso do mesmo, as pernas e os seios das mulheres emergiram gradualmente do esconderijo para onde tinham sido empurrados, como marca de um domínio masculino que não admitia ser perturbado. Para os homens, também se tornou possível mostrarem-se em público de cabeça descoberta e nem por isso perderem o respeito dos vizinhos ou seu status como cidadãos respeitáveis. Eles podem atrever-se a dar um passeio ou mesmo a aparecer no escritório em mangas de camisa sem ser olhados de soslaio. A extensão dessa informalização não é, porém, a mesma em todos os países. Na Alemanha, ainda é atribuído mais valor, por exemplo, ao vestuário de homens elegantes, metidos em ternos formais, bem talhados e ajustados; e mesmo agora, as pessoas são menos propensas a despir o paletó e andar pela rua em mangas de camisa na Alemanha do que, por exemplo, nos Estados Unidos. Um remanescente da regra segundo a qual um homem deve andar sempre "muito alinhado" sobreviveu na Alemanha. Faz parte das formas sociais bastante afirmativas desse país. Em comparação, no código britânico de vestuário, são tidas em alta conta as marcas de decência, como a qualidade do material ou um corte discretamente bom. Que um professor de Cambridge tenha confiado um novo par de calças a um de seus alunos para as pôr primeiro, a fim de parecerem já usadas, é apenas um mito, provavelmente, mas um mito que não está isento de significado.

Sejam quais forem as diferenças nacionais que possam existir no desenvolvimento do código de vestuário, dificilmente poderá ser negado o fato de que, no contexto de processos a longo prazo, teve lugar durante o século XX uma informalização do vestuário de homens e mulheres nos mais avançados países industriais. É tentador explicar a mudança simplesmente como um processo de racionalização. Poderia ser dito que é mais racional para os homens andar de cabeça descoberta e em mangas de camisa quando faz muito calor. Mas neste contexto fica muito clara a estreita ligação entre o impulso informalizante e as mudanças nas relações de poder. O modo de vestir de uma pessoa fornece toda uma gama de sinais para outras; sobretudo, assinala como uma pessoa se vê a si mesma e como, dentro dos limites do que seus recursos lhe permitem, gostaria de ser vista pelos outros. Mas como uma pessoa se vê e gostaria de ser vista também depende da total estrutura de poder de uma sociedade e de sua posição dentro dela. Para as elites cortesãs-aristocráticas, diferenças conspícuas entre grupos, cerimônias e rituais, e também a aparência das pessoas como símbolos de pertença social e distância social, desempenharam um papel muito maior — entre outras coisas como um meio de dominação — do que para as classes superiores comerciais e fabris. O abandono de formalidades e, concomitantemente, de tipos de vestuário cuja função exclusiva ou primordial tinha sido a simbolização visível de diferenças e distâncias sociais, de superioridade e subordinação, foi mais fácil, portanto, nos Estados industriais mais desenvolvidos onde a principal luta pelo poder estava sendo travada entre grupos burgueses e da classe trabalhadora do que tinha sido nas nações-Estados industriais do começo do século XX, em que o *establishment* ainda tinha, em grande medida, um caráter cortesão-aristocrático e militar.

9

Zobeltitz, ele próprio um nobre (e oficial prussiano antes que as circunstâncias o forçassem a dedicar-se a escrever romances leves e reportagens semanais sobre a sociedade de Berlim para o ávido público de Hamburgo), descreve a sociedade cortesã como se ela fosse uma só corporação social ou um único grupo de status. Com efeito, a aristocracia formava o núcleo do *establishment* durante o Kaiserreich. Mas não é realmente possível fazer jus às peculiaridades da elite desse período sem levar em conta a categorização dos grupos burgueses de ponta e sua estreita ligação, hierarquicamente graduada, com a nobreza para formar uma "boa sociedade" mais ampla. Uma vez que essa boa sociedade mais extensa do Kaiserreich, tomada como uma formação social total, não tinha constituição explícita, e porque os seus próprios membros empregavam critérios não escritos para se reconhecerem mutuamente como membros, escolhi um dos mais importantes desses critérios não escritos como um termo técnico para caracterizá-los conceitualmente: ser-lhe atribuído o direito de exigir e de dar satisfação em duelo. Chama a atenção para o fato de a classe alta imperial alemã não ser unicamente uma classe constituída por um Estado — a corte, os militares e a aristocracia integrada à administração pública — mas uma fusão hierárquica e integração desses grupos de status aristocrático com grupos burgueses. Comerciantes, capitalistas, empresários, não eram incluídos, mas os funcionários públicos dos escalões superiores e professores universitários eram, assim como todos os de ramos de profissões liberais. Em harmonia com sua contínua posição de poder, o desdém tradicional da nobreza guerreira pelos homens de negócios ainda era bastante agudo, e o estigmatizante termo *Koofmich*[39] ("lojista") usado pela classe alta, assim como a expressão negativamente carregada *Verstädterung* (que significa literalmente "urbanização", mas tornou-se um termo rural-aristocrático de desdém) ingressou no alemão coloquial nacional, juntamente com outros elementos da bagagem cultural aristocrática.

O aburguesamento do código de honra dos nobres tem uma história deveras complicada, de que não precisamos entrar aqui em maiores detalhes. Em todo o caso, o código de honra compartilhado era um dos elos que prendia as confrarias estudantis e os acadêmicos ao ápice nobre da sociedade, no âmbito de uma grande sociedade de homens *satisfaktionsfähig*. Talvez ajude a dar vida ao conceito se eu der em poucas linhas um exemplo da concepção que essa sociedade tinha de si mesma.

No início de março de 1895, os estudantes da Universidade de Berlim organizaram um Sarau Bismarck em homengem ao grande ancião de Friedrichsruh. Tomando parte nessa celebração festiva estavam não só as confrarias, com seus membros ajuramentados e estandartes, mas também o Chanceler Imperial, Príncipe Hohenlohe, e muitos de seus ministros, assim como um grande número de generais, membros do Parlamento Federal, incluindo o líder do Partido Conservador Alemão, conselheiros privados, professores e alguns príncipes e diplomatas. Alguns dos estudantes tinham composto uma nova canção sobre Bismarck, com uma estimulante melodia que foi entoada com fervor pelos presentes. Começava assim:

Nun steige der Begeistrung Flamme
Hellodernd auf in unserm Sang,
Dem Manne gilt's von deutschen Stamme,
Dem Helden, der den Drachen swang,

Der an des Rheines Rebenborden
Gepflanzt des Reiches mächt'gen Baum,
Dem Mann, durch den zur Wahrheit worden
Der Väter sehnsuchtsvollerr Traum.[40]

[Cresce agora de entusiasmo a chama
Refulgindo em nosso canto,
Para o varão da tribo alemã,
Para o herói que trucidou o dragão,
Que nos vinhedos das encostas do Reno
Plantou do império a árvore pujante,
Para o homem que tornou verdadeiros
Os sonhos de nossos pais.]

Houve épocas em que a massa de estudantes alemães esteve em oposição mais ou menos pronunciada ao *establishment*, e talvez às gerações mais velhas do seu tempo. No início do século XIX, as confrarias nacionalistas, em especial, estavam na frente de combate por maior igualdade entre as pessoas. Assim, eram também as representantes de um movimento informalizante que tentou abrandar os rituais herdados de desigualdade, como a relativa ausência de direitos dos estudantes em seus primeiros semestres em comparação com os estudantes mais antigos. A meta de unificação alemã das confrarias nacionalistas estava, em alguns casos, combinada com a luta para impor a adoção de constituições democráticas em cada um dos estados alemães, como passo preliminar no rumo de um Parlamento alemão.[41] O entusiasmo dos membros das primeiras confrarias nacionalistas pelo tipo de ginástica introduzido por Jahn[42] também mostra esse anseio de liberdade e igualdade. Com efeito, o que Jahn entendeu por ginástica nada tinha a ver com a ginástica formalizada e equipada com elaborados aparelhos, a qual, num período ulterior, tornou-se um instrumento de educação política. O próprio Jahn rejeitou toda e qualquer forma de disciplina e treinamento.[43] A ginástica tampouco tinha que ser uma obrigação; todo o participante devia ser capaz de estruturar ele próprio a sessão, cada um devia estar apto para o exercício que sentisse vontade de fazer. Até a ginástica por equipes era considerada restritiva no seu círculo. Somente os exercícios e jogos voluntários que satisfizessem as necessidades dos participantes individuais estavam em harmonia com os ideais dessa época. Assim, os jogos e exercícios de ginástica de Jahn eram tudo menos propícios a uma conduta submissa. Muitos membros das primeiras confrarias nacionalistas gostavam desse tipo de ginástica precisamente porque não eram forçados a praticar formas rígidas e inflexíveis, e era dada à liberdade individual amplas oportunidades dentro de uma estrutura de igualdade para todos.

Mas agora, no final do século XIX, a por tanto tempo desejada meta de unificação da Alemanha, que, como um belo sonho, tinha parecido muito distante no começo do século, tornara-se um fato consumado. As confrarias nacionalistas, em sua maior parte de classe média, estavam abaixo das corporações aristocráticas duelistas na hierarquia de status — em sua juventude, Guilherme II pertencera por um breve período à corporação *Borussia* de Bonn — mas também elas aceitavam agora seu lugar na ordem hierárquica do estrato superior alemão, tal como fez o seleto quadro de graduados universitários da classe média alemã em geral. Numerosos membros das primeiras confrarias nacionalistas tinham sido perseguidos como demagogos pelas autoridades estatais, por causa de suas opiniões liberais e democráticas. Membros subseqüentes das confrarias abandonaram a tentativa de realizar suas metas sociais anteriores, uma vez que seus objetivos nacionais tinham sido realizados. Aceitaram a desigualdade, a sua própria existência social como cidadãos comuns e a supremacia privilegiada do estrato nobre, no Segundo Império, como o preço a pagar para que seus próprios privilégios não escritos e sua elevação acima das massas estivessem protegidos contra as crescentes pressões de baixo.

Isso foi porque juntamente com a unificação nacional dava-se a unificação das organizações partidárias dos trabalhadores e sua crescente potência política. O medo de revolução já estava deixando nervosas, no século XIX, as classes altas alemãs, as partes tanto aristocráticas quanto burguesas da *satisfaktionsfähige Gesellschaft*, muito antes da revolução vitoriosa na Rússia. Zobeltitz expressou-o clara e abertamente. Em 19 de outubro de 1894 escreveu:

> Somente os filisteus a quem nada consegue despregar de sua confortável paz enquanto o telhado não lhes cair sobre a cabeça podem fechar os ouvidos ao contínuo ronco do vulcão socialista que está se formando sob a superfície da sociedade de hoje; e somente o filisteu cuja renda é reduzida por impostos pode opor-se à idéia de que um exército forte é a única proteção e a mais forte barreira ao crescimento de elementos que ameaçam o Estado. A consagração da bandeira, celebrada ontem, constitui um novo e histórico marco na defesa do governo contra a revolução. As palavras do Kaiser, que uma imprensa cega, insuflada pela paixão partidária, já começou a criticar de novo, também expressaram isso.[44]

Essa integração de confrarias estudantis preponderantemente burguesas, onde as tendências democráticas de crítica ao Estado e à sociedade tinham prevalecido, na "boa sociedade" nuclear do império, com seu ápice cortesão-aristocrático, teve numerosas conseqüências para a estrutura e os códigos de comportamento dessas confrarias. Ao rebelarem-se contra a ordem vigente, elas também tinham sido protagonistas de um conflito de gerações; à sua oposição inicial às instituições sociais e, especialmente, ao *establishment* estatal da época somava-se a oposição aos valores, atitudes e todo o código das gerações mais velhas. Agora, como parceiras mais jovens do *establishment* social e governante, as confrarias estudantis nacionalistas passaram a fazer cada vez mais seus os valores e atitudes das gerações mais velhas.

Até a guerra franco-prussiana, as confrarias nacionalistas, as quais, por tradição, eram predominantemente burguesas, diferiam das corporações mais aristocráticas, sobretudo em seus objetivos sociais e nacionais. O desfecho da guerra de 1870-71 não satisfez todas as esperanças e desejos políticos das confrarias nacionalistas, uma vez que alguns de seus membros estavam desapontados com o fato da unificação da Alemanha ter excluído a Áustria. Mas, por mais que nem todos os sonhos tivessem sido concretizados, a própria unificação era agora uma realidade. Entretanto, a realização dos objetivos políticos de um grupo tem conseqüências para o seu futuro desenvolvimento, que dificilmente são menos importantes do que a total destruição de um sonho coletivo. Neste caso, além do mais, os objetivos sociais do grupo tinham sido realizados de um modo muito pouco de acordo com as expectativas das confrarias nacionalistas ou da alta burguesia alemã em geral. A esperança de unificação alemã não foi concretizada através de sua própria vitória sobre os grupos aristocráticos que, com os príncipes à frente, tinham sido previamente orientados no sentido da manutenção da existente estrutura pluriestatal da Alemanha; os grupos burgueses, sobretudo as confrarias nacionalistas, que tinham se empenhado em obter a unidade nacional, receberam a satisfação de seus desejos como um presente, por assim dizer, das mãos de seus adversários sociais.

Essa realização das esperanças e sonhos da burguesia e das confrarias estudantis, conjugada com o fortalecimento dos grupos sociais que a tinham ocasionado — em primeiro lugar, o Kaiser e seus generais, depois a aristocracia em geral — exigiu uma reorientação bastante radical por parte dos estudantes que formavam as confrarias nacionalistas. Seus objetivos nacionais tinham sido alcançados, e, quanto aos sociais, estes recuavam agora para segundo plano — como pagamento por terem sido incorporados ao novo *establishment* alemão.[45] Esse reajuste não ocorreu todo de uma só vez, mas foi sintomático do processo de mudança em grandes partes da burguesia alemã. Envolveu a fusão de seus estratos superiores com os da hierarquia aristocrática alemã agrupada em torno do Kaiser e sua corte — com efeito, como a categoria mais baixa dessa hierarquia. Passaram a fazer parte de uma rede de classe alta, para cujos membros eram critérios centrais o direito de exigir satisfação e a obrigação de apoiar um código de honra comum. Se, antes de 1870, as confrarias nacionalistas e as corporações acadêmicas duelistas tinham divergido em muitos aspectos, tanto de seus códigos de comportamento quanto de seus objetivos políticos, depois as primeiras alinharam gradualmente seu código e seus objetivos com os das segundas. As metas futuras desapareceram cada vez mais de seus programas; a manutenção e consolidação da ordem social e política vigente deslocou-se perceptivelmente para o centro das atenções desses grupos. Os seus aspectos programáticos mais idealistas desapareceram. Aquelas confrarias nacionalistas que tinham anteriormente insistido no celibato para seus membros renunciavam-lhe agora. À semelhança das corporações duelistas, também as confrarias nacionalistas estabelecem agora firmemente o princípio de satisfação incondicional, a obrigação de duelar, na qual não tinham insistido antes para seus membros. Todos os membros são obrigados a participar num certo número de provas de esgrima por determinação superior (*Bestimmungsmensur*) a cada semestre. As regras para a condução desses compromissos, assim como para os duelos com sabres ou pistolas, tornaram-se mais rigorosas e — no decorrer do tempo — mais padronizadas para todas as confrarias duelistas estudantis.

Com o desaparecimento de metas comuns para o futuro, as formalidades adquiriram na época um significado crescente na vida do estudante. Serviram como símbolos de status, como um sinal de estar situado acima das massas, como armas em competições de prestígio entre estudantes de uma mesma associação, assim como entre diferentes associações. Como contrapartida à distribuição de poder e à hierarquia de status no macrocosmo das classes altas alemãs, uma hierarquia de status mais constante, mais firme e menos ambígua foi gradualmente estabelecida no microcosmo das confrarias duelistas. Dentro dele, à aristocrática e seleta corporação *Borussia,* de Bonn, era conferido o lugar mais elevado. As confrarias nacionalistas estavam contentes com o segundo lugar mas, através da rigidez de suas tradições de esgrima, empenhavam-se em provar constantemente que em coragem e honra não perdiam para ninguém. Abaixo delas em status vinham as outras confrarias duelistas.

Observemos agora mais de perto a vida dessas corporações.

10

Uma das funções não planejadas das confrarias duelistas estudantis, conforme já foi explicado, era a mais ampla educação dos homens jovens — nessa época, as estudantes constituíam raras exceções — no sentido de inculcar-lhes um código padronizado da classe alta. Em particular, o batismo pelo sangue através de competições de esgrima contribuiu para colocar os herdeiros de casas respeitáveis, mas não muito ilustres, em maior harmonia, no tocante a comportamento e a atitudes, com os costumes e a mentalidade das "velhas" famílias.[46]

O treinamento peculiar que essas corporações davam a seus membros combinava com uma necessidade criada pelo caráter das universidades alemãs — e não apenas alemãs. Toda a sua organização fez das universidades, primordialmente, lugares de ensino. Sem dúvida, alguns professores universitários, a par de sua função como produtores e transmissores de conhecimentos, também desempenhavam tarefas pertinentes a uma educação mais geral. Em tais casos, eles exerciam uma certa influência sobre a vida pessoal dos estudantes, participando em sua vida social. Mas essa não era a regra. Então, como agora, as universidades deixavam seus jovens pupilos agirem como muito bem entendessem a esse respeito.

As confrarias estudantis nas universidades alemãs preenchiam assim uma lacuna. Os estudantes, em seu primeiro semestre, estavam provavelmente vivendo longe de seus lares pela primeira vez em suas vidas, talvez numa cidade onde praticamente não conheciam ninguém. Por certo, alguns deles já tinham sido recomendados e encaminhados a uma determinada confraria pela família; mas também acontecia repetidas vezes das próprias confrarias ficarem de olhos nos recém-chegados em busca de novos membros que lhes conviessem e de tentarem "capturar" alguns deles. Ingressar numa confraria tornava mais fácil a vida para o recém-chegado sob vários aspectos. Facilitava o contato com outros estudantes; ajudava-o a escapar rapidamente da solidão e, talvez, da insegurança de sua nova situação. Na confraria, aguardava-o um programa cheio de eventos sociais; cumpri-lo à risca deixava-lhe com freqüência pouco tempo para estudar — sessões matinais de bebida, passeios de manhã cedo, sessões de esgrima, tardes de cerveja, boliche, carteado ou noitadas rituais de bebedeira tinham prioridade. A vida na confraria exigia definitivamente obediência e subordinação aos membros mais antigos, mas os recém-chegados eram tratados com um pouco mais de indulgência no começo; havia um certo período de lua-de-mel para os "calouros". Talvez estes achassem benéfico que tudo tivesse uma forma precisamente regulamentada. Estavam entre a sua gente e tudo o que precisavam fazer era deixar-se levar pela corrente, obedecer às regras da confraria e aos estudantes mais velhos que os apadrinhavam, e tudo correria no melhor dos mundos. As universidades subministravam o conhecimento normal, as confrarias a boa criação. Ofereciam companhia e bom convívio social ao indivíduo, uma profusão de coisas a fazer e, na forma dos "veteranos", a promessa de uma rede de boas ligações mais tarde, muito útil para a sua futura carreira.

Mas, de momento, a formalização da vida social no quadro de referência de uma confraria infantil ainda tinha muito da rebeldia e turbulência da juventude. Era básico para esse treinamento do caráter que não só permitisse, mas realmente estimulasse a concretização de impulsos comparativamente infantis e bárbaros, os quais, para muitos calouros, vinham sendo reprimidos desde longa data pelos ditames de consciência. Essa concretização em atos dos impulsos proibidos era, ao mesmo tempo, cercada por uma teia de rituais que tinham de ser obedecidos exatamente. Para os recém-chegados, os "calouros crassos", pode não ter sido nada fácil adaptar-se às obrigações desse paradoxal código estudantil que encorajava a concretização de impulsos selvagens anteriormente cercados por severos tabus — como provocar deliberadamente brigas sangrentas com outras pessoas — e que, ao mesmo tempo, encorajava também o encadeamento cerimonial de tais atos através da estrita obediência a um quadro rigorosamente elaborado de regras de conduta.

A estrutura de poder das confrarias permitia que os novatos se acostumassem a essa compulsão para executar atos proibidos e, simultaneamente, a controlar sua execução através de uma rígida formalização. Toda a confraria era uma associação entre grupos etários, no seio da qual os mais velhos tinham poderes precisamente graduados de comando e de tomada de decisão sobre os mais jovens. Nesse relacionamento entre grupos etários não havia falta de camaradagem, afeição e cordialidade — cada calouro tinha que escolher um padrinho (ou protetor) entre os membros mais velhos, que, até ao limite de suas capacidades, estaria ao lado dele para o apoiar em sua difícil transição, apesar da diferença de anos. Mas, apesar de todo o apoio que era dedicado aos recém-chegados, a estrutura de poder das confrarias era, ao mesmo tempo, rígida e implacável. Tanto os mais velhos quanto os mais jovens eram seus prisioneiros. Formava aquele mecanismo de coação externa que era necessário para dar aos mais jovens vigor suficiente para enfrentar o explosivo código estudantil de comportamento — em outras palavras, para mantê-los sob controle enquanto se acostumavam com ele. Também os membros mais antigos, aqueles que já tinham conseguido identificar-se completamente com sua confraria, eram ajudados, em meio a essa vida competitiva com sua elevada pressão para concorrer com outros, suas apostas de bebida, seus duelos de pouca importância e outros mais sérios, suas alternativas de soltura e de encadeamento ritual, a evitar todos os perigos e a manter-se constantemente sob controle.

O maior perigo era, naturalmente, a expulsão permanente da confraria. Essa ameaça pairava sobre todos os membros. Reforçava o poder dos veteranos sobre os membros mais jovens, e o poder da confraria como um todo sobre qualquer pessoa individualmente considerada, uma vez que quem tivesse sido "despejado" de sua confraria ficava marcado para o resto da vida. Com a interligação de uma *satisfaktionsfähig Gesellschaft* que se propagou a toda a Alemanha, não havia escapatória num caso desses. O estigma de ter perdido sua qualidade de membro de uma confraria não pesava no estudante somente em sua cidade universitária. Se ele mudava para uma outra cidade, as notícias não tardavam em alcançá-lo e seguiam-no por todo o país, onde quer que ele procurasse ser admitido nos círculos das *satisfaktionsfähige Gesellschaften*. Outros grupos poderiam abrir-se para ele. Mas, com freqüência, sua autoconsciência e seu senso de status social — toda a sua identidade pessoal — estavam orientados para pertencer somente a esses círculos. A ameaça de perder sua qualidade de membro de uma confraria era, portanto, uma medida disciplinar muito séria, a qual contribuía para manter na linha até os estudantes mais relutantes ou, se necessário fosse, vencer a resistência deles aos rituais da confraria.

Por outro lado, a confraria oferecia um grande número de prazeres em compensação para o constante medo de constrangimentos — de fracassar numa prova de esgrima, de estar à mercê de um adversário mais forte e mais habilidoso num duelo, de desrespeitar o código de bebida, de qualquer deslize em fazer a coisa certa antes que ela se torne sua segunda natureza — um deslize que poderia acarretar perigosas conseqüências. As compensações incluíam ser integrado a um grupo, participar nas noitadas de bebedeira e cantoria das velhas e tradicionais canções quando a crescente e ruidosa jovialidade é induzida pela cerveja, o desfile em indumentária de gala, com suas insígnias e coloridos estandartes em ocasiões cerimoniais, o sentimento de ser superior às massas e o orgulho de ser aprovado em difíceis exames que o colocam no caminho ascendente e de pertencer, assim, a uma elite.

A estrutura de poder dessas confrarias estudantis, com seus mecanismos hierárquicos de coação, projeta alguma luz sobre as características da estrutura de personalidade que foi desenvolvida dentro delas. Não era como o que Max Weber, correta ou incorretamente, denominou uma "formação de consciência protestante": a construção de um mecanismo de autocontrole, com a ajuda do qual uma pessoa, completamente sozinha, estava capacitada a orientar suas próprias ações — seja o que for que as outras pessoas digam — para decidir por si mesmo e ser responsável somente perante sua consciência e seu Deus. O treinamento da corporação e das confrarias nacionalistas era muito mais dirigido, de um modo não deliberado, para a formação de uma personalidade dependente em grande parte, para o controle de seus impulsos, do apoio social, ou controle por outras pessoas. A fim de moderar seus impulsos agressivos socialmente fortalecidos, a pessoa que passou pelo adestramento de assaltos de esgrima necessitava de uma sociedade de apoio, dotada de uma clara estrutura de dominação e subordinação, uma hierarquia de comando e obediência. Ela desenvolveu uma estrutura de personalidade em que suas autocoações, ou seja, a sua própria consciência, requerem o apoio da coação externa exercida por um forte poder a fim de que possa funcionar. A autonomia da consciência individual era limitada. Estava ligada por um cordão umbilical invisível a uma estrutura social que incluía uma hierarquia estritamente formalizada de níveis de comando. Deixados a si mesmos, os autocontroles que a típica vida fraterna dos estudantes estava orientada para promover eram demasiado fracos para resistir aos impulsos que eram trazidos à superfície em parte por esse mesmo modo de vida. Numa palavra, a sociedade estava estruturada de tal modo, que em cada pessoa criada dentro dela era produzida a necessidade de uma sociedade dessa espécie. A autoridade da consciência individual dependia das diretrizes que lhe eram fornecidas por essa sociedade. Demasiado fraca para manter por si própria sob controle as pulsões elementares, a consciência requeria comandos provenientes de outros ou comandos sobre outros para tornar-se plenamente eficaz. A formação de consciência plasmada em pessoas pelo treinamento de caráter nas confrarias mostra, portanto, uma estreita afinidade com a de oficiais, que também estavam submetidos a uma hierarquia de comando e obediência desde o começo.

Ora, a idéia de grupos que estão estruturados de tal forma que seus membros desenvolvem uma consciência totalmente independente, funcionando de um modo inteiramente autônomo, é, sem dúvida, um típico exagero ideal. Na realidade, a menos que esteja doente, nenhum ser humano em suas decisões — em sua orientação pessoal — jamais empreende um plano de ação sem levar em consideração o que ele poderá significar para os outros, assim como para si mesmo. Tudo o que pode, na realidade, ser observado é maior ou menor autonomia *relativa* em consciências individuais, segundo as autocoações ou as coações externas tenham a maior participação no rumo dado à conduta de pessoas. Portanto, o que foi dito antes só pode significar que a estrutura de caráter produzida num indivíduo por ter sido educado de acordo com o código de honra estudantil e militar incluía uma consciência que era *relativamente* muito dependente da opinião de outras pessoas, e assim também *relativamente* muito confiante, ao defrontar-se com pulsões a curto prazo, em que os autocontroles serão reforçados por coações externas. O próprio conceito de "honra" aponta para essa estrutura. Pois por muito que a consciência da própria honra guie a conduta de um indivíduo, o medo de perder a honra aos olhos do seu "nós-grupo" sempre desempenhou um papel central para reforçar a autocoação que se faz necessária para que o indivíduo se comporte como o código de honra exigiu.

Isso está de acordo com o fato de que o conceito de honra, visto como um fato social observável e não como uma idéia filosófica, desempenha um papel central em grupos humanos estreitamente unidos e, em especial, em grupos guerreiros e seus derivativos. Originalmente, eram sobretudo os estratos guerreiros que se legitimavam através de um código de honra, isto é, através da equiparação de violência com coragem. Os estratos médios pacificados legitimaram-se muito mais através do símbolo conceitual da honorabilidade, no sentido de moral e honesto. Para aqueles que têm *honra*, o conceito de honra é um meio e um sinal de distinção social. Por seu intermédio, os grupos dominantes aristocráticos erguem-se como uma classe acima de todos os outros grupos em sua sociedade, em especial acima das classes médias, que se legitimam primordialmente através de um código *moral*. A comparação ilustra a diferença. O código moral das classes médias requer e representa um grau de individualização superior ao do código de honra, assim como maior autonomia relativa dos autocontroles individuais — mesmo se, como fato social observável, ele nunca possua inteiramente a autonomia absoluta, que é costume atribuir-lhe em discussões filosóficas sobre o que a moralidade devia ser.

Seja qual for o caso a este respeito, a comparação do código de honra dos estratos guerreiros com o código moral das classes médias deixa claro por que o primeiro está tão intimamente associado com uma estrutura de poder que assenta em rigorosa hierarquização das relações humanas, ao passo que o segundo, o código de moralidade da classe média, parece formular de maneira explícita a pretensão de ser universalmente válido e, assim, de maneira implícita, expressar o postulado da igualdade de todos os seres humanos. Uma das peculiaridades das confrarias estudantis alemãs é que o código moral da classe média, cuja expressão filosófica mais grandiosa é a *Crítica da razão prática*, de Kant, desempenhou realmente um papel apenas nos primeiros dias de um grupo delas, as confrarias nacionalistas. Mesmo no caso destas, ocorreu uma mistura desse código, de um modo específico, com o código de honra do estrato superior. Depois de 1871, como uma parte considerável da classe média fundiu-se cada vez mais com as classes aristocráticas no quadro do novo império alemão do Kaiser, até mesmo as confrarias nacionalistas, predominantemente constituídas por estratos médios, perderam cada vez mais todos os elementos anteriores do código moral. Os objetivos de educação e de vida social que eles supriam não eram diferentes, doravante, dos das corporações e outras confrarias duelistas, orientadas para o puro código de honra, sem interferências de natureza moral.

O mesmo vale para a hierarquização. Nos primórdios das confrarias nacionalistas, como já se mencionou, alguns de seus membros tentaram — de acordo com as tendências igualitárias dos estratos burgueses num período de domínio aristocrático — abolir ou, pelo menos, atenuar o regime por vezes brutal dos membros mais velhos sobre os mais jovens. Ora, no final do século, os rituais de mando pelos veteranos já se haviam convertido — ainda que numa forma algo mais regulamentada — em costumes firmemente estabelecidos nas próprias confrarias nacionalistas. Talvez o domínio pelos mais velhos fosse mais fácil de suportar nessas associações estudantis do que na sociedade adulta, porque nas primeiras era de mais curta duração. Os grupos etários estudantis renovavam-se com relativa rapidez. Se os membros mais jovens tinham agora de sofrer sob o domínio dos mais velhos, eles sabiam, no entanto, que daí a uns dois anos eles próprios seriam os "veteranos". A máxima dos oficiais de instalar nos jovens estrita obediência, para que eles próprios pudessem um dia dar ordens de comando, era também um elemento central no código das associações estudantis. Somente os meios eram um pouco diferentes.

Uma das mais características formalidades das associações estudantis eram as bebedeiras estritamente ritualizadas. Elas tinham uma longa história. As regras para beber cerveja nas festas das associações estudantis — o *Bierkomment* — eram o fruto tardio de uma tradição alemã que pode remontar, pelo menos, ao século XVI ou XVII. Nesses tempos, numa época de guerras intermináveis em que a Alemanha acabou sendo a arena central para a violenta decisão final pelas armas de todos os maiores conflitos europeus, desenvolveu-se um tipo de epidemia de bebida que se alastrou por todos os territórios alemães. Não assumiu a forma do alcoolismo individualizado de hoje mas, antes, a de bebedeira coletiva. Nesse tempo, talvez a título de compensação pelos sofrimentos de uma guerra interminável, os rituais de beber à saúde dos convivas foram adotados até nas cortes, dando às bebedeiras como que o caráter de jogos de competição.

Em sua forma subseqüente, esse código alemão de brindar e beber tornou-se, para as corporações estudantis, um tipo formalizado de convívio e um meio de treinamento, um instrumento do poder dos mais velhos sobre os mais jovens, pois estes últimos eram compelidos a beber nessas orgias — tinham de aprender a "manter-se de pé" e acompanhar o veterano, quisessem ou não, toda a vez que este erguia seu copo e brindava à saúde deles; deviam aprender a manter-se sob controle, em certa medida, mesmo quando estivessem mais ou menos ébrios, e quando se sentissem enjoados tinham que seguir as medidas previstas para tais casos. Erguiam seus copos brindando-se uns aos outros, "raspavam a salamandra",[47] entoavam as velhas canções: "*Frei, frei, frei ist der Bursch*" (Livre, livre, livre é o estudante). Durante a beberronia, eles ficavam mais alegres, mais soltos e até mesmo mais violentos; mas era uma alegria ritualizada no mais alto grau, cercada por uma estrutura de coerções. Promovia o espírito de competição: "Vamos ver até onde o calouro agüenta" — brindavam cada vez mais à sua saúde, bebiam apostando uns com os outros e uns contra outros. Quem "agüentasse" mais era o vencedor. O divertimento fortalecia o sentimento de união entre eles. Cantando, as vozes fundiam-se num só coro que representava o próprio grupo, cada indivíduo era como que absorvido por ele, todas as barreiras desapareciam. E ao romper a luz do dia, ali estavam eles de novo.

Na virada do século, os "veteranos" iniciaram um movimento contra a compulsão de beber. Sublinharam os efeitos perniciosos da bebida em excesso, defenderam o abrandamento das compulsões do *Bierkomment* e advogaram até que fossem tolerados os membros abstêmios — com que êxito, é difícil dizer.

A situação foi semelhante a respeito das competições de esgrima. Até à década de 1860, as competições acadêmicas de esgrima ainda eram como verdadeiros duelos. Brigas entre estudantes, como no caso dos oficiais, eram resolvidas com armas desembainhadas. O combate singular era comparativamente pouco ritualizado. Os adversários tinham considerável liberdade de movimentos: podiam mover-se lateralmente, esquivar-se com a cabeça e dobrar o corpo para a frente um pouco, a fim de armar um melhor bote. Quando, com a unificação do império alemão em 1871, até as confrarias nacionalistas anteriormente hostis começaram, como as corporações e outras associações duelistas, a ver-se cada vez mais como representantes da nova Alemanha e auxiliares do governo imperial, os ritos de duelo estudantil começaram a diferençar-se de um modo característico. Ou seja, os ritos de combate singular bifurcaram. Uma parte persistiu na forma de duelo; através dele, as pessoas da classe alta, que consideravam abaixo de sua dignidade espancarem-se mutuamente como cidadãos comuns, podiam extravasar sua ira e seu ódio recíprocos de um modo algo mais regulamentado e mais apropriado à sua condição social. Nessa forma de combate singular, as pessoas podiam ferir gravemente ou até matar seu antagonista.

Ao mesmo tempo, entretanto, de acordo com a função das corporações estudantis de produzir membros para a elite da nova Alemanha, desenvolveu-se uma forma especial de combate singular como meio característico de adestramento. Era solicitado aos membros das confrarias que aprendessem a infligir ferimentos sangrentos uns nos outros com suas espadas, mas tinham de ser exclusivamente no rosto, no crânio ou nas orelhas, e não poderiam causar maior dano além de algumas cicatrizes profundas na cabeça. Esse tipo de combate singular, que servia puramente como meio de disciplina, recebeu o nome de *Bestimmungsmensur* — um duelo estudantil com a espada, com regras determinadas. Os responsáveis pelas duas confrarias duelistas decidiriam quais de seus jovens membros duelariam uns contra os outros. Os veteranos também acatavam o duelo com regras determinadas. Isso já não era mais um caso de vingar um insulto ou afronta, ou de lavar a própria honra em combate singular, ou de dar vazão através das armas à cólera e à raiva que se sentia contra uma outra pessoa com quem se teve uma discussão ou que lhe é insuportável. Nesse tipo de combates singulares, um jovem combatia, na maioria dos casos, contra alguém que não foi pessoalmente escolhido por ele, alguém contra quem se lutava, na melhor das hipóteses, pela honra de sua confraria ou então, muito simplesmente, como um exercício obrigatório. Não só todos os membros de uma confraria duelista estavam obrigados a participar num certo número de competições de esgrima por semestre, com regras determinadas, mas eram observados para se averiguar se, durante os duelos, tinham se comportado bem. Quem não satisfizesse essas estritas regras era posto para fora — com todas as conseqüências de sua exclusão da *satisfaktionsfähige Gesellschaft* da Alemanha unificada.

11

A arrancada para a unificação da Alemanha no nível político teve sua contrapartida, ao nível das confrarias duelistas, na padronização do código de honra e nas regras do duelo. Desse ponto em diante, elas desenvolveram-se contra o *background* de forte competição por prestígio dentro e entre confrarias duelistas, e através dessa pressão adquiriram uma dinâmica própria; seu desenvolvimento só podia ser orientado num grau mínimo pelas pessoas ligadas entre si desse modo, uma vez que ele dependia, em última instância, da situação geral dos grupos sociais envolvidos em seu desenvolvimento.

No caso dos duelos de esgrima com regras determinadas, essa dinâmica resultou em exigências crescentes e constantes sobre o comportamento de adversários. Os bonés que tinham protegido a cabeça foram postos de lado, posturas que ajudariam a aparar as estocadas do adversário foram restringidas. Os estudantes selecionados por suas confrarias para participar numa prova de esgrima tinham de responder a todas as avançadas, mas só lhes era permitido movimentar a cabeça e o braço ao fazê-lo. Assim, os assaltos tornaram-se mais curtos, uma vez que a maioria dos jovens estudantes não conseguia respeitar essas exigências para além de um pequeno número de assaltos. Os próprios esgrimistas tornaram-se cada vez mais dependentes dos seus padrinhos de duelo, usualmente mais velhos, que ficavam atentos à rigorosa observância das regras.

Georg Heer sublinha em sua *Geschichte der deutschen Burschenschaft* (História dos duelos estudantis alemães) que a guerra de 1870-71 foi um decisivo ponto de mutação no desenvolvimento das confrarias duelistas. O autor afirma, entre outras coisas, que, desde então,

> a vida na maioria das confrarias nacionalistas tornou-se enfadonha, e a preocupação dos estudantes somente com armas leva à negligência da instrução política patriótica, da educação acadêmica e moral e do preparo físico, e dá origem a uma tendência para a trivialidade.[48]

Relata que os membros de uma confraria mantinham-se atentos a qualquer fraqueza ou engano por parte de seus próprios confrades durante uma competição de esgrima, a fim de obrigá-lo depois, por uma resolução geral, a participar de um duelo reparador, e que se não se considerassem ainda satisfeitos, ele seria expulso da confraria.[49] Os padrinhos de cada lado estavam cada vez mais empenhados em encontrar faltas no esgrimista do lado oposto. Os padrinhos da oposição, colhidos no mesmo dilema, estavam, por sua vez, orientados para negar essas acusações. Podia acontecer que os próprios padrinhos acabassem discutindo um com o outro e se desafiassem, por seu turno, para um duelo — para um desafio entre padrinhos que tinha de ser travado imediatamente; e depois, os estudantes que funcionaram como padrinhos nesse duelo entre padrinhos passavam, às vezes, a discutir entre eles também. O resultado, como observou Heer,[50] era que "a maioria das pessoas que atuavam como padrinhos eram aquelas que gostavam de agitar as coisas e entrar numa briga".

Em suma, depois de 1871, o combate singular, seja na forma de uma prova de esgrima com regras determinadas, seja num duelo com armas mais pesadas, por vezes até com pistolas, deslocou-se gradualmente para o centro da vida estudantil nas confrarias duelistas. Assim como, sob outras circunstâncias determináveis, pode-se encontrar uma dinâmica de crescente refinamento, também o que encontramos aqui é uma dinâmica de embrutecimento. Sua ligação com a formalização da violência é facilmente reconhecida.

Todo o complexo de relações sociais pessoa-a-pessoa governadas pelo código de honra — em primeiro lugar, a obrigação de participar em duelos, mas também a compulsão para beber de acordo com as regras de apostar e de brindar e outros derivativos acadêmicos do código guerreiro — tinha uma dupla função: era um processo de treinamento para inculcar valores muito específicos, e um processo de seleção para escolher estruturas de personalidade muito específicas. O processo de seleção favorecia os fisicamente mais fortes, os desordeiros mais ágeis e os "galos de briga", como é sempre o caso em sociedades com um *ethos* guerreiro. A educação preparava as pessoas para uma sociedade com pronunciadas desigualdades hierárquicas, onde uma pessoa que era superior em qualquer momento dado comportava-se ostensivamente como se fosse uma pessoa superior e melhor o tempo todo, e fazia expressamente com que todas as que lhe eram inferiores sentissem que eram inferiores, mais fracas e piores do que ela o tempo todo.

No Kaiserzeit, o código de luta das confrarias desenvolveu-se, de um modo geral, na direção de um recrudescimento da violência ritual, mais acentuada e formalizada. Para muitos membros da *satisfaktionsfähige Gesellschaft* da época, a dinâmica do exercício ritual de violência, quer na forma de provas de esgrima ou no desagravo de questões de honra de arma na mão, parecia ser uma acidental excrescência mórbida ou defeito no que, sob muitos outros aspectos, era uma instituição basicamente boa e positiva. Entretanto, a extensão com que esses chamados defeitos tornavam-se, na realidade, aspectos da dinâmica imanente das confrarias estudantis — tendências estreitamente vinculadas ao próprio caráter das relações humanas fomentadas por seu código — aponta para a futilidade das repetidas tentativas para reformá-las. Heer descreve alguns desses esforços reformistas para remover o "tumor canceroso dos costumes duelistas degenerados". Tais esforços repetiram-se desde o final do século XIX até 1914. A convenção de 1912 das confrarias nacionalistas formulou uma outra série de recomendações para remediar os defeitos; numa nova convenção, em 1914, a sua comissão de esgrima declarou que "em virtude da resistência das confrarias a qualquer reforma, não tinha qualquer sugestão a fazer".[51] O grande significado que o uso ritual da violência tinha adquirido entre as classes superiores alemãs, mais do que em qualquer outra parte da Europa, como símbolo do poder e status superior de seus membros, em conjunto com a forte pressão competitiva que as associações estudantis hierarquicamente ordenadas exerciam umas sobre outras, e a situação basicamente precária das instituições guilherminas, a despeito de seu brilho externo — tudo isso somado contribuiu de forma significante para acentuar a dinâmica própria da atividade duelista entre estudantes. Também agindo na mesma direção estava o processo tácito de seleção que favorecia as pessoas com características de esgrimista exímio e agressivo.

Estreitamente relacionado com o elevado valor atribuído ao duelo como um símbolo de distinção e um modo de comportamento que, aos olhos de todos os membros da confraria, elevavam o estudante e seu grupo acima da massa de alemães, estava toda a orientação do treinamento que os membros mais velhos das confrarias procuravam dar a cada nova geração. Ele era expressamente planejado para exibir a categoria da pessoa na hierarquia de graduações sociais. Desse ponto de vista, a simbolização estudantil de relações de poder e categoria, através de todas as atitudes de uma pessoa em suas relações sociais com os outros, assemelhava-se aos costumes cerimoniais de uma sociedade de corte, com os quais os costumes das confrarias durante o Segundo Império estavam, de fato, ligados. As dessemelhanças, entretanto, não são menos claras.[52] Enquanto que, na corte, as diferenças de categoria entre adultos já estão simplesmente fixadas através da etiqueta cortesã e, portanto, dificilmente precisam ser enfatizadas através de gestos por parte dos portadores individuais de títulos, a maneira cerimoniosa de um jovem estudante combinava-se freqüentemente com gestos de acentuação ostensiva de sua posição mais elevada, de acordo com a categoria de sua confraria. Eis um exemplo da estratégia do comportamento desdenhoso ritualizado entre estudantes:

> Com o nariz soberanamente empinado, Werner passou junto às mesas dos ginastas e das confrarias nacionalistas, tirou solenemente o boné ao passar pelos grupos do Hesse e da Westfália, sorridente mas também com uma cerimoniosa mesura chegou à mesa dos címbrios, onde foi bem-vindo, não com juvenis "olás" altissonantes mas, pelo contrário, com a estudada jovialidade que os estudantes das corporações sempre simulavam sentir quando sabiam estar sendo vigiados.[53]

Em seu contexto, esta citação ilustra uma vez mais o gradiente de formalidade-informalidade que prevaleceu na vida social dos estudantes das confrarias, tal como na *satisfaktionsfähige Gesellschaft* da Alemanha guilhermina em geral. Essa cena tem lugar durante o Baile da Associação do Museu de Marburgo, já mencionado antes — um baile onde as confrarias estudantis de elevada categoria se apresentavam juntas como grupos, e onde seus membros podiam — devidamente vigiados — encontrar e dançar com moças da melhor sociedade local ou de respeitáveis pensionatos. Nessa ocasião, a conduta extremamente formal era o que importava, e tinha de ser precisamente graduada e variada de acordo com a mais elevada ou mais baixa categoria das pessoas com que se encontrava. Neste caso, o ajuste ostensivo e meticuloso do comportamento individual à classificação hierárquica das várias associações acadêmicas, assim como a todas as pessoas presentes, significou, portanto, que o gradiente de formalidade era muito acentuado. Exigia uma rigorosa autodisciplina sob os olhares de outras pessoas, uma autocoação que cada pessoa aprendeu a exercer sempre que soubesse estar sendo observada por membros de outras confrarias ou, se fosse o caso, pelas moças e suas mães.

O treinamento para ser autocoagido na presença dos colegas de sua própria confraria nem sempre era, de acordo com as circunstâncias e a posição na hierarquia, tão rigoroso quanto durante as apresentações coletivas oficiais em público. Não obstante, mesmo em relações dentro das confrarias, havia rituais muito precisos de superioridade e subordinação. Até no auge de uma noitada de cerveja, jamais era admitido esquecer que a não-observância de distâncias era sempre perigosa para os membros mais jovens de classe inferior. As rédeas podiam ter uma folga até um certo ponto somente na companhia dos de mesma idade e categoria, mas até isso era limitado. Assim, mesmo nos momentos da maior impetuosidade, o estudante de uma confraria ainda tinha de saber exatamente até onde poderia ir. No contato social entre membros da *satisfaktionsfähige Gesellschaft* em geral, o gradiente de formalidade-informalidade era relativamente estreito. Somente no trato com não-membros, pessoas de status inferior, poderia o estudante, se fosse necessário, soltar-se um pouco mais.

Essa é uma característica de praticamente todas as classes superiores em sociedades com relativamente extensas e muito diferençadas cadeias de interdependência. A teia de prescrições e proscrições, a cuja observância tais estratos obrigam seus membros, na medida em que se aplicam a relações entre membros, é rigorosamente urdida e rígida. O comportamento, mesmo em diversões compatíveis com sua categoria — por exemplo, caça, jogo, bailes — é formalizado em termos muito precisos. O código requer — e produz — um tipo de comportamento que mesmo nesses períodos de relaxamento obedecem a regras muito específicas e predeterminadas; requer e induz os indivíduos a apresentarem-se, sempre ostensivamente, como membros da classe alta. Assim, eles pagam o preço por compartilhar dos privilégios de status e poder da "boa sociedade": na presença de iguais ou superiores sociais, têm sempre de representar-se e legitimar-se como membros. Podem, com freqüência, soltar-se mais se não estiverem na companhia de seus pares sociais. Mas se ou até que ponto isso pode ocorrer depende do gradiente de poder na sociedade em questão.

A diferença no gradiente de formalidade-informalidade entre as relações mútuas de pessoas da classe alta e suas relações com os não-membros pode ser ilustrada com a maior simplicidade através do exemplo do código da confraria estudantil em relação à conduta entre os sexos. Em suas relações com moças de sua própria classe, os membros das confrarias duelistas tinham que obedecer a regras muito precisas e inflexíveis. Em contatos com moças de estratos inferiores, no que se refere às regras prescritivas de seu código, estavam completamente livres para agir como muito bem entendessem. Nesse caso, somente eram aplicáveis as leis do Estado.

O que esse bem conhecido código de dupla moralidade para homens significou para os jovens que lhe estavam submetidos é brilhantemente descrito no romance de Bloem, que citei antes por várias vezes. Um estudante recém-saído da escola para uma cidade universitária e admitido numa confraria duelista depara-se aí com coisas sobre as quais não fazia, talvez, a menor idéia e que, no começo, o abalaram imensamente. Ele era o produto dessa curiosa educação em que, no lar e na escola, os problemas de sexualidade eram mantidos, se é que isso era de todo em todo possível, inteiramente fora do domínio da aprendizagem e conhecimentos do adolescente. Por maior que fosse o número de outros conhecimentos transmitidos a rapazes e moças, fornecer-lhes qualquer noção sobre as relações entre homens e mulheres era cuidadosamente evitado. O que aprendiam a tal respeito chegava-lhes através de seus próprios contemporâneos, ou através da Bíblia e outros livros que tentavam secretamente extrair aqueles conhecimentos — conhecimentos importantes para eles — que os adultos mais próximos deles não queriam fornecer, ou talvez não fossem capazes de o fazer por serem eles próprios excessivamente retraídos e terem enormes resistências internas a superar, para poderem falar abertamente e sem constrangimento acerca do tema tabu social da sexualidade. Portanto, um jovem estudante da classe média chegava quase sempre à universidade sem qualquer experiência sexual, sem qualquer compreensão clara de seus próprios desejos, com uma porção de noções mais ou menos vagas sobre seus anseios e uma formação de consciência orientada para os preceitos morais de seus pais. Como seus desejos e sua consciência não eram realmente compatíveis, ele sofria. Os adultos encaravam esse sofrimento como uma característica natural da adolescência, como um sinal da chamada puberdade, e Bloem retrata o seu protagonista nesses termos.

O calouro é arrancado de um modo bastante abrupto dessa situação através do encontro com seus colegas de confraria. Mesmo as canções que eles cantam deixam clara a existência de dois tipos de moças:

> *Mädchen, die da lieben*
> *Und das Küssen üben*[54]
> [Moças que amam
> E têm prática de beijar]

— dessas, a canção diz que existem "sempre montes delas". Em contraste com essas estão as moças

> *...die da schmachten*
> *Und platonisch trachten.*
> [...que suspiram
> e pretendem ser platônicas.]

Ao mesmo tempo, Werner ouve que o líder de sua confraria, o que tem a fama de ser o maior "durão" da universidade, já tinha três filhos ilegítimos circulando pela cidade.[55] Talvez não seja muito realista da parte de Bloem criar a impressão de que são essas as primeiras ocasiões em que os calouros descobrem haver moças que "amam e têm prática de beijar", e que nem todas "pretendem ser platônicas". Mas quaisquer que possam ser os exageros ou distorções de uma obra de ficção, seu autor oferece-nos um bom quadro da estrutura básica do cenário social da dupla moralidade.

Em outras palavras, no início deste século na Alemanha, como em muitos outros países nessa época, o código burguês de relações entre os sexos era, por um lado, baseado no que convencionalmente se designa por moralidade — significando com isso que estabeleceu prescrições aparentemente eternas, válidas para pessoas de todos os tempos e lugares. Central nela, era o preceito que restringia as relações sexuais entre homens e mulheres às que ocorriam dentro do casamento. Para os jovens, especialmente estudantes, esse código requeria, por conseguinte, total abstinência sexual enquanto não estivessem casados. Como os estudantes não estavam, freqüentemente, em condições de casar antes dos 25 ou 30 anos aproximativamente, a observância sistemática desse preceito de sua sociedade significava um longo período de vida monástica. Mas, por outro lado, a sociedade desse tempo era seletivamente tolerante ou "permissiva", para usar uma expressão corrente, a respeito da submissão ao código moral que ela própria estabelecera. Exigia uma rigorosa observância da regra de celibato até ao casamento somente para as moças, enquanto permitia aos rapazes infrações informais. Na prática, para os rapazes de origem burguesa, incluindo muitos estudantes, esse mandamento moral de abstinência sexual até ao casamento estava meramente limitado às relações com moças de sua própria classe social. Como a abstinência era, de fato, exigida dessas jovens até seu matrimônio, e no caso delas, as transgressões da regra eram punidas com extrema severidade, por exemplo, com desonra social e banimento, os rapazes das classes altas eram terminantemente proibidos de estimular relações eróticas com moças da mesma categoria, ao ponto de se consumar o ato sexual.

O que parece ser um contraste entre uma prescrição moral geral e uma prática seletiva era, portanto, uma expressão *de facto* do gradiente de poder social: para os rapazes da classe alta, o contato com moças da mesma classe ou era a uma estrita distância ou no casamento, ao passo que nos contatos com moças de fora da classe o intercurso sexual era consentido no contexto de namoros ou de prostituição. Ao mesmo tempo, isso é um notável exemplo do abismo entre uma ostensiva formalidade de comportamento, cuja manutenção pressupunha a existência de uma forte pressão social externa, e, no pólo oposto, informalidade extrema, gozar a vida com todas as suas emoções em domínios onde nenhuma coação externa reforçava a capacidade relativamente fraca de autocoação.

12

Acostumar-se à curiosa combinação de rígida formalidade e de informalidade precisamente delimitada, típica do código de conduta da corporação duelista estudantil e das confrarias nacionalistas, raras vezes era, como já foi observado, totalmente fácil para os jovens estudantes. Em particular, ser introduzido nos rituais das provas de esgrima com regras determinadas e dos duelos em geral, punha-os frente a frente com um difícil problema.

Embora os duelos com regras determinadas estivessem estruturados de tal modo que, na realidade, nenhum grave dano físico fosse normalmente infligido aos participantes, tratava-se, não obstante, de acontecimentos bastante sangrentos. Os membros mais velhos de uma confraria estavam preparados para o fato de que os principiantes que eram levados pela primeira vez para a sala de esgrima sentiam-se freqüentemente muito inquietos. Vinham de uma sociedade na qual era rigorosamente proibido entrar em brigas sangrentas com quem quer que fosse. Quaisquer selváticos sonhos infantis envolvendo sangue e assassinato que eles pudessem ter tido estavam há muito banidos de suas consciências. Que alguns dos principiantes se horrorizassem, era um sinal de que suas consciências, que proibiam tais façanhas sangrentas, estavam se revoltando. Mas se mostrassem o menor sinal de que isso os deixava inquietos e constrangidos, eram ridicularizados por comentários bem-humorados dos colegas mais velhos. Era uma piada popular pedir a um dos principiantes que levasse uma galinha viva para a sala de esgrima. Era necessária, diziam-lhe, a fim de que a sua carne pudesse ser usada para substituir as pontas cortadas de narizes. As espadas de dois gumes com que eram travados os duelos com regras determinadas estavam essencialmente preparadas para rasgar a pele das faces e do crânio, e os vasos sangüíneos superficiais. Somente os olhos eram protegidos. Um participante poderia ferir o seu adversário com uma única estocada, de modo que a pele da cabeça ficasse pendente em grandes tiras. Podia-se, com um único talho, dividir o nariz e os lábios do outro, para que, por algum tempo, ficasse sem poder falar; orelhas cortadas podiam ficar pendentes, e o sangue fluir em borbotões das veias nas têmporas.

Usualmente, o principiante requeria um certo período de endurecimento antes de sua confraria o colocar em confronto com um adversário adequado de uma outra confraria para o duelo. Mas, uma vez aprovado no teste, o sentimento de orgulho aumentava. O procedimento não era certamente pior do que as cerimônias de iniciação de algumas sociedades mais primitivas, em que suportar a dor, como prova de masculinidade, e a escarificação, como sinal de pertença ao grupo, também desempenham um papel. Sem dúvida, bater-se por sua própria confraria contra o representante de uma outra servia para reforçar o sentimento de solidariedade com a sua própria associação. Mas também aumentava a pressão interna de rivalidade, o modo implacável como os membros individuais dessas confrarias julgavam a conduta de todo e qualquer outro membro durante o duelo e ajudavam a validar seu código de honra — profundamente orientado pelo grupo. Uma das conseqüências era que, num ambiente de grupos de jovens onde (em contraste com o ambiente militar) esse código não tinha uma vinculação direta com quaisquer deveres ou responsabilidades profissionais claramente definidos, a competição por maior prestígio na opinião pública do próprio grupo a que se pertence — algo observado, de um modo geral, em grupos locais — intensificava automaticamente o ritual de luta. Assim, os membros de confrarias estudantis eram prisioneiros dessa mesma estrutura social que tinha feito do duelo um meio central, talvez o mais central de todos, de legitimar suas reivindicações de status.

Com tudo isso, adquire-se um *insight* adicional sobre as atitudes ou, de um modo mais geral, a estrutura da personalidade que esse tipo de vida estudantil comunitária e de treinamento de caráter dos jovens se propunha produzir. Era um "habitus" humano cruelmente implacável. Quem se revelasse um fraco era tido na conta de um ser insignificante. Basicamente, as pessoas eram educadas para ridicularizar e bater duro sempre que se apercebiam de que tinham pela frente uma criatura mais fraca, tornando-a imediata e inequivocamente consciente da superioridade dos adversários e de sua própria inferioridade. Não proceder assim era um sinal de fraqueza — e a fraqueza era desprezível.

Naturalmente, as confrarias tinham sistemas de legitimação dos argumentos destinados a deixar claro para membros e para estranhos o significado e a finalidade do modo de vida estudantil, especialmente a prática do duelo. Em seu romance sobre a vida estudantil, Walter Bloem põe, às vezes, a justificação clássica na boca de um ou outro de seus personagens.

Após um curto espaço de tempo, o herói do livro, Werner Achenbach, está bastante horrorizado com suas experiências na corporação. Pergunta a um membro mais velho da confraria em que consiste realmente essa "honra" de uma corporação acadêmica. Como poderia ele defendê-la se não sabia o que era isso? O membro mais velho explicou:

> Humm, meu caro jovem, honra! Honra da corporação acadêmica! Ah, se ao menos fosse possível pôr isso em palavras!... Olha, eu acho que a honra é como... como um duelo à espada. Não é tudo realmente absurdo, esse negócio de duelo? Dois rapazes que nunca fizeram mal a ninguém em toda a sua vida são postos em confronto mútuo pelos seus líderes e devem-se espatifar os narizes e fender em dois os crânios um do outro. É um absurdo total! Mas... *um torna-se um homem de verdade ao fazer isso!* Você adquire um certo brio... e isso é o que realmente conta na vida... Sei perfeitamente bem que tudo isso está

apenas tocando de leve na verdadeira questão e que sob a carapaça lisa e dura da corporação estudantil também existem, por vezes, algumas perdas fatais e algumas lamentáveis, também. Mas, você sabe, se o cerne é saudável, chegará depressa o dia em que perceberá o bem que faz contar com uma carapaça tão firme e tão lisa![56]

Repete-se aqui, numa versão algo diferente, a imagem da espécie de pessoa que já vimos ser aprovada por Zobeltitz: uma pessoa dura e polida. Essa imagem de pessoas está intimamente ligada a uma imagem específica da sociedade. A vida adulta é uma guerra constante de todos contra todos. Tem de ser um sujeito durão para levar a melhor nessa luta. O *ethos* do guerreiro indômito renasce aqui uma vez mais numa versão aburguesada. E, com efeito, numa sociedade onde ganhou preponderância uma tradição de conduta em que a vida é vista como uma luta de todos contra todos, e onde existem instituições orientadas para formar pessoas com uma apropriada estrutura de personalidade, esse tipo de vida social pode ter raízes tão profundas que, sem extensas e importantes irrupções em toda a estrutura social, continuará a reproduzir-se. Mesmo essa forma tardia do código do guerreiro ainda mostra, portanto, um dos traços característicos de sociedades em que a luta física de umas pessoas contra outras, seja qual for o modo como está formalizada, desempenha um papel central. A severidade das relações humanas que encontra expressão no uso de violência física, nas pessoas serem feridas e, se necessário, mortas por outras pessoas, propaga-se como uma infecção mesmo naquelas áreas de relações onde nunca ocorrem as lutas corporais.

Uma das singularidades desse código é não estar compreendida nele toda uma gama de aspectos da vida social humana. Podem desenvolver-se como traços pessoais de indivíduos nos interstícios, por assim dizer, da teia de regras em determinada sociedade, mas não estão incorporados no código. Isso é observável se considerarmos o que poderia ser descrito como um dos critérios centrais de um processo civilizador: a extensão e profundidade da identificação de pessoas umas com as outras e, por conseguinte, a profundidade e extensão da capacidade de cada uma para compreender, simpatizar e solidarizar-se com outras pessoas em suas relações com elas. Os dados aqui apresentados evidenciam que esse aspecto das relações humanas e tudo o que deriva dele está quase completamente ausente do código estudantil de honra. A educação fornecida pelas corporações acadêmicas durante o Kaiserzeit certamente instilou um sentimento de solidariedade com outros membros da mesma associação. Mas era estreito, relativamente superficial e provavelmente melhor e mais belo na recordação nostálgica do que na vida real dos estudantes da época, quando a fraqueza de um momento por parte de um membro de uma confraria era com freqüência o bastante para encorajar os outros a esmagá-lo, ainda que só metaforicamente.

Bloem descreve uma cena que ilustra de forma bastante clara essa tendência para atacar violenta e implacavelmente sempre que uma outra pessoa mostrava sinais de fraqueza. Um dos jovens, chamado Klauser, não satisfizera os padrões de sua confraria numa prova de esgrima: tinha ficado noivo na noite anterior e todos os seus pensamentos estavam dirigidos para a moça. Por conseqüência, foi expulso por sua corporação e tinha de esperar pelo não muito fácil duelo de revanche para redimir-se, o que lhe daria uma oportunidade, com alguma sorte, de ser readmitido na confraria. Nesse meio tempo, sentava-se sozinho em seu quarto, a cabeça coberta com uma grossa bandagem, como um turbante escondendo seus ferimentos. Não podia sair, porque na rua todo o mundo apontaria para ele. Werner Achenbach visitou-o e porque, como "calouro crasso", ainda não entendia muito bem o que tinha acontecido, perguntou a Klauser, que lhe respondeu:

— Veja bem, para nós, estudantes da corporação, a esgrima não é um simples esporte, um jogo com armas, mas... um meio de educação. Ou seja, em princípio, o estudante da corporação tem que provar que a dor física, a desfiguração, até os ferimentos graves e a morte... tudo isso lhe é indiferente... Quando estiver na corporação há mais tempo, aprenderá a entender tudo isso muito melhor. Na corporação, ao longo destes últimos anos, os padrões das competições de esgrima... tornaram-se um pouco exagerados. São exigidas coisas que... bem, nem todos conseguem realizar. E alguns podem cumpri-las hoje, mas não as repetir corretamente amanhã. A disposição de ânimo desempenha um papel importante... a saúde... o estado de nervos...

— Mas realmente, meu Deus... então você está sendo punido desta forma só porque... porque ficou noivo na noite da véspera?!

— Sim... para falar sem rodeios... é isso mesmo.

— Isso é uma loucura. Uma loucura.

— Humm, escute... você não deve realmente esquecer... essas são as pessoas que nos estão julgando, pobres diabos como você e eu... O conselho da corporação considerou que minha esgrima é ruim e está decidido: ela é ruim. É como estar num tribunal, diante do júri. Por vezes, até uma pessoa inocente é condenada. Isso é apenas uma questão de sorte ingrata.

— Sorte ingrata?! Eu acho é que se trata de uma grave deficiência da corporação, uma falha horrível! Oh, Klauser... A culpa é toda da corporação! Estou francamente perplexo, sem saber o que pensar de tudo isso! E você? Também deve estar assim! Na realidade, você está verdadeiramente sentindo as bênçãos desta maravilhosa instituição em sua própria carne, em seu próprio sangue... neste exato momento!

— Com minha própria carne e meu próprio sangue! Sim, estou... Enquanto aqui fico sentado, a corporação barrou-me da minha décima quinta prova de esgrima, retirou-me as funções que me tinham sido atribuídas e não sei sequer se serei readmitido de sábado a uma semana ou se serei permanentemente excluído. Sim, creia-me, não estou realmente com disposição para pintar um quadro cor-de-rosa e silenciar sobre essas coisas. Sim, há uma porção de coisas erradas com a corporação. Muitas poderiam ser bem diferentes... mais tolerantes, mais humanas, menos à velha maneira. Mas se eu tivesse que voltar a ser um "calouro crasso"... pode crer, eu desejaria ainda, no entanto, ser um estudante da corporação!!

— De novo, apesar de tudo isso?

— É, apesar de tudo isso! Não sei, os meus sentimentos me dizem que as coisas devem ser assim. Que tudo tem de ser deste jeito, a fim de nos tornarmos úteis para o que virá mais tarde... De modo que aprendemos a pôr os dentes para fora nos momentos adversos — para nos tornarmos homens![57]

A *satisfaktionsfähige Gesellschaft*, que de 1871 a 1918 formou, de uma forma estrita, o *establishment* hierarquicamente organizado da Alemanha, impôs à juventude uma rede finamente entretecida de regras; ela englobou a totalidade da vida social, como no caso de muitas associações das classes altas. Ora, se — especialmente em sua juventude, mas até em épocas ulteriores da vida — as pessoas são submetidas a um mecanismo altamente formalizado de coação social, o qual lhes impõe severas privações e, no entanto, ao mesmo tempo, lhes promete um proporcional abono de prazer, por exemplo, adquirir ou manter um elevado status, então elas são muito facilmente persuadidas a acreditar que os sacrifícios que estão fazendo e as frustrações que esperam enfrentar têm algum significado. Com muita freqüência, não conhecem ou não entendem qual seja esse significado, mas estão convencidas de que tudo isso faz sentido, mesmo ignorando qual é esse sentido. Isso porque talvez fosse decepcionante ter de admitir que as privações que uma pessoa suportou não têm realmente qualquer propósito, nenhuma função, exceto a manutenção ou o aumento de poder do grupo a que ela pertence, e serve como símbolo do status superior da própria pessoa em relação às outras. Se uma pessoa despendeu considerável esforço pessoal a fim de obter qualificações como as exigidas pelas regras de uma confraria estudantil dessa época, então parece razoável supor que os sacrifícios e as frustrações por que ela passou foram significativos e necessários, porque a opinião comum de todos os que fazem parte do seu próprio círculo social assim os julgam.[58] Bloem ilustra essa atitude de um modo bastante convincente.

A profunda consolidação do quadro geral de regras da *satisfaktionsfähige Gesellschaft* na personalidade de cada um de seus membros, como um código que se converteu para eles numa segunda natureza, identificou cada indivíduo como pertencente a esse *establishment*. Todo o seu "habitus" — suas atitudes, modos de expressar-se, idéias fundamentais sobre seres humanos — o distingue como tal. Essa é a sua recompensa. Nessa sociedade, na qual os grupos cortesão-aristocráticos deviam a continuação de sua supremacia à vitória na guerra, as formas militares de comportamento e sentimento desempenharam papel de destaque. Usualmente, não havia reflexão adicional sobre as concepções das relações entre seres humanos incorporadas ao quadro de regras desses estratos e ao modo como as pessoas, por conseguinte, se comportavam em seu relacionamento mútuo. Essas concepções eram raramente expressas em pensamento num nível superior de síntese; a maioria dos membros dessa *satisfaktionsfähige Gesellschaft* teria provavelmente tido, de qualquer modo, pouco interesse em ler ou entender livros filosóficos. Na melhor das hipóteses, tais concepções seriam articuladas por eles em expressões correntes como esta que o autor coloca na boca de um jovem estudante, numa situação perigosa: "Afiemos os dentes para podermos ser homens." Ele sabe e diz que em sua sociedade existe pouca bondade ou compaixão. A sociedade exige submissão incondicional às regras do código. As transgressões são punidas, inexoravelmente, e sem piedade.

Embora não disponham de formas de organização especificamente destinadas a esse fim, as classes altas, fechadas de um modo relativamente compacto, têm à sua disposição sanções severas e de extrema eficácia contra as pessoas que transgridem esse código. Elas são de um gênero que se assemelha àquelas deliberadamente desenvolvidas (sobretudo em tempos mais recentes) por estratos inferiores da sociedade, combinando-se em organizações. Através de tais organizações, os fura-greves, por exemplo, podem ser expulsos de sindicatos e perder até seus empregos.

As classes superiores, numericamente muito mais restritas, ameaçam também quem transgride o código com punições que adotam a forma de estigmatização e expulsão. E o temor dessas sanções é tanto mais eficaz nesse caso, uma vez que ameaça destruir não apenas a carreira mas também a própria identidade da pessoa em questão. Pois se uma pessoa cujo orgulho pessoal, amor-próprio e senso de superioridade são legitimados através da pertença à classe alta vem a perder sua posição como membro da elite e do mais poderoso estrato de sua sociedade por violar seu código, isso envolve uma perda de identidade e de auto-estima que é freqüentemente irreparável; é difícil recuperá-las e refazer-se de tal perda.

Ademais, nesse caso, a transgressão das regras do código não é, com freqüência, uma decisão da pessoa em questão da mesma forma que um fura-greves, por exemplo, vai contra as determinações do grupo em pleno conhecimento das prováveis conseqüências. A transgressão pode ocorrer de um modo totalmente inesperado. O episódio do romance acima citado é um exemplo.

Subjacente no treinamento fornecido pelas confrarias estudantis duelistas e, na vida, como membro das classes altas imperiais, às quais ele se destinava, está um retrato implícito da vida social humana como luta de todos contra todos, retrato esse de um perfil quase hobbesiano. Mas tal como se desenvolveu na Alemanha, não era uma filosofia logicamente excogitada mas, antes, uma tradição não planeada de comportamento e sentimento produzida pelo cego destino da história. Precisamente porque não era intelectualizada, parecia, ainda mais, ser evidente e inevitável. Para reiterar a quintessência dessa tradição, a fim de ser um homem em vida, tinha de ser duro. Assim que fosse dada a menor prova de fraqueza, estava tudo perdido. Portanto, era uma boa coisa exibir a própria força. Quem mostrasse fraqueza merecia ser expelido; quem fosse vulnerável merecia ter sal esfregado em suas feridas — e *Schadenfreude*, essa intraduzível palavra alemã. (Vale a pena mencionar, a este respeito, que embora a emoção exista provavelmente em muitas sociedades, há um conceito e, por conseguinte, sua codificação não-intencional como característica humana quase normal em apenas algumas delas.)

Tal como o duelo e o código de honra, a imagem associada de vida social torna-se também compreensível quando vista como a manifestação de uma classe superior que, após muitas derrotas e humilhações, alcançou relativamente tarde o nível de seus vizinhos em virtude de uma curta série de guerras vitoriosas mas que, ao mesmo tempo, sabia estar muito seriamente ameaçada do seu próprio interior. Em face dos contínuos e irresistíveis triunfos eleitorais dos social-democratas, que acabaram por abrir caminho até chegar à Câmara de Deputados prussiana, apesar do sistema de direito de voto em três níveis, o então líder da facção conservadora dos deputados, von Heydebrand, declarou:

> O futuro, de fato, pertence-lhes; as massas afirmar-se-ão e nos privarão, a nós, aristocratas, de nossa influência. Essa corrente só pode ser temporariamente sustada por um forte estadista. Entretanto, não sacrificaremos a nossa posição voluntariamente.[59]

Outros países, especialmente a Grã-Bretanha, tinham uma classe alta mais flexível. Com muito raras exceções, a estratégia de mútuas concessões tinha péssima reputação entre as classes altas alemãs e daí se propagou à mais ampla tradição alemã. Lutar até o último homem, lutar até a morte numa batalha perdida, é uma velha tradição guerreira européia.[60] Na Alemanha, com a admissão de importantes grupos burgueses no *establishment* cortesão-aristocrático, tornou-se uma tradição nacional.

13

Se a burguesia alemã da segunda metade do século XVIII for comparada com a burguesia alemã da segunda metade do século XIX, evidencia-se uma notável mudança. A mudança de posição da cultura [*Kultur*] na escala de valores dos mais prestigiosos círculos burgueses é suficiente para ilustrar isso. Na metade final do século XVIII, as realizações culturais, sobretudo nas áreas de literatura, filosofia e ciência, tinham uma classificação muito alta na escala de valores da alta burguesia alemã. O poder econômico dos círculos da burguesia urbana e sua consciência mundial começaram a crescer, uma vez mais, nesse período. Mas, com raras exceções, dificilmente a burguesia tinha acesso àquelas posições governamentais onde eram tomadas as decisões a respeito de assuntos políticos, militares, econômicos e muitos outros dos vários estados. Essas posições estavam quase exclusivamente nas mãos dos príncipes e dos servidores públicos civis, cortesãos civilizados. Nos círculos cortesãos, os aristocratas tinham primazia. Os burgueses que tinham ganho acesso aos escalões superiores da administração do Estado e ao judiciário, adotaram, de uma forma geral, os modos de comportamento da tradição cortesã-aristocrática. Nessa época, esses círculos eram predominantemente orientados por modelos franceses de comportamento e sentimento e, com efeito, falavam francês. As pessoas da corte com antecedentes burgueses faziam o mesmo; em suma, civilizavam-se.[61]

Aquelas seções da burguesia ascendente que permaneceram largamente excluídas de acesso às sociedades de corte e de suas oportunidades de poder, desenvolveram um código próprio de comportamento e de sentimento. Nesse código, as questões de moralidade desempenharam o mesmo papel que as questões de cortesia, boas maneiras e boa forma desempenharam na vida social, cujo convívio era regido pelo outro código (o aristocrático-cortesão). Tal como nos códigos de outros grupos caracterizados por sua mobilidade ascendente, os ideais de igualdade e de humanidade também eram centrais no código da burguesia alemã ascendente — Schiller escreveu: "Eu vos abraço, ó milhões!", e Beethoven aproveitou o tema — ao passo que a idéia de *des*igualdade estava embutida, pelo menos implicitamente, no código cortesão-aristocrático. O conceito de cultura, que nesse período se converteu num símbolo de autoconsciência e auto-estima da classe média, tinha um elemento humanitário e moral correspondentemente forte. O modelo de moralidade que ele encarnava foi considerado válido por seus proponentes para pessoas de todos os tempos e lugares, embora refletisse, de fato, a limitada moralidade dos círculos burgueses.

O papel mudado que o conceito de cultura e de tudo a que ele se referia desempenhou entre os estratos burgueses na Alemanha depois de 1871, em comparação com o seu papel na segunda metade do século XVIII, coloca nitidamente em foco, numa pequena escala, as mudanças muito maiores no caráter da burguesia alemã na Alemanha nesse período. Por certo, ainda havia seções da burguesia alemã que continuaram depois de 1871 a justificar-se em termos do conceito de cultura e em cujo código de comportamento e sentimento os ideais humanitários e os problemas de moralidade ainda ocupavam uma posição central. Mas grandes parcelas da burguesia — aquelas que, de fato, tinham sido integradas na *satisfaktionsfähige Gesellschaft* ou que desejavam ser por ela aceitas — adotaram como próprio o código de honra da classe alta. E na hierarquia de valores representada por esse código, especialmente em sua versão prussiana, as realizações culturais e todas as coisas que tinham sido caras à burguesia alemã na segunda metade do século XVIII, incluindo a humanidade e a moralidade generalizada, tinham uma classificação inferior, quando não eram positivamente desprezadas. Os interesses musicais da sociedade cortesã-aristocrática eram mínimos, e o mesmo valia para o círculo de oficiais no Kaiserreich, que era responsável pela criação de modelos de conduta. Desnecessário dizer que, nesses círculos, continuou sendo mantido o tradicional código de honra guerreiro e não o código burguês de cultura e moralidade. Também é evidente que essa tradição estava ligada a uma convenção de desigualdade hierárquica entre pessoas, de incondicional dominação e subordinação.

A inclusão de um crescente número de estudantes burgueses na *satisfaktionsfähige Gesellschaft*, como membros quer de confrarias nacionalistas, quer de corporações duelistas, mostra em poucas palavras a diferença entre a classe média educada do século XVIII, a qual estava largamente excluída do *establishment* e da boa sociedade do tempo, e a classe média *satisfaktionsfähige* do final do século XIX e começos do atual, que participava do *establishment* e da boa sociedade. Comparados com o interesse na esgrima, na bebida, nas tavernas e no alegre convívio dos eventos sociais, os interesses culturais e educacionais das confrarias duelistas desempenharam um papel relativamente pequeno. As questões de honra tinham alta cotação, as questões morais estavam em baixa. Problemas de humanidade e identificação mútua entre pessoas desapareceram de vista, e esses antigos ideais eram geralmente desprezados como fraquezas de classes socialmente inferiores.

Expressar seu próprio código de comportamento e sentimento de forma intelectual ou literária mais geral não pertencia à área de responsabilidade, nem ao terreno de interesse das pessoas vinculadas pelo código de honra; mas um homem, que pode muito bem ter-lhes parecido um estranho, fez justamente isso à sua maneira. Se se procurar uma versão claramente articulada dos princípios em que se baseiam o treinamento e os costumes sociais das confrarias duelistas, ela pode ser encontrada nos escritos de um homem da era guilhermina — Friedrich Nietzsche, que, apesar de sua ocasional aversão aos alemães, formulou alguns dos artigos de fé implícitos na *satisfaktionsfähige Gesellschaft* da época do Kaiser melhor e mais argutamente que ninguém. O que foi previamente demonstrado em linguagem de ficção pelo destino de um jovem estudante, é expresso em sua obra numa linguagem mais poderosa e com maior generalidade. Por exemplo:

> O que é bom? — Tudo o que eleva no homem o sentimento de potência, a vontade de potência, a própria potência.
>
> O que é mau? — Tudo o que nasce da fraqueza.
>
> O que é a felicidade? — O sentimento de que a potência *cresce* — de que uma resistência foi superada.
>
> *Não* a satisfação, porém mais potência; *não* a paz acima de tudo, mas a guerra; *não* a virtude, mas a habilidade (virtude no estilo Renascença, *virtù*, virtude isenta de juízo moral).
>
> Quanto aos débeis, aos imprestáveis, que pereçam; primeiro princípio de *nossa* caridade. E que se os ajude, enfim, a perecer.
>
> O que é mais pernicioso que qualquer vício? — A compaixão ativa por todos os débeis e todos os imprestáveis; o cristianismo...[62]

A aversão ocasional de Nietzsche aos alemães era provavelmente, pelo menos em parte, um tipo de aversão a si mesmo. Mesmo quando estava em choque com os alemães por causa de sua "íntima covardia em face da realidade", de sua "insinceridade que se tornou instintiva", ou por causa do seu "idealismo", ele estava basicamente em conflito consigo mesmo. Em última análise, escondia de si mesmo que era ele próprio o fraco, desejando um vigor mavórtico do qual não era capaz.

O que Nietzsche pregava tão altissonante e furiosamente como algo novo e incomum era apenas a ponderada verbalização de uma estratégia social muito antiga. Desprezar os fracos e os medíocres, exaltar a guerra e a força em detrimento da paz e do contentamento civil — tudo isso são marcas características do código aqui examinado — o qual fora desenvolvido a partir das práticas sociais de grupos guerreiros de recuadas épocas. Pode sofrer restrições de acordo com a situação e a experiência por força de obrigações de honra e ritual cavalheiresco, mas as classes guerreiras obedecem-lhe sem grandes ponderações a respeito. Na Europa, foi durante a Renascença que as pessoas começaram a refletir sobre esse código de comportamento dos guerreiros num nível superior de generalidade. Maquiavel é o mais conhecido e talvez o maior, mas certamente não o único expoente da primeira grande onda de reflexão, que elevou as vetustas tradições sociais de grupos guerreiros a um nível superior de síntese, remodelando-as, de um modo mais ou menos explícito, como um conjunto de prescrições. Nietzsche apenas avançou mais um passo, na medida em que elevou o código guerreiro em seu pensamento a um nível ainda mais elevado de generalização, e transformou-o numa prescrição ainda mais geral.

Ao fazê-lo, referiu-se à Renascença como o último período na história antes dos europeus enveredarem pelo caminho errado, segundo entendia, da religião cristã, com o lugar destacado que confere à compaixão e à fraqueza. Como muitas outras pessoas antes e depois dele, cujo saber é baseado em livros, Nietzsche não podia distinguir entre reflexões sobre práticas sociais e essas mesmas práticas, das quais, desnecessário seria dizer, também fazem parte as reflexões num nível inferior de síntese. Não se deu conta de que, enquanto seu louvor à Renascença estava primordialmente baseado em livros que inovadoramente e num nível mais elevado que antes estudaram as estratégias de coerção observáveis na sociedade, essas mesmas estratégias predominavam no uso social muito antes de terem encontrado uma expressão intelectual de nível superior; e, apesar de toda a censura a livros, elas continuaram desempenhando — com restrições crescentes — um papel muito considerável no uso social. Pessoas cujo conhecimento se baseia em livros tendem a obscurecer a diferença entre reflexões de generalidade superior sobre o uso social exposto em livros e o próprio uso social relativamente isento de reflexões ou com reflexões menos elevadas. E Nietzsche não foi exceção. Mal levou em conta quão profundamente o seu louvor da força e da vontade de potência estava ligado a eventos seus contemporâneos, e às conclusões práticas que sugeriram a pessoas pensantes.

A mudança estrutural por que passaram os territórios alemães durante o século XIX foi um desses eventos. No começo do século XIX, os Estados alemães eram fracos; até mesmo a belicosa Prússia foi invadida e devastada pelos exércitos revolucionários de Napoleão sem muita dificuldade. Isso contribuiu direta ou indiretamente para relaxar o opressivo domínio das formas absolutistas e obscurantistas de governo nessas áreas, e estimulou alguns jovens a iniciarem um movimento de resistência não muito eficiente e, com freqüência, bastante deplorável; mas os Estados alemães estavam longe de ser suficientemente fortes para vencer guerras de libertação por conta própria, somente como aliados das grandes potências da época. Nos círculos de burguesia, a lembrança de humilhação e o sentimento de fraqueza atual não esmoreceram após a vitória sobre os franceses. Entretanto, na segunda metade do século, a Alemanha ergueu-se com relativa rapidez para tornar-se ela própria uma grande potência: com efeito, a Alemanha, que era ainda considerada um gigante fraco no equilíbrio de forças da Europa em meados do século, tornou-se, em poucas décadas, a principal potência da Europa continental.

Se as pessoas que foram testemunhas desses eventos desejassem visualizar como tinha ocorrido essa rápida mudança, era-lhes fácil encontrar uma resposta clara e inequívoca. A mudança ocorreu através de uma curta série de vitórias militares — sobre a Áustria, a Dinamarca, a França. Não é surpreendente que para muitos alemães a experiência dessa transição assombrosa e quase imprevisível das profundezas para as alturas, da fraqueza para a força, também levasse a uma glorificação da força, e à idéia de que preservar a consideração pelos outros, o amor e a solicitude em ajudar outros eram mera hipocrisia. Os próprios eventos, a série de guerras vitoriosas, são muito conhecidos, por certo. Mas talvez uma atenção bastante rigorosa nem sempre seja prestada para o que esses conhecidos eventos da política externa — em conjunto com as suas conseqüências políticas internas para a distribuição de poder social — significaram para os sentimentos das pessoas. Será surpreendente que experiências como a ascensão da Prússia e da Alemanha através de uma guerra vitoriosa após outra tenha permitido que se tornasse dominante a idéia de que na vida social humana a fraqueza era má e a força boa?

A consolidação de tais pontos de vista estava indubitavelmente relacionada com a preeminência concedida aos militares — sobretudo em resultado do papel decisivo desempenhado pelo êxito na guerra na ascensão da Alemanha — no seio da sociedade de corte e, mais amplamente, da boa sociedade alemã como um todo. Mas essa preeminência dos militares, no tempo do Kaiserreich, estava intimamente vinculada a uma escala de valores implantada profundamente na nova autoconsciência alemã, e que conferia um lugar elevado, senão o lugar supremo, na vida social, ao poder e lugar mais baixo à fraqueza social, da qual a Alemanha tinha escapado há bem pouco tempo. Não houve, por certo, falta de vozes na Alemanha depois de 1871 que deploraram a supremacia dos militares e uniformes na vida social de seu tempo. Muitos contemporâneos enxergaram com muita clareza que a elevação dos valores bélicos, em especial os do código de honra da *satisfaktionsfähige Gesellschaft*, andava de mãos dadas com o descrédito daquelas realizações e atitudes que eram tidas em alto apreço, principalmente nos círculos burgueses, em fins do século XVIII e até a primeira metade do século XIX, um descrédito do que, numa palavra, se chamava cultura, incluindo o código moral burguês. O desenvolvimento de um ramo da história escrita que se concentrou principalmente na cultura, procurando assim distinguir-se do tipo de história escrita que focaliza os negócios do Estado e as questões políticas, era apenas uma das muitas manifestações dessas opiniões antagônicas. Mas depois de 1871, o impulso dado aos adeptos do código de honra foi grande demais para aqueles que sustentavam o código alternativo de cultura para que pudessem ganhar mais do que um papel subordinado na estrutura da sociedade alemã imperial.

Nietzsche não estava certamente consciente de que, com a elevação que fazia do poder na escala de valores humanos, e a depreciação dos socialmente fracos e do código burguês de moralidade, estava dando expressão intelectual, ao nível da mais alta universalidade filosófica, às tendências de desenvolvimento que, de um modo não intencional e com escassa discussão, estavam tornando-se dominantes na sociedade alemã do Kaiserzeit que ele tão freqüentemente atacou. É óbvio que ele tampouco estava consciente de que esse aspecto de sua filosofia era uma paráfrase filosófica de formas de comportamento e de valores que estão entre os elementos constitutivos do modo de vida dos grupos guerreiros em muitas sociedades humanas. Tais sociedades consideram axiomático que a força é boa e a fraqueza má; para seus membros, é uma experiência cotidiana de vida.

Assim, o que o cântico de louvor à guerra e à força de Nietzsche expressou, foi a adoção por vastos setores da burguesia de seu tempo de um código guerreiro que tinha pertencido primeiro à nobreza. No Kaiserreich, esses setores tinham-se tornado um estrato dentro do *establishment*, embora continuassem a ser ofuscados em poder pelo primeiro estado, a nobreza guerreira. Assim, embora eles próprios não fossem particularmente belicosos, adotaram elementos do código guerreiro do estrato social mais elevado e, com o entusiasmo dos prosélitos, transformaram-nos de acordo com a sua própria situação numa doutrina nacionalista da burguesia, ou, como no caso de Nietzsche, em ensinamentos filosóficos no mesmo nível de generalidade que a filosofia moral clássica, só que com sinal invertido. A diferença entre o imperativo categórico de Kant e a proclamação de Nietzsche de "virtude isenta de juízo moral" condensa a transição da burguesia alemã da posição de estranhos para um lugar de segunda classe dentro do *establishment*.

II

Uma Digressão sobre o Nacionalismo

"História da cultura" e "história política" *

1

Estudar o desenvolvimento a longo prazo das palavras "cultura" e "civilização" leva a um certo número de descobertas relativamente inesperadas. Uma delas é que no século XVIII ambos os termos se referiam, em larga medida, a *processos,* enquanto que no século XX representam algo quase inteiramente estático. Esse sentimento de declínio da dinâmica dos processos sociais não está confinado, em absoluto, à mudança de significado dos conceitos de "cultura" e "civilização". A tendência crescente para conceituar processos como se fossem objetos imutáveis representa um padrão mais generalizado de desenvolvimento conceitual que se desenrolou em direção inversa ao da sociedade em seu todo, cujo desenvolvimento e cuja dinâmica registraram notável aceleração entre os séculos XVIII e XX.[1]

O paradoxo não estava confinado à Alemanha, mas o modo como se desenvolveu na Alemanha pode servir de ilustração. Também sugere uma explicação.

Que o termo "cultura" referiu-se outrora a um processo de cultivação, à transformação da natureza por seres humanos, isso está hoje quase esquecido — na Alemanha como em qualquer outro lugar. Mesmo quando foi gradualmente adotado pelas elites da classe média do século XVIII em ascensão, como uma expressão de sua auto-imagem e de seus ideais, o termo representou a imagem que se faziam de si mesmos tal como a viam, ou seja, dentro do contexto mais amplo do desenvolvimento da humanidade. A visão desse desenvolvimento da *intelligentsia* da classe média alemã era muito semelhante à francesa ou britânica. De fato, os escritos de historiadores escoceses como William Robertson e de Voltaire e seu

* O texto que se segue originou-se (em inglês) como uma reelaboração da primeira parte de *O processo civilizador,* "Sociogênese da diferença entre *Kultur* e *Zivilisation* no emprego alemão". [Zahar, 1990, p.23 e seg.]
O original do texto que se segue foi escrito em inglês em 1961-62 e as referências ao julgamento de Eichmann eram no tempo presente. [Nota do editor alemão.]

círculo na França tiveram uma influência formativa nas idéias da nascente *intelligentsia* alemã. Talvez seu pensamento se alçasse mais alto e sua orientação fosse mais idealista do que entre os seus congêneres nos países ocidentais porque sua situação social, num país relativamente subdesenvolvido e com uma classe alta muito exclusiva de cortesãos e nobres, estava mais confinada. Mas seu sentimento de viver numa era avançada e progredindo continuamente foi quase tão forte quanto o da ascendente *intelligentsia* da classe média de outros países europeus.

Quando Schiller, em seu discurso de posse, *Was heisst und zu welchem Ende studiert man Universalgeschichte?* ("O que significa e com que finalidade estudamos história universal?"), pintou numa grande tela o desenvolvimento da humanidade, ele ofereceu o que era mais ou menos a visão corrente da *avant-garde* intelectual iluminista de seu tempo. O ano era o de 1789. Pouco depois, o medo da violência e da subversão revolucionária começou a cair como uma sombra sobre o pensamento dos europeus e a obscurecer suas esperanças de um melhor futuro, tal como voltaria a ocorrer no século XX sob a influência das violentas convulsões de novas revoluções. Mas nesse discurso de Schiller, as esperanças ainda não estavam empanadas pelo medo. Ainda que seu quadro fosse manifestamente simples, não deixava de ser surpreendente, apesar do imenso crescimento do conhecimento detalhado, o quanto podia ser então percebido, que hoje — uma vez que as esperanças e a confiança das pessoas em sua capacidade para produzir uma melhor forma de convivência na Terra foram despedaçadas pelo medo de revolução e guerra — deixou de ser ou, na melhor das hipóteses, só desalentada e relutantemente é reconhecido como um fato.

Schiller ainda pôde assinalar com plena confiança o fato de que a "cultura" tinha avançado, de que se podia ver isso com clareza quando se comparava o nosso modo de vida habitual com o de sociedades mais simples. Falou da rudeza e crueldade da vida em muitas sociedades primitivas, da repulsa que alguns de seus aspectos causam em nós, como ele disse, aspectos que, quando não provocam repugnância suscitam compaixão. E também pôde ainda expressar como um fato, de uma forma direta e sem circunlóquios, o que numa época ulterior, quando o pensamento nacionalista começou a exigir cada vez mais a glorificação do passado nacional, o que poderia ter parecido uma espécie de traição:

> Assim éramos *nós*. César e Tácito nos encontraram num estado não muito diferente do desses povos primitivos de há mil e oitocentos anos atrás. O que somos agora? O mesmo povo habitando a mesma região apresenta-se incomensuravelmente diferente se o observarmos em diferentes períodos de tempo.[2]

Schiller prossegue então lembrando aos seus ouvintes que éramos devedores de eras passadas e regiões distantes, que todos esses "períodos sumamente dessemelhantes da humanidade" tinham contribuído para a *nossa* cultura, assim como "as mais distantes partes do mundo" estavam contribuindo agora para o nosso conforto. E justificou o estudo da história universal com o argumento de que a concatenação de eventos que tinha levado às circunstâncias das gerações atuais só podia ser entendida quando fosse reconhecido, para citar suas próprias palavras, que:

Uma longa cadeia de eventos, interligados como causas e efeitos, estende-se desde o presente momento até os primórdios da raça humana.[3]

Schiller recomendou o estudo da história universal, a história da humanidade com estudos comparativos como um de seus principais métodos, porque o entrelaçamento fatual de eventos e a interdependência fatual de todas as regiões do mundo são tais que só podemos entender as condições atuais dessas regiões no quadro de referência da humanidade como um todo. A sua apreensão clara das conexões fatuais, como as de muitos de seus contemporâneos de classe média, ainda não fora perturbada e confundida, como ocorre hoje, pelo célere crescimento de um corpo imensamente vasto de conhecimentos detalhados, que o quadro geral tinha de absorver e corroborar. Ao passo que os historiadores e outros profissionais das ciências humanas do século XX enxergam muito melhor as árvores do que a floresta, na qual vagueiam à toa como se num labirinto sem estrutura, os do século XVIII parecem, com freqüência, perceber somente uma floresta sem quaisquer árvores.

O significado de termos como "cultura" e "civilização" estava, no século XVIII, em harmonia com essa visão geral. Hoje, o termo "cultura" pode ser aplicado a sociedades menos e mais desenvolvidas, independentemente de seu estágio de desenvolvimento, e o uso do termo "civilização" parece caminhar na mesma direção. As pessoas falam da "cultura" dos aborígines australianos, assim como da "cultura" da Renascença, e da "civilização" dos caçadores neolíticos, assim como da "civilização" da Grã-Bretanha ou da França do século XIX.

No tempo de Schiller as coisas eram diferentes. Se na Alemanha se falava de "cultura" (*Kultur*) — ou na França de *civilité* ou *civilisation* — tinha-se em mente um quadro de referência geral que levava em conta o desenvolvimento da humanidade ou de determinadas sociedades de um estágio menos para um mais avançado. Como porta-vozes de estratos sociais em ascensão, os intelectuais da classe média desse período olhavam com esperança e confiança para um melhor futuro. E como o avanço futuro da sociedade era importante para eles, tinham o impulso emocional para noticiar e chamar a atenção para avanços que já tinham sido realizados pela humanidade no passado. Muitos de seus conceitos, particularmente aqueles que, como "*Kultur*" e "*Zivilisation*", estavam relacionados com a "nós-imagem", refletiram esse caráter dinâmico e profundamente orientado para o desenvolvimento de suas atitudes e crenças básicas.

Não menos característico foi o uso feito desses e outros conceitos afins como lemas para o que era então uma nova perspectiva da história, tal como a concebiam os porta-vozes das classes médias em ascensão. Voltaire e outros iniciaram um tipo de escrita de história que pretendia corrigir e contestar o tipo de escrita dominante nessa época, a "história política", que colocava no centro da atenção os feitos de príncipes e cortesãos, os conflitos e alianças entre Estados, as ações de diplomatas e dos grandes chefes militares, em suma, a história dos setores aristocráticos dominantes dos Estados absolutistas.

Foi decisivo para a posição e auto-imagem das elites da classe média alemã que a tradição da história escrita mais claramente oposta à "história política" ficasse conhecida como "história cultural" (*Kulturgeschichte*). Focalizou aquelas áreas da vida social dos seres humanos que dotaram as classes médias alemãs politicamente excluídas com a principal base para a sua autolegitimação e para a justificação de seu orgulho — áreas tais como religião, ciência, arquitetura, filosofia e poesia, assim como o progresso da moralidade humana, tal como pode ser observado nos costumes e na conduta das pessoas comuns. De acordo com a situação especial das classes médias alemãs, a linha divisória entre "cultura" e "política" e as implicações antagônicas da história escrita como "história da cultura" ou como "história política", nas acepções que lhes foram atribuídas nos séculos XVIII e XIX, eram particularmente pronunciadas; talvez mais pronunciadas do que entre "civilização" e "política" na Grã-Bretanha e na França. Pode-se dizer que no significado do termo alemão "*Kultur*" estava embutida uma predisposição não-política, e talvez mesmo antipolítica, sintomática do freqüente sentimento entre as elites da classe média alemã de que a política e os assuntos do Estado representavam a área de sua humilhação e da falta de liberdade, ao passo que a cultura representava a esfera de sua liberdade e de seu orgulho. Durante o século XVIII e parte do XIX, a predisposição antipolítica do conceito de "cultura" nutrida pela classe média dirigia-se contra a política de príncipes autocráticos. Tinha por alvo a política das cortes absolutistas e eram nesse sentido, concomitantes de sua predisposição anticivilizadora. O comportamento político e civilizado representavam o *grand monde*, o "grande mundo", onde as pessoas — assim parecia àquelas que viviam no "mundo menor da classe média" — eram cheias de presunção, hipocrisia e fingimento, sem sentimentos sinceros e verdadeiros. A esse respeito, o mundo dos cortesãos civilizados, com seus ideais de civilidade, polidez, boas maneiras e cautela a respeito da expressão de sentimentos espontâneos, e o mundo da política, com suas exigências de restrição emocional e estratégia diplomática, e também de tato e boas maneiras, encontram-se na mesma categoria.

Numa etapa ulterior, essa predisposição antipolítica voltou-se contra a política parlamentar de um Estado democrático. É sempre motivo de espanto ver a persistência com que padrões específicos de pensamento, ação e sentimento se repetem, com adaptações características a novos desenvolvimentos, numa mesma sociedade e ao longo de muitas gerações. É quase certo que o significado de certas palavras-chaves e, em especial, as implicações emocionais embutidas nelas, que são transmitidas de geração em geração sem análise e freqüentemente sem alteração, desempenham um papel na continuidade flexível do que, sob outros aspectos, é conceituado como "caráter nacional".

2

A discussão em torno da natureza de uma "história da cultura" como distinta da história política prosseguiu intermitentemente na Alemanha dos séculos XVIII ao XX. Ganhou impulso quando foi publicado um certo número de obras especializadas de maior fôlego, entre elas, *A civilização da Renascença na Itália*, de Burckhardt.[4] Não faltaram tentativas para definir a linha de demarcação entre "história cultural" e "história política". Mas o impulso principal para a distinção não veio de qualquer investigação desapaixonada sobre a natureza da própria história — ou da sociedade. Era de caráter ideológico. De um modo fortuito, a distinção expressou a contínua oposição não-política das elites da classe média alemã em relação às politicamente privilegiadas e socialmente superiores classes altas de sua própria sociedade. Essa oposição ajudou os membros dessas elites a perceberem a unilateralidade e as limitações do gênero de história política escrita por homens que aceitaram como dados a ordem social vigente nos estados alemães e o esquema de valores representados por ela. Por isso continuaram sendo insatisfatórias as tentativas para determinar a distinção entre "história cultural" e "história política" sem referência à estrutura social específica da sociedade onde ela teve origem.

Para muitos membros das classes médias alemãs educadas, "cultura" continuou representando um domínio de afastamento e de liberdade das pressões insatisfatórias de um Estado que lhes outorgava a posição de cidadãos de segunda classe, em comparação com a nobreza privilegiada, e lhes negava acesso à maioria das posições de liderança no Estado e às responsabilidades, ao poder e ao prestígio associados a essas posições. A retirada para o domínio não-político da cultura possibilitou-lhes manter uma atitude de reserva, com freqüência eminentemente crítica, em relação à ordem social existente sem se envolverem em qualquer tipo de oposição ativa ao próprio regime e sem qualquer conflito aberto com os seus representantes.

Essa era uma das soluções possíveis que podiam ser escolhidas para enfrentar o dilema fundamental de muitas classes médias, das quais a da modernizante — mas ainda feudalóide e semi-autocrática — Alemanha do século XIX e começos do atual era apenas uma variante. Qualquer oposição determinada e ativa contra esse regime e seus principescos e aristocráticos grupos dominantes por parte de grupos de classe média era dificultada — e, com freqüência, paralisada — pelo medo de que pudessem pôr em perigo sua própria e elevada posição em relação às ordens inferiores, se abalassem o regime existente através de uma luta contra a posição elevada das ordens superiores. Havia dois caminhos principais pelos quais poderiam procurar alívio para as pressões desse dilema. Poderiam identificar-se com o regime apesar de seus aspectos opressivos e humilhantes. Esse foi o caminho que setores da classe média alemã adotaram em números crescentes depois de 1870. Ou poderiam, como antes, retirar-se para a área não-política da "cultura", a qual oferecia oportunidades compensatórias de criatividade, interesse e prazer, e lhes permitia manter intatas sua "liberdade interior", a integridade de suas próprias pessoas e seu orgulho. Este último é o caminho usualmente escolhido por historiadores e outros representantes das classes médias alemãs educadas, cuja índole e convicções eram de um perfil a que se poderia chamar "liberal", embora este termo compreendesse crenças de uma variedade de diferentes matizes. Sua aversão freqüentemente considerável ao regime político em que viviam era mitigada e sua vontade política afundava na resignação passiva, porque não se vislumbrava nenhum caminho razoavelmente seguro de alterar o regime.

Não é necessário acompanhar aqui em detalhe todas as peripécias da longa discussão entre os representantes da "história cultural" e da "história política" na

Alemanha. Na França, a oposição de representantes da *intelligentsia* da classe média em ascensão, contra o tipo tradicional de história política característico do Ancien Régime culminou, após a Revolução, numa ampliação geral do interesse e do campo de visão dos historiadores, ao passo que o debate entre os historiadores da civilização e os historiadores políticos perdeu muito de sua anterior acuidade. Foi sintomático do desenvolvimento alemão, da obstinada persistência de uma ordem social que, apesar da rápida e febril industrialização, reteve de um ponto de vista político muitas características do Ancien Régime, o intermitente prosseguimento na Alemanha, ao longo do século XIX, do duelo pela supremacia entre historiadores culturais e historiadores políticos. Na virada para o século XX, reacendeu-se de novo a controvérsia entre representantes dos dois tipos de história. Mostrou com muita clareza a continuidade do papel da "cultura" no desenvolvimento da sociedade alemã como um santuário protetor e, com freqüência, produtivo das pessoas de classe média que, sem oposição ativa, permaneceram críticas do regime, enquanto que os seus adversários eram historiadores representativos do outro caminho aberto para as classes médias educadas alemãs; tinham não só chegado a bons termos com o Estado em que viviam, mas identificavam-se com ele e nele encontraram seu ideal.

3

Talvez seja suficiente apresentar dois breves excertos a título de ilustrações da luta em torno do caráter peculiar da "história cultural" como distinta da "história política" centrada nas questões do Estado, luta essa que adquiriu novo ímpeto por volta de 1900.

O primeiro excerto provém de um pequeno livro por um dos amigos íntimos de Max Weber, o professor Eberhard Gothein de Heidelberg, *Die Aufgaben der Kulturgeschichte* (*As tarefas da história cultural*) (1889). A continuidade que leva da abordagem de Schiller, em 1789, à de Gothein, exatamente cem anos mais tarde, é claramente visível. Pode-se enxergar, ainda, as implicações não-políticas, se não antipolíticas e humanistas, do conceito de cultura. Uma nota pessoal destaca-se nesse contexto, a idéia de que a história, na forma de história da cultura, poderia estar apta a ocupar o lugar que a filosofia detinha em séculos passados.

> Se, na atual etapa do desenvolvimento intelectual, a história pretende ocupar esse lugar (o lugar da filosofia), só pode fazê-lo como história da cultura. Deve ser o objetivo do historiador nesse caso deixar que surja ante seus olhos a cultura do homem (*die menschliche Gesittung*). Um tipo de história que está exclusivamente interessado nos assuntos dos Estados, uma história exclusivamente política, não pode fazer jus a essa tarefa. Pois embora a religião, a ciência e as artes tenham lugar dentro da estrutura de uma ordem social e seu progresso possa ser impedido ou incentivado por esta última, quem gostaria de afirmar que elas recebem do Estado seu principal impulso?
>
> A história política continua cumprindo uma tarefa necessária; ela conserva seu valor. Mas a história universal, a história da cultura, deve exigir que a história política se lhe adapte e subordine. A história cultural só pode considerar o próprio Estado como parte da cultura — talvez a sua parte mais importante (quem pode medir a importância com

precisão, quando todas as partes são igualmente indispensáveis?) — mas certamente apenas uma parte relacionada com todas as outras partes que, por sua vez, se relacionam com ela. Longe de determinar o valor de outras áreas de cultura de acordo com o seu valor para o Estado, a história da cultura tende, antes, para determinar o valor de cada Estado de acordo com sua contribuição para o desenvolvimento geral da humanidade em campos culturais como a religião, as ciências e as artes, a economia ou o direito. Só se deve esperar, obviamente, que esse conceito de história desperte considerável oposição por parte, sobretudo, dos historiadores políticos.[5]

Pode-se perceber claramente que se trata de uma discussão em torno de diferentes escalas de valores sob a aparência de uma discussão acerca de diferentes concepções de história. Seria paradoxal chamar-lhe uma discussão política. Os idiomas ainda são demasiado inábeis para poder fornecer um termo claro que expresse as implicações políticas de um sistema não-político ou antipolítico de crenças e de valores. Mas seja qual for o vocábulo que se escolha, os pontos de vista expressos na transcrição acima indicam sucintamente o modo como os homens da *intelligentsia* da classe média alemã conservaram, com a ajuda de um conceito amplamente humanista de cultura, seu amor-próprio, sua integridade pessoal e o sentido de seu próprio valor em face de um crescente sistema de crenças nacionalistas que, com renovado vigor, colocava o Estado e a nação acima de todos os outros valores, na escrita de história e em muitas outras áreas.

A posição básica representada pelos pontos de vista que foram citados era ainda quase idêntica à assumida há mais de um século por homens das classes médias alemãs educadas. Entretanto, comparada com a anterior, a antítese ampliara-se muito. Agora, já não estava entre "cultura" (*Kultur*) como símbolo representativo para aqueles campos em que as pessoas educadas da classe média podiam encontrar seu próprio sentido de realização, e "civilização" (*Zivilisation*) como símbolo do mundo de príncipes, das cortes e das classes altas dominantes. Era antes entre "cultura", ainda uma reserva das classes médias educadas com ideais humanistas, e o Estado, o qual, em suas regiões mais elevadas, continuava sendo a reserva das classes altas aristocráticas, hábeis em estratégia política, diplomacia e boas maneiras, e às quais, aos olhos dos homens das elites humanistas da classe média, faltava freqüentemente a verdadeira "cultura".

Mesmo na virada do século XIX, o recém-unido império alemão (*Reich*) estava dividido não só ao longo das fronteiras de classes, mas também ao longo de linhas derivadas da tradicional ordem do Estado, a qual deu aos homens de ascendência nobre privilégios legais e consuetudinários em virtude de seu nascimento e linhagem. Como o acesso a muitos e importantes cargos do Estado estava entre esses privilégios tradicionais, o próprio Estado continuou sendo para um setor da *intelligentsia* da classe média uma instituição com a qual não poderia identificar-se por inteiro. A tese de Gothein sobre a prioridade da história da cultura sobre a história política é um pequeno exemplo ideológico da contínua tensão na sociedade alemã entre os membros de diferentes estados. É característico das diferenças entre o desenvolvimento britânico, por um lado (para mencionar apenas um exemplo), e o desenvolvimento alemão, por outro, que em inglês o termo "*estate*" (estado) como expressão para designar um tipo especial de estratificação social, soa antiquado e é difícil de manejar, porque outros significados da palavra (bens de raiz, propriedades fundiárias etc.) adquiriram destaque em seu uso corrente, de preferência à designação de um estrato social específico (como na referência aos três estados: clero, nobreza e povo). Na Alemanha, o termo correspondente *Stand* permaneceu em uso comum. De fato, por muito tempo, as pessoas preferiram falar de *Mittelstand* ("estado médio"), em vez de *Mittelklasse* (classe média). O primeiro soa estranho aos ouvidos ingleses, o segundo aos ouvidos alemães. Também a este respeito as diferenças conceituais refletem diferenças na estrutura e no desenvolvimento sociais: juntas, elas ajudam a explicar por que os círculos conservadores e nacionalistas alemães estavam muito mais inclinados do que seus equivalentes britânicos a buscar a salvação para as dificuldades de seus respectivos países no restabelecimento de uma ordenação dos estados (*ständische Ordnung*). Há muitas maneiras de elucidar, melhor do que foi possível até agora, os aparentes mistérios de diferenças na conduta de diferentes nações. Como se pode ver, a análise sociológica de conceitos é uma delas.

A defesa pelos *scholars* humanistas da classe média da "história cultural", de preferência à "história política", indicou, além disso — em pequena escala — o modo como a retirada construtiva para o domínio não-político da cultura, à semelhança de muitas outras posições fixadas por estratificação social de um tipo caracterizado por sua comparativa rigidez, abriu e bloqueou seletivamente as perspectivas das pessoas envolvidas. A prioridade de valores humanistas como opostos a valores nacionais ainda era sublinhada, se bem que de um modo mais hesitante que cem anos antes — "o estado é apenas uma parte da cultura humana, *talvez o seu aspecto mais importante*" — e nada tinha de ambíguo o diagnóstico de limitação de um tipo de escrita histórica que selecionava para atenção do leitor sobretudo as atividades de príncipes, a legislação estatal e a diplomacia, as guerras, o poder político e tópicos afins. Mas os bloqueios são igualmente claros. Ao examinar as relações entre "história cultural" e "história política", o *scholar* não estava interessado nas conexões fatuais entre artes, ciências, economia, religião e outros fenômenos classificados como "culturais", por um lado, e os fenômenos políticos ou militares, por outro. O que ele levava em consideração era unicamente o *valor* a ser atribuído a esses diferentes campos. Toda a exposição pertenceu a uma área crepuscular onde considerações fatuais e ideológicas, avaliações autônomas e heterônomas, se entremisturam e se fundem de tal modo que fica difícil destrinçá-las.

4

Vale a pena examinar brevemente uma das declarações do campo oposto, do campo dos historiadores de classe média, que tinham não só chegado a um acordo com a divisão de poderes vigente no Kaiserreich e com o papel secundário reservado à sua classe (ou "estado") nos assuntos do Estado, mas também se identificavam sinceramente com o Reich e sua ordem. Em contraste com as tendências liberais e humanistas em declínio, eles representaram a tendência nacionalista em ascensão. Dietrich Schäfer, o autor das palavras que a seguir se transcrevem, proferiu seu discurso de posse em 1884 em Iena, mesmo lugar onde Schiller tinha falado sobre história universal quase um século antes:

> Seja-me permitido lembrar-lhes o fato de que deste lugar, não faz ainda cem anos, Friedrich Schiller tentou, numa ocasião semelhante, responder à pergunta: O que significa a história universal e por que a estudamos? Nessa época, o entusiasmo pelos direitos humanos estava se propagando de Paris por toda a Europa. Segundo Schiller, a história fala sobretudo ao ser humano. Pensou ele que, a fim de coligir material para escrever história, devia ser considerado como o quadro de referência de um fenômeno histórico o estado atual da humanidade — "o nosso século humanitário", como Schiller o chama. (...) Entretanto, os acontecimentos da década seguinte projetaram uma luz muito peculiar sobre o conceito de história de Schiller. Os excessos da Revolução Francesa e de Napoleão atiçaram os incipientes sentimentos nacionais das pessoas e fizeram-nos irromper em impetuosas labaredas. A nacionalidade tomou o lugar da humanidade. Ao esforço para se realizar uma cultura humana de caráter universal seguiu-se o que visava consolidar uma cultura nacional. (...) E a própria ciência da história nada hoje com bela desenvoltura na corrente nacional. Os seus representantes, muito corretamente, consideram isso a sua mais importante e, freqüentemente, com exagerado tendenciosismo, a única tarefa para cultivar e reviver o sentimento nacional. Dificilmente se pode negar que a ciência da história aprendeu a nadar unicamente nas escorregadias correntes do nacionalismo.[6]

Há muita coisa nesta declaração que pode ser considerada característica tanto da continuidade quanto do novo rumo na situação e nas crenças das elites da classe média alemã depois de 1871 — no novo império do Kaiser. Embora setores dessas elites ainda permanecessem afastados do Estado e continuassem sustentando ideais humanistas como "cultura" na linha direta de sucessão dos pensadores e poetas clássicos da Alemanha com fortes, embora estritamente inativas tendências subjacentes de crítica às classes dominantes alemãs, outros importantes setores das classes médias, cujo poder aumentava gradualmente, reconciliaram-se com o papel secundário que lhes era atribuído no império recém-unificado como sócios mais novos da nobreza dominante, ainda eminentemente exclusivista e dotada de elevada consciência de classe. A frustração e o ressentimento inerentes em tal posição encontraram expressão, no caso deles, não na relação com seus superiores sociais, com quem, como representantes da nação e do império passaram, de um modo geral, a identificar-se mas, antes, em relação a todas aquelas formações sociais que eram inferiores a eles em status ou poder; entre estas últimas estavam as seções humanistas ou liberais das classes médias alemãs, em especial a *intelligentsia* humanista.

A controvérsia sobre os respectivos méritos da "história cultural" e da "história política" foi um dos muitos sintomas do antagonismo entre os dois grupos rivais da *intelligentsia* da classe média. Assinalou também o ponto de mutação em seus destinos. Gradualmente, os setores nacionalistas tornaram-se mais fortes, os setores humanistas mais fracos; estes últimos, por seu turno, tornaram-se mais nacionalistas; quer dizer, também eles atribuíram um lugar superior a uma imagem ideal de

Estado e nação em sua auto-imagem e em sua escala de valores, embora tentassem ainda reconciliá-la com ideais humanistas e morais mais amplos. Os outros setores mais radicais da *intelligentsia* nacionalista alemã não fizeram tal tentativa. As passagens que transcrevemos são, de uma certa maneira, representativas dos seus respectivos credos: elas indicam o peculiar desdém com que as lideranças intelectuais das seções nacionalistas da classe média alemã passaram a falar dos ideais humanistas e morais, entre eles, a crença num futuro melhor, no "progresso", ideais esses que tinham sustentado as classes médias alemãs e de outros países europeus no período inicial de sua ascensão social. As seções conservadoras-nacionalistas das classes médias em outros países tentaram freqüentemente proceder à fusão de ideais humanistas e moralistas com os nacionalistas. As seções comparáveis das classes médias alemãs rejeitaram tal conciliação. Ostentando com freqüência um ar de triunfo, preferiram voltar-se contra os ideais humanistas e morais das classes médias em ascensão como ideais cuja falsidade tinha sido desmascarada.

Uma questão que merece mais atenção do que a que pode lhe ser dada aqui consiste em apurar por que a rejeição dos ideais humanistas e morais de um período anterior pela *intelligentsia* da crescente classe média nacionalista na Alemanha foi, a partir de cerca de 1870 em diante, particularmente radical e desdenhosa? Mas tem certa relação com o principal problema que estamos discutindo. Não podemos descurá-lo totalmente.

As elites de classe média: de humanistas a nacionalistas

5

A tendência geral, uma modificação de prioridade dos ideais e valores humanistas e morais aplicáveis às pessoas em geral para os ideais nacionalistas que colocaram uma imagem ideal do país e da nação acima dos ideais humanos e morais na escala de valores de cada indivíduo, pode ser observada nas concepções alimentadas pelas classes médias da maioria dos países europeus entre os séculos XVIII e XX. Por quase toda a parte na Europa, as elites intelectuais das classes médias setecentistas em ascensão compartilhavam de uma crença geral em princípios morais, nos direitos dos seres humanos enquanto tais e no progresso natural da humanidade. Estavam orientadas para o futuro. Mesmo que estivessem, em certa medida, assimiladas em perspectivas e maneiras pela dominante aristocracia de corte — como ocorria na França — e aceitassem, até um certo ponto, a crença dos grupos dominantes de que sua própria época suplantava em civilidade e civilização todas as idades prévias da humanidade, essas elites — representantes da *intelligentsia* da classe média — consideravam simultaneamente ponto pacífico que as condições da humanidade melhorariam ainda mais no futuro. E o melhor futuro, simbolizado pelo conceito de "progresso", assumiu em suas crenças o caráter de um ideal pelo qual se podia lutar com inteira confiança em sua realização final. As barbaridades e desumanidades, as doenças e humilhações, a pobreza e, de um modo geral, os sofrimentos que presenciaram e, com bastante freqüência, experimentaram em suas próprias sociedades, eram piores do que quase tudo o que as elites da classe média do século XX vivenciaram nas sociedades altamente industrializadas de seu tempo; mas essas experiências, incluindo as repetidas catástrofes de guerras e epidemias, não diminuíram mas, pelo contrário, aumentaram sua confiança num futuro melhor e no constante progresso da condição humana.

Quando, em um país europeu após outro, homens oriundos da classe média ascenderam ao poder e cada vez mais repartiram com as tradicionais classes aristocráticas dominantes, ou pura e simplesmente tomaram delas, as rédeas do governo em suas sociedades, e quando os principais setores da classe média se estabeleceram progressivamente como os grupos mais poderosos de suas respectivas sociedades, as crenças e os ideais orientados para o futuro — a esperança de um futuro melhor — perderam para eles seu anterior significado. Embora o conhecimento científico efetivo acerca dos avanços a longo prazo da humanidade tenha aumentado imensamente deixou de ter qualquer importância como evidência emocionalmente satisfatória para a crença de que as condições humanas registrariam novos avanços e se aperfeiçoariam cada vez mais no futuro. O real progresso alcançado, no século XX, no domínio de problemas físicos e biológicos, e até, na verdade, dos de natureza econômica e social, de um modo geral, foi maior e certamente mais rápido do que no século XVIII. Intencionalmente ou não, o trabalho das classes médias industriais, comerciais e profissionais liberais do século XX produziu avanços em numerosas áreas específicas. Mas como símbolo de um desígnio global, como um ideal, o conceito de "progresso" perdeu status e prestígio entre a *intelligentsia* de classe média dos países onde grupos de classe média se aliaram ou substituíram grupos aristocráticos como os grupos dominantes de seus países. Deixou de ser o auspicioso símbolo de um futuro melhor, iluminado pelo fulgor de fortes sentimentos positivos.

No seu lugar, uma imagem idealizada de sua nação passou a ocupar o centro de sua auto-imagem, de suas crenças sociais e de sua escala de valores. Durante o período de sua ascensão, as classes médias de países europeus, tal como outras classes emergentes, tinham sido orientadas para o futuro. Uma vez elevadas à posição de classes dominantes, suas seções de liderança e suas elites intelectuais, à semelhança de outros grupos dirigentes, trocaram o futuro pelo passado a fim de basear neste sua imagem ideal delas próprias. As satisfações emocionais derivadas da visada para diante deram lugar às satisfações emocionais derivadas do olhar para trás. O cerne da "nós-imagem" e do "nós-ideal" delas foi formado por uma imagem de sua tradição e herança nacionais. Assim como os grupos aristocráticos tinham baseado na ancestralidade da família seu orgulho e suas pretensões a um valor especial, também, como seus sucessores, os mais importantes setores das classes médias industriais — gradualmente em conjunto com os das classes trabalhadoras industriais, sempre que estas também alcançaram uma posição de mando — basearam cada vez mais seu orgulho e suas pretensões a um valor especial ora na ancestralidade de sua nação ora em realizações, características e valores nacionais aparentemente imutáveis. Uma imagem ideal de si mesmas como nação transferiu-se para o lugar supremo em sua escala de valores públicos; ganhou precedência sobre os mais antigos ideais humanistas e moralistas, triunfando sobre eles em caso de conflito, e, impregnada de fortes sentimentos positivos, converteu-se na peça central de seu sistema de crenças sociais.

6

Foi em ligação com essa mudança de atitude, com essa transferência de ênfase emocional do futuro para o passado e o presente, de crença na mudança para melhor, para a crença no valor imutável das características e tradições nacionais, e com a correspondente mudança em todo o clima de opinião das *intelligentsias* da classe média, que ocorreu nas sociedades européias altamente desenvolvidas, entre o século XVIII e começos do atual, que conceitos tais como "civilização" e "cultura" mudaram de conceitos referentes a processos — a desenvolvimentos progressivos — para conceitos relativos a estados imutáveis. Embora servindo inicialmente, cada um à sua própria maneira, como símbolos da "nós-imagem" de grupos orientados para o futuro que encontraram a justificação emocionalmente mais satisfatória para a sua auto-imagem e seu orgulho nos valores morais e humanistas gerais e em sua contribuição para o ininterrupto progresso da humanidade, eles passaram agora, e cada vez mais, a servir como símbolos da "nós-imagem" de grupos que encontraram a justificação emocionalmente mais satisfatória para a sua auto-imagem e o seu orgulho nas realizações passadas de seus ancestrais coletivos, na herança e tradição imutável de sua nação.

Os símbolos conceituais que refletiram essa mudança de ênfase nas "nós-imagens" e nos "nós-ideais" das elites da classe média do futuro para o passado, e das condições cambiantes para as imutáveis como um alto valor foram diferentes em diferentes nações. Não obstante, expressões como "*la civilisation française*" ou "*die deutsche Kultur*" tinham características inequivocamente semelhantes, na medida em que se referiam ao que parecia serem atributos imutáveis e eternos de uma nação. A diferença estava em que o termo "civilização" reteve, o que não ocorre com o termo alemão *Kultur*, mesmo como símbolo de classe média da nós-imagem de uma dada nação, algumas de suas associações com valores morais e humanos de ordem geral. Assim, a asserção *la civilisation française est la civilisation humaine* era indubitavelmente, por um lado, uma expressão do nacionalismo e expansionismo franceses. Mas expressava, ao mesmo tempo, a crença em que a tradição nacional francesa consubstanciava e representava valores morais e outros, bem como realizações válidas para a humanidade como um todo.

Crenças semelhantes foram inicialmente associadas ao termo alemão *Kultur*, por exemplo, quando era usado no sentido da cultivação ou educação de seres humanos de modo a realizarem plenamente todo o seu potencial. Mas em fins do século XIX e começos do atual, quando o termo "cultura" foi cada vez mais usado na acepção de "cultura nacional", as conotações humanistas e morais, numa etapa inicial de sua carreira, passaram a segundo plano e finalmente desapareceram.

É possível que tenha sido precisamente esse gradual mas completo desaparecimento de conotações humanistas ou morais, somado à ênfase no passado — naquilo que num determinado grupo é transmitido de geração para geração, independentemente de seu valor positivo ou negativo para outros grupos ou para os seres humanos em geral — o que ajudou na difusão do termo "cultura", mais ou menos no sentido que adquirira como símbolo da "nós-imagem" de seções fortemente nacionalistas e conservadoras das classes médias alemãs, entre ciências sociais como a antropologia social e a sociologia. Se a procura era de um termo que representasse as propriedades distintas de uma dada sociedade como essencialmente imutáveis e, ao mesmo tempo, como uma tradição herdada do passado, o termo *Kultur*, na acepção que tinha gradualmente adquirido no decurso do desenvolvimento alemão, servia muito bem a esse propósito. Num contexto científico, a ausência de quaisquer avaliações morais ou humanistas absolutas e a ausência de quaisquer conotações de desenvolvimento, de quaisquer referências aos processos de devir (*Werdeprozessen*), pôde muito bem ser considerado, durante algum tempo, uma vantagem.

7

Em relação com uma auto-imagem nacional, essa redução significou algo diferente. Indicou a subordinação de valores morais ou humanistas aos nacionais. Ainda não foi empreendida uma investigação sistemática dos processos de mudança social no decorrer dos quais uma imagem ideal da própria nação a que se pertence guindou-se muito alto, senão ao mais alto lugar no "nós-ideal" e no sistema de valores das mais importantes seções das classes médias e, de um modo gradual e talvez mais hesitante, também das classes trabalhadoras. E não é esta a ocasião para fazê-lo. Mas pode ser útil para consideração futura — e também para esclarecimento dos tópicos imediatos que estamos examinando aqui — enunciar sucintamente o próprio problema inexplorado.

A desconfiança mútua entre grupos humanos, o uso desenfreado de violência em suas relações recíprocas, desde que esperem obter uma vantagem e não temam retaliação, tem sido um fenômeno muito geral, poderíamos quase dizer normal, através dos séculos. O círculo vicioso foi amenizado, por vezes, pelo medo de retaliação por parte de instâncias sobre-humanas, mas só em raras ocasiões, se é que em alguma, pelo simples discernimento (*schlichte Einsicht*) de que as pessoas devem conservar sua própria casa em ordem, de que se elas quiserem viver sem medo umas das outras como grupos, não menos do que como indivíduos em grupos, só podem consegui-lo impondo certas regras comuns de conduta e as correspondentes restrições a si mesmas. Tem sido afirmado, às vezes, que a crença numa retribuição sobrenatural poderia agir como instrumento de coação que impediria grupos humanos de viver em constante temor recíproco e de recorrer ao uso de força física em relação uns aos outros, sempre que acreditem poder fazê-lo impunemente. Mas, de fato, existem muitas formas de crença em instâncias sobre-humanas. Os grupos religiosos particulares que se desenvolveram em relação com essas crenças não são menos assediados que quaisquer outros por mútuas suspeitas e medos; em muitas ocasiões, lutaram, e ainda estão lutando entre si, tão feroz e violentamente quanto com outros grupos humanos.

Ainda assim, é provável que não tenha sido inteiramente acidental o fato de, na Europa, ao mesmo tempo que a mais poderosa organização de crenças sobre-humanas, a Igreja medieval, com o seu pináculo em Roma, estava perdendo uma considerável parcela de seus domínios, e com isso o monopólio de controle do pensamento nas sociedades européias ocidentais, tornava-se secularizado o entendimento da maneira como grupos dirigentes em territórios diferentes se relacionavam entre si. A prática tradicional da política de poder que dominou as relações entre grupos governantes de diferentes territórios tinha sido sempre lutar implacavelmente pela realização do que se acreditava ser o interesse próprio de cada um, sem barreiras de qualquer tipo, de acordo com os relativos recursos de força à disposição de cada contendor. Agora, porém, a prática tradicional passou a ser uma questão de reflexão explícita. O tratado de Maquiavel sobre o tema da política de poder é o exemplo mais conhecido. Ele transformou numa espécie de conjunto de princípios gerais de ação a prática tradicional dos grupos dominantes, a prática da busca irrestrita do interesse próprio nas relações entre Estados sob a pressão de medos e suspeitas mútuos, com a impostura e o assassinato como recursos normais para se alcançarem os próprios fins. Ele não fez isso a fim de descobrir como os incontroláveis mecanismos de rivalidades e suspeitas entre Estados poderiam ser colocados sob melhor controle humano; os próprios fatos da política de poder apresentavam-se, a seus olhos, como fatos inalteráveis. Ele usou a sua investigação sobre os mecanismos não premeditados do jogo do poder com a finalidade precípua de extrair dela um modo mais hábil e deliberado de fazer esse jogo.

Entretanto, elevada ou não ao nível de reflexão explícita, a irrestrita e competitiva luta pela realização de interesses pessoais nas relações entre Estados continuou sendo, dos séculos XVI ao XIX e começos do atual, em graus variáveis, a prática largamente favorecida pelos grupos principescos e aristocráticos dominantes. Até dentro de um mesmo país, as regras e restrições que governavam as relações mútuas desses estratos dirigentes não tinham o caráter de normas humanistas ou morais. O código aristocrático era um código de honra, de civilidade e de boas maneiras, de conveniência e diplomacia, o qual, até em sua aplicação aos membros de uma mesma sociedade, incluía o uso de violência, desde que fosse usada de maneira cavalheiresca, por exemplo, na forma de duelos. Em certa medida, o código de honra e civilidade que governava as relações entre nobres e cavalheiros dentro de Estados dinásticos também regia as relações entre membros das classes superiores de diferentes Estados. Até moderou, em certo grau, a tradicional conduta das relações entre Estados, quando os príncipes e seus auxiliares aristocráticos — formando uns com outros uma figuração de equilíbrio de forças que era, para eles, tão incontrolável quando inevitável — usavam a impostura, a dissimulação, a violência ou qualquer outro recurso que reputassem conveniente para tirar vantagem sobre os outros, de um modo "maquiavélico", sem escrúpulos e coerções morais, e, é claro, desde que não temessem a derrota e humilhação nas mãos de um príncipe mais poderoso. No caso deles, no caso de Estados dinásticos com elites dirigentes dominadas por nobres, pouca – ou nenhuma – contradição existia entre o código de regras observadas dentre eles num mesmo Estado e o código que observavam nas relações entre Estados.

8

A situação mudou consideravelmente quando as classes sociais que normalmente trabalhavam para ganhar a vida, ou viviam predominantemente de rendimentos obtidos pelo trabalho, passaram de uma posição de subordinadas para a de classes dirigentes. A primeira dessas classes a ascender em status e poder — a multiplamente diferençada "classe média" — tinha desenvolvido um código de conduta que era muito diferente do código aristocrático de honra e civilidade. O tipo específico de regulamentação auto-imposta da conduta humana e das relações humanas a que nos referimos como "moralidade" tinha seu *locus* social primário entre pessoas desse tipo, entre pessoas que normalmente trabalhavam para ganhar a vida — nos círculos de classe média.

Seu código era mais de virtude que de honra. Uma de suas características era sua menor dependência do medo de outras pessoas e sua maior dependência dos automatismos da própria consciência da pessoa. Suas normas eram em maior medida, como dizemos freqüentemente, "internalizadas"; portanto, também eram em maior medida inevitáveis. Apresentaram-se como absolutas. Eram humanistas, no sentido de se aplicarem, em princípio, a todos os seres humanos, independentemente de classe e de país. De fato, desenvolveu-se, primeiro, um código moral e humanista de conduta humana, em relação com temas seletivos da tradição judaico-cristã, em grupos de classe média de sociedades européias naquela etapa de seu desenvolvimento em que as seções superiores das classes que ganhavam sua vida pelo trabalho, embora em ascensão, ainda eram inequivocamente inferiores em categoria social à hierarquia governante da nobreza. De fato, um código de regras na forma de uma moralidade considerada válida para todas as pessoas era freqüentemente usado como arma pelas classes médias nas tensões permanentes com as classes altas aristocráticas. Aquelas usavam seu código sublinhando a bondade e a virtude em oposição ao código exclusivo de honra e boas maneiras que os que lhe obedeciam não esperavam que fosse aplicável a seres humanos que não pertenciam à nobreza — os seres humanos das ordens inferiores da sociedade.

Com o decorrer do tempo, os padrões que assim tinham desenvolvido entre seções do "terceiro estado", entre pessoas que trabalhavam para ganhar a vida, o código moral absoluto e igualitário que reivindicava sua validade para todos os seres humanos, foi sistematizado *a posteriori* em forma de reflexão e elevado ao nível de proposições filosóficas por membros da *intelligentsia* da classe média, como Kant. Foi sintomático do grau superior de "internacionalização" do código de normas igualitárias, humanistas, da classe média, a que chamamos "moralidade" — comparado com o exclusivo código de honra da classe alta — que as exigências do primeiro se apresentassem com freqüência no discurso filosófico, simplesmente como leis gerais, quase da mesma espécie que as leis naturais. Por outras palavras, os pensadores da classe média conceituaram essas normas de comportamento não como *feitas* por pessoas, mas como *dadas* a elas por alguma espécie de *a priori* metafísico, concebido como um eterno absoluto, fosse ele natureza, razão, instinto ou uma voz interior.

9

É possível que alguém considere este excurso um tanto forçado no presente contexto. Mas sem uma visão retrospectiva da sociogênese desse tipo de norma humana, é difícil ver em perspectiva a transformação que as crenças e os ideais das elites da classe média européia sofreram entre os séculos XVIII e XX. É igualmente possível sentir certa dificuldade em compartilhar das experiências com que grupos de pessoas se defrontaram quando elas ou seus representantes mudaram da posição de "classes médias" em Estados dinásticos e, criadas de acordo com as tradições de sua classe, ascenderam à posição de classes dirigentes de Estados nacionais em relação com a industrialização, a urbanização e outras facetas do processo geral de modernização desse período.

A questão do que acontece com as tradições — ou, poder-se-ia dizer, com a "cultura" — de uma classe, num caso desses, talvez não tenha sido suficientemente considerada. Na medida em que não se leva em conta o problema mais amplo, e não se considera característica básica de *todas* as sociedades européias as mudanças que ocorrem nas tradições e atitudes de elites da classe inferior quando — gradual ou subitamente — elas ascendem à posição de classe dirigente, fica impossível determinar com clareza as características que distinguem esse desenvolvimento em determinadas sociedades.

Individualmente, homens oriundos da classe média elevaram-se com bastante freqüência a altas posições, antes dos séculos XIX e XX. Mas, de acordo com a estrutura das sociedades-Estados dinásticos, eles foram mais ou menos absorvidos pelas tradições das classes dominantes de suas sociedades. Na maioria dos casos, ascenderam a elevados cargos a serviço de um príncipe. Ao notabilizarem-se no exercício de tais cargos, tornaram-se cortesãos; vestiram-se como cortesãos; adotaram as maneiras e os pontos de vista de cortesãos. Sua ascensão individual levou-os a abandonar, por assim dizer, as tradições de sua própria classe; tornaram-se mais ou menos assimilados às tradições das classes governantes e suas elites, e a linha divisória entre elas e a classe média tornou-se quase tão pronunciada quanto entre esta e os cortesãos de ascendência aristocrática.

Mas, a partir do final do século XVIII e começos do XIX em diante, o problema que as elites da classe média em ascensão tiveram de enfrentar foi diferente. Nesses séculos, a elevação de homens de classe média a altas funções no Estado deixou de ser uma questão de ascensão de indivíduos ou de uma família que, no espaço de uma ou duas gerações, deixaram sua classe e foram assimilados numa outra. Nesses séculos, as próprias classes médias anteriores estavam crescendo em status e poder. Se pessoas nessa fase do desenvolvimento da sociedade ingressavam nas mais altas posições do Estado, isso já não significava que tivessem mudado para uma classe diferente, que mais cedo ou mais tarde tivessem abandonado a tradição, as perspectivas e o código de conduta de sua própria classe a fim de assimilarem os de uma classe superior. Significava que estavam ocupando as mais altas posições no Estado sem abandonar seu status, perspectivas e código de conduta, em suma, sua "cultura" como pessoas das classes médias.

Assim, quando grupos de elite das antigas "classes médias", nessa fase do desenvolvimento de sociedades, passaram a ocupar a posição de elites dirigentes, duas tradições ou "culturas" que tinham antes se desenvolvido em compartimentos sociais relativamente separados, em estratos sociais cujos contatos e comunicações mútuos não eram muito estreitos (embora o grau de separação variasse muito de sociedade para sociedade), foram levadas a estabelecer um contato muito mais assíduo; elas fundiam-se ou, mais exatamente, uma vez que num certo número de aspectos eram dificilmente compatíveis, colidiam, com bastante freqüência, no íntimo de uma mesma pessoa.

Homens oriundos da classe média, criados nas tradições específicas de um código igualitário e humanista de moralidade, tiveram de adaptar-se a deveres e responsabilidades, e ficaram expostos a experiências e a uma forma de vida que previamente não tinham sido (ou não tinham sido diretamente) acessíveis a pessoas criadas com tradições de classe média — exceto, é claro, em casos de promoção individual, quando pessoas dotadas de mobilidade ascendente, junto com suas famílias, se transferiram para uma "cultura" estrangeira.

Quando as antigas classes médias se elevaram enquanto tais à posição de classes dirigentes, seus representantes, que ocuparam funções de comando do Estado, expuseram-se a experiências, sobretudo no campo das relações interestatais, que antes haviam sido acessíveis sobretudo a pessoas na tradição da nobreza e da corte. Expuseram-se a essas experiências sem abandonar suas tradições de classe média e seu código burguês de conduta. Era difícil aplicar esse código, que se originara no mundo mais limitado do artesão pré-industrial, nas comunidades mercantis e nas elites descendentes delas, a algumas das novas experiências enquanto elites dirigentes de um Estado. Especialmente em relações interestatais, defrontaram-se com tipos de conduta aos quais era difícil aplicar seu próprio código de moralidade. Foi nesse campo, sobretudo (mas não o único, em absoluto), que se aproximaram, em sua qualidade de grupos dirigentes, dos modelos fornecidos pela "cultura" dos anteriores grupos dominantes, de um código que, à falta de melhor rótulo, poderíamos chamar "maquiavélico". Pois, nessa esfera, a crença na luta pela realização de irrestritos interesses próprios como princípio fundamental de conduta, — somente refreada pelo medo de um poder maior ou de maior habilidade de adversários potenciais — a qual dominara a política das dinastias dominantes e dos principais grupos aristocráticos de diferentes Estados em suas relações mútuas, tinha deixado uma herança de medos e suspeitas recíprocas em suas relações interestatais.

A tradição aristocrática de relações interestatais — a tradição que tivera suas origens entre as classes guerreiras da Europa e fora perpetuada por nobres cujas crenças e valores eram os dos militares — certamente não se ajustava às tradições, crenças e valores das classes médias pré-industriais e dos começos da era industrial. E antes que essas classes ocupassem plenamente a posição de grupos dirigentes, alguns dos seus porta-vozes intelectuais como, por exemplo, Herbert Spencer, expressaram a firme convicção de que a ascensão das classes "industriais" poria quase automaticamente fim ao domínio da herança militar nas relações entre Estados.

O que aconteceu, de fato, foi que os principais grupos das classes industriais absorveram, em certa medida, as tradições dinásticas e aristocráticas nesse campo. Tentaram combinar a crença em seu tradicional código de normas igualitárias e humanistas — no código moral que excluía a violência e subentendia uma identificação fundamental com todos os seres humanos — com a crença de que nas relações entre Estados deve prevalecer o interesse próprio irrestrito. Assim, perpetuaram o círculo vicioso em que ingressaram, de medos e suspeitas mútuas que, nas relações interestatais, tinham existido antes e que devem existir nas relações humanas, em toda a parte, desde que aqueles que formam uma determinada figuração mútua não concordem sobre um código comum de normas e não o mantenham efetivamente entre si mesmos.

10

Entretanto, quando as classes médias passaram à posição de classes dirigentes e as elites de classe média passaram a ocupar posições de liderança na sociedade, não se limitaram simplesmente a apossar-se da herança aristocrática. Não fizeram simplesmente sua a tradição de luta pela realização irrestrita de interesses próprios, apoiada em meios militares, sem a modificar em considerável medida ao longo do processo. Ao assimilá-la, alteraram a tradição dinástica. O código aristocrático de valor e honra foi até ao século XVIII o código comum das classes dominantes na maioria dos Estados europeus. Como no caso do duelo, nobres e gentis-homens que se defrontavam como adversários no caso de guerra, poderiam ir até o limite de suas forças para derrotar, e até matar, os homens no campo oposto; mas até o uso de força física, incluindo a violência e a morte, estava sujeito, dentro de limites, a um código de honra e valor de que os oficiais militares de ambos os lados compartilhavam. As guerras, como os duelos, eram assunto de cavalheiros; não destruíam o sumamente desenvolvido *esprit de corps*, o "sentimento-de-nós" do oficialato militar, em lados opostos de sua capacidade de cavalheiros ou nobres, como membros do mesmo "estado". Tudo ponderado, esse "sentimento-de-nós" das classes altas pré-revolucionárias da Europa, que transcendeu as fronteiras de Estados, era provavelmente mais forte do que qualquer "sentimento-de-nós" — qualquer sentimento de identidade — que homens dessas classes altas tivessem com as classes inferiores de seu próprio país. A ligação deles com o seu próprio Estado não tinha ainda o caráter de uma ligação com sua nação. Com raras exceções, os sentimentos nacionais eram estranhos aos nobres da Europa antes da Revolução Francesa e, em alguns países, ainda por um largo tempo depois dela. Tinham consciência, é claro, de que eram nobres e cavalheiros franceses, ingleses, alemães ou russos. Mas antes da ascensão das classes médias comerciais e industriais e suas elites, os "sentimentos-de-nós" de grupos locais em relação à sua localidade, região ou país não eram, de modo algum, em sociedades cuja estratificação tinha mais o caráter de uma hierarquia de estados que de classes, equivalentes aos sentimentos de solidariedade nacional. É impossível entender as características específicas de sistemas de crenças e valores nacionalistas como dados sociológicos se não se possuir um entendimento claro de sua conexão com um estágio específico de desenvolvimento social e, por conseguinte, com um tipo específico de estrutura social. Somente em sociedades-classes, não em sociedades-estados, é que os sentimentos de identidade das elites dominantes e, com o passar do tempo, também os de estratos mais amplos, adquiriram o cunho específico de sentimentos nacionais.

Pode ser visto com muita clareza de que modo os sentimentos de identidade mudaram em Estados europeus quando, gradual ou abruptamente, as elites dirigentes oriundas das classes médias substituíram as tradicionais classes altas aristocráticas.[7] Em suma, sua identificação com seus próprios compatriotas tornou-se mais forte e com homens da mesma classe e categoria, em outros países, mais fraca. Essa mudança no padrão de "sentimentos-de-nós-e-eles", de identificação e exclusão, foi uma das principais condições do desenvolvimento de sentimentos, valores e crenças nacionalistas. Como o tratado de Sieyès e outros pronunciamentos revolucionários indicaram, os sentimentos, valores e crenças centrados na imagem da nação foram, desde cedo, associados à imagem que tinham de si mesmas as classes médias — e também, um pouco mais tarde, as classes trabalhadoras — as quais estavam prontas para reivindicar ou, na realidade, ocupar as posições de comando de um Estado.

11

A conduta das elites de classe média nas relações interestatais foi afetada, quando estas passaram a ocupar as posições dominantes do Estado, e se viram como os grupos dirigentes não só de um país ou de um Estado, mas também de uma nação. Num certo sentido, elas adotaram simplesmente o código dos príncipes, o código maquiavélico da política de poder. A continuidade é inconfundível. Entretanto, ao tornar-se um código de classe média, o código maquiavélico também foi significativamente transformado. Em sua forma original, era um código de conduta primordialmente talhado sob medida para um príncipe em suas relações com outros príncipes. Agora, tornava-se um código para ser primordialmente aplicado à conduta dos negócios de uma nação-Estado em suas relações com outras nações-Estados. O desenvolvimento envolveu mudança, assim como continuidade.

Pode-se fazer uma idéia de ambas comparando a maneira como Maquiavel apresentou a política de interesse próprio irrestrito como o princípio que rege a conduta dos governantes de Estados em relações interestatais e a maneira como essencialmente a mesma política foi, séculos mais tarde, no século XX, apresentada por elites nacionais. As prescrições políticas de Maquiavel[8] eram de natureza eminentemente prática. Explicou o que acreditava ser o melhor método pelo qual um príncipe poderia defender suas posições na selva de relações interestatais. Como experiente servidor de príncipes, deu aos governantes de Estados, alguns dos quais conheceu pessoalmente, conselhos de ordem prática.

Quando a política de poder passou a ser adotada em nome de uma nação, certos aspectos centrais da figuração que os Estados formavam entre si permaneceram inalterados. Também nesse caso os grupos dirigentes de organizações estatais interdependentes, mas soberanas, adotaram em relação uns aos outros políticas de interesse próprio incontrolado e aparentemente incontroláveis, que induziam e, por seu turno, eram induzidas, por medos e suspeitas mútuos; estes eram, ao mesmo tempo, os principais obstáculos à busca ilimitada do interesse próprio por qualquer Estado à custa de outros. Mas a política de poder, adotada em nome de uma nação e não de um príncipe, não podia continuar sendo concebida e representada como a política de ou para uma pessoa. Era uma política levada a cabo em nome de uma coletividade tão vasta que a maioria de seus membros não se conheciam nem podiam se conhecer uns aos outros.

A política de poder manteve-se largamente inalterada, mas a mudança, de pensá-la em termos de uma pessoa soberana para pensá-la em função de uma coletividade soberana, teve curiosas conseqüências. Era mais fácil falar desapaixonadamente, em termos práticos e realistas, sobre questões de política com (e sobre) os príncipes, do que fazer o mesmo em relação a uma coletividade soberana. O príncipe soberano e o povo soberano requeriam para a execução de qualquer política empreendida em favor deles, ou em seu nome, uma certa medida de envolvimento emocional por parte daqueles que ajudavam a executar a política ou agiam em seu nome. Mas, no primeiro caso, os sentimentos de lealdade e dedicação eram ainda sentimentos de pessoa a pessoa. No segundo caso, os vínculos emocionais tinham, até certo ponto, um caráter muito diferente. Eram, num grau muito superior, de natureza simbólica — vínculos com os símbolos da coletividade. Esses símbolos podiam ser de muitos tipos. Mas, entre eles, os símbolos verbais desempenharam um papel especial. Fosse qual fosse a forma adotada, esses símbolos, para uma coletividade e seus vários aspectos, tornaram-se pontos focais para a ligação emocional das pessoas à coletividade e pareciam dotar a própria coletividade com uma qualidade peculiar; dotavam-na, poder-se-ia dizer, com uma existência numinosa própria, fora e acima dos indivíduos que a formavam — com uma espécie de santidade antes associada principalmente aos seres sobre-humanos.

É uma marca dos processos de democratização, que talvez não tenha encontrado a atenção que merece, que, no decorrer desses processos, quer resultem num Estado pluripartidário, quer de partido único, num regime parlamentar ou ditatorial, essas qualidades numinosas e as emoções correspondentes estão ligadas pelas pessoas às sociedades que elas próprias formam entre si. Em sociedades mais simples, de acordo com a sugestão de Durkheim, esses vínculos emocionais de indivíduos com a coletividade que eles formam cristalizam-se e organizam-se em torno de figuras ou imagens de deuses ou de ancestrais — de seres de estatura mais ou menos sobre-humana; quaisquer que sejam as outras funções que esses seres possam desempenhar, eles também têm a de símbolos impregnados de emoção de um nós-grupo. Comparadas com as sociedades mais simples, as nações-Estados dos séculos XIX e XX são grandes e extremamente populosas. Além disso, os laços efetivos de milhões de indivíduos pertencentes à mesma sociedade, suas interligações através da divisão ocupacional de trabalho, através da integração na mesma estrutura de organizações governamentais e administrativas e de muitas outras maneiras, revestem-se de muito maior complexidade, são muito mais indefiníveis do ponto de vista da maioria dos indivíduos que formam essas gigantescas organizações sociais do que as interligações das pessoas em sociedades mais simples. A menos que os níveis educacionais sejam muito avançados, as interdependências fatuais dos indivíduos que vivem em nações-Estados industriais altamente diferençadas ficam, na melhor das hipóteses, meio entendidas — são freqüentemente obscuras e incompreensíveis para a maioria dos seus membros. Assim, os vínculos emocionais de indivíduos com a coletividade por eles formada cristalizam-se e organizam-se em torno de símbolos comuns, que não requerem quaisquer explicações fatuais, que podem e devem ser considerados como valores absolutos, inquestionáveis, e formam pontos focais de um sistema de crenças comuns. Discuti-los — pôr em dúvida a crença comum na própria coletividade soberana de cada um como um alto, senão o mais alto valor possível — significa optar por uma conduta desviante (*Abweichung*), cometer uma violação (*Treuebruch*); pode levar um indivíduo a tornar-se um marginal votado ao ostracismo, senão coisa pior.

É evidente que, em contraste com as sociedades menos diferençadas, os símbolos da coletividade que atraem e integram os sentimentos dos membros de sociedades altamente diferençadas dos séculos XIX e XX, têm um caráter muito mais impessoal. Os símbolos verbais que desempenham esse papel são disso um exemplo. Em certa medida, variam de uma nação-Estado para outra. Mas todos possuem poderosa irradiação emocional e dotam a coletividade que representam com as qualidades numinosas a que já nos referimos. Em sua maior parte, os nomes das nações-Estados e seus derivativos são usados por seus membros, em situações apropriadas, com implicações de santidade e veneração. Assim, o termo *La France* é freqüentemente usado pelos franceses, o termo *Deutschland* pelos alemães e o termo *America* pelos americanos como símbolos verbais de uma entidade coletiva com qualidades numinosas, e o mesmo uso de nomes nacionais pode ser encontrado em quase todas as nações-Estados, cujo desenvolvimento seja relativamente elevado, enquanto que o nome correspondente em outras línguas é provavelmente empregado, ao mesmo tempo, com conotações bem diversas e, com freqüência, bastante negativas, de acordo com o caráter paradoxal das relações entre Estados.

Mas não é só o nome de um país que pode ter funções dessa espécie — toda uma gama de símbolos verbais, entre eles, termos como "Pátria", "Mãe Pátria" ou "Povo", podem também tê-las. Até onde nos é dado apurar, os termos "nação" e "nacional" tornaram-se os mais gerais e mais amplamente usados símbolos desse gênero. Basta apenas perguntar o que distingue o termo "nação" de outros, como "país" ou "Estado", para perceber a diferença. Os próprios dados sociais a que esses termos se referem são em grande parte idênticos. Quanto aos fatos, descontados os desenvolvimentos regionais ou locais, expressões como "uma nação", "um povo" ou "o povo de um país", "os membros de um Estado", são quase sempre sinônimos. Mas em comunicações entre membros de um mesmo país, o termo "nação" tende a transmitir uma diferente gama e uma diferente profundidade de emoções. A coletividade a que o termo se refere está coberta por seu uso com uma aura emocional altamente específica e que assim lhe confere a aparência de algo sumamente valioso e sacrossanto, digno de ser admirado e venerado. E esse sentimento estende-se usualmente a tudo o que pode ser dito pertencer à nação ou ser de interesse nacional, incluindo o uso de força, fraude, hipocrisia ou, em caso extremo, tortura e assassinato.

12

Pode-se entender melhor a confluência de mudança e continuidade no desenvolvimento que levou do código maquiavélico original à sua sublimação, como parte de um sistema de crenças nacionalista, se considerarmos a mudança no foco de ligações emocionais dos príncipes viventes para os símbolos impessoais de uma consagrada coletividade. Num mundo de Estados dinásticos, em especial de Estados monárquicos governados em moldes mais ou menos autocráticos, uma política de interesse próprio irrefreável, no que diz respeito às relações entre Estados, era uma política pessoal de governantes que, por nascimento ou por suas próprias façanhas militares e políticas, estavam na linha de sucessão de uma tradição guerreira. O código a que obedeciam nas relações interestatais era, em sua maior parte, uma extensão do código que seguiam à risca em suas relações pessoais. Não existia uma alta barreira, uma nítida linha divisória entre os dois — nenhuma contradição básica entre moralidade pessoal ou privada e moralidade pública ou do Estado. O que fora outrora o princípio de uma estratégia prática e, poder-se-ia dizer, razoavelmente realista para a conduta dos príncipes nos negócios entre Estados mudou seu tom emocional quando se converteu numa estratégia de nações ou, mais especificamente, de suas elites governantes. Os aspectos realistas do código guerreiro tradicional — o qual semeou desconfiança e medo entre grupos dominantes, assim como, inversamente, resultou da desconfiança e do medo entre eles — fundiram-se com a mística de um credo nacionalista em que milhares puderam acreditar como algo absoluto, sem fazer perguntas.

É fácil perceber por que essa crença na "nação" como um sacrossanto "nós-ideal" surgiu numa era de sociedades de massa altamente diferenciadas, com serviço militar obrigatório e um crescente envolvimento da população total em conflitos com outras sociedades de massa. Nessa situação, mera disciplina e obediência a um príncipe ou a um comandante militar não era suficiente para garantir o êxito de um país numa luta de poder com outros. Nessas condições, era necessário que todos os cidadãos, em aditamento a qualquer compulsão externa, também fossem compelidos por sua própria consciência e seus próprios ideais ou, por outras palavras, por uma compulsão que exerciam individualmente sobre si mesmos, a subordinar suas necessidades pessoais às da coletividade, do país ou da nação, e a doarlhes a própria vida, se necessário. Era imprescindível que os membros individuais de todas essas sociedades de massa altamente diferençadas do século XX fossem motivados por uma crença inquestionável no valor da sociedade que formavam uns com os outros, da "nação"; pois nem sempre era possível explicar em termos fatuais os méritos da sociedade àqueles cujos serviços ou cujas vidas eram solicitados.

Embora o impulso primário para a formação do nacionalismo como um sistema de crença proviesse da esfera interestatal, quer em decorrência do medo comum pela integridade e sobrevivência da própria sociedade a que se pertence, quer pelo desejo comum de um incremento de seu poder, status e prestígio em relação a outras sociedades soberanas, um credo nacionalista podia também servir como instrumento de dominação, ou tentativa de dominação, de um pequeno grupo sobre outros. Uma das características básicas dos Estados-sociedades industriais, no estágio de desenvolvimento alcançado nos séculos XIX e XX, é a simultaneidade por um lado, de uma crescente interdependência de todas as classes sociais e, por outro, as permanentes tensões entre os principais grupos da classe trabalhadora e da classe média e suas respectivas lideranças. Muitas tensões subsidiárias entre diferentes grupos profissionais aglomeram-se em torno desse eixo principal de tensão usualmente representado pelas federações patronais e os sindicatos. Nessa situação, o apelo a sentimentos e lealdades nacionais que, por várias razões, especialmente relacionadas com as guerras e com o avanço da educação, através de escolas controladas pelo Estado, e das forças armadas, tinha ganho sólidas raízes em todas as classes e podia ser usado numa sociedade como incentivo para promover os interesses setoriais de um ou outro dos grupos dirigentes. Como se sabe, foi usado desse modo por muitos países, entre os quais a Alemanha, sobretudo por grupos da classe média descontente.

Os sistemas nacionalistas de crenças e de valores em países altamente desenvolvidos, com padrões de vida relativamente elevados, nutrem de hábito credos retrógrados. São usados em sociedades desse tipo com o objetivo de preservar a ordem estabelecida, mesmo quando o movimento social organizado em nome da herança nacional e de suas virtudes pretende, de fato, derrubar a ordem vigente. Se isso é feito, é usualmente em nome da restauração do passado, da herança imutável da nação. Em suma, o caráter de idéias nacionalistas dificilmente pode ser entendido se for deduzido tão-somente do estudo daquelas idéias apresentadas em livros por filósofos ou outros escritores proeminentes, em outras palavras, se são estudadas de acordo com as tradições da "história das idéias".

Idéias e ideais nacionalistas não formam uma seqüência autônoma do tipo que é freqüentemente atribuído às seqüências de idéias filosóficas. Sua sucessão no tempo não se deve simplesmente ao fato de que autores de uma geração lêem, na verdade, livros escritos por autores de gerações prévias e desenvolvem ainda mais, para aprovação ou para crítica, as idéias de autores antecedentes sem referência ao desenvolvimento e às peculiaridades estruturais das sociedades onde esses livros são escritos e lidos. Tampouco as idéias nacionalistas de eminentes escritores são a "causa" do "nacionalismo". Numa forma latente ou manifesta, o nacionalismo constitui uma das mais poderosas, talvez *a* mais poderosa das crenças sociais dos séculos XIX e XX. As idéias de livros constituem, para usar uma apropriada, embora muito gasta, analogia, apenas a ponta do iceberg. São as manifestações sumamente articuladas de um processo durante o qual sentimentos nacionais e um *ethos* nacional se propagam mais cedo ou mais tarde a toda a sociedade. A menos que se indague quais mudanças na estrutura de sociedades de Estado explicam a mudança de uma expressão de lealdades e de sentimentos de solidariedade em termos de uma devoção a reis e príncipes — "*Vive le roi!*" — para uma expressão de lealdades e sentimentos de solidariedade em termos de uma nação — "*Vive la France!*" — na sociedade em geral, é impossível avaliar o papel que publicações de uma *intelligentsia* nacionalista desempenham na nacionalização do *ethos* e do sentimento da grande massa de indivíduos que formam essas sociedades.

Está apenas em seu começo a pesquisa sociológica sobre o desenvolvimento de ideais nacionalistas; ela coloca firmemente as crenças, conceitos ou idéias, tal como se encontram em livros, no contexto do desenvolvimento de sociedades e mostra suas funções para as várias subseções dessas sociedades. Nesse contexto, deve ser suficiente indicar brevemente como e por que ideais e crenças desse tipo são comuns a todas as sociedades num estágio específico de desenvolvimento — lembrando sempre que o seu desenvolvimento depende de relações inter- e intra-estatais.

Seria uma tarefa proveitosa elaborar em maior detalhe um modelo teórico que mostrasse o constante entrelaçamento dos desenvolvimentos sociais nos níveis inter- e intra-estatais, tanto nesse quanto em outros aspectos. Poder-se-ia mostrar melhor, com a ajuda de tal quadro teórico de referência mais amplo, que até a exploração das latentes propensões nacionalistas de membros de nações-Estados industriais altamente diferençadas e integradas por interesses secionais raras vezes é empreendida pelos seus representantes com a plena consciência da natureza de seu próprio empreendimento, quer dizer, simplesmente como uma fria e premeditada ilusão ideológica. As teorias tradicionais que, por vezes, representam ideologias, nesse sentido, simplificam excessivamente as coisas. As crenças nacionalistas, à semelhança de outras, tendem, em situações específicas, a ganhar poder sobre os próprios crentes através de um processo de auto-escalamento gradual de reforço mútuo. Uma vez que o credo afirma a lealdade da pessoa para com o seu próprio grupo, assim como a coloca sobre um pedestal e que ninguém pode publicamente negar aprovação àqueles que com maior veemência afirmam sua crença na virtude suprema do grupo, a tendência de pessoas ou grupos de pessoas para se superarem umas às outras em sua afirmação de tal crença torna-se muito forte em certas situações sociais. Não é difícil ver como sistemas de crença de autoglorificação — especialmente se as coletividades que os possuem são muito grandes — podem adquirir, através de mecanismos como esse, um impulso próprio que nenhuma pessoa ou grupo será capaz de controlar.

13

O nacionalismo, mesmo numa análise sociológica preliminar, revela-se, assim, um específico fenômeno social característico das grandes sociedades-Estados industriais no nível de desenvolvimento atingido nos séculos XIX e XX. Está relacionado com as crenças grupais — embora seja claramente distinto delas — que representam a vinculação e a solidariedade de indivíduos em relação a coletividades tais como aldeias, cidades, principados ou reinos em etapas anteriores de desenvolvimento social. É uma questão de crença de uma espécie caracteristicamente secular. Ou seja, ela pode ser sustentada sem justificação através de instâncias sobre-humanas; aproxima-se dos tipos de crença e *ethos* que Max Weber qualificou como "mundanos íntimos" ("*innerweltlich*"). Pressupõe um elevado grau de democratização de sociedades na acepção sociológica, não na política, da palavra: se as barreiras sociais entre grupos de diferente poder e categoria social são excessivamente altas — como são, por exemplo, em sociedades constituídas pelos três estados, com uma nobreza hereditária, ou em Estados dinásticos com um gradiente muito profundo de poder entre os príncipes e seus súditos — os sentimentos individuais de vinculação, de solidariedade e de obrigação em relação a uma sociedade-Estado têm um caráter diferente do expresso na forma de um *ethos* nacionalista.

Um *ethos* nacionalista subentende um sentido de solidariedade e obrigação, não apenas em relação a determinadas pessoas ou a uma única pessoa numa posição de mando, mas também em relação a uma coletividade soberana que o próprio indivíduo forma com milhares ou milhões de outros indivíduos, coletividade essa que está, *hic et nunc*, organizada num Estado — ou que, de acordo com as crenças das pessoas envolvidas, assim virá a estar no futuro — e o apego pelo qual é mediado, através de símbolos especiais, alguns dos quais podem ser pessoas. Esses símbolos e a coletividade que eles representam atraem para si fortes emoções positivas do tipo usualmente chamado "amor". A coletividade é vivenciada e os símbolos são representados como algo separado dos indivíduos em questão, algo superior e mais sagrado do que eles. As coletividades que geram um *ethos* nacionalista são estruturadas de tal modo, que os indivíduos que as formam podem vivenciá-las — mais especificamente, vivenciar seus símbolos carregados de emoção — como representantes deles próprios. O amor de um indivíduo pela sua nação nunca é apenas amor por pessoas ou grupos de pessoas a que se refere como "eles"; também é sempre o amor de uma coletividade a que o indivíduo se refere como "nós". Seja o que mais possa ser, é também uma forma de amor-próprio.

A imagem que um indivíduo faz da nação de que forma parte é também, portanto, um componente da imagem que ele tem de si mesmo, a sua "auto-imagem". A virtude, o valor e o significado da nação também são os dele próprio. As teorias sociológicas e psicossociais correntes, na medida em que se interessam por tais problemas, oferecem o conceito de identificação para reflexões sobre fenômenos desse gênero. Entretanto, é um conceito não inteiramente adequado para o que realmente se observa neste caso. O conceito de identificação faz parecer que o indivíduo está aqui e a nação ali; subentende que "indivíduo" e "nação" são duas entidades diferentes, separadas no espaço. Como as nações consistem em indivíduos, e os indivíduos que vivem nas mais desenvolvidas sociedades-Estados do século XX pertencem, na grande maioria dos casos, de forma inequívoca, a uma nação, uma conceituação que evoque a imagem de duas diferentes entidades separadas no espaço, como mãe e filho, não se ajusta aos fatos.

As relações desse tipo só podem ser adequadamente expressas em termos de pronomes pessoais. Um indivíduo não só tem um "eu-imagem" e um "eu-ideal", mas também um "nós-imagem" e um "nós-ideal". É um aspecto central da nacionalização do *ethos* e do sentimento individuais, o qual pode ser observado empiricamente nas sociedades-Estados industriais dos séculos XIX e XX, que a imagem dessas sociedades-Estados, representada, entre outros, por símbolos verbais como "nação", constitui uma parte integrante dos "nós-imagens" e dos "nós-ideais" da maioria dos indivíduos que formam, uns com outros, sociedades desse tipo. Em suma, esse é um dos muitos exemplos de correspondência entre tipos específicos de estrutura social e tipos específicos de estrutura da personalidade. Um membro de uma diferenciada nação-Estado industrial do século XX, que faz afirmações em que usa uma forma adjetivada do nome de seu país como um atributo pessoal seu — "Eu sou francês", "Eu sou americano", "Eu sou russo" — expressa, na maior parte dos casos, muito mais do que "Eu nasci em tal país" ou "Eu tenho passaporte de tal país". Para a maioria dos indivíduos criados numa sociedade-Estado desse tipo, tal afirmação comporta uma referência à sua nação e, ao mesmo tempo, a características e valores pessoais. É uma declaração sobre si próprio, percebido como um "eu" em face de outros a quem se refere em comunicações faladas e escritas como "tu", "ele" ou "ela", e sobre si próprio como componente de uma das coletividades a que se refere em pensamento e sentimento como "nós" em face de outros que são para ele "vocês" ou "eles". Dizer "Sou russo, americano, francês", ou seja o que for, subentende usualmente "Eu e nós acreditamos em idéias e valores específicos", "Eu e nós suspeitamos e sentimo-nos mais ou menos antagônicos em relação a membros desta ou daquela nação-Estado", "Eu, assim como nós, temos vínculos e obrigações em relação a esses símbolos e à coletividade que eles representam". Além disso, a imagem desse "nós" forma parte integrante da organização da personalidade do indivíduo que, nesses casos, usa os pronomes "eu" e "nós" com referência a si mesmo.[9]

14

O termo "nacionalismo", como se pode ver, não está sendo usado nesta investigação inteiramente no mesmo sentido em que é empregado na vida cotidiana. No uso corrente, o adjetivo "nacionalista" é, com freqüência, vagamente distinguido de outros como "nacional" ou "patriótico" a fim de expressar censura, com a ajuda do primeiro termo, e aprovação, com a ajuda do segundo. Mas em muitos casos, aquilo a que se chama "nacionalismo" é, simplesmente, o "patriotismo" de outros, e o que uma pessoa designa por "patriotismo" é a sua própria forma de "nacionalismo".

Para os fins de investigação sociológica, é preciso se padronizar um termo suscetível de ser usado sem implicações de reprovação ou aprovação. Precisa-se de um termo indicativo da escala específica de valores, do tipo específico de sentimentos, crenças e ideais, por meio do qual, nas mais industrializadas sociedades-Estados dos séculos XIX e XX, os indivíduos incorporam-se à sociedade soberana que eles formam entre si. O que se faz necessário é um termo unificado, um claro instrumento conceitual para registrar as propriedades estruturais comuns desse tipo de ligação emocional, crença e organização da personalidade que mais cedo ou mais tarde se apresenta, não apenas em uma ou outra, mas em todas as nações-Estados no nível de desenvolvimento dos séculos XIX e XX. E uma vez que os substantivos com o sufixo "-ismo", e os adjetivos com o sufixo "-ista", são as expressões lingüísticas aceitas para sistemas de crença social desse gênero, e para as estruturas de personalidade que lhes estão associadas, a linguagem comum oferece para a padronização sociológica, como um conceito unificado, principalmente, a escolha entre os dois termos, "patriotismo" e "nacionalismo". Tudo ponderado, o segundo parece preferível como termo sociológico padronizado; é mais flexível; com sua ajuda, podem formar-se derivativos compreensíveis com um caráter de processo tal como "nacionalização de sentimentos e pensamentos". É nesse sentido, livre de implicações de aprovação ou reprovação, que o termo está sendo aqui usado. Pretende simplesmente referir-se a um aspecto de uma transformação global por que passaram, durante um período específico de tempo, sociedades-Estados específicas, conjuntamente com uma figuração de equilíbrio de poder (*Machtbalance-Figuration*) específica de sociedades interdependentes. Refere-se a um sistema de crenças sociais que, de uma forma latente ou aguda, eleva a sociedade-Estado, a coletividade soberana a que seus membros pertencem, à posição de um valor supremo a que todos os outros valores podem e, por vezes, devem estar subordinados.

Como uma das grandes crenças sociais seculares das sociedades dos séculos XIX e XX, o nacionalismo distingue-se em certos aspectos das outras grandes crenças sociais do período, como o conservadorismo e o comunismo, o liberalismo e o socialismo. Este último obtém seu impulso primordial em conseqüência de mudanças no equilíbrio de forças no interior de determinadas sociedades-Estados, e só secundariamente irradia para relações entre Estados. Por sua vez, o nacionalismo adquire seu impulso primário em virtude da mudança no equilíbrio de forças entre diferentes sociedades-Estados e só secundariamente irradia as tensões e os conflitos entre diferentes estratos sociais dentro delas. E embora os ideais e crenças associados à polarização de classes interdependentes, no interior de uma mesma sociedade-Estado, se combinem numa variedade de maneiras com as crenças nacionalistas que resultam primordialmente da polarização de Estados interdependentes no âmbito de suas respectivas figurações de equilíbrio de poder, a longo prazo, o impacto do nacionalismo sobre a direção da política é mais decisivo e contínuo. As sociedades podem diferir a respeito das crenças e ideais que guiam as elites dirigentes em sua política intra-estatal, mas todas elas têm em comum a nacionalização do *ethos* e do sentimento, do "nós-ligação" (*Wir-Bindung*) e do "nós-representante" (*Wir-Repräsentanz*) da maioria dos indivíduos que as formam. Como facilmente se vê, essa nacionalização do *ethos* e do sentimento ocorre mais cedo ou mais tarde em todos os países em processo de modernização por volta dos séculos XIX e XX, independentemente do caráter social de suas elites dirigentes. Se bem que, no começo, caracterizasse principalmente as nações-Estados dominadas por elites dirigentes cujos valores, concepções e ideais se enquadravam na tradição das antigas classes médias (antigas porque, ao ascenderem a uma posição dominante, perderam gradualmente sua posição no centro), tornou-se não menos pronunciada em nações-Estados dominadas por elites dirigentes cujas concepções e valores situam-se na tradição das antigas classes trabalhadoras (antigas, uma vez que, ao ascenderem à posição dominante, perderam gradualmente o seu caráter, se não como um estrato social, pelo menos como classe social).

A dualidade dos códigos normativos das nações-Estados

15

Seja qual for o modelo de sua organização, a maioria das nações-Estados soberanas e interdependentes que formam a figuração de equilíbrio de poder no século XX produzem um duplo código de normas cujas exigências são inerentemente contraditórias: um código moral proveniente do dos setores em ascensão do *tiers état*, igualitário no caráter, e cujo valor supremo é o "homem" — o indivíduo humano como tal; e um código nacionalista derivado do código maquiavélico dos príncipes e da aristocracia dominante, de caráter não-igualitário, e cujo valor supremo é uma coletividade — o Estado, o país, a nação a que um indivíduo pertence.

Henri Bergson, um dos poucos filósofos a questionar esse duplo código, pelo menos enunciou o problema;[10] não era seu objetivo, e estava fora do âmbito de suas considerações, explorar o desenvolvimento específico das relações interestatais e intra-estatais responsáveis por essa peculiar dualidade. Suas propostas para uma solução do problema continuam sendo, portanto, especulativas e vagas. Já era um importante passo adiante perceber e enunciar claramente o problema como tal. Perguntou ele: A que sociedade nos referimos se falamos de obrigações morais? É à humanidade como um todo? Ou só falamos realmente de obrigações morais para com os nossos compatriotas, os nossos concidadãos, os membros do mesmo Estado? São suas, as seguintes palavras:

> Uma filosofia moral que não sublinhe essa distinção foge à verdade; suas investigações serão assim inevitavelmente distorcidas. De fato, quando estabelecemos que o dever de respeitar a vida e os bens de outros é uma exigência fundamental da vida social, a que sociedade nos referimos? Para encontrar uma resposta, precisamos apenas pensar no que acontece em tempo de guerra. Assassinatos e pilhagem, perfídia, mentira e fraude tornam-se não só atos legítimos mas até dignos de louvor. As nações guerreiras podem dizer com as bruxas de *Macbeth*: "O Bem, o Mal, é tudo igual."[11]

Percebe-se aqui, uma vez mais, a linha de continuidade que leva do *ethos* absolutista ou, conforme for o caso, aristocrático para o *ethos* nacionalista em negócios do Estado. O segundo está numa linha direta de sucessão do primeiro. Uma vez mais, a voz de Maquiavel pode ajudar a esclarecer diferenças e semelhanças, mudança e continuidade sobre essa linha:

... é necessário que o príncipe saiba como dissimular bem a maldade, e como ser um grande hipócrita e mentiroso. Pois os homens são tão simplórios e vivem tanto ao sabor de suas necessidades imediatas, que ao embusteiro nunca faltarão os tolos e os incautos. Aventuro-me até a dizer que possuir e praticar constantemente as qualidades acima mencionadas é pernicioso, mas parecer tê-las é benéfico. Por exemplo, um príncipe deve parecer misericordioso, fiel, religioso, íntegro e judicioso, e deve até ser assim na realidade; mas deve ter seu espírito tão adestrado que, quando a ocasião o requeira, saiba como mudar para o sentimento oposto. E cumpre entender que um príncipe, e em especial um príncipe que recém-adquiriu seu estado, não pode observar todas as coisas a que são obrigados os homens considerados bons, sendo freqüentemente forçado, para manter seu governo, a agir contra a misericórdia, a fé, a humanidade, a integridade e a religião. É necessário, portanto, que possua um espírito versátil, capaz de mudar subitamente, ao sabor dos ventos e das variações da sorte; e, como disse acima, não se desviar do bem mas saber como recorrer ao mal, se a necessidade a isso o obrigar... Procure, pois, um príncipe zelar principalmente pela manutenção vitoriosa de seu Estado. Os meios que empregar serão sempre julgados honrosos e louvados por todos, porquanto o vulgo é induzido pelas aparências e pelos resultados dos fatos consumados.[12]

Em épocas ulteriores — e ocasionalmente já no seu próprio tempo — Maquiavel foi lembrado, por vezes, como o advogado de uma doutrina amoral, diabólica, sobre a conduta dos negócios do Estado. De fato, ele meramente formulou com maior clareza, e em termos mais gerais do que é usualmente feito, as regras para a conduta das relações entre Estados. Na prática e sem qualquer formulação teórica, antes e depois da época de Maquiavel, na verdade, até aos dias atuais, tem sido norma das elites dominantes, responsáveis pelo que passou a ser chamado a política externa de seus países, obedecerem a tais regras. Pode-se dizer que a crença na retidão e na inevitabilidade de conduta nas relações interestatais, em conformidade com as diretrizes maquiavélicas, constitui *per se* um dos principais fatores na perpetuação desse tipo de conduta. Estratégias sociais determinadas pelo medo e a suspeita de outros, e não sujeitas a um código de comum acordo e efetivamente mantido, reproduzem o medo e a suspeita, e provocam amiúde uma dinâmica autoperpetuante. Isso é o que ocorre, quer se trate de estratégias adotadas por indivíduos em relação a outros indivíduos ou por grupos em relação a outros grupos. Assim, a continuidade de um *ethos* maquiavélico nas relações entre Estados é simplesmente compreensível, quase sem levar em conta as características e tradições sociais das elites dominantes, em termos do fato de que essas mesmas relações continuam sendo uma esfera da vida social em que nenhuma das unidades sociais interdependentes pode estar segura de que outras não recorrerão, em última instância, ao uso da força física a fim de realizar seus supostos interesses.

Entretanto, a continuidade das crenças autoperpetuantes e do código de conduta que liga a estratégia de príncipes e elites dominantes aristocráticas, em assuntos interestatais, às elites da classe média ou da classe trabalhadora das nações-Estados do século XX, não era absoluta. Deixou espaço para mudanças específicas. Destas, talvez a mais perceptível tenha sido a mudança no caráter da seguinte máxima: em relações interestatais, os interesses do próprio Estado a que se pertence devem ser vistos como a consideração decisiva que predomina sobre todas as outras. Isso originou-se como um simples postulado prático de príncipes e seus ministros ou de elites dominantes aristocráticas com uma posição privilegiada que consideravam o seu Estado e a massa de seus súditos uma espécie de possessão, e eles próprios, o eixo do Estado. Entretanto, com a crescente democratização das sociedades-Estados e com a correspondente nacionalização das atitudes e dos sentimentos da maioria dos indivíduos que as formaram, essa máxima prática tornou-se um imperativo categórico com profundas raízes não só nos sentimentos desses indivíduos mas também na sua consciência, sua "eu-e-nós-imagem" (*Ich- und Wir-Bild*), seu "eu-e-nós-ideal" (*Ich- und Wir-Ideal*).

A maioria das pessoas que formam, umas com outras, nações-Estados industriais diferençados não têm experiência direta, nenhum conhecimento especializado e, com efeito, nenhuma oportunidade para adquirir qualquer conhecimento especializado acerca de problemas de relações e política entre Estados, exceto o conhecimento que lhes é comunicado indiretamente, com freqüência de uma forma sumamente seletiva ou confusa e tendenciosa, pela mídia pública. Uma crença profundamente sentida, uma formação de consciência individual consubstanciando em uma de suas camadas o próprio Estado como o valor supremo do indivíduo, desempenha, assim, nas grandes e populosas nações-Estados do século XX, *mutatis mutandis*, uma função semelhante à que pôde ser desempenhada em sociedades-Estados dinásticas por considerações práticas e comparativamente racionais de interesses próprios por parte de pequenas elites governantes. Tal crença nacional gera na massa dos membros de uma nação-Estado disposições de personalidade, que os torna propensos a exercer toda a sua força, a lutar e, se necessário, a morrer em situações em que vêem ameaçados os interesses ou a sobrevivência da sociedade a que pertencem. São assim criadas disposições às quais elites dominantes reais ou potenciais podem recorrer, mediante o uso de símbolos deflagradores apropriados, quando julgam estar em perigo a integridade de sua coletividade. Ou então podem ser ativadas por pressões recíprocas de diferentes seções da população do Estado. E sendo dotadas de enorme penetração, tais disposições incutem certo colorido ao pensamento; criam bloqueios e predisposições. A dificuldade está em funcionarem automaticamente, em considerável medida. Em muitos casos, só podem ser parcialmente amenizadas e modificadas pelo conhecimento esclarecido e o julgamento realista. Podem ser desencadeadas por situações deflagradoras quase automaticamente sem a intenção de quem quer que fosse.

Nas sociedades-Estados dos séculos XIX e XX, as pessoas são assim criadas e educadas com disposições para agir de acordo com, pelo menos, dois importantes códigos de normas que são, em alguns aspectos, mutuamente incompatíveis. A preservação, a integridade e os interesses da sociedade-Estado, de sua própria coletividade soberana e tudo o que ela representa e simboliza, são assimilados por cada indivíduo como parte de seu habitus, como um princípio condutor da ação que, em certas situações, pode e deve sobrepor-se a todos os outros. Ao mesmo tempo, porém, as pessoas são criadas e educadas com um código humanista, igualitário ou moral, cujo valor supremo, superando todos os outros, é o ser humano individual. Ambos os códigos acabam sendo, na linguagem usual, "internalizados", ou talvez se devesse dizer simplesmente "individualizados". Tornam-se facetas da própria consciência do indivíduo. Violar um ou outro desses dois códigos pode expor um indivíduo em situações apropriadas à punição, não só por parte de outros, mas também por si mesmo, na forma de sentimentos de culpa, de "má consciência".

16

As normas sociais são freqüentemente discutidas de um modo que sugere que as de uma mesma sociedade são todas uniformes e consistentes. Os fatos, como se pode ver, são diferentes. Em sociedades acima de um certo nível de diferenciação, códigos de normas inerentemente contraditórios podem coexistir em graus variáveis de amalgamação e separação. Cada um pode ser ativado em diferentes situações e em diferentes épocas. Assuntos particulares podem pôr em ação um código moral, eventos públicos, um código nacionalista; em tempos de paz, pode predominar o primeiro, em tempos de guerra o segundo. Entretanto, muitas situações ativam ambos ao mesmo tempo. As tensões e os conflitos entre Estados, no século XX, parecem ser desse tipo na maioria dos casos, embora não em todos, talvez. Levam facilmente a lutas por domínio, tensões e conflitos entre os dois códigos e podem expressar-se em tensões e lutas entre diferentes seções da população de um Estado, ou em lutas dos próprios indivíduos consigo mesmos.

Diferentes grupos de indivíduos podem resolver essas lutas de diferentes modos. De fato, as imagens do eu e os ideais do eu dos membros de diferentes nações incorporam freqüentemente formas diferentes de enfrentar o problema dessas contradições; e tais diferenças são suscetíveis de criar repetidos bloqueios de comunicação entre membros de diferentes sociedades-Estados e de agravar tensões entre Estados. Mas falta usualmente uma clara percepção do problema básico de que compartem todas as nações-Estados do século XX.

Por via de regra, a exploração desapaixonada de artigos de fé nacionalistas ou patrióticos ainda está sujeita, hoje em dia, a uma proibição intelectual muito forte. É objeto de um tabu social. Uma das manifestações de tais tabus, é o uso generalizado do termo "norma", como se normas fossem sempre fatos benevolentes, socialmente salutares e integradores. Sobretudo em compêndios sociológicos, é costume considerar o papel e a função das normas sociais separando, por assim dizer, a forma e o conteúdo: não se considera que diferentes normas possam ter diferentes funções sociais nem que a maioria dos tipos de normas possuem funções integradoras, assim como divisoras e separadoras. Em muitos casos, as normas são conceituadas de um modo altamente idealizado, que permite ao usuário ver aquelas funções de normas que ele deseja atribuir-lhes e bloquear a percepção daquelas funções que não deseja ver nelas. É freqüente haver nas mais inteligentes apresentações dos princípios fundamentais da sociologia uma clara descrição das funções de normas no que se poderia chamar o "nível empírico", ou seja, em estudos de detalhes específicos, conjuntamente com um bloqueio dessas funções no nível teórico.

Eis um exemplo extraído de um dos melhores e mais usados compêndios de sociologia dos anos 50 e 60:

> Um sistema social é sempre normativo. A sua integração baseia-se no fato de que os seus membros têm em suas cabeças, como parte da herança cultural, a noção de que *devem* ou *não devem* fazer certas coisas, de que algumas ações são *boas* e outras são *erradas* ou *más*. Cada pessoa julga-se a si mesma e aos seus semelhantes de acordo com essas regras sutis e ubíquas; e qualquer violação é punida por alguma reação negativa, seja ela grande ou pequena. Assim, toda a sociedade humana está impregnada de uma atitude de avaliação, uma atitude de louvor ou censura, de acusação e justificação. Contestar as regras ou, pior ainda, questionar os sentimentos subjacentes nelas, é incorrer em certas penalidades, a menor das quais é a controvérsia. A pessoa que, em seu próprio pensamento, procura furtar-se completamente ao sistema moralista a fim de estudar objetivamente o comportamento... é prontamente estigmatizada como agnóstica, cínica, traidora ou algo pior ainda. Em vez de apoio público para o seu trabalho, deve contar com a hostilidade pública...
>
> Em qualquer sociedade existem sentimentos que não podem ser contestados. Nem podem ser estudados friamente porque a mera menção de sua violação, em qualquer tom que não seja horrorizado, pode ser tabu. Mais de um professor foi demitido de uma universidade norte-americana por inquirir sobre a vida sexual de estudantes solteiros, por adotar uma atitude liberal em relação a dogmas religiosos, por lecionar um curso sobre socialismo ou por adotar uma atitude vista como impatriótica. Tais assuntos, se abordados, devem ser sempre tratados com circunspeção, com o professor reiterando sua devoção aos valores supremos.[13]

Assim, um eminente sociólogo que, quando está interessado em problemas de detalhe, percebe alguns dos conflitos que resultam do caráter multiforme e contraditório das normas sociais, atribui circunspetamente às normas de sua sociedade apenas um caráter integrador e não, ao mesmo tempo, divisor e excludente, quando os considera em seu papel como "valores supremos". Não é capaz de chamar a atenção do leitor, de forma inequívoca, para o caráter inerentemente duplo das normas sociais, para o fato de que elas unem as pessoas umas às outras e, ao mesmo tempo, colocam as pessoas, assim unidas, umas contra as outras. Sua tendência integradora também é, poder-se-ia dizer, desintegradora, pelo menos na medida em que a humanidade como um todo não é o seu efetivo quadro de referência. Além disso, não se leva aqui em conta o fato de que os valores supremos de uma sociedade podem ser eles próprios inerentemente contraditórios. Em nações-Estados contemporâneas, o código supremo de uma determinada sociedade pode inculcar em seus membros a idéia de que o ser humano individual é o valor supremo e, ao mesmo tempo, que a coletividade soberana, a nação-Estado, é o valor supremo a que todos os objetivos e interesses individuais — mesmo a sobrevivência física dos indivíduos — devem estar subordinados.

Como já foi dito, os conflitos resultantes de um código de normas inerentemente cindido e contraditório, e de uma correspondente formação contraditória da consciência dos indivíduos, podem ser latentes apenas em certos períodos de tempo e tornar-se agudos somente em face de situações específicas. Não obstante, o próprio fato de existirem contradições desse tipo é significativo não só para o entendimento dessas sociedades, mas também para o da sociedade como tal. Não se pode deixar de levar em conta em qualquer teoria da sociedade o fato de que, nos estágios passados e presente do desenvolvimento social, a sobrevivência de um grupo de indivíduos como tal era e é considerada de um valor superior ao da sobrevivência desses indivíduos considerados singularmente.

Uma abordagem teórica que usa como instrumento de análise sociológica um conceito idealizado de "normas" não pode servir como instrumento adequado de pesquisa sociológica. Pode muito bem ser que problemas como esse de um código normativo contraditório, característico das nações-Estados industriais mais desenvolvidas, estejam sujeitos nessas sociedades a um tabu social e que, por essa razão, seja difícil conceituá-los e discuti-los. Entretanto, é provavelmente o caso de nações-Estados terem sido até agora incapazes de escapar ao círculo vicioso de suas mútuas suspeitas, ameaças e temores, precisamente porque problemas como esses não podem ser, aberta e friamente, estudados e discutidos. Sejam quais forem as razões, as contradições básicas são bastante simples; elas podem ser resumidas em poucas linhas.

17

As pessoas em sociedades cujas elites dirigentes respeitam as tradições das classes média e trabalhadora industriais são, em geral, educadas para acreditar num código moral de normas, de acordo com o qual é errado, em todas as circunstâncias, matar, mutilar ou atacar fisicamente seres humanos, ou fraudar, mentir, roubar ou iludir. Ao mesmo tempo, são ensinadas a acreditar que é correto fazer todas essas coisas, e sacrificar a própria vida, se isso for considerado necessário à defesa dos interesses da sociedade soberana que elas formam em conjunto.

Algumas das razões para o caráter dual e contraditório desse código de "normas", embora não sejam todas, por certo, já foram apresentadas. No campo das relações entre Estados, representantes das antigas classes média e trabalhadora encontraram condições como membros de elites dirigentes e foram expostos a experiências a que não tinham acesso direto enquanto, como estratos não-aristocráticos, permaneceram socialmente subordinados. Nesse campo eles continuaram, portanto, as tradições que lhes foram transmitidas pelas antigas classes dominantes, cujo código de normas, apesar de todos os refinamentos, retivera as características de um código guerreiro. Em todos os países europeus, inclusive na Grã-Bretanha, onde aos grupos dominantes aristocráticos somou-se, nessa capacidade, um grupo de classe média — um grupo de latifundiários de classe média —, mais cedo do que na maior parte dos demais países europeus, as profissões mais interessadas nas relações entre Estados eram, usualmente, uma prerrogativa de pessoas que se mantinham fiéis às tradições de uma nobreza. Em muitos casos, seus representantes continuaram essa tradição após a ascensão ao poder das classes industriais. Entretanto, a democratização, como sugerido, deu um aspecto diferente a essa tradição. O código guerreiro adquiriu as características de uma outra moralidade; e essa moralidade paroquial, nacionalista, não-igualitária, era não menos exigente, incondicional e indiscutível do que a moralidade universal, igualitária e humanista.

O desenvolvimento de um código de normas dual e inerentemente contraditório é uma das características comuns de todos os países que sofreram a transformação de um Estado aristocrático-dinástico para um Estado nacional mais democrático. Os conflitos, contradições, e tensões inerentes nesse desenvolvimento podem manifestar-se e tornar-se muito agudos somente em situações específicas, sobretudo em emergências nacionais, como as guerras. Mas até como determinante latente de ação, mesmo em tempos de paz, um código dual de normas desse tipo tem influência muito considerável sobre as atitudes dos indivíduos e sobre a conduta dos negócios. É responsável por uma polarização específica de ideais políticos. Habilita alguns grupos a atribuir maior ênfase em seus programas aos valores do credo nacionalista e da tradição guerreira, sem necessariamente abandonar por completo os da tradição moral, humanista e igualitária. A ênfase de outros é inversa, numa grande variedade de combinações. Possibilita diferentes indivíduos, de acordo com sua posição social, ligar suas atitudes, sua estrutura de personalidade, a este ou àquele grupo, esteja ele mais orientado para o centro, ou para um, ou para outro pólo do espectro. A própria figuração em seu todo, o alinhamento de grupos de pessoas em algum lugar entre esses dois pólos, é uma característica comum de todas as sociedades desse tipo.

18

Temos de deixar de lado aqui muitos problemas relacionados com essa polaridade, sobretudo o da repetida ênfase sobre um credo nacionalista pelos mais prósperos grupos conservadores de um país e o do atrativo que um credo nacionalista mais combativo, mais extremista, exerce sobre grupos menos prósperos de classe média. Mas uma palavra tem de ser dita a respeito do modo como o problema comum — as contradições de conduta que provêm da coexistência de dois códigos de normas incompatíveis sob muitos aspectos — é abordado em diferentes países. Pois, essa é a razão imediata para esta digressão no campo da sociologia do nacionalismo: o nacionalismo alemão é freqüentemente tratado como um fenômeno isolado, como se a nacionalização do sentimento, da consciência e dos ideais tivesse ocorrido somente na Alemanha.

De fato, quando se aborda os problemas do credo nacionalista alemão — e quem estiver interessado nos aspectos sociológicos do desenvolvimento do conceito de "cultura" não pode negligenciá-lo — logo fica muito claro que é difícil determinar o que é peculiarmente alemão na variedade alemã de um credo nacionalista sem recorrer a um modelo que, em linhas gerais, exponha as tendências do desenvolvimento comum que propiciaram o estabelecimento de variedades de nacionalismo em todas as sociedades-Estados em processo de industrialização, nos séculos XIX e XX. A presença de um código dual centrado, por um lado, no indivíduo humano e por outro lado, na nação-Estado, realçando-os como valor supremo, é um momento central de desenvolvimento comum a todas essas sociedades.

Talvez se possa elucidar melhor as características distintas do modo alemão de lidar com esse problema através de uma breve apreciação de, pelo menos, *um* outro modo nacional de o tratar, o qual é suficientemente diferente do alemão para indicar o amplo espectro de possíveis variações — o modo britânico. Em relação a isso, uma fundamental e repetida diferença entre as tradições britânica e alemã vem uma vez mais à tona. Na Grã-Bretanha, prevaleceu a tendência para amalgamar os dois códigos. Tentativas foram feitas para encontrar soluções de compromisso para suas exigências contraditórias e — ao que parece, com êxito — a esquecer, sobretudo, a existência do problema. A tendência alemã era a de sublinhar a incompatibilidade dos dois códigos. Era apenas uma questão de uma coisa ou outra. Um compromisso entre diferentes códigos, de acordo com todo o teor do pensamento alemão, não era uma solução limpa; era pensamento confuso, desordenado, quando não francamente desonesto. E como as estratégias de relações entre Estados eram usualmente formuladas de acordo com as próprias tradições de pensamento de cada Estado, essas diferenças na abordagem da dualidade de normas criaram, com muita freqüência, sérias dificuldades de comunicação. Nas comunicações entre eles próprios, os membros de cada Estado adotavam naturalmente o seu próprio modo de lidar com o código bifronte como sendo o correto, como a única forma possível de pensar e agir. Qualquer outra forma era vista como errada, se não condenável.

Em encontros "extramuros" — em comunicações entre membros das duas nações — os diferentes modos de lidar com a dualidade básica de normas criaram, portanto, bloqueios ao entendimento mútuo. Os alemães, que pensavam que os aspectos contraditórios de um código moralista e nacionalista de normas não eram passíveis de qualquer solução de compromisso, supuseram implicitamente que os britânicos, embora percebessem, como eles próprios, os aspectos amorais de uma política de poder nacionalista, ocultavam intencionalmente esses aspectos sob um manto de moralidade. Em seus próprios termos, não tinham outra maneira de entender as tentativas britânicas de soluções de compromisso para o dilema senão explicando-as como uma obra de deliberada dissimulação — de hipocrisia. Em contrapartida, os britânicos, que tinham aprendido que sua solução de compromisso para o dilema era natural, ou seja, igualmente sensível e prático — o que, de fato, era — acharam repreensível e perigosa a ênfase intransigente dos setores nacionalistas do povo alemão sobre a idéia de que a política amoral de poder nos interesses do próprio Estado é política comum de todos os Estados. Em ambos os casos, a tradição "intramuros" de pensamento e ação era automaticamente usada como padrão para compreender e julgar o outro lado.

Seria uma tarefa proveitosa mostrar em detalhe como a gradual nacionalização de sentimentos, consciência e ideais de todas as classes, e a correspondente moralização da imagem da nação e do Estado ocorreram na Grã-Bretanha durante os séculos XIX e XX. Poder-se-ia mostrar até que ponto a interpenetração dos dois códigos de normas estava intimamente ligada ao fato de que a permeabilidade das barreiras entre diferentes estratos sociais, sobretudo após a unificação virtual da Inglaterra, Escócia e do País de Gales, no século XVII e começos do XVIII, fora elevada, em comparação com as barreiras correspondentes nas sociedades européias continentais. A explicação sociológica básica neste caso, como em tantos outros, é muito simples — a segurança da população da ilha em conflitos entre Estados não dependia primordialmente de um exército permanente comandado por oficiais que se mantinham fiéis às tradições da antiga classe guerreira, da nobreza proprietária de terras, mas de uma formação militar especializada para a guerra no mar, de uma armada. Um corpo de oficiais de marinha, independentemente do caráter especial de suas técnicas de combate e de sua composição social, não podia, pela própria natureza da instituição militar a que servia, desempenhar, em relações interestatais, o mesmo papel que o corpo de oficiais de um exército permanente desempenhou nas autocracias absolutistas do continente e na Alemanha, até ao final da fase dinástica, em 1918. Não podia servir aos governantes, cujo poder dependia da separação e das diferenças entre os principais quadros sociais em seu reino, assim como de um flutuante equilíbrio de tensões entre eles como instrumento para manter e, freqüentemente, reforçar a baixa permeabilidade de barreiras entre estratos. Como resultado, o fluxo ascendente de modelos de classe média e descendente de modelos aristocráticos na Grã-Bretanha tornou-se, após uma lenta e intermitente fase no século XVII, relativamente constante, no século XVIII. Uma primeira manifestação no sentido da moralização da imagem do Estado e da nacionalização da moral, ainda em sua forma religiosa, pode ser observada no curto período da Comunidade de Cromwell. No século XIX, a moralização da imagem da Grã-Bretanha como Estado e como nação estava começando a ser reconhecível, como um corolário, primeiro, da ascensão ao poder de setores das classes médias industriais e, um pouco depois, de sua ascensão à posição de uma classe dirigente. E no século XX, sobretudo depois da I Guerra Mundial, quando sua ascensão à posição de uma classe dirigente dominante estava quase concluída e setores das classes trabalhadoras passaram a ocupar a posição de uma classe dominante secundária, a moralização da imagem inspiradora do Estado e da nação, bem como a nacionalização da imagem das classes médias e, com um certo intervalo de tempo, da classe trabalhadora, ficaram solidamente estabelecidas.

Essa combinação de códigos na Grã-Bretanha não era mais uma expressão da misteriosa atividade de um *Volksgeist*, que fez o povo britânico inclinar-se para o compromisso, do que a tendência contrária dos alemães era a manifestação de misteriosas propriedades étnicas ou raciais. Quando se chega a problemas como esses, a tentação é recorrer a alguma teoria racial metafísica como explicação. A resposta sociológica, a qual já aludimos, é muito simples. Gira em torno do problema de saber por que na Grã-Bretanha, em contraste com a Prússia, fracassou a tentativa da dinastia reinante do século XVII, de estabelecer um regime autocrático em face da oposição das assembléias dos três Estados. A incapacidade dos monarcas britânicos de angariar dinheiro suficiente com vistas à manutenção de um exército permanente e para reunir tropas bastantes, que fizessem cumprir a coleta de impostos, desempenhou um papel central em sua inépcia para vencer duas batalhas com os Estados. E essa inépcia assentou precisamente no fato de que a segurança da Grã-Bretanha não dependia de um exército permanente em terra, mas da marinha.

Para se entender a conexão entre a vitória das assembléias de estados, das duas casas do Parlamento, sobre os reis britânicos e a maior permeabilidade das barreiras sociais na Grã-Bretanha, é útil ter em mente a persistência com que os príncipes absolutistas na França, Prússia e muitos outros países continentais fortaleceram as barreiras entre classes e trataram qualquer enfraquecimento dessas barreiras como pernicioso para os seus interesses. Isto, por sua vez, explica a maior combinação de "culturas" ali observada, de diversas tradições dos diferentes Estados e, mais tarde, das diferentes classes. A maior interpenetração de tradições aristocráticas e de classe média a partir do século XVIII — maior em comparação com o correspondente desenvolvimento alemão — e, como parte dela, a tentativa de setores da classe média britânica de combinar o código aristocrático de normas nas relações interestatais com o código moralista e humanista com o qual eles tinham chegado ao topo, é apenas um dos muitos exemplos desse fato sociológico básico. Quer dizer, neste caso a maior interpenetração de estratos sociais vizinhos facilitou a fusão específica de seus códigos de normas e uma inclinação geral para os compromissos pragmáticos.

Tal conceituação pode ajudar a colocar em melhor perspectiva um certo número de fatos que, embora facilmente observáveis, permanecem usualmente desconexos e inexplicados. Atente-se para a mudança no papel da família real na sociedade britânica. No século XVIII, a corte do rei era um centro de poder num jogo coletivo em que os nobres ditavam as regras. O código de normas que ditava a conduta da família real era um código aristocrático. De acordo com a distribuição de poder na sociedade britânica, a moralidade de classe média tinha poucas probabilidades de afirmar-se na corte. Reis e rainhas ainda eram vistos, em primeiro lugar, como seres viventes, e só secundariamente, como símbolos do reino. Com a crescente democratização, a função simbólica da realeza como representação viva de um ideal nacional aumentou continuamente — embora com um certo número de flutuações. Quando as grandes classes industriais, uma após outra, ascenderam à posição de classes dominantes, a imagem que os britânicos tinham de si mesmos como coletividade soberana, como nação, era formada, naturalmente, de acordo com as exigências de um código moral. A esmagadora maioria das pessoas esperava que até a política externa britânica fosse conduzida de acordo com essas exigências, com os princípios de justiça, direitos humanos e socorro aos oprimidos, incluindo as nações oprimidas. Os indivíduos podiam faltar ao cumprimento das normas do código moral, mas as nações, que se apresentavam aos olhos do povo como um "nós" ideal, só poderiam justificar as coibições e os sacrifícios impostos a seus membros se mostrassem agir de acordo com as exigências de um código moral. Também a realeza, como símbolo vivo do modo como os britânicos devem comportar-se, do nós-ideal nacional, tinha que anuir, portanto, com as exigências da moralidade da classe média e, mais tarde, da classe trabalhadora. A dinastia real reteve um lugar limitado no multipolar equilíbrio de forças da sociedade britânica e um lugar bem maior nas afeições do povo, como a consubstanciação do "nós" ideal, o eu coletivo da nação, desde que os membros da casa real se ajustassem ao papel de um ideal vivente e aquiescessem, ou parecessem aquiescer, com as exigências da moralidade das classes média e trabalhadora.

A função como símbolo da sociedade-Estado, por certo, constituiu sempre um ingrediente do complexo de funções da monarquia. Mas enquanto que o poder à disposição da posição social de reis e rainhas era grande em comparação com o da grande maioria da população, a necessidade de representar em suas pessoas os ideais do povo era menor. A constante mudança na distribuição de poder, aqui conceituada como "democratização", tornou os detentores da posição régia mais dependentes da massa de súditos. De governantes do Estado, converteram-se em símbolos da nação. As exigências morais feitas à realeza na Grã-Bretanha são, pois, um exemplo — um entre muitos — que mostra os processos de democratização, moralização e nacionalização de sentimentos, consciência e ideais em ação, como elementos integrantes de uma mesma transformação global da sociedade.

Na prática, a confluência e fusão na Grã-Bretanha da tradição dinástica maquiavélica e da tradição guerreira em suas roupagens nacionalistas (um processo que recebeu seu impulso do caráter incontrolável das relações *inter*-Estados) com a tradição moral humanista das anteriores classes súditas (um processo que adquiriu seu impulso do controle relativamente elevado da violência em relações *intra*-Estado) não eliminou ou reduziu as contradições entre as duas tradições. Mas o fato de os responsáveis pela política externa britânica terem de explicar suas próprias diretrizes, assim como as ações de seus subordinados, a um público que era sensível no tocante às questões morais envolvidas, e cuja lealdade à nação estava, em certa medida, vinculada à preservação da crença no valor superior da nação, adquiriu com o transcorrer do tempo uma função limitadora e restritiva.

Essa mesma crença — a convicção do valor superior do próprio país sobre todos ou a maior parte dos outros — é um dos denominadores comuns de todos os sistemas de crenças nacionalistas. Mas a ideologia nacional, a base específica da pretensão de um valor superior, é, em certa medida, diferente de país para país, de acordo com suas fortunas específicas passadas e presentes. Essas diferenças são de considerável significação. Evidenciam-se, entre outras maneiras, na estratégia das elites dirigentes de um país no tocante às relações entre Estados. De fato, sem conhecimento do credo nacionalista dominante de uma sociedade, sem um quadro razoavelmente claro da imagem "nós-e-eles" nacional e de seu desenvolvimento social, é difícil entender e prever como, na prática, suas elites dirigentes procuram garantir seus interesses em relação a outras nações.

19

Ainda um outro fator tem de ser levado em conta. Por mais que a direção geral desse desenvolvimento fosse a mesma em todos os Estados em processo de industrialização, o momento em que cada um dos Estados interdependentes da figuração de equilíbrio de poder européia ingressou numa determinada fase variou de forma considerável. A figuração era formada por sociedades em diferentes etapas de desenvolvimento, as menos desenvolvidas, menos civilizadas e menos humanizadas atraindo as mais desenvolvidas para o seu próprio nível, e vice versa.

O período até ao final da chamada I Guerra Mundial mostrou com muita clareza os efeitos dessa interdependência de Estados em diferentes etapas de desenvolvimento. Em alguns dos Estados mais adiantados, a alta classe média já tinha avançado para uma posição dominante, se bem que, por enquanto, apenas como parceira da aristocracia dirigente, cuja preeminência social era ainda quase tão grande quanto fora em períodos anteriores, e só um pouco menor do que era nos países europeus menos desenvolvidos do mesmo período. Até 1914, era ainda uma característica comum das principais potências no sistema estatal europeu que suas instituições militares, sua diplomacia interestatal e toda a concepção dos governos sobre relações interestatais fossem — para usar uma expressão moderada — determinadas por tradições aristocráticas, mesmo se os promotores efetivos da política adotada fossem oriundos da classe média. Num certo número de poderosos países europeus, como a Rússia ou a Áustria, as elites dinásticas e aristocráticas tradicionais ainda governavam de um modo mais ou menos autocrático; ainda detinham a quase exclusividade das posições de comando do Estado — no máximo com menores ou maiores concessões às classes industriais urbanas, na medida em que existissem.

Não se pode entender o desenvolvimento e a estrutura de uma rede de relações interestatais desse tipo, isto é, do sistema de equilíbrio de potências como tal, em função do desenvolvimento e estrutura de qualquer dos Estados componentes visto singularmente; só se pode entendê-lo como um nível figuracional *sui generis*, interdependente de outros, mas não redutível a eles. No nível interestatal, as tradições e normas dinásticas e aristocráticas dominaram a cena no século XIX e ainda depois, e isso apesar dos desenvolvimentos técnicos, científicos e industriais da época terem dado às rivalidades de poder dos Estados europeus um impulso expansionista mais forte do que nos séculos precedentes.

O século XIX é representado, por vezes, como o século burguês por excelência. Mas isso é uma visão unilateral.[14] O declínio de grupos dinásticos e aristocráticos como grupos dominantes de sociedades européias e sua substituição por classes médias e trabalhadoras industriais foi um processo gradual. No que se refere às classes médias, só veio a completar-se efetivamente depois de 1918. Todo o peso dos grupos dominantes mais antigos, antes do final da primeira grande guerra do século XX, é facilmente obscurecido se se perceber como estruturado somente o desenvolvimento interno, particularmente o econômico interno, dos Estados europeus, e se se considerar desestruturado e acidental o desenvolvimento das relações entre Estados. Estas últimas, incluindo os conflitos, as rivalidades e as guerras, são inseparáveis do desenvolvimento interno dos Estados. Se ambos forem levados em conta, afigura-se menos paradoxal e acidental que, mesmo nos países mais avançados do século XIX, grupos aristocráticos com uma forte tradição militar e diplomática ainda desempenhavam um papel de destaque. Assim, não era em absoluto uma contradição na estrutura social então existente que um aristocrata do mais "puro" sangue, como lorde Palmerston, cujas normas e padrões de comportamento, tanto na vida privada quanto na pública, ter-se-iam ajustado como uma luva ao século XVIII, fosse por algum tempo o ídolo das classes industriais britânicas, ou que Bismark, o nobre prussiano quintessencial, fosse o homem que traduziu em fatos concretos o sonho da classe média de uma unidade nacional alemã — o que as classes médias alemãs foram incapazes de realizar por conta própria.

A preeminência das elites dirigentes dinásticas e aristocráticas em quase todos os membros do sistema estatal europeu, durante o século XIX, foi uma característica estrutural do sistema nessa fase de transição. Mesmo nos mais avançados países industriais, o poder das classes médias industriais era, no máximo, apenas o bastante para possibilitar-lhes ascenderem a posições de comando em sua sociedade como aliados dos antigos grupos dominantes. A "cultura" destes últimos, consagrada pelo tempo, deu às pessoas que cresceram nela, ou que por ela foram assimiladas, uma clara superioridade na arte de governar tradicional, a qual, apesar de todas as suas deficiências e bloqueios inerentes, ainda dominava os pontos de vista e as atitudes da maioria dos estadistas mais eminentes. Isso valia, sobretudo, para as relações entre Estados, as quais só marginalmente haviam contribuído para as experiências da classe média e, por conseguinte, para a formação de suas tradições. Na Grã-Bretanha, a peculiar mistura, em Gladstone, de absoluta e inabalável integridade, em princípio, com oportunismo, conveniência e acomodamento, na prática, indica os problemas que homens da classe média tinham de enfrentar quando ascendiam a uma posição de poder. Essa divisão não era simplesmente a expressão de uma disposição pessoal ímpar mas, antes, mostrava de uma forma individual os problemas resultantes do encontro das culturas de dois diferentes estratos sociais e, sobretudo, de dois diferentes, e em muitos aspectos contraditórios, códigos de normas, que se tinham desenvolvido em ligação com tipos muito diferentes de experiências sociais.

Talvez se possa ver o problema em melhor perspectiva se recordarmos, a título de conclusão, o que um outro anglicano, alguém que desenvolveu simpatias não-conformistas, escreveu sobre Maquiavel numa época anterior, quando as classes médias urbanas ainda eram geralmente excluídas de posições de liderança no Estado e não estavam expostas à tentação de macular a pureza de sua crença através de mútuas concessões. Eis algumas das palavras com que John Wesley denunciou Maquiavel, provavelmente não sem referência à possibilidade de que os negócios de seu próprio país pudessem ser conduzidos de acordo com prescrições maquiavélicas:

> ... ponderei os sentimentos que eram menos comuns, transcrevi as passagens onde eles estavam contidos; comparei passagens e esforcei-me por formar um juízo frio e imparcial. E minha opinião fria é que, se todas as outras doutrinas diabólicas que foram postas por escrito desde que as letras vieram ao mundo fossem reunidas num só volume, nem mesmo assim chegariam a fazer-lhe sombra; e que se um Príncipe tivesse sua formação por esse livro que tão calmamente recomenda a hipocrisia, a traição, a mentira, o roubo, a opressão, o adultério, a prostituição e o assassinato de todos os tipos, Domiciano ou Nero seriam anjos de luz comparados com esse homem.[15]

A aproximação e tentativa de reconciliação entre o código de normas morais da classe média e sua contrapartida maquiavélico-dinástica não foi coisa fácil. Não é surpreendente que, à semelhança da ascensão ao poder das classes médias industriais em geral, assumisse a forma de um processo gradual, mesmo se os pertinazes conflitos e tensões sociais que lhe estavam associados eclodissem durante uma fase específica, e em vários lugares, em lutas violentas e revolucionárias.[16]

III

Civilização e Violência

Sobre o monopólio estatal da violência física e sua transgressão

1

A civilização a que me refiro nunca está completa, e está sempre ameaçada. Corre perigo porque a salvaguarda dos padrões mais civilizados de comportamento e sentimento em sociedade depende de condições específicas. Uma destas é o exercício de autodisciplina, relativamente estável, por cada pessoa. Isto, por sua vez, está vinculado a estruturas sociais específicas. Estas incluem o fornecimento de bens — ou seja, a manutenção do habitual padrão de vida. Incluem também, sobretudo, a resolução pacífica de conflitos intra-estatais — isto é, a pacificação social. Mas a pacificação interna de uma sociedade também está sempre correndo perigo. Ela é ameaçada por conflitos tanto sociais quanto pessoais, que são atributos normais da vida em comunidade humana — os próprios conflitos que as instituições pacificadoras estão interessadas em dominar. É com esse aspecto de um processo civilizador, com a tensão entre pacificação e violência, que este ensaio se preocupa. Trata desses conflitos com referência especial a problemas específicos alemães.[1]

Quando se empenham em examinar o problema da violência física na vida social de seres humanos, as pessoas fazem freqüentemente o tipo de perguntas errado.[2] É costume perguntar-se como é possível que pessoas vivendo numa sociedade podem agredir fisicamente ou matar outras — como podem, por exemplo, tornar-se terroristas? Ajustar-se-ia melhor aos fatos e seria, assim, mais proveitoso, se a pergunta fosse formulada de modo diferente. Deveria, antes, ser redigida em termos como estes: Como é possível que tantas pessoas consigam viver normalmente juntas em paz, sem medo de ser atacadas ou mortas por pessoas mais fortes do que elas, como é hoje em dia o caso, em grande parte, nas grandes sociedades-Estados da Europa, América, China ou Rússia? É por demais fácil esquecer hoje o fato de que jamais, em todo o desenvolvimento da humanidade, tantos milhões de pessoas viveram, como hoje, relativamente em paz umas com as outras, com as agressões físicas geralmente eliminadas, como se observa nos grandes Estados e cidades do nosso tempo. Talvez este fato se evidencie primeiro quando nos apercebemos de quão mais elevado era o nível de violência nas relações entre pessoas em épocas pregressas do desenvolvimento humano.

É, certamente, a atitude primária de quando entram em conflito, as pessoas ficarem encolerizadas com outras ou se detestarem, dizerem impropérios, atacarem-se e agridirem-se mutuamente, e em algumas circunstâncias podem até cometer homicídio. Esse é exatamente o problema que tenho em mente, uma vez que tudo isso — cólera, ódio, inimizade, rivalidade — ainda está conosco, mas os ataques físicos, e até o homicídio, retrocederam, comparativamente falando, para segundo plano. Como se pode ver, o meu enfoque é diferente. É uma questão de despertar de novo o sentimento das pessoas para um fato que é surpreendente e ímpar: o grau relativamente elevado de não-violência que é característico das organizações sociais atuais. Só desse ponto de vista pode ser realmente explicado e entendido por que certas pessoas não se submetem ao código de civilização do nosso tempo.

A questão de como ocorreu tal pacificação não é — pelo menos à primeira vista — difícil de responder. A criação de espaços sociais duradouramente pacificados está ligada à organização da vida social na forma de Estados. Um aspecto desse problema foi examinado pela primeira vez por Max Weber. Sublinhou ele que os Estados são caracterizados pelas pessoas que são seus governantes e que, em qualquer época dada, reivindicam para si mesmas o monopólio da força física. Isso significa que vivemos numa forma de organização social onde os governantes têm à sua disposição grupos de especialistas que estão autorizados a usar a força física em emergências e também a impedir outros cidadãos de fazerem o mesmo.[3] Essa monopolização da força pode ser descrita como uma invenção sócio-técnica da espécie humana.[4] Existem invenções, não só no nível natural, mas também no social. Entretanto, as últimas raramente são concebidas por uma única pessoa, sendo, em sua maioria, desenvolvidas como realizações coletivas não-planejadas. A monopolização da força física é uma dessas invenções sociais não-planejadas; surgiu gradualmente no transcurso de centenas de anos como parte de um processo social a longo prazo, até que atingiu o nível de hoje. E não é esta, definitivamente, a última etapa. Seria muito irrealista afirmar que o monopólio intra-estatal de força funciona de um modo inteiramente livre de problemas. As pessoas terão de continuar se debruçando sobre eles, e a formação de conceitos sociológicos pode contribuir um pouco, ajudando-as a fazê-lo com maior consciência.

Tais monopólios de força física, que hoje em dia são usualmente controlados e dirigidos por governos estatais, e representados pelas forças armadas e a polícia como órgãos executivos são, como tantas invenções humanas, realizações que assinalam dois caminhos opostos — como a cabeça de Jano. Tal como a descoberta do fogo permitiu que o alimento fosse cozido, assim como a destruição de cabanas e casas pelas chamas; tal como a invenção da metalurgia acarretou grande progresso na agricultura e na guerra; tal como a energia atômica pôde ter um uso pacífico como fonte energética e ser uma arma terrível, também as invenções sociais são bifrontes. O aparecimento de monopólios da força física constitui um exemplo. Sou obrigado a deixar de lado aqui esse aspecto do problema. Mas um ponto fica desde já claro: uma propriedade desse monopólio estatal da força física é que ele pode servir às pessoas como uma perigosa arma. Dos faraós às ditaduras do presente, o controle sobre o monopólio da força tem sido usado por pequenos grupos estabelecidos como decisiva fonte de poder para garantir seus próprios interesses. Entretanto, para aqueles que o controlam, essa não é a única função do monopólio estatal da força. Desempenha também uma função importante para populações reunidas na forma de Estados. Esse controle tem sido, até agora, uma condição essencial da pacificação interna de maiores unidades sociais, em especial da pacífica vida comunitária das maiores massas populacionais nos Estados industriais mais desenvolvidos — uma condição que, por sua vez, está intimamente ligada ao monopólio da tributação, uma vez que, sem tributação, não pode haver portadores de armas, as forças armadas ou a polícia, e sem forças armadas e polícia, nada de impostos.

O ponto crucial é o equilíbrio entre as duas funções do monopólio da violência: entre a função para os seus controladores, e a função (ou funções) para toda a população de um Estado, por exemplo, no que se refere à pacificação interna. Outrora, o equilíbrio de poderes a esse respeito estava tão irregularmente distribuído, que os controladores — quase se poderia dizer, os donos — do monopólio da força estavam numa posição em que, ao exercê-lo, nada os impedia de colocar irrestritamente a sua função em benefício próprio, acima da sua função em prol de seus súditos. Conta-se que Luís XIV teria dito: "*L'état c'est moi.*" Ele sentia-se, de fato, o dono do Estado. Desde então, em alguns países, o equilíbrio de poderes tem pendido algo mais em favor da outra função — a função em prol da sociedade-Estado em seu todo. No mais alto nível atingido até agora, os comandantes e controladores do monopólio da violência estão eles próprios sob o controle de outros representantes da sociedade em questão. Estes últimos mantêm-se vigilantes para observar se os primeiros não usam os meios de violência sob seu comando apenas em defesa de seus próprios interesses pessoais, ou apenas no interesse de determinados estratos da população organizada como um Estado.

A pacificação das pessoas como indivíduos, o fato de que, em conflitos, só muito raramente cogitamos atacar um adversário e começar uma briga, por muito zangados que estejamos, depõe a favor de uma profundamente arraigada transformação civilizadora da estrutura inteira da personalidade. Os bebês, sem levar em conta a sociedade a que pertencem, defendem-se espontaneamente com mãos e pés. Crianças brigam e agridem-se mútua e freqüentemente com gosto. Que o tabu contra atos violentos esteja tão profundamente inculcado nos jovens das sociedades-Estados mais desenvolvidas tem muito a ver com a crescente eficácia do monopólio estatal da força. Com o decorrer do tempo, as estruturas da personalidade dos indivíduos acabaram ficando orientadas para isso. Eles desenvolveram uma certa relutância ou mesmo profunda aversão, um tipo de repugnância, em relação ao uso de violência física. O desenvolvimento desse processo pode ser acompanhado. Em épocas anteriores, que se estenderam até ao século XIX, era ainda aceito com naturalidade em muitos estratos sociais que os homens espancassem mulheres a fim de impor-lhes sua vontade. Hoje em dia, o preceito de que em nenhuma circunstância devem os homens agredir mulheres — nem a outros homens, quando estes são mais fracos — de que nem mesmo crianças devem ser agredidas, está muito mais profundamente enraizado nos sentimentos dos indivíduos do que jamais esteve em séculos anteriores. A pacificação do Estado, a coação imposta por outros, foi transformada em autocoação. Somente quando a pessoa se torna consciente desse importante refreamento auto-ativado dos violentos impulsos espontâneos, em sociedades-Estados relativamente civilizados, é que o problema dos atos deliberados e premeditados de violência é trazido à luz adequada.

Nos Estados existem, pois, grupos violentos legais e ilegais. A situação é ainda mais complicada pelo fato de não existir monopólio da força no nível internacional. Nesse nível, estamos basicamente vivendo ainda tal qual os nossos antepassados do chamado período de "barbarismo". Assim como, outrora, cada tribo era um constante perigo para as outras tribos, também hoje em dia, cada Estado representa um perigo constante para os outros Estados. Seus representantes e membros devem estar sempre prevenidos e contar constantemente com a possibilidade de serem atacados por um Estado mais forte, de ficarem dependentes dele ou até colocados sob seu domínio. Um mecanismo de ameaça e medo recíprocos — chamo a isso um processo de dupla ligação — impele os Estados a tornarem-se mais fortes e mais poderosos do que outros, a fim de não serem por eles suplantados.[5] Em particular, é um estado de coisas normal nas relações interestatais que os Estados mais fortes, em qualquer época dada, se envolvam mutuamente em lutas hegemônicas — em parte apenas porque vivem no medo constante uns dos outros. Nesse nível, nenhuma potência dominante coíbe, em qualquer dos participantes, a prática de atos de violência quando se julgam mais fortes e vêem que podem tirar vantagens disso. Em tempos idos, essa era a moeda corrente por toda a parte, com freqüência até mesmo dentro dos próprios Estados. O vizinho mais forte tinha de ser temido. O fisicamente mais forte podia usar sua força para ameaçar, extorquir, roubar e escravizar outros povos.

Em contraste, a pacificação e a civilização de populações dentro de Estados é comparativamente avançada. Uma conseqüência é que, a esse respeito, uma curiosa divisão atravessa, de ponta à ponta, a nossa civilização — a nossa civilização entendida agora como sendo a da humanidade como um todo. Nos negócios intra-estatais, a violência entre pessoas é tabu e, quando possível, punida; nas relações interestatais, vale um outro código. Todo o Estado de grandes dimensões está em constante preparação para a violência com outros Estados, e quando tal violência é deflagrada, aqueles que a cometem são extremamente apreciados e, em muitos casos, louvados e recompensados. Se aceitarmos a redução dos perigos físicos que as pessoas representam umas para as outras como um dos critérios decisivos no ordenamento seqüencial dos estágios da civilização, ou seja, a extensão da ameaça recíproca ou, inversamente, da pacificação, então pode-se dizer que nas relações intra-Estado as pessoas atingiram um nível de civilização superior ao das relações entre Estados. No caso dos Estados industriais mais desenvolvidos, os quais estão, com freqüência, efetivamente pacificados no plano interno, o gradiente entre pacificação intra-Estado e a ameaça entre Estados é especialmente acentuado na maioria das vezes. Nas relações interestatais, as pessoas não se consideram hoje num nível inferior do processo civilizador porque sejam naturalmente más ou porque tenham pulsões agressivas inatas mas, antes, porque se formaram instituições sociais específicas que podem, de um modo mais ou menos eficaz, impor restrições a todo e qualquer ato de violência autorizado pelo Estado nas relações dentro do Estado, ao passo que tais instituições são totalmente inexistentes nas relações entre Estados. Assim, todos os grandes Estados e muitos menores mantêm especialistas em violência, em condições de constante prontidão, para que possam entrar em ação no caso de uma ameaça de invasão violenta por um outro Estado, ou, alternativamente, se o próprio Estado deles ameaça um outro.[6]

Num nível interestatal, a formação de um monopólio de violência física e, assim, também o processo de formação do Estado, continuam sendo muito rudimentares — por razões e com conseqüências que não preciso detalhar aqui. O desenvolvimento de tal monopólio num nível intra-estatal certamente progrediu ainda mais, embora não numa escala idêntica por toda a parte. Mesmo onde é comparativamente eficaz, continua sendo vulnerável. Nas situações de crise da sociedade, os especialistas em violência autorizados pelo Estado — os representantes do monopólio estatal da força — podem acabar envolvidos numa luta violenta com grupos não autorizados pelo Estado. No que se segue, serão examinados dois casos da história alemã recente.

2

Seria, penso eu, uma bela tarefa escrever a "biografia" de uma sociedade-Estado, por exemplo, a Alemanha. Pois, assim como no desenvolvimento de uma pessoa individual, as experiências de períodos anteriores de sua vida continuam tendo um efeito no presente, também as experiências passadas influem no desenvolvimento de uma nação. O sentimento de que o império alemão foi, por largo tempo, um Estado fraco e ocupou uma posição relativamente baixa na hierarquia dos Estados europeus ainda prevalece no desenvolvimento da Alemanha. O amor-próprio das pessoas envolvidas sofreu em conseqüência disso; elas sentiram-se humilhadas. Pode-se ler em muitos depoimentos provenientes da Alemanha, nos séculos XVII e XVIII, com que freqüência as pessoas sentiram e experimentaram, em seus próprios corpos, como a Alemanha era fraca, por exemplo, em relação à França, Grã-Bretanha, Suécia ou Rússia, porque estava fragmentada.

Numa biografia da Alemanha seria imprescindível descrever como esse sentimento de fraqueza e de inferioridade de poder se converteu de súbito no seu oposto, quando o outrora escassamente integrado Estado veio, ainda que tardiamente, a unificar-se no contexto de uma guerra vitoriosa. No lugar dos sentimentos de inferioridade nacional, cujas raízes eram, com freqüência, muito profundas, surgiam agora os sentimentos fortemente enfatizados de grandeza e poderio nacionais. O caminho para o status de grande potência estava aberto para a Alemanha unificada e, como é usualmente o caso nas lutas de poder e prestígio entre Estados, a determinação de lutar pela supremacia decorreu muito rapidamente disso. O pêndulo foi do extremo de humilhação para o extremo de exultação e, assim, um número crescente de membros dos estratos dirigentes da Alemanha sentiu que seu país tinha de estar preparado para a luta pela hegemonia na Europa, senão no mundo. Tal como em outros casos, também neste, um grupo previamente humilhado e oprimido transformou-se, com uma mudança em sua situação, num grupo arrogante e repressivo, ou, para usar a linguagem contemporânea, numa nação de senhores (*Herrenvolk*). E como a etapa de integração nacional nos territórios alemães e a correspondente ascensão da Alemanha à categoria das grandes potências européias ocorreu tão tarde, a população estava com pressa. Os representantes da Alemanha tinham de adquirir o mais rapidamente possível todos os apetrechos de uma grande potência — tudo o que era necessário na luta competitiva entre os Estados, especialmente colônias e uma marinha.

Não se pode entender completamente o desenvolvimento da Alemanha, nem a atitude atual quanto ao uso da força dentro da República Federal, sem ter em mente essa linha de desenvolvimento da posição da Alemanha no contexto interestatal e, correspondentemente, nas hierarquias de poder e status dos Estados. É impossível, neste caso, separar as linhas de desenvolvimento inter- e intra-estatais; de um ponto de vista sociológico, as estruturas intra-estatais e interestatais são inseparáveis, muito embora a tradição sociológica tenha envolvido até agora uma concentração, principalmente, e muitas vezes exclusivamente, nas primeiras. O desenvolvimento da Alemanha mostra, com particular clareza, como os processos entre e dentro do Estados estão indissoluvelmente interligados.

A ascensão da Alemanha, depois de 1871, à categoria de grande potência européia — ao perigoso círculo mágico dos Estados lutando pela hegemonia — teve grande significação para a política interna. A unificação da Alemanha tinha sido obtida através de vitórias militares sobre Estados rivais. A liderança nessas lutas estava nas mãos da nobreza. Em comparação com esta, a burguesia alemã desempenhava um papel político secundário. As pessoas de classe burguesa estavam, em sua esmagadora maioria, excluídas das mais altas posições de comando nos Estados alemães. As grandes decisões políticas e militares ainda eram tomadas nas cortes principescas. Na Prússia, especialmente, com raras exceções, todas as posições-chaves eram reservadas aos aristocratas. É verdade que muitas pessoas da classe burguesa não tinham ficado satisfeitas com seu papel marginal e haviam lutado, de uma forma ou de outra, contra a supremacia das cortes e da aristocracia. Era um sinal, acima de tudo, do fracasso dessa luta, que o sonho da burguesia de uma Alemanha unificada tivesse sido concretizado através dos esforços dos estratos mais poderosos e de mais elevado status — através dos feitos de um príncipe e de seus ministros e generais nobres — na base de uma guerra vitoriosa.

A vitória nacional sob a liderança de uma aristocracia de corte e militar significou, ao mesmo tempo, uma derrota social da burguesia alemã na luta interna contra a supremacia da nobreza e teve conseqüências da maior importância para as atitudes políticas e sociais da classe média alemã. Muitos, embora certamente não todos os membros da burguesia urbana alemã, renunciaram agora à luta interna contra a hegemonia da nobreza. Aceitaram sua posição como estrato social de segunda ordem. O aumento de auto-estima que experimentavam como alemães, como membros de um novo Kaiserreich, compensava a relativa degradação que sentiam por ter que aceitar essa posição secundária, abaixo da aristocracia em poder e status.

Em conjunto com essa auto-aquiescência, ocorreu uma notável mudança nas atitudes e códigos de comportamento de substanciais segmentos da alta burguesia alemã, o que é significativo para todo teórico da civilização. O componente idealista da tradição cultural burguesa alemã, que ainda era dominante no final do século XVIII, e que freqüentemente andou de mãos dadas com uma atitude anticortesã e antiaristocrática, começou declinando. Pelo menos, só continuou predominando em círculos limitados. Em seu lugar, ocorreu em outros segmentos da burguesia, sobretudo no alto funcionalismo civil e em todo o mundo acadêmico, a adoção de valores aristocráticos, a saber, os valores de uma classe com uma forte tradição guerreira e que estava orientada para a política das relações internacionais. Por outras palavras, setores da classe média alemã foram absorvidos pelos estratos superiores da sociedade e adotaram destes o *ethos* guerreiro.

Mas, ao ser adotado, esse código aristocrático foi transformado. Em poucas palavras, tornou-se "aburguesado". Nos círculos aristocráticos, os valores militares, consubstanciados em símbolos conceituais como coragem, obediência, honra e disciplina, responsabilidade e lealdade, faziam usualmente parte de uma longa tradição familiar.[7] De acordo com a sua diferente situação social, os círculos de classe média só adotaram o código aristocrático numa certa versão. Assim, sua função por uma mudança específica da classe perdeu o caráter de um padrão de comportamento vinculado à tradição e, concomitantemente, pouco refletido, e passou a exprimir-se numa doutrina explicitamente formulada e fortalecida pela reflexão. O que era para a aristocracia uma tradição mais ou menos inconteste — uma alta avaliação predominantemente ingênua de valores guerreiros, um entendimento socialmente herdado do significado de potenciais de poder no jogo interestatal de forças — era agora cultivado de um modo muito mais consciente pelos setores superiores da burguesia como algo recém-adquirido. Raras vezes se dissera e escrevera antes, tanto quanto agora, em louvor do poder, até mesmo de um tipo violento de poder.

Uma vez que os anseios de unificação tinham sido realizados através de guerras vitoriosas sob a liderança militar da aristocracia, foi aduzida a conclusão de que guerra e violência também eram bons e esplêndidos instrumentos políticos.[8] Não todas, mas certamente seções muito importantes da burguesia alemã converteram essa linha de pensamento no núcleo de sua ideologia. Enquanto que, para muitos nobres, a guerra e as intrigas diplomáticas eram um ofício costumeiro, uma especialidade em que eles eram peritos, entre aqueles setores da pacífica burguesia que haviam assimilado o código guerreiro podia ser observada uma romantização do poder, uma literatura em que o poder ganho pela força apresentava-se sob formas embelezadas, como um valor altamente apreciado. Nietzsche, que participara por algum tempo na guerra de 1871, entre a Alemanha e a França, como enfermeiro voluntário, deu forma filosófica a essa ideologia da burguesia guilhermina, quase certamente sem ter consciência disso, em seu livro *Vontade de potência.* (Ver o apêndice 1 a esta parte, p.187-9). Quando se leva em consideração os livros dessa época, sobretudo os romances do período guilhermino, quando se leva em consideração a prática do duelo por estudantes burgueses de acordo com os códigos unificadores de honra das associações estudantis primordialmente burguesas ou aristocráticas, ou ainda quando se considera o status especial dos oficiais de reserva de classe média ou dos conselheiros privados de origem burguesa em uniforme da corte, então pode-se facilmente reconhecer o processo de incorporação das classes médias altas na aristocracia e na corte. Ao mesmo tempo, enxerga-se o peculiar paradoxo representado pela estrutura social e psicológica de vastos círculos da burguesia oficial e acadêmica dessa época. Em seus esforços para assimilar os valores bélicos e freqüentemente maquiavélicos da nobreza mais poderosa, apesar de sua própria tradição cultural e profissional, predominantemente pacífica, e menos militarista, um desejo oculto é refletido por essas pessoas de extração burguesa, um desejo de ser algo que nunca poderão vir a ser, pelo menos em uma única geração, a saber, aristocratas.

Um exemplo pode ajudar um pouco a elucidar essa pronunciada afirmação de violência. Em 1912, um popular escritor burguês, Walter Bloem, publicou um romance intitulado *Volk wider Volk* (*Nação contra nação*), no qual volta a descrever, uma vez mais, aos seus leitores a maravilhosa experiência da guerra vitoriosa de 1870-77. Cito dele um episódio, o recontro de tropas alemãs com franco-atiradores franceses:

> Os franco-atiradores correram para pôr suas vidas a salvo. (...) Um deles tropeçou (...) um segundo mais tarde, a bala de George não o atingiu por um triz — uma baionetada encontrou o braço estendido atrás do qual se protegiam, meio escondidos, uns olhos arregalados, cheios de pânico e de medo da morte... era uma mulher.
>
> Agora, todos os três amarrados juntos, a moça e os dois camponeses. Depois, continuaram num trote apressado. Se queriam evitar serem mortos, os prisioneiros tinham de correr até ficarem de língua de fora. (...) Os lanceiros não os pouparam de murros, pontapés, golpes na nuca com as hastes das lanças (...) até a mulher recebeu o seu quinhão de pancadas. (...) Eles tinham esquecido há muito a distinção entre seres humanos e gado. (...) Um prisioneiro inimigo não passava de uma besta selvagem e maligna.[9]

Sentimentos como esses são espontâneos, e as ações correspondentes são certamente rotineiras no tumulto da guerra. O que pode ser considerado característico da situação da burguesia alemã, em 1912, é o fato de que esse tipo de brutalidade, sob uma nova luz, é apresentado expressamente como sinal de um código de comportamento aceito e digno de louvor.

Quando se lê tal testemunho, e eles são abundantes, percebe-se num instante que uma transformação radical nas atitudes de vastos setores da burguesia tinha ocorrido desde o "Eu vos abraço, ó milhões!", de Schiller, e desde os tempos dos grandes idealistas clássicos alemães, cujos livros tiveram considerável ressonância na burguesia alemã educada, como modelos de pensamento e de leitura. A identificação mútua dos seres humanos, que foi talvez um tanto exagerada pelo idealismo dos autores clássicos, seria enfaticamente negada nesses mais recentes grupos, em favor de uma identificação exclusivamente nacional. Na guerra, as pessoas comuns do lado inimigo não precisavam mais ser tratadas como seres humanos. Essas pessoas não são mais do que "bestas selvagens e malignas". O popular autor esperava, obviamente, que seus leitores compartilhassem e justificassem essa atitude.

3

Muitos jovens alemães foram para os campos de batalha em 1914 com a idéia de que a guerra era algo maravilhoso, grandioso, um inenarrável momento de glória. Estavam impregnados de um sentimento de vitória certa,[10] no qual se refletia a força de seus sonhos sobre a futura Grande Alemanha.

> "Viva!", escreveu para casa um estudante de direito, que seria fatalmente ferido um mês e meio depois no Marne, "recebi finalmente as minhas ordens para me apresentar na frente de batalha... Venceremos! Com tão poderosa determinação de sermos vitoriosos, absolutamente nenhuma outra alternativa é possível. Meus queridos, orgulhai-vos de viver nestes dias e de pertencer a um tal povo, e também para que possam enviar mais de vossos entes amados a participar desta soberba luta!"[11]

Na realidade, a guerra foi terrível, um pavoroso morticínio. O processo militar não planejado contrariou os planos preconcebidos dos generais. Os chefes militares de ambos os lados tinham planejado uma vigorosa guerra ofensiva, a qual seria tão breve quanto possível. Os generais franceses, vencedores de ontem, apostavam numa ofensiva *à l'outrance* (até a vitória total), com batalhas *aux allures dechainées* (de modo desenfreado), os alemães seguiram o plano Schliefen modificado, que previu um golpe decisivo contra o inimigo francês graças à invasão inesperada da Bélgica, e daí para a França, de modo que as tropas alemãs estariam livres para a guerra na frente leste. As ofensivas planejadas de ambos os lados anularam-se mutuamente. Após pesadas perdas, redundaram numa cinzenta guerra de trincheiras. Isso tinha sido previsto por um punhado de observadores que, à margem do conflito, haviam reconhecido que os progressos na tecnologia dos armamentos dessa época favoreciam a defensiva em face da ofensiva. H.G. Wells, e outros, tinham vaticinado o advento da guerra de atrito (*Stellungskrieg*).

Quando os Estados Unidos, que temiam, tal como a Grã-Bretanha, um continente dominado pela Alemanha, entraram na guerra, as probabilidades de vitória da Alemanha desapareceram redonda e completamente. O inconcebível tornou-se um fato. A Alemanha exauriu sua energia e foi derrotada. O Kaiser e os príncipes perderam seus tronos. As cortes, centros da "boa sociedade" da Alemanha, desapareceram. A própria "boa sociedade", a sociedade daqueles com direito a dar e a exigir satisfação, desde a alta nobreza até aos membros das confrarias nacionalistas burguesas (*Burschenschaften*), desde o marechal-de-campo até ao oficial da reserva de origem burguesa, unidos por um código de honra obrigatório para todos e que os colocava acima dos não-membros, essa sociedade foi, à semelhança de um *sprinter* que, no auge de sua velocidade, colidisse com uma parede, detida com um único golpe em sua corrida pela supremacia da Europa. A conseqüência foi um choque traumático. (Ver o apêndice 2 a esta parte, p.190-5)

Além disso, a derrocada das instituições guilherminas na luta entre os Estados ocorreu simultaneamente com uma derrota — pelo menos parcial — nas lutas intra-Estado. O fim do regime, e a destruição do país após a guerra perdida, aumentaram as oportunidades de chegada ao poder de grupos anteriormente à margem, em primeiro e destacado lugar, as organizações de trabalhadores. Pela primeira vez na história da Alemanha, seus representantes assumiram o governo do Reich.[12] Como sempre em tais casos, a ascensão de grupos marginais que costumavam estar em posições inferiores na escala social — um antigo fabricante de arreios foi o sucessor do Kaiser — foi sentida por muitos membros da "boa sociedade" alemã como uma insuportável ferida em seus sentimentos de auto-estima.

O desenvolvimento da Alemanha mostra aqui, em forma de paradigma, a reação de um *establishment* dominante e seus adeptos, face a uma mudança na estrutura social que contribuiu para alterar uma proporção de poder que passava a ser-lhes desfavorável. Não só revoluções, mas também guerras, trazem à luz mudanças estruturais em relações de poder, mudanças essas já em curso no tecido institucional tradicional, mas previamente encobertas por esse mesmo tecido. Uma guerra vitoriosa teria provavelmente garantido, uma vez mais, a subordinação das massas à liderança das classes vencedoras. A guerra perdida teve como efeito a redistribuição de forças que vinha ocorrendo silenciosamente sob a superfície do Estado imperial, estimulada pela rápida industrialização da Alemanha. Soldados e trabalhadores retiraram em massa sua obediência à liderança de uma classe derrotada.

Uma melhor compreensão do desenvolvimento, tanto da Alemanha quanto do terrorismo, no período da Primeira República alemã será possível se tivermos em mente um claro perfil das estruturas intra- e interestatais de poder na época e o modo como foram vivenciadas. A instituição guilhermina, a *satisfaktionsfähige Gesellschaft*, agora ampliada pela inclusão dos estratos mercantis e empresariais previamente excluídos, sofrera uma derrota interna e uma externa. Não estava simplesmente preparada para aceitar a situação assim criada. No começo, não sabia precisamente como seria possível reparar ambas as derrotas, ou seja, por um lado, restabelecer a Alemanha como grande potência baseada num exército forte e, por outro, manter seus privilégios como elite dirigente da Alemanha em face das reivindicações de poder da classe trabalhadora organizada. Mas os próprios objetivos muito cedo se tornaram claros de novo para os vencidos.[13]

Houve muitas situações análogas no desenvolvimento das sociedades humanas. Tais casos de perda de poder por antigos sistemas institucionais em relação a novos grupos ascendentes desencadeiam acirrada resistência — um anseio nada realista de restauração da antiga ordem — não só por razões econômicas, mas também porque, através de tal perda de poder, os antigos estratos dominantes viram-se colocados no mesmo nível de poder e status daqueles grupos que eles antes desprezavam: grupos de baixa extração social, de menor valor humano, a ralé. Por conseguinte, sentiram-se diminuídos em sua própria auto-estima.

Existem testemunhos escritos que remontam à Antigüidade e mostram claramente que grupos institucionalizados entendem seu poder como superior, em relação aos grupos marginais, como prova de seu mais elevado valor humano. Já o autor anônimo de uma carta atribuída a Xenofonte, provavelmente do final do século V a.C., e que hoje é usualmente chamado "o velho oligarca", mostra essa avaliação de grupos menos poderosos como sendo de menor valor humano.[14] O autor dessa carta era provavelmente um aristocrata ateniense que, com outros de seus pares, foi expulso de Atenas pela revolta de vastos setores da população e a implantação de uma constituição democrática. Ele fala com notório desprezo da populaça democrática. "Todos sabemos", escreveu ele, "que tais elementos são constituídos de gente indisciplinada, de mau caráter." Atitude análoga pode ser encontrada numa carta, datada de 2 de janeiro de 1920, de um certo tenente Mayer, escrita a seu Superior, o capitão Berchtold. Ele tinha sido enviado a Würzburg como oficial encarregado do recrutamento para um dos Freikorps:

> Não tendo passado um só dia... sem dirigir as minhas atenções para a observação do estado de ânimo corrente da população, vi confirmada a minha opinião de que todos os que se situam acima da ralé anseiam por libertar-se da pocilga em que se encontram, em especial do jugo judaico que oprime as pessoas, e, o que é do maior significado progressista comparado com o que se observava antes, estão dispostos a participar pessoalmente na iminente obra de libertação! Os brados "Morte aos judeus!", "Morte aos traidores do nosso povo!" ressoam em todos os bancos de tavernas; cartazes e pichações dizem o mesmo por toda a parte. Erzberger é enforcado todas as noites um sem-número de vezes...
>
> Dois cavalheiros com todos os seus homens do exército aquartelado localmente vieram dar-nos sua adesão. Espero atrair dois ou mais para a nossa causa.[15]

Mesmo que nem todos se expressassem em termos tão drásticos, havia nessa época uma idéia generalizada entre os membros dos círculos que seguiam a tradição do velho *establishment* guilhermino, de que a participação na liderança governante de grupos considerados de status social inferior subentendia um aviltamento deles próprios e, por conseguinte, também da Alemanha. Intitulavam-se a si próprios — e sentiam-se — "nacionais", uma vez que se consideravam fundamentalmente os verdadeiros representantes da nação; e todos os "marginais", sobretudo os trabalhadores com suas organizações e os grupos minoritários, como os judeus alemães, eram vistos como não pertencentes nem à sua própria sociedade nem à nação alemã.

4

O excerto da carta do tenente Mayer oferece um quadro muito nítido do estado de ânimo nos "melhores" círculos de Würzburg, no começo do ano de 1920. Ao mesmo tempo, transmite uma impressão da mentalidade dos Freikorps que eram nessa época os principais atores na violência política à margem do Estado. A propaganda deles entre vastos setores da população serviu como preparação para o *putsch* contra a detestada República parlamentar. A primeira dessas tentativas, o *putsch* Kapp, fracassou por razões sobejamente conhecidas, que não preciso detalhar aqui. Um dos Freikorps, a Brigada de Marinha Ehrhardt, esteve diretamente envolvida nele. Mais tarde, a organização terrorista "Consul" surgiu como sua sucessora na clandestinidade, tendo como um de seus objetivos o sistemático assassinato de políticos proeminentes a quem consideravam "indesejáveis". Os assassinos de Erzberger, um membro do Parlamento, pertenciam a essa organização; atacaram-no e fuzilaram-no, em 26 de agosto de 1920, quando o político passeava na Floresta Negra. Seu companheiro e colega no Parlamento, Dietz, escapou com um ferimento de bala. Os assassinos — Heinrich Schulz e Heinrich Tillessen — eram ex-oficiais, que pertenciam então ao Estado-maior da Brigada de Marinha Ehrhardt e foram finalmente empregados por um destacado político bávaro, o Conselheiro Privado Heim. Eram membros da associação nacionalista alemã *Schutz und Trutz* (Proteção e Resistência) e de outras organizações nacionalistas. Após cometerem o crime, os dois homens viajaram para Munique, onde o assassinato fora planejado. Daí fugiram com passaportes forjados, presumivelmente emitidos pela polícia bávara, para a Hungria, onde foram temporariamente detidos, mas logo soltos, após um telefonema para uma autoridade da Baviera. O superior deles na organização secreta "Consul", o capitão-tenente von Killinger, também um ex-oficial do exército que tinha combatido contra a República Soviética Bávara e participara do *putsch* Kapp, foi acusado de cumplicidade no assassinato de Erzberger, mas absolvido pelo júri em Offenburg.[16]

É difícil fazer uma estimativa de quantas pessoas foram assassinadas como politicamente indesejáveis por membros dos Freikorps e das associações estudantis que com eles colaboravam estreitamente, nos primeiros anos da República de Weimar. Suas vítimas incluíram comunistas proeminentes, como Rosa Luxemburgo e Karl Liebknecht, que foram arrastados para fora de uma casa cercada, após uma fracassada sublevação de trabalhadores, e, de acordo com o que pôde ser até hoje apurado, foram espancados até à morte, um após o outro, com cassetetes no caminho para a prisão. Houve também vítimas menos conhecidas. Uma delas foi o meu colga de escola, Bernhard Schottländer, uma pessoa muito franzina e sumamente inteligente que, com seus óculos de lentes grossas, já parecia um jovem e erudito *scholar*, mesmo quando era apenas um primeiranista, que se inclinara para o comunismo depois de ler Marx, e cujo cadáver, se bem me lembro, foi encontrado no aterro sanitário da cidade de Breslau, amarrado com arame farpado. Políticos liberais como Rathenau[17] estavam também entre as vítimas, e muitos outros cujos nomes estão esquecidos.

Tal como a maioria dos terroristas na República Federal, os da Alemanha de Weimar também eram predominantemente oriundos de famílias de classe média. Eram, em sua grande maioria, jovens, e uma minoria de nobres. Os membros mais jovens da "boa sociedade" guilhermina eram oficiais ou estudantes, precisamente os grupos onde os terroristas da República de Weimar eram recrutados. Assim, lê-se, por exemplo, num memorando bávaro em preparação para a ditadura, um parágrafo especial: "Mobilização das forças armadas e da corporação estudantil do Reich".[18] Num outro memorando, também do período que antecedeu o *putsch* Kapp, lê-se no item "corporação estudantil":

> Sondagens devem ser imediatamente promovidas pela comissão de mobilização entre os aliados na corporação estudantil a fim de se avaliar a extensão em que os estudantes estão organizados e que setores ainda se mantêm à margem. É particularmente importante apurar se quaisquer setores podem vir a ser nossos inimigos, dado que são fanáticos e

teremos de torná-los inofensivos. Deve ser sustentado o princípio de que a corporação estudantil será organizada em suas próprias brigadas e usada como o principal suprimento de reservas. Isso é porque a nossa maior força tem por base a corporação estudantil.[19]

Vê-se com clareza o problema. Nessa época, a maioria dos estudantes estava do lado daqueles que, em conjunto com os Freikorps e outras organizações militares, procuravam, se necessário com violência, derrubar a jovem república parlamentar e substituí-la por uma forte ditadura militar. Havia certamente exceções, por exemplo, os estudantes que não eram favoráveis a uma revolta patriótica contra a República, ou a uma ditadura militar-burguesa. Mas, como os terroristas desses tempos viam a situação, esses eram os "fanáticos" que tinham de ser eliminados. A idéia de que assassinar adversários políticos era correto e oportuno parecia ser axiomática.

Mas também era certo que essa idéia não estava confinada a um dos lados. A guerra tinha deixado em sua esteira considerável agitação e grande soma de amargura nos círculos da classe trabalhadora. Talvez tivessem suportado as freqüentemente arbitrárias e arrogantes reivindicações de poder das elites dominantes se o Kaiser e seus generais tivessem sido vitoriosos. A derrota, porém, provou que os oficiais, as classes dirigentes, tinham conduzido os trabalhadores falsamente, que suas promessas eram palavras vazias, que as privações e misérias da guerra tinham sido em vão. O fracassado *putsch* Kapp atiçou o azedume dos trabalhadores. A aversão era mútua. Quando a Brigada Ehrhardt se retirou de Berlim após o fracassado *putsch,* multidões aglomeradas na Porta de Brandenburgo gritaram-lhes insultos à sua passagem. Alguns dos soldados em retirada fizeram abruptamente meia volta e atiraram contra as massas. Cerca de doze mortos e muitos feridos foram deixados na Pariser Platz.[20]

Como sempre, o ódio e a violência de ambos os lados exacerbavam-se numa espiral contínua. Na época do *putsch* Kapp, oficiais em uniforme não podiam deixar-se ver nas zonas norte e leste de Berlim, e também em alguns subúrbios, sem correr o risco de serem atacados e insultados pelos moradores. É certo que os líderes militares do *putsch* organizaram tropas, formadas em sua maioria por antigos oficiais, a fim de manter a ordem. Mas após o fracasso do empreendimento, essas tropas, que saíam em patrulha em grupos relativamente pequenos, encontraram-se numa situação altamente ameaçadora, frente a frente com a massa de residentes locais. Os oficiais acantonados em Schöneberg receberam ordens para retirar-se sem armas, a fim de não provocar a população. Seriam levados para Lichterfelde em dois caminhões postos à sua disposição. Mas os caminhões tinham rodado uns escassos cem metros, quando foram detidos pela multidão que os cercava e que, excitada, alvejava com pedras e garrafas de cerveja os acuados oficiais. Na luta corpo-a-corpo que se seguiu, nove oficiais foram jogados por terra, espezinhados e mortos. A polícia foi avisada e os remanescentes, espancados e feridos, foram resgatados e postos a salvo.[21] Cenas como essa ocorreram conjuntamente com a sublevação operária na região do Ruhr.

Tais exemplos permitem-nos acompanhar com muita clareza o curso de um violento processo de duplo vínculo. A Revolução Russa desempenhou um grande papel a esse respeito — como modelo e como aterradora advertência. A comparação com o curso dos eventos ali — em especial com a organização das massas ainda predominantemente agrárias da Rússia para uma sublevação violenta — mostra, é claro, que a força de trabalho industrial alemã estava, em certos aspectos, em desvantagem na mobilização para a violência. O Partido Comunista tentou, evidentemente, transformar a excitação espontânea dos trabalhadores e as numerosas escaramuças e refregas locais, com os Freikorps ou o exército, numa ação militar organizada. Mas a nomeação de um alto comando em Mülheim (no distrito do Ruhr), através de uma proclamação da liderança militar do Partido, em 28 de março de 1920, não teve o desejado efeito. A colocação de unidades de combate de trabalhadores locais sob comando central não foi bem-sucedida. Repetidas vezes, os líderes locais agiram por conta própria. Poder-se-ia imaginar que, em correspondência com o nível então existente de tecnologia, teria sido mais fácil transformar camponeses, habituados à obediência, em soldados prontos para a batalha, do que os trabalhadores industriais, independentes e autoconfiantes. Em todo o caso, parece ter sido essa uma das experiências colhidas da rebelião do Ruhr.

Mas, ao mesmo tempo, essa experiência destaca o curso peculiar do processo de duplo vínculo entre os grupos de jovens oficiais de classe média e seus aliados estudantis, por um lado, e os grupos de trabalhadores, por outro. Ambos procuraram realizar objetivos políticos através do uso da força militar. É uma questão em aberto, em que medida o oficialato russo permaneceu intato como legatário da ordem tradicional após a abdicação do czar. O oficialato alemão conservou-se plenamente operacional, como um quadro unido, após a abdicação do Kaiser. O *esprit de corps* também permaneceu intato. O supremo comando militar sentiu-se responsável pela integridade do Estado e, na realidade, era-o em certa medida. Os aliados, evidentemente, tinham imposto severas restrições às forças armadas alemãs. Estavam fartos de militarismo alemão, mas temiam igualmente que o comunismo russo encontrasse adeptos na Alemanha. Como solução de meio-termo, permitiram que a Alemanha mantivesse um exército de 100.000 homens, em vez de 400.000. Isso significou, ao mesmo tempo, uma radical redução numérica do quadro de oficiais. Muitos dos oficiais devolvidos do serviço ativo para casa ainda eram relativamente jovens; a maioria não tinha outra ambição senão permanecer no oficialato. O serviço militar era para eles o único emprego significativo, a profissão que entendiam e que lhes dava prazer. Para onde mais poderiam ir? As associações voluntárias dos Freikorps eram a resposta.

Havia muitos Freikorps, cada um deles formado em torno de ex-oficiais com qualidades específicas de liderança. Esses grupos, formados predominantemente por jovens de classe média, tinham, de acordo com sua situação social, toda uma gama de inimigos decididos, a quem desejavam combater por todos os meios, sempre que surgisse uma oportunidade. Esses inimigos incluíam, em primeiro lugar, todos os grupos englobados sob a designação genérica de "bolchevistas", sobretudo os setores da classe trabalhadora que tivessem participado de levantes, quer sob a influência de lideranças comunistas, quer por ação espontânea, e que, deliberadamente ou não, se esforçavam por derrubar a República parlamentar e implantar uma República soviética, segundo as diretrizes do modelo russo. Os inimigos, além disso, incluíam a própria República parlamentar, sobretudo na forma daqueles membros do governo e do parlamento que estavam comprometidos com a assinatura do tratado de paz — a "paz infame" — e o cumprimento de suas condições. A aversão das guerrilhas à República (a pocilga), ao parlamento (o parlatório) e, em especial, aos representantes da social-democracia (os arruinados), que ocupavam agora posições influentes em muitos gabinetes governamentais, era apenas um pouco menor do que a que votavam aos bolchevistas (os trabalhadores agitados pelos comunistas).[22]

O equilíbrio de forças entre os dois grupos orientados para a violência na República de Weimar, entre os grupos de trabalhadores orientados para o modelo russo e os de oficiais de extração nobre e burguesa organizados nos Freikorps, era, reconhecidamente, muito desproporcional. A despeito de sua conduta e mentalidade freqüentemente mercenária, os Freikorps eram disciplinadas tropas de choque cujos membros estavam impregnados na tradição militar, desde que sua confiança fosse alimentada por líderes a quem não faltava, por vezes, uma certa dose de carisma. Contra eles estavam os grupos comparativamente indisciplinados que, embora fossem capazes, com freqüência, de oferecer luta imediata e espontânea, não se compraziam na disciplina militar a longo prazo, necessária à execução de planos estratégicos de batalha. Com a restrição mútua dos grupos que renunciaram à violência física às duas alas do espectro partidário parlamentar não-violento, os Freikorps levavam facilmente a melhor em suas refregas com os grupos de trabalhadores radicais, uma vez que também recebiam com freqüência o apoio do exército. Estavam não só melhor treinados mas, sobretudo, muito melhor armados que os grupos de combate dos trabalhadores.

As chances concretas de êxito da sublevação dos trabalhadores nos primeiros anos da República de Weimar foram, pois, muito reduzidas, porque o antigo quadro de oficiais permaneceu intato e foi rapidamente reorganizado, e porque os Aliados eram hostis a qualquer expansão da Revolução Russa. Mas para a legitimação de sua própria existência, o perigo do bolchevismo era do maior significado para os Freikorps e o exército. Ao aludirem à Revolução Russa e ao perigo de sua expansão, não só os Freikorps e o exército, mas também muitas outras associações nacionalistas que se formaram nessa época, sem esquecer as organizações terroristas, puderam ganhar o apoio de inúmeros simpatizantes nobres e burgueses. O êxito subseqüente de Hitler e, em especial, a inação dos Aliados a respeito do rearmamento da Alemanha, só podem ser entendidos como conseqüência da Revolução Russa; foi uma expressão da aversão universal de vastos setores da classe média, e até de consideráveis parcelas da classe trabalhadora, ao espectro do bolchevismo e à expansão da Revolução Russa como modelo para outros países. (Ver apêndice 3 a esta parte, p.196-204)

5

A maioria das pessoas que faziam fila para aderir aos Freikorps tinham sido jogadas no desemprego. Milhares de oficiais viram-se no final de suas carreiras, em conseqüência da derrota e das condições do armistício. Com freqüência, tinham lutado durante anos nas primeiras linhas. Era quase impossível para eles encontrar uma posição civil apropriada aos seus conhecimentos e expectativas de *status*. Muitos esperavam estar aptos a continuar suas carreiras como oficiais no exército regular, logo que a Alemanha pudesse estabelecer maiores forças armadas. Por essa razão, eles já detestavam essa República, cuja "política de submissão" parecia bloquear-lhes essa ambição. Outros viram um novo futuro nas províncias bálticas, onde uma classe alta alemã tinha vivido por largo tempo. Proprietários rurais germano-bálticos e alguns líderes do movimento nacionalista letão prometeram às guerrilhas alemãs terras para assentamento, em troca de ajuda para libertá-los do controle russo. Por isso um grande número de Freikorps foram para o Báltico. Aí poderiam lutar contra o mais odiado inimigo, os bolchevistas. Também esperavam estar aptos a compensar a perda da Alsácia-Lorena pela anexação das províncias bálticas à Alemanha. Ao mesmo tempo, pela aquisição de terras, estariam aptos a iniciar uma nova existência de harmonia com sua elevada posição social.

Lembrar a campanha no Báltico pode ajudar a compreender o desenvolvimento de alguns desses grupos no terrorismo político dirigido contra o novo Estado alemão. Uma vez mais, alguns excertos de um romance, desta vez do mais ou menos autobiográfico romance de Ernst von Salomon, *Die Geächteten* (*Os proscritos*),[23] podem esclarecer o processo que levou as pessoas ao terrorismo, à organização sistemática de assassinatos e de outros atos de violência como um meio de abalar e, se possível, destruir um regime detestado.

Ernst von Salomon, que privava da intimidade dos assassinos de Rathenau, já indica a direção desse desenvolvimento nos títulos dos capítulos do seu romance. São eles:

1. Os Dispersados
2. Os Conspiradores
3. Os Criminosos

As etapas pelas quais cada indivíduo passou nesse percurso na década de 1920 foram, em linhas gerais, as seguintes:

1. Oficial no exército guilhermino (ou, se muito jovem, talvez cadete na Academia Militar prussiana).
2. Membro de um Freikorps, tendo muitos deles participado na fracassada campanha do Báltico.
3. Membro de uma associação secreta conspiratória, de caráter terrorista.

A quarta etapa, sobre a qual não precisamos ir mais longe aqui, seria a adesão ao Partido Nacional-Socialista. Isso significou, para muitos dos antigos membros dos Freikorps, constantemente ameaçados pelo perigo de degradação social, a oportunidade de se elevarem de novo, enfim, com toda a segurança, às posições passadas e de darem realidade às suas esperanças políticas — afinal frustradas, uma vez mais. Foi afirmado, de fato, não sem justificação, que a ascensão de Hitler ao poder dificilmente teria sido possível sem a contribuição organizacional e militar dos antigos membros dos Freikorps.

Como jovem, Salomon foi direto do corpo de cadetes para um Freikorps de Hamburgo comandado por um tenente Wurth. Aí se encontrou na companhia de aventureiros, um tanto desregrados e turbulentos, mas também românticos, com hábitos semelhantes aos dos mercenários. Ele recordou o avanço nos seguintes termos:

> A palavra "avanço", para aqueles de nós que fomos para o Báltico, tinha um significado misterioso, alegremente perigoso... o significado de uma camaradagem vigorosa... a dissolução de todos os vínculos com um mundo que está afundando, apodrecendo, com o qual o verdadeiro guerreiro não pode continuar a ter algo em comum.[24]

Uma etapa característica do processo pelo qual as pessoas se tornam terroristas é ilustrado aqui com muita clareza. Eles sentem-se como proscritos em relação a uma sociedade que parece estar pobre até o âmago. Estão convencidos de que a sociedade está naufragando, e desejam que isso aconteça, embora talvez não seja particularmente claro o que acontecerá quando isso se consumar. Ironicamente, pelo menos no caso do jovem Salomon, para quem a jovem e frágil República alemã lhe lembrava um "mundo que estava afundando e apodrecendo", era precisamente a velha sociedade, em cuja tradição ele próprio, e muitos de seus camaradas, tinham sido criados, a que fora derrotada e estava irremediavelmente afundando. Expirara o império, mas um número incontável de seus representantes sobrevivera. Com a morte do império, as tarefas vitais que pareciam significativas para essas pessoas também desapareceram. O treinamento na escola de cadetes tinha preparado Ernst von Salomon para uma carreira de oficial no exército prussiano. O antigo exército desintegrara-se, um novo, muito menor, acabara de ser formado. O supremo comandante-chefe desertara para a Holanda. Onde, nessa República que surgira da derrota, haveria ainda lugar, um significativo propósito futuro para pessoas como ele?

A campanha no Báltico, que prometera compensar a perda alemã de territórios no Ocidente e, aos participantes, uma nova posição compatível com seu *status* social — talvez até uma propriedade rural — insuflou nova esperança. Não se perguntaram o que os vitoriosos inimigos da Alemanha ou o governo em Berlim diria de uma ocupação das províncias bálticas russas. A política mundial estava muito distante e o sonho era belo. Mas por muito que esse sonho representasse o novo e melhor futuro nos sentimentos de seus adeptos, por muito que ele contrastasse com a desmantelada Alemanha republicana, que eles detestavam por causa de sua política pacifista, aquilo com que essas pessoas estavam fundamentalmente sonhando era com a restauração do antigo mundo, ou seja, a restauração de um império alemão com um poderoso exército, e em cuja hierarquia de status o oficialato e os valores militares ocupariam de novo o alto lugar que lhes era apropriado. Disciplina militar, firmeza e coragem seriam então altamente valorizadas de novo, como mereciam; falta de fibra, vacilação e escrúpulos morais de uma espécie burguesa atrairiam o desprezo que mereciam, o mesmo desprezo que votavam aos civis que governavam agora em Berlim, assim como os membros do Parlamento que tagarelavam muito, mas faziam muito pouco.[25]

Para as guerrilhas no Báltico, esse Estado parlamentar era um mundo estranho, desconhecido. A sua coesão já não era mais determinada, como no antigo exército, através de regulamentos militares elaborados burocraticamente e sancionados pelo Estado, através de uma hierarquia de oficiais cujo ápice simbólico era a figura suprema do Kaiser. Os homens dos Freikorps não se sentiam realmente no dever de prestar contas a quem quer que fosse, exceto ao seu próprio grupo. Quase todos os Freikorps tinham o seu próprio líder carismático, cuja autoridade pessoal, participação física na luta, tácita promessa de vitória, de despojos e de um melhor futuro os mantinha unidos e eram fatores decisivos para a solidariedade e o vigor combativo desses guerrilheiros.

O lugar-tenente Wuth, do Freikorps de Hamburgo, era um desses líderes. De acordo com a descrição de Salomon, era um homenzarrão bronzeado e rude. Tinha o hábito de afiar um dente de javali que lhe sobressaía da boca entre os pêlos eriçados da pequena barba e, antes de cada batalha, trocava seu capacete de campanha por uma boina de veludo como as usadas pelos *Pachants* e os *Wandervögel* originais.[26] As batalhas no Báltico eram duras, as baixas pesadas, mas a esperança persistia. E a vida era livre, desimpedida, uma alternativa para a entorpecida e rotineira vida burguesa, com todas as suas limitações. Ali, no Báltico, ainda havia ação e a possibilidade de novas vitórias para ajudar a esquecer as derrotas no Ocidente.

Sobreveio então o golpe que destruiu todas as esperanças. Aconteceu o impensável. Com autorização do governo, representantes seus assinaram o terrível tratado de paz que selou a humilhante derrota. Salomon descreveu essa traumática experiência:

> Um dia, próximo à data fixada para o início do armistício, estávamos sentados no alojamento do tenente Wuth. Schlageter aí se encontrava de visita e estávamos conversando sobre as possibilidades de nos instalarmos neste país. Wuth queria comprar uma fazenda e serraria. (...) Então o tenente Kay entrou no quarto e falando agitado em meio à fumaça de cigarros anunciou: "A Alemanha assinou o tratado de paz!"
>
> Por um momento, fez-se um profundo silêncio, tão profundo que o quarto quase estremeceu quando Schlageter se levantou (...) Ele fez uma pausa, os olhos fixos num ponto bem à sua frente e, de súbito, com um sinistro tom de voz, disse: "Penso que, afinal de contas... temos alguma coisa a ver com isso?" E bateu a porta. (...) Estávamos alarmados. Ouvimos isso e ficamos chocados ao concluir que, na realidade, tudo isso nos afetava muito pouco.[27]

Por um breve instante, eles talvez pudessem realmente acreditar que esse distante acontecimento não lhes dizia respeito. Mas os fios invisíveis que os ligavam à sua distante pátria logo se tornaram perceptíveis. Na realidade, eles nada mais eram do que soldados alemães espalhados pela vastidão dos campos russos. A conclusão do tratado de paz por esses *parvenus*, que agora representavam a Alemanha, tinha selado o seu destino. Sentiam-se traídos:

> Entreolhávamo-nos, arrepiados. De súbito, sentimos a algidez do inexprimível abandono. Tínhamos acreditado que o nosso país nunca nos despediria, que lhe estávamos ligados

> com uma indestrutível corrente, que ele alimentava os nossos desejos secretos e justificava os nossos atos. Agora, tudo isso acabara. A assinatura nos livrou de todas as obrigações.[28]

Este exemplo mostra claramente o imenso significado emocional da falha do governo de Berlim por não ter declarado em público, em alto e bom som: "Por recomendação expressa do supremo comando do exército, os nossos delegados assinaram o tratado de paz na forma em que nos foi apresentado." A freqüentemente exaltada esperteza inata de Hindenburg conseguira transferir o sentimento de ignomínia despertado pela assinatura do tratado de paz e, portanto, pela humilhante derrota militar para os representantes da República parlamentar. Isso permitiu a renúncia de todos aqueles que se sentiram prejudicados por essa República. No caso de outros indivíduos, o choque pela assinatura de tão vergonhoso e sufocante tratado pode ter-se evidenciado de outras maneiras. Mas o efeito traumático sobre os guerrilheiros, conforme aqui descrito, teve sob certos aspectos uma significação exemplar. Eles nada sabiam das circunstâncias coercivas que tinham levado o governo a decidir assinar. Talvez pudessem tê-lo aceito se o tratado tivesse sido assinado pelo Kaiser, ou Hindenburg e Ludendorff. Mas parecia agora que a responsabilidade exclusiva pela assinatura desse tratado de paz cabia a indivíduos que, de acordo com a tradição da antiga *satisfaktionsfähige Gesellschaft* e, em especial, a do oficialato, eram considerados arrivistas ou *parvenus*.[29]

Sob a pressão da *Entente* e de acordo com os termos do tratado de paz, o governo de Berlim ordenou finalmente a retirada dos Freikorps do Báltico. Em face disso, muitos dos guerrilheiros rejeitaram sua obediência ao governo alemão, permaneceram no teatro de operações e continuaram lutando — não contra o Exército Vermelho, que já se retirara, mas contra os recém-organizados exércitos letão e estônio, os quais eram apoiados por belonaves britânicas. Pouco a pouco, os guerrilheiros foram forçados a recuar. Essa foi uma segunda experiência traumática para eles. Homens que não podiam admitir que a Alemanha tivesse sido derrotada no Ocidente, estavam agora experimentando o sabor da derrota em primeira mão no Leste.

Pouco a pouco, a situação das guerrilhas no Báltico tornou-se cada vez mais insustentável. Quando chegaram as primeiras e cortantes nevascas do outono russo, a escassez dos suprimentos de vestuário enviados da Alemanha fez-se gradualmente sentir. Muitos deles não tinham capotes. Túnicas e calças estavam em andrajos, as botas esburacadas. E as populações locais acossavam implacavelmente as tropas em seu constante recuo, tal como os russos tinham feito antes com o exército napoleônico em retirada. Por fim, os desesperados guerrilheiros, com suas esperanças destruídas, enfureceram-se. Salomon, entre outros,[30] descreveu o que aconteceu então. Uma vez mais, eles contra-atacaram — com fúria e desespero —, perdidos os últimos remanescentes de sua humanidade:

> Desferimos a última estocada. Sim, erguemo-nos uma vez mais e avançamos, numa arrancada fulminante. Até o último homem, saímos todos para campo aberto e corremos na direção da floresta. Atravessamos correndo os campos cobertos de neve e penetramos na floresta. Chegamos atirando contra a multidão colhida de surpresa, golpeando, caçando, abatendo quem surgisse pela frente. Afugentamos os letões, como raposas cor-

rendo pelos campos, tocamos fogo em todas as casas, pulverizamos todas as pontes e derrubamos todos os postes telegráficos. Jogamos os cadáveres em poços e granadas de mão em cima deles. Matamos todos os que nos caíam em mãos, queimamos tudo o que podia arder. Víamos tudo vermelho, já não tínhamos qualquer sentimento humano em nossos corações. Onde tínhamos levado a devastação, o saque e a morte, a terra gemia sob o peso da nossa destruição. Por onde passava a nossa fúria, onde tinha havido casas, agora eram entulho, cinzas e vigas incandescentes, como chagas supuradas num campo nu. Um gigantesco penacho de fumaça assinalava a nossa passagem. Tínhamos acendido uma pira fúnebre onde mais do que matéria morta estava ardendo, aí ardiam também nossas esperanças e nossos anseios; aí ardiam também as tábuas burguesas, as leis e os valores do mundo civilizado; ardia tudo o que ainda arrastávamos conosco como sucata empoeirada do vocabulário e das crenças nas coisas e idéias do tempo que ora nos excluía e rejeitava.

Retiramo-nos, fanfarrões, bêbados, carregados de despojos. Em nenhuma parte, os letões sustentaram suas posições. Mas no dia seguinte, ali estavam de novo para nos fustigar.[31]

Se investigarmos as condições numa sociedade em que formas civilizadas de comportamento e de consciência começam a dissolver-se, veremos, uma vez mais, algumas das etapas desse trajeto. É um processo de brutalização e desumanização que, em sociedades relativamente civilizadas, requer um tempo considerável. Em tais sociedades, terror e horror dificilmente se manifestam sem um processo social bastante longo, durante o qual a consciência se decompõe. Na tentativa de entender o surgimento da violência nua e crua como objetivo social, com ou sem legitimação estatal, as pessoas usam com muita freqüência diagnósticos estáticos e métodos de explicação a curto prazo. Pode haver certa pertinência nisso quando não se está realmente interessado em encontrar explicações mas, antes, em questões de culpa. Nesse caso, é bastante fácil descrever a barbarização, a descivilização, e também a própria reserva e o comportamento civilizado de cada um como expressão de uma decisão pessoal livremente escolhida. Mas tal diagnóstico e esclarecimento voluntarista não nos leva longe.

Se reconhecermos o curso de desenvolvimento dos Freikorps como um dos caminhos que levaram a atos de violência terrorista extra-estatal durante a República de Weimar, assim como aos atos de violência estatal na era de Hitler, então obteremos um grau de entendimento do longo período de acumulação e estruturação que precedeu os grandes atos de barbarismo que, no começo, eram quase invisíveis mas depois tornaram-se mais óbvios, como se tivessem brotado do nada.

Os homens que, em fúria e desespero, participaram numa orgia de aniquilamento e destruição no Báltico, e alguns dos quais, como o próprio Salomon, procuraram mais tarde destruir a detestada República mediante atos de terror, tinham iniciado a arrancada com grandes esperanças. A aventura seduzira-os. Sonhavam com grandes vitórias para a sua causa, assim como para eles próprios. À medida que aumentavam os sinais de fracasso e derrota, no começo, recusaram-se a aceitar a advertência. Envolveram-se em seu sonho como numa quente e protetora capa. Quando a sombria realidade finalmente se lhes impôs através das esperanças pulverizadas, eles ficaram desvairados. Sob a pressão cada vez mais forte da frustradora realidade, o sonho desmoronou e, com ele, a consciência pessoal dos guerrilheiros. A ira e o desespero levaram-nos a matar quem atravessasse em seu caminho. Seguiram um rumo, ao qual alguns deles procuraram dar continuidade, com maior circunspeção, em organizações secretas após o regresso à pátria. Entregaram-se à tarefa de destruir um mundo que lhes negava qualquer significado e que, portanto, lhes parecia ser ele próprio destituído de significação — merecedor apenas de ser destruído.

Uma vez mais, suas esperanças foram reanimadas — nos preparativos para derrubar o regime de Weimar e instaurar uma ditadura. Como também essas esperanças foram frustradas com o fracasso do *putsch*, Kapp, alguns membros obstinados de muitos Freikorps não viram outra solução senão o uso do terror para desestabilizar e, finalmente, derrubar o abominado regime. Durante esse período, correspondentemente, um certo número de ex-oficiais, em sua maioria membros da Brigada Ehrhardt, formou sua organização secreta. O assassinato de políticos proeminentes soaria como uma advertência. Com a ajuda de tais ações, o putrefato regime seria tão abalado que acabaria ruindo. (Ver apêndice 4 a esta parte, p.205-8.)

Hitler teve êxito onde os líderes dos Freikorps falharam: na destruição total do regime parlamentar de Weimar.[32] Teve êxito, em grande parte, porque se esforçou por mobilizar vastos setores das massas através do uso de propaganda extraparlamentar. Os Freikorps estavam entre os seus mais importantes precursores, preparando-lhe o terreno. Os objetivos deles eram, sob muitos aspectos, idênticos aos de Hitler. Mas, apesar de todo o processo de barbarização por que tinham passado suas atitudes e mentalidade, eles permaneciam radicados na tradição dos oficiais de elite — a tradição da antiga *satisfaktionsfähige Gesellschaft* nobre e burguesa. Hitler, o segundo cabo, rompeu as barreiras elitistas do movimento de oficiais e estudantes e transformou-o num vasto movimento popular sem as restrições elitistas que impediam sua disseminação entre as massas. Ser membro da "raça alemã" abriu a porta a muito mais gente do que a mera pertença à "boa" sociedade nobre e burguesa e, na juventude, ao oficialato ou às associações estudantis.

6

De um modo semelhante ao que ocorreu na República de Weimar, uma organização ilegal foi formada entre os jovens na República de Bonn a fim de executar assassinatos políticos, como forma de contribuir para mudanças e, possivelmente, para a queda do Estado e da ordem social vigente, a fim de abrir para os partidos interessados novas perspectivas para o futuro que, de momento, lhes estavam vedadas.[33] Em ambos os casos, essas organizações desenvolveram-se gradualmente, no começo, após uma série de severas decepções e fracassos. Em termos de classe, a maioria dos terroristas em Bonn, assim como na República de Weimar, provinha de famílias burguesas. Havia também entre eles numerosos estudantes ou antigos estudantes. Mas não havia quase nenhum oficial. Em contrapartida, não faltavam terroristas do sexo feminino, que estavam totalmente ausentes entre os grupos de Weimar.[34]

Percebe-se o problema. No período de Weimar, grupos de jovens da classe média que sentiam estar o regime vigente bloqueando suas oportunidades para uma vida significativa, olhavam os trabalhadores como adversários, os comunistas como seus piores inimigos e até a classe média liberal como abominável. Na República de Bonn, a oposição extraparlamentar, a qual também era constituída em sua grande maioria por jovens da burguesia, em cujas fileiras eram principalmente recrutados os membros de associações terroristas secretas, havia uma perspectiva oposta. Simpatizavam com os trabalhadores, por vezes também com uma ou outra forma de comunismo.[35] Sua inimizade era dirigida contra a sociedade burguesa estabelecida — uma sociedade que, a seus olhos, estava alicerçada exclusivamente no egoísmo e na realização de interesses individuais. Também sentiam que as circunstâncias sociais existentes e as limitações que assim lhes eram impostas eram insuportáveis. E numa consideração mais profunda da situação descobre-se também que, na raiz, uma geração mais jovem em busca de uma vida significativa para si encontra restringidos ou bloqueados os canais para se alcançar tal vida. *O que* era valorizado como significativo era muito diferente nos dois casos. Mas a motivação básica era a mesma: o sentimento de estar encarcerado num sistema social que tornava muito difícil para as gerações mais jovens encontrarem oportunidades para um futuro pleno de significado.

Essa motivação fundamental tem sido discernível repetidas vezes no testemunho dos movimentos extraparlamentares, desde a década de 1960 até o presente. Mas usualmente permanece mais periférica. Desaparece com freqüência atrás de um véu de marxismo ou seus derivados. Em minha opinião, entretanto, é uma motivação central. Obstrui-se a visão de um problema social muito sério do nosso tempo quando não se reconhece isso.

Há um pressuposto tácito nas sociedades industriais multipartidárias de hoje que impede a percepção desse problema. De acordo com esse pressuposto, as sociedades em questão encontram-se construídas de tal modo, que toda e qualquer pessoa pode encontrar uma tarefa significativa e gratificante na vida, desde que ele ou ela se esforce ao máximo por consegui-la. Isso é falacioso. Existem fases distintas nessas sociedades em que os canais para a mobilidade ascendente das gerações jovens e vindouras são relativamente numerosos e abertos, e outras em que são limitados e restritos. Não estou me referindo aqui simplesmente a oportunidades de carreira. O que afirmei é igualmente válido no que se refere a oportunidades não-profissionais (*nichtberufliche*) de uma vida significativa, incluindo sobretudo as oportunidades na esfera da luta política. Os conflitos políticos de hoje assumiram, sob muitos aspectos, as funções de criação de significado que, numa época anterior, eram desempenhadas pelas lutas religiosas. A orientação, dentro do espectro político que hoje — mas, certamente, não para sempre — se estende entre os dois pólos opostos de comunismo e fascismo, os quais, em última instância, estão ambos orientados para o uso da violência, talvez tenha se tornado, mais do que nunca, o centro de orientação do mundo para vastos círculos.

Mas é exatamente nessa direção que os jovens de hoje acham que o trabalho político dos partidos, tal como eles o vivenciam, fecha freqüentemente a porta a qualquer atividade significativa. Muitos deles são suficientemente perspicazes e inteligentes para reconhecer com clareza os pontos vulneráveis e as deficiências das sociedades existentes. As pessoas de gerações mais antigas, com experiência nas lutas pelo poder, reconhecem com freqüência a necessidade de compromisso. Os mais jovens são, na maioria das vezes, mais inflexíveis a respeito de meias-medidas. Pode ser aqui percebido um aspecto do conflito de gerações que se desenrola apenas meio reconhecido nas sociedades industriais ocidentais. Muitos dos mais argutos membros das mais jovens gerações não se satisfazem com soluções de compromisso. Assim, quando desejam expressar e pôr em prática seus desejos políticos através dos canais institucionais da organização partidária, é freqüente encontrarem o caminho obstruído, suas necessidades de significação bloqueadas.

A formação de uma oposição extraparlamentar, na década de 1960, fornece um exemplo ilustrativo dessa situação. Isto vale igualmente para o movimento estudantil ligado a essa oposição e com a qual compartilhava de um grande número de membros em comum. No começo, as pessoas mais jovens viram aí algo que já não encontravam no âmbito das instituições políticas estabelecidas, especialmente nos partidos solidamente organizados. As atividades coletivas, a vida comunitária e as demonstrações de massa, todas elas proporcionam aos participantes não só um sentimento de solidariedade, mas também o sentimento de se possuir um propósito significativo, um sentimento de poder e uma excitação feliz e prazerosa. Aí estavam os propósitos; aí estava o significado.

O relativamente longo caminho, no qual as ações inicialmente pacíficas se tornaram, aos poucos, mais violentas — por exemplo, através de atentados incendiários contra estabelecimentos comerciais ou repetidos ataques a instalações americanas, planejados como protestos contra a Guerra do Vietnã — não precisa ser aqui descrito. Mas talvez não seja de todo isento de importância dizer-se que, uma vez mais, tratava-se de um típico processo de duplo vínculo, com uma forte tendência para a auto-escalada. Desde o começo, as ações e manifestações do movimento extraparlamentar foram dirigidas contra instituições existentes, entre elas, a estrutura autoritária vigente nas universidades. Não admira que as autoridades instituídas revidassem, ou que fossem por isso cometidos erros, dos quais o fuzilamento de Benne Ohnesorg, um estudante, teve provavelmente as mais sérias conseqüências. Em semelhante situação, um erro como esse é como um guia mostrando o caminho a ser seguido: o sentimento geral era que se o Estado usa a violência, nós também devemos usá-la. Tais processos de duplo vínculo não têm um início real. A polícia deve certamente ter se sentido provocada e talvez ameaçada pelos manifestantes. Mas essa é uma regularidade quase universal de um duplo vínculo: a violência engendra a contra-violência, a contra-violência aumenta a violência do outro lado, e assim por diante.[36]

Se observarmos as relações de poder envolvidas, chega-se rapidamente à conclusão de que o equilíbrio entre o potencial de violência do Estado e o dos movimentos extraparlamentares — e, mais tarde, dos terroristas — era por demais desigual para que os últimos tivessem qualquer chance de êxito. Mas, com toda a certeza, muitos líderes do movimento estudantil e da oposição extraparlamentar desses dias sentiram que poderiam contribuir para a queda da ordem social do egoísmo, e abrir o caminho para eles próprios e para a classe trabalhadora, rumo a uma ordem menos egoísta, menos repressiva, mais significativa. Então, depois dos êxitos de 1968, muitos dos participantes defrontavam-se de novo com a questão de um futuro bloqueado, a questão: Para onde vamos? O que faremos? Começou despontando o reconhecimento de que não estavam realmente avançando nada; após a euforia do sucesso, instalou-se pouco a pouco o desapontamento; após o sonho veio o despertar, com a intuição de que a detestada estrutura social, embora tivesse sofrido alguns arranhões aqui e ali, ainda permanecia intata. Além disso, a par do desapontamento a respeito de suas próprias iniciativas, alguns deles sofreram uma segunda decepção no mesmo ano, quando a Rússia mandou tropas invadirem a Tchecoslováquia.

Passando por alto várias etapas intermédias, como a libertação de um líder da prisão, começou se desenvolvendo em certos círculos do movimento extraparlamentar a convicção de que a potência superior da organização estatal da violência não podia ser derrotada por meios legais. De um modo semelhante ao de alguns exasperados e desapontados jovens de classe média dos grupos que repudiaram o Estado durante o período de Weimar, também alguns exasperados e desapontados jovens de classe média na República de Bonn extraíram de suas experiências a conclusão de que essa estrutura social só poderia ser abalada através da conspiração. Isso só poderia ser conseguido através da formação de associações secretas e da ação terrorista sistemática contra seus mais destacados representantes, despertando assim, talvez, a população letárgica.[37]

Um dos temores centrais daqueles que aproveitaram a oportunidade para formar unidades de guerrilha urbana, assim como daqueles que assumiram sua liderança, era a possibilidade de um retorno da Alemanha a uma ditadura de partido único. Talvez já vissem a República Federal como um regime semifascista. Alguns membros das organizações terroristas eram da opinião de que seria preferível forçar o fascismo encoberto, que parecia manifestar-se em atos de violência do Estado, do que expor-se abertamente através de atos de contraviolência que lhe arrancassem a máscara. Sem dúvida, as medidas coercivas da República Federal eram reforçadas, de certa maneira, pela pressão dos atos terroristas.

Se hoje olharmos para trás e realizarmos um balanço desse período, é impossível deixar de lamentar todas as vítimas que essa luta reclamou, todo o sofrimento que causou e a futilidade de todo esse sacrifício e sofrimento. É cada vez mais premente, portanto, a tarefa de nos conscientizarmos dos problemas sociais que originaram esses conflitos. Eles ainda estão, em grande parte, por resolver; eles ainda existem. Tentarei resumir o que me parece ser o âmago da questão.

Talvez possa fazer isso da melhor maneira, alongando-me a respeito de uma expressão que já usei de tempos em tempos. Disse que as pessoas que desempenharam papéis de liderança nas organizações extraparlamentares, tanto não-violentas, quanto violentas, eram predominantemente "jovens burgueses". Sob muitos aspectos, eles usaram uma orientação ideológica centrada nos problemas da classe trabalhadora, mas foi escrito sobre tais grupos, com certa justificação, que:

> A classe trabalhadora mítica é um clube que nutre o propósito de aniquilar o mundo do pai.[38]

De fato, neste como em outros casos, por trás do uso ideológico do conflito de classes está a realidade de um conflito de gerações como força propulsora. Houve, certamente, pessoas das organizações terroristas na República Federal que vieram da classe trabalhadora e que, em certa medida, continuaram ganhando a vida como trabalhadores. Mas estavam em minoria. Era assombrosa a diferença entre eles e os terroristas originários da classe média, no que se refere à atitude de uns e outros e sua preparação para o uso da força física como veículo de luta política. Mas isso é uma outra questão.

Um membro das classes trabalhadoras que desempenhou um papel ativo, embora, segundo parece, não exercesse uma liderança em qualquer organização terrorista foi Michael Baumann. Seu livro, *Wie alles anfing* (*Como tudo começou*) (1975), ajuda em muitos aspectos a entender o lado humano dos terroristas. Tal como Hans-Joachim Klein — um outro antigo trabalhador-terrorista que escreveu uma autobiografia[39] — Baumann era uma pessoa que, através de seu contato com o movimento estudantil e, sobretudo, através de sua formação autodidata, converteu-se num intelectual. Ambos os jovens nunca perderam o que era típico de suas origens. Mas, diferentes como eram, permaneceram solitários. Baumann, em particular, era mais anarquista do que marxista. Rejeitou deliberadamente a carreira que suas origens pareciam conduzir a ele, assim como rejeitou mais tarde o movimento terrorista. Ele era, para usar as suas próprias palavras, "um trabalhador demente".

É um dado revelador que ele se perguntasse, relativamente cedo na vida, que espécie de significado o seu trabalho tinha para ele:

> No trabalho que você faz, pode não encontrar o menor sentido, por exemplo, em sair dando recados ou alguma outra bobagem parecida. Depois, você não sente vontade de aprender um ofício manual. Isso causa-lhe somente aversão, é apenas uma outra coisa que você tem de demolir.[40]

Tornou-se claro para ele que o que estava aprendendo, então, era o que ele teria de fazer nos próximos cinqüenta anos. Ficou fisicamente chocado e, finalmente, conseguiu "cair fora". Descreve isso em termos muito explícitos:

> Por exemplo, no primeiro dia, quando todos os aprendizes tinham ido ao escritório e depois foram levados em algum veículo para o local da obra, ocorreu-me de súbito que estaria fazendo isso pelos próximos 50 anos. Não há escapatória. Fiquei deveras horrorizado, de modo que procurei sempre uma forma de poder livrar-me disso.[41]

Se se perguntar por que razão os movimentos de oposição extraparlamentar, nas décadas de 1960 e 1970, e também depois, sem dúvida, eram principalmente formados por pessoas de origem na classe média, então parece útil começar neste ponto. Para os trabalhadores jovens, a experiência descrita por Baumann é provavelmente um tanto rara. Como hipótese de trabalho, pode-se supor que a transição da escola para um aprendizado, e deste para um local de trabalho, ainda ocorre hoje de modo tradicional e relativamente irrefletido: todas as pessoas que conheço passam por isso, de modo que eu faço o mesmo. As pessoas submetem-se a coerções mas, segundo parece, com crescente letargia. Aquelas que, como Baumann, não fazem isso e vêem-se, de súbito, frente a frente com o seu futuro e dizem para si mesmas com horror, "Então, é isso o que vai ser toda a minha vida?", ainda constituem uma exceção entre os jovens trabalhadores.

Para os jovens oriundos da classe média, especialmente os jovens estudantes, a questão do futuro: "O que virei a ser? Que forma devo dar à minha vida?", é usualmente uma indagação central e muito urgente. O desejo de um futuro que seja significativo para a pessoa, que ela sinta ser gratificante, é mais forte e, por conseguinte, a busca de significado mais consciente.

Se os grupos de jovens rebeldes de classe média, das décadas de 1960 e 1970, viram ou não como o objetivo de suas manifestações, passeatas, *sit-ins* e invasões, o protesto a favor dos oprimidos e derrotados, essa questão do significado permaneceu no *background* como poderosa força motivadora. Se um considerável número de jovens teve sufocadas suas oportunidades de expressão, como ainda hoje ocorre com freqüência, então existe uma emergência na sociedade, um potencial explosivo que, sob condições favoráveis encontrará repercussão, repetidas vezes, em movimentos que se colocam em pronunciada oposição às instituições políticas estabelecidas. Referi-me acima aos terroristas da República de Weimar porque me pareceu ser útil destacar que os movimentos extraparlamentares, pacíficos ou violentos, não constituem um fenômeno isolado mas, em certas condições, são parte, por assim dizer, da estrutura das sociedades industriais não-ditatoriais e, talvez, também das ditatoriais.

Além disso, especialmente na República Federal alemã, a diferença entre as idéias morais das gerações mais velhas e o *ethos* das mais jovens é deveras impressionante. Como reação à lembrança traumática da desumanidade do período de Hitler, um *ethos* muito acentuado de resistência à desigualdade, à opressão, à exploração e à guerra, e a favor de um novo tipo de decência entre os seres humanos, passou a ser aceito pelas pessoas mais jovens. Ainda temos de esperar para ver se esse *ethos* freqüentemente utópico sobreviverá quando essas pessoas ficarem mais velhas. Mas quer isso aconteça ou não, podemos admitir com uma certa dose de certeza que o problema de significado para as gerações mais jovens, o qual se expressou no movimento terrorista, entre outros, far-se-á sentir repetidamente, mesmo em atos de violência, enquanto as pessoas não se esforçarem, de um modo muito mais intenso e consciente, para melhorar. De fato, não é difícil perceber que essa barreira à expressão para uma parcela não desprezível da geração mais jovem, criada através de leis, de desemprego ou seja o que for, gera um vasto campo de recrutamento, não só para os traficantes de drogas atuais, mas também para as futuras guerrilhas urbanas e para os futuros movimentos radicais em geral, de direita ou de esquerda. Ninguém pode dizer que futuro está reservado para a República Federal da Alemanha, caso essa semente germine. (Ver apêndice 5 a esta parte, p.209-66.)

Apêndices à Parte III

1 Sobre o *ethos* da burguesia guilhermina

Embora houvesse exceções, como os escritos de Nietzsche, o *ethos* guerreiro aburguesado da sociedade guilhermina encontrou sua expressão menos em livros eruditos, do que no pensamento e nas ações cotidianas das pessoas envolvidas. Provas disso apresentam-se, por exemplo, em mudanças no uso de vocábulos ou nos romances populares da época.

Rudolf Herzog, respeitado expoente de uma literatura burguesa amena, de alto nível, usou empresários do seu tempo como personagens centrais em várias obras. Um de seus romances, *Hanseaten* (1909) (*Mercadores hanseáticos*), tem como protagonista Karl Twersten, proprietário e administrador de um estaleiro de Hamburgo, herdado de seu avô. No começo, Herzog descreve, entre outras coisas, como os operários se postam em posição de sentido quando o dono do estaleiro sobe a bordo de um navio recém-construído. Depois, quando numa ocasião foram impedidos de chegar ao local de trabalho no porto em conseqüência de uma tempestade e do continuado mau tempo, eles mandaram uma delegação para falar com o patrão porque o trabalho perdido desse dia seria descontado de seus salários; a discussão entre Twersten e os delegados teve a seguinte forma:

> — Ouçam, — começou ele, olhando-os com severidade. — Todos vocês foram soldados, não foram? Ou marinheiros? Melhor ainda. Então, nesse caso, devem saber perfeitamente o que significa disciplina. E vocês, trabalhadores veteranos sabem, tão bem quanto eu, que num estaleiro naval tem de haver tanta disciplina quanto a bordo de um navio. Portanto, tudo o que tenho a fazer é ceder às exigências de vocês e estarei abrindo a porta à indisciplina. Por quê? Claro que não estou referindo-me a vocês três. São homens honrados e conheço-os há bastante tempo. Mas poderia ocorrer a centenas de madraços usarem todos os dias o vento e a chuva como desculpa quando quiserem chegar algumas horas mais tarde ao serviço. Basta que fique sendo hoje conhecido que é uma boa desculpa e que funciona — nós ainda vamos ser pagos! — e vocês, trabalhadores esforçados e decentes, serão os que fazem figura de bobos... Não, não preciso dizer mais nada a vocês. Não são novatos e sabem que deve haver disciplina. Assim deve ser, doa a quem doer.
>
> — Está certo — disse o ferreiro, e pôs seu boné num gesto brusco.
>
> — Nesse caso, devem compensar o tempo perdido trabalhando horas extras. Esse é o acordo.

— De acordo, Sr. Twersten. E queira nos desculpar, por favor, por termos vindo perturbá-lo deste modo, senhor.[42]

Essa adequação parcial das relações entre patrões e trabalhadores, no período inicial da industrialização, ao modelo oferecido pela tradição militar não ocorre unicamente na Alemanha guilhermina. Tal transferência de padrões militares de comportamento social para os industriais também pode ser observado no Japão. O romance não apresenta necessariamente esse relacionamento como ele era na realidade. Mas expressa de um modo muito claro e confiável como, na opinião do autor e de seus esperados leitores, ele devia ser. Que, em certa medida, o *ethos* militar definiu o *ethos* do trabalho para os próprios trabalhadores e também, em última análise, o *ethos* do trabalho nacional e a consciência dos indivíduos, estava igualmente em harmonia com a distribuição de forças desse tempo.

Também o vocabulário tinha uma ressonância militar. Palavras-chaves, como "disciplina" e "honra", que tinham um papel de relevo no código militar, também são encontradas no código que governa as relações entre patrões e trabalhadores. Mas no decorrer de sua transformação em classe e função, tais símbolos de uma tradição aceite converteram-se em símbolos de princípios refletidos, meios de explícita argumentação ideológica.

O mesmo é válido para atitudes tais como severidade e implacável crueldade. Esses tipos de atitudes são certamente encontradas em todo o mundo, onde quer que haja acentuados gradientes de poder em confronto entre grupos mais ou menos poderosos, entre os institucionalizados e os marginais. É muito menos comum, entretanto, encontrar membros de grupos mais poderosos que, em suas relações com subordinados, não só se comportam com rudeza e severidade mas, ao mesmo tempo, apresentam isso como uma atitude ideal, como algo a ser altamente apreciado. Tal idealização da rudeza humana, esse culto da severidade humana, podem ser encontrados na literatura e em declarações de setores da burguesia guilhermina.

Karl Twersten está falando sobre seu filho com um amigo íntimo. Expressa dúvidas sobre a dureza de temperamento do rapaz, porque ele herdou o sangue de sua mãe, uma despreocupada cubana. O amigo aconselha-o, então, a mostrar amor pelo filho. Esta é a resposta de Twersten:

> Gostaria de fazer isso. E quero fazê-lo, porque o amo de todo o coração. Mas primeiro ele deve passar a ser aquilo que eu quero que seja. Não posso ceder nesse ponto. O seu caráter deve mostrar suas verdadeiras cores, de um modo ou de outro, e elas devem ser as minhas. Não posso imaginar um pensamento mais terrível, do que o dono do estaleiro de K.R. Twersten possa, um dia, vir a ser um fraco, uma pessoa que hesite em mandar que se faça uma coisa, com vontade de ferro sempre que necessário, por causa de algum impulso compassivo.[43]

"Ferro" é uma outra palavra-chave desse período. Ser fraco ou até mostrar apenas uma fraqueza é, como se pode ver, algo muito terrível. A lembrança dos anos de fraqueza ainda assedia a classe média da época e, assim, em certa medida, exige que se exagere ao máximo a atitude oposta. Por toda a parte se encontram provas disso em documentos da época. A Alemanha era fraca; agora é forte e devemos fazer tudo o que estiver ao nosso alcance para nos tornarmos ainda mais fortes, tanto militar quanto economicamente.

Também na guerra um indivíduo tinha de mostrar-se duro. Aos guerreiros não podia ser permitido que se identificassem muito com o inimigo pois, caso contrário, poderiam não o atacar ou matar e, portanto, seriam incapazes de o derrotar. No vocabulário da época, destacaram-se expressões que estigmatizavam a simpatia por outrem. Sentimentos humanos podiam ser simplesmente rejeitados como perniciosos, ao serem definidos como "sentimentalismo piegas". Onde predominasse a "vontade de ferro", eram encorajados o "brio" e o "comportamento decidido", ao passo que a "sentimentalidade deslocada" era tida por inconveniente. Até a moralidade era suspeita. Os argumentos baseados na moralidade eram rejeitados com expressões do tipo "fazer sermão" e "pedantismo moral". Em conformidade com a mudança de um Estado fraco para um Estado forte, o código humanista-moralista-civilizador foi correspondentemente convertido num contracódigo, com fortes tendências anti-humanistas, antimorais e anticivilizadoras.

2 A literatura pró-guerra da República de Weimar (Ernst Jünger)

A literatura da Primeira República alemã, ainda indivisa, que nasceu em 1918, tratou a experiência da guerra de várias maneiras. Podemos distinguir, a esse respeito, duas tendências diametralmente opostas — literatura em apoio à guerra e literatura contra a guerra.

Na literatura de guerra do período guilhermino já encontramos um modo de retratar a guerra, que foi mais tarde adotado e consideravelmente desenvolvido na literatura pró-violência e pró-guerra da República de Weimar. Romances como *Nação contra nação*, de Bloem, promovem uma atitude positiva em relação ao uso de força militar e de orgulho na ausência de piedade para com o inimigo. Além disso, em tais romances, sem encobrir o horror da guerra, é feita uma tentativa para torná-la aceitável aos olhos do público, mantendo seu entusiasmo ao romantizar a violência como heroísmo e representar a guerra como, por assim dizer, algum grande evento cósmico, uma experiência arrebatadora em que o indivíduo perde sua própria identidade especial. Desse modo, as prosaicas lutas dos Estados pela hegemonia foram dotadas de um misterioso significado:

> Estranho: quando Alfred, de seu elevado ponto de observação, no topo da pilha de entulho do que tinha sido a capela mortuária, pôde ter uma visão de conjunto da arena da muda e feroz resistência e do primeiro plano envolto em névoa — a distante e plana linha do horizonte sobre a qual pairam as pardacentas nuvens de fumaça das baterias inimigas — as casas, os moinhos, e os campos ondulados, além dos quais a infantaria do agressor pôde reagrupar-se para uma renovada ofensiva... e, ao seu redor, toda a irregular e vasta área de destroços do que, hora e meia antes, tinha sido o adro de uma igreja... e agachado contra as últimas e esquálidas sobras das paredes da igreja, o pequeno e tranqüilo bando, já coberto até aos ombros com o entulho a que se misturavam os ossos daqueles há muito sepultados e agora arrancados de suas campas pelas explosões dos obuses no terreno revolto... enquanto ele olhava toda essa incrível, incompreensível cena de fúria humana e de desafio humano, extinguiram-se nele, ainda, as mais tênues sensações de perigo pessoal... e nada restou além de um sentimento inenarrável de assombro. (...) Para ele, era como se não fosse ele próprio quem estava passando por tudo aquilo... seu próprio eu tinha afundado, cada vez mais fundo, mais fundo... pela primeira vez em toda a campanha ele sentiu-se, nessa hora, puramente imerso na idéia de toda essa titânica luta. (...) Já não se tratava de uma pessoa oposta a uma outra... regimentos e divisões contra regimentos e divisões... Ali, era nação contra nação... pátria contra pátria... que na luta dessas unidades supremas que a humanidade tinha desenvolvido até esse ponto no tempo, todas as virtudes supremas da espécie humana tinham desabrochado para uma derradeira floração... neste lado... *de ambos os lados.*[44]

Depois de 1918, essa tradição de retratar a guerra continuou. Um dos primeiros exemplos, talvez a melhor obra e, em todo o caso, a mais representativa da literatura alemã pró-guerra desse período, é o romance de Ernst Jünger, *In Stahlgewittern* (*A tempestade de aço*), publicado pela primeira vez em 1922. A natureza bárbara da guerra também não é disfarçada nesse romance. Pode-se até dizer que é descrita com uma certa volúpia. Por exemplo, após um duro assalto às trincheiras inimigas, em que o tiroteio mais parecia uma seqüência de duelos isolados, homem contra homem, quando Jünger e seus comandados arrastaram alguns indianos feridos e agonizantes como prisioneiros, "como se houvesse um prêmio pela cabeça de cada inimigo morto ou vivo", ele assim descreve o regresso triunfal às suas próprias trincheiras:

> O nosso desfile, em que os gemidos e lamentos dos prisioneiros se misturavam aos nossos vivas e sonoras risadas, tinha algo de atavicamente aguerrido e bárbaro.[45]

Aqui, Jünger, à semelhança de Bloem, eleva o barbarismo da guerra a um plano superior, descrevendo-o como algo elementar que parece irromper espontaneamente de pessoas de natureza belicosa. Numa outra passagem, ele fala do profundo enigma apresentado pela guerra e da batalha como destino de uma pessoa.[46] Em suma, os acontecimentos reais de uma luta de potência entre Estados e seu caráter sanguinário são, assim, expostos sob uma luz positiva que, sem ignorar o seu caráter repulsivo, os envolve numa rede finamente tecida de nobres e belos sentimentos. O horror de cadáveres insepultos, corpos mutilados, homens agonizantes, é atenuado através de histórias de audazes guerreiros, exemplar coragem dos oficiais e lealdade de seus fiéis subordinados.

O diário de guerra de Jünger, que foi editado, não retrata o ser humano mas, antes, o exemplar oficial, e freqüentemente heróico, que está sempre sereno e chegou a um acordo com a idéia de que seu destino poderia surpreendê-lo a qualquer momento. Matar gente sem hesitação tornou-se para ele uma segunda natureza e Jünger não esconde, em absoluto, que matar inimigos também tem seu lado agradável. Ele quer convencer disso os seus leitores. Não se faz a menor menção a momentos de medo, hesitação, ansiedade e fraqueza. Também neste ponto vale o código guilhermino: fraqueza e fragilidade são fatais e devem ser escondidas. Somente fortes e sempre corajosos oficiais alemães aparecem nesse livro. Assim, há uma glorificação do horror, uma romantização da violência que, em conjunto com referências às origens míticas da guerra, banha a barbárie numa luz dourada.

Além disso, há o grande êxtase — a guerra como droga — o qual pode empolgar uma pessoa, precisamente nos momentos de maior perigo, e levá-la a um estado de jubilosa excitação, alçando-a acima do seu isolamento. No relato de Jünger, tal como no de Bloem, uma batalha decisiva — vista numa luz calma, a derradeira e fútil tentativa dos alemães para romper as linhas inimigas — adquire contornos cósmicos:

> O desenvolvimento das tropas apresentou um estranho espetáculo. Em crateras abertas pelas explosões defronte às trincheiras inimigas, as quais estavam sendo ininterrupta-

mente castigadas pelo intenso fogo da artilharia, os batalhões concentrados em companhias até onde a vista alcançava aguardavam a ordem de atacar. Quando vi aquela concentração maciça, pareceu-me que romper as linhas inimigas era a coisa mais certa deste mundo. Mas haveria em nós vigor bastante para desbaratar as reservas do inimigo e pulverizá-las sem apelação? Eu estava confiante que sim. A batalha decisiva, a arrancada final, tinha começado. O destino das nações estava caminhando para a sua irresistível conclusão, e o que estava em jogo era o domínio do mundo. Eu estava consciente do significado dessa hora; e acredito que, naquela ocasião, cada homem sentiu sua identidade individual dissolver-se em face de uma crise na qual ele tinha um papel a desempenhar e pelo qual a história seria feita. Ninguém que tenha vivido momentos como esses pode duvidar de que a história de nações se constrói e cai com o destino das batalhas.

A atmosfera de alta tensão era espantosa. Os oficiais estavam de pé, aprumados, e gritando excitadamente comentários galhofeiros uns para os outros.[47]

Então, finalmente, chegou o momento crítico, quando a massa de homens tinha de galgar as trincheiras protetoras e, após o longo bombardeio preparatório pela artilharia para desgastar o ânimo do inimigo, arriscar a vida a fim de tentar romper e penetrar nas linhas defensivas adversárias. Em qualquer parte do mundo, os guerreiros têm formas e meios de superar seu próprio medo de morte e mutilação, em tais momentos, e dar mais ou menos rédea solta ao prazer instintivo de matar. Para grupos de pessoas para quem os choques violentos com outras criaturas são eventos da vida cotidiana — para os índios guerreiros de outras eras, ou para os cavaleiros medievais em suas armaduras — essa transição para a batalha talvez não fosse difícil. Para membros das poderosas sociedades-Estados industriais, que estão imbuídos de um elevado grau de restrição civilizadora em relação a todas as inclinações pessoais para o uso de violência física, essa transição é provavelmente bem mais difícil. A descrição de Jünger dá-nos uma idéia disso. Ele mostra como, através do encorajamento mútuo, do consumo de álcool e da auto-estimulação para gerar um estado de ânimo de extrema fúria, as pessoas buscaram superar coletivamente as barreiras íntimas e satisfazer a obrigação social de ser corajoso:

Três minutos antes do ataque, o meu ordenança, o fiel Vincke, acenou-me, apontando um cantil cheio de aguardente... Dei um longo trago. Foi como se estivesse bebendo água. Somente o charuto que era usual em tais ocasiões estava faltando. Três vezes, o fósforo foi apagado por rajadas de vento...

Tinha chegado o grande momento. O bombardeio foi suspenso sobre as primeiras trincheiras. Avançamos...

Com um misto de sentimentos compostos de raiva, álcool e sede de sangue, avançamos penosa, mas irresistivelmente, rumo às linhas inimigas... Eu caminhava bem na frente da minha companhia, seguido de Vinke e de um voluntário chamado Haake, que se alistara há um ano. Empunhava o meu revólver na mão direita, e na esquerda, um pingalim de montar de bambu. Estava fervendo numa fúria que me é agora profundamente inconcebível. O desejo incontrolável de matar me impelia para diante. A raiva fazia brotar lágrimas amargas de meus olhos.

A vontade assustadora de destruição que pairava sobre o campo de batalha comprimia-se em nossos cérebros e envolvia-nos numa névoa rubra. Gritávamos frases quebradas uns para os outros, soluçantes, gaguejantes, e um espectador desavisado que nos observasse poderia acreditar, talvez, que éramos impelidos por um excesso de felicidade.[48]

Que Jünger, sem ocultar seus temores, tenha conseguido fazer com que a guerra parecesse simultaneamente agradável e estimulante — em suma, algo de grande e positivo valor — certamente depõe muito a favor de seu talento literário. Mas esse esforço situa-se num claro contexto social.

Embora o romance de guerra de Jünger se baseasse nas notas de um diário que ele manteve durante a guerra, a versão acima é uma obra do pós-guerra. Como tal, o livro pertence a um gênero literário da época que tinha uma específica função ideológica e de propaganda. Descreveu a guerra, apesar de todo o seu horror, como algo a ser aprovado, em pronunciado e deliberado contraste com a literatura antiguerra do mesmo período. No quadro de referência do período de Weimar, *In Stahlgewittern*, de Jünger, pôde ser considerado a antítese de *Nada de novo no front*, de Erich-Maria Remarque (1929), o qual, com pungente ausência de romantismo, nos mostra a amargura da vida cotidiana na guerra e teve provavelmente a intenção de estragar o apetite dos jovens pela guerra. Justamente porque podiam afetar, de modo desfavorável, a disposição das pessoas para fazer o serviço militar é que romances como o de Remarque foram considerados em alguns círculos da população alemã um tipo de traição. Era sobretudo desses círculos que provinha a literatura pró-guerra. Com sua ajuda, esperavam manter vivo o júbilo na aventura heróica da batalha e também, por conseguinte, manter a população sempre a postos para ela.

O contraste entre as duas espécies de literatura de guerra é evidente num outro aspecto. Uma foi escrita, de um modo geral, da perspectiva dos oficiais de carreira, a outra, mais da perspectiva de homens que foram chamados a cumprir o serviço militar obrigatório como praças, sargentos ou suboficiais. Também neste ponto, o romance de Jünger pode servir de protótipo.

In Stahlgewitern é, na realidade, uma glorificação do jovem oficial alemão de classe média, um membro da geração nascida na década de 1890. Os oficiais de altas patentes, em sua maioria aristocratas, só aparecem à distância, como superiores. Em foco destaca-se o tenente e comandante de companhia de origem burguesa que assimilou plenamente o código aristocrático do oficialato alemão e sente-se orgulhoso por ser membro da casta do oficial alemão, com seus rituais muito pronunciados e distintos de comportamento.

É claro, para esses jovens oficiais de classe média, que a interiorização e as nuanças do código eram algo diferentes das dos nobres de altas patentes. As primeiras, e Jünger era um excelente exemplo disso, estavam sob múltiplos aspectos radicadas na tradição antimoral, anti-humanista e anticivilizadora de grandes grupos da classe média guilhermina. Isso significa que eles viram a guerra não do mesmo modo que a nobreza guerreira a viu, simplesmente como um fato social, como parte do destino humano especialmente para soldados, mas, pelo contrário, consideravam-na como algo imperativo e desejável, um ideal do comportamento viril, pelo que sua violência e brutalidade eram vistas com grandeza e significação. Essa diferença desempenhou um papel não insignificante nas lutas internas pelo poder na República de Weimar, cuja pequena elite de oficiais do exército permitido pelo Tratado de Versalhes, a *Reichswehr*, era liderada por oficiais aristocráticos, ao passo que oficiais predominantemente de classe média comandavam os Freikorps e outras organizações paramilitares semi-ilegais. Estas últimas eram marginais e o código de honra do oficial alemão pesava com menor rigor sobre seus ombros.

Um dos traços característicos da antiga tradição militar era que os oficiais viviam em proximidade relativamente estreita de seus homens mas, ao mesmo tempo, era mantido um rigoroso distanciamento social entre os oficiais e seus subordinados. De um modo geral, no livro de Jünger, os homens desempenham um papel não-falante. Os numerosos ordenanças que ele teve no decorrer da guerra não tinham individualidade, aparecendo como "o fiel Kettler" ou "o bom Knigge":

> Gostaria de deixar registrado, para mostrar que espécie de soldados eram os nossos, que nada do que eu pudesse dizer induziria o meu ordenança, o fiel Knigge, a armar sua cama na tépida sala de estar. Insistiu sempre em dormir na fria cozinha. A atitude de reserva que é típica do natural da Baixa Saxônia fez com que as relações entre o oficial e seus homens se desenrolassem com desenvoltura.[49]

Na década de 1920, quando esse livro foi concluído, as pessoas já tinham tido a experiência de ver homens recusando-se a obedecer aos seus oficiais. A lembrança da "reserva" dos simples soldados que fez com que "as relações... decorressem sem percalços" entre o comandante e seus homens, era a lembrança de um passado melhor e era idêntica à esperança de um melhor futuro.

Subjacente nessa literatura pró-guerra está, pois, um objetivo ideológico e propagandístico tácito e raramente formulado com clareza. Em relação à política externa, esse objetivo era a reintegração da Alemanha como grande potência e, se possível, numa posição de supremacia, até por meio de uma nova guerra, se fosse necessário. No tocante à política interna, a finalidade era o retorno a uma ordem clara de superordenação e subordinação nas relações entre líderes e liderados, não só no exército, mas na nação inteira.

A controvérsia entre literatura pró-guerra e antiguerra nos começos da República de Weimar refletiu uma das mais centrais e importantes controvérsias na Alemanha do período. Havia grupos que já não queriam mais a guerra e que acreditavam que a Alemanha podia viver muito bem, mesmo sem a ampliação de seu poderio militar — desde que a unidade do Estado e suas fronteiras atuais pudessem ser mantidas e a enorme carga da dívida de guerra pudesse ser reduzida. A esse setor da população pertencia a grande massa da classe trabalhadora industrial, parcelas da classe média liberal e muitos intelectuais. De um modo geral, eram grupos que se sentiam felizes com o desaparecimento do Kaiser da cena alemã e que endossavam a fundação de uma República parlamentar. Podem ter lamentado a derrota militar e o pesado ônus financeiro que ela acarretou. Também eram perdedores nas lutas interestatais — mas vencedores na intra-estatal.

Por outro lado, para os antigos estratos governantes e todos os que, entre a população alemã, os tinham apoiado, o desfecho da guerra de 1914-18 significou uma dupla derrota: internacionalmente, na luta decisiva pela supremacia na

Europa e no mundo dependente da Europa; internamente, na luta pela supremacia dentro da Alemanha. Os grupos em questão incluíam a aristocracia alemã com sua extensão no oficialato das forças armadas, o alto funcionalismo público na administração e o judiciário da classe média alta, além de uma vasta proporção de industriais, comerciantes em grande escala e banqueiros alemães. Aí estava incluído, finalmente, um considerável número de jovens oriundos da classe média que tinham sido promovidos a oficiais durante a guerra. Como oficiais nos Freikorps e nas outras organizações paramilitares, muitos deles formaram uma vanguarda, especialista em atos de violência, de todos aqueles estratos e grupos da Primeira República alemã que, embora com diferentes ênfases, perseguiam um duplo objetivo: dentro do Estado, o fim do sistema multipartidário e a restauração de relações claras, hierárquicas e formalizadas de domínio e subordinação, tal como existiram durante o reinado do Kaiser, o Kaiserzeit; e, externamente, a recuperação da posição da Alemanha como grande potência, com ou sem guerra.

3 O declínio do monopólio estatal da violência na República de Weimar

1

O decréscimo na relação de forças do antigo *establishment* guilhermino, após a derrota de 1918, não teve a mesma significação para os seus estratos nobres e burgueses. Os primeiros, cujas pretensões de poder e preeminência tinham sido legitimadas primordialmente através dos êxitos militares, e que, como a maioria dos estratos agrários, já tinham perdido boa parte do poder através da crescente industrialização, perderam sua posição privilegiada na estrutura do Estado com a derrota militar e a abdicação do Kaiser. Houve, porém, uma exceção, quando sua posição dominante nas forças armadas alemãs permaneceu, no começo, inalterada. A perda de seus privilégios, que tinha sido reforçada pela Câmara Alta da Dieta e por um triplo sistema de sufrágio, significou um ganho para a classe média alta. Os grupos mais elevados desta, que até então eram tidos na conta de uma elite de segunda categoria, viram-se transportados, de uma só vez, para a posição de estrato superior. O que as classes médias da França tinham realizado através de revoluções — libertação dos privilégios e da supremacia política da aristocracia — caiu espontaneamente nas mãos das classes médias alemãs depois da Primeira Guerra Mundial, com o levante dos trabalhadores e soldados e o desaparecimento do trono. Mas esse ganho foi contrabalançado por um simultâneo recrudescimento de poder conquistado pela classe trabalhadora organizada, através da desintegração do regime absoluto e da transição para uma autêntica República parlamentar, ou seja, dependente dos votos da maioria. Se a classe trabalhadora industrial estivesse unificada no plano organizacional, então o seu partido teria tido a possibilidade de ganhar uma posição a longo prazo de supremacia, sob a égide de uma constituição que concedia ao partido com maioria de votos o direito de governar o país. Mas como conseqüência não premeditada da Revolução Russa e da chegada ao poder do Partido Comunista na Rússia, a classe trabalhadora organizada na Europa dividiu-se em dois campos, que se hostilizavam acerbamente um ao outro: o campo daqueles que procuravam um modo de organizar a sociedade que servisse aos interesses dos trabalhadores sem recurso à violência; e aqueles que desejavam realizar isso pelo uso, em última instância, da violência, seguindo o exemplo russo.

Essa divisão da classe trabalhadora, e de seus simpatizantes na *intelligentsia* da classe média, num grupo nacionalista e num russófilo, teve importantes conseqüências. Uma delas é tão clara quanto a luz do dia: a unidade organizacional era para a classe trabalhadora industrial uma determinante mais importante de sua estrutura de poder do que para os grupos da classe média. A cisão em dois campos antagônicos teve, portanto, como conseqüência não-planejada uma considerável redução no potencial de poder dos trabalhadores. Mas não foi essa a única.

Não preciso abordar aqui a questão sobre se o infeliz e opressivo regime czarista teria desmoronado após sua derrota na I Guerra Mundial, mesmo sem o uso de violência extra-estatal. Em todo o caso, o exemplo da violenta revolução na Rússia teve um impacto extraordinariamente duradouro e generalizado, como modelo e como pesadelo. O fato de que na Rússia o uso de violência extra-estatal tinha provado ser um meio eficaz de destituir um grupo dominante do controle dos monopólios estatais centralizados da força e da tributação, e de habilitar os líderes dos grupos violentos a assumir a direção desses monopólios, teve efeitos tão fortes e duradouros sobre as relações, entre o uso extra-estatal e estatal da força em outros países, que esse tipo de violência, sob o nome de revolução — conforme já foi assinalado, como modelo ou como pesadelo — tornou-se um dos modelos dominantes de ação do nosso século.

Muito mais até do que o século XIX tinha ficado à sombra da Revolução Francesa, o século XX ficou à sombra da Revolução Russa. Uma razão para essa diferença é que a crença nos ideais da Revolução Francesa não estava associada a uma crença na necessidade do uso de violência — revolução — para a realização desses ideais. Tampouco possuía qualquer base teórica firme num cânone de livros exornados de competente autoridade. O efeito extraordinariamente importante da Revolução Russa adquiriu o seu caráter específico, entretanto, precisamente porque, nesse caso, estava associado à crença na necessidade de violência e baseado numa teoria exposta em livros. Sem dúvida, o ponto de partida foi a estratificação de classes dos países industriais (e também dos predominantemente agrários) com sua distribuição do poder muitas vezes solidamente institucionalizada e desigual. Mas, acima de tudo isso, havia um pequeno número de livros de calibre intelectualmente elevado que serviram para padronizar e disseminar a crença. E neles, nas obras de Marx e Engels, a realização dos ideais de maior igualdade e humanidade estava intimamente ligada, mesmo teoricamente, ao uso de violência extra-estatal. Na Revolução Francesa, o uso de violência era, de uma forma geral, espontânea e não planejada. Depois da Revolução Russa, passou a ser uma parte integrante dos planos de grupos marginais mais fracos. Ademais, os líderes, que tinham chegado ao poder na Rússia através do uso de violência extra-estatal, e seus sucessores, que eram agora senhores de um poderoso império, apoiaram a propagação de seus ideais a grupos simpatizantes em outros países.

E isso é onde a peculiar dinâmica dialética do uso da violência entra em ação. Os movimentos russófilos fora da Rússia que, adotando esse modelo, procuraram realizar seus ideais, em última instância, através da violência extra-estatal e que contaram principalmente com setores da classe trabalhadora e grupos menores da *intelligentsia* da classe média contrapuseram-se a outros grupos que, por sua parte, planejaram rechaçar o perigo de violência apresentado pelos primeiros com a ajuda de sua própria violência extra-estatal. A fim de impedir a conquista violenta dos monopólios estatais pelo outro lado, eles próprios se prepararam para conquistar esses monopólios.

Esse era o problema. Até o presente, houve relativamente pouco entendimento de como o uso de violência por um determinado grupo contra outro dá origem, com elevado grau de probabilidade, ao uso de violência pelo outro grupo contra o primeiro, assim que houver a mais leve chance de o fazer. Portanto, a violência do segundo grupo, em muitos casos, desencadeia um aumento de violência por parte do primeiro grupo. Se tal processo, um processo de duplo vínculo, é posto em movimento, fica extremamente difícil sustá-lo depois; é freqüente ganhar um impulso próprio. Adquire sobre as pessoas, sobre os grupos opostos que elas formam, um poder que, na maioria das vezes, é progressivo e se perpetua a si mesmo, convertendo-se numa armadilha que força os lados participantes, cada um com medo do outro, a combaterem-se mutuamente com violência.

Desde a Revolução Russa, muitos países do mundo, talvez todos os países, viram-se colhidos no círculo vicioso de tal mecanismo. O fato de que o uso da violência extra-estatal provou seu valor na luta contra a violência do Estado deflagrou violentos processos de duplo vínculo em todo o mundo. Um dos primeiros países em que essa propagação ficou evidente foi a Alemanha. Em comparação com a Rússia, o país tinha atingido um nível consideravelmente mais elevado de industrialização, urbanização, educação nacional e todos os outros aspectos importantes de um processo de modernização. Correspondentemente, a classe trabalhadora industrial alemã estava muito mais organizada, e politicamente educada, do que a russa. Isso significou que nos círculos da classe média o medo era ainda maior de que, depois da Revolução Russa com sua violenta expropriação da propriedade privada e sua ligação muito próxima com a derrota militar do regime czarista, se seguisse também uma revolução na Alemanha, após a derrota do seu regime imperial, com uma mudança programática de poder e de relações de propriedade. O indubitável recrudescimento de poder que os trabalhadores alemães tinham conquistado, em parte no decorrer da própria guerra e em parte na esteira da derrota, reforçou esse medo.

2

A divisão das organizações de trabalhadores alemães, na esteira da Revolução Russa, num campo defensor da reforma não-violenta, e num outro campo defensor da revolução violenta, correspondeu a um desenvolvimento paralelo do lado da classe média. Também nesta havia grupos que fixaram seus objetivos em conformidade com a estrutura do existente monopólio estatal da força e organizaram seus negócios mútuos através das regras do jogo que esse monopólio salvaguardava, e outros, que defenderam o emprego da violência extra-estatal, especialmente na luta contra as organizações dos trabalhadores e contra o Estado que concedera legitimidade a essas organizações. Mas ao passo que as organizações de trabalhadores pró-violência (portanto, antiEstado) e antiviolência (portanto, pró-Estado) brigavam furiosamente umas com as outras, entre as organizações análogas da classe média havia um acordo tácito ou manifesto. Não só as associações de defesa, associações secretas e outros grupos violentos, mas também vastos setores da classe média que não estavam preparados pessoalmente para usar a violência em lutas internas estavam propensos a hostilizar a República. Em conseqüência disso, estes últimos não hesitaram em apoiar os primeiros de todas as formas possíveis. Depois de 1918, o alto valor atribuído à força física entre setores da classe média alemã, valor esse que já lhe tinha sido dado na era guilhermina, viu-se portanto reforçado; mas adquiria agora um novo caráter e tom.

Na Alemanha do Kaiser, o recurso à violência em conflitos internos, como no caso de uma greve, era um assunto do Estado e, por conseguinte, era usado, na maioria das vezes, sem muitas reflexões prévias; apresentava-se aos olhos de todos como um uso evidente e legítimo do monopólio estatal da violência. Mas assim como o emprego de violência física durante a Revolução Russa foi, em grande medida, uma forma consciente e deliberada do exercício da violência, teoricamente apoiada no alto valor atribuído por Marx à revolução, também agora, no campo da classe média, a ameaça e o uso da violência passaram a ser armas conscientemente manipulados na luta pelo poder entre organizações de classe. Os processos de duplo vínculo no decorrer dos quais a ameaça de violência por grupos comunistas provocou e reforçou ameaças similares por grupos "fascistas", e vice-versa, eram daí em diante, como já foi dito, aspectos parciais permanentes do desenvolvimento de muitos países na Europa e em outras regiões. O quanto era possível quebrar o monopólio estatal da força, em casos particulares, dependia da força e estabilidade do poder central do Estado, em especial da eficiência do próprio monopólio da força e da intimamente associada segurança e estabilidade do desenvolvimento econômico de uma sociedade-Estado.

Foi característico da situação da Alemanha, no final da guerra de 1914-18, que as novas autoridades governantes tivessem controle somente em medida muito limitada sobre as forças militares e policiais necessárias à manutenção do monopólio da violência física e, portanto, à paz interna. O Estado alemão no período de Weimar era, quanto a isso, um Estado rudimentar. E foi essa circunstância que deu aos movimentos e organizações violentos da classe média e da classe trabalhadora sua oportunidade de ação.

Por outras palavras, a capacidade do governo para empregar os órgãos executivos do monopólio da violência — as forças armadas e a polícia — em apoio de decisões parlamentares e governamentais era muito limitada. Em relação ao governo central republicano, o qual representou uma espécie de aliança entre a classe média moderada e a classe trabalhadora moderada, o exército, ainda liderado pela nobreza, possuía uma independência e um potencial próprio de poder que o seu predecessor na Alemanha do Kaiser não teve.[50] Como é igualmente o caso em muitos países em desenvolvimento do nosso próprio tempo — por exemplo, em algumas repúblicas latino-americanas — o alto comando militar na República de Weimar também obedecia aos seus próprios objetivos políticos. No jogo do poder desse período, ele representou um semi-independente ponto focal de poder. Em conseqüência disso, o governo nacional podia, no máximo, contar com as forças policiais de determinadas províncias (*Länder*) para manter a paz e capturar e punir os autores de atos violentos. De um modo geral, a polícia prussiana estava à sua disposição para tais tarefas, mas a de outras províncias como a Baviera, não.

De considerável importância para a luta entre as organizações violentas da classe média e dos trabalhadores era também o fato de que, por um lado, os representantes social-democratas dos trabalhadores no governo, homens como Ebert, Scheidemann e Noske, queriam, resolutamente, reformar o ainda quase autocrático regime imperial para convertê-lo num regime parlamentar isento de privilégios de qualquer natureza; mas, por outro lado, renunciaram simultaneamente, com grande determinação e uma forte e surpreendente aversão emocional, ao uso da violência física para a realização dos interesses dos trabalhadores. Portanto, dificilmente se mostravam menos hostis que as organizações e associações da classe média em relação àquela parcela da classe trabalhadora que estava disposta a seguir o exemplo russo, com vistas a uma revolução violenta.

Essa foi uma das razões que levou a uma aliança — um casamento de conveniência — entre os representantes do povo e o alto comando do exército (e até com Freikorps em separado). A aliança contribuiu, em conjunto com a greve dos trabalhadores, para o fracasso da primeira tentativa da classe média de derrubar o governo: o *putsch* Kapp.[51] Ao mesmo tempo, entretanto, mostrou o elevado grau de dependência do governo de Weimar em relação ao exército semi-autônomo e, concomitantemente, a fragilidade essencial do regime. Em conjunto com o Partido Social-Democrata e os sindicatos de trabalhadores, o corpo de oficiais das forças armadas era um dos núcleos de organização que permanecera mais ou menos intato apesar da incipiente desintegração que se seguiu à derrota. Esses dois grupos, representados por Ebert e Groener, formaram uma espécie de aliança na desesperada situação e confusão depois de 1918. O que os uniu foi uma consciência muito realista do perigo que ameaçava o país de violentas tentativas de golpes de Estado de todas as cores, quer do lado dos círculos burgueses/militares, quer de grupos do proletariado comunista. Era previsível que todas as tentativas dessa natureza acarretariam em sua esteira a intervenção aliada.

3

Desde o começo, portanto, a estrutura do Estado da Primeira República alemã teve duas faces. Por um lado, a luta dos interesses de classe e dos ideais de classe foi levada a cabo na forma de uma luta partidária no cenário do Parlamento, luta relativamente não-violenta, de acordo com as regras parlamentares e sob a plena luz da opinião pública. Por outro lado, essa luta foi também travada pelas associações de defesa e sociedades secretas, usando a violência física numa penumbra conspiratória. Nessas sombrias e violentas batalhas, entretanto, o equilíbrio de forças era muito mais irregularmente distribuído do que nas lutas parlamentares entre os partidos. No contexto parlamentar, os representantes das organizações dos trabalhadores, interessados em obter reformas não-violentas, tinham agora acesso a oportunidades de poder através da ocupação de posições governamentais, potencial ou real, e outras responsabilidades na condução do Estado, que antes lhes tinham sido vedadas. Na luta dos bandos violentos, por outro lado, as organizações de classe média levaram vantagem desde cedo, depois que os de orientação comunista foram dominados com relativa rapidez. Eles tentaram destruir o Estado republicano e a estrutura social de dentro para fora, abalando o monopólio estatal da violência e levando a intranqüilidade às pessoas que lhe estavam associadas através da prática de atos de terror dos mais diversos tipos. Pretendiam assim levar o detestado sistema ao ponto de colapso. E no fim, ajudados pela crise econômica, conseguiram o que queriam, quando o poder do Estado legítimo foi encampado pelo homem que se distinguira na luta competitiva com outras organizações paramilitares, pelo uso particularmente duro e sistemático de meios ilegais e extra-estatais de violência.

Tenho a impressão de que ainda não foi concedido o significado historiográfico a essa insidiosa corrosão do Estado alemão através de atos de terror e do uso sistemático de violência que ela realmente merece. Isso obscureceu a percepção do significado paradigmático que essa ameaça e, em última instância, a quase paralisia do monopólio estatal da violência no período de Weimar tiveram para o entendimento de processos similares em outros países e da função dos monopólios estatais da violência nas sociedades humanas em geral. Tornou-se habitual examinar desenvolvimentos econômicos isolados, em grande parte, dos desenvolvimentos políticos. Estes, por sua vez, são geralmente entendidos em função do desenvolvimento de instituições legais. A dificuldade está em mostrar de forma convincente que o desenvolvimento da organização da violência, com seus surtos de integração e desintegração, não é menos estruturado, por exemplo, do que a organização da produção social de bens.

Devo negar-me a oportunidade de mostrar aqui em detalhe a direção e as transformações dessa luta extraparlamentar pelo poder que foi travada, entre 1918 e 1933, na penumbra de uma ilegalidade, que o Estado ou tolerou ou não podia mais impedir, e a qual estava também ligada às próprias lutas parlamentares pelo poder. Deve ser bastante estabelecer que uma linha contínua de desenvolvimento numa subcultura e em círculos de pessoas levou dos atos de terror das guerrilhas, nos primeiros anos da república, até às altercações acaloradas em reuniões públicas e arruaças do começo da década de 1930. As minhas próprias experiências desse período certamente contribuíram para apurar o meu entendimento da problemática do monopólio estatal da violência e de como está relacionada com mudanças coletivas de comportamento, seja numa direção mais civilizadora, seja numa mais barbarizante. É difícil, provavelmente, que o crescendo de atos extra-estatais de violência, que prepararam o caminho para a tomada do poder por Hitler, chegue aos ouvidos das gerações mais jovens do nosso tempo. Mas talvez uma breve referência a uma experiência pessoal de que me lembro possa ajudar.

Em 1931, eu participei de uma reunião na sede dos sindicatos de trabalhadores (*Gewerkschaftshaus*) de Frankfurt em torno de uma bolsa de estudos para um estudante. Durante uma pausa nas conversas, perguntei: "Que preparativos fizeram para defenderem-se, na *Gewerkschaftshaus*, no caso de um ataque armado?" Lembro-me do silêncio que se seguiu à minha pergunta. Depois começou um debate algo tempestuoso que me deixou bem claro que pus a nu um pensamento que vinha, há algum tempo, assediando em silêncio a mente de muitos dos circunstantes. Mas não tinham tido confiança em si mesmos para expressar abertamente, em palavras, as possibilidades que a questão suscitava, porque isso implicava numa contradição demasiado grande com o teor da vida a que estavam acostumados, porque era terrível demais encarar o fato de que o seu modo habitual de vida estava chegando agora ao fim. Além disso, houve até uma ou duas vozes que declararam ser profundamente impossível a ocorrência de tal eventualidade. Era inabalável a convicção dos oradores de que uma espécie de providência histórica asseguraria sempre a vitória do que eles consideravam a "razão" sobre as forças das trevas.[52]

Surgiu depois a questão sobre o que se poderia fazer. Era óbvio que, nas batalhas, cada vez mais intensas, das violentas associações extra-estatais das esquerdas e das direitas, estas últimas estavam prestes a levar a melhor. Eu quis saber a razão disso. Ainda recordo com muita nitidez o quadro que se apresentou então e também em decorrência de novas perguntas. Aponta para algumas características estruturais da vitória de Hitler que poderiam ser facilmente menosprezadas.

Às associações de defesa republicanas, como a Associação de Ex-Combatentes "Negro-Vermelho-Ouro" (*Reichsbanner Schwarz-Rot-Gold*), de orientação social-democrata, faltavam três coisas que eram essenciais para a vitória, ou mesmo para simplesmente suportar essas violentas lutas extraparlamentares pelo poder entre aguerridas organizações com objetivos "proletários" ou "burgueses".

a. Tais organizações são dispendiosas. O dinheiro à disposição das associações de defesa dos trabalhadores organizados para a compra de armas, uniformes e outros equipamentos era mínimo em comparação com o dinheiro disponível para o outro lado. Somente em medida limitada podiam permitir-se oferecer a seus filiados postos integralmente remunerados, ou ressarci-los pela perda de vencimentos ou pelos gastos com transportes. E estavam dependentes, de um modo geral, da participação voluntária de pessoas que, depois do trabalho ou em seus dias de folga, vestiam seus uniformes a fim de participar de exercícios, manifestações de rua, ou montar guarda nos recintos onde os oradores se apresentavam, e tomar parte nas brigas, freqüentemente muito perigosas, em que redundavam os comícios. As associações adversárias, sobretudo as tropas de assalto de Hitler, tinham uma percentagem muito mais elevada de mercenários em regime de tempo integral. Podiam permitir-se alistar gente desempregada, dar-lhe instrução militar e doutriná-la ideologicamente.

b. Além disso, as associações de combate da classe trabalhadora organizada sofriam de escassez de oficiais. A esmagadora maioria dos oficiais alemães estava do outro lado. A nítida divisão que tinha existido no império guilhermino entre oficiais e outras patentes afetou, assim, a eficiência dessas organizações de combate extra-estatais depois da guerra. Às associações de defesa "proletárias" faltou, muito simplesmente, uma liderança e organizadores militarmente educados.

c. Finalmente, não havia adesão a uma tradição militar em seus círculos, nenhuma predisposição para atividades bélicas, o que era quase uma rotina do outro lado.

Não admira, portanto, que as associações de trabalhadores nessas violentas lutas extraparlamentares pelo poder fossem freqüentemente derrotadas e que seus propagandistas, sobretudo em comícios eleitorais, passassem por maus bocados. Tampouco é de admirar que vastas seções da população, cansadas de violência e de comoções, dessem seus votos ao líder dos batalhões evidentemente mais fortes.

Assim, é muito mais do que uma metáfora literária quando, considerando em retrospecto o período de Weimar, fala-se de uma crescente "paralisia" do monopólio estatal da violência, ou de uma crescente "erosão" do Estado alemão de dentro para fora. A destruição do regime republicano-parlamentar era uma das metas políticas de amplas seções da classe média alemã desde os primeiros anos do pós-guerra imediato. A outra meta era o rearmamento militar como um passo no caminho da recuperação da posição da Alemanha como grande potência. Mas nos primeiros dias após a guerra, isso não passava de mero desejo. Para começar, tais metas eram irreais porque, após a assinatura do tratado de paz, as associações de defesa extraparlamentares não podiam continuar agindo às claras. Logo no começo da década de 1920, as potências vitoriosas, os Aliados, mantiveram-se continuamente atentos a fim de impedir que o potencial militar da Alemanha excedesse os limites impostos pelo Tratado de Versalhes. Essa foi uma das principais razões por que os atos terroristas de violência desses anos, através dos quais seus autores já alimentavam a esperança de causar o desgaste e, se possível, provocar a queda da República parlamentar, adotaram uma forma diferente dos do final da década de 20 e começos da de 30.

Especialmente nessa fase inicial, tinham características muito mais conspiratórias do que na época da Grande Depressão e depois. No período ulterior, o medo por parte dos Aliados do militarismo alemão estava sendo lentamente deslocado para segundo plano pelo medo do militarismo russo. Um fortalecimento das forças anti-russas e anticomunistas na Alemanha nada tinha de desagradável para muitos estadistas ocidentais. Assim ocorreu que as associações paramilitares de defesa, de orientação burguesa, que já tinham procurado realizar seus objetivos de política externa/nacional e seus objetivos de política interna/social usando os mesmos meios violentos, emergiram gradualmente de sua penumbra de clandestinidade. Podiam agora expor-se em público de um modo relativamente aberto, através de ameaças e de atos de violência cuja autoria reivindicavam confiantes em sua impunidade, e contribuir para a criação daquelas mesmas circunstâncias caóticas que eles imputavam à República parlamentar, como um sinal de sua fraqueza e incompetência. As lutas nos níveis parlamentar e extraparlamentar que tinham acontecido paralelamente nos primeiros dias da República, agora afetavam-se mutuamente de um modo cada vez mais estreito e acabaram por fundir-se, quando o parlamento legalizou as organizações que apoiavam a violência extraparlamentar.

A crise econômica, de 1929 em diante, não afetou somente a Alemanha, por certo. Mas na Alemanha, nessa época, a crise econômica estava numa relação de duplo vínculo com uma crise política que beirava a guerra civil. Ambos os aspectos da crise se reforçavam mutuamente. A crise econômica, agravada pela crise política, atiçou as chamas dos violentos choques políticos e vice-versa. No final, a República de Weimar soçobrou em conseqüência da fraqueza estrutural do seu monopólio da violência e da exploração deliberada dessa fraqueza por organizações da classe média que, por causa da ausência de uma tradição parlamentar, achavam que o regime parlamentar-republicano as discriminava e, por conseguinte, procuraram destruí-lo.

4 Lúcifer sobre as ruínas do mundo

1

Enquanto a organização de Hitler era uma associação de massa que se preparou para desgastar e destruir o regime multipartidário com a ajuda de arruaças e manifestações em grande escala, os Freikorps tinham procurado, anos antes, realizar os mesmos objetivos usando métodos de violência terroristas mais elitistas contra representantes destacados do regime... com o escasso êxito que lhes correspondeu. Foram forçados a aceitar a derrota também nesses ataques.

Em *Geächteten* (*Os proscritos*), de Salomon, há uma descrição seletiva dos preparativos para o atentado contra Rathenau, e o desapontamento do autor com a reação insatisfatória ao ato, depois que foi perpetrado. Salomon relata como saiu em busca dos assassinos, seus amigos, a fim de ajudá-los. No trem, ao ouvir da morte violenta deles, seguiu viagem tomado de profundo desespero e, já meio febril, teve de suportar os comentários triviais dos demais passageiros a respeito do que acontecera. Eles contavam piadas uns aos outros sobre como o Erzberger, o algoz morto, quis convidar Rathenau, a vítima assassinada, para beberem juntos uma garrafa de vinho quando o último chegasse ao céu, mas que são Pedro dissera que o bar, àquela hora, ainda estava fechado.

Ficou, assim, claro para Salomon que as esperanças que eles tinham depositado no assassinato não se concretizaram, e que seus amigos tinham sacrificado suas vidas em vão. Nesse estado de ânimo, ele expressa algo que pode ser característico da estrutura dos objetivos terroristas e de suas expectativas em geral. O assassinato de uma personalidade proeminente deveria, em princípio, ter sido um sinal capaz de abalar a cidadania e de fazer tremer em seus alicerces a estrutura carcomida do regime vigente. Mas nada disso acontecera. O ato de terror não desencadeou nenhuma reação significativa. Houve certa excitação pública, sem dúvida. Uma parte da imprensa condenou com veemência o crime, outra censurou-o num tom mais moderado e mais contido. Mas a vida cívica normal continuou seu curso letárgico. Nada indicou que o assassinato do ministro das Relações Exteriores tivesse provocado o menor abalo no regime como tal.

O desespero de Salomon expressou-se numa extraordinária fantasia que, inventada ou não, esclarece de uma penada os sentimentos de pessoas em semelhante estado de profunda frustração:

> Esse mundo rançoso, abominável, tinha de ser aniquilado. (...) Não mais havia pessoas — somente máscaras. Na verdade, já está aí, a uniformidade de tudo o que é refletido

> pelo rosto humano. Nada havia a fazer senão abrir fogo bem no meio dessa corja e destruí-la, fria e sistematicamente. A Terra já não aceita mais demônios. (...) Por que não assinar o contrato infernal? O meu desejo seria de invisibilidade — se ao menos houvesse algum meio de consegui-la! — algum ungüento mágico, ou um anel que se pudesse rodar no dedo — uma capa de invisibilidade, dedicada não a Siegfried, mas a Hagen — talvez a pedra filosofal, que eu pudesse meter na boca para ficar invisível! E um farol deve ser aceso em memória de Kern [um dos assassinos], um sinal brilhando sobre o amontoado de ruínas — nas cidades, archotes devem arder ruas abaixo, ruas acima, e os bacilos da peste jogados nos poços. O Deus da Vingança tem seus anjos da morte — eu alistar-me-ia nesse batalhão. Nenhuma cruz de sangue nas ombreiras das portas serviria de salvaguarda. Explosivos seriam colocados sob este purê fedorento, em decomposição, para que a imundície, assim esparramada, salpicasse a lua. Como passaria o mundo sem gente? Eu vagaria pelos lugares fumegantes, pelas cidades esquálidas, despovoadas, em que a pestilência dos cadáveres sufocaria o que quer que ainda respirasse. Toda a sucata penderia então em melancólicos farrapos dos muros rachados, pondo a nu os desejos vazios. Eu poria em movimento todas as máquinas nas oficinas mortas e deixá-las-ia rugindo até se destruírem a si mesmas. Acenderia as fornalhas de duas locomotivas e faria dois trens correrem um contra o outro, erguerem-se, tombarem um sobre o outro e irem chocar-se, feitos sucata, contra o talude da ferrovia; navios gigantescos, transatlânticos, essas maravilhas do mundo moderno, pô-los-ia avante a todo o vapor no rumo das muralhas do cais, para que seus reluzentes costados fossem retalhados e eles desaparecessem num fervilhante sumidouro. A Terra ficaria de cara limpa, de modo que nada restasse da obra de mãos humanas. Talvez uma nova raça venha da lua ou de Marte... Bem, que venham — o mundo voltaria, uma vez mais, a ter um significado.[53]

Isto mostra, em forma quase paradigmática, uma fantasia-idéia que é característica do terrorismo político, incluindo suas formas atuais, assim como é o caso de muitos outros grupos violentos numa fase específica de seu desenvolvimento. Reconhecer isso pode contribuir para tornar mais compreensíveis alguns traços específicos desses grupos violentos.

Um papel central — evidente neste caso e que se apresenta repetidas vezes — é desempenhado pelo sentimento de que a sociedade em que se vive é totalmente desprovida de significação e valor. A única esperança de uma vida mais perfeita, mais significativa, reside na destruição dessa sociedade. Nessa situação, a destruição pode facilmente tornar-se um fim em si. Deixa de se pensar sobre o que deve realmente acontecer depois; o que só muito marginalmente interessa é a questão de saber que aspecto teria uma outra sociedade, que prometa dar à vida um nível mais elevado de significação. Todas as tramas e maquinações giram em torno do presente, todo o planejamento do próximo ato de violência e a constante necessidade de escapar às autoridades. O componente niilista torna-se mais fortemente evidente na agenda, assim como no trabalho de rotina do grupo violento nessa situação. Eles pensam unicamente no êxito da tentativa de assassinato seguinte, do próximo incêndio ou homicídio. Destruição é tudo o que conta, tudo o que importa. Toda e qualquer outra esperança se dissipou. À parte a destruição, nada mais é significativo. E a capacidade de destruir transmite, ao mesmo tempo, uma sensação de poder pessoal. Se uma sociedade nega aos membros das gerações nascentes a oportunidade de se expressarem de um modo significativo, eles acabarão por encontrar sua plena realização na destruição. Aquele que destrói é onipotente. A fantasia acima citada dá voz a isso. No final, o destruidor triunfa — Lúcifer sobre as ruínas do mundo.

Esse componente niilista encontra-se, em forma particularmente acentuada, em grupos terroristas numa fase ulterior de seu desenvolvimento. O desejado colapso da sociedade dominante não ocorreu. A morte de suas vítimas, a morte dos homens e mulheres que são seus próprios companheiros de armas, ou, conforme for o caso, suas vidas atrás dos muros de presídios, também se revelam gradualmente vazias de significado. A grande esperança dissipou-se em fumaça. A rede dos perseguidores aperta cada vez mais o cerco. Mas essas criaturas agora insensíveis continuam planejando destruição e semeando aniquilamento. A crença na salvação que supostamente foi realizada através de atos de violência torna-se mais fraca. Mas planejar e executar esses atos virou rotina. Renunciar-lhes seria a prova e o reconhecimento da derrota. A futilidade de seus esforços é por demais evidente. Teriam que admitir para si mesmos que o absurdo da sociedade que eles procuravam desmascarar foi superado pelo absurdo de seus próprios atos. E tal admissão é insuportável.. Também para as pessoas nessa situação não existe escapatória. Para onde iriam? A crença no futuro de cada indivíduo pode ter ficado há muito reduzida a uma tênue chama ou ter-se extinguido; e no fundo de seu coração, cada terrorista pode sentir ou saber isso. Mas na vida em comum do grupo ninguém pode dizer tal coisa. Isso seria traição e talvez até pôr a própria vida em risco. Na vida fechada, conspiratória, do grupo, a obrigação de professar a crença, outrora viva, mas agora anacrônica no futuro, é preservada como uso rotineiro de lemas familiares. O prazer na onipotência do destruidor substitui a grande esperança num melhor futuro para a sociedade. Parar seria uma admissão da futilidade de todos os esforços e sacrifícios anteriores. Assim, continuam destruindo, com a expectativa quase certa — ou até a esperança — de sua própria destruição. Talvez fosse, por vezes, menos oneroso para uma sociedade construir pontes para essas pessoas que não têm saída.

2

A ira e a vontade de destruir, uma conseqüência de sonhos frustrados, que se apossaram de muitos membros dos antigos Freikorps, também são mencionadas num discurso que se refere a um certo número de ex-terroristas, no tempo da República de Weimar (e parte do que é afirmado também poderia ser dito a respeito dos terroristas na República Federal):

> [São revolucionários permanentes que] foram desarraigados e [que] assim perderam toda a conexão interior com uma ordem social humana regulada. (...) [Pessoas] que (...) encontraram no niilismo seu credo fundamental. Incapazes de qualquer cooperação verdadeira, determinados a oporem-se a qualquer espécie de ordem, cheios de ódio a toda e qualquer autoridade, sua inquietação e impaciência só podem ser mitigadas pelo permanente tormento e preocupação conspiratória com a desintegração de qualquer

coisa que exista no momento. (...) Por uma questão de princípio, são inimigos de toda a autoridade.[54]

A ironia está em que os excertos acima fazem parte de um discurso de Hitler — um discurso que ele, já estando por essa altura prestes a realizar seu objetivo, proferiu no Reichstag, a título de comentário sobre os eventos do banho de sangue da noite de 30 de junho de 1934. Nessa "noite das longas facas" e nas noites que se seguiram, além do líder dos Freikorps, Rossbach, um grande número de outros ex-mercenários que tinham aderido à organização nacional-socialista, e que viam na ascensão de Hitler a plena realização de todas as suas esperanças, foram assassinados pela própria gente de Hitler.

A violência do movimento nacional-socialista, com a ajuda de associações de defesa privadamente organizadas, tinha causado a quase completa dissolução do monopólio de força — sem o qual um Estado, a longo prazo, não pode funcionar — e destruiu a República de Weimar de dentro para fora; era, por assim dizer, a concretização do sonho dos membros dos Freikorps e de seus simpatizantes. O plano da juventude nacionalista desses dias, que tinha freqüentemente se unido para formar grupos de combate, era um tanto vago e negativamente definido. Ernst Jünger escreveu que nada tinha a ver com monarquia, conservadorismo, reação burguesa ou com o patriotismo do período guilhermino. Através da tomada do poder por Hitler, esse propósito negativo recebeu um rosto positivo. Assim, 30 de junho de 1934 foi o símbolo típico, quase paradigmático, do divisor de águas no desenvolvimento de um movimento revolucionário radical, que obteve êxito e cujos adeptos se converteram, então, de destruidores do Estado em representantes do Estado.

5 Terrorismo na República Federal da Alemanha — expressão de um conflito social entre gerações

A necessidade de significação e a luta pelo poder entre as gerações

1

Nas sociedades mais desenvolvidas do século XX, a necessidade de significação pessoal, que faz parte de uma distinta tradição cultural, mais da burguesia do que da classe trabalhadora, é freqüentemente satisfeita pela dedicação a uma ideal político. No Estado que sucedeu ao Terceiro Reich no Ocidente, essa necessidade está ligada, mais do que em qualquer outra parte, a uma problemática específica de gerações de grupos burgueses.[55] A inevitável discordância sobre o estigma, que os excessos de quase treze anos de governo de Hitler imprimiram na história e na sociedade alemãs, contribui repetidamente para que os jovens de origem burguesa, em sua busca de significado, se prendam a ideais políticos que se situam em oposição aos grandiosos lemas desse poluente passado. Após uma fase de quase ilimitada exaltação do ideal nacional, as gerações ascendentes viram-se oneradas não só com o estigma da derrota mas, sobretudo, com o estigma — e este mais difícil de superar — de uma nação que tem uma tendência atávica para a prática de atos de bárbara violência.

Uma das estratégias para obter absolvição desse estigma foi, para muitos jovens burgueses, aderir a um credo político contrário àquele que era dominante na burguesia dos períodos do pré-guerra e da guerra — ou seja, o credo que eles opunham ao de seus pais e avós. Com a ajuda de um credo contrário, os jovens esperavam absolver-se das associações poluentes com esses períodos, assim como encontrar um novo sentido que pudesse, ao mesmo tempo, dar expressão ao conflito de gerações que era bastante agudo na situação então em curso. O marxismo em seus vários matizes preenchia essas funções. Facilitou um distanciamento decisivo das atrocidades de seus pais e prometeu o ingresso num mundo novo e justo. Os ensinamentos de Marx, em suma, serviram como antitoxina para os ensinamentos de Hitler. Os anseios de significado das gerações da burguesia do pós-guerra convergiram, assim, não só para um poderoso movimento político que se estendeu muito além do seu próprio país mas que, ao mesmo tempo, trouxe consigo uma catarse, uma purificação da opressiva maldição do passado nacional. Pois essa maldição também perseguia de perto as jovens gerações, embora elas se sentissem pessoalmente inocentes porque, na época da deterioração da consciência da nação, muitos de seus membros não tinham sequer nascido.

Não é necessário nem possível examinar aqui em detalhe as diferenças e relações entre as variantes de classe média e de classe trabalhadora do marxismo.[56] Deve ser suficiente enfatizar que a variante da classe trabalhadora está basicamente preocupada com a luta pelos interesses tangíveis dos trabalhadores, ao passo que, na variante da classe média, destacam-se, em primeiro plano, as funções de transmissão de um significado quase-moral. Desse ponto de vista, o marxismo pareceu, a muitos dos que nasceram durante ou após a guerra, encarnar uma saída de uma sociedade repleta de compulsões desprovidas de significado e a esperança no rápido advento de uma sociedade sem opressão nem desigualdade. Foram os aspectos teóricos e morais dos ensinamentos marxistas que desempenharam um papel decisivo no movimento estudantil e na oposição extraparlamentar na República Federal, nas décadas de 1960 e 1970.

Muitos jovens soldados retornando em uniforme de oficial da I Grande Guerra tinham, em nome da grandeza da Alemanha que emprestara um significado às suas vidas, lutado rijamente contra o que, a seus olhos, era a pusilânime, senão pérfida, República de Weimar; agora, outras legiões de jovens imprimiam a mesma intensidade à sua luta, em nome de um ardente ideal de justiça social e de liberdade da opressão e da coerção, contra o qual, para eles, estava a tíbia República de Bonn. Em ambos os casos, eram movimentos predominantemente burgueses, das mais jovens gerações que, por escolha ou destino, adotaram uma posição marginal em relação às gerações burguesas estabelecidas da Alemanha da época. Entretanto, os jovens "marginais" do período mais recente desenvolveram suas forças de uma forma extremamente decisiva, contra o que seus próprios pais tinham, na década de 1920, quando eram jovens, considerado os valores mais sagrados e significativos, e que tinham sido agora inteiramente desvalorizados e destituídos de significado pela lembrança de uma orgia de violência e de uma catastrófica derrota que destruíra a unidade da nação.

Tudo isso foi incorporado, para a jovem geração da burguesia das décadas de 1960 e 1970, na expressão "fascismo", que se tornou a contra-imagem simbólica dos objetivos, plenos de significado, de seus próprios esforços. Nela, a imagem das mais antigas gerações dominantes alemãs — não necessariamente os pais e avós pessoais, mas os nacionais — de cujos opressivos artigos de fé e atos de violência os jovens estavam procurando emancipar-se, fundia-se com a imagem da estabelecida geração da burguesia dirigente dos dias atuais, para representar toda a opressão e todas as coerções que eles sentiam estar sendo-lhes impostas, por assim dizer, de "corpo e alma".

2

Uma vez que Marx é, praticamente, o único cientista social a ter deixado um edifício de idéias cujo cerne é uma teoria da desigualdade e da opressão sociais, com uma promessa intrínseca de solução para esse problema, sua obra tornou-se o meio central de orientação para aqueles grupos dotados de mobilidade ascendente da geração mais jovem da burguesia, que estavam perturbados com a atual situação social e sua própria posição nele.

Havia, porém, uma dificuldade: os ensinamentos marxistas são restritos a um tipo específico de desigualdade social, que certamente desempenha um papel muito central em sociedades industriais, mas cuja ampliação teórica permitiu somente uma visão parcial dos conflitos, coerções e desigualdades sociais da época. No âmago desses ensinamentos, estão conflitos entre empresários industriais que monopolizam o controle sobre o capital, e os trabalhadores industriais, que estão excluídos desse controle; no entanto, muitas formas de desigualdade e opressão social não podem ser explicadas adequadamente nesse esquema. Quando, mais tarde, as gerações mais jovens da classe média adotaram o marxismo, essa limitação da teoria originou certa confusão. Sua própria luta tinha de ser repetidamente legitimada, por referência a coações econômicas a que os trabalhadores industriais, em sociedades como as deles próprios, estão expostos. Os jovens — e, por vezes, também os não tão jovens — oriundos da classe média, cujas experiências de vida eram muito diferentes das dos trabalhadores industriais e que, além disso, não estavam, com freqüência, muito familiarizados com os problemas dos trabalhadores, procuraram assim orientar-se com a ajuda de uma estrutura teórica que profetizava a transcendência da desigualdade social através do desvio de uma ditadura da classe trabalhadora.

Incoerências peculiares eram, pois, inerentes ao marxismo burguês e se patentearam no próprio modo de ação dos grupos em questão. Em virtude de sua teoria de legitimação, eles sentiram-se repetidamente obrigados a estabelecer contato com trabalhadores industriais. Mas esses esforços raramente eram simples e, com freqüência, forçados. Isso pode ser visto, de modo particular, na diferente atitude de jovens da classe burguesa e da classe trabalhadora quanto ao uso da violência física como um meio de luta política. Michael Baumann, filho de um operário que vivenciou essa contradição durante seu tempo como terrorista, descreveu-a com as seguintes palavras:

> Um intelectual traça o momento em que usa violência a partir de uma abstração, porque ele diz, estou fazendo uma revolução por causa do imperialismo ou de outros motivos téoricos. Ele deduz daí o direito a usar violência contra outros. Naturalmente, também o traça com base nas experiências do movimento de que participou mas, sobretudo, é na situação abstrata que se apóia. É por isso mesmo que ele é um intelectual; o que o distingue, é que pode primeiro examinar e verificar as coisas em sua cabeça.
>
> Nós vivemos desde a infância com a violência que tem uma raiz material. No dia de pagamento, o velho chega à casa arrasado e a primeira coisa que faz é surrar a velha — é a mesma história de sempre. Na escola, temos que bater duro, abrir a pulso nosso próprio caminho, isso é inteiramente normal; depois, temos que continuar batendo duro no trabalho, batendo duro nas tavernas, temos uma relação saudável com isso. Para a gente, a violência é uma coisa totalmente espontânea com que podemos lidar de maneira realmente fácil.[57]

Essas observações são fiéis à realidade e teoricamente importantes. Talvez não seja coincidência o fato de Baumann atribuir sua atitude para com as ações violentas às experiências com seu próprio pai e ao nível relativamente alto de violência na família e na escola. Assim, ele relaciona o que chama a sua "antiatitude" às suas primeiras experiências de conflito de gerações. Para os mais jovens de origem burguesa, romper as barreiras civilizadoras contra o uso de violência física é, em correspondência com os diferentes padrões de suas famílias de origem, muito mais difícil. Em muito maior extensão, requer justificação através da reflexão e legitimação através de uma teoria. Mas a teoria de coações e conflitos que justifica uma tal transgressão das leis do Estado e das normas pessoais de consciência não precisa harmonizar-se, em absoluto, com a natureza fatual dos conflitos e coações que impelem as pessoas à prática da violência. O fato dos derivativos de uma teoria, que faz dos conflitos econômicos entre trabalhadores e patrões o seu ponto focal, terem sido realmente usados, não por terroristas da classe operária, mas por intelectuais da classe média — que não tinham contatos particularmente estreitos com trabalhadores industriais, e que, com freqüência, experimentavam dificuldades de comunicação em seu trato com eles — parece apontar para uma discrepância desse tipo. É discutível se quando terroristas da classe média colocaram suas vidas em risco era realmente uma questão da transcendência da opressão econômica de uma classe industrial por uma outra. Presumivelmente, seus próprios sentimentos a respeito de estarem sendo oprimidos por pesadas coerções sociais, e seu desejo de se libertarem de tão insuportável opressão, desempenharam, em sua luta violenta contra a ordem social vigente, um papel muito maior do que a teoria os induzira a acreditar.

Esta suposição adquire especial importância quando se atenta para as diferenças nos graus de pacificação de famílias de diferentes estratos sociais, mencionadas na citação acima. Os comentários autobiográficos de Baumann certamente se referem apenas a uma minoria das famílias da classe trabalhadora, mas suas observações sobre a diferença no grau de espontaneidade no uso de violência entre terroristas oriundos das classes trabalhadora e média são, no entanto, instrutivas. Quero destacar somente um ponto: pode-se corretamente supor que, para os jovens intelectuais de classe média, provenientes de famílias muito pacificadas, em que é tabu o uso de violência nas relações de autoridade entre pais e filhos, na luta pelo poder entre gerações, a transição para atos de violência, assaltos a bancos, incêndios premeditados e assassinatos, como meios de travar batalhas políticas, é muito mais difícil do que para pessoas oriundas daquelas famílias da classe trabalhadora, em que as ameaças físicas contra os mais fracos pelos mais fortes estão na ordem do dia. Sem dúvida, no caso dessas pessoas de classe média, o uso de violência na luta política é menos espontâneo; transgredir tabus contra o uso de violência — tanto o tabu da coação externa social quanto o tabu da autocoação pessoal — exige um esforço muito maior. A necessidade de justificação intelectual, de legitimação através da reflexão, é um sinal disso.

Somente quando se está consciente dessas condições é que se pode discernir com clareza a peculiaridade do problema desse terrorismo burguês. A questão é esta: o que leva pessoas que, em sua grande maioria, cresceram e foram educadas com uma herança de tabus contra a violência, a arriscar suas próprias vidas, a romper com essa herança e a ignorar, talvez, as coerções de sua própria consciência, a fim de optar por pôr em risco e matar outras pessoas? Deve ser uma sensação de pressão muito forte, uma sensação de coações terrivelmente opressivas, que facilita essa transgressão e precipita a decisão final. De fato, quando lemos declarações de terroristas intelectuais, deparamo-nos, repetidas vezes, com depoimentos em que se reflete o sentimento de viver numa sociedade insuportavelmente opressiva e sem liberdade, que deve ser destruída a fim de permitir às pessoas uma existência livre e justa que seja digna de seres humanos.

3

Dificilmente se pode duvidar de que os terroristas da primeira geração (ou a maior parte deles, pelo menos), em ação na Alemanha Federal, eram sinceros em seus sentimentos e convicções a respeito do caráter altamente opressivo e injusto da sociedade onde viviam. Uma explicação dessa convicção (a qual não estava, por certo, limitada aos terroristas) é muito difícil porque, observada a uma certa distância — sobretudo quando se focalizam processos a longo prazo — a República Federal é uma sociedade provavelmente menos opressiva, menos injusta e menos desigual na disposição de oportunidades de poder do que todas as formas sociais anteriores já praticadas na Alemanha.

Isto não quer dizer que não exista nela desigualdade social, injustiça social nem qualquer forma de opressão. Todas essas deficiências e os correspondentes conflitos sociais estão entre os seus mais óbvios problemas. É para um problema menos óbvio que estou tentando dirigir aqui a atenção: como se pode entender que a sensação de viver sob as coações de uma sociedade insuportavelmente semelhante a uma prisão, e o sentimento de que essa sociedade é moralmente repreensível por causa de suas desigualdades sociais, tenham se tornado tão fortes precisamente num período de desenvolvimento, em que a opressão dos menos poderosos por grupos estabelecidos declinou em comparação com épocas anteriores? Como se pode entender por que os movimentos de protesto e a declaração de guerra dos jovens burgueses contra essas injustiças ganharam muito mais força precisamente quando o padrão econômico de vida dos menos poderosos tinha alcançado um nível mais alto do que nunca? Esse paradoxo superficial só pode ser explicado se o examinarmos de um ângulo ligeiramente diferente do que é costume analisá-lo: ou seja, se aceitarmos seriamente o sentimento de opressão e coação social que as pessoas em questão articulam, e investigarmos as bases de tal sentimento — sem que, entretanto, nos demos por satisfeitos com as próprias explicações delas para essas coações como sendo de caráter predominantemente econômico.

A resposta mais comum pode ser rapidamente formulada: os grupos humanos revoltam-se usualmente contra o que experimentam como opressivo, não quando a opressão está no seu auge, mas precisamente quando começa a enfraquecer. Em todo o mundo, grupos *mais jovens* — que são os que nos interessam aqui — são dependentes por algum tempo, enquanto crescem e se educam, dos mais poderosos grupos de pessoas *mais velhas*. As coações a que eles estão assim expostos — por mais essenciais que sejam para o seu crescimento — podem, de fato, ser de caráter mais ou menos opressivo e, em todo o caso, ser sentidas como frustrante opressão por aqueles que estão crescendo. E o serão ainda mais se o gradiente de poder entre a geração mais jovem e a mais velha tiver, *de facto*, diminuído. Esse, porém, foi o caso em todas as sociedades industriais mais altamente desenvolvidas no decorrer do século XX e, por certo, não apenas na República Federal alemã.

Na esteira de ambas as guerras mundiais deste século ocorreram surtos emancipatórios específicos ou, por outras palavras, um recrudescimento nas oportunidades de poder de grupos previamente mais fracos ou oprimidos.[58] O aumento no poder da classe trabalhadora em relação aos patrões, das mulheres em relação aos homens, e das populações coloniais ultramarinas em relação aos países colonizadores da Europa Ocidental são os exemplos que acodem mais rapidamente ao espírito. Em todos esses casos, foi uma questão de diminuição nas diferenças de poder; não, é claro, a realização da plena igualdade de poder nas relações dos grupos envolvidos. Isso também é válido para o deslocamento de poder entre as gerações mais velhas, estabelecidas, e as mais jovens, em ascensão, sobretudo na classe média. É razoável supor que a melhoria na situação econômica que foi especialmente visível do final da década de 1950 em diante contribuiu, com sua parte, para o desejo intensificado de emancipação dos jovens de classe média e, sobretudo, para os seus grupos estudantis, logo, para o agravamento do conflito entre gerações.

Essa mudança também teve os seus paradoxos. Em comparação com as gerações de seus pais e avós, os filhos de origem burguesa na década de 1960 deixaram suas famílias mais cedo e tornaram-se independentes. O estabelecimento do *welfare state* e a relativa facilidade com que jovens podiam ganhar dinheiro por trabalho a curto prazo habilitou-os a tornarem-se mais depressa financeiramente independentes de seus pais. Mas a maior independência dos jovens, assim emancipados de seus pais, também os expôs mais cedo às coerções anônimas da burocracia do Estado e, sob certos aspectos, do mercado de trabalho. Aí reside uma das bases decisivas — apenas uma delas, por certo — da disposição de grupos de jovens de classe média para aceitar um conjunto de ensinamentos que colocam no centro das atenções o problema da opressão social de classes específicas por outras, do domínio de forças sociais anônimas e, sobretudo, os problemas da desigualdade e das injustiças sociais.

Sem esclarecer esse peculiar paradoxo da posição deles, é impossível compreender a intensidade do sentimento de opressão social que se observa em muitas declarações feitas por membros das gerações mais jovens, oriundas da burguesia, na década de 1960. Eles estavam menos sujeitos ao poder de seus pais do que as gerações anteriores haviam estado em sua juventude. Em suas relações como filhos e filhas, se assim podemos expressar-nos, estavam menos oprimidos e mais livres do que os filhos e filhas dos círculos burgueses tinham estado em tempos passados; mas, como resultado de sua independência mais cedo, sobretudo ganhando seu próprio sustento, estavam também expostos mais cedo à pressão das coerções relativamente impessoais da sociedade adulta. Nessa situação, a teoria marxista da opressão dos trabalhadores pelos capitalistas pôde servir como um bem-vindo meio de orientação. Ao mesmo tempo, facilitou a identificação com os grupos oprimidos do mundo inteiro, por exemplo, com a pequena nação dos vietnamitas, que lutou com êxito contra o poderio superior da América capitalista.[59]

Na época, a obra de Marx e Engels formou, sem dúvida, não só a mais abrangente e impressionante estrutura teórica mas também quase a única utilizável como meio de orientação e como arma ideológica à disposição de *grupos marginais* que, em relação a *grupos estabelecidos* específicos, são mais fracos em poder e impedidos por estes últimos de satisfazerem suas necessidades. Por causa disso, ela foi usada para orientação intelectual por grupos marginais dos mais diversos tipos. Entretanto, o seu padrão de explicação só é congruente com a realidade num grau limitado. Quando o modelo específico trabalhador-patrão, e a promessa de salvação que reside na transcendência dessa contradição, são adotados como modelo universal para todas e cada uma das relações estabelecidos-marginais, o modelo adquire, em muitos casos, um caráter ideológico que o torna uma arma útil, mas que, como meio de orientação, pode ser ao mesmo tempo sumamente enganador.

4

Os movimentos de protesto e rebelião da juventude de classe média nas sociedades européias do pós-guerra usaram a herança das idéias marxistas como um meio de orientação e luta. Mas, no próprio uso que fizeram dessas idéias, há claros indícios de que os conflitos e as lutas pelo poder entre as gerações, aqui examinadas, só podem ser parcial e inadequadamente entendidos em termos do modelo marxista de um conflito entre patrões e trabalhadores que é determinado pela contradição de seus interesses econômicos.[60] Se examinarmos detidamente as declarações de terroristas de classe média da primeira geração, encontraremos repetidas vezes indicações muito claras de que os constrangimentos e dificuldades a que eles próprios e outros se sentiram expostos em sua sociedade não promanaram somente de contradições de natureza econômica. Num sentido geral, é verdade que na investigação das coerções sociais que afetam as pessoas, é inevitável a atenção às coerções econômicas. Mas isso não é suficiente. Até o presente, outros tipos de coerções têm sido articulados com menos precisão no plano teórico. Na prática, porém, elas estão desempenhando um papel crescente no processo de desenvolvimento social, sobretudo ao nível daquelas sociedades industriais de nosso tempo, cujo desenvolvimento industrial é relativamente elevado. Uma dessas coerções é a de busca de significado, a busca de um propósito que favoreça a plena realização pessoal e possa ser vivenciado como significativo.

Assim, uma das repetidas queixas no campo terrorista — e certamente não só nele — é sobre o vazio e a ausência de sentido da sociedade existente. Está freqüentemente combinada com a idéia de que a vida só poderá ser significativa numa sociedade onde a utilidade coletiva de atos pessoais tenha prioridade sobre a utilidade privada. Por exemplo, Horst Mahler, relembrando seus tempos de terrorista, diz:

> A experiência de não sermos capazes de realizar as nossas próprias idéias a respeito de uma vida significativa, defrontando-nos por toda a parte com o predomínio — freqüentemente cínico e implacável — de interesses privados sobre o que geralmente se reconhece ser de valor para a comunidade, é, nem mais nem menos, o modo como as coisas são em nossa sociedade. O pedido dos jovens a favor de algo superior é ignorado. Isso põe em marcha o mecanismo de alienação; é tudo tão vazio de sentido. Não podemos simplesmente realizar coisa alguma. Temos de macerar tudo até que fique só polpa.[61]

Esta citação não constitui um caso isolado. Michael Baumann, de cuja vida citamos anteriormente um episódio importante, escreve da prisão à sua namorada: "A vida, tal como está acontecendo até agora, parece-nos sem o menor sentido", e menciona o slogan pelo qual o seu grupo ficou famoso: "Destrua o que está destruindo você!" (*Mach kaputt, was euch kaputt macht*).[62] Expressa um sentimento que se tornou um *leitmotif* para muitos terroristas: o sentimento de que esta sociedade ameaça destruí-los como pessoas por meio de uma existência absurda, desprovida de sentido, a que estão condenados. Alguns procuram escapar ao vazio entorpecendo-se com drogas, outros com álcool. Mas em vez de se destruírem — é isto o que o slogan significa — é preferível destruir a sociedade que os empurra para a autodestruição.

Declarações como essas aproximam-nos mais, ou assim me parece, das raízes do problema terrorista do que explicações sobre o nível do que é politicamente rotulado de esquerda ou direita. Os problemas que estão sendo aqui abordados podem levar a um ou outro extremo do espectro político, de acordo com a geração dos grupos em questão, e as condições da sociedade como um todo. O que tem de ser explicado é o fato de que, comparado com o problema de fome de alimento e com a busca de uma existência social que assegure a satisfação dessa necessidade primária, o problema da fome de significado — e a busca de uma existência social que a mitigue — deslocou-se, no decorrer do século XX, mais acentuadamente para o primeiro plano entre os membros das novas gerações de origem burguesa.[63] Destacarei dois aspectos que são importantes a esse respeito.

Um deles é o processo de crescente secularização. Não preciso entrar aqui numa explicação sobre ele. Basta dizer que, no decorrer dessa transformação, os esforços de pessoas para encontrar um significado natural — em contraste com um sobrenatural ou transcendente — para a sua existência, ganharam maior evidência. Em outros aspectos, as tendências secularizantes estão, no plano funcional, estreitamente relacionadas com a maior segurança da vida humana em sociedades-Estados — por exemplo, com a maior proteção contra ser fisicamente atacado por outras pessoas, que a crescente eficiência do monopólio estatal da força assegura, ou a maior proteção contra a doença através dos avanços na higiene social e na ciência médica. A enorme elevação na expectativa média de vida no transcurso destes últimos duzentos ou trezentos anos é sintomática desse aumento da segurança intra-estatal para os indivíduos. Cumpre ter também presente, para as considerações que se seguem, que as representações da juventude, da idade adulta e da velhice foram alteradas de forma correspondente.

Uma segunda mudança é não menos importante: o aumento de prosperidade, mesmo entre os estratos mais pobres da sociedade. Quando as pessoas estão constantemente inseguras sobre se podem satisfazer sua fome física e quando, por conseguinte, a "luta pelo pão nosso de cada dia" reclama a maior parte de suas energias, o êxito nessa luta é altamente significativo. Em conjunto com a batalha contra outros perigos que ameaçam a mera sobrevivência, o desejo de ajuda e sucesso, nesse nível, sobrepuja todos os outros tipos de desejo de significado. Ainda em fins do século XIX e começos do atual, muitas pessoas, mesmo nas nações industriais mais desenvolvidas dessa época, aceitavam, como um dos dados imutáveis da vida social, que uma considerável proporção da população estava constantemente ameaçada de passar fome, quando não de morte por inanição. Foi somente no século XX que algumas sociedades-Estados atingiram um nível de produtividade que lhes possibilitou assegurarem a praticamente todos os seus membros, jovens e velhos, um padrão de vida que se situa consideravelmente acima da linha da fome. Agora, porém, as pessoas esqueceram com rapidez quão extraordinária — medida em relação ao desenvolvimento social obtido até agora — é uma sociedade sem fome; e acabaram considerando aceite a proteção social contra o perigo de inanição, assim como contra muitas doenças e outras ameaças à existência física. Estar livre da pressão cotidiana de ter de buscar os meios de satisfazer as mais elementares necessidades da própria pessoa e de sua família levou, por conseguinte, a atribuir-se maior significação à busca de tarefas no seio da sociedade, na qual cada pessoa pudesse sentir o significado e a gratificação que proporciona.

5

Mudanças na sociedade humana como as que acabamos de mencionar — e outras das quais não preciso falar aqui — formam uma espécie de quadro básico de referência. É preciso ter isso em mente, embora não lhe seja possível dar maior atenção no presente contexto. Trata-se de uma co-determinante do problema, do qual a variante terrorista do movimento de protesto da juventude burguesa representa a ponta de um iceberg. Pois o que esse movimento, em última análise, expressa, é uma forma peculiarmente aguda e intensificada de um conflito que, na realidade, está sempre presente; mas ocorre, em sua maior parte, abaixo da superfície da sociedade e, por isso, furta-se com demasiada freqüência à observação e reflexão: o conflito entre as gerações.[64]

Os conflitos entre gerações, tal como são concebidos aqui, estão entre as mais poderosas forças propulsoras da dinâmica social. Não se lhes pode fazer jus, se forem entendidos primordialmente como conflitos entre pais e filhos, ou dos filhos com seus pais. De tempos em tempos, o problema terrorista foi discutido nesse nível. Por exemplo:

> A origem social dos terroristas e sua apaixonada oposição à sua classe de origem (o "lar parental burguês") indica uma omissão, uma falha desses lares parentais e, na verdade,

> do "mundo adulto" em geral. Uma reflexão significativa sobre as causas do terrorismo tem de começar por aí, entre outras coisas. As chaves para um autoquestionamento crítico poderiam ser: teremos proporcionado aos nossos filhos um exemplo de vida significativa e mostrado-lhes o caminho para uma atividade mais gratificante e mais propícia à plena realização vital? Não nos teremos instalado com excessivo conforto na "sociedade afluente", depois de 1945, felizes por "ter tido a sorte de escapar"? Não teremos ficado demasiado satisfeitos conosco? Não teremos rejeitado como supérfluo, ou adiado para "mais tarde", todo o pensamento sobre uma fundamental melhoria nas condições de vida de membros das classes assalariadas, dos trabalhadores intermitentes, das populações famintas e exploradas do Terceiro Mundo?[65]

Este modo de apresentar o problema do conflito entre as gerações pode ser merecedor de discussão, mas não vem ao caso para o que pretendo expor aqui. Não estou interessado, neste ponto, na questão de saber se um pai fez algo certo ou errado no relacionamento com seus filhos. Tais conflitos, que ocorrem em determinadas famílias, formam apenas um nível, o nível individual, de um conflito muito mais abrangente entre as gerações. Enquanto a atenção estiver fixada naqueles (nos conflitos familiares), como é ainda o caso, por exemplo, na teoria freudiana do complexo de Édipo, fica bloqueado o acesso à compreensão dos conflitos entre gerações, os quais ocorrem no nível social. Nestes últimos, os planos e intenções de pais e filhos individuais desempenham um papel muito menor, enquanto que os confrontos não-planejados e não-premeditados — em que os participantes, com freqüência, não se apercebem sequer que se trata de conflitos entre gerações — desempenham um papel muito maior.

O conflito de gerações a que estou me referindo é um conflito *social*. Será certamente visto nos conflitos pessoais entre pais específicos e filhas e filhos específicos: mesmo esses, porém, não possuem o caráter imutável que Freud lhes atribuiu. A *estrutura* dos conflitos e tensões entre pais e filhos individuais também muda de acordo com mudanças no relacionamento pais-filhos, seja na sociedade como um todo, ou em determinados estratos sociais. A influência desses conflitos e tensões sobre a modelagem de impulsos e afetos dos filhos muda correspondentemente. Existem, sem dúvida, estruturas básicas que se repetem: o relacionamento pais-filhos é quase sempre um relacionamento de autoridade com um nítido desequilíbrio de poderes. E, por certo, se observam também contínuas mudanças no equilíbrio de poderes no seio de cada grupo familiar. Mas não formam o foco principal do que estou aqui dizendo sobre o equilíbrio de poderes e as transformações no relacionamento entre gerações. Em última análise, a estrutura desses processos no nível individual é determinada pela estrutura das relações entre as gerações na sociedade como um todo, seja ela uma tribo ou um Estado.

Exemplos de conflitos sociais entre as gerações não são difíceis de encontrar. Na maioria das sociedades, tanto as mais simples, quanto as mais complexas, os privilégios das gerações mais velhas incluem a ocupação de posições que conferem aos seus detentores um monopólio sobre as oportunidades para tomar decisões e emitir ordens, nos mais elevados níveis, em assuntos que interessam ao grupo todo. Os mais jovens são geralmente excluídos do acesso a posições de comando. A razão freqüentemente dada para os excluir é a necessidade de um período muito longo de preparação e aprendizado, sem o qual as pessoas não estão em situação de cumprir adequadamente as responsabilidades associadas ao exercício do governo em toda e qualquer sociedade. Mas, é claro, podem existir padrões institucionais muito diferentes para regular e administrar o poder de comando que é concedido às gerações mais velhas sobre as mais jovens pela natureza de sua posição. Igualmente variável é a extensão do tempo durante o qual gerações mais velhas retêm sua posse de posições dotadas de poder decisório na sociedade; há uma correspondente variação na extensão do tempo durante o qual as gerações mais jovens têm de aguardar em posições relativamente subordinadas, até que lhes seja franqueado o acesso a posições investidas de poder.

Os conflitos resultantes dessa quase-universal monopolização das funções sociais pelas gerações mais velhas e do desejo das gerações mais jovens de acesso às posições relevantes têm sido extremamente variáveis no decorrer do desenvolvimento social; mas, em cada etapa, eles são socialmente específicos. Têm uma estrutura que pode ser explicada como uma função da estrutura total da sociedade em questão. Assim, numa sociedade mais simples, por exemplo, um membro de uma família específica pode ocupar a posição de rei enquanto permanecer forte e saudável, uma vez que, de acordo com as noções daqueles envolvidos, a felicidade ou infelicidade de todo o grupo depende do vigor e saúde de seu governante central. Se, entretanto, fome, doenças epidêmicas ou a derrota numa batalha contra inimigos mostram que o carisma de um rei está declinando, a tradição pode ditar que ele seja morto e que um de seus descendentes mais jovens, que ainda esteja na plena posse de suas energias mágicas, seja posto no seu lugar. No caso de uma fazenda, pode ser costume que o fazendeiro, quando fica mais fraco, pendure seu chapéu a favor de um filho. Por outro lado, há também sociedades em que os velhos fazendeiros estão acostumados a continuar cuidando de suas propriedades até chegarem aos 60 ou 70 anos de idade, com a conseqüência de que seus filhos podem permanecer sem quaisquer bens próprios até os 40 anos ou mais e, portanto, não podem se casar.

Já neste último caso, impedir ou negar a oportunidade de possuir bens próprios está, ao mesmo tempo, associado a uma redução nas chances de significação. O velho lavrador corre o risco, através da pressão do jovem, de perder tudo o que deu um sentido à sua vida, não só o seu poder de comando mas também a independência que perderá quando finalmente se retirar. E o lavrador mais jovem corre o risco de ficar cada vez mais velho e continuar ainda solteiro, por causa da longevidade e obstinação do velho, sem encontrar a significação que, de acordo com o código de sua sociedade, só pode ser proporcionada pelo controle sobre uma lavoura e as terras, e pela formação de uma nova família. Mesmo sem qualquer conhecimento especial detalhado, é fácil ver que, de quando em quando, um desses jovens lavradores se desespera, torna-se violento, e talvez chegue a agredir o pai. Tudo isto é uma ilustração de que os conflitos de gerações não podem ser explicados por referência somente à culpa de um lado ou do outro, mas que em muitos casos têm de ser explicados, em definitivo, por referência à estrutura específica de instituições sociais.

Em sociedades como as nações-Estados do século XX, cujas estruturas e modos de funcionamento são, com freqüência, sumamente opacos para seus membros individuais, a natureza do conflito entre as gerações é muito menos imediatamente inteligível do que no caso de sociedades mais simples a que estes exemplos se referem. Portanto, é até mais fácil deixar de apreciar que, nesses casos, não se trata de uma questão de conflitos que resultam de idiossincrasias individuais mas, antes, de conflitos institucionais.

6

Já assinalei o notável fato de que muitos membros jovens dos círculos burgueses que se juntaram na oposição extraparlamentar e, mais tarde, em grupos terroristas, qualificavam de maneira clara a sua sociedade como insuportavelmente opressiva, injusta e, nesse sentido, profundamente condenável, ao passo que, de fato, a desigualdade social e as tendências opressivas que estavam, é claro, presentes na República Federal eram, em termos comparativos, muito mais fracas do que no tempo de Hitler e na maioria dos outros períodos anteriores da história alemã. Esse paradoxo, segundo me parece, pode ser explicado contra o pano de fundo de um abrangente conflito de gerações.

No desenvolvimento de sociedades mais diferenciadas, é fácil distinguir entre períodos com canais comparativamente abertos de mobilidade social ascendente para as gerações mais jovens, e outros períodos em que esses canais se tornam cada vez mais estreitos e talvez, por algum tempo, fiquem completamente bloqueados. O problema que estou abordando aqui é complexo; sobretudo em sociedades altamente diferenciadas, acontece, por vezes, que um estreitamento dos canais para a mobilidade ascendente em muitos setores se processa paralelamente ao alargamento de outros, ou à abertura de canais mais recentes e mais amplos. Com referência a um único campo social, o modelo mais simples — talvez demasiado simples — para esse fechamento e abertura de canais de mobilidade ascendente, é a tradicional organização militar dos Estados modernos, em particular do quadro de oficiais. Reduzindo-a a uma fórmula sucinta: em tempos de guerra, os canais dessa organização estão abertos para uma carreira; em tempos de paz, estreitam-se e podem até ficar temporariamente fechados.

É difícil obter uma visão de conjunto dos graus de fechamento e abertura de canais de carreira em diferentes fases do desenvolvimento de uma sociedade-Estado. Mas também, no presente contexto, as fases de violência, seja nas relações intra-estatais, seja nas interestatais de pessoas — ou seja, períodos de guerra e de guerra civil ou de revolução, com a subseqüente restauração do monopólio estatal de força — são usualmente, ao mesmo tempo, fases caracterizadas por canais de mobilidade ascendente relativamente amplos e abertos. Em contraste, longos períodos de paz, tanto na esfera interna quanto na interestatal, são períodos em que o fluxo através dos canais de mobilidade ascendente decresce. A circulação das gerações torna-se mais lenta. Na maioria dos casos, a média de idade dos grupos estabelecidos no pináculo da hierarquia de carreiras sobe correspondentemente.

Para as gerações mais jovens, as oportunidades ficam mais limitadas, em especial aquelas oportunidades a que estão ligados os sentimentos individuais sobre uma vida plenamente significativa. Ao mesmo tempo, aumenta a pressão dos grupos estabelecidos sobre os grupos marginais, sendo um exemplo, mas não o único, a pressão das gerações mais velhas, ocupantes dos escalões mais elevados da hierarquia, sobre as mais jovens, dependentes delas. Essa pressão, e essa tendência para diminuir a circulação das gerações, têm muitas conseqüências ou efeitos colaterais, que são tangíveis, por exemplo, na literatura ou no que é vagamente chamado o "sentimento vital" (*Lebensgefühl*) de um período.

Não se pode, certamente, entender os deslocamentos de poder social sem levar em conta as classes ou estratos, cujas relações mútuas sofrem mudanças no decorrer de revoluções ou sublevações internas. Mas, com freqüência, tampouco se pode entender e explicar tais deslocamentos de poder sem levar em consideração os conflitos de gerações e os problemas de mudança de geração em geral. Lembro-me de ter lido em algum lugar, que os grupos estabelecidos do regime de Hitler e da União Soviética eram, em média, os mais jovens do século.

O estreitamento e alargamento das oportunidades de vida, das oportunidades de significado em geral e das oportunidades de carreira em particular, para as gerações mais jovens de uma sociedade em qualquer época são processos que, sem dúvida, afetam mais fortemente o equilíbrio de poderes entre as gerações. Poder-se-ia dizer que esses processos constituem o núcleo dos conflitos sociais entre as gerações.

Talvez fique mais claro, de tudo isso, a razão pela qual seria errôneo supor que esses conflitos são exclusivamente sobre choques planejados deliberadamente entre grupos de diferentes gerações com interesses opostos. À primeira vista, pode parecer que é assim: todos e cada um dos grupos mais velhos envolvidos, em qualquer época, são *beati possidentes*; estão na posse das oportunidades de poder, incluindo as oportunidades de significado, e enquanto não forem demasiado velhos e frágeis para executar as funções associadas — por outras palavras, enquanto usarem essas funções como um monopólio de sua própria geração — o acesso a elas permanece bloqueado para as expectantes gerações mais jovens, ou pode ser regulamentado pela geração mais velha em seus próprios interesses. Entretanto, embora a sucessão das gerações possa ser regulada até um certo grau pelas coortes mais velhas estabelecidas, os processos sociais de estreitamento e alargamento — o fechamento e abertura de canais de carreira e as correspondentes oportunidades de vida e de significado para as coortes emergentes — são processos não planejados. Guerra e movimentos revolucionários não são planejados com o objetivo de contribuir para uma aceleração da circulação entre gerações; os planos dessa espécie são ainda menos prováveis, porquanto nos falta, de um modo geral, uma teoria articulada sobre o funcionamento desses processos. Não obstante, guerras e revoluções, mesmo que seus objetivos declarados sejam completamente diferentes, costumam ser acompanhadas, via de regra, por uma aceleração na circulação das gerações. Seria igualmente simplista incriminar as gerações mais velhas, detentoras das posições mais elevadas de carreira e do *establishment*, por restringir o acesso de pessoas mais jovens às desejadas oportunidades de vida em longos períodos de paz. Também isso, de acordo com o atual nível de conhecimentos, é caracteristicamente um processo não planejado. Mas se tais processos não-planejados são elevados ao nível da consciência, tornar-se-ão gradualmente mais acessíveis a um controle deliberado.

Não seria necessário dizer que o destino de pessoas mais jovens, provenientes de estratos sociais cujas expectativas de vida estão dirigidas para uma carreira, será o mais profundamente afetado por esse periódico abrir e fechar de canais de carreira na sociedade em que vivem. A tensão latente entre gerações e os conflitos que lhe estão associados intensificam-se quando os canais ficam mais estreitos, mas a forma como esses conflitos se manifestam são extraordinariamente variáveis.

Se não ficar bem claro que os problemas que se apresentam aqui são específicos de uma classe, seremos incapazes de situá-los em perspectiva. Uma característica da estrutura ocupacional dos trabalhadores industriais é, entre outras coisas, a reduzida extensão da escada de carreira que se lhes oferece. Nos círculos de trabalhadores, as expectativas de carreira são, assim, definidas com muito menos nitidez e tampouco têm a mesma significação para a consciência profissional dos círculos burgueses. Não é raro, para os jovens, terem em mente um plano de carreira bastante preciso e cronologicamente especificado, mostrando em que idade devem atingir um determinado degrau na escada de uma carreira. A diferença entre as estruturas de carreira normalmente disponíveis para adolescentes oriundos de famílias da classe trabalhadora, e de famílias burguesas desempenha um papel não desprezível na determinação das diferentes reações à congestão de canais de carreiras em seus respectivos campos.

Além disso, para ambos os grupos, em sociedades mais complexas, existem canais alternativos através dos quais uma pequena percentagem das pessoas em questão podem contornar o estreitamento, ou o congestionamento, dos canais de carreira. Para trabalhadores jovens uma carreira como jogador de futebol ou pugilista é um desses canais alternativos; para as pessoas de origem burguesa, as alternativas incluem, por exemplo, uma carreira como escritor e poeta; e tanto para aqueles quanto para estas existe a possibilidade de uma carreira política.

Com efeito, entre as principais características das sociedades contemporâneas está o fato de que o conflito de gerações desempenha um papel significativo não só no nível ocupacional mas também no nível político. Isso está relacionado com o fato de que o modelo decisivo do Estado no século XX foi o modelo de um Estado de *partidos*. Quer dizer, um Estado no qual os titulares de funções de governo e, de acordo com as circunstâncias, também os detentores de altos cargos administrativos se legitimam como membros do *establishment* político de sua sociedade através da filiação a uma organização partidária que, ao mesmo tempo, incorpora partes da população geral, incluindo, usualmente, membros da geração mais jovem. A organização da sociedade na forma de um Estado de partidos, quer seja um Estado ditatorial de partido único ou um Estado parlamentar multipartidário, é um desenvolvimento relativamente novo. Uma de suas conseqüências é que, além dos canais ocupacionais, os Estados de partidos também produzem canais políticos que podem ser abertos ou fechados. amplos ou estreitos. Portanto, podem existir também conflitos — manifestos ou latentes — de gerações na rede desses canais. O acesso às posições de comando no partido e no governo, ocupadas por pessoas da geração mais velha, pode permanecer bloqueado por muitos anos às gerações mais jovens; o acesso pode ser reaberto para pessoas mais jovens através da competição entre os partidos ou com a morte de membros dos *establishments* partidário e governamental. Em qualquer dos casos, a pressão que se abate sobre as gerações mais jovens pode originar-se na contração das oportunidades de vida e das oportunidades de significado nos níveis de carreira e político. Com muita freqüência, resulta de uma combinação de restrições em ambos os níveis.

7

Apresentei neste estudo dois exemplos do possível efeito de tal redução nas oportunidades de vida e nas oportunidades de significado sobre uma geração emergente, predominantemente burguesa. No caso de Weimar, tratava-se dos jovens oficiais que após a I Guerra Mundial desempenharam um papel decisivo na formação dos Freikorps e, mais tarde, de grupos terroristas conspiratórios. Para a maioria deles, a carreira normal como oficial do exército alemão apresentava-se como a única carreira que estava de acordo com seus talentos, que satisfazia às suas exigências de status e que podia conceder plenitude e significado às suas vidas. A posição menos precisamente regulamentada, de perfil um tanto mercenário e levemente *déclassé* nas associações voluntárias dos Freikorps substituiu o caminho bloqueado de uma carreira nas forças armadas alemãs, reduzidas a uma fração de seu poderio anterior.

Esses mercenários nutriam sentimentos ambivalentes em relação à instituição militar alemã, cuja liderança os excluiu da tão ambicionada posição como oficiais no exército regular. Nos primeiros anos do pós-guerra, embora não tivessem grandes simpatias por ele, esses líderes militares opuseram-se a todas as tentativas de pôr fim ao regime parlamentar pela força das armas. Mas não era possível para os homens dos Freikorps lutar contra o exército. Este era, afinal, um protetor e um aliado; os oficiais dos Freikorps contaram freqüentemente com a sua ajuda. O mesmo ocorria com os grupos civis burgueses ou aristocráticos que, à semelhança dos Freikorps, se consideravam "nacionalistas" e, em especial, com as associações e os partidos nacionalistas. Os mercenários, que tinham voltado a um estilo de vida mais turbulento, podem ter desprezado a sóbria e tranqüila burguesia, a freqüentemente corpulenta burguesia nacionalista, mas esta era também uma poderosa parceira, cuja proteção e ajuda financeira foi essencial em muitos casos. O latente conflito de gerações no relacionamento entre os relativamente jovens líderes dos Freikorps e seus seguidores, por um lado, e os mais antigos *establishments* da liderança do exército e dos grupos dirigentes nas associações e partidos nacionalistas, por outro, não pôde ser fisicamente eliminado. A hierarquia dos oficiais do exército alemão podia bloquear o ingresso em sua desejada carreira aos oficiais dos Freikorps; o inseguro jovem burguês metido no uniforme de oficial dos Freikorps podia não ter muito tempo a perder com a velha burguesia tranqüila e patriótica; mas a luta dos grupos marginais mais jovens contra os mais velhos e institucionalizados para a maior abertura das reduzidas oportunidades de vida e oportunidades de significado não podia ser resolvida nesse nível.

Apesar de toda a diferença de interesse entre eles, essas gerações mais jovens e mais velhas apresentaram, não obstante, uma frente comum. Os adversários comuns de ambas eram os grupos de mobilidade ascendente que tinham obtido novas chances de poder através da derrota do *establishment* imperial, sobretudo, a numericamente enorme classe trabalhadora organizada, e os numericamente muito pequenos círculos da pequena burguesia judaica, os quais, na estrutura total da sociedade alemã, formaram, por assim dizer, uma burguesia de segunda categoria. Somados à pequena parcela democrático-liberal da burguesia alemã, esses grupos, cujos representantes tinham agora passado a fazer parte de um *establishment* republicano, formaram o principal alvo na luta de todos aqueles que não conseguiam reconciliar-se com a derrota da Alemanha, cujas esperanças estavam dirigidas por inteiro para a restauração da glória do império e sua boa sociedade. Lutando contra o novo *establishment* republicano e os círculos que o apoiavam, estava o que talvez se possa chamar a oposição extraparlamentar da República de Weimar, oposição essa à qual pertenciam os Freikorps.

Este caso não está isento de significado como modelo para uma teoria de conflito social entre as gerações, centrando-se na reabertura e ampliação dos canais de vida e dos canais de significado que haviam secado ou estreitado. O protesto de um grupo mais jovem contra as suas próprias instituições, que bloqueiam seu caminho para as desejadas oportunidades de vida, pode, em certas circunstâncias, desviar-se desse objetivo e deslocar-se para outros grupos. Além disso, o exemplo mostra com muita clareza como as lutas das gerações mais jovens, predominantemente burguesas, para a abertura de oportunidades de carreira e políticas podem entrelaçar-se.

Com efeito, foi Hitler quem conseguiu — no início através de estratégias extraparlamentares e, depois, através do uso competente de canais parlamentares de mobilidade ascendente — rasgar caminho para que certas legiões de gerações mais jovens ocupassem posições de comando político e assim alcançassem as desejadas oportunidades de vida e de significado que lhes tinham sido fechadas pelo *establishment* partidário de Weimar. O conflito de classes que se expressou na luta dos Freikorps e do movimento nacional-socialista contra o regime de Weimar estava, pois, estreitamente ligado a um conflito entre gerações.

8

Um conflito de gerações estava também envolvido no caso do movimento de onde surgiram os terroristas da República de Bonn. Também aí os membros de uma geração mais jovem voltaram-se contra os grupos institucionais mais velhos, cuja autoridade consideravam ser um opressivo estrangulamento do que lhes parecia ser significativo e tornava a vida digna de ser vivida. Não faltaram os ataques visando a abertura de canais previamente restringidos ou fechados para uma carreira nas profissões liberais. A ampliação do acesso a funções docentes nas universidades e a exigência de participação nas decisões referentes a nomeações para as universidades estavam entre as reivindicações do movimento estudantil do final dos anos 60 e começos da década de 70. Mas a luta contra as mais velhas instituições políticas revestia-se de um significado mais central. Era a pressão das instituições partidárias a que as gerações mais jovens se opunham através da organização de uma oposição extraparlamentar, a qual era, assim, simultaneamente externa à oposição que atuava no âmbito das organizações partidárias existentes.

Os partidos coagulam-se facilmente em associações hierárquicas lideradas por um grupo mais velho, tendo por conseqüência que, dentro deles, as gerações mais jovens, com freqüência, só podem ascender com muita lentidão. É claro, em Estados multipartidários, onde a competição entre partidos age para suavizar a situação, essa restrição da oportunidade de ascender politicamente, através do predomínio das instituições mais antigas, é um pouco menos perceptível do que nos Estados ditatoriais de partido único. Em muitos casos, os representantes supremos em Estados de partido único estão apenas preparados para renunciar a uma parte do poder, que é tão extremamente significativo para eles quando a doença ou a fragilidade da velhice os compele a isso. Em todo o caso, a constituição de tais Estados não requer usualmente a existência de quaisquer regras de sucessão publicamente controláveis. Mas nos Estados multipartidários, apesar da competição entre partidos, também existe uma perceptível tendência para os canais intrapartidários de mobilidade ascendente serem reduzidos ou bloqueados e, por conseguinte, para as gerações mais jovens serem excluídas de posições políticas onde é possível a tomada de decisões mais ou menos independentes. Essa situação leva repetidamente ao arrefecimento da disposição dos mais jovens membros do partido para discordar, contribuindo assim, de modo considerável, para a pressão no sentido da conformidade intrapartidária. Por isso as formas de oposição extrapartidária e extraparlamentar oferecem, com freqüência, às gerações mais jovens a única oportunidade para expressar objetivos políticos e sociais que, no quadro das organizações partidárias existentes e também, portanto, das instituições parlamentares, não podem ser expostos, nem contar com a oportunidade de ser ouvidos e julgados. Talvez as pessoas devessem estar mais conscientes do que estão hoje do caráter de tais movimentos como um sinal do estrangulamento ou restrição das oportunidades de vida política e de significação política para as gerações mais jovens de membros do partido.

Para entender a dinâmica de um movimento extraparlamentar, é preciso se levar em conta o fato de que, nos Estados parlamentares dos nossos dias, os canais de carreira no quadro de referência de organizações partidárias solidamente institucionalizadas representam o único caminho para a atividade política efetiva — entretanto, sobretudo nos períodos mais longos de paz, eles são muito estreitos e, para um grande número de pessoas em processo de crescimento, inacessíveis. Se as posições de comando dos partidos e, com elas, as chances de exercer funções governamentais estão ocupadas por muitos anos pelos veteranos do partido, os membros das gerações mais jovens dificilmente dispõem, portanto, de qualquer influência que lhes permita alavancar a concretização de suas metas políticas. Essa é uma das peculiaridades estruturais do relacionamento entre gerações em Estados multipartidários que contribui, pelo menos em certa medida, para explicar o sentimento das pessoas mais jovens que vivem numa sociedade opressora, embora essa não seja toda a história. Quando os jovens ingressam como recém-chegados na cena da vida pública, manifestam com freqüência um sentimento muito forte de que muita coisa deveria ser diferente em sua sociedade. Mas têm apenas escassas oportunidades no quadro das instituições existentes para trabalhar no sentido de uma efetiva mudança no que eles percebem como fraquezas.

O significado desse bloqueio da participação efetiva é tanto maior porque, no século XX, as doutrinas políticas tornaram-se, mais do que nunca, um elemento integrante daquilo que é significativo para as pessoas e que, por conseguinte, permite ao significado ser conferido, assim como removido. Já sublinhei que as funções provedoras de significado que, em épocas passadas, estavam associadas a credos religiosos, de natureza supraterrestre transferiram-se cada vez mais, no transcurso da grande onda de secularização, para os credos políticos terrestres. Portanto, as lutas em nome da fé política, no século XX, têm tido, com freqüência, a mesma intensidade emocional das lutas religiosas de séculos passados. O fervor religioso, o envolvimento afetivo com que as jovens lideranças do movimento extraparlamentar dos anos 60, e os terroristas conspiratórios dos anos 70, defenderam seus objetivos de transformação da sociedade e denunciaram que o Estado existente — que eles viam consubstanciado em altíssimo grau no caráter institucional dos partidos dominantes e num sistema opressivo e moralmente desprovido de valor — não pode ser bem entendido enquanto não for simultaneamente levada na devida conta essa função provedora de significado da batalha pelos próprios ideais políticos de um indivíduo ou de um grupo.[66]

De fato, provavelmente uma das mais fortes raízes da angústia e das ações dos jovens adversários da República Federal, nos anos 60 e 70, foi que, no contexto de um Estado em que as organizações partidárias reivindicavam o monopólio do acesso a todas as atividades políticas, eles viram-se excluídos de qualquer atividade política cujas metas lhes pareciam ser totalmente significativas. Vista sob esta luz, a organização de uma oposição extraparlamentar tornou manifesto algo que está latente em toda a sociedade com um regime partidário monopolístico: a existência, sobretudo, de grupos de jovens agindo à margem do sistema, que estão, no plano político, altamente motivados e que — seja qual for o modo como isso é interpretado — se interessam profundamente pelos problemas públicos de sua sociedade sem que, no entanto, as instituições oficiais lhes dêem qualquer oportunidade para expressar esse interesse.

As formas de oposição extrapartidária e extraparlamentar são, por conseguinte, manifestações normais de sociedades-Estados governadas por um parlamento. Os movimentos de protesto relacionados com os da República Federal alemã formaram-se em muitas das mais avançadas sociedades industriais do mundo, como os Estados Unidos da América, a França e a Grã-Bretanha. Em todos esses países, pessoas cuja origem predominante era a classe média, agruparam-se numa tentativa de, por meios extraparlamentares, derrubar um regime dominado por antigos grupos burgueses. Em muitos casos, sua iniciativa teve conseqüências a longo prazo para o relacionamento das gerações mais velhas com as mais novas, sobretudo nas universidades. Mas em todos os países foi um fracasso quando avaliada em relação às grandes esperanças alimentadas nos círculos envolvidos no auge do movimento.

Se essa luta tivesse sido coroada de êxito, o regime dos cabelos grisalhos que dominava as instituições políticas teria sido quebrado. Os estreitos ou congestionados canais da mobilidade política ascendente teriam sido abertos, e haveria novos canais, inicialmente ainda amplos e flexíveis. Os homens e mulheres das gerações mais velhas teriam descido de sua torre de marfim e teriam sido substituídos por membros das gerações mais jovens. Por via de regra, porém, as chances de poder de tais movimentos são extraordinariamente remotas em comparação com as de organizações partidárias, em especial os pináculos de uma hierarquia partidária. Enquanto não houver nenhuma grave crise em sua sociedade que os ajude, os membros de tais movimentos dificilmente terão, alguma vez, a chance de ganhar acesso à atividade política efetiva, relacionada com seus objetivos políticos.

Foi justamente uma dessas crises que permitiu finalmente à oposição extraparlamentar da República de Weimar intervir efetivamente na luta política entre os partidos. Para os membros da oposição extraparlamentar na década de 1960 na República de Bonn não existiu tal oportunidade correspondente. Atraiu significativo apoio; as manifestações de massa despertaram grandes expectativas; o movimento estudantil simultâneo obteve considerável sucesso em suas tentativas de alterar o equilíbrio de poder entre as gerações mais velhas de professores vitalícios, e as gerações marginais de estudantes e jovens assistentes, a favor destes últimos, abrindo, assim, ou ampliando uma série de canais de carreira para eles. Tudo isso gerou um sentimento de exaltação entre os participantes. O sonho de realizar seus ideais, de emancipar todo o povo oprimido na República, e especialmente as gerações mais jovens que participaram nessa luta, parecia estar prestes a cumprir-se. E então, inesperadamente, esse sonho foi destroçado. À euforia seguiu-se a depressão e o acirramento da luta.

Gerações pré- e pós-guerra: diferenças de experiência, ideais e moralidade

9

A frustração de uma geração mais jovem, politicamente motivada, que se sentiu marginalizada pela posição monopolística das gerações mais velhas, ao ser-lhe não só negado o acesso a todos os organismos onde eram tomadas as decisões políticas, mas também, por um largo tempo, a participação ativa na discussão de decisões políticas, de um modo geral, certamente contribuiu muito para a "demonização" do Estado existente, a qual se manifestou em numerosos círculos do movimento extraparlamentar da Alemanha Federal, nos anos 60 e 70. Mas outras peculiaridades de sua experiência, assim como também outros aspectos mais específicos do conflito de gerações, agiram na mesma direção. Um deles expressou-se nas atitudes diferentes da geração mais velha e dessa geração mais jovem da burguesia em face da incursão nacional-socialista na história alemã, e de suas causas e conseqüências.

Pode ser útil colocarmo-nos no lugar desses jovens quando eles, por assim dizer, entraram em cena e, pela primeira vez, olharam com plena consciência à sua volta para a paisagem política da República Federal. O que impressiona, em primeiro lugar, é como a diferença é enorme entre a experiência do mundo dos recém-chegados e a dos mais velhos que ocupavam todos as posições de liderança — aqueles que permaneciam no topo dos canais de carreira política e profissional, incluindo os partidários e os universitários, e daí determinavam o destino da sociedade-Estado alemã e dos seus membros que estavam crescendo e educando-se.

Para as gerações mais velhas da burguesia, que tinham vivido a transição da República de Weimar para a ditadura do Partido Nacional-Socialista, e depois a guerra que se lhe seguiu, a questão da culpa ou da inocência pessoal dos indivíduos — incluindo-se, é claro, a deles próprios — desempenhou um papel decisivo no debate sobre essa incursão anticivilizadora na história alemã. A maioria deles tinha sido inocentada pelas comissões de desnazificação dos Aliados, de ter pessoalmente tido qualquer participação, ou de ter desempenhado qualquer papel nas atrocidades do período nazista. Assim, o problema de "chegar a um acordo com o passado alemão" ficou, para eles, consideravelmente solucionado. Do ponto de vista oficial, nada tinham a temer e nada a lamentar. Suas consciências podem tê-los atormentado uma vez por outra. Mas na vida pública, assim parecia aos líderes dessa geração, o pesadelo dos anos de Hitler podia ser sepultado. Acima da questão da filiação ou não-filiação individual em organizações nacionais-socialistas, a questão de que peculiaridades da sociedade-Estado alemã e sua tradição específica tinham permitido a ocorrência de tamanha explosão de brutalidade e desumanidade situava-se, de um modo geral, para além de seus horizontes. Cônscios de estarem mais ou menos livres da mancha de pertencer ao agora estigmatizado grupo, eles procuraram dar continuidade à tradição do Estado alemão, a qual levou através de numerosas cadeias de antigas famílias burguesas e nobres do Kaiserzeit à nova República Federal, passando pela República de Weimar. Em muitos aspectos, eles seguiram adiante, imperturbáveis, como se nada tivesse acontecido.

A administração dos assuntos internos alemães por representantes das potências vitoriosas, como pode ser aqui visto, teve um efeito acentuadamente retardador sobre o desenvolvimento da República Federal. As lideranças da era pós-guerra, representadas pela simbólica figura paternal de Adenauer, concentraram seus esforços, sobretudo, em assegurar a reconciliação com os vencedores e construir um estável edifício estatal no estilo da tradição liberal-conservadora da era *ante bellum*. Graças a isso, a jovem República Federal alemã estaria apta a apresentar-se como parceira confiável das potências ocidentais e, assim, também legítima receptora de gigantescas somas de ajuda econômica. Em virtude das conseqüências da derrota e da longa duração da reconstrução, foi adiado o debate entre as gerações mais novas sobre as atitudes e os ideais das mais velhas gerações governantes. A forma explosiva como esse debate foi então levado a efeito, nos anos 60 e 70, refletiu, em parte, esse efeito de recuperação do tempo perdido.

Para as jovens gerações burguesas que estavam ingressando então na arena política, o problema do passado da nação apresentou-se de um modo muito diferente do que tinha sido para as gerações de seus pais e avós. Nascidos no final, ou já depois do período de Hitler, tinham a certeza de que não eram, de forma nenhuma, culpados das atrocidades do regime hitlerista. Mas tinham consciência, talvez com uma certa perplexidade, de que o mundo recriminava o povo alemão pela criação de um regime violento, que foi muito além das formas normalmente suportáveis de desumanidade. Por outras palavras, descobriram que o estigma prendia-se não só aos indivíduos que tinham estado pessoalmente envolvidos nos atos de violência do período de Hitler mas à nação inteira. Todo o alemão sentia a força disso quando se encontrava com estrangeiros, mesmo que sua juventude o isentasse de qualquer participação nos acontecimentos estigmatizados. Se as gerações dos pais tinham visto o problema de reabilitação do passado como sendo, antes de mais nada, uma questão de culpa ou inocência individual, para a geração dos filhos e filhas veio à tona num grau muito maior o problema social das origens do regime nazista. Para eles, que nasceram mais tarde, era mais claro do que para seus pais que o pesadelo do passado não se deixaria sepultar tão depressa e, assim, da parte deles, o conflito de gerações irrompeu com força especial — é claro, não necessariamente como um conflito de família mas, sobretudo, como um conflito social mais amplo.

A usual situação competitiva entre grupos marginais mais jovens e os grupos mais velhos e estabelecidos, que monopolizam as chances de vida e significado do grupo mais jovem, durante anos e anos a fio, tornou-se, neste caso, excepcionalmente intensa. É bastante comum filhos e filhas sentirem que a geração dos pais é autoritária e opressiva porque bloqueia o acesso a oportunidades vitais. Mas esse sentimento, talvez não articulado com muita clareza, combinou-se agora, para um grande número de jovens burgueses, com a consciência de que esses mesmos pais representavam a geração que, direta ou indiretamente, era responsável pela ascensão de Hitler e seus sequazes. De um modo muito mais formal do que antes, essa geração exigia uma resposta para a questão de como a vitória dos nacionais-socialistas — ou, como também os chamavam, dos "fascistas" — podia ter acontecido na Alemanha. Também exigiam a garantia de que o que acontecera nunca mais aconteceria de novo.

A partir da experiência dessa situação fica bastante fácil explicar a preocupação acerca da eventual aproximação de uma nova ditadura na Alemanha, e a disposição para interpretar as formas correntes de opressão como precursoras de um segundo período de fascismo. Essas apreensões desempenharam um papel central nos planos e ações dos grupos de oposição extraparlamentar e, mais tarde, também nos dos terroristas conspiratórios. Daí surgiram as necessidades que o marxismo prometia satisfazer, sobretudo para os jovens oriundos da burguesia com inclinações intelectuais. Em poucas palavras, os ensinamentos marxistas e seus derivativos tinham uma quádrupla função para as jovens gerações burguesas desse período:

serviam-lhes como um meio de purificação da maldição do nacional-socialismo; como um meio de orientação através do qual interpretar o caráter social do período nazista, assim como da sociedade contemporânea; como veículo para lutar contra o *establishment* representado pelas gerações mais velhas, contra seus pais, contra a classe média; e como modelo de uma sociedade alternativa, uma utopia provedora de significado em contraste com a qual era possível expor criticamente os defeitos da própria sociedade onde se vive.

Por um breve momento histórico, pareceu possível aos principais grupos desses jovens burgueses na Alemanha escapar às coerções — vistas por eles como de natureza econômica — do regime social vigente e realizar o objetivo com que sonhavam: o fim da dominação capitalista e a transição para o governo pela classe trabalhadora. Estava prestes a chegar o momento, sentiam eles, em que a República de Bonn do *establishment* com seus sólidos privilégios poderia ser transformada pelos grupos progressistas num outro sistema social mais livre e mais significativo, a que eles usualmente se referiam pelo conceito de "socialismo"; e o fantasma do fascismo seria, assim, exorcizado de uma vez para sempre.[67] Quando o sonho não se concretizou, quando para essa jovem geração a grande esperança também começou a desmoronar, a dinâmica de protesto redundou numa intensificação da violência na colisão entre grupos rebeldes e os representantes do monopólio estatal da força. Culminou, enfim, na formação de organizações secretas que desejavam derrubar a estrutura dominante — a qual, obviamente, não seria abalada por estratégias relativamente não-violentas — através de atos sistemáticos de violência.

Ao tentar explicar o terrorismo na República Federal, dificilmente se pode esquecer o fato de que os países onde movimentos de oposição da gente mais jovem levaram à formação de grupos violentos são principalmente aqueles onde, no passado recente, um papel decisivo foi desempenhado por formas de mais ou menos arbitrário domínio pela violência, fora do controle da lei, do tipo característico dos regimes fascista ou nacional-socialista. É evidente que as mesmas condições e tradições sociais que favoreceram o surgimento de violentos tipos de governo ditatorial, na Alemanha e na Itália, também contribuíram para o surgimento de violentos contramovimentos antifascistas. Nesses dois países, além disso — e possivelmente no Japão também — o medo de uma nova e violenta ditadura autoritária era, por razões compreensíveis, particularmente grande e particularmente forte, em sintonia com a sensibilidade de setores das jovens gerações do pós-guerra em relação a qualquer indício evidente de retorno a semelhante regime. E uma vez quebrados os elos que em sociedades-Estados mais desenvolvidas restringem normalmente o uso arbitrário de violência física como meio de solucionar conflitos, o fogo continua, então, latente, e o medo de um retorno ao império da violência impele mais facilmente os adversários a usar também a violência como medida preventiva ou retaliação. Tudo o mais que possa concorrer para a explicação do terrorismo na República Federal não pode, no entanto, deixar de levar em conta o fato de que, em outros países governados por parlamentos, os movimentos de oposição extraparlamentares não levaram à formação de grupos terroristas conspiratórios, quando tais movimentos perderam seu impulso e sua esperança de rápida mudança no regime vigente que eles sentiam ser opressivo.

O trágico era que alguns membros dessas gerações mais jovens, em seus esforços para levar a efeito uma melhor, mais cordial e mais significativa espécie de vida social humana, como contra-imagem para o regime nacional-socialista, foram levados, por seu turno, a cometer atos cada vez mais desumanos. E talvez isso não fosse a tragédia apenas deles, mas também do Estado, da sociedade, que eles procuravam transformar, e das gerações mais velhas, que, detentoras de todas as posições de poder, representavam a sociedade e o Estado. Por sua parte, esses elementos mais velhos e estabelecidos tinham certamente tentado — de acordo com as relações transformadas de poder — moderar a dura herança do Estado autoritário absolutista que sobrevivera nos Estados republicanos sucessores dos mil anos de monarquia alemã, não só em muitos recantos e brechas da própria organização estatal mas, além disso, nos recessos das estruturas de personalidade do povo alemão. A catástrofe dessa tradição alemã tinha posto fim à tão arduamente conquistada unidade do Estado; e, como resultado, a vontade e o desejo foram certamente reforçados entre as lideranças sobreviventes que comandaram a reconstrução do pós-guerra para edificar um Estado menos autoritário e realizar reformas correspondentes nas estruturas estatais e nas instituições educacionais. Mas os limites à sua vontade de mudança eram condicionados pelo temor de doutrinas revolucionárias que se infiltravam de nações vizinhas, as quais, embora internamente continuassem e desenvolvessem ainda mais o padrão de absolutismo autoritário, em sua propaganda endereçada a outros países clamavam por liberdade e pela derrubada da ordem existente.

Setores das gerações mais jovens sentiram que as reformas limitadas de seus maiores, que ainda mostravam o cunho dos tempos pré-guerra, eram inadequadas. Apesar das instituições parlamentares, apesar do sistema multipartidário, eles ainda descobriam no Estado reformado muitos traços do tradicional Estado autoritário autocrático. Dificuldades especiais eram criadas pelo seu uso freqüente, como instrumento de crítica intelectual do edifício de idéias marxistas, que apresentam e rejeitam o Estado como sendo, de fato, um instrumento da classe dominante. Em primeiro lugar, onde quer que esses ensinamentos tenham sido postos em prática, o resultado, quase sem exceção, foi a formação de Estados altamente autocráticos e opressivos. Em segundo lugar, entretanto, o marxismo atuou como um elemento infalivelmente provocador e irritante para o velho *establishment* do país. Embora tivesse decidido, há muito, dar ampla abertura para a livre competição entre os principais partidos, de acordo com o modelo de seus aliados ocidentais — e em vista das alteradas relações de poder dentro do Estado — isso, no entanto, despertou no *establishment* sentimentos e atitudes que estavam aparentados com os de anteriores estratos dominantes alemães.

Isso apenas confirmou a suspeita dos jovens grupos burgueses que se haviam unido para formar uma frente de oposição extraparlamentar de que a propensão para usar violência física, a qual, no caso da República de Weimar, levara ao estabelecimento de um regime autocrático e violento, poderia fazer-se valer de novo também na República de Bonn. Obcecados pela visão de que as tendências por parte dos estratos governantes para a ditadura violenta poderiam uma vez mais prevalecer sob a Segunda República parlamentar alemã, setores desses grupos de oposição da geração mais jovem intensificaram a luta contra as gerações mais velhas que detinham todas as posições de poder nos partidos e, portanto, no governo, e a quem consideravam suscetíveis de recorrer à ditadura e à violência policial.

De fato, o medo de que uma nova ditadura violenta pudesse ser iminente nunca abandonou esses jovens. E não era apenas um temor. Eles também extraíam uma considerável soma de suas energias reformadoras ou revolucionárias da idéia de que, por trás da máscara de um Estado parlamentar, multipartidário, um novo ditador já estava à espreita com seus sequazes, aguardando o momento de desferir o golpe, e de que a polícia da República Federal era a sua vanguarda. Essa convicção de que o grande inimigo, o "fascismo", não tinha sido totalmente destruído mas poderia ressurgir a qualquer momento é uma espécie de *leitmotiv* que se repete uma e outra vez em todos os seus depoimentos. Daí que se tinha de forçar o adversário a sair de seu esconderijo e a mostrar sua cara à luz do dia. A tendência dessas organizações de jovens para provocar as autoridades do Estado a revelarem a todo o mundo sua verdadeira natureza fascista foi reforçada no decorrer de seus confrontos com a máquina estatal.

A questão, neste caso, não consistia em ser correto ou não ver a República Federal como um Estado sumamente opressivo e como o precursor de um regime fascista. Os jovens burgueses que lideraram uma luta extraparlamentar contra o Estado de Weimar na década de 1920 também estavam profunda e sinceramente convencidos de que a República era algo pernicioso e maligno, e que cumpria usar de todos os meios para tentar derrubá-la. A mesma coisa era agora sustentada pelas jovens gerações dos anos 60 e 70. Em ambos os casos, essa convicção era baseada num sonho, na idéia da possibilidade de uma sociedade melhor e mais significativa; no período de Weimar, o sonho era uma forma de nacionalismo que direta ou indiretamente redundou numa ditadura fascista; na República de Bonn, o sonho era de uma forma justa e humana de sociedade, livre de coações, de desigualdade social e opressão, através da qual o Estado ocidental sucessor do Reich alemão pudesse purificar-se de uma vez por todas da lembrança infamante do Estado fascista. Muito embora tanto a República de Weimar quanto a de Bonn não correspondessem à imagem que seus jovens adversários faziam delas, em ambos os casos o Estado existente bloqueou, em grande medida, o caminho para as oportunidades de vida que os opositores entendiam como significativas. Em ambos os casos, os jovens opositores não tinham uma imagem clara da forma de sociedade que poderia satisfazer seu desejo de significado. Mas sabiam exatamente o que não queriam.

10

Uma das diferenças entre os jovens grupos de oposição extraparlamentar da década de 1920 e os de 1960 era que os primeiros compartilhavam dos ideais de seus pais, sejam quais forem as diferentes nuanças que possam ter havido, ao passo que os segundos não. Os Freikorps, tal como os nacional-socialistas, compartilhavam com o velho *establishment* da burguesia do seu tempo do ideal nacional, do sonho da grandeza e destino ímpar da Alemanha. Não obstante, por mais que fossem excluídos das posições de poder detidas pela geração de seus pais, e por mais que esses jovens grupos burgueses também pertencessem, por conseqüência, aos marginalizados em sua sociedade, sua amargura não era canalizada para um conflito contra a geração mais velha de sua própria classe mas, em vez disso, contra os outros, os "intrusos" — sobretudo os trabalhadores e os judeus.

Para os grupos de jovens burgueses que cresceram depois da II Guerra Mundial eram, pelo contrário, os próprios ideais de seus pais que estavam manchados e dos quais eles queriam dissociar-se — os ideais de nacionalismo e tudo o que lhe estava associado. Vastos círculos da burguesia alemã, e não poucos trabalhadores, foram seduzidos pelos atrativos do ideal nacionalista e estimulados a dar entusiástico apoio a Hitler e seu movimento. Seu renovado empenho em realizar o sonho nacional da supremacia da Alemanha na Europa e no mundo trouxera vergonha e desonra ao país e a todos os seus cidadãos. Para as novas gerações burguesas, o ideal nacionalista como veículo para obter significado estava falido. Nessa situação, o ideal socialista encarnado nos ensinamentos marxistas prometeu refúgio.

Sem dúvida, a desvalorização do ideal nacional foi particularmente forte na Alemanha e a mudança de rumo a favor da contra-imagem do ideal socialista especialmente intensa. Mas não se pode fazer justiça a esse processo, se ele for entendido meramente como um evento especificamente alemão. Não é apropriado supor que a forma extrema adotada pelo ideal socialista da luta contra a desigualdade e a opressão nos movimentos terroristas na República Federal era apenas uma questão de reversão do pêndulo, após ter ido ao extremo do movimento nacionalista de Hitler. Pois, numa forma atenuada, um desenvolvimento análogo da luta entre gerações ocorreu também em outros Estados multipartidários da Europa e da América do Norte.

Talvez seja útil olhar as relações entre os ideais nacionalistas e socialistas como meios de dar significado e orientação a vastas seções da população em Estados contemporâneos, como uma questão de relações de equilíbrio. No espectro de legitimação de ideologias políticas, a referência exclusiva a uma ou outra só é característica dos casos mais extremos. Normalmente, encontramos misturas em que uma tendência prepondera à outra.

Ao tentar determinar mais rigorosamente as características que distinguem os dois tipos ideais, pode-se dizer que é uma questão das diferentes "normações" das relações entre grupos humanos. Os ideais nacionalistas mobilizam prazer e felicidade nas pessoas em nome da fama e da grandeza do seu próprio grupo. Os interesses da nação a que se pertence justificam a luta contra e, se necessário, a opressão e destruição de outros grupos humanos. O ideal liberal, de que a ordem humana otimizada resulta do esforço irrestrito do indivíduo para realizar seus próprios interesses, e o ideal nacionalista, que confere um lugar central no código de comportamento ao esforço irrestrito para realizar os interesses do povo a que se pertence, ambos pertencem igualmente, portanto, à categoria dos ideais egoístas, egocêntricos.

À primeira vista, o mesmo se aplica ao ideal socialista. Na versão marxista, pelo menos em primeiro lugar, dá-se ênfase aos interesses de uma classe, a classe trabalhadora, sobre os de seus adversários estruturais, a classe capitalista. Além disso, porém, Marx atribuiu um especial significado moral, uma "virtude" especial, ao ideal egoísta das classes trabalhadoras e aos esforços desenvolvidos para a sua realização, porque era o egoísmo de uma classe oprimida e explorada. Em mais um vôo de sua imaginação, ele viu no conflito entre as duas classes industriais, por assim dizer, a última batalha da história humana na grande luta dos oprimidos contra os opressores. Em certa medida, Marx igualou os interesses dos trabalhadores aos interesses da humanidade e profetizou que, após a vitória dos trabalhadores sobre os capitalistas, e após a remoção dessa forma de opressão de um grupo humano por um outro, a humanidade entraria numa fase de liberdade, sem opressores nem oprimidos. Nesse contexto, o egocentrismo de cada grupo de pessoas como princípio de sua ação teria que — e deveria — desaparecer.

O curso efetivo do desenvolvimento mostrou que o caminho para conter e dominar o egocentrismo do grupo nas relações mútuas das pessoas é muito mais difícil e leva muito mais tempo do que Marx pensava. O seu idealismo romântico — o idealismo dos materialistas — bloqueou sua visão do simples fato de que os oprimidos vitoriosos, por seu lado, convertem-se muito rapidamente em opressores, e de que o egoísmo coletivo de seus membros pode afirmar-se de um modo tão implacável quanto o de seus adversários estruturais.

Apesar disso, o sistema marxista de pensamento pôde servir à jovem geração burguesa do pós-guerra na República Federal — e, de fato, em muitos outros Estados industriais da Europa e da América do Norte — como um fio condutor para orientar-se no mundo social em que se encontravam. Nada mais existia que se lhe assemelhasse — nenhuma outra teoria que descrevesse o universo humano da perspectiva dos desfavorecidos e dos oprimidos numa larga pincelada e relativamente perto da realidade. Não precisavam preocupar-se com as dificuldades e contradições que vieram à luz na tentativa de realizar o seu modelo ideal de uma sociedade sem opressores nem oprimidos. O ideal socialista correspondia às suas necessidades. Era fácil passar por alto que os ensinamentos marxistas continham em si as sementes de uma nova opressão sob o nome de "ditadura do proletariado".

Pode-se entender por que a necessidade de semelhante ideal era tão forte, especialmente entre os grupos de jovens intelectuais da burguesia alemã do período do pós-guerra. Resultou de um processo de aprendizagem coletiva: a entrada do Reich alemão em 1871 na multissecular batalha pela hegemonia entre os Estados europeus tinha levado à derrota de 1918. Uma capacidade extremamente forte por parte de amplos círculos burgueses alemães para suprimir de sua consciência fatos indesejáveis permitiu-lhes reinterpretar esse acontecimento como traição por seus adversários de classe. Isso aliviou-os do trabalho de explorar de forma realista, como meio de orientação para o futuro, as verdadeiras razões para a derrota. Uma vez mais, o governo logrou mobilizar a massa do povo alemão, especialmente a classe média, para um encontro armado em nome do ideal nacionalista. O duro golpe da segunda derrota e os excessos do período de Hitler, que tinham sido justificados por egoísmo nacional, levaram então adiante, de fato, um processo de aprendizagem. O caráter axiomático do ideal egoísta estava agora despedaçado, não por força de argumentação mas pelo curso fatual de eventos sociais. Quando o efeito de choque da derrota e suas dolorosas conseqüências começaram a dissipar-se, era provavelmente tarde demais para as gerações mais velhas tentarem uma nova orientação através da qual pudessem conciliar-se com as amargas lições da realidade. Mas a geração de seus filhos e filhas estava não só pronta para uma nova orientação como a exigia. Reconheciam muito bem que uma das tarefas que o passado alemão deixara para eles era a de lutar contra o egocentrismo de grupos humanos em seu relacionamento com outros grupos, e esforçar-se por realizar formas mais humanas e menos opressivas de relações entre as pessoas.

É mais difícil compreender que não foi somente na República Federal alemã que a lição dos excessos do nacional-socialismo influenciou o pensamento e o sentimento de grupos de jovens intelectuais. Ela teve uma ressonância ainda maior em outros países europeus, uma vez que não demorou muito para se perceber que sua vitória sobre a Alemanha resultara numa vitória pírrica. Não foi somente o sonho de grandeza nacional e hegemonia da Alemanha que desmoronou, na II Guerra Mundial, mas a supremacia global da Europa em geral — especialmente dos grandes países imperiais, Grã-Bretanha e França. Também em outros Estados europeus as gerações mais jovens estavam, sob a pressão desse esboroar de grandeza nacional, observando, com olhos críticos, os feitos e os ideais das gerações de seus pais. Mesmo nos Estados Unidos e no Japão, o exemplo da II Guerra, no século XX, deixou marcas profundas, ainda que, talvez, numa forma atenuada, no pensamento e sentimento das gerações mais novas.[68]

Sem dúvida, o equilíbrio entre ideais nacionais e sociais, entre o sonho de grandeza para a própria nação a que se pertence e o desejo de tipo menos desigual, menos opressivo e autoritário de vida social em grupos humanos, tem suas peculiaridades em todos os países. Mas, de um modo geral, pode-se dizer que, nos países mais desenvolvidos, fora da esfera de influência da União Soviética, existe uma importante diferença no que diz respeito a ideais nacionais, entre as experiências das gerações mais velhas e as da geração que cresceu nas décadas de 1950 e 1960. Tal como na Alemanha, o passado também projeta uma sombra sobre os atos e pensamentos políticos em outras nações industriais européias. O complexo de culpa das gerações mais novas pode ser particularmente pronunciado na Alemanha por causa das atrocidades cometidas pelos pais, mas também vamos encontrá-lo, em graus e matizes que variam de acordo com circunstâncias históricas nacionais, na Grã-Bretanha, França, Holanda, Bélgica e talvez em outros países europeus. A perda de potência sofrida por esses países — o fim da supremacia européia no mundo e a ascensão relativa de Estados previamente subordinados e dependentes — levou-os também a atitudes e idéias entre suas respectivas gerações jovens que podem ser consideradas como um tipo de ritual de distanciamento e purificação em relação aos pecados de seus pais. As gerações de seus pais — os europeus governantes — sentiam-se do modo que os grupos institucionalizados costumam sentir-se, ou seja, não só como mais poderosos mas, ao mesmo tempo, como melhores e mais valiosos em termos humanos; e, como um contra-ataque contra essa atitude em relação ao poder, as jovens gerações do pós-guerra eram propensas, em muitos casos, a considerar esses grupos, que são oprimidos, como melhores e mais dignos em termos humanos.

Sem dúvida, o assassinato de pessoas, em muitos países europeus, nas duas Grandes Guerras do século XX, deixou uma herança de franca desconfiança em relação aos altissonantes *slogans* nacionais e patrióticos, em cujo nome as pessoas se lançavam umas contra as outras. A desconfiança é particularmente forte na República Federal. Como reação ao halo em que a classe média alemã envolveu a palavra "nacional", até o fim do período de Hitler — como símbolo de sua própria supremacia dentro do Estado assim como da grandeza de sua nação em relação a outras — o uso dessa palavra e suas derivadas tinha caído agora em tal descrédito, através de mera associação com o termo "nacional-socialismo", que era quase impossível usá-lo na vida pública da República Federal sem levantar a suspeita de se estar na presença de um aliado de última hora dos pais nacionalistas. Mas até entre as gerações mais jovens da burguesia em outros países, sobre quem não pesava tanto quanto sobre os alemães a lembrança traumática de passados excessos nacionalistas, a glorificação da própria nação a que se pertence e a busca desenfreada do interesse nacional, que antes havia sido considerado a regra suprema nas relações entre Estados, tornaram-se muito moderadas desde que o exemplo nacional-socialista demonstrou as conseqüências desumanizantes dessa doutrina se elevada ao nível de validade absoluta.

A postura algo mais crítica das gerações mais jovens de intelectuais em relação à subordinação incondicional de todos os outros objetivos aos interesses da própria nação a que se pertence apresenta-se, com grande regularidade, de mãos dadas com a sensibilidade exacerbada para as formas de opressão e desigualdade nas interações entre seres humanos, como grupos e como indivíduos. O aumento de sensibilidade, a esse respeito, pode — mas não precisa — encontrar sua expressão na adesão a uma ou outra variante de marxismo. Basicamente, porém, isso não é simplesmente uma questão de adoção de um ou outro padrão de pensamento, mas trata-se mais, de fato, de um tipo de aprendizagem coletiva, um pequeno passo na direção de um meio menos egoísta de superar problemas humanos como reação a uma terrível explosão de egoísmo nacional. Esse pequeno passo, como qualquer passo em frente na aprendizagem coletiva de humanidade, também pode fazer marcha à ré.

Talvez se deva acrescentar que o único grupo de nações relativamente mais desenvolvidas que parece não ter participado até agora nesse processo de aprendizagem (até onde é possível ser apurado, dada a sua relativa impenetrabilidade) é a União Soviética e seus aliados. O peculiar entrelaçamento de objetivos socialistas e nacionalistas que ocorreu, nesse caso, permite, segundo parece, que os interesses nacionais sejam defendidos irrestritamente em nome de um ideal socialista. Uma das razões para isso é que, nesses países, os conflitos de gerações não se expressam abertamente, com freqüência, e ainda mais difícil é a possibilidade de que surja qualquer forma de oposição extraparlamentar. Assim, sinais da diferença em atitudes e experiência entre gerações pré-guerra e pós-guerra só rara e fugazmente são aí vistos.

11

Se, ao desejar obter um melhor entendimento pessoal, alguém tenta reconstituir o que foi vivenciado pelas gerações na República Federal das quais surgiram os líderes — homens e mulheres — da oposição esquerdista extraparlamentar e, mais tarde, dos grupos terroristas, então um quadro deveras peculiar se destaca. Já na escola, ao que parece, a sensibilidade deles em face das atrocidades das pessoas em suas relações mútuas, dos sofrimentos que as pessoas podem infligir umas às outras através da violência, fora aguçada em grau considerável pela lembrança da mais recente história da Alemanha. A questão de uma explicação da vergonha de seu país que se convertera agora na própria vergonha deles, pesava-lhes na consciência. A sensibilidade exacerbara-se não só em relação às atrocidades e crueldades que tinham sido cometidas em nome da Alemanha, mas também — se é que, por uma vez, se pode expressá-lo tão singelamente quanto foi, talvez, realmente sentido por esses mesmos jovens — em relação à perversidade do mundo em geral. Horst Mahler, recapitulando esse período inicial de sua geração, resumiu-o em dada ocasião usando as palavras de Hegel, *Ansiedade pelo bem-estar da humanidade* (*Herzklopfen für das Wohl der Menschheit*), e sugeriu que ele e seu grupo etário tinham, por assim dizer, construído sua própria moralidade. Sensibilizados pelas atrocidades de seus pais, eles, como se já tivessem plena consciência disso, passaram da escola para o grande mundo, e viram que também esse mundo estava cheio de atrocidades:

> O mundo é mau, todo o dia interminável sofrimento, assassinato, homicídio. Temos que mudar isso. Só através da violência isso pode ser feito; exige sacrifícios mas, em última instância, menos sacrifícios do que a continuação das condições existentes.[69]

Podemos perceber aí, em certa medida, o cerne das experiências que redundaram no terrorismo. O que emerge parece-se mais com uma tragédia ao estilo antigo do que com um simples crime. O aspecto trágico reside no fato de que, numa geração de pessoas mais jovens que tinham começado como idealistas impregnados de altruísmo, alguns grupos endureceram na escalada de confrontos com a geração mais velha, encarnada nas autoridades estatais e policiais, e, ao mesmo tempo, essas pessoas mais velhas também se sentiram impelidas a tomar medidas cada vez mais drásticas e duras contra os grupos jovens. Neste caso, como em outros, o processo de duplo vínculo da escalada que se alimentava a si própria teve o efeito de que cada lado passou a corresponder, cada vez mais, à imagem negativa que o lado oposto tinha dele. Quanto mais duros os golpes desferidos pelos adultos — a polícia e os tribunais, mas também o parlamento legiferante e os partidos — mais se assemelhavam à imagem demonizada de uma engrenagem opressiva e desumana.

E quanto mais os irrequietos jovens lutavam — em nome da humanidade, justiça social e igualdade de todas as pessoas — contra um Estado que eles consideravam ser um violento regime de opressores, mais violentos e desumanos eles próprios se tornaram.

Perde-se facilmente de vista o fato de que ambos os opositores se legitimavam em suas ações por um código de normas, um tipo de moralidade. Para ambos, a convicção de que estavam fazendo o que era moralmente correto era de grande importância. Mas o conteúdo de seus preceitos normativos, e o modo como se comportavam em função dos mesmos, eram tão diferentes que, para cada lado, a moralidade do outro parecia ser o cúmulo da imoralidade. Esse conflito não estava limitado, em absoluto, aos grupos relativamente pequenos de políticos e terroristas. Este exemplo esclarece uma diferença entre as gerações mais velhas e mais jovens, que era, e é responsável, em grande medida, pelas dificuldades de comunicação entre elas.

Por via de regra, as pessoas mais velhas têm um pacto com a imperfeição do mundo humano. Com a idade acostumaram-se a transigir com o mal. Sabem tudo a respeito das meias medidas da vida social, dos constantes acomodamentos com a ganância e o egoísmo das pessoas. Sabem que nada na vida coletiva humana é feito como realmente deveria ser feito, que toda a boa vontade fica atolada no lodaçal de interesses, mais ou menos longe da meta. Os adultos, em sua maior parte, fizeram as pazes com os tépidos meios-termos da vida social. Já sabem, ou acreditam saber, que ninguém pode fazer nada a respeito de todos os males da humanidade.

Mas esses alemães das gerações mais jovens, que ingressaram na universidade depois que os piores efeitos subseqüentes à guerra tinham sido superados, ainda não sabiam isso, ou não queriam sabê-lo. O que eles queriam saber era por que essas coisas horríveis tinham acontecido em seu país, e como se poderia impedir a sua repetição, não só na Alemanha, mas no mundo como um todo. Em contraste com os adultos, eles não estavam ainda preparados para dissimular os males do mundo, chegar a um acordo com eles e encolher os ombros.

Pode-se afirmar que a tendência para o absolutismo intransigente, em pensamento e ação, é uma característica dos jovens em geral. Isso é, por certo, uma verdade; mas no caso das gerações na República Federal que estão sendo aqui analisadas, essa tendência tornou-se especialmente acentuada e definida com nitidez absoluta, porque elas tinham de libertar-se da mancha de seu passado nacional e porque descobriram que sua postura intransigente contrastava com a das gerações de seus pais, que pareciam ter aceito mil compromissos conciliatórios com o terrível passado, que tinham, evidentemente, reconciliado-se com o mal. Não deve ser esquecido que a estrutura política da época desempenhou um papel nesse sentimento. Aos olhos da juventude politicamente motivada, o governo de Adenauer e Erhard ainda pertencia aos velhos tempos. Mas de Brandt e seus sociais-democratas esperavam ajuda em seu anseio por um debate inflexível sobre a violência do período de Hitler, de uma oposição total às classes dominantes tradicionais e de uma reforma efetiva do regime existente. O governo da "grande coalizão" dos dois grandes partidos destruiu essa esperança.

Na conversa entre o ministro Baum e o ex-terrorista Mahler, da qual já extraí citações por várias vezes, a lembrança dessa experiência ainda acode com muita nitidez. O político tinha em mente os méritos do compromisso e os deméritos da moralidade absoluta. Pergunta por que as pessoas de classe média da geração mais jovem, que na época formavam a oposição extraparlamentar, se retiraram de qualquer discussão com os partidos. Na visão dele, essas pessoas estavam, desse modo, renunciando à realidade:

> BAUM: Você, Mahler, retirou-se para uma discussão teórica e distanciou-se da realidade. Perdeu o contato com a política real talvez por causa de um profundo desapontamento, e estabeleceu a incompatibilidade entre as suas exigências morais e a realidade. Não levou em conta, que as reivindicações morais estão sempre atrasadas em relação à realidade, em toda a parte e em qualquer época. A partir dessa discussão teórica, grupos individuais criaram, então, o desejo redondamente cínico de provocar o Estado e representá-lo como algo que eles gostariam de ter tido — o fascismo.
>
> MAHLER: E o Estado deixa-se ser provocado.[70]

Entrevemos aqui, num relance, o que se desenrolava nos bastidores e como foi desencadeado o processo de duplo vínculo no decorrer do qual grupos representando o Estado e outros que se sentiram à margem do Estado se enfrentaram mutuamente numa escalada de atos de violência.[71]

A diferença entre as gerações não reside apenas na disposição das gerações mais velhas para transigir e o caráter relativamente intransigente das mais jovens. A falta de entendimento mútuo assinala também uma mudança estrutural profundamente enraizada a respeito do que é considerado como moralidade.

Para as gerações mais velhas, o que entendiam como moralidade relacionava-se centralmente com a esfera privada da vida humana — com a esfera em que cada indivíduo pode tomar sozinho decisões para si próprio. Nessa conformidade, a regulamentação do comportamento sexual desempenhou um papel particularmente importante para elas a tal respeito. Mesmo hoje, o termo "imoral" parece denotar, em grande medida, transgressões a códigos na esfera sexual. É com freqüência usado como sinônimo de "indecente". Mas, sobretudo, está basicamente orientado para a padronização do comportamento individual. Também nesse nível, ao que parece, os princípios morais poderiam ser considerados, talvez, absolutamente vinculatórios e intransigentes em sua aplicabilidade.

O código de moralidade da classe média com referência ao comportamento individual foi outrora muito rígido e talvez ainda continue sendo-o hoje. Mas na vida pública, como qualquer adulto experiente sabe — e Gerhart Baum, político e ministro, explicitamente o diz —, é impossível a conduta intransigente de acordo com princípios rigorosos. Segundo o ministro, quanto mais uma pessoa tenta dominar problemas políticos na base de princípios morais absolutos, mais distante o seu comportamento vai ficando da realidade.

A crítica das gerações mais jovens começa neste ponto. É onde se manifesta a diferença entre o que elas entendem como moral e imoral, por um lado, e a conceituação de moral pelas gerações mais velhas. A disposição para transigir, para encontrar um meio-termo, que o político defende como realista, é para Mahler — e a esse respeito é possível que ele esteja falando pela geração mais jovem em geral — "a hipocrisia dos políticos":

> Como alguém que é afetado por isso, só posso dizer que a hipocrisia dos partidos políticos, com quem tentamos conversar, nos causou uma impressão decisiva. A nossa experiência é, simplesmente, que embora os políticos se mostrem solidários, repetidas vezes, ao tratar-se de aprovar os valores que defendemos, quando se chega à ação política — ainda que seja apenas na forma de despertar consciências e registrar discordâncias — eles recuam com as mais esfarrapadas desculpas, abandonam-nos e atraiçoam-nos.[72]

A diferença entre os dois códigos morais — originalmente uma diferença entre gerações e um dos focos de um conflito de gerações — é muito significativa. O que posso dizer aqui sobre isso limita-se a alguns aspectos essenciais.

Uma posição-chave nessa mudança é sustentada pela alteração no equilíbrio entre moralidade privada e pública. Sem dúvida, uma padronização do comportamento individual em situações particulares está ocorrendo entre as gerações mais jovens. Mas uma das diferenças mais impressionantes entre as gerações é que a importância das normas a respeito do comportamento sexual das pessoas declinou, consideravelmente, dentro do código comportamental como um todo. Mesmo se em relações entre os sexos, nas gerações mais jovens, as normas não tenham desaparecido, em absoluto, muitas normas das gerações mais velhas certamente desapareceram ou foram relaxadas. O peso morto colocado nas relações entre os sexos pela noção convencional de pecado diminuiu, e a carga de culpa nessa área tornou-se, correspondentemente, muito mais leve. Entretanto, nas relações entre os sexos, novas normas estão sendo sempre formadas, e a tendência mais forte das gerações mais jovens para viver juntas em grupos aumenta a influência da opinião do grupo sobre o que é apropriado (*anständig*) e o que não é. Isto é apenas um exemplo entre muitos.

O que tem de ser enfatizado, sobretudo, a este respeito, é o crescente significado que a moralidade das relações sociais na vida pública dos Estados está adquirindo, em contraste com a moralidade das relações individuais, na esfera privada. Entre as gerações mais novas, os problemas de desigualdade social e de opressão deslocaram-se cada vez mais para o centro do compromisso moral. O caráter absoluto do imperativo categórico, que se concentrava antes na padronização do comportamento individual, é hoje encontrado no absolutismo das exigências morais, que recaem sobre o comportamento de grupos em relação a outros grupos humanos. Essa é uma das principais raízes do desentendimento entre as gerações. As citações da conversa entre o ministro, político partidário, e um ex-membro da oposição extraparlamentar e de um dos grupos terroristas, ilustra essas dificuldades de comunicação. Ao mesmo tempo, ilustra a peculiar compulsividade do destino que impele as pessoas a ações por causa daquilo que são — para elas — convicções morais inevitáveis, mas que são geralmente consideradas pelas pessoas como imorais e criminosas.

Problemas da juventude prolongada de grupos burgueses

12

Procurei mostrar que os movimentos políticos extrapartidários, sejam eles de tipo violento ou não-violento, como os que surgiram nas décadas de 1960 e 1970, resultaram basicamente de conflitos entre gerações. Na República Federal, as diferenças na experiência das gerações pré- e pós-guerra, e também, por conseguinte, nas dificuldades de comunicação entre elas, foram particularmente grandes, sobretudo nas classes médias. A tendência de muitos cientistas sociais para falar das "classes médias" ou da "burguesia" como se fossem uma formação social afastada da mudança diacrônica da sociedade e, assim — para expressá-lo metaforicamente — intemporal, não faz jus aos fatos observáveis. E boa parte da luta contra a burguesia, teoricamente muito discutida na época, era de fato uma luta de grupos de jovens marginalizados da burguesia, não tanto — e por certo não necessariamente — contra pais e mães individuais, mas sobretudo contra a geração estabelecida de seus pais e mães.

Não é fácil perceber a peculiaridade de tais conflitos em sociedades mais complexas. As sociedades desse tipo estão menos apegadas à tradição que as sociedades agrárias-camponesas e vêem-se sujeitas a transformações aceleradas por revoluções e guerras. Porque assumem tantas formas, as diferenças nas necessidades de grupos mais jovens e mais velhos nessas sociedades, e os conseqüentes choques entre eles, são mais difíceis de compreender como conflitos de gerações. E as pessoas, nos dias de hoje, talvez estejam também mais relutantes em ver as relações entre as diferentes gerações interdependentes numa sociedade-Estado como um processo que quase sempre acarreta lutas abertas e latentes pelo poder, em vez da suave e natural transição freqüentemente descrita no pensamento tradicional.

Em muitas sociedades mais simples, essas batalhas têm seu ponto alto fixado institucionalmente e santificado por tradições em *ritos de passagem* durante os quais, freqüentemente, através do medo e do sofrimento a que os mais velhos os expõem, os membros mais jovens de uma sociedade aprendem a submeter-se, de um modo compulsório, às regras e coerções da vida adulta, quer através da autocoação, quer através do medo de outros. Nesse caso, o processo civilizador individual, no qual o comportamento pulsional, relativamente desprovido de normas, da criança pequena é remodelado de acordo com o padrão de regras do comportamento adulto, é coroado por uma cerimônia de conversão cercada de medo, quase sempre dolorosa e, portanto, poderosamente impressionante, mas limitada no tempo.

Em contrapartida, nas diferenciadas e complexas nações industriais dos nossos dias, esse processo de se tornar, social e psicologicamente, adulto prolonga-se sem um quadro institucional específico durante um período comparativamente muito extenso. A razão decisiva pode ser rapidamente enunciada: sociedades como as nossas requerem uma remodelação civilizadora muitíssimo mais completa das estruturas pulsionais do que as sociedades mais simples. A extensão, durabilidade e diferenciação de controles pulsionais exigidos para uma vida razoavelmente bem-sucedida como adulto são muito maiores do que em sociedades num estágio mais primitivo de desenvolvimento. O sinal exterior da extensão e complexidade desse processo civilizador individual, pelo qual as pessoas têm de passar nas sociedades industriais mais desenvolvidas da nossa era, é o período incomumente longo de aprendizagem que elas requerem, e a duração invulgar do que é considerado o período de juventude. Enquanto a maturidade biológica, dentro de uma certa margem de variação, é predeterminada por natureza, muitos jovens em nossas sociedades só adquirem o caráter de adultos dez a quinze anos depois desse estágio natural de crescimento; ou seja, não atingiram a completa maturidade social, e essa defasagem entre maturidade biológica e social ampliou-se ainda mais no decorrer do século XX.

Não faz muito tempo, a discrepância temporal entre as duas linhas de desenvolvimento provocou dificuldades de certa monta, porque nenhuma relação de amor era considerada legítima a menos que estivesse vinculada ao casamento e à fundação de uma nova família. Isso era especialmente verdadeiro para as mulheres, mas também valia para os homens — se bem que com menos rigor no caso deles. Em suma, para serem socialmente aceitáveis, tais relações estavam ligadas, nos círculos burgueses, às condições que definiam a idade adulta social. A discrepância entre a idade adulta biológica e a social, nesse tempo, gerou problemas pessoais específicos para os jovens burgueses de boa família, incluindo os problemas — que eram muitas vezes entendidos como puramente biológicos — da extensão social da puberdade. Se não se dissiparam por completo, esses problemas foram, pelo menos, melhorados com a expansão das escolas co-educacionais e o relaxamento de tabus sexuais. Outros problemas sociais relacionados com a extensão da juventude, assim como da velhice, estão agora adquirindo um destaque cada vez mais decisivo.

Em grande medida, isso é uma questão de problemas específicos de uma classe ou, de qualquer forma, de problemas que são fortemente pronunciados em grupos de jovens burgueses com formação universitária. Nesses grupos, em cujas fileiras são cada vez mais recrutados os ocupantes das posições de alto nível nas nações-Estados industriais, nada tem de excepcional que jovens estejam na posição de preparar-se para a sua futura carreira, até ao final da terceira década de vida e, por vezes, até mais. Mesmo em suas carreiras, homens de 39 anos são tidos freqüentemente na conta de jovens. Ingressar em posições de comando nos setores profissionais ou políticos, antes dos 45 ou mesmo 50 anos de idade, é considerado um fato incomum. Muitas vezes as pessoas desse grupo não passam mais de 15 ou 20 anos no apogeu de sua carreira.

Por outras palavras, a par de uma velhice ampliada — conseqüência da maior segurança física em sociedades industriais com desenvolvimento relativamente elevado — verifica-se também uma juventude ampliada. Trata-se, em certa medida, da contraparte do fechamento ou estreitamento, pelas gerações mais velhas e estabelecidas, dos caminhos para uma carreira tanto profissional quanto política pelas gerações mais jovens, conforme foi examinado acima.

A peculiaridade dessa extensa "juventude" e o problema de suas bases sociais talvez fiquem plenamente evidenciadas quando, pela primeira vez, se atenta para o fato de como essa estruturação da vida humana é diferente da de etapas anteriores do desenvolvimento social.[73] Em sociedades guerreiras, por exemplo, nos exércitos árabes, normandos ou turcos de conquista, um homem dos 18 aos 25 anos de idade já podia ser um guerreiro completo, que tinha absorvido inteiramente o padrão normativo dos adultos de sua sociedade, o seu padrão de controles de pulsões e afetos. O processo de remodelação de pulsões e impulsos afetivos individuais, o processo civilizador individual, foi portanto relativamente curto. Tal processo dura muito mais nas sociedades industriais do século XX — especialmente nas suas classes superiores — por causa exigências das cada vez maiores no sentido da remodelação de elementares pulsões instintivas e da interiorização de normas adultas requeridas igualmente por homens e mulheres para a vida numa sociedade tão complexa e diferenciada.

Um problema peculiar é revelado se for estabelecida uma ligação entre as experiências e formas de conduta das gerações mais jovens, expressas de modo extremo na organização de grupos terroristas, e as qualidades especiais e, sobretudo, a extensão do processo civilizador individual em sociedades contemporâneas. A tendência predominante ao tratar dessas ligações num plano cientificamente social, é para concentrar a atenção na aquisição dos padrões de comportamento e sentimento das gerações mais velhas pelas gerações mais jovens. O conceito de "socialização" é típico dessa tendência. Envolve aceitar-se, implicitamente, como dado incontestável, que o edifício de regras dos adultos é apropriado para os que estão prestes a tornar-se adultos. Sua aquisição é tratada, quase exclusivamente, como o problema do indivíduo solteiro; a questão central é se, e em que medida, todo o membro solteiro de uma geração mais jovem adota esse conjunto de regras como seu próprio. Tal perspectiva dificilmente facilita o entendimento dos conflitos de gerações, tal como foram aqui expostos. Com efeito, perdem-se de vista os conflitos desse tipo se a atenção se concentrar em cada representante de uma geração mais jovem, como se ele pudesse ser visto, seja em que sentido for, como um ser singular existindo em isolamento.

Característico do que aconteceu na República Federal mas também, em certo grau, em outros Estados industriais mais desenvolvidos da Europa e da América nos anos seguintes à II Guerra Mundial, é precisamente o aparecimento em cena de grupos de uma geração mais jovem, com predomínio da origem burguesa, que se revoltaram contra as gerações mais velhas e, em especial, contra o seu *corpus* de normas. Esses grupos exercitaram sua visão crítica contra os modos de vida e os ideais das gerações burguesas mais velhas. Em vez de assumirem o padrão de comportamento e sentimento destas últimas, como o conceito de "socialização" induz que se espere, eles começaram por estabelecer seu próprio padrão em oposição àquele.

Os novos padrões das gerações mais jovens tampouco foram todos criados de uma só vez. Eles também estavam parcialmente encobertos por padrões convencionais de pensamento, que podiam servir como expressão de oposição contra as mais velhas gerações burguesas estabelecidas. Como padrões independentes de comportamento e sentimento dos jovens, usualmente só adquiriram forma de um modo lento e algo hesitante. Por certo, não se desenvolveram apenas como o produto de um esforço puramente intelectual, na forma de doutrinas teóricas registradas em livros. Em grande medida, resultaram de experimentos de pessoas juntas em sua vida real, o que freqüentemente era chamado de convivência. Tais experimentos tinham-se tornado necessários, porque algumas pessoas estavam considerando os mais antigos padrões de vida insatisfatórios, e porque outros padrões, que poderiam ser mais satisfatórios, não só como idéias, mas também, sobretudo, na prática, só podiam ser encontrados através de um longo processo de tentativa-e-erro.

Vistas sob essa luz, as ondas de terrorismo representaram um desses caminhos experimentais sem saída. Eram uma expressão de desespero por grupos de pessoas mais jovens acerca da resistência das gerações mais velhas e acerca da inutilidade de sua batalha contra os modos de vida destas últimas.

Em épocas passadas houve também, sem dúvida, conflitos sociais entre as gerações, no decorrer dos quais a geração mais nova, ascendente, tentou rebelar-se contra o código estabelecido de comportamento e sentimento, que era vigilantemente defendido pelas gerações mais velhas, e opor-se-lhe com um novo código. Mas, como no caso atual, a percepção de tais conflitos como sendo conflitos de gerações é dificultada pelo fato de que as próprias pessoas envolvidas interpretam seus confrontos num sentido puramente impessoal — por exemplo, como choques entre doutrinas e ideais antagônicos, quando não incompatíveis. Que se trata de um conflito entre pessoas adultas e outras mais jovens pode parecer, quando muito, um fenômeno marginal. A diferença de idades entre os principais protagonistas dos diferentes pontos de vista é bem conhecida mas, no entanto, não é usualmente reconhecido que as diferenças em opiniões e ideais estão vinculadas a diferenças nas experiências e interesses das gerações mais velhas e mais novas.

13

De fato, no presente caso, a natureza peculiar desse conflito só se torna evidente ao investigador quando se leva em conta a situação social especial e as correspondentes experiências das jovens gerações burguesas em cujos círculos foram recrutados os participantes do movimento extraparlamentar e, depois, uma grande proporção dos terroristas em ação na República Federal. Cumpre enfatizar um aspecto da situação social deles relacionado, por sua vez, com as características estruturais da sociedade como um todo: é o fato de que a maioria dos membros desses grupos submeteu-se a um extenso processo civilizador, que pode ser observado por toda a parte nas sociedades industriais mais altamente desenvolvidas, onde a confrontação direta com as coações do trabalho e do salário profissionais é protelada para entre as idades de 25 e 30 anos, ou até mais tarde. Ainda hoje, isso é característico, principalmente, de pessoas oriundas da burguesia.

Esses homens e mulheres jovens tinham, pois, atrás de si um período bastante mais extenso de escolaridade do que a maioria dos seus contemporâneos da mesma idade oriundos de famílias da classe trabalhadora; e porque muitos deles transitaram diretamente da escola para universidade, sua vida seguiu um curso nitidamente diferente do dos filhos da classe trabalhadora. Para estes últimos, o caminho a partir da escola levava mais ou menos diretamente a uma posição no mundo adulto — mesmo que fosse uma posição de categoria muito baixa, como a de aprendiz. A maioria dos filhos de famílias de trabalhadores já estava buscando emprego remunerado muito antes dos 20 anos — quando havia oferta de emprego no mercado de trabalho — e estava exposta, assim, às coações peculiares do trabalho profissional desde uma idade relativamente precoce.

Em contraste, os jovens filhos e filhas da burguesia que iam para a universidade continuavam vivendo, em sua maior parte, numa espécie de ilha só de jovens: já mais ou menos independentes do lar paterno, mas ainda fora da esfera das funções profissionais adultas e de suas particulares coações. Isso deu-lhes uma melhor oportunidade de se organizarem como uma geração e de cerrarem fileiras em torno de seus próprios objetivos, ideais e padrões de comportamento contra as gerações mais velhas.

Em muitos casos, seus estudos eram financiados pelo Estado — pela sociedade.[74] Esse dinheiro era, de um modo geral, suficiente mas justo, sendo freqüentemente complementado por emprego remunerado durante as férias. Como grupo, os estudantes não eram pobres como tinham sido em outras eras. Não corriam o risco de passar fome e, além disso, sua renda estava completamente segura. Também estavam protegidos pela seguridade social no tocante a doenças, acidentes e toda a forma de incapacidade para o trabalho. Não obstante, tinham de arranjar-se com relativamente pouco dinheiro, menos do que ganhavam nas fábricas seus coetâneos da mesma idade. Por vezes, seu tempo na universidade era aquele em que seu padrão de vida caía em comparação com o desfrutado no lar burguês de seus pais. Assim, sua renda era uma das mais baixas em sua sociedade; por outro lado, suas expectativas quanto ao seu próprio futuro, e também o *status* que pretendiam alcançar, estavam entre os mais elevados.

Uma outra característica distinta da situação desses estudantes era que, em relação aos grupos mais velhos estabelecidos de sua sociedade, eles representavam um grupo marginalizado. Em medida limitada, eram capazes de aumentar seu potencial de poder organizando-se em grupos ou agindo em massa. Mas, como já foi observado, um dos dados estruturais das sociedades industriais — e, na verdade, da maioria das sociedades — é que todas as posições decisivas de poder e comando são reservadas para as gerações mais velhas, e que as gerações mais jovens, mesmo quando estão unidas, continuam sendo marginais relativamente impotentes.

Não se pode deixar de pensar que a crescente sensibilidade para os problemas sociais — tais como, em especial, a pobreza e a opressão — e a maior disposição para identificar-se com grupos marginalizados também eram determinadas, entre outras coisas, por essa situação peculiar — pela situação de um grupo de pessoas cuja subsistência era adequada mas sobriamente provida por uma sociedade anônima com a qual tinham relações impessoais através de funcionários públicos e de regulamentos freqüentemente incompreensíveis.

Os problemas decorrentes de tudo isso fizeram-se sentir na República Federal quando, após a destruição causada pela guerra, a reconstrução econômica já tinha realizado bastante progresso. As gerações jovens desse período tiveram melhores oportunidades que as suas predecessoras de debater o destino e a significação de seu país. Através da memória do passado recente, elas mostravam-se particularmente sensíveis às coerções autoritárias, à opressão de um grupo humano por um outro. Além disso, o seu próprio Estado tinha uma tradição muito longa como Estado autoritário e policial. Essa tradição estava profundamente entranhada na estrutura de personalidade de seus membros e, portanto, no comportamento que manifestavam em suas relações mútuas. Por se sentirem livres de qualquer parcela da culpa pelos crimes cometidos por seus pais, era mais fácil, em certa medida, para as gerações do pós-guerra que estavam crescendo, enquanto as coisas começavam melhorando de novo para o país derrotado, distanciarem-se dessa herança e enfrentar as gerações mais velhas em numerosas frentes, sobretudo nas universidades e ao nível do Estado e dos partidos políticos, numa luta franca, inicialmente não-violenta, pelo poder.

Para as gerações mais jovens, esforçando por livrar-se do estigma de sua nação, todos os membros das gerações mais velhas, a burguesia estabelecida nos negócios e nas universidades, no Estado ou nos partidos, pareciam suspeitos, mesmo que não tivessem tido nenhuma participação pessoal nos vergonhosos atos de violência do passado. Coletivamente, como os mais jovens encaravam a questão, todos tinham sua cota-parte de culpa por não impedirem o advento do regime desumano. Se o desenvolvimento na direção de um Estado violento viesse a repetir-se, as gerações mais velhas que tinham fracassado da última vez saberiam melhor como enfrentar agora o perigo? E o que elas estavam empenhadas em realizar, social e politicamente, não era apenas uma versão melhorada da República de Weimar — ou seja, um retorno às mesmas formas de vida política que tinham dado ao ditador a sua oportunidade e assim levado o país à catástrofe? A autoridade moral dessas gerações também estava enfraquecida aos olhos das novas gerações ascendentes porquanto eram incapazes de apresentar qualquer novo caminho para o futuro.

Sensíveis a todos os sinais de opressão autoritária, esses grupos mais jovens vislumbraram tais sinais em todas as coações a que estavam expostos. No Estado ocidental sucessor do antigo Reich, tal como em outros Estados, não havia escassez de tais coerções.

14

A relativa liberdade das coações do trabalho profissional remunerado que era característica de um crescente número de jovens oriundos da burguesia, não significou, em absoluto, que estivessem imunes às coerções sociais, de um modo geral. No caso deles, eram de uma espécie diferente. As coerções decorrentes da distribuição pelos legisladores de bolsas de estudos como se fossem financistas anônimos, as coerções impostas pelas instituições de ensino superior ou pelo distante Ministério da Educação, que decreta currículos e exames — todas elas diferem muito consideravelmente das coerções impostas, por exemplo, do trabalho num escritório, ao constante e direto alcance de superiores e colegas. Comparados com os funcionários de escritório, os estudantes dispõem de muito maior liberdade para a busca individual de conhecimento e para a expressão de suas próprias idéias.

Os homens e mulheres do nosso tempo, que realizam seus estudos a partir do final da segunda década de suas vidas, freqüentemente até fins da terceira década, formam seu próprio tipo de sociedade — uma sociedade estudantil que possui estruturas específicas não inferiores às de, por exemplo, uma sociedade de corte — cujo desenvolvimento teve seu início na Idade Média. Os seus membros, até onde se pode ver, sempre se encontraram num singular estado de suspensão, um estado de expectativa: eles já deixaram suas famílias, sua infância e puberdade para trás, e tornaram-se pessoas que cuidam mais ou menos de si mesmas e têm de encontrar seu próprio caminho através do labirinto da vida social. Embora livres dos estreitos vínculos familiares, ainda não estão ligados a outras pessoas através dos vínculos, quase igualmente estreitos, de uma profissão adulta e suas coações. Para homens e mulheres, o centro de sua vida de convivência social situa-se no interior do círculo formado pelos seus companheiros de idade e de estudos, onde se desenvolve uma subcultura distinta, com um código de comportamento e sentimento que pode ou concordar em todos os detalhes com o código estabelecido da geração mais velha de seu país, ou estar em completo contraste com ele.[75] E ainda estão empenhados na tarefa de estudar.

A extensão de seu período de estudos ou aprendizagem é uma conseqüência do fato, considerado ponto pacífico com demasiada freqüência, de que o conhecimento em muitos domínios do saber ampliou-se e tornou-se cada vez mais complexo e diferençado. Através de sua crescente diversidade, as exigências do que é chamado em alemão *Bildung* aumentam, ao mesmo tempo: exigências de uma orientação e cultura amplas que, em sociedades vastas e complexas como a nossa, todo o especialista precisa ter, para além e acima de seus conhecimentos especializados. Também essa circunstância contribui para a extensão do período de aprendizagem. Embora as próprias instituições acadêmicas, graças a uma tradição de extrema especialização, sejam dificilmente adequadas para preencher essa função, pelo que muito é deixado à iniciativa dos indivíduos, elas oferecem, não obstante — pelo menos para aqueles estudantes que estão preparados para isso — consideráveis oportunidades para estudar e pensar por conta própria, e uma não desprezível soma de tempo livre para poderem dedicar-se a isso.

Algo mais é especialmente característico das peculiares coerções a que os estudantes estão sujeitos. As profissões adultas para as quais eles estão sendo preparados requerem não só um conhecimento muito amplo e abrangente mas, sobretudo, a aquisição de um tipo de conhecimento que aqueles que estão aprendendo não podem adquirir, se forem compelidos a trabalhar unicamente pelo medo de outros. Por outras palavras, é um tipo de conhecimento cuja aquisição ademais requer, além de todas as coerções externas, um elevado grau de autocoação. Isso harmoniza-se com a organização das universidades, a qual faz muito pouco para facilitar aos jovens a transição: os mestres-escolas preocupam-se muito em acompanhar se os seus alunos fazem seus deveres escolares ou não, os professores universitários interessam-se comparativamente pouco com isso; e os exames, que por certo representam coações externas, pertencem a um tipo de coação externa que só é eficaz se for suplementada por autocoações muito fortes.

Para aqueles que sabem exercer suficiente autodisciplina, por exemplo, na forma de concentração intelectual, acena-lhes a oportunidade de uma profissão adulta de nível relativamente elevado — em prestígio e também, usualmente, em renda — na hierarquia ocupacional de sua sociedade. Mas o trajeto entre a especial parada intermédia nas universidades onde esses jovens se encontram e o destino nas ocupações subseqüentes está cheio de riscos, armadilhas, incertezas e perigos. As posições adultas, que eles se esforçam por alcançar, podem estar ocupadas, por muitos anos, por pessoas mais velhas e, assim, os caminhos que, numa carreira, conduzem até elas podem estar bloqueados. Ou um estudante pode ficar para trás na competição encoberta ou manifesta com seus colegas. Ou a autocoação necessária para concentrar-se no trabalho pode sofrer, em face das especiais tentações da sociabilidade estudantil.

Além disso, seja o que for que os interessados dizem e pensam, a existência estudantil não é apenas uma parada intermédia, uma sala de espera de primeira classe, em que se fica perambulando por um tempo até que o trem prossiga viagem. Como período educativo e formativo, possui seu valor próprio, eminentemente autônomo, na medida em que concede aos jovens, pela primeira vez independentes de suas famílias, a oportunidade de se porem a si mesmos e ao mundo à prova, e de descobrirem por conta própria os princípios gerais que os norteiam. No passado, esses princípios de orientação em relação ao mundo eram principalmente de natureza religiosa e filosófica; mesmo nos debates sociais e políticos do tempo, a posição que uma pessoa adotou revestia freqüentemente roupagens religiosas. Hoje, durante esse período da vida, é usualmente de um modo muito direto que são desenvolvidos os princípios da educação secular, uma orientação sobre as estruturas aparentemente caóticas do mundo humano.

É precisamente a esse respeito que os conflitos e relações entre as gerações mais velhas, estabelecidas, e as mais novas gerações marginalizadas, nas universidades, desempenham um papel significativo. Essas relações são, compreensivelmente, quase sempre ambivalentes. O mero fato de que elas envolvem dependências mútuas, mas desiguais, e altamente complexas contribui para isso. As gerações mais velhas, na Alemanha como em outros lugares, têm o controle sobre as chances de acesso a recursos e oportunidades que podem servir para satisfazer as necessidades dos mais jovens. Elas têm à sua disposição uma espécie de monopólio dessas chances. Entre elas estão, sobretudo, partes do fundo de conhecimentos da sociedade a que pertencem. Mas algo mais que se encontra nas mãos da geração mais velha e constitui um dos meios pelos quais as necessidades dos mais jovens podem ser satisfeitas, é a imagem humana positiva ou negativa que aqueles que ensinam — sucessores dos pais e das mães — apresentam àqueles que aprendem. E também lhe cabe ainda a função, no processo civilizador individual, de agente provocador de medo ou ansiedade, com o propósito de ajudar no desenvolvimento de autocoações por parte do estudante.

Inversamente, porém, os professores e as gerações mais velhas de uma sociedade estão em geral dependentes das gerações emergentes, porquanto é precisamente delas que o futuro de sua sociedade depende. Os mais jovens são literalmente o futuro dos mais velhos. Eles ocuparão amanhã as posições adultas ocupadas hoje pelas gerações mais velhas. As decisões sociais que hoje estão caracteristicamente reservadas para membros das gerações mais velhas serão tomadas amanhã por membros das gerações mais jovens de hoje — a menos que a divisão de poder entre as gerações mude radicalmente. E embora a superioridade das gerações mais velhas seja atualmente imensa, porque muitas posições de poder só estão abertas para elas, suas proporções de poder são, no entanto, limitadas pelo fato de que todos os seus esforços e trabalho terão sido em vão se os representantes das gerações mais jovens que ocuparão amanhã os lugares delas desvalorizarem os resultados de seus esforços e trabalho tomando decisões erradas.

Consideradas num plano estático, pode parecer que as gerações mais jovens dependem muito, na estrutura social, das mais velhas; vistas dinamicamente, o desequilíbrio nas proporções de poder entre elas está longe de ser tão grande. Mas a tendência de muitos grupos humanos para explorar *hic et nunc* as oportunidades de poder que lhes surgem pelo caminho, podem ser freqüentemente observadas nas relações entre gerações mais velhas e mais novas. Isso é especialmente verdadeiro num Estado com uma tradição tão forte e há muito consolidada, de comando e obediência como a Alemanha. Também nas relações entre as gerações, a revolta por grupos de pessoas mais jovens contra as normas de seus maiores, e sua enfática rejeição de muitas das regras do jogo político, podem facilmente parecer que se trata de uma intolerável provocação contra a autoridade do Estado. Nas provas de força entre representantes mais velhos da autoridade do Estado e grupos rebeldes de jovens, os primeiros esquecem com freqüência que os últimos estão entre aqueles que estarão envolvidos na vida de sua sociedade quando eles próprios morrerem.

Terrorismo, orgulho nacional e padrões civilizadores nacionais

15

Existem cadeias de gerações em que os mais velhos e os mais jovens têm claramente a mesma orientação cultural e política, e outras em que as gerações mais novas estabelecem deliberadamente novos padrões de orientação contrários aos padrões associados aos seus mais velhos e institucionalizados opositores. A oposição extraparlamentar e os terroristas da República de Weimar são um exemplo do primeiro tipo, os da República de Bonn são um exemplo do segundo.

Já afirmei que o conflito de gerações em torno de orientações, crenças e ideais políticos na República Federal não pode ser inteiramente entendido se não tivermos em mente que conflitos análogos podem ser observados em quase todos os Estados mais desenvolvidos, não-ditatoriais, em especial nas nações-Estados industriais da Europa.[76] Eles estão predominantemente relacionados com o fato de que a II Guerra Mundial, em certos aspectos, significou uma ruptura mais profunda no desenvolvimento desse grupo de Estados do que todas as anteriores guerras e revoluções européias. Em sua esteira, não só os pequenos e médios Estados europeus, mas também os maiores e mais poderosos, experimentaram uma mudança radical em suas respectivas posições na hierarquia global dos povos; eles perderam a posição hegemônica que tinham ocupado até então, durante séculos, e tornaram-se, quando muito, potências de segunda categoria. De que modo essa perda de status afeta os povos que formam esses Estados não pode ser examinada aqui em detalhe. Deve ser suficiente continuar na linha de pensamento iniciada antes sobre o significado que isso teve para o relacionamento entre as gerações mais velhas e mais jovens.

O orgulho nacional das gerações mais velhas foi, com freqüência, pouco afetado pela mudança no status de potência de seus países. Elas tinham recebido sua educação e seu caráter pessoal antes da guerra. Suas "nós-imagens" como britânicos, franceses, italianos ou alemães tinham sido formadas nessa época, e como tais "nós-imagens" estão profundamente embutidas no sentimento de auto-estima e na estrutura da personalidade dos indivíduos, elas permaneceram, nesse caso, relativamente pouco influenciadas pelas mudanças ocorridas na realidade. Seu conhecimento friamente racional do declínio de *status* de seus países e da redução no nível de potência em relação a outros países afetou muito pouco a fogosa consciência nacional de seus cidadãos; seu orgulho nacional permaneceu, de um modo geral, intato. As coisas foram diversas para aqueles que nasceram durante ou depois da guerra. Entretanto, houve consideráveis diferenças entre as nações européias a esse respeito.

As gerações britânicas do pós-guerra, por exemplo, estavam conscientes, sem dúvida, da mudança de posição de seu país como potência mundial depois da guerra de 1939-45, e esse conhecimento certamente influenciou seu amor-próprio como povo britânico.[77] Mas na Grã-Bretanha, a elevada consciência de seu valor que as pessoas nutriam, por pertencer a essa nação, foi particularmente estável — talvez mais estável do que em qualquer outro país europeu. Essa consciência coletiva de seu próprio valor é muito diferente de uma idéia política insuflada por propaganda partidária. Referia-se e continua referindo-se a um sentimento generalizado, e acolhido como algo axiomático, de que é melhor ser britânico do que francês, alemão ou o que quer que seja — um sentimento que não necessita de quaisquer razões nem ênfase especial.[78] O seu surgimento estava associado a um processo multissecular e contínuo de formação do Estado e à posição cada vez mais poderosa do país e sua crescente riqueza. A progressiva interdependência e integração dos vários estratos e regiões também desempenhou um papel decisivo no duplo processo de construção nacional e de desenvolvimento de um sentimento de solidariedade que envolve toda a nação. Além disso, esse sentimento no povo britânico recebe apoio e confirmação de um código de comportamento extremamente pronunciado, mas comparativamente discreto, que serve, em última instância, como senha: pode ser usado para testar as reações de um estrangeiro, e as pessoas que reagem corretamente são reconhecidas sem esforço como britânicas, as que reagem de modo diferente como estrangeiras.[79]

Isso tem tudo a ver com um padrão nacional de comportamento e uma estreitamente associada "nós-imagem", profundamente ancorada na estrutura da personalidade individual, que representa, ao mesmo tempo, um elemento integrante da identidade de cada pessoa, um símbolo idôneo da pertença de uma pessoa a um grupo, e também a identidade comum de seus membros. Esse padrão de comportamento e essa nós-imagem também desempenham um papel na consciência, na medida em que incorporam certos preceitos sobre o modo como uma pessoa deve e não deve conduzir-se como cidadão britânico ("eu não faço isso").

O exemplo britânico do relacionamento entre sentimento nacional, padrões nacionais de comportamento e estrutura da consciência nacional permite-me introduzir no exame da sociogênese do terrorismo na República Federal, um problema que poderia facilmente escapar à atenção se observássemos isoladamente o caso do terrorismo alemão. Também é preciso, de tempos em tempos, dar uma olhada na seguinte questão: por que foi na Alemanha — em contraste com a Grã-Bretanha, por exemplo — que os grupos de protesto da geração pós-guerra optaram pelas formas violentas de atividade política? O que tenho a dizer sobre isso é uma sugestão — ou, se preferem, uma hipótese — que talvez seja merecedora de um exame mais detalhado.

Assassinatos, incêndios, quebra-quebras e roubos usados como meios para a realização de objetivos políticos significam uma violação do monopólio estatal da força física, cuja manutenção garante que as pessoas, dentro de um Estado, podem conviver relativamente em paz e livres de violência. Um alto grau de pacificação interna é um requisito preliminar para a complexa estrutura de funções de uma nação-Estado industrial. A estratégia violenta dos grupos terroristas era um ataque deliberado à continuada existência do monopólio estatal da força, e visava, por assim dizer, o próprio coração do Estado, pois quando esse monopólio se torna incapaz de funcionar e desmorona, então mais cedo ou mais tarde o Estado também desmoronará.[80] Mas quebrar o monopólio requer, ao mesmo tempo, a derrubada de barreiras individuais contra ações violentas no interior do Estado, incorporadas como parte do padrão normal de formação da consciência de cada membro da infância em diante. E uma vez que a necessidade de abstenção de atos de violência no interior dos Estados é um dos elementos fundamentais do que chamamos "comportamento civilizado", e como os processos civilizadores e os processos de formação do Estado estão, de fato, intimamente interligados, os movimentos terroristas representam movimentos regressivos no contexto do processo civilizador. Eles têm um caráter anticivilizador.

Esta afirmação nada contém, por certo, que os próprios grupos terroristas teriam aceito como contra-argumento ao seu modo de atuar. A tese deles era que o Estado Federal alemão e sua civilização não mereciam outra coisa senão serem destruídos por quaisquer meios disponíveis. E como acreditavam que só poderiam atingir esse objetivo com a ajuda de atos de violência, eles tornaram-se terroristas.

Também na Grã-Bretanha, grupos de jovens burgueses entraram em cena, com idéias mais ou menos revolucionárias. Também eles rejeitaram e lutaram decididamente contra a ordem social vigente por causa de sua injustiça. Mas, até onde chega o meu conhecimento, nenhum deles foi tão longe quanto os terroristas alemães. Nenhum movimento existiu que desejasse abalar a estrutura do Estado através de seqüestros, assassinatos, incêndios e roubos. A minha hipótese é que a limitação de grupos de oposição extraparlamentar na Grã-Bretanha — tal como na França ou Holanda, por exemplo — a formas de oposição mais ou menos não-violentas e, nessa medida, legais, está ligada, entre outras coisas, à inquebrantável estabilidade do sentimento nacional nesses países. O que um homem como Orwell, por exemplo, afirmou com referência às primeiras décadas do século XX — que na Grã-Bretanha existe um sentimento muito sólido de nacionalidade que transcende todos os conflitos de classe, além de um coletivo orgulho nacional — ainda é provavelmente válido para a década de 1980, embora sob a pressão dos choques de realidade, que roubaram à Grã-Bretanha boa parte de sua antiga glória, a cobertura protetora de civilização pareça estar afrouxando. Ninguém pode prever se, e por quanto tempo, a forma tradicional de orgulho nacional britânico sobreviverá a esses golpes. Mas, de momento, tem-se a impressão de que permanece intato o sentimento de grande valor atribuído ao fato de uma pessoa ser britânica. Segundo parece, também permanece intato para os grupos mais jovens que criticam profundamente a ordem social vigente no país. Há ainda uma nítida ligação entre orgulho nacional e autocoação civilizadora, que não admite que prepondere a idéia de assassinato e roubo como meios de luta política.

O orgulho nacional e a transformação civilizadora da pessoa individual situam-se numa curiosa relação mútua. Mesmo em tribos simples, a remodelação civilizadora, que leva do livre fluxo de pulsões em crianças pequenas à aquisição do padrão de controle de pulsões dos adultos, acarreta consideráveis dificuldades, toda a espécie de ansiedades, sofrimentos e tormentos; e nas sociedades mais desenvolvidas esse processo é não só sumamente longo, em harmonia com o relativamente elevado nível de civilização, mas também muito árduo. O risco envolvido é sempre grande. O que é decisivo, em última instância, é — em poucas palavras — o equilíbrio entre o repúdio de pulsões imposto a uma pessoa durante o processo civilizador individual e o ganho em prazer facilitado ou iniciado por esse processo. Se todos os desejos e necessidades de uma criança pequena pudessem ser imediatamente satisfeitos, ela continuaria sendo uma criança pequena mesmo quando crescesse fisicamente como pessoa. Recompensa e repúdio — cenoura e chicote — desempenham ambos um papel no ímpeto da formação de uma pessoa adulta capaz de controlar e modificar impulsos e pulsões de acordo com as normas do mundo adulto. A manutenção dos autocontroles civilizadores, uma vez já desenvolvidos, requer também recompensas agradáveis de uma espécie ou de outra como contrapeso. O orgulho nacional, uma forma de amor-próprio mais abrangente, pode servir como uma dessas recompensas. A Grã-Bretanha é apenas um de muitos exemplos dessa complementaridade entre orgulho nacional e a adoção de um modelo nacional específico de normas de comportamento e de sentimento.

Os padrões de civilização solidamente baseados e sumamente distintos que se desenvolveram em países como a Grã-Bretanha e a França ao longo dos séculos, no decorrer de processos notavelmente longos e contínuos de formação do Estado — a despeito de todos os problemas de declínio de poderio no período depois de 1945 — permitiu que, mesmo as gerações do pós-guerra, se vissem como parte da cadeia nacional de gerações e atribuíssem significado e valor à evidente identidade nacional. A recompensa emocional que o indivíduo recebeu por sua parcela no valor coletivo da nação pode ter sido menor e, comparada com aquilo com que foram dotados aqueles que cresceram antes da guerra, talvez também algo mais dúbio. Porém, apesar de todas essas convulsões, o valor e o significado de uma identidade nacional e o correspondente padrão de civilização permaneceram relativamente livres de problemas nesses países. Só a experiência revelará quais serão os efeitos a mais longo prazo do gradual enfraquecimento do significado de se pertencer a uma nação, se e em que medida os ideais nacionais e os padrões de consciência — em conjunto com o sentimento de renúncia ou de abnegação que eles impõem a cada pessoa — podem reter toda a sua força se as recompensas afetivas do orgulho nacional forem reduzidas. Até agora, o prosseguimento do conflito entre gerações pré- e pós-guerra, que também ocorreu na Grã-Bretanha e na França, não causou aí nenhuma interrupção na continuidade da formação do Estado, nem no desenvolvimento do padrão nacional de civilização.

Também na Alemanha, como em todas as nações-Estados altamente industrializadas, a vida adulta requer uma importante transformação civilizadora da estrutura das pulsões individuais. Mas o prêmio de prazer, que desempenha um papel em muitos outros Estados mais desenvolvidos na manutenção de autocoações e renúncias civilizadoras, a recompensa dada por um sentimento do valor especial de ser membro de uma nação continua sendo, no caso dos cidadãos da República Federal, bastante limitado — na medida em que exista alguma. Nos escalões superiores da hierarquia de Estados do mundo, dificilmente se aponta um outro Estado cujos membros tenham uma "nós-imagem" tão vaga e relativamente incolor quanto os da República Federal. A esse respeito, a Alemanha é um país desafortunado.[81] Duas fatídicas ondas de nacionalismo que foram muito além das reais capacidades do país, e duas sérias derrotas, deixaram uma herança de confusão e, em muitos casos, um sentimento nacional negativo. Após o nacionalismo extremo do tempo de Hitler e o excessivo ufanismo do orgulho nacional — o narcisismo coletivo — que foi oferecido ao povo alemão e por este consentido, seguiu-se, após a catástrofe, uma reação não menos extrema na outra direção. O que se seguiu não foi realmente um frio inventário da situação. Em vez disso, sobreveio um período de desorientação, com uma forte tendência para a auto-estigmatização e, em alguns casos, para a auto-aversão.

Não é improvável que a condenação inteiramente irrestrita da República Federal por membros da oposição extraparlamentar, sobretudo por grupos terroristas, esteja relacionada, *inter alia*, com essa perda de uma "nós-imagem" nacional positiva. "Para nós", declara Horst Mahler, por exemplo,[82] "o Estado era o inimigo absoluto." A par do desaparecimento da pesada expressão "nação" — ou mesmo "consciência nacional" e "nacional" — das maneiras publicamente aceitáveis de falar, o assunto de uma "nós-imagem" nacional tinha desaparecido quase totalmente do acervo de experiência da geração mais jovem.[83]

Não creio que tivesse sido impossível dar um significado positivo ao Estado alemão ocidental par as suas gerações mais jovens. Era admissível imaginar um movimento cujos membros dissessem uns aos outros: "No mundo inteiro, os Estados são aparelhos de compulsão; e como no atual estágio de desenvolvimento não se pode confiar em que todos os membros de um Estado possuam a autodisciplina necessária para uma florescente vida em comum, tampouco se pode, de momento, dispensar a existência de polícia e organizações similares de coerção externa a fim de salvaguardar a vida social alemã. Mas a melhor maneira de purificarmos e nos libertarmos das lembranças do tumor canceroso em que o Estado alemão se converteu na era de Hitler, é criar um Estado exemplar e humano — um Estado que valorize educar o povo para que adquira consciência do fato de que uma coexistência pacífica e amistosa de milhões de pessoas não é possível sem um considerável grau de autodisciplina e consideração mútua, e no qual nem os próprios policiais sejam levados à prática de atos desumanos de violência pela desumanidade de criminosos." Por certo, esse tipo de coisa não poderia ser realizado em um dia ou um ano. Mas uma ruptura decisiva com a tradição do Estado autoritário, uma inabalável humanização experimental de todos os aspectos do Estado — os partidos, a burocracia e inclusive os militares — teriam constituído, sem dúvida, meios igualmente úteis e bem-vindos para limpar o Estado do estigma do passado. E teriam servido, ao mesmo tempo, como veículo para conferir significado ao Estado e à nação no presente e no futuro. Um Estado humano — aí está uma coisa que realmente ainda não existe no mundo.[84]

16

Mesmo naqueles Estados que tinham passado por um processo contínuo de formação do Estado e alcançado o status de grande potência, houve sinais indubitáveis de uma erosão incipiente do padrão nacional de civilização e sintomas de sua desintegração. O vigor de seu padrão de civilização estava relacionado, sobretudo, com a extensão e a continuidade do processo de formação do Estado em cujo contexto esse padrão se constituíra. Mas a reversão na direção desse movimento depois de 1945 — quando se iniciou um declínio, mesmo que se mantenha ainda moderado — acarretou um choque também nesses países e culminou em conflitos evidentes e, até certo ponto, muito sérios entre as mais jovens gerações do pós-guerra e as mais velhas gerações *ante bellum*. Também nesses países os membros das gerações mais jovens exigiram uma revisão parcial de tabus, que pareciam sacrossantos, aos olhos de muitos membros das gerações mais velhas.

No que se refere às diferenças ou mesmo às contradições entre os respectivos padrões normativos nesse entranhado conflito de gerações, existem notáveis semelhanças, em todos os países europeus, onde ele pode ser observado. Sobretudo no campo da moralidade sexual, as gerações mais jovens opõem o seu próprio padrão ao código dos mais velhos. Mas o compromisso moral dos mais jovens a respeito de questões de desigualdade social é também maior num grau extraordinário. Por toda a parte eles mostram uma negligência deliberada, talvez até um certo desdém, em relação às sutilezas de forma no relacionamento social — por exemplo, na graduação precisa de mesuras e reverências — em especial, na medida em que essas formalidades parecem simbolizar diferenças de poder, categoria e prestígio.[85] Finalmente, um apoio mais intenso à causa dos oprimidos em sua luta contra os opressores, à causa dos mais fracos contra o poder superior dos mais fortes, é um outro elemento na síndrome de normas que tiveram peso muito maior com as gerações do pós-guerra do que com as que cresceram antes da guerra.

Essa mudança no compromisso moral de gerações européias é facilmente compreensível. Resumindo uma vez mais o que já foi dito: os avós e pais que cresceram antes da guerra tinham uma moralidade individual que se relacionava com o comportamento e sentimento das pessoas, especialmente na vida privada. A posição hegemônica em relação a grupos menos poderosos em outros países ou no do próprio indivíduo raramente abrangia a esfera das exigências morais, ou só o fazia na medida em que se relacionava com o comportamento individual. Essas gerações, de uma forma geral, aceitaram diferenças de poder nas relações entre grupos, incluindo sua própria supremacia social e as vantagens que lhe são inerentes, como diferenças óbvias, sem as submeter a qualquer exame crítico. A perda do predomínio europeu em muitas partes do mundo forçou as gerações do pós-guerra a examinarem a história recente. Involuntariamente, ao fazê-lo, filhos e netos puseram em julgamento seus pais e avós. Eles próprios iniciaram com freqüência seus caminhos independentes na vida como indivíduos marginalizados e dependentes. Para eles já não havia qualquer chance — ou apenas uma chance muito reduzida — de seguir as pegadas de seus pais como amos e senhores de outros grupos humanos. Como membros de países europeus cujas proporções de poder em relação a outros povos tinham diminuído visivelmente, eles sentiram o domínio exercido por seus pais como uma injustiça que tinha sido perpetrada contra grupos menos poderosos. No confronto com seus pais, os filhos colocaram-se, firme e inequivocamente, do lado dos oprimidos.

17

Considerando esses elementos que os diferentes países têm em comum, levanta-se a questão de saber por que o impasse final do movimento de oposição predominantemente formado por jovens burgueses — após alguns consideráveis êxitos parciais — culminou em dois países, Itália e Alemanha, no surgimento de grupos terroristas que tentaram forçar, através de meios violentos, uma transformação da sociedade que era inatingível por meios pacíficos. E por que razão, em outros países, apesar de um problema de gerações estruturalmente semelhante, não ocorreu a passagem para a ilegalidade, a transição para o uso da violência física — em suma, a formação de grupos terroristas nativos? Esta é a questão a que, segundo me parece, não se pode responder sem reverter aos diferentes modelos de processos de formação do Estado e às diferenças conexas em padrões civilizadores nacionais.

Itália e Alemanha são os dois países que só tardiamente ingressaram no grupo das grandes potências européias — tardios no processo de centralização do Estado e de unificação como nações. Esse processo foi retardado em ambos esses Estados sucessores do Sacro Império Romano da Nação Germânica, em contraste, sobretudo, com a Grã-Bretanha e a França, porque o extraordinário tamanho desse império medieval favorecera a formação de unidades na forma de reinos, ducados, cidades-estados livres etc. As conseqüências foram profundas e importantes.

Em ambos os casos, a integração, desejada sobretudo pelos estratos médios urbanos, foi fundamentalmente realizada por reis e seus exércitos, pelo uso de violência de uma espécie ou outra. Em ambos — como um chapéu com que uma pessoa conserva seus cabelos arrumados, ou como uma estrutura de ferro em torno de um edifício em ruína — o Estado era visto como um edifício social autônomo que existia à margem e para além dos cidadãos, como "eles" e não como "nós". Uma vez que, só muito tarde e com extremo esforço, conseguiram ingressar na fase de nações-Estados altamente centralizados, tanto os italianos quanto os alemães sofreram de uma incerteza quase crônica sobre o seu próprio valor como nações. Assim, a baixa dialética do sentimento nacional de valor próprio na oposição extraparlamentar da República Federal, na década de 1960, após a sua supervalorização nos anos anteriores à guerra sob o governo de Hitler, é apenas um exemplo entre muitos. Em ambos os países, além disso, a pacificação era recente, uma vez mais de acordo com o destino reservado aos recém-chegados tardios ao grêmio das nações-Estados. Tão lábil quanto o orgulho nacional era o padrão de autocontrole sustentado pelo controle estatal externo, que dissuadia as pessoas, em suas relações mútuas, de recorrerem à violência física no caso de conflitos. Nada ilustra melhor a fragilidade dos controles civilizadores intrínsecos contra o uso da violência do que o fato de, em ambos os casos, os conflitos sociais resultantes, em sua grande maioria, de tensões entre a burguesia e os trabalhadores organizados, culminarem no uso de violência.[86]

Em seu esforço, durante a I Guerra Mundial, por ganhar um "lugar ao sol", a Alemanha e a Itália saíram derrotadas e esse revés nas lutas de eliminação das nações deixou em sua esteira, especialmente nos estratos burgueses de ambos os Estados, uma considerável soma de amargura e ressentimento. Mussolini foi o primeiro a perceber como mobilizar esse orgulho nacional ferido ou esse ressentimento nacional para a sua ascensão pessoal ao poder, e Hitler aprendeu, sem dúvida, com as experiências do fascismo italiano. Mas na prática, em sua tentativa de tirar proveito do exemplo italiano, algo mais ocorreu — algo que era característico do modelo específico de desenvolvimento do Estado alemão e da tradição de sentimento e comportamento que lhe está vinculada.

Além das semelhanças, há também, de fato, diferenças muito significativas entre os dois Estados sucessores do império medieval.[87] Mesmo no auge de seu poder, Mussolini e seus seguidores nunca receberam das massas populares nada que se parecesse com o entusiástico acolhimento dispensado a Hitler e seus seguidores na Alemanha. Sobretudo, cumpre ser dito que o movimento fascista italiano, por certo bastante violento, nunca implantou o mesmo nível de violência metódica de seu congênere nazista. O assassinato de milhões de pessoas friamente planejado e, segundo parece, desprovido de implicações emocionais, que entrou na história como marca indelével do movimento nacional-socialista, não foi um dos traços característicos do fascismo italiano.

A peculiaridade do que se desenvolveu na Alemanha não foi o uso sistemático e ilegal da violência *per se* por uma organização inicialmente extraparlamentar. Tampouco foi o uso adicional de violência física após a captura do poder a fim de fortalecer o regime e destruir seus inimigos. Existem precedentes para isso em todos os outros Estados. O que é ímpar nesse processo e para o qual ainda está faltando uma explicação convincente é precisamente a extensão do assassinato planejado de pessoas que não podiam oferecer a menor resistência; assassinatos, além disso, para os quais ainda hoje dificilmente se pode reconhecer qualquer razão que possa ser qualificada como "realista" ou "racional" — por exemplo, no sentido de um benefício ou vantagem para a sociedade ou o regime que justificasse os custos necessariamente envolvidos na organização da matança. O que persiste como problema para o qual não existe ainda explicação é o enorme genocídio a serviço de algo que tem sido designado como uma teoria ou um credo e ideal político, quer dizer, o assassinato em massa a serviço de uma utopia, o sonho de um grande império na Europa, sob o domínio dos alemães ou povos de descendência germânica. Essa mistura de ideal quase científico, pseudo-racional, e de violência absolutamente inflexível — cujas vítimas humanas eram, na realidade, para aqueles que perpetravam a violência, meras coisas impessoais, tratadas como materiais numa fábrica a fim de transformá-las em objetos úteis, como sabão, mocotó ou alimento para animais, e basicamente eram apenas símbolos, numa teoria, para aqueles que as matavam — continua sendo uma questão em aberto até aos dias de hoje.

Recordar esse problema não é irrelevante, porque uma mentalidade afim é encontrada em alguns grupos terroristas do período ulterior. Também entre eles o sentimento de que suas vítimas eram seres humanos, a identificação fundamental de uma pessoa com os seus inimigos, perderam-se no decorrer do tempo. Também nesse caso, para os perpetradores da violência, as vítimas representavam meros símbolos no quadro de referência de uma teoria — representantes de uma coletividade que deixou de ser percebida como humana, mas apenas como os representantes simbólicos de uma categoria social que, segundo um sistema específico de argumentação, ficou provado ser merecedora de destruição.

Para explicar essa característica peculiar do nacional-socialismo e, mais tarde, também do terrorismo na Alemanha Federal, é necessário ampliar a perspectiva a fim de levar na devida conta a peculiaridade do modelo alemão de desenvolvimento e seu padrão associado de civilização. Imediatamente se percebe, então, como o desenvolvimento alemão está repleto de arrancadas e recuos, de encruzilhadas e contramarchas, muito longe de um avanço linear. Em contraste, por exemplo, com a Grã-Bretanha, o destino histórico dos alemães impediu um longo e contínuo processo de formação do Estado numa direção; e, na luta entre grupos centrípetos e centrífugos de interesses, entre tendências para a integração e a desintegração do Estado, ora prevaleceram uns, ora outros. Também neste caso a estrutura de desenvolvimento do Estado e a das tradições nacionais de comportamento e sentimento estão muito estreitamente interligadas. Isso pode ser visto de forma particularmente clara se atentarmos para o relacionamento entre, por um lado, os processos de formação do Estado e a pacificação dos cidadãos de um Estado, e, por outro lado, a estabilidade dos mecanismos integrados de autocontrole que regulam, e talvez impeçam, o uso de violência em caso de conflito. As dificuldades decorrentes da parcial descontinuidade do desenvolvimento alemão contribuíram, reconhecidamente, para o fato de que o desenvolvimento do padrão alemão de civilização permaneceu muito pouco investigado. Por esse motivo, só é possível, de momento, oferecer suposições.

O que logo se torna evidente, é o contraste entre, por um lado, a apreciação relativamente baixa dos feitos bélicos, das virtudes militares e, de um modo geral, do comportamento violento pelos círculos que fixavam os critérios adotados pela burguesia alemã na segunda metade do século XVIII, o período dos grandes poetas e pensadores alemães clássicos, e, por outro, a valorização comparativamente elevada das façanhas guerreiras e de outras formas de violência sancionadas pelo Estado no período do Kaiserreich e, depois, durante a ascensão do Terceiro Reich. É como se a entrada da Alemanha unificada nas competições eliminatórias entre as grandes potências pudesse ter enfraquecido as barreiras civilizadoras de autocoação contra o uso de violência nas relações humanas. A importância do duelo — o qual não estava limitado a casos de séria afronta à honra, como na França, por exemplo, mas era parte integrante, por assim dizer, da vida cotidiana da maioria dos membros das associações de estudantes — era apenas um sintoma do vigor da tradição de violência militar, que estava embutida no padrão especificamente alemão de civilização, tal como se desenvolveu de modo especial depois de 1871. É óbvia a ligação com o modelo do processo de formação do Estado alemão, a unificação tardia através da força das armas.[88]

Acima de tudo, porém, a batalha pelas causas nacionais justificava todo e qualquer uso de atos de violência. Introduziu na tradição alemã de comportamento e sentimento, assim parece, uma nota de brutalidade calculada a serviço de uma causa.

Na era de predomínio da aristocracia militar, essa brutalidade calculada ainda era restringida pelas obrigações do código de honra das classes altas. Para Hitler e seus sequazes, que não tinham nascido em berço de ouro e tinham dado duro para subir na vida, essas barreiras cavalheirescas já não desempenhavam papel algum. Partiram incondicionalmente em busca de poder e grandeza, usando todos os meios e a qualquer preço. Isso incluía o uso irrestrito da violência física, desprezando códigos de cavalheiros e escrúpulos de consciência. Em seus impulso para concretizar o sonho do Terceiro Reich — assinale-se, o Terceiro Kaiserreich — todas as limitações civilizadoras de honra e moralidade tornaram-se insignificantes.

O nacionalismo italiano legitimou-se recorrendo à grandeza do antigo Império Romano e à cultura da antigüidade romana; o nacionalismo alemão legitimou-se recorrendo às tribos germânicas da era das grandes migrações, que, como bárbaros, tinham desempenhado um papel na queda do Império Romano. Essa diferença nos modelos que encarnam os respectivos ideais nacionais não é isenta de significação para o nível de civilização dos dois movimentos ditatoriais, o fascismo e o nacional-socialismo. Num caso, um Estado imperial e sua cultura foram tomados como um modelo para os líderes; no outro, foi a idéia de uma raça, destinada pela natureza para dominar o mundo, que os líderes adotaram para seu modelo. A desesperada mobilização de toda a população para lutar pelo grande prêmio do império global sonhado pelo derradeiro "monarca" da Alemanha, esse "Kaiser" *parvenu*, levou então, no nível político, ao abandono de todas as autocoações, mesmo contra os mais desumanos atos de violência, desde que parecessem servir ao objetivo desejado, a construção de um império alemão racialmente puro.

Os atrativos desse sonho-meta para o amor próprio nacional também torna compreensível por que a massa da população se subordinou de tão bom grado ao comando do grande Führer e seu séquito. O modo como o povo alemão foi quase totalmente condicionado à estrutura do regime hitlerista não se explica apenas pelo uso de todos os meios à disposição daqueles que exerciam o poder para impor o cumprimento de suas decisões aos que manifestavam seu inconformismo em relação a elas; é explicado, sobretudo, pelas generosas recompensas que o nacional-socialismo prometia aos seus seguidores em retribuição dos sacrifícios, por vezes muito duros, que eles faziam a seu serviço. Para os que obedeciam cegamente às ordens do Führer, acenava-se-lhes com o grande prêmio de mandar sobre todos os outros povos da Europa, como membros de uma nova elite européia, uma nova aristocracia. Essa promessa fazia com que a abnegação dos indivíduos, incluindo sua completa submissão ao comando dos seus superiores e, em última instância, do próprio Führer, parecesse algo meritório e compensador. Por outras palavras, nessa estrutura estatal, o comando pelo Führer ocupou o lugar da consciência pessoal em todos os assuntos políticos.

18

A estrutura da personalidade de pessoas cuja orientação depende, em grande parte, de coações externas, ou seja, de diretrizes e instruções fornecidas por outras pessoas, e que, por sua parte, estão acostumadas a transmitir diretrizes e instruções aos outros sob a forma de ordens, é freqüentemente descrita e analisada no âmbito de uma teoria da personalidade autoritária.[89] O pressuposto fundamental implícito dessa teoria é que as pessoas, em resultado de uma estrutura familiar específica quando estão crescendo, desenvolvem a síndrome da estrutura de caráter que lhe corresponde. Essa explicação não é necessariamente descartada mas tampouco é adequada. A estrutura familiar autoritária está, ela própria, estreitamente ligada à estrutura autoritária do Estado. Para se reconhecer isso, é necessário olhar a organização do Estado como uma organização em processo de desenvolvimento, de devir, como um aspecto de um processo a longo prazo.

A Alemanha esteve submetida a um domínio absolutista até 1918 — apesar de algumas limitações a esse domínio no Reich unificado depois de 1871, quando partidos políticos ganharam em poder. A estrutura da personalidade dos alemães estava afinada para essa tradição absolutista, ininterrupta ao longo dos séculos. Além disso, as formas militares de superordenação e subordinação, comando e obediência, serviram amplamente como modelos para as relações humanas em outras esferas. Eram perceptíveis no comportamento da hierarquia do serviço civil, da polícia e também, de uma forma definitiva, na família. Em todas essas áreas, e ainda em algumas outras mais, os modelos do Estado autoritário desempenharam um papel central.

Somente quando fica claro quão profundamente o comportamento e o sentimento dos alemães em suas relações mútuas estavam impregnados por modelos do Estado autoritário, e que espécie de posição-chave, nessa estrutura, era detida pelo homem no topo, o comandante supremo, é possível avaliar as dificuldades do povo alemão depois da abdicação do Kaiser em 1918. Antes da I Guerra Mundial, o Kaiser/Rei ainda possuía muitas das prerrogativas de um soberano absoluto: decidia sobre a guerra e a paz, nomeava os homens para os altos postos da hierarquia militar e da administração pública, e, sobretudo, os membros do governo. A repugnância sentida por muitos alemães quando, após o seu desaparecimento, se encontraram pela primeira vez diante da tarefa de decidir, sem o supremo comandante-chefe, sem ordens vindas de cima, por quem deveriam ser governados, não foi fruto somente do horror suscitado pelo fato de que os "pobres", os trabalhadores, também tinham agora o direito de participar no governo e de que, por conseguinte, homens de baixa categoria estavam exercendo funções governamentais. A reação desses alemães era, ao mesmo tempo, uma expressão do fato de que, de súbito, uma figura central na cena social com quem a estrutura da personalidade deles estava sintonizada já não estava mais ali. O seu lugar fora tomado por figuras que não correspondiam nem à estrutura da personalidade nem ao tipo de código de comportamento que eram os deles. O Kaiser tinha servido, não em pequena medida, como símbolo de um dos sentimentos mais positivos embutidos na "nós-imagem" de cada alemão. Ebert como presidente da Alemanha não podia continuar cumprindo essa função, e esse era o caso em muitos aspectos do novo regime como um todo. Tinha grande significado instrumental — ou, mais precisamente, poderia ter tido se, para começar, o povo alemão tivesse atribuído qualquer importância a uma forma institucionalizada de governo eletivo, servindo um propósito da melhor maneira possível. Mas a satisfação emocional, a satisfação que oferecia para quem alimentava a nostalgia de uma simbólica figura protetora, um pai ou mãe supremo, era mínima.

O vigor da oposição emocional às disposições parlamentares, uma oposição que já se manifestara poucos meses após o fim da guerra, estava por certo muito estreitamente relacionada com conflitos específicos de classes. Mas, para explicá-los, não é bastante apontar para interesses quase-racionais ou para a ausência de um claro discernimento das vantagens de um sistema "democrático" de governo. A fim de se entender o profundo antagonismo de muitos alemães à República de Weimar, cumpre ter em conta o fato de que, para um regime parlamentar estar apto a funcionar efetivamente, uma condição preliminar é a existência de estruturas de personalidade específicas, e de que estas só se formam gradualmente em conexão com a própria prática da política parlamentar.

A transição do ainda semi-absolutista regime do Kaiser/Rei para o regime parlamentar da República de Weimar ocorreu de um modo muito repentino. Para amplos círculos da população, ela foi inesperada e com associações sumamente desagradáveis com uma derrota na guerra. Basicamente, muito alemães detestavam uma forma de governo aparelhada para debates, negociações e soluções de compromisso entre partidos. Abominavam o "blá-blá-blá" do Parlamento, onde — assim lhes parecia — tudo era falatório, e ação nenhuma. Com ou sem liberdade, ansiavam pela, comparativamente, muito mais simples e descomplicada forma de governo em que todas as decisões políticas importantes eram tomadas pelo homem forte no comando. Podia-se deixar tranqüilamente para ele as preocupações sobre a felicidade ou a desventura da Alemanha. Era o bastante que cada um se limitasse a cuidar de sua vida privada. Desde os primeiros momentos do período de Weimar, muitos homens e mulheres manifestaram, de fato, o desejo de ver um homem no topo, fosse ele príncipe ou ditador, que tomasse as decisões e desse as ordens. Ansiavam por tal homem como por uma droga. Estavam acostumados a isso e o seu afastamento fora súbito demais.

As características envolvidas em estar adaptado a um regime parlamentar são facilmente esquecidas se, como acontece com freqüência, essa forma de vida social for vista pelo prisma ideológico, tão-somente a respeito de suas vantagens racionais sobre, por exemplo, as formas ditatoriais. Acostumar-se a dispensar uma ordem de coisas em que uma figura dominante simbólica assume a responsabilidade por uma nação de súditos, e ajustar-se a um regime em que a responsabilidade, por muito limitada que seja, recai sobre os ombros de cada pessoa, é um longo processo que requer condições, tanto quanto possível, isentas de crises e envolve, pelo menos, três gerações. Há muitos exemplos na história européia das dificuldades de tal reorientação. Um dos poucos países em que, até hoje, uma estrutura estatal parlamentar e uma estrutura da personalidade individual se harmonizaram entre si de um modo comparativamente isento de atritos, é a Grã-Bretanha. O longo processo através do qual essa sintonia foi obtida pode ser claramente acompanhado na história britânica. De fato, veio ocorrendo muito lentamente desde a época em que o filho do ditador puritano teve de ceder as rédeas do governo ao recém-entronizado rei que, no entanto, herdou consideravelmente reduzidas oportunidades de poder.[90]

Podem ser úteis alguns pensamentos sobre as razões da dificuldade desse ajustamento entre estruturas políticas e estruturas da personalidade. Uma vez mais, a teoria dos processos civilizadores aponta-nos aqui o caminho. Uma estrutura da personalidade adaptada a um regime monárquico-absolutista ou ditatorial admite grande margem para a presteza da pessoa individual em aceitar ordens, para consentir em ser guiada por coações externas. Ao cidadão é poupado, portanto, o pesado fardo de ter de participar em debates com pessoas de diferentes opiniões. O governado não precisa decidir a favor de um ou do outro lado. A ordem vem de cima; a decisão foi tomada. Sob um regime desse tipo, a pessoa individual ainda permanece num status semelhante ao de uma criança em relação ao Estado. As ordens dos pais nem sempre são confortáveis, e o mesmo é também verdadeiro a respeito das ordens de príncipes aristocráticos e de ditadores. Mas, afinal, a pessoa confia neles. E se não lhes obedecer, os militares ou a polícia, que estão entre os principais pilares da organização de um Estado autocrático monolítico, entrarão rapidamente em ação. A estrutura da personalidade da pessoa individual pode ser adaptada a uma hierarquia de comando e obediência: mas, a fim de se assegurarem a tal respeito, os governantes autocráticos recorrem usualmente ao seu direito irrestrito de dispor do monopólio estatal da força, para criar o aparelho de vigilância mais rigoroso possível, um aparelho de coação externa capaz de garantir que o indivíduo não se extravie.

Se as formas autocráticas de governo de um tipo monárquico ou ditatorial e as formas parlamentares de governo com dois partidos concorrentes, pelo menos, forem examinadas como fases de um processo interligado de formação do Estado e civilizador, no decorrer do qual as relações de poder de diferentes grupos humanos mudam de um modo cego e não premeditado, então ficará claro que essas formas representam diferentes estágios. Um regime autocrático requer uma estrutura de personalidade relativamente simples, por parte tanto dos que comandam quanto dos que obedecem. Esse fato explica por que, repetidamente, ao longo de milhares de anos, um único homem — à testa de um pequeno grupo de seguidores — foi capaz de instaurar e manter seu domínio sobre muitos; tem sido esse o caso desde, pelo menos, a época em que os faraós submeteram o Alto e o Baixo Egito ao seu controle e colocaram a dupla coroa em suas cabeças, ou desde que os príncipes Chin ganharam a soberania sobre toda a área central da China de hoje, até à época dos monarcas alemães, austríacos e russos que findou em 1918 e, depois, na forma de ditaduras até os nossos dias. Comparado com tais regimes, um sistema parlamentar multipartidário é uma forma de governo consideravelmente mais complexa e difícil, que requer uma estrutura de personalidade correspondentemente mais complexa e diferenciada.

Essa diferença entre as duas formas de governo está ligada ao fato de que um regime parlamentar multipartidário legitima o *conflito* entre pessoas ou grupos de pessoas. Os conflitos não são relegados para a categoria do extraordinário, anormal ou irracional mas, pelo contrário, são tratados como aspectos normais e indispensáveis da vida social. A esse respeito, poder-se-ia dizer que a democracia contradiz as leis da racionalidade clássica, a qual iguala ordem com harmonia, ou seja, com ausência de conflito.[91] A tarefa de um Estado democrático consiste em regular a resolução dos conflitos dos mais importantes grupos de uma sociedade através de instituições especiais que facilitam os debates entre grupos contrários e sua resolução. A disputa é limitada às formas não-violentas de luta travada, em primeiro lugar, na forma de discussão ou duelo verbal, cuja resolução depende de todos os participantes aderirem a certas regras.

Imagens anelantes ou ideais da vida social humana, utopias literárias ou acadêmicas, por exemplo, baseiam-se na maioria das vezes na idéia de que um regime ideal, uma forma ideal de sociedade, teria de ser inteiramente livre de conflitos e harmoniosa. Essa idéia é uma expressão do fato de que conflitos entre pessoas abalam os nervos, são, por assim dizer, perturbadores, e de que, para muita gente, um estado de completa quietude e perfeita paz é visto como o ideal. Não compartilho dessa opinião. Uma vida social livre de conflitos é, até onde posso enxergar, simplesmente inconcebível e, portanto, não faz o menor sentido criar imagens ideais de uma sociedade — as quais, em última análise, pretendem ser modelos para orientar e guiar o comportamento — sem levar em consideração o significado constituinte de conflitos para as sociedades humanas. Uma sociedade livre de conflitos pode parecer o pináculo da racionalidade mas, ao mesmo tempo, é também uma sociedade do silêncio sepulcral, da mais extrema frieza emocional e do mais profundo tédio — uma sociedade, além disso, sem a menor dinâmica. Em qualquer sociedade que possamos desejar, como naquela que temos agora, a tarefa não é eliminar conflitos — isso é um empreendimento fútil — mas, pelo contrário, regulá-los, submeter as táticas e estratégias do conflito a regras — regras que nunca podem ser aceitas como finais. Essas regras conservam a tensão dos conflitos em nível médio, como um fogo que não deve ser nem quente demais, ao ponto de consumir-se e de consumir tudo à sua volta, nem fraco demais, de modo que não forneça calor nem luz.

Um regime do tipo parlamentar, que pressupõe a existência de tais conflitos moderados, requer, entretanto, um grau de autocontrole por parte das pessoas que lhe pertencem, uma medida de compostura pessoal que não é fácil de apresentar e que suplanta, de longe, as exigências comparáveis feitas por um regime ditatorial. É precisamente esse ponto que leva à conclusão de que, no contexto de um processo civilizador, um regime multipartidário representa um nível superior ao de uma monarquia absoluta ou uma ditadura. Um regime do tipo absolutista — ainda que contribua certamente para a formação de autocoações — depende, tudo ponderado, da primazia de coações externas sobre as autocoações. Em contrapartida, um dos traços característicos centrais de um sistema parlamentar multipartidário é um grau superior de autocoação. As coações externas não desapareceram; elas não estão ausentes em qualquer sociedade-Estado. Mas um regime parlamentar sucumbe, se a sólida tampa do autocontrole, que impede que todos os indivíduos envolvidos recorram à violência em suas contendas com opositores ou transgridam as regras do jogo parlamentar, explodir ou quebrar. A desintegração do autocontrole em batalhas políticas significa *ipso facto* o fim do sistema multipartidário, e sua provável transformação numa autocracia ditatorial ou monárquica. Nesta, a exigência de manter permanentemente o controle nos confrontos com adversários está ausente. Nisso, um sistema parlamentar multipartidário assemelha-se a um jogo de futebol: é resolvido na luta mas de acordo com regras muito precisas, cuja observância também exige um elevado grau de autodisciplina. Se o jogo esquentar demais, se degenerar numa briga comparativamente desregrada, deixa de ser uma partida de futebol. A função preenchida pelo autocontrole dos jogadores é então assumida pelos controles externos, representados, por exemplo, pela polícia.

Este exemplo pode ser um tudo-nada claudicante, mas ilustra algo fundamental. Como todas as formas de sociedade, os Estados absolutistas, sejam eles do tipo monárquico ou ditatorial, também têm seus conflitos estruturais específicos. Entretanto, eles permanecem nos bastidores da vida pública. Oficialmente, a vida em Estados desse tipo é harmoniosa. Os conflitos nos níveis inferiores são, muito simplesmente, decididos por ordens vindas de cima — mediante coações externas — e os conflitos no nível supremo de comando são debatidos *in camera*, nos bastidores.[92] Muitas das pessoas em tais sociedades podem perfeitamente saber que semelhantes conflitos existem. Mas eles não têm lugar na estrutura institucional. E a ideologia oficial do Estado tampouco os reconhece.

O fato de um sistema parlamentar multipartidário fazer exigências consideravelmente maiores à capacidade dos membros de uma sociedade-Estado, para se imporem coações a si mesmos, do que o exigido num regime absolutista é uma das mais importantes razões da extrema dificuldade do processo de transição de um regime do tipo absolutista para um do gênero parlamentar. Muitas pessoas cujo destino é participar em tal transição são incapazes de enfrentar essas exigências. Acostumadas às simples relações superordenações-subordinações, nas quais as coações externas são dominantes, e a uma hierarquia aparentemente harmoniosa em que todo o mundo, exceto os governantes supremos e os comandantes militares, recebem ordens de cima e dão ordens aos de baixo, essas pessoas acham irritantes, quando não absolutamente insuportáveis, as disputas e rivalidades dos partidos num sistema multipartidário. Mesmo nas circunstâncias mais favoráveis, conforme eu disse, uma cadeia de várias gerações é usualmente necessária na vida de um povo para completar a transformação de estruturas da personalidade que facilite o funcionamento seguro de um regime parlamentar multipartidário. Em todos os países que passaram por tal processo, ocorrem, tipicamente, flutuações institucionais e civilizadoras até que a sociedade se adapte gradualmente a uma trajetória mais uniforme de desenvolvimento, em suas instituições parlamentares e nos modos de renúncia à violência que lhes são concomitantes — por outras palavras, nos autocontroles civilizadores.[93]

Conflitos inteiramente públicos entre diferentes grupos, mesmo quando se renunciou ao uso de violência e não ocorrem muitas expressões de inimizade ou injúrias verbais excessivamente provocantes, ainda assim mexem com os nervos. Até onde se pode ir, antes que os adversários percam seu autodomínio, antes que o debate moderado de acordo com as regras parlamentares se converta numa briga, numa revolta, num processo de duplo vínculo de violência mutuamente crescente? Não é o surgimento de grupos terroristas, também, um aspecto do longo e difícil processo, no transcorrer do qual uma sociedade num nível anterior de civilização (no qual os membros mantêm uma conduta controlada por medo da punição com que um rei ou ditador possa atingi-los) se esforça por ascender a um nível de civilização em que os membros possam discordar de adversários políticos e ainda comedir-se e submeter-se à regra geralmente aceita do debate quase sem a intervenção de qualquer coação externa?

19

Quando se afirma que um regime parlamentar multipartidário requer um grau de autocoação superior ao de um regime autocrático-monárquico ou ditatorial, e que nesse sentido representa um nível superior de civilização, essa é uma declaração puramente fatual. Não implica, de maneira alguma, que a forma atual como tal regime enfrenta o conflito seja a forma final ou ideal, como freqüentemente se quer fazer parecer que é. Na forma que foi alcançada até agora, os Estados parlamentares mulipartidários constituem um acontecimento marcante nos processos civilizadores e de formação do Estado; alcançá-la acarretou uma redução da diferença de poder entre governantes e governados e um aumento nos autocontroles civilizadores de ambos os grupos. Mas, apenas para enfatizar um único ponto, não é necessário, em absoluto, supor que os conflitos centrais que determinam a formação de partidos devem ser ou serão sempre de um caráter idêntico ao que têm hoje — ou seja, conflitos entre classes ou estratos sociais. Outros tipos de conflito que, no presente, estão largamente disfarçados e submersos por causa da pressão dos conflitos de classes — conflitos tais como aqueles entre homens e mulheres, entre gerações mais jovens e mais velhas, ou conflitos de origem regional e étnica — podem também servir como base para a formação partidária.

De um modo muito geral, a idealização do sistema parlamentar multipartidário, a qual dá origem a um constante conflito político externo entre Estados desse tipo e Estados ditatoriais, impede a discussão pública de problemas estruturais e leva a repetidas dificuldades. Também encobre, por exemplo, as dificuldades com que pessoas das gerações ascendentes se defrontam, de tempos em tempos, para chegar a um consenso, no quadro de referência de seus respectivos processos civilizadores individuais, com as realidades peculiares de um regime parlamentar.[94] O ensino oficial fornece-lhes somente, na grande maioria das vezes, um conhecimento da imagem ideal estereotipada de democracia. Com freqüência, elas só aprendem sobre as reais condições da prática de política parlamentar, não sem uma certa perplexidade, através de sua própria experiência. Essa perplexidade, a descoberta de que o que os partidos fazem, na prática, nem sempre é congruente com a imagem ideal de seus princípios, desempenhou provavelmente um papel significante na estigmatização do Estado vista entre os terroristas na República Federal.

A prática política num regime parlamentar multipartidário coage todos os participantes, repetidamente, a transigirem e chegarem a acordo com seus opositores. Leva à negociação, em que o conhecimento preciso da proporção de poder da oposição e uma correspondente disposição para fazer concessões constituem uma vantagem. Existem hoje em todas as sociedades mas, sobretudo, em sociedades industriais altamente diferenciadas, diferenças específicas entre os padrões civilizadores das gerações mais jovens, em ascensão, e os das mais velhas e estabelecidas, que já foram examinadas. Na vida política dos Estados multipartidários, elas expressam-se, entre outras maneiras, na maior tendência das gerações mais jovens, em contraste com as mais velhas, para favorecer soluções intransigentes e radicais para conflitos agudos. Em quase todos os partidos existe um gradiente, desde a natureza relativamente incondicional das exigências das gerações mais jovens até a maior disposição dos mais velhos para ajustar seus objetivos ao equilíbrio de forças dos vários agrupamentos partidários, freqüentemente complexo. Aos olhos das pessoas que estão do lado de fora — e em particular de uma geração mais nova crítica, inteligente e severamente vigilante — tais ajustes facilmente parecem ser traições aos ideais e princípios que um partido professa. Todo o regime partidário parece, portanto, para os membros jovens de grupos de oposição, nada ter a oferecer, que possa despertar sua afeição ou esperança. Que tal sentimento fosse, comparativamente, tão forte na República Federal pode, uma vez mais, ter algo a ver com tradições alemãs específicas.

A renúncia à violência nas relações de diferentes grupos de interesses acarreta formas de dar e receber que, com freqüência, só podem ser caracterizadas em alemão por palavras que têm um sabor negativo. O alemão *feilschen* (regatear) soa de um modo muito mais desagradável e grosseiro do que o inglês *bargaining* (negociar). Total determinação, absoluta lealdade a princípios, adesão intransigente às próprias convicções, ainda são virtudes que soam muito bem aos ouvidos alemães. Por outro lado, a opção pelos meios-termos, pelos acomodamentos e as concessões mútuas, tem algo de patético. Também neste caso, foram os valores militares que, uma vez mais, desenvolveram raízes profundas na tradição alemã de comportamento e sentimento. No tocante à sua honra pessoal, à honra de seu país, do seu Kaiser, do seu Führer, o oficial não pode fazer qualquer concessão. Olha com desprezo os comerciantes que barganham entre si, que consentem em negociar sua renúncia a posições inicialmente fortes. Assim, a língua alemã ainda contém muitos valores oriundos dos séculos autocráticos, valores sustentados em formas anteriores do Estado e da sociedade, que contrariam as condições de vida numa sociedade parlamentar e industrial. Os vivos comunicam-se mutuamente numa linguagem que, em grande medida, foi moldada pelos mortos. Assim os mortos se vingam dos vivos por violarem seus valores.

De fato, as negociações de um regime parlamentar multipartidário atribuem elevado valor precisamente àquelas coisas que numa tradição militar são tidas em baixo apreço. Em vez de violentos combates, os quais, afinal, se reduzem a uma questão de vida ou morte, é enfatizada a negociação e a renúncia ao uso da violência. Em vez da obediência absoluta, até mesmo a princípios, existe agora a busca do meio termo, da mediação e do compromisso. É fácil encontrar o próprio caminho numa paisagem onde somente existem proscrições e prescrições; é muito mais difícil descobri-lo numa paisagem onde se tem de adquirir, através da experiência, uma certa sensibilidade para avaliar até onde se pode ir numa situação específica e quando se deter. As estratégias de compromisso, que exigem tato na exposição dos propósitos, como também na avaliação de onde é possível avançar e onde é possível recuar, que estão entre as formas elementares de vida sob o parlamentarismo, ainda estão, por certo, longe de obter um lugar elevado na escala de valores alemã. Para isso, é provável que alguns séculos sejam ainda precisos para acostumar-se a tais estratégias.

IV

O Colapso da Civilização

1*

À primeira vista, o julgamento de Eichmann era simplesmente o julgamento de um indivíduo, com o antigo membro das SS como réu e seus acusadores israelenses, um contingente de testemunhas, algumas das quais sobreviventes dos campos de concentração, e um público internacional invisível que acompanhava os depoimentos das duas partes e julgava-os. Com o decorrer dos meses, entretanto, quando as notícias do julgamento se divulgaram por todo o mundo e penetraram nas conversas, pensamentos e sentimentos de pessoas em muitos países, pareceu tornar-se algo mais do que o julgamento de apenas esse indivíduo. Começou, numa pequena escala, a adquirir o caráter de um momento culminante da história contemporânea. Tal como as duas guerras alemãs, contribuiu para o crescente volume de experiências que desafiam a imagem que temos de nós próprios como sociedades civilizadas. Na superfície, a questão era de âmbito limitado; se vista em maior profundidade, porém, seu interesse era consideravelmente mais vasto.

O fato de que os nacionais-socialistas tinham feito os judeus sofrer diabolicamente não era desconhecido. Mas, antes do julgamento de Eichmann, a enorme capacidade humana para esquecer coisas dolorosas, sobretudo se aconteceram a outras pessoas relativamente impotentes, já tinha começado a fazer seu trabalho. A lembrança de como um Estado moderno tinha desejado exterminar uma detestada minoria estava se esvaindo aos poucos do espírito das pessoas. O julgamento de Jerusalém reativou a memória, colocando uma vez mais em foco, de modo abrupto, os crimes nazistas. Tornou-se inválida toda a discussão sobre se teria sido preferível, ou não, deixar que a lembrança dos assassinados e dos assassinos caísse na obscuridade com, no máximo, meia dúzia de parágrafos dispersos num livro de história como epitáfios. Agora, as lembranças voltavam. E eram instrutivas as circunstâncias desse retorno.

De um modo geral, as vítimas da história, os grupos menos poderosos que foram derrotados, têm tido apenas uma pequena oportunidade de serem recordados. O

* O texto que se segue foi escrito originalmente em inglês em 1961-62. As referências ao julgamento de Eichmann estão redigidas no tempo presente. [Nota do editor alemão.]

principal quadro de referência do que é recordado como história continua sendo até hoje um Estado, e os livros de história ainda são, sobretudo, crônicas de Estados. O que temos aqui é um exemplo vivo. A lembrança dos judeus assassinados foi reacendida graças ao novo Estado judaico e a seus recursos de potência.

Concomitantemente, voltaram muitas questões que essa lembrança provoca. Como era possível que pessoas pudessem planejar e executar de um modo racional, até mesmo científico, um empreendimento que parecia ser uma reversão ao barbarismo e selvajaria de passadas eras — o qual, deixando de lado todas as diferenças de tamanho de população e desde que se nos permita, *a posteriori*, conceder aos escravos o status de seres humanos, poderia ter ocorrido na antiga Assíria ou em Roma? Não estaria deslocado numa sociedade feudal onde os aguerridos barões eram senhores de servos da terra e tinham sobre estes poderes de vida e morte, ou quando os cruzados roubavam e matavam a ferro e fogo os judeus de seu tempo. Mas no século XX, as pessoas já não esperavam que tais coisas ainda pudessem acontecer.

Uma análise mais detalhada leva-nos a concluir que o principal problema pelo homicídio em massa, em nome de uma nação, de homens, mulheres e crianças de um grupo estranho, não reside no ato em si mas, antes, em sua incompatibilidade com os padrões que passaram a ser considerados as marcas distintivas das sociedades mais altamente desenvolvidas do nosso tempo. As pessoas do século XX são, com freqüência, implicitamente propensas a ver-se e a ver sua época como se os seus padrões de civilização e racionalidade estivessem muito além do barbarismo de antes e o das sociedades menos desenvolvidas de hoje. Apesar de todas as dúvidas que envolveram a crença no progresso, a imagem que essas pessoas têm de si mesmas permanece impregnada por tal crença. Entretanto, seus sentimentos são contraditórios, um misto de auto-amor e de auto-ódio, de orgulho e de desespero — orgulho na extraordinária capacidade para as descobertas e as iniciativas audaciosas de sua época, e para os progressos humanizadores a que ela vem assistindo, desespero a respeito de suas próprias e irracionais barbaridades. Numerosas experiências lhes transmitem a idéia de que constituem o estágio supremo de civilização. Outras experiências, entre elas a interminável série de guerras, alimentam suas dúvidas. O julgamento de Eichmann, com tudo o que trouxe à superfície, pertenceu a esta segunda categoria. Fatos que estavam disponíveis há muito tempo ganharam destaque e foram elucidados de maneira pessoal e terminante. As pessoas não podiam continuar desviando os olhos de uma realidade patente. À medida que o julgamento se desenrolava, muitas delas ouviram a terrível história como se fosse pela primeira vez e com chocada incredulidade. Não queriam acreditar que tais coisas pudessem ter acontecido numa sociedade industrial altamente desenvolvida, entre pessoas civilizadas. Esse era o seu dilema fundamental; e esse é o problema do sociólogo.

O modo mais óbvio de abordá-lo envolvia o pressuposto tácito de que o genocídio iniciado por Hitler era uma exceção. Os nacionais-socialistas, poderia alguém ter dito, eram uma excrescência cancerosa no corpo de sociedades civilizadas, seus atos, os de pessoas que estavam mais ou menos mentalmente enfermas, enraizados no ódio irracional aos judeus por parte de pessoas que eram particularmente perversas e imorais, ou talvez em tradições e traços de caráter especificamente alemães. Todas essas explicações representam o frio e metódico assassinato em massa de acordo com um plano como algo sem precedente, algo único. Normalmente — é essa a implicação — tais barbaridades não podem acontecer nas sociedades mais altamente desenvolvidas do século XX.

Explicações como essas protegem as pessoas do doloroso pensamento de que tais coisas poderiam acontecer de novo, de que tal explosão de selvajaria e barbarismo poderia resultar diretamente de tendências inerentes na estrutura de modernas sociedades industriais. Elas oferecem uma certa dose de conforto. Mas não explicam muita coisa. É bastante fácil apontar aspectos históricos sem precedentes nos acontecimentos que levaram à tentativa de extermínio dos judeus na Europa. Outros aspectos, porém, não eram, de maneira nenhuma, únicos. Muitos eventos contemporâneos sugerem que o nacional-socialismo revelou, talvez de uma forma particularmente clamorosa, condições comuns de sociedades contemporâneas, tendências de agir e de pensar que também podem ser encontradas em outros lugares. Tal como as guerras em massa conduzidas em moldes científicos, o extermínio altamente organizado, e cientificamente planejado, de grupos populacionais inteiros, em campos de concentração especialmente construídos, e em guetos impedidos de todo o contato com o exterior, condenados à morte pela fome, pelo gás ou fuzilamento, não parece ser inteiramente deslocado em sociedades de massa altamente tecnicizadas. Em vez de se ficar consolado com a idéia de que os eventos recordados pelo julgamento de Eichmann foram exceções à regra, seria mais proveitoso investigar as condições nas civilizações do século XX, as condições *sociais*, que propiciaram barbarismos desse gênero e que poderiam favorecê-los de novo no futuro. Não se pode deixar de pensar: com que freqüência devem repetir-se tais horrores, antes que tenhamos aprendido como e por que eles acontecem, e antes que pessoas poderosas estejam aptas e dispostas a aplicar tal conhecimento a fim de impedi-los?

É hoje comum confundir a necessidade social de responsabilizar pessoas individualmente pelos danos e sofrimentos que infligiram a outras com a necessidade social de explicar, em termos sociológicos e também psicológicos, como e por que os sofrimentos e os danos aconteceram. A segunda necessidade não extingue a primeira. Ambas têm seu lugar no curso dos acontecimentos humanos. Mesmo que se esteja completamente orientado para a condenação, deve-se, não obstante, procurar uma explicação; e a tentativa de explicar não é, necessariamente, uma tentativa de desculpar. O julgamento de Eichmann ergueu momentaneamente o véu que encobre o lado mais sombrio de seres humanos civilizados. Vejamos o que é que foi revelado.

2

A decisão final de destruir fisicamente todos os judeus na Alemanha e nos territórios conquistados foi tomada por Hitler e os membros mais íntimos da liderança do Estado e do Partido, segundo parece, em setembro de 1939, pouco depois da invasão da Polônia.

Judeus tinham sido mortos antes, é claro —juntamente com membros de outras minorias perseguidas, como testemunhas de Jeová, comunistas, homossexuais e pastores e sacerdotes cristãos resistentes — em campos de concentração e ocasionais caçadas humanas. Mas a principal investida, nesse período, não tinha sido dirigida contra as vidas dos judeus mas, antes, contra as bases de suas rendas e empregos. Os nazistas tinham procurado então, sobretudo, despojar os judeus da maior parte de seus bens e haveres — firmas comerciais e industriais, casas, depósitos bancários, jóias, obras de arte etc. — e expulsá-los de todas as atividades profissionais que pudessem mantê-los em contato com a população não-judaica. Aproximadamente 1% da população total alemã era judia. Embora os judeus formassem uma minoria predominantemente urbana concentrada no comércio, na indústria e nas profissões liberais, os alemães, em geral, obtiveram apenas pequenas vantagens econômicas em resultado das expropriações. É claro, como ocorre no caso de qualquer transferência forçada de bens e ocupações de um grupo social para outros, houve certamente famílias alemães que obtiveram ganhos diretos em conseqüência desse ataque. Um número consideravelmente maior deleitou-se com a humilhação dos judeus, e ainda outros derivaram daí a esperança de um futuro melhor. Em cada um desses aspectos, a perseguição dos judeus tinha um forte elemento de realismo e racionalidade. Em todo caso, até essa época, ainda tinha sido permitido aos judeus deixar a Alemanha vivos se encontrassem um Estado disposto a conceder-lhes asilo, e se não se sentissem velhos demais para serem desarraigados do país que tinha passado a ser sua pátria. Fora-lhes permitido levarem consigo uma parte de seus objetos de uso pessoal e, por algum tempo, também uma limitada soma em dinheiro.

Em retrospecto, a decisão tomada pela liderança nazista em 1939 para suprimir todos os judeus em seu poder pode parecer que foi previsível. De fato, na década de 1930, quando os nacionais-socialistas chegaram ao poder, ainda era inteiramente inconcebível para a maioria das pessoas na Europa e na América que os alemães pudessem matar a sangue-frio milhões de homens, mulheres e crianças. A decisão da elite nacional-socialista no poder foi mantida sob o mais rigoroso sigilo. Para a sua implementação, a responsabilidade foi confiada ao Departamento de Assuntos Judaicos. Foi dirigido de 1940 a 1945 pelo tenente-coronel (*Obersturmbannführer*) Karl Adolf Eichmann. Mesmo depois do objetivo ter sido fixado, o método para alcançá-lo ainda estava longe de esclarecido. Os avanços alemães nas frentes oeste e leste colocavam cada vez mais judeus sob o controle alemão. Não existiam modelos para o assassinato organizado de vários milhões de pessoas desarmadas. Foram precisos muitos experimentos e idéias antes que se descobrissem métodos mais eficazes e econômicos para efetuar a matança. Era necessário um aparelho administrativo cada vez maior a fim de planejar e supervisar as várias medidas que visavam a destruição dos judeus. Quanto maior ele se tornava, mais atritos e conflitos entre departamentos rivais começaram a acumular-se.

O aparelho estatal nacional-socialista consistia numa série de setores semi-autônomos, quase-feudais, cada um deles chefiado por um Führer de segunda categoria, homens como Ribbentrop, Göring, Himmler e Goebbels, e cada um com suas organizações subordinadas, que se estendiam a todo o país. Cada um dos setores formava um domínio oficial, de cuja utilidade para Hitler e o Partido dependiam o prestígio e o status de seus principais dirigentes. E como o equilíbrio de forças entre esses Führers de segunda categoria era mantido instável, cada um deles suspeitava dos outros, e Hitler de todos eles. A ascensão de um podia significar a ruína de um outro. As pessoas que estão preparadas para usar a violência e o homicídio como instrumentos normais de política nunca podem sentir-se livres do medo de que outros possam recorrer aos mesmos instrumentos contra eles. Assim, por trás da eficiência funcional, aparentemente normal, do Estado hitlerista, deparamo-nos com uma extraordinária massa de tensões, ciúmes, manobras para assegurar um confortável status, com o correspondente esbanjamento de recursos e energias. O aparelho ditatorial do Estado, com seus chefes rivais de domínios oficiais quase autônomos, era mantido primordialmente coeso e sob controle, em virtude de sua dependência comum do Führer e das crenças comuns que eles nutriam em graus variáveis de ortodoxia.

Como em muitos outros Estados ditatoriais, a polícia secreta era uma dessas formações. Ela pertencia ao domínio oficial de Himmler. Com todas as suas ramificações, era um órgão central das SS, o principal suporte de seu poder. Desde o começo, os líderes SS tinham sido os defensores de uma agressiva ortodoxia nacional-socialista. A decisão de matar os judeus, tomada pelo próprio Hitler, foi vigorosamente apoiada por eles. Isso significou um incremento de poder para eles, em relação às facções rivais na corte de Hitler. Em primeiro lugar, assegurou-lhes uma enorme expansão da esfera de atividade do Departamento de Assuntos Judaicos da Gestapo. Além disso, o extermínio planejado dos judeus ou, para citar o seu nome oficial, "A Solução Final do problema judaico", tinha sido sempre um dos objetivos dominantes de Hitler. Homens como Himmler, Eichmann e seus subordinados, agora incumbidos de o pôr em execução, podiam contar com a simpatia e o apoio do Führer. No contexto do Estado nazista, isso fortaleceu a posição e o prestígio deles.

Mas a plena realização dessa política levou tempo. Tinham de ser desenvolvidos, primeiro, adequados meios técnicos e sistemas administrativos. Os *progroms*, a forma tradicional de perseguir judeus, tinham-se extinguido aos poucos na Alemanha. Os nacional-socialistas tinham começado a revivê-los. Agora, sob a liderança das SS, foram organizados minuciosamente e em escala gigantesca. Já em 1941, quando os exércitos alemães avançaram para o Leste, as SS e outras unidades militares estavam matando sistematicamente todos os judeus nas cidades e aldeias ocupadas que pudessem capturar. Cerca de 32.000 judeus foram mortos violentamente em Vilna, 34.000 em Kiev, no total cerca de 220.000 nos antigos Estados do Báltico. Onde quer que as tropas alemãs aparecessem na Polônia, Rússia e, em menor escala, nos Bálcãs, os judeus eram metodicamente caçados e, até onde fosse possível, mortos.

Entretanto, como meio de extermínio, os *progroms* tinham suas deficiências. Com demasiada freqüência, eram suscetíveis de provocar comentários desfavoráveis. E havia sempre a possibilidade de que alguns judeus escapassem. Para se cumprir a meta de total aniquilamento, necessitava-se de uma técnica mais limpa, menos pública e menos acidental de assassinato em massa. Isso significou uma organização tão vasta, que tornaria impossível a um só judeu que fosse esgueirar-se para fora da Europa ocupada pelos alemães — através da compacta rede então montada — uma organização a tal ponto estruturada que todo e qualquer passo dado dentro dela poderia ser controlado, de forma inequívoca, pela liderança da Gestapo e pelo seu Departamento de Assuntos Judaicos, sem a interferência dos oficiais da *Wehrmacht* ou de pessoas de fora. Assim, além dos métodos militares mais antigos de fuzilamento e várias outras formas de violência física direta, os mais altos funcionários nos setores responsáveis da Gestapo desenvolveram um novo método menos embaraçoso e confuso de matar, o qual, adequadamente organizado, requeria apenas um mínimo de força direta e que tornava possível, girando uma válvula, matar simultaneamente centenas de pessoas, e permitia aos próprios funcionários orientar e supervisar todo o procedimento a uma certa distância. Essa foi a matança em câmaras de gás.

Comparada com os *progroms* e os procedimentos militares, essa nova forma de extermínio significou um avanço da racionalização e da burocratização. Os experimentos com gás venenoso para a fumigação de campos de concentração, ou para o assassinato rápido de pessoas consideradas pelos nacional-socialistas impróprias para viver, já tinham apontado o caminho.[1] Além disso, já em 1925, no *Mein Kampf*, Hitler, que tinha sido ele próprio vítima de ataques com gases na I Guerra Mundial, recomendara o uso de gases para a morte em massa de judeus. Após algumas experiências, as primeiras câmaras de gás efetivas foram instaladas num campo de concentração perto de Poznan em fins de 1941. Outras se seguiram. Embora a matança direta, militar, continuasse, a principal responsabilidade pela política de extermínio foi transferida para um pequeno número de campos de concentração com instalações especiais e dos quais era impossível a fuga. Por meio das câmaras de gás, a destruição dos judeus de toda a Europa ocupada pôde ser acelerada. Podia concentrar-se em poucos locais, logo facilitando as tarefas de controle administrativo. Os judeus eram agora enviados para um campo sob a supervisão direta do Departamento de Assuntos Judaicos da Gestapo. O aumento de competência e prestígio que foi obtido desse modo continuou a criar dificuldades em relação a outros ramos do aparelho do Estado. Levou algum tempo até que — somadas às técnicas materiais — adequadas técnicas administrativas fossem também desenvolvidas para o assassinato bem regulamentado de centenas de milhares de pessoas. Essas dificuldades administrativas, entre elas até a questão de quem devia ser tido na conta de judeu, foram finalmente resolvidas numa conferência convocada pelo representante de Himmler em janeiro de 1942. Foi nessa reunião que se estabeleceram as diretrizes finais para o extermínio dos judeus. A responsabilidade do escritório de Eichmann foi definida com maior clareza e sua autoridade fortalecida. Seu departamento permaneceu em plena operação até outubro de 1944, quando Himmler ordenou — não com total êxito — que a matança de judeus fosse sustada e as condições nos campos de morte fossem melhoradas. Por essa altura, já era evidente que a Alemanha estava perdendo a guerra. Himmler esperava, obviamente, que os Aliados pudessem deixá-lo em paz se ele lhes entregasse vivos os judeus remanescentes. Aos *gauleiters* austríacos, no começo de 1945, ele explicou que os judeus eram o seu mais valioso patrimônio.

Tudo somado, entre o final de 1939 e o começo de 1945, 9 a 10 milhões de judeus ficaram sob o controle da Alemanha nazista. Desses, cerca de 5 milhões foram fuzilados, gaseados, mortos pela fome ou de alguma outra forma condenados à morte.

3

A tentativa de varrer toda a população de judeus nos territórios sob domínio alemão só foi parcialmente completada por causa da derrota da Alemanha. Não foi, de forma alguma, a única regressão ao barbarismo, nas sociedades civilizadas do século XX. Outras poderiam ser facilmente assinaladas. Mas de todas essas regressões, ela foi talvez a mais profunda. Dificilmente qualquer outro exemplo mostra a vulnerabilidade da civilização com tanta clareza, ou nos lembra com tanta força os perigos dos processos contemporâneos de crescimento e o fato, não só de que os processos de crescimento e decadência podem andar de mãos dadas, mas os últimos também podem predominar em relação aos primeiros.

Uma das razões para a morosidade com que as pessoas estão começando a reconhecer o tratamento dado aos judeus pelos nacional-socialistas como um dos mais sérios colapsos de civilização na história européia recente é um conceito defeituoso de civilização. Muitos europeus parecem ser da opinião de que é parte intrínseca de sua natureza comportarem-se de maneira civilizada — mais ou menos da maneira como os aristocratas costumavam implicitamente considerar inatos seus modos de comportamento. Por vezes, chegaram até a considerar-se, em sua maneira de falar e de pensar, como membros de "raças civilizadas" em contraste com as "raças não civilizadas", como se um comportamento civilizado fosse um atributo geneticamente herdado de grupos humanos específicos e não de outros. Foi devido, em parte, a essa idéia de civilização como herança natural das nações européias, que muitas pessoas reagiram a acontecimentos tais como a clara recaída dos nacional-socialistas no barbarismo no começo com incredulidade — "isso não pode acontecer na Europa" — e depois com perplexidade e desalento — "como foi possível isso num país civilizado?". A experiência parecia justificar as muitas vozes que vinham murmurando a respeito da inevitável decadência da civilização ocidental e ameaçavam abafar por completo o gradual declínio da crença em seu eterno progresso e superioridade. E, de fato, pessoas que, em criança, tinham sido educadas na idéia de que a própria e superior civilização, como parte de sua "natureza" ou de sua "raça", podiam muito bem ter cedido ao desespero e ter sido empurradas para o extremo oposto quando, como adultos, observaram que essa lisonjeira crença era contrariada pelos acontecimentos. Toda a guerra era claramente uma regressão ao barbarismo.

Até então, porém, as guerras européias tinham sido sempre regressões relativamente limitadas. Certas regras mínimas de conduta civilizada ainda eram geralmente observadas, até no tratamento de prisioneiros de guerra. Com raras exceções, um núcleo de dignidade pessoal, que impede a tortura absurda de inimigos e permite a identificação com o próprio inimigo como sendo, em última instância, um outro ser humano, somada à compaixão por seu sofrimento, não desapareceram inteiramente.

Na atitude dos nacional-socialistas em relação aos judeus nada disso sobreviveu. Pelo menos num nível consciente, o tormento, sofrimento e morte de judeus não parecia significar para eles mais do que a eliminação de moscas. A par do modo de vida que os SS se permitiam levar nos campos de concentração e aquele que era aí imposto aos seus prisioneiros, o assassinato em massa de judeus foi provavelmente, como se disse, a mais profunda regressão ao barbarismo na Europa do século XX.

Poder-se-ia pensar que os nazistas tinham decidido tomar essas medidas por causa da guerra. Entretanto, embora ocorressem durante a guerra e fossem parcialmente facilitadas por ela, o extermínio de judeus tinha pouquíssimo a ver com a conduta da guerra. Não era um ato de guerra. Eichmann e os outros tinham-no comparado com o morticínio de civis japoneses pelas primeiras bombas atômicas americanas. Mas os japoneses tinham atacado os Estados Unidos; Pearl Harbor aconteceu antes de Hiroshima. O ataque dos nacional-socialistas contra os judeus carecia quase inteiramente da reciprocidade que, de acordo com as atuais concepções, fornece um elemento de realismo à inimizade e às matanças de grupos durante uma guerra. Seu ódio em relação aos judeus era, nessa altura, um ódio não correspondido. Para a maioria dos judeus teria sido difícil explicar por que os alemães os tratavam como se fossem os seus piores inimigos. O único sentido que podiam dar a essas experiências provinha de sua própria tradição. Eles tinham sido perseguidos desde tempos imemoriais. Hitler era um novo Haman, de uma extensa linhagem, talvez um pouco mais ameaçador que os seus predecessores. A utilidade militar dos *progroms* e das câmaras de gás era absolutamente nula. Todos os grupos populacionais nos territórios conquistados da Europa constituíam um certo perigo para seus senhores e exploradores alemães, o dos dispersos grupos judeus dificilmente representava um perigo maior que os outros. Sua morte não libertou terras para colonos alemães. Não aumentou nem um pouco o poder político dos nazistas dentro da Alemanha ou o da Alemanha de Hitler entre os Estados do mundo. Nem tinha mais a função social nas tensões e conflitos entre várias seções do povo alemão que os ataques aos judeus tivera para os nazistas em suas lutas antes de tomarem o poder. O seu valor de propaganda era, nessa fase, trivial ou negativo. De maneira nenhuma o considerável gasto em recursos e mão-de-obra que o transporte e extermínio de milhões de judeus envolveu podia ser compensador — no auge da guerra, quando ambos eram cada vez mais dispendiosos.

Na verdade, quanto mais se conhecem os fatos, mais claro fica que as nossas explicações comuns fracassaram.

4

A pergunta "Por que razão a liderança nazista decidiu no começo da guerra exterminar todos os judeus sob seu domínio?" tem uma resposta que é simples e de fácil entendimento. Entretanto, é quase como se, aos olhos de muitas pessoas, essa resposta não fizesse o menor sentido. À parte algumas razões incidentais — como, por exemplo, o reforço que deu a Himmler, o *Reichsführer SS*, e sua facção nas contínuas manobras por posições que tinham lugar nos altos níveis do partido e do Estado — a decisão de implementar a "Solução Final do problema judaico" não tinha nenhuma base, do gênero que estamos habituados a descrever como "racional" ou "realista". Era tão-só uma questão de cumprimento de uma crença profundamente arraigada que tinha sido central para o movimento nacional-socialista, desde o começo. De acordo com essa crença, a grandeza presente e futura da Alemanha e de toda a "raça ariana", da qual o povo alemão era a suprema encarnação, exigia "pureza racial"; e essa "pureza" biologicamente concebida exigia a remoção e, se necessário, a destruição de todos os grupos humanos "inferiores" e hostis que pudessem contaminar "a raça", sobretudo todas as pessoas de cepa judaica.

Hitler e seus seguidores nunca esconderam o fato de que consideravam os judeus os piores inimigos deles e da Alemanha. Para isso não precisavam de qualquer prova específica. Sua convicção era simplesmente a de que isso tinha sido determinado pela natureza, pela ordem mundial e seu criador. Acreditavam que os judeus, em virtude de suas características raciais inatas, estavam fadados a detestar o superior povo ariano-germânico e, se lhes fosse dada essa oportunidade, a destruí-lo. Quem quisesse salvar a coroa da humanidade, a raça ariana, da destruição pelos judeus e outras "raças" inferiores tinha, portanto, que considerar como sua mais nobre tarefa e missão destruir os próprios judeus. Os discursos de Hitler e de muitos outros líderes nazistas somados a toda a literatura nacional-socialista são testemunho do vigor e consistência dessa doutrina. Podia-se interpretar aí como todos os infortúnios sofridos pela Alemanha, incluindo a derrota de 1918 e as imposições iníquas do Tratado de Versalhes, puderam ser atribuídos, em última instância, às maquinações dos judeus.[2] Podia-se interpretar aí como uma conspiração judaica impedira a nova ascensão da Alemanha após a derrota, como, depois da I Guerra Mundial, fomentadores judeus da guerra tinham tentado repetidamente plantar as sementes de uma crescente discórdia entre a Alemanha e outras nações, como seus planos foram frustrados quando Chamberlain foi a Munique, como a comunidade judaica mundial reagiu a essa fracasso com furiosos protestos, redobrou seus esforços, e em 1939 conseguiu, finalmente, unificar numerosas nações vizinhas para atacar a Alemanha para interesse dos judeus. Tudo isso fora dito em diferentes termos inúmeras vezes. Pôr fim à conspiração da raça judaica era, com freqüência, o objetivo declarado de Hitler e do movimento nacional-socialista. Desde os primeiros dias do movimento, tinha encontrado expressão popular em slogans tais como "Morra, judeu!" ("*Juda verrecke!*") ou nos versos que prenunciavam a grande reviravolta: "Quando o sangue judeu esguichar da faca" ("*wenn das Judenblut vom Messer spritzt*").

As ameaças ostensivas e o uso sistemático de violência física — numa sociedade em que muitas pessoas ainda manifestavam seu desdém por formas não-violentas de ação política — estavam dentre os fatores mais importantes a que Hitler ficou devendo seu êxito final. Embora a "pureza racial" da Alemanha e a eliminação de grupos "inferiores", sobretudo das pessoas de raça judaica, fossem centrais para o programa político dos nacional-socialistas, eles tinham-se abstido de alcançar uma realização plenamente lógica de suas metas, enquanto considerassem necessário levar em conta os efeitos potenciais de suas ações sobre a opinião pública em outros países. A guerra eliminou essas restrições. Na Alemanha, os governantes nacional-socialistas estavam agora firmemente senhores da situação: eram os líderes indiscutíveis de uma nação em guerra. Sob essas circunstâncias favoráveis, Hitler e seus colaboradores mais íntimos decidiram pôr em prática aquilo em que acreditavam e vinham desde há muito pregando. Decidiram destruir todas as pessoas de raça judaica, independentemente de sua religião, de uma vez por todas. Depois da guerra, não haveria na Alemanha — no "grande império alemão" (*grossdeutsches Reich*) que estavam empenhados em realizar — nenhuma possibilidade de conspiração judaica, nem mais contaminação do sangue alemão pelo sangue judeu.

Assim, não é difícil responder à questão por que em 1939 foi iniciado o caminho que levaria ao assassinato de todos os judeus. A própria decisão e sua implementação decorreram diretamente de uma doutrina central do sistema nazista de crenças. Hitler e seus seguidores nunca tinham feito segredo de sua inimizade total e irrevogável para com os judeus ou de seu desejo de os destruir. Não é surpreendente que, quando o risco deixou de parecer grande demais, eles finalmente começassem a traduzir esse desejo de destruição em termos práticos.

O que é mais surpreendente é o fato de que, por largo tempo, apenas algumas pessoas e, sobretudo, apenas meia dúzia de estadistas das principais potências mundiais fossem capazes de imaginar que os nacional-socialistas poderiam pôr um dia em prática o que tinham anunciado. Havia então, e ainda há hoje, uma tendência generalizada a subestimar as convicções políticas e sociais, para vê-las como mero palavrório — como "ideologias" que têm como única substância, em sua base, os "interesses" dos grupos portadores, como estes são definidos em seu próprio entendimento. De acordo com esse pressuposto, as ações e finalidades de unidades sociais devem ser explicadas, em primeiro lugar, por referência aos atuais "grupos de interesses", ao passo que as metas e as doutrinas expressas só têm um valor explicativo secundário, na medida em que servem a esses interesses, que eles freqüentemente escondem.

Numerosas tentativas de explicar o assassinato de milhões de judeus resultam, correspondentemente, da expectativa de que é possível descobrir uma espécie de "interesse" realista servido por essa política. Procuram-se fundamentos que possam ser considerados mais ou menos "racionais", deriváveis de um objetivo "realista", que não seja o cumprimento da própria crença, e que apontem, por exemplo, no sentido da eliminação de potenciais concorrentes econômicos e da abertura de novas oportunidades de renda para os membros do partido, da consolidação da unidade dos próprios seguidores de um líder — através da canalização de todos os descontentamentos para um bode expiatório externo — ou, pura e simplesmente, do aumento das chances de vitória na guerra, matando o maior número possível de inimigos.

Não é, por certo, injustificado supor que alguns desses ou outros interesses analogamente "realistas" desempenharam um papel como forças propulsoras da propaganda anti-semita dos nazistas e como razões para a sua adoção de medidas antijudaicas na fase de sua ascensão ao poder ou mais tarde, quando Hitler governava a Alemanha, mas seu poder ainda não estava consolidado. Entretanto, há poucas provas de que a decisão de matar todos os judeus e de empreender o ininterrupto e dispendioso esforço necessário para realizar esse objetivo, decisão essa que foi tomada durante a guerra, ou seja, quando o domínio nazista já estava assegurado, fosse decididamente baseada em "interesses realistas" dessa espécie e para os quais as crenças anti-semitas serviam meramente de cortina ideológica de fumaça. Em última análise, concluir-se-á que o assassinato em massa de judeus não serviu a nenhuma finalidade que pudesse ser qualificada de "racional" e que os nacional-socialistas foram levados a isso, sobretudo, pelo vigor e o caráter inabalável de sua própria crença. É precisamente aí que reside a lição a ser extraída dessa experiência.

Isto não significa, em absoluto, que crenças manifestamente irracionais devam ser *sempre* tomadas por seu valor aparente, como os fatores primordiais em ações coletivas, mas apenas que *também* existem constelações onde elas funcionam como determinantes primárias.[3] Finalidades e crenças professadas são no máximo, com muita freqüência, impulsos secundários para a ação e talvez mera arma ideológica ou tela ideológica que encobre outros interesses mais estreitamente parciais que hoje, na falta de conceitos mais adequados, descrevemos como "realistas" ou "racionais". Nesses casos, a explicação de ações coletivas em função de tais finalidades e doutrinas é falaciosa, ilusória ou, no mínimo, altamente incompleta. Algumas vezes, porém, um curso de ação é determinado por nada mais forte do que um objetivo derivado de um conjunto de crenças professadas. As crenças em questão podem, como dizemos, ser extremamente "irrealistas" e "irracionais". Por outras palavras, podem ter um conteúdo de alta fantasia, de modo que o cumprimento dos objetivos que elas requerem, prometem ao grupo atuante um alto grau de satisfação emocional imediata. Como resultado — ao nível da realidade social e a mais longo prazo — tal cumprimento não acarreta para o grupo portador qualquer outra vantagem além da realização de sua crença. Pode até prejudicá-los. A tentativa dos nacional-socialistas de destruir os judeus pertence a essa categoria. Foi um dos mais impressionantes exemplos do poder que uma crença — neste caso, uma crença social ou, mais propriamente, nacional — pode exercer sobre as pessoas.

Foi para essa possibilidade que, nas décadas de 1920 e 1930, muitas pessoas, dentro e fora da Alemanha, não estavam preparadas. Seu equipamento conceitual levou-as a nutrir a idéia de que grupos humanos — em especial grupos de pessoas investidas de poder, incluindo os governantes e estadistas do mundo — por mais fantásticas que fossem suas crenças professadas, acabariam sempre, a longo prazo, por orientar-se para a dura "realidade", para os seus chamados "interesses reais". Por mais selvagem que seja o seu credo, por mais absoluta que seja a inimizade que pregam, acabariam, no final, por reconhecer os méritos da moderação e por conduzir seus assuntos de um modo mais ou menos "racional" e "civilizado". É evidente que algo estava muito errado num modo de pensar que tinha bloqueado o discernimento de que atos selváticos e mortes podiam, de fato, ser perpetrados por um movimento nacionalista, em cujo programa o uso de violência e a destruição total dos inimigos tinham total preponderância, e cujos membros enfatizavam incessantemente o valor da crueldade e do morticínio.

Não é usual proceder-se a uma averiguação a fim de testar, à luz do curso fatual dos eventos, o que estava errado num indivíduo com os seus próprios modos anteriores de pensar e agir. Nesse sentido, caso se fosse investigar os sistemas de idéias, disposições e crenças que levaram tantas pessoas a estar despreparadas para enfrentar acontecimentos tais como os campos de concentração e o assassinato em massa de judeus, então teria que se colocar no centro o defeito básico na concepção dominante da civilização contemporânea que já foi mencionado. Os contemporâneos não conceberam, pois, a civilização como uma condição que, para ser mantida ou aperfeiçoada, requer um esforço constante, baseado num certo grau de entendimento do modo como funciona. Em vez disso, tal como a sua "racionalidade", consideraram-na um de seus próprios e indiscutíveis atributos permanentes, um aspecto de sua superioridade inata: uma vez civilizado, para sempre civilizado. Assim, na Alemanha e em outros países, e no começo com um encolher de ombros, varreram as doutrinas e os atos bárbaros dos nazistas para debaixo do tapete, porque lhes parecia inimaginável que pessoas num país civilizado pudessem comportar-se de um modo tão cruel e desumano, como os adeptos das crenças nacional-socialistas tinham anunciado que agiriam, proclamando ser isso necessário e desejável em nome de seu país. Quando membros de grupos tribais como os Mau Mau no Quênia se unem numa crença que exige o assassinato de outros, as pessoas estão inteiramente preparadas, pelas crenças que nutrem a respeito deles, para a possibilidade de que eles façam o que dizem e, por conseguinte, tomam as apropriadas medidas defensivas. Quando os membros das sociedades industriais mais avançadas, como os nazistas, se unem numa crença não menos bárbara, as pessoas são levadas por sua herança conceitual a sentenciar que eles têm uma "ideologia" e que nunca agirão tão brutalmente quanto dizem.

Essa era a posição. Por causa de seu equipamento conceitual, os observadores da cena alemã, antes, mas também depois de 1933, não contaram com a possibilidade de um genuíno recrudescimento de barbarismo em seu próprio meio. Tinham à sua disposição técnicas específicas para lidar intelectualmente com as crenças mais desvairadas e de maior carga emocional, que encontrassem em alguns movimentos políticos. Hitler e sua gente foram classificados como "agitadores", que usavam os judeus em sua propaganda como "bodes expiatórios", sem que, no entanto, acreditassem necessariamente em tudo o que diziam a respeito deles. "No fundo", tais comentaristas pareciam sugerir, "esses líderes nazistas sabem tão bem quanto nós que muita coisa que dizem é pura besteira. Quando a coisa fica séria", era o pressuposto implícito, "essa gente pensa e comporta-se exatamente como nós. Eles precisam simplesmente de todo esse palavreado de propaganda para chegar ao poder. Essa é a razão por que agem assim." A crença era vista como um meio para um fim racional. Era concebida simplesmente como um instrumento que a liderança nazista desenvolvera a fim conquistar o poder. E o objetivo de conquistar o poder apresenta-se como um objetivo eminentemente "racional" aos olhos das pessoas de todo o mundo que detêm o poder.

Então como agora, numerosas pessoas, entre elas, por certo, muitos estadistas, não entendiam uma mentalidade que fosse diferente da delas próprias. Não podiam imaginar que, em países civilizados, qualquer coisa diferente de um sistema de crenças que seja, pelo menos, moderadamente civilizado, pudesse ser seriamente defendido por seus adeptos. Se um credo social era desumano, imoral, revoltante e comprovadamente falso, pensavam que não podia ser sincero: era um objetivo artificial, postiço, de líderes ambiciosos que queriam conquistar uma massa de seguidores para seus próprios fins ulteriores. Talvez essas pessoas estivessem vagamente conscientes de que o movimento nacional-socialista tinha como seus principais líderes homens de escassa educação. Mas tudo indica que não se davam plenamente conta do fato de que Hitler e seus mais íntimos colaboradores acreditavam profundamente na maioria das coisas que diziam.

Mesmo nas sociedades industriais mais avançadas de nossa época, a distância entre os mais elevados e os mais baixos níveis educacionais é enorme. O número de analfabetos declinou, o de pessoas "semi-educadas" aumentou. Muito do que é considerado característico da civilização do século XX, ostenta esse cunho — como resultado das deficiências dos sistemas educacionais contemporâneos, com todas as frustrações e desperdício de talentos que isso acarreta.

Entre os fatores mais ou menos superficiais na ascensão do movimento nacional-socialista estavam as peculiares características sociais de sua elite. A maioria dos líderes do partido era, de fato, "semi-educada". Eles eram — e isso não era incomum, em absoluto, para um movimento desse tipo — proscritos ou fracassados na antiga ordem, freqüentemente devorados por uma ambição ardente que os tornava incapazes de suportarem suas deficiências e de as admitirem para si mesmos. O sistema de crenças nazistas, com sua rala camada de verniz pseudocientífico espalhada sobre uma primitiva e bárbara mitologia nacional, foi um dos mais extremos sintomas do crepúsculo moral e intelectual em que eles viviam. Não as atraía, com poucas exceções, o fato de que tal sistema não podia resistir ao julgamento de pessoas mais educadas e isso foi provavelmente uma das razões pelas quais essas pessoas subestimaram com freqüência a seriedade da própria crença e a autenticidade dos sentimentos nela investidos. Poucos mitos sociais e, em especial, nacionais do nosso tempo estão livres de semelhantes falsidades e barbarismos. A doutrina nacional-socialista mostra, como num espelho deformador, algumas das mais flagrantes características comuns desses mitos. Não era incompatível com a fervorosa crença de Hitler na verdade fundamental do credo que professavam o fato de que ele e seus auxiliares eram mestres da dissimulação e da divulgação de mentiras deliberadas, que suas pregações continham uma forte dose de ódio, impostura e hipocrisia. De fato, o nacional-socialismo combinou muitos dos traços de um movimento religioso com os de um partido político. Vê-lo como tal, como um movimento que assenta numa crença sinceramente sustentada, é uma das primeiras condições prévias para entender o que aconteceu. O movimento começou como uma seita. Seu líder acreditou, desde o começo, em sua missão messiânica, em sua missão de salvador da Alemanha. Muitos de seus membros também acreditavam nisso. E, transportados milagrosamente para o topo, no auge de uma prolongada crise, tornou-se absoluta e inabalável a certeza de que suas crenças eram verdadeiras, seus métodos justificados e o êxito de sua missão predestinado.

É compreensível que muitos representantes da antiga elite educada sentissem a amplitude da regressão sob os nazistas como um choque inesperado, porquanto não conseguiam discernir sob as mentiras, os truques de propaganda e o uso deliberado de falsidades como armas contra os inimigos, a sinceridade com que os porta-bandeiras do movimento acreditavam nas idéias que, para os primeiros, eram duvidosas ou manifestamente absurdas. Também estavam inclinados a entender o cerne do sistema de crenças nazista, em especial o seu desvairado e extremo anti-semitismo, como propaganda ou como um bem planejado meio para unificar o povo alemão, mas não como uma profunda convicção de vigor religioso.

Mesmo hoje, o abismo que separa as camadas superiores "educadas", cujos modos de pensar orientam a sua interpretação de eventos sociais, e a grande massa de pessoas "menos educadas", cuja interpretação de tais eventos é, com freqüência, muito diferente, leva repetidamente a que as primeiras percebam as últimas de uma forma distorcida. Pode-se entender melhor por que tantas pessoas "educadas", criadas na pressuposição básica de que o comportamento civilizado continuaria em sociedades européias, sem qualquer esforço por parte delas, estavam tão mal preparadas para o iminente colapso dessa civilização, se atentarmos para algumas das condições na Alemanha que deram ao nacional-socialismo sua grande oportunidade.

5

A ascensão do movimento nazista e seu sistema de crenças fica incompreensível se, como acontece tantas vezes, concentrarmos a atenção somente nas relações na Alemanha desse tempo. Desdobramentos específicos a curto prazo que favoreceram essa ascensão, como a severa crise econômica por volta de 1930 e a intensificação do conflito de classes que dela resultou, acodem de imediato ao espírito e foram previamente examinados em muitas ocasiões. Entretanto, para se entender as condições que propiciaram o singular sucesso desse movimento, é necessário considerar, sobretudo, o padrão de desenvolvimento a longo prazo da Alemanha. Em conversas, é freqüentemente levantada a questão do porquê do ressurgimento mais forte de barbarismo numa nação-Estado altamente industrializada ter acontecido logo na Alemanha? Explicações do mesmo tipo das cultivadas pelos nazistas — que algo na "natureza" dos alemães, uma herança "racial" ou biológica, era responsável pelo curso dos acontecimentos — podem ser rejeitadas como produtos fantasiosos. Por conseguinte, a resposta tem de ser procurada na direção, que inadequadamente descrevemos através do conceito "histórico" — ou seja, na direção de um processo sociológico, em termos do desenvolvimento da Alemanha como sociedade.

Problemas dessa espécie não são investigados com freqüência. Embora o desenvolvimento *de facto* da Alemanha ofereça muitas pistas, elas permaneceram, em grande parte, inutilizadas. Ainda está por empreender a tarefa de investigar sistematicamente que fatores, no desenvolvimento a longo prazo da Alemanha e do chamado "caráter nacional" alemão, contribuíram para a ascensão dos nazistas. Na etapa atual do conhecimento de tais processos a longo prazo, não é possível fazer mais do que esboçar uma teoria, propor uma hipótese consistente. Talvez se deva também começar por dizer que os próprios fatores de desenvolvimento a longo prazo não são tão específicos para a Alemanha quanto a sua coincidência no tempo e o modelo que resultou desse fato.

Comecemos com algumas das peculiaridades dos territórios povoados pelos alemães. Eles constituíram, sem dúvida, um dos elementos determinantes duradouros do desenvolvimento da Alemanha. A leste e a oeste do Elba, os territórios alemães — como os dos poloneses mas ao invés dos de outros grupos vizinhos — eram difíceis de defender. Além disso, o ponto de partida do Estado nacional alemão, o primeiro império governado por Kaisers alemães, era muito vasto. A enorme extensão dos territórios, que eram vistos como alemães pelos alemães foi, sem dúvida, uma das razões do desenvolvimento, primeiro, de um Estado dinástico unificado e, depois, de uma nação-Estado unificada se realizar mais lenta e tardiamente na Alemanha, do que no caso de Estados dinásticos e nações-Estados europeus, cujo ponto de partida foi menor.

O número e a propagação de subdivisões do Primeiro Império alemão e o correspondente vigor de forças centrífugas nele, tiveram como conseqüência o fato de que, durante séculos, os alemães lutaram uns contra outros. Estavam permanentemente desunidos e, por conseguinte, permaneciam relativamente fracos e impotentes, numa época em que a unificação e a centralização estavam em franco progresso em muitos Estados vizinhos. Toda essa constelação de fatos deixou profundas marcas na imagem que os alemães tinham de si mesmos e na que outros povos tinham deles. Aí está a raiz do desejo ardente de unidade, que repetidas vezes se evidenciou na Alemanha em situações de crise, uma vez que o equilíbrio precário entre forças centrífugas e centrípetas aí tendia a favor das primeiras. Neste contexto, não é necessário explorar como tais continuidades de auto-imagem, atitudes e crenças, e sua transmissão de uma geração para a seguinte será explicada. O fato é que, apesar das descontinuidades e mudanças que são colocadas no centro da atenção pelos métodos atuais de escrever a história, tais continuidades desempenham seu papel no desenvolvimento das nações.

As experiências cumulativas de fragmentação e a correspondente auto-imagem dos alemães como pessoas incapazes de conviver sem discórdia e conflitos também encontram expressão no anseio nostálgico de um soberano, de um monarca, de um líder forte que fosse capaz de as levar à unidade e ao consenso. Como elementos da auto-imagem alemã esses traços complementares — esse receio de sua própria capacidade de encontrar um modo pacífico de convivência e esse anseio de uma poderosa autoridade central que poria fim a toda essa dissensão — mudaram de caráter e de função com o passar do tempo. Mas, em conjunto com outros padrões persistentes da tradição alemã de crenças e atitudes, eles prepararam o terreno para uma predisposição a reagir, de um modo específico, à experiência traumática de fragmentação — o sentimento, que se afirmou repetidas vezes, de que a disposição natural dos alemães significa estarem eles destinados a permanecer desunidos, a menos que um homem forte — um Kaiser ou um Führer — surja e seja capaz de protegê-los de si mesmos, não menos que de seus inimigos.

No passado recente, essa elevada sensibilidade dos alemães, a respeito de lutas e desavenças entre eles próprios, encontrou expressão na aversão à democracia parlamentar, com seus incessantes conflitos e tensões entre diferentes partidos. Os Estados com regime parlamentar pluripartidário só podem funcionar entre pessoas que aprenderam, em certa medida, a admitir e a lidar com conflitos em seu meio, que obtêm satisfação ou até prazer na competição moderada entre diferentes partidos, e vêem isso como algo que fornece significado e direção às suas ambições pessoais, e acrescenta sabor à vida. Muitos alemães, entretanto, em correspondência com suas tradições de pensamento e comportamento, consideraram emocionalmente repulsivo ou insuportáveis os conflitos e lutas entre estratos sociais, e as contendas parlamentares entre partidos políticos. Eles não dispunham de modelos herdados próprios para mostrar-lhes até onde poderiam ir, quando lutassem entre si, e que compromissos poderiam aceitar sem trair suas convicções. E como careciam de estritas regras internalizadas para lutar e chegar a soluções de compromisso entre eles próprios, receavam implicitamente que seus conflitos fugissem a qualquer possibilidade de controle, que eles ou seus opositores acabassem caindo na licenciosidade ou na corrupção.

O anseio de controle externo por um soberano forte, anseio que, com freqüência, ganha maior intensidade em situações críticas, estava intimamente ligado aos padrões instáveis de autocontrole que foram transmitidos aos alemães por suas tradições. Ainda se podia ouvir, nas décadas de 1920 e 1930, frases como: "Sem monarquia, surge a anarquia." Encontrava-se muita gente de educação superior e culta, que dizia com um sorriso esperto: "A democracia parlamentar pode ser muito boa para americanos e britânicos, mas não serve para nós. É não-alemã. Precisamos é de um homem forte que nos mantenha disciplinados e na ordem." Eles sempre tiveram um tipo de unidade em mente, a respeito da qual os alemães tinham sonhado durante séculos, uma unidade tão completa que excluía todo e qualquer vestígio de discórdia.

Embora o desejo de total unidade e unicidade esteja agora relacionado com o quadro de referência muito diferente de uma nação-Estado altamente industrializada, o anseio de uma unidade ideal continuou como *leitmotiv* permanente de sentimento nacional. Em sua raiz, séculos atrás, estava o fato de que os imperadores alemães tinham sido fracos e os numerosos príncipes alemães fortes. O antagonismo com que vastos círculos na Alemanha encaravam "esse negócio dos partidos" era descendente em linha direta do antagonismo contra a divisão do Reich em dúzias de unidades-Estados rivais. Antes, inúmeros alemães tinham sonhado, durante séculos, com um Kaiser, um príncipe, um monarca hereditário como salvador de sua infeliz e fragmentada nação. Sob as condições diferentes das décadas de 1920 e 1930, inúmeros alemães sonharam com um líder forte, fosse ele nobre ou não. E o que se viu foi que os nobres já tinham tido a sua vez. Continuidades de uma tradição nacional de atitudes e comportamento, de uma "mística nacional", reforçadas através da repetição de experiências nacionais similares, constituem poderoso determinante de comportamento real. O anseio de unidade que tinha sido outrora expresso no sonho de Frederico Barba Ruiva sofreu uma transformação formal com a mudança das circunstâncias, e ligou-se a outras figuras de líderes. O último na fila, até agora, era o homem forte por cujo advento trabalharam muitos alemães no crepúsculo da República de Weimar, na esperança de que pusesse fim ao que consideravam repulsivo e intolerável: as discórdias partidárias entre alemães e as injustiças que, na visão deles, tinham sido infligidas à nação alemã por seus inimigos, em 1918.

Em contraste com a imagem atualmente dominante da Alemanha entre as nações do mundo, como uma potência particularmente forte e potencialmente perigosa, dos séculos XV e XVI até à segunda metade do século XIX, o país era considerado comparativamente fraco. A fraqueza potencial do Reich alemão nesse tempo e a força relativa de alguns de seus Estados membros pode dar a impressão de que é quase impossível falar-se de Alemanha antes de 1871. Entretanto, até onde se pode ver, os alemães nunca deixaram de sentir-se alemães e, como tal, eram percebidos pelos membros de outras nações, quer eles viessem da Prússia, de Hannover, da Baviera ou de outras partes do Reich.

Entretanto, a imagem que os alemães tinham de si mesmos como alemães era profundamente afetada por essa impotência multissecular do seu país. Entre eles, sua contínua identificação como alemães, e a relativa fraqueza da Alemanha, reforçaram o caráter onírico da auto-imagem alemã e a aura de irrealidade que freqüentemente a cercou. Assim, foi promovida a tendência para construir uma imagem ideal da Alemanha, um "nós-ideal" que era mais idealista e mais divorciado da sórdida realidade, do que no caso de praticamente todos os outros países. Ao mesmo tempo, essa constelação não contribuiu pouco para as contradições e flutuações que são típicas do orgulho nacional dos alemães. O sentimento herdado de inferioridade na hierarquia dos Estados europeus e o ressentimento, o sentimento de humilhação que freqüentemente o acompanhou, tinham sua contraparte na exagerada ênfase sobre sua própria grandeza e poderio depois de 1871. E as flutuações na auto-estima da Alemanha obedeceram aos mesmos padrões depois das duas guerras alemãs do século XX. Embora a auto-imagem de uma nação possa variar consideravelmente de geração para geração, e de estrato social para estrato social, mesmo se a compararmos com as imagens correspondentes de outras nações, pode-se reconhecer com muita clareza a continuidade e a diferenciação no desenvolvimento de cada uma delas.

O uso do termo *Reich* na Alemanha é mais um exemplo de continuidade desse tipo.[4] O equivalente britânico e francês, *empire* [império], significou, nesses países, algo em cuja direção os primeiros reinos dinásticos tinham gradualmente evoluído. Na Alemanha, a palavra *Reich* significou algo que se perdera. Os alemães mantiveram vivo o grande império alemão do passado em seus pensamentos. Conceitos como *Reich* ajudaram a perpetuar a memória. Formas ulteriores do Estado foram apresentadas como renovações do antigo império. O fato da imagem ideal de um "Terceiro Reich" ter seduzido muitos alemães mostra como era forte a lembrança do velho "Primeiro Reich", como símbolo da desaparecida grandeza da Alemanha. Ela era parte integrante da imagem que os alemães tinham de si mesmos.

O esboço seletivo de sua própria história, que encontrou seu lugar na construção da auto-imagem nacional dos alemães, tinha uma estrutura que era diferente da das outras maiores nações-Estados da Europa. Começou com um grande e poderoso império, que conheceu reveses, perdeu sua coesão e encolheu gradualmente. Só em 1871, séculos depois — e mais tarde do que a grande maioria das outras nações européias — a Alemanha atingiu um novo nível e, em menor escala, uma forma que voltava a aproximar-se da imagem ideal de um "Reich". Esse novo Estado, finalmente unificado, assumiu por breve período o seu lugar como uma grande potência européia, com que muitos alemães tinham sonhado; mas então, em 1918, sofreu de novo uma derrota, seguida pelo que foram, na opinião de muitos alemães, os anos decadentes da República de Weimar. De acordo com essa auto-imagem histórica, o idealizado "Terceiro Reich" representou a terceira tentativa para anular o feitiço que parecia impedir repetidamente os alemães de alcançar a grandeza a que estavam destinados. Foi a última e, em muitos aspectos, a mais desesperada tentativa, mais uma vez, de ressuscitar o "Reich" com que os alemães tinham sonhado através dos séculos e que sempre se lhes esquivara. Como muitas das tentativas anteriores, terminou também com uma redução dos territórios dos alemães. E redundou na divisão da Alemanha em duas metades desiguais.

Os franceses, os britânicos e até os russos tiveram todos experiência mais longa de unificação do Estado. Também foram todos eles, até época recente, cada um à sua própria maneira, Estados fundamentalmente expansionistas. A Alemanha, na maior parte de sua história, foi não só um Estado fraco, mas também retrátil. A sua mais recente divisão em duas partes é apenas o último elo de uma cadeia de eventos similares no decorrer dos quais territórios cujos habitantes falavam uma variante de alemão e que, numa época ou outra, tinham pertencido ao Reich alemão, por exemplo, a Holanda, a Flandres e partes da Suíça e da Áustria, abandonaram o corpo principal do Reich ou dele foram expulsos. Na Alta Idade Média, o Reich alemão estendera-se para leste. Exceto essa primeira onda maciça de colonização e expansão, ele tinha sofrido um processo de crescente fragmentação. O hiato no desenvolvimento lingüístico alemão entre o alto-alemão médio e o novo alto-alemão foi sintomático de uma ruptura em toda a tradição comportamental alemã, causada por uma transferência dos centros de poder, dos mais antigos territórios ocidentais e meridionais, para os mais recentemente colonizados territórios no leste. Na primeira metade do século XVII, a Alemanha tornou-se o campo de batalha da Europa. Em muitos aspectos, a linha de desenvolvimento alemã foi provavelmente mais perturbada que a de qualquer dos outros grandes países europeus. Mesmo uma visão geral mostra os efeitos desse conturbado desenvolvimento sobre as crenças, tradições comportamentais e auto-imagem dos alemães.

6

Seja qual for o prisma por onde se queira avaliá-lo, o orgulho nacional, a auto-estima coletiva dos alemães, foi sempre mais frágil do que a de povos como o britânico e o francês, que tiveram um desenvolvimento mais contínuo e uniforme.

Sobretudo na Grã-Bretanha, cujo desenvolvimento de um Estado dinástico para uma nação-Estado ocorreu de maneira particularmente tranqüila, comparada com a de outros países, o orgulho nacional e o auto-respeito atingiram um grau excepcionalmente elevado de firmeza e estabilidade. Se fôssemos investigar através de uma série de estudos de casos qual é a relação entre os padrões de desenvolvimento de diferentes sociedades-Estados como um todo e os de suas respectivas tradições dominantes de comportamento e de crença, então, numa escala hipotética, a Grã-Bretanha poderia formar quase o pólo oposto da Alemanha. Em ambos os casos, como é típico de nações de um modo geral, as pessoas cresceram com idéias sobre o valor e significado de sua nação que excede em muito qualquer avaliação sóbria e equilibrada, baseada em fatos. Como em outros países, o orgulho realista em realizações e características nacionais transforma-se, gradual e imperceptivelmente, em ufanismo, o orgulho em relação a realizações e atributos hiperbólicos ou totalmente imaginários — uma *hybris* nacional baseada em fantasias coletivas sobre ser maior e melhor que todos os outros povos do mundo. Na Grã-Bretanha, porém, para melhor ou para pior, o orgulho nacional, assim como a *hybris* nacional, estavam tão firmemente arraigados que os britânicos podiam zombar de si mesmos e, dentro de limites, tolerar as piadas e o riso de outros a respeito deles. Na Alemanha, o equilíbrio na autoconsciência nacional entre orgulho e *hybris* manteve-se relativamente instável e vulnerável. Fazer piada sobre assuntos que envolviam o orgulho nacional era tabu, a menos que se quisesse ofender deliberadamente. Sempre que entrava em jogo, o orgulho nacional alemão era um assunto solene e profundamente sério. Dada a sua insegurança, os alemães sentiam-se facilmente feridos. Eram inclinados a suspeitar de que os outros os olhavam com desdém. Quase pareciam esperar isso e eram propensos, com ou sem razão, a ficar indignados e, como reação, a enfatizar com especial veemência sua própria superioridade. Até em seus próprios sentimentos tendiam a flutuar entre uma acentuada depreciação e uma acentuada sobreestimação de si mesmos. A auto-imagem dos britânicos também tinha suas oscilações pendulares e suas contradições mas, em comparação, eram muito pequenas.

Tal como no caso de outras nações, a auto-imagem dos britânicos continha idealizações do passado, presente e futuro nacionais. O "nós-ideal" deles dizia a cada indivíduo britânico o que era e o que não era ser britânico, o que significava ser britânico e como um pessoa britânica devia ser e agir. Esse ideal não era inatingível. Impunha àqueles que eram criados e educados em conformidade com ele a obrigação de comportar-se de um modo britânico prescrito. Ao mesmo tempo, conferia-lhes uma recompensa: o orgulho e o sentimento prazeroso de que estavam agindo de acordo com o seu ideal. Ideal nacional e realidade nacional não eram pólos opostos.

O patriotismo britânico não era romântico. Tal como os alemães, os britânicos procuraram freqüentemente orientação no passado. Mas em sua imagem da Grã-Bretanha, até data recente, passado e presente fundiam-se. O passado não era sentido como sendo um período muito maior que o presente. Não sobressaía como um tempo de grandeza que se perdera para sempre, como um ideal inatingível que, em comparação, fazia a pessoa sentir-se pequena. Graças à ininterrupta continuidade de uma sólida, mas relativamente flexível, tradição o passado na imagem que os britânicos têm do seu país e da "britanidade" estava apto a fundir-se com o presente. Lentamente ajustada às condições cambiantes, essa imagem oferecia aos indivíduos, em qualquer época dada, uma idéia muito clara do que os britânicos deviam e não deviam fazer, na quase total gama de situações vitais. O que era e não era ser alemão, o que significava ser alemão e, sendo um alemão, como alguém devia comportar-se, era muito menos claro. Em comparação com a auto-imagem dos britânicos, os alemães possuíam apenas uma imagem imprecisa de seu país e de suas características nacionais. Não havia um "*way of life*" que valesse, no pensamento e no discurso, como especificamente alemão. O máximo que se podia considerar especificamente alemão era uma *Weltanschauung*, uma visão total do mundo. Sabe-se, sente-se, que era de grande valor ser alemão; mas no que consistia esse valor permanecia algo vago. As opiniões a esse respeito diferiam muito. No passado, enquanto a Alemanha foi fraca, o orgulho nacional da ascendente classe média alemã baseara-se em realizações comuns na ciência, literatura, filosofia e música — em suma, na *Kultur* alemã. Mais tarde, quando falavam sobre os valores de ser alemão, as pessoas referiam-se mais a sentimentos comuns e não tanto a realizações comuns, para não falar daquelas realizações cujo significado ia além das fronteiras da Alemanha — significativas para a humanidade como um todo.

A auto-imagem alemã dificilmente propicia qualquer orientação aos indivíduos, quando têm de valer-se apenas de seus próprios recursos. Não estava ligada a um código específico de conduta que dotasse os indivíduos, como ocorre com a auto-imagem britânica, de um padrão moderadamente firme, internalizado como uma camada da sua própria consciência, e pelo qual podiam julgar os outros assim como a si mesmos. Uma vez que a consciência nacional da esmagadora maioria dos alemães era primordialmente ativada em dias festivos, feriados públicos e, sobretudo, em crises e situações perigosas, eles eram na vida cotidiana, ainda que não menos alemães, menos conscientes de serem alemães do que os britânicos de serem britânicos. O mero som da palavra *Deutschland* parecia, para os alemães, estar impregnado de extraordinárias associações, de um carisma que beirava o sacrossanto. Na vida comum, ser alemão envolvia poucas obrigações, exceto em relação aos detentores do poder e às pessoas investidas de autoridade. Para o resto, as pessoas podiam permitir-se ser guiadas muito mais por seus sentimentos espontâneos, quer amistosos, hostis ou o que fossem.

O orgulho e, concomitantemente, a obrigação sentida de ser britânico manifestava-se em situações comuns, assim como nas extraordinárias. O orgulho nacional estava vinculado aí a uma forma de auto-respeito — tanto em situações ordinárias quanto nas excepcionais e extremas. Quando se é britânico, há coisas que uma pessoa faz e coisas que não faz. Isso está ligado a um elaborado código de conduta, estratificado de acordo com a classe a que se pertence, mas suficientemente unificado para servir de senha coletiva, por meio da qual os britânicos se reconhecem uns aos outros. As restrições precisamente definidas que esse código impôs tornaram-se, em certa medida, uma segunda natureza, uma parte da consciência individual e do "eu-ideal".

À semelhança dos membros de outros grupos nacionais, também os britânicos ficam, muitas vezes, aquém do padrão incorporado no código coletivo de regras que eles instituíram em sua própria consciência, em sua imagem ideal de como os britânicos devem conduzir-se. Mas o seu código, o seu próprio ideal nacional, levou em conta os defeitos humanos. Deixaram margem para os desvios das normas, assim como para as imperfeições e excentricidades individuais. E a margem para tais desvios, o espaço entre o comportamento formalmente exigido e informalmente tolerado, o grau em que era permitido às pessoas ficarem aquém do ideal sem infringir o respeito que devem a si mesmas e a seus compatriotas, estavam fixados com muita precisão, para um determinado tempo e um determinado círculo. Em suma, a imagem ideal que os britânicos tinham de si mesmos era um pouco maior do que a refletida pela vida real, mas não muito. Não era impossível chegar a viver de acordo com esse ideal. Tinha-se sempre a sensação de que a Grã-Bretanha deixava muito a desejar, como era de fato o caso. Resmungava-se a respeito de suas deficiências e pensava-se que isto ou aquilo tinha sido bem melhor no passado ou teria que ser muito melhor no futuro. Mas, em última análise, a vida real do país raramente ficava muito aquém do que o povo britânico considerava correto e apropriado. E como, de um modo geral, não esperavam a perfeição, tinham menos dificuldades que os alemães em conviver uns com os outros... desde que, é claro, as sumamente desenvolvidas restrições britânicas, com suas muitas nuanças e gradações situacionalmente específicas, estivessem bem integradas numa pessoa. Acostumados desde a infância a uma tolerância específica das fraquezas humanas, aceitaram o fato de que até os britânicos não são perfeitos.

O ideal alemão, o código alemão de comportamento, não fez concessões às fraquezas e imperfeições humanas. Suas exigências eram absolutas e inflexíveis. Somente a mais total obediência às suas normas era capaz de proporcionar satisfação. Durante séculos de dominação absoluta, os alemães tinham desenvolvido um anseio mudo de ideais, crenças, princípios básicos e padrões nacionais que pudessem ser obedecidos de forma absoluta. Era uma questão de tudo ou nada. O imperativo era categórico. Mas porque o ideal nacional alemão era vivenciado como significativo, como um objeto de orgulho e, por conseguinte, como fonte de profunda satisfação, somente quando as pessoas estavam convencidas de que era um ideal perfeito, de que era incondicional e absolutamente bom, elas nunca podiam, na realidade, estar à altura dele e viver de pleno acordo com ele, salvo por breves períodos e por ocasião de circunstâncias extraordinárias, especialmente em tempos de crise nacional.

Em tempos normais, o grande quadro ideal da Alemanha permanecia em segundo plano. Proporcionava algum brilho à vida do povo alemão nos dias festivos.

E projetava também suas sombras. Era tão exaltado que muitos alemães consideravam o dia-a-dia da vida política, em contraste, insípido e insignificante. À luz desse ideal nacional, os assuntos parlamentares pareciam ser, com freqüência, questões muito sórdidas. Na Grã-Bretanha, nos Estados Unidos e alguns outros países onde a democracia parlamentar formava a peça central da herança histórica, as pessoas eram capazes de suportar e até de gostar das tensões e pressões da vida partidária, das eleições periódicas e das controvérsias partidárias, não só porque sucessivas gerações tinham-se criado no hábito de governos partidários, mas porque as pessoas identificavam-se com o sistema e orgulhavam-se dele. A democracia parlamentar fazia parte do quadro ideal que as pessoas tinham de si mesmas como nação e como cidadãos — o quadro ideal a respeito do qual elas dizem "nós". E porque as pessoas se identificaram com esse quadro, uma vez que a maioria estava razoavelmente bem sintonizada com uma tradição de comportamento parlamentar, elas também realizavam bastante bem o jogo parlamentar. Para muitos alemães, por outro lado, como para os membros de outros países com uma longa tradição autocrática, a democracia parlamentar não era uma instituição com a qual se identificaram automaticamente, quando foi instaurada em 1918. As consideráveis exigências que ela fez para que se adotassem formas específicas de autocontrole e se formulassem juízos precisos sobre até que ponto é possível participar em batalhas partidárias e lutas parlamentares sem destruir a nação, não eram compensadas, como na Grã-Bretanha e nos Estados Unidos, por um sentimento de orgulho em instituições que eram vistas como especificamente suas. Entre os alemães, a estrutura partidária não se fundiu com seus ideais nacionais; e como, aos olhos de muitos alemães, a política pertencia a uma vida cotidiana que era um tanto enfadonha e muitas vezes sórdida, a prática política na Alemanha era, de fato, freqüentemente sórdida.

Também a esse respeito o profundo abismo entre ideal e realidade, entre situações extraordinárias e ordinárias, tinha conseqüências muito importantes: as segundas eram depreciadas como triviais e insignificantes, ao passo que as aproximações ao ideal em situações extraordinárias eram acompanhadas de tão forte pressão emocional, que tal comportamento raramente podia manter-se por muito tempo. O ideal nacional alemão era como uma brilhante estrela no céu. Na vida cotidiana, não tinha praticamente qualquer papel como guia para a ação ou como meta significativa. Aí, os alemães podiam afrouxar as rédeas. Para melhor ou para pior, eram muito mais capazes que os britânicos de se abandonarem a seus impulsos. Podiam relaxar e permitir-se fazer o que quisessem, desde que não violassem os controles externos, os controles por outras pessoas que tinham sido estabelecidos na sociedade em geral. Especialmente entre os estratos médios e superiores do povo alemão, era uma idéia comum que todas as pessoas, em sua vida cotidiana, empenhavam-se simplesmente em realizar seus interesses egoístas. A suspeita: "Alguém deve ter lucrado pessoalmente com isso" estava sempre à mão de semear. Era justificada com freqüência, mas não sempre. Só numa hora de crise, ou que assim pareça, as pessoas são verdadeiramente alçadas acima de si mesmas e capazes de realizar atos desinteressados e altruístas.

Embutido nessa tradição alemã estava, assim, um anseio latente ou manifesto pelo espetacular, pelo fora do comum. Também a esse respeito as tradições alemãs de comportamento e crença eram expressivas de um desenvolvimento extremo de disposições que, em outros países industriais, eram normalmente observáveis numa forma muito mais moderada. Um desejo de situações extraordinárias, em que são quebradas as rotinas da vida cotidiana, é característico de todas as sociedades industriais. Mas, na maioria delas o contraste entre as atitudes em situações de rotina e em situações extraordinárias não era tão flagrante quanto na Alemanha e as tensões subjacentes não são tão grandes. Pois, quanto menos as autocoações individuais são sustentadas na vida cotidiana por normas e metas comuns, menos as pessoas estão aptas a viver de acordo com os seus ideais em sua existência cotidiana. Assim, é mais provável que recorram a ocasiões extraordinárias como meio de satisfação que lhes pareça capaz, por um lado, de libertá-las da isoladora escravidão de seu egoísmo e, por outro, de prometer-lhes uma comunidade de sentimento em sua devoção a ideais comuns. Na Alemanha pré-nazista, o anseio latente e, com freqüência, semiconsciente de um evento extraordinário, com o poder de empolgar as pessoas, um evento que derrube as barreiras entre indivíduos e entre ideal e realidade, e que permita a reconstrução de uma verdadeira "comunidade" (*Gemeinschaft*), era o reverso do contraste particularmente nítido entre o tradicional ideal nacional e a prática cotidiana de uma sociedade industrial parlamentar. Quando a crise chegou, esse anseio do extraordinário estava, assim, disponível para ser usado pelas seções mais descontentes do povo alemão em sua luta pelo poder. Comparados com esse ideal, os objetivos da vida ordinária pareciam triviais e enfadonhos, e suas normas precárias e inseguras. Assim, em contraste com a Grã-Bretanha, o ideal nacional não cumpria uma função restritiva nem uma função de guia na vida cotidiana.

Como os alemães eram criados com um "nós-ideal" mais fortemente exagerado que o dos britânicos, era freqüentemente difícil para eles decidir quais as deficiências em pessoas, instituições e relações privadas e públicas que eram mais razoáveis tolerar e quais não eram. Em seu trabalho, o empenho em alcançar a perfeição manteve-os em boa situação. Em sua vida social mais ampla, sobretudo na política, o largo hiato entre ideal e realidade, a busca de perfeição, o anseio de uma comunidade ideal — o sonho do Reich — tinha sua contraparte em sentimentos de vazio e, com freqüência, de indiferença, apatia e crítica; se o ideal não pudesse ser alcançado, quase nenhuma importância tinha o que uma pessoa fez e como o fez.

7

Essa tendência alemã para buscar um ideal comum fora da vida cotidiana foi reforçado e, na verdade, continuamente reproduzido pela imagem da supostamente perdida grandeza nacional, através da imagem idealizada do poderoso Kaiserreich de outrora, que todo o alemão absorveu como parte de sua identidade e formou parte da resposta à pergunta: "O que sou eu como alemão?" Uma imagem análoga do passado nacional também participou da auto-imagem de britânicos e americanos. Mas no caso alemão, na medida em que transmitiu o sentimento de um declínio que só temporariamente fora interrompido, tal imagem tinha com freqüência um efeito depressivo. E enquanto o passado de outras nações deu freqüentemente a seus personagens vivos a escolha entre heróis nacionais contrastantes e antagônicos — como Cromwell e o rei Carlos I, Lincoln e Jefferson, Luís XIV, Marat e Napoleão — os heróis nacionais no panteão alemão, figuras como Frederico, o Grande, e Bismark, estão todos de um único lado, de acordo com a tradição autocrática e a estrutura monolítica do ideal nacional alemão. São todos eles figuras, quase sempre muito maiores do que foram na vida real, que devem sua fama a uma contribuição para a construção do Reich. Os únicos outros heróis a participar da auto-imagem coletiva dos alemães eram homens como Goethe e Beethoven — heróis culturais à margem da política, mas não "construtores" de "história", não anti-heróis numa escala nacional.

Nessa forma, com a glória do passado ofuscando o presente, a imagem idealizada do Reich alemão mantinha-se viva não só pelo ensino de história, ou pelas mudanças por que passou o mapa da Alemanha (provavelmente a representação mais vívida de uma imagem nacional), mas também pelo encontro direto ou indireto com todos os grupos que falavam uma variante de alemão, mas não eram cidadãos do Estado atual — pela discrepância entre o Estado alemão e o "*deutschen Volk*", o qual compreendia tantos grupos, maiores e menores, que estavam espalhados pelo território do antigo Reich e para além deste. Foi esse Reich, essa imagem ideal da Alemanha, que se tornou repetidamente um foco para ações concretas em situações críticas. Formou um símbolo, sob cuja égide os alemães se uniam. Mobilizou poderosas forças emocionais; a Alemanha real e a ideal aproximaram-se mais uma da outra; às vezes, por um breve período, quase se converteram em uma só. Em tais situações, o caráter absoluto e intransigente do ideal nacional alemão impôs-se plenamente. Quando era uma questão da restauração da antiga glória da Alemanha, era possível, como no caso da realização de outros ideais absolutos, não levar em conta todas as circunstâncias — neste caso, da atual situação política. As concessões estavam fora de questão.

Características específicas dos alemães que têm sido freqüentemente vistas como perigosas não eram, como muitos observadores supuseram, a expressão deles serem naturalmente dotados com uma dose maior de agressividade e destrutividade que outros povos. Assentavam, antes, numa tendência condicionada nos alemães, não só por sua tradição comportamental, mas também pelos esforços combinados de repetidas experiências históricas, ensino escolar e propaganda — numa tendência em situações de crise, quando eram conclamados, em função de seu exagerado "nós-ideal", a agir em nome da Alemanha de um modo tão incontestável quanto o seu elevado ideal exigia. Ou seja, sem levar em consideração o que outros chamavam a "dura realidade", independentemente das conseqüências para outros e para eles próprios. A serviço da Alemanha ideal, tudo parecia possível e permitido. Era aí, na força irresistível de uma crença exclusiva, de uma incondicional crença nacional e social, que momentaneamente dava a seus seguidores um sentimento de onipotência e que tinha de ser obedecida a qualquer preço, que residia o perigo

— um perigo que veio mais tarde a adquirir uma expressão de extraordinária virulência no movimento nazista.

É claro, crenças, ideais e tendências comportamentais desse tipo podem ser encontradas também em outras nações e outros movimentos sociais. Entretanto, o efeito cumulativo da conturbada história da Alemanha — uma história marcada, no longo prazo, por derrotas e conseqüentes perdas de poder, e que deu vazão, correspondentemente, a um abalado orgulho nacional, uma identidade nacional muito insegura de si mesma, um ideal nacional retrógrado que envolvia a projeção da imagem fantasiosa de um passado mais grandioso no futuro — facilitou o surgimento de uma variante particularmente maligna de crenças e tendências comportamentais, que também se manifestou em outros países. Tratava-se de uma forma extrema e sumamente perigosa de devoção a ideais, credos ou princípios *a priori*, os quais eram absolutos, inflexíveis, inalteráveis e não podiam ser questionados nem modificados à luz de novas experiências ou argumentos racionais — em suma, ao tipo de credo que tem sido característico de movimentos nacionalistas e muitos outros movimentos sociais desde o começo do século XIX, e antes disso de inúmeros movimentos religiosos, no sentido mais estrito do termo.

Desde o começo do século XIX, foi observável uma forte tendência para atribuir um alto valor ao esforço no sentido da realização de ideais sociais *per se*. A palavra "idealismo" passou, de um modo geral, a estar associada a implicações positivas, como algo "bom", e o mesmo ocorre com bastante freqüência em relação a palavras como "crença", "princípio" ou "convicção". As pessoas apreciavam outras que tinham "crenças firmes" ou "sólidos princípios", que "defendiam suas convicções" ou conduziam-se de forma "idealista". Nem sempre era estabelecido, porém, por que os princípios, crenças, e ideais em questão tinham de ser necessariamente "bons". Seja o que for que se entenda por "bom" ou "mau", é concebível, de qualquer modo, que alguém os considere "maus". Se um ideal social, político ou qualquer outra espécie de ideal é "bom" ou "mau" depende da *espécie* de ideais, crenças ou princípios que predominam numa dada época. Há muitos exemplos que mostram que objetivos e diretrizes a longo prazo, na forma de ideais e crenças absolutos e imutáveis, podem ser responsáveis tanto por ferozes lutas e conflitos entre pessoas, quanto por amistosos progressos na cooperação. A rigidez e exclusividade desses ideais e crenças, sua tendência a serem impenetráveis a argumentos racionais ou a fatos contraditórios, provaram, em muitos casos, ser uma fonte potencial ou real de perigo. Estiveram, certamente, entre os principais fatores envolvidos na produção de inimizades absolutas e irreconciliáveis entre diferentes grupos humanos.

O ideal nazista de um Reich alemão que fosse totalmente livre de judeus levou seus adeptos muito longe na concretização da hostilidade que instilou neles. Mas, em certos aspectos, diferiu mais em grau do que em espécie de outros ideais apriorísticos que produziram inimizades absolutas no passado e continuam produzindo-as hoje. Foi particularmente extremo em seu caráter exclusivo e em sua orientação restrita a uma só nação ou "raça". Em outros casos, como os do comunismo nacional russo ou chinês, ou do capitalismo nacional americano, a exclusividade do ideal e a inimizade que é inspirada nos adeptos não são menos absolutas: mas são, em certo grau, amenizadas e modificadas pela preocupação com um futuro melhor, não só de uma única nação ou "raça" mas da humanidade como um todo.

Talvez uma distinção mais clara deva ser traçada, como já é costume fazer-se no caso da magia, entre credos, princípios e ideais que são benéficos para as pessoas e outros que são nocivos — entre crenças "brancas" e "negras", ideais "brancos" e "negros". Como já foi dito, o significado e o caráter particular do movimento nacional-socialista e da Alemanha de Hitler não serão basicamente compreendidos, se não se levar em conta a sinceridade e a força irresistível de suas convicções coletivas. A vitória e o fracasso do movimento nacional-socialista ficam incompreensíveis se não se considerar o elemento fortemente idealista em suas crenças, o qual cegou o Führer e seus seguidores para outras considerações que não as ditadas por seu credo e lhes permitiu, em algumas ocasiões, ver o mundo inteiramente à luz de suas próprias esperanças e desejos. Sua devoção a um ideal como tal destaca-se claramente dos documentos e registros que eles deixaram. Mas o seu idealismo mostra em forma quase exemplar as características do "idealismo negro": o lado construtivo de suas crenças era maciçamente superado por seus aspectos destrutivos e bárbaros. Era esse caráter básico do domínio nazista que, somado a outras fatores semelhantes, desempenhou um papel fundamental no colapso da civilização na Alemanha, culminando em eventos tais como o tratamento cruel de prisioneiros de guerra e a instalação e o funcionamento de campos de concentração e câmaras de gás.

No curso normal da prática política, crenças e ideais nacionais preconcebidos e dogmáticos fundem-se e misturam-se nas decisões tomadas por líderes nacionais com as mais realistas e flexíveis considerações relacionadas com as condições a longo prazo sob as quais todas as nações têm que viver. Mas há situações em que as crenças preconcebidas e dogmáticas levam a melhor. Sobretudo em emergências nacionais como guerras, adquirem um ímpeto próprio, cujo vigor variará de acordo com as circunstâncias, sobretudo de acordo com as tradições comportamentais nacionais. Algumas nações inclinam-se mais, outras menos, para essa total entrega a um nós-ideal exclusivo. Seria inteiramente injustificado subentender que a ascensão de um movimento como o nacional-socialismo resultou necessária e inevitavelmente da tradição nacional alemã. Mas embora não necessário, foi certamente um dos possíveis desenvolvimentos implícitos nessa tradição. Em alguns aspectos, o nacional-socialismo apresentou todos os seus cunhos característicos.

8

Entre as características constantes que merecem ser mencionadas a esse respeito — e que são compreensíveis à luz da história alemã — está a tendência das pessoas, em tempos de emergência nacional, a submeterem-se, pelo menos por algum tempo, a uma disciplina e regras extremamente rigorosas, quando impostas em nome da Alemanha. Uma obediência absoluta e indiscutível era considerada, em tais situações, um dever nacional de todo e qualquer indivíduo. Se este tinha que destruir outros, eles tinham que ser destruídos. Se era exigido o sacrifício da própria vida, a pessoa tinha que morrer. Poucos dos outros povos tinham em sua mística nacional, em sua poesia e em suas canções, tantas alusões à morte e à abnegação quanto os alemães. "Guten Kamaraden" ("Bons camaradas"), de Schiller, em que um soldado é descrito marchando e combatendo lado a lado com seu melhor amigo, até que uma bala o feriu mortalmente, era uma canção favorita dos soldados alemães e do povo alemão em geral. Outros exemplos são a canção de Heine da "Lorelei", que encantou o pescador, para que ele esquecesse os perigos à sua volta e se afogasse, ou as canções "Soldaten: Morgenlied", nas quais o alvorecer vermelho ilumina o caminho do cantor para uma morte prematura, ou a "Reiterlied", acerca dos homens que cavalgam através da noite escura "para a sua morte, para a sua morte".[5]

Essas canções eram repetidamente entoadas com fervor; tinham um estranho fascínio sobre os alemães. As lições de história tinham-lhes falado sobre a grandeza da Alemanha — uma grandeza que estava perdida. Tinham aprendido que era dever de um alemão sustentar essa grandeza, recuperá-la se a ocasião surgisse e, sem mais delongas, marchar para a vitória, quaisquer que fossem, as conseqüências para si próprios ou para outros. Mas, nos níveis mais profundos de seu pensamento e sentimento, a lembrança das gerações perdidas, do renascimento da esperança seguido pela destruição e morte nunca poderia extinguir-se por completo. Enquanto os britânicos, de acordo com as lições da história, pareciam estar convencidos, no mais profundo nível, de que venceriam sempre a última batalha mesmo que sofressem derrotas (uma convicção que os ajudou, de fato, a vencer), os alemães, por sua parte, mesmo quando eram vitoriosos nunca pareciam ser capazes de silenciar o sentimento de que perderiam a última batalha (o que contribuiu de forma acentuada para que acabassem perdendo-a).

Entretanto, independentemente do que os alemães sentiam na vida comum, em épocas de crise nacional seu sistema específico de crença nacional exerceu forte pressão sobre eles: compeliu-os a seguirem líderes que proclamavam ser dever dos alemães, uma vez mais, sair a campo a fim de combater o inimigo comum. Não podiam escapar facilmente às exigências que lhes eram feitas em nome da Alemanha, porquanto essas exigências eram reforçadas por sua própria consciência e "nós-ideal", por sua imagem ideal deles próprios — suas imagens de como os alemães deviam comportar-se. Compulsões não só externas, mas também internas, seu orgulho, sua identidade, sua consciência de valor como alemães, tudo isso agia sobre eles em tal situação. Na hora em que a Pátria necessitava deles, tinham de responder ao apelo às armas para o que desse e viesse. E enquanto marchavam contra os inimigos de seu país, a quem esperavam derrotar, eram assediados pelas lembranças de gerações anteriores que, como eles, tinham marchado lealmente, resolutamente, e com uma fé análoga na vitória da Alemanha, ao encontro da derrota e da morte. As tristes canções alemãs sobre pessoas que iam encontrar a morte como se impelidas por um sortilégio de auto-imolação — *morituri te salutamus!* ("os que vão morrer te saudam!") — deram expressão a esses estados de espírito. Elas refletiam um padrão de história e sociedade, assim como um padrão de ideais e consciência.

Poucas outras nações foram tão propensas, quanto a dos alemães, a dar um lugar em seu panteão nacional a heróis que morreram derrotados — heróis como os "oficiais *Schillschen*", que foram submetidos à corte marcial e fuzilados após sublevarem-se contra Napoleão, numa vã tentativa de libertar a Prússia da ocupação francesa. Cite-se também a balada popular, reimpressa em muitos compêndios escolares, de Alarico, rei dos godos, que, derrotado e morto em batalha, foi sepultado por seus leais cavaleiros no leito de um rio cujas águas tinham sido desviadas e depois devolvidas ao seu leito normal após o sepultamento, para que nenhum inimigo pudesse profanar seu cadáver:

Und es sang ein Chor von Männern:
Schlaf in deinen Heldenehren!
Reines Römers schnöde Habsucht
Soll dir je das Grab verseheren!

[E um coro de homens cantou:
Repousa em tua honra de herói!
Nenhuma torpe cobiça romana
Tua sepultura aviltará jamais!]

Hoje, este poema é recitado como uma representação da morte de Hitler, que, derrotado e morto por sua própria mão, foi secretamente queimado e sepultado para que também no seu caso nenhum inimigo pusesse as mãos em seu cadáver.[6]

A "morte heróica" era um motivo constante não só das canções alemãs, como também da própria história alemã ou, pelo menos, do que restou vivo como tal para as gerações subseqüentes. A realização gradual do status de heróis nacionais dos corajosos homens que tentaram derrubar e matar Hitler, uma vasta proporção dos quais foi executada de maneira bárbara, também corresponde ainda a esse tradicional padrão alemão, para o qual heroísmo e sacrifício "pela Pátria" culminam em desastre e derrota. Neste último caso, porém, há algo de novo. Se eles são recordados, serão os primeiros alemães a ser lembrados, porque lutaram em nome da Alemanha contra o chefe do Estado alemão. Excetuando-se isso, o exemplo deles ensinará a todos os estudantes a constante lição da história alemã, a saber: heroísmo, devoção inabalável "à pátria", a que cada um está obrigado como alemão, levam regularmente à derrota e à morte. Em nenhum lugar essa lição é formulada em termos explícitos. Ela está, pelo contrário, implícita na herança alemã e é transmitida de geração em geração.

9

A comparação com outros povos mostra que também cada um deles, em correspondência com as lições da história e as auto-imagens que decorrem dessas lições, possui seu próprio e característico desenvolvimento de patriotismo e nacionalismo. Todas essas variantes incluem formas de compromisso de lealdade que são típicas de formações sociais específicas e compartilham de um certo número de características básicas comuns. Apesar de muitas alegações em contrário, patriotismo e nacionalismo, embora freqüentemente separados no plano conceitual, formam, de fato, um contínuo. Diferem um do outro por graus mas não em aspectos qualitativos. Diferem, por exemplo, em função dos graus de superioridade, exclusividade e inimizade para com outros que eles envolvem. Ambos os conceitos significam um sentimento de vinculação pessoal, identidade e pertença em relação ao próprio país, uma crença inabalável em seu valor preeminente como algo que deve ser defendido a qualquer preço em tempos de necessidade, mesmo à custa da própria vida, uma crença que tem como seu correlato as obrigações externas que todo o país impõe a seus membros individuais.

Por toda a parte, nas modernas nações-Estados, a compulsão externa que é imposta às pessoas em tempos de necessidade nacional tem sua contraparte num sentimento de lealdade e dever para com o seu próprio país, sentimento esse que está mais ou menos solidamente ancorado, por assim dizer, no "íntimo" do indivíduo como um padrão de consciência. Também está fundado numa crença em que a sobrevivência da nação é o seu supremo valor. Por toda a parte, em crises nacionais e, com freqüência, também em tempos de paz, as pessoas são exortadas, como soldados ou desempenhando outras funções, a alistar-se nas forças armadas e a subordinar suas próprias ambições, metas, esperanças e até a sua própria sobrevivência, à sobrevivência da sociedade a que pertencem. Pode-se falar de "individualismo", apreciar a "liberdade do indivíduo" como o supremo valor social e proclamar a primazia de "o indivíduo" em relação a "Estado", "nação" ou "sociedade" — em tempos de necessidade nacional a liberdade individual é por toda a parte cerceada; a sobrevivência dos indivíduos passa para o fim da fila, atrás da sociedade. E mesmo em tempo de paz, muitas medidas organizacionais e educacionais tomadas por uma moderna nação-Estado — em termos específicos para o sistema de crença nacional, um tipo especial de religião social — são dirigidas para a guerra.

Lutas organizadas de vida e morte entre diferentes sociedades não constituem novidade. Mas em sua forma atual como um evento em escala estatal, a subordinação do indivíduo às exigências sociais é muito recente. O "exército do povo" é um desenvolvimento relativamente tardio. Antes da Revolução Francesa, e em muitos países mais recentemente, a conduta da guerra era assunto para nobres e oficiais de carreira, em conjunto com unidades oriundas das camadas pobres, onde eram recrutados os homens para o serviço militar contra o pagamento de soldo. A opinião de que, como cidadãos particulares, aqueles nobres e cavalheiros que não serviam nas forças armadas, nada tinham a ver com as guerras de seus países, não estava inteiramente extinta, pelo menos na Grã-Bretanha ao tempo das guerras napoleônicas, e ouviram-se algumas vozes indignadas quando Napoleão molestou cidadãos britânicos que flanavam em Paris, só porque ele próprio se encontrava em guerra com a Grã-Bretanha!

As atuais formas de patriotismo e nacionalismo estão intimamente ligadas à ascensão ao poder das classes médias e trabalhadoras industriais. Seu aparecimento também estava estreitamente relacionado com o fato de que certos países passaram a confiar, para ataque e defesa, em sua cidadania como um todo. A formação de sistemas seculares de crenças nacionais — envolvendo a idéia de que o próprio país a que se pertence é o portador de tão elevados valores que se espera de todos os seus habitantes que dêem a vida por ele — e a inclinação de indivíduos de todas as classes para se identificarem com o seu país, isto é, considerarem sua pertença a um país como componente integral de sua auto-imagem, estavam ligados à crescente democratização das sociedades-Estados e à necessidade de exércitos do povo. Não foi somente na Alemanha, mas em todas as nações-Estados industriais mais altamente desenvolvidas, que os membros das classes altas e médias e, dependendo do grau em que ganhou terreno e se consolidou a integração social, também membros das classes trabalhadoras, passaram a estar vinculados a seus países tanto através de idéias e crenças "interiores" quanto através de controles "externos".

É um fato reconhecido que em nenhum país o conflito entre o desejo de sobrevivência individual e o desejo de sobrevivência da nação adota a simples forma de um conflito entre "o indivíduo" e um poder "externo" chamado "Estado" ou "sociedade"; é sempre, simultaneamente, uma questão de conflito "íntimo" entre diferentes compulsões em um e único indivíduo. As regras e normas de uma nação-Estado, em conjunto com o sistema de atitudes e crenças que é sustentado através da coação externa (*Fremdzwang*) exercida pelo Estado, têm sua contraparte na coação interna (*Selbstzwang*) que os indivíduos exercem sobre si mesmos na forma de sua consciência e de seu "nós-ideal".

É possível estar inclinado a aceitar que os padrões de coação "externa" e "interna" (*Fremdzwang* e *Selbstzwang*) simplesmente se complementam e se ampliam um ao outro. Encontramos essa idéia em Durkheim: a sociedade, assim parece ter ele pensado, projeta suas normas e regras num indivíduo. Freud e muitos dos seus seguidores admitiram uma correspondência igualmente estática, se bem que, no caso deles, pareça freqüentemente ser "o indivíduo" quem projeta o seu modelo de consciência na "sociedade". E na medida em que o modelo a partir do qual se começa é simplesmente o de uma sociedade, num determinado ponto do tempo, na medida em que se trata de um modelo fundamentalmente estático, será difícil haver qualquer possibilidade de tratar os assuntos de qualquer outra maneira além dessas duas. Entretanto, tal procedimento não permite tratar os numerosos problemas suscitados pelo relacionamento entre a organização e a padronização de controles pessoais e sociais. Só se pode começar a apreendê-los quando os modelos estáticos são substituídos por modelos dinâmicos, quando sociedades e indivíduos são vistos como processos de desenvolvimento.

Desde um tal ponto de partida, torna-se mais fácil perceber os variáveis graus de correspondência e não-correspondência entre padrões de controle pelo Estado e de controle pela consciência, e explicá-los. Se alguém simplesmente perguntar no que eles consistem em determinado ponto do tempo, e de que modo estão ligados, sem indagar como se desenvolveram e como, no decorrer de seu desenvolvimento, vieram a combinar-se, as suas concordâncias, assim como as suas discrepâncias, permanecerão obscuras. Os concomitantes meios de falar e de pensar também permanecerão inadequados. É usual expressar tudo o que exerce coação "externa" sobre os indivíduos mediante conceitos tais como "sociedade" e tudo o que pode ser internalizado por indivíduos através de conceitos como "cultura", como se ambos esses aspectos do desenvolvimento social fossem não só dados diferentes, mas também separados. As distinções são feitas sem modelos claros de conexões. Não se pode, *de facto*, reconhecer claramente as conexões entre — seja isso o que for — "sociedade" e "cultura", "Estado" e "indivíduo", mecanismos de orientação "externa" e "interna", a menos que sejam conceituados como algo em movimento, como aspectos de processos sociais que são eles próprios outros tantos processos, na verdade, processos funcionalmente interdependentes, que envolvem graus variáveis de harmonia e conflito.

As mudanças que ocorrem nas relações entre esses aspectos são complexas. Não é, em absoluto, o caso de um deles ser o agente propulsor do desenvolvimento social, enquanto os outros têm apenas efeitos secundários ou são seus acompanhantes passivos. Como facetas de um processo social, a maioria delas tem funções ativas e passivas. Formam e são formadas, impulsionam e são impulsionadas, ou estão ativas através da pura resistência com que se opõem a mudanças para além delas próprias. Sem dúvida, varia o grau em que estão aptas a influenciar-se mutuamente, bem como a influir no desenvolvimento da sociedade como um todo. Em virtude de suas propriedades peculiares, algumas dessas muitas facetas, ou processos parciais, que tendemos a representar como "esferas" no desenvolvimento de um país — as esferas "econômica", "cultural", "política" etc. — são agentes mais poderosos de mudança que outras. Mas o seu poder na relação com cada uma das outras facetas, ou esferas, não é sempre o mesmo em todos os tipos de sociedade, em todas as etapas do desenvolvimento social. E, além disso, nem sempre estão separadas tão nitidamente quanto a nossa terminologia atual faz parecer. Essa terminologia tornou-se mais diferençada à medida que a própria sociedade ficou mais diferençada e complexa.

A complexidade é aumentada por diferenças no grau em que as pessoas, nesta ou naquela etapa de desenvolvimento, são capazes de controlar e manipular essas esferas ou processos sociais parciais. Instituições estatais em tempos recentes, por exemplo, foram, deliberada e sistematicamente, mudadas com certa freqüência. Até agora, porém, a "cultura" ou as peculiaridades de um "caráter nacional" têm sido muito mais resistentes à manipulação planejada. Muitas das distinções conceituais que estamos acostumados a encontrar assentam simplesmente em diferenças desse gênero. Rótulos para certas "esferas" sociais que vemos como suas propriedades eternas representam com freqüência, apenas a nossa maior ou menor capacidade para as controlar. Os protagonistas das revoluções americana e francesa, no século XVIII, trataram de mudar as instituições políticas de seus respectivos países com muito maior perspicácia e reflexão que os adeptos de Cromwell no século XVII; e a gama de conhecimentos, o grau de conscientização com que as elites do poder na Rússia se empenharam em realizar sua obra revolucionária foram ainda maiores, uma vez mais, em comparação com as anteriores revoluções na América e na França.

Na medida em que as diferenças no grau de controle consciente que as pessoas, numa dada etapa, são capazes de exercer em diferentes esferas de sua vida social, não são reconhecidas como tais, isso não só levará à formação de conceitos falsos e confusos, mas também à criação de problemas específicos de desenvolvimento social. Um dos principais problemas do desenvolvimento alemão depois da I Guerra Mundial foi dessa espécie.

Através da derrota de 1918, tornou-se possível na Alemanha transformar as instituições políticas, de uma forma sumamente consciente, na direção de uma democracia parlamentar. Com a ajuda dessas mudanças institucionais, as pessoas tentaram estabilizar transformações específicas no equilíbrio de forças intra-estatais. As classes alta e média tradicionais da Alemanha e suas elites representativas tinham sofrido uma perda de poder em conseqüência da derrota; as classes trabalhadoras em ascensão e suas elites de poder, em conjunto com relativamente pequenas seções liberais das antigas classes médias, entre elas muitos judeus e a *intelligentsia* liberal e socialista, tinham ganho através da mudança. Mas as tradições nacionais de crença e comportamento desses diferentes grupos na sociedade alemã foram menos afetados pela mudança do que as instituições políticas. Nessa época, na Alemanha e em outros lugares, as pessoas não tinham uma idéia clara de como as "características nacionais" se perpetuavam; e, sendo assim, as pessoas tampouco sabiam como essas características podiam ser influenciadas numa direção desejada. Elas eram muito menos acessíveis ao controle planejado do que as instituições políticas e outras de natureza social. Por conseguinte, os alemães experimentaram nesse período um impulso bastante abrupto no desenvolvimento de instituições e relações de poder, sem passar por um recrudescimento análogo no desenvolvimento de seu "caráter nacional". Enquanto que as instituições conheceram uma perceptível mudança no sentido de maior democratização, as relações de poder retiveram muito mais o cunho autoritário que tinham adquirido nos séculos de domínio autocrático. Foi uma das mais fantásticas expressões do racionalismo a-histórico deste século que as pessoas supusessem então (como muitas ainda supõem hoje) que uma democratização de atitudes, crenças e convicções viria na esteira do estabelecimento de instituições democráticas, parlamentares.

10

Na maioria dos Estados alemães, o hábito de muitos séculos tinha produzido uma tradição de atitudes e crenças que estava afinada com um forte governo de cima para baixo, com pouquíssima participação de todos os governados. As pessoas tinham-se mais ou menos acostumado a que todas as decisões, no tocante à condução do Estado, estivessem nas mãos de pequenas elites autocráticas, que detinham as rédeas do poder num vasto sistema de controle. Em certa medida, como sempre acontece, esse padrão de controle externo tinha sido internalizado. (Como resultado de uma educação mais ampla, tal padrão é mais evidente nas autocracias nacionais ditatoriais do que nas monárquicas pré-nacionais.) A estrutura da personalidade, a formação de consciência e o código de comportamento tinham-se harmonizado com essa forma de regime. As pessoas só podiam tomar decisões onde o Estado não aparecesse nem exercesse um controle direto, por exemplo, em áreas tais como a filosofia, a literatura e a música. Quanto ao resto, as pessoas que não pertenciam às elites dominantes no poder eram cortadas de todas as responsabilidades e decisões públicas. Os ônus, assim como os prazeres, de governar continuavam sendo-lhes estranhos. E mesmo quando setores da *intelligentsia* exigiram maior participação política, as habilitações, os padrões de consciência e os códigos de conduta necessários para um exercício (limitado) de governo democrático começaram se ampliando numa direção diferente da demanda. Não se desenvolveram, automática e imediatamente, quando as instituições foram mudadas. Um certo número de peculiaridades do desenvolvimento alemão trabalhava contra uma tal adaptação.

Entre essas peculiaridades, estava não só o extenso período de tempo durante o qual a Alemanha tinha estado fragmentada e submetida a governos autocráticos, ou o tipo exigente, incondicional, onírico, de ideais e a maneira filosófica que resultou dele, mas também a forma e o modo como a unidade do país foi finalmente realizada em 1871. Uma das mais importantes e distintas marcas da seqüência de desenvolvimento alemão foi o fato de a unificação nacional e toda a época inicial da industrialização, com seu recrudescimento de poder para a classe média e a classe trabalhadora industriais, ocorrerem dentro do quadro de referência de um regime ainda predominantemente autocrático.

O processo de transformação através do qual os estados autocrático-dinásticos de um período anterior se converteram em nações-Estados começou, na Alemanha e em outros países, sobretudo em conjunto com o incremento no potencial de poder das classes médias e uma elevação do seu nível de autoconsciência. Tal como na França, a transição para uma etapa de nação-Estado foi inicialmente realizada quando o "terceiro estado", graças à comercialização e industrialização crescentes, ganhou em poder e adquiriu consciência desse fato. Mas, em contraste com a maior parte dos outros países europeus, o "terceiro estado" alemão foi incapaz de traduzir o seu maior potencial de poder numa efetiva ação comum contra as antigas instituições autocráticas. Em particular, a fragmentação da Alemanha numa multidão de reinos e principados tornou mais difícil para a classe média e a classe trabalhadora alemães, em comparação com o que acontecera em Estados mais fortemente centralizados, estabelecer organizações unificadas que abrangessem, pelo menos, as maiores cidades do país. Não havia uma capital dominante, como Londres ou Paris, que pudesse servir como foco decisivo para a ação. Além disso, quando em 1848 surgiu uma oportunidade, a divisão do terceiro estado numa classe média e numa classe trabalhadora já estava mais adiantada do que no final do século XVIII. Tinham aumentado a autoconsciência de grupos do que era agora o "quarto estado", e a pressão que representantes das classes trabalhadoras exerciam sobre os representantes das classes médias. Nesse contexto, as classes médias alemãs viam-se encurraladas entre duas frentes. Sua revolta contra as tradicionais elites nobres e burocráticas era contrabalançada pelo medo das classes trabalhadoras ascendentes e suas elites. Estando literalmente "no meio", eram incapazes de uma ação decisiva contra a ordem dominante.

Como resultado final, as classes médias alemãs tiveram que obter a satisfação de seu sonho nacional pelas mãos de seus governantes autocráticos. Mesmo na primeira grande fase de industrialização, durante a qual cresceu o potencial de poder da classe média alemã e também o da classe trabalhadora, seu poder político permaneceu extremamente limitado. Quando o sonho de uma nação alemã unificada se tornou uma realidade, o Estado alemão ainda continuou sendo, em grande medida, um Estado autoritário e a idéia que a maioria dos súditos nutria de sua nação e da política em nível nacional mantinha-se, como antes, fixada em irrealidades. O ideal nacional dos alemães não estava, como no caso de muitos outros países europeus, vinculado a uma reforma vitoriosa e a movimentos revolucionários contra um autocrata e seu regime. Não incluía imagens de anti-heróis que pudessem ser contrapostas às régias ou nobres figuras de heróis. Não oferecia modelos que mostrassem como se pode lutar por sonhos sociais, como se pode testá-los na realidade e traduzi-los com êxito em fatos concretos. Mesmo depois de sua realização, que ocorreu como um presente vindo de cima, esse ideal preservou seu caráter fortemente autocrático, envolto numa penumbra de fantasias. O hábito de ser governado desde cima permaneceu virulento; a idéia de que uma pessoa podia apoiar-se numa autoridade superior e confiar-lhe a responsabilidade e o poder de comando reteve sua força de atração.

Enquanto a massa do povo alemão — a situação também era semelhante em outros países — vivesse em Estados dinásticos onde tudo girava em torno da corte do soberano e era muito grande o abismo que separava o povo das privilegiadas elites no poder, pertencer à organização a que damos o nome de "o Estado" assemelhava-se mais a algo a cujo respeito se podia dizer "eles" e menos a algo a cujo respeito se pudesse dizer "nós". Quando a Alemanha foi unificada sob o domínio dos soberanos prussianos, ambas as imagens — a de um Estado alemão que ainda continuava sendo, em considerável medida, uma organização dos privilegiados e ainda era sentido pela grande massa do povo como "eles", e a da nação alemã com que a classe média e, mais tarde, também a classe trabalhadora podiam identificar-se e a respeito da qual diziam "nós" — começaram a fundir-se lentamente. E assim ocorreu que a auto-imagem da nação como uma "nós-unidade" absorveu a associação com um poder central autocrático, em vez de, como em tantos outros casos, a rechaçar.

Entre os sintomas dessa fusão estavam expressões tais como a que mencionamos antes: "Nós, alemães, necessitamos de um homem forte que mantenha a ordem e nos discipline com firmeza." Ela refletia-se em histórias meio anedóticas, como a do velho saxão, antes de 1914, que todas as noites no seu caminho de regresso a casa passava pelo palácio real e, vendo a luz acesa nos aposentos do rei, metia-se na cama com o tranqüilizador sentimento: "o rei está vigilante e trabalhando para nós". A submissão a uma autoridade encontrou sua recompensa na satisfação de que uma pessoa não precisava preocupar-se com assuntos do Estado — ela podia deixar a responsabilidade nas mãos de outros. A título de exemplo, pode-se citar os clássicos versos alemães:

Ich danke Gott an jedem neuen Morgen,
dass ich nicht brauch' fürs Römisch Reich zu sorgen.

[Agradeço a Deus a cada nova manhã,
por não precisar cuidar do Império Romano.]

O processo de amadurecimento da população geral, graças ao qual ela transita da autocracia para a participação ativa nos negócios do Estado e, por conseguinte, na construção de uma nação, não era, nem é, em qualquer país, um processo tão simples, quanto muitas pessoas parecem pensar. Por certo, ser governado e deixar a outros a responsabilidade e o direito de mandar é sentido, com muita freqüência, como algo ameaçador e desagradável; mas também tem suas profundas satisfações, tanto para adultos autocraticamente governados, quanto para crianças. É uma situação a que raras vezes as pessoas renunciam sem considerável pressão. O curso dos acontecimentos pode empurrar a massa do povo nessa direção. Entretanto, por via de regra, aqueles que são surpreendidos pela pressão dos eventos manifestam idéias mais claras sobre aquilo contra que estão lutando, do que sobre aquilo a favor de que lutam. A subordinação a elites investidas de poder autocrático, quer de um tipo monárquico ou ditatorial, converte-se num hábito profundamente incorporado. Os povos que o adquiriram — mesmo quando estão muito insatisfeitos com os seus governantes — acham difícil, em sua grande maioria, ser governados de qualquer outra forma. A transição para um regime não-autoritário requer aprendizagem de novas técnicas e aptidões sociais, que fazem maiores exigências à independência e ao autodomínio das pessoas, e capacidade para formular opiniões e juízos próprios. Por via de regra, os povos só gradualmente emergem de uma longa era de autocracia em que hábitos afins ganharam raízes, e é muito comum a inclinação, na fase de transição, para reverter a uma fase de autocracia diante de qualquer crise mais séria.

O processo alemão de desenvolvimento, a esse respeito, não foi, de modo algum, excepcional. A única peculiaridade foi o grau em que os hábitos e imagens da autocracia se integraram — sem contra-imagens — no código nacional e na auto-imagem nacional, e o caráter sobremaneira exigente, incondicional e, nesse sentido, particularmente opressivo da tradição de Estado autoritário que encontrou expressão no "nós-ideal" da nação alemã.

11

A identificação com uma unidade social que tem maciças funções de compulsão (*Zwangsfunktionen*) — até mesmo amor pela unidade social e identificação com o opressor ao nível de consciência e de ideais —, não limitava-se apenas à Alemanha. No nível atual de desenvolvimento humano, é uma característica de todas as nações-Estados.

Sua descendência dos Estados autocráticos governados por príncipes que se guerrearam entre si pode ser assinalada na continuação dessa tradição principesca. Tal como era antes o caso dos Estados dinásticos, também as nações-Estados permanecem guiadas pela crença em que diferenças de interesse e de opinião têm que ser decididas pela guerra. Mas em grandes Estados dinásticos, não era no mesmo grau possível ou necessário que gente de todas as classes e regiões estivesse vinculada por um sistema unificado, impessoal e fortemente internalizado de crenças que participam da auto-imagem de todo o indivíduo. A manutenção do que chamamos a "moral" de um povo ou de tropas combatentes foi conseguida, em grande medida, através de pressão e coação externas, e a secularização não tinha ainda avançado ao ponto de justificações não-religiosas da guerra, como a referência a "interesses nacionais", "ideais nacionais" etc., terem-se tornado convincentes para as massas populares.

Em nações-Estados industriais mais democratizadas, onde as classes média e trabalhadora urbanas tinham, potencial ou realmente, mais poder à sua disposição, era uma questão de desenvolver valores, crenças e doutrinas nacionais comuns que continuassem ainda a incluir a idéia do que era a *ultima ratio regum.* Era considerado, a princípio na Europa, e mais tarde, no resto do mundo, um meio essencial para proteger a integridade de uma nação que cada indivíduo estivesse preparado, em tempos de emergência, para matar os inimigos da nação e sacrificar a sua própria vida. Através da criação dessa disposição, aquelas doutrinas nacionais que, mesmo em tempo de paz, preparavam a maioria da população em todas as nações do mundo para a guerra e a submissão da existência individual ao Estado, contribuíram de forma substancial para a interminável série de guerras. Religiões nacionais exclusivas e as inimizades absolutas que elas produziram e alimentaram mutuamente tornaram-se um dos principais fatores responsáveis pelo repetido colapso de civilização na forma de guerras.

É claro, a tragédia foi agravada pelo caráter particular do opressor internalizado que a imagem de uma nação que podia exigir a vida de um cidadão numa emergência adquiriu na Alemanha. Há dois pontos a sublinhar a esse respeito.

Por um lado, havia o caráter excepcionalmente rigoroso e exigente do ideal alemão. No tocante aos assuntos de uma nação, nenhuma concessão, nenhuma transigência, parecia tolerável ou admissível. O que tinha que ser feito, tinha que ser feito incondicionalmente. A consideração de circunstâncias reais era freqüentemente julgada como produto de uma razão fria, calculista, de um tipo adequado aos negócios e ao comércio mas não aos assuntos "da pátria". As características sobremaneira opressivas da tradição nacional de consciência e comportamento na Alemanha estavam estreitamente ligadas ao elevado conteúdo de fantasia do ideal nacional alemão, ao cunho altamente idealizado que tinha adquirido através dos séculos, em que a realidade nacional fora insatisfatória e uma comprovação da realidade do ideal coletivo, ou não era possível, ou, por medo de desapontamento, não era desejada. Pois quanto mais fortes são os impulsos de fantasia nas exigências feitas pela consciência das pessoas, menos essas exigências são acessíveis à modificação através da comprovação crítica com a ajuda de fatos, menos as pessoas são capazes de furtarem-se-lhes, e mais duras, mais ameaçadoras e tirânicas elas se tornam.

E o caráter compulsivo, inevitável e implacável de tais exigências é aumentado quando derivam não só da consciência e dos ideais de cada indivíduo, mas são, além disso, mutuamente impostos por um certo número de indivíduos uns aos outros. A pressão coletiva na mesma direção, para a qual a consciência e os ideais dos indivíduos também impelem, o *reforço mútuo* (*die wechselseitige Verstärkung*) de vozes internalizadas, reconhecidas ou não, põem em movimento uma forma específica de dinâmica de grupo que pode freqüentemente ser observada nas sociedades atuais e sobre a qual voltaremos a falar mais adiante: seu funcionamento dentro da liderança nacional-socialista, sobretudo depois da eclosão da guerra, é bastante fácil de ver, pelo menos se for elaborado e posto em uso um modelo conceitual da mesma. O reforço social torna ainda mais difícil a renúncia às exigências fantasiosas da consciência e dos ideais, as quais, na melhor das hipóteses, os indivíduos poderiam ser capazes de realizar com êxito por sua própria conta. Tal reforço paralisa até um julgamento mais crítico e a capacidade de perceber fatos contraditórios pelo que são. Permite que essas exigências, por mais impregnadas de fantasia que possam estar, pareçam evidentes por si mesmas, normais e altamente realistas. Sobretudo em tempos de crise, as pessoas são induzidas, através de reforços recíprocos, a exagerar cada vez mais as exigências de suas "vozes interiores", suas crenças e convicções, seus princípios morais, ideais e seja o que for, e a obedecer-lhes de um modo cada vez mais intransigente. Em tal situação, grupos, movimentos sociais ou nações inteiras podem ser colhidos numa dinâmica de escalada que acentua de forma crescente suas fantasias coletivas, redundando num comportamento cada vez mais cego para a realidade até que, finalmente, ocorre a grande colisão, a qual — usualmente com elevada perda de vidas humanas — os faz descer de volta à terra, revelando mais claramente, em retrospecto, a vacuidade de seu idealismo compulsivo.

Os líderes que se destacam, enquanto tal processo está em andamento, seguem usualmente a tendência geral e exploram-na. Na luta por posições de liderança, os vencedores mais prováveis são aqueles contendores que, sejam eles de primeira ou de segunda categoria, estão mais aptos a encarnar as tendências que levam à radicalização e dão expressão às crenças, doutrinas e metas comuns, em sua forma mais extrema. Pois os líderes não são simplesmente, como às vezes é dito, "figuras paternais". Para serem aceitos como líderes, têm de corresponder mais ou menos a uma imagem de líder que pertence à tradição ou, para expressá-lo em termos estáticos, à "cultura" daqueles a quem desejam liderar. Um líder deve ser capaz de desempenhar um papel na imagem ideal que uma nação ou outro agrupamento tem de si mesmo — a sua auto-imagem nacional. A margem que essa imagem admite, para variações e tipos contraditórios de líder, pode ser maior ou menor. Por sua parte, a imagem do líder pode ser mudada através dos atos e condutas de líderes individuais, sobretudo quando são bem-sucedidos. Mas todas as variações, contradições e mudanças serão específicas: elas serão caracterizadas pelo desenvolvimento de uma dada nação ou outra coletividade.

Quando, portanto, numa nação, ou alguns de seus poderosos setores, as formas de crença, consciência e ideais — em suma, os níveis de controle dentro da própria personalidade — são tradicionalmente rigorosas e autoritárias em extremo, como era o caso na Alemanha, as pessoas, com toda a probabilidade, voltar-se-ão para líderes com características semelhantes. De fato, as diferenças entre os tipos de líderes que tendem a predominar nos panteões históricos de determinadas nações podem servir como indicadores de diferenças entre as tradicionais imagens de líder e as auto-imagens ideais, os "nós-ideais" dessas nações.

O fato de que os desenvolvimentos nacionais produzem não só instituições sociais específicas, mas também crenças nacionais, doutrinas, padrões de consciência e ideais específicos que se tornam parte da personalidade dos indivíduos contribuiu de modo considerável para o fato de que, na Alemanha e em outros países, as propriedades específicas de uma tradição comum de crenças e comportamentos puderam ter continuidade através de sucessivas gerações — na medida em que a nação como um todo, ou seus grupos dominantes, não sofram drásticas derrotas que forcem uma reorientação da auto-imagem coletiva e, concomitantemente, das crenças, ideais morais e metas coletivos. Quando uma nação como a Alemanha, com uma tradicional propensão para os padrões autocráticos de consciência e um "nós-ideal" que sujeitou o futuro à uma imagem onírica de um passado maior, foi colhida, durante uma crise nacional, numa dinâmica de escalada em que, primeiro, as elites dominantes no poder e, mais tarde, círculos sociais mais amplos se viram impelidos, através de mútuo reforço, a uma radicalização de comportamento e crenças, e a um progressivo bloqueio de percepções da realidade, então houve um perigo agudo de que os traços autocráticos tradicionais se intensificassem numa rigidez tirânica, e de que o domínio da fantasia, embora previamente moderado, crescesse e se tornasse cada vez mais forte.

12

Uma outra peculiaridade da identificação alemã com um opressor estava relacionada com o fato de que, independentemente de seu curso deveras conturbado, a história alemã ao longo dos séculos foi, com muitos altos e baixos, uma história de declínio. A compensação para o exercício de funções de compulsão pelo Estado que os membros de outras nações receberam — a satisfação de um ganho cumulativo de poder, orgulho e fama — só foi concedida aos alemães por breves períodos. Na grande maioria das fases de sua história, essas compensações foram-lhes negadas. Mesmo hoje, na França e na Grã-Bretanha, imagens de Luís XIV ou Napoleão, Henrique VIII ou Elizabeth I, têm seu lugar como símbolos de sucesso nas auto-imagens de seus povos. Na Alemanha, em contraste, uma longa tradição de domínio autocrático foi acompanhada por uma relativa falta de sucesso. Através dos séculos, as vitórias exemplares foram esparsas em comparação com as derrotas, o gradual declínio e os repetidos surtos de impotência em relação a outros Estados ascendentes. Quer a questão fosse tratada em relação ao fim dos Hohenstaufen, ou dos Hohenzollern, ou ao fim de Hitler e seu regime, o resultado foi, todas as vezes, uma Alemanha mais fraca ou menor.

Também é provavelmente necessário, a esse respeito, procurar uma resposta para o problema do que é muitas vezes descrito como a inclinação alemã para o sentimentalismo e a autocompaixão. O "ideal pátrio" que uma crescente proporção do povo alemão absorveu em sua consciência nos séculos XIX e XX, como um mecanismo mais ou menos automático de autodireção em seu comportamento, sobretudo em situações de tensão e conflito com estrangeiros, representou as exigências de um Estado cuja imagem era suficientemente grande e gloriosa para justificar o sacrifício da própria vida, mas que parecia, ao mesmo tempo, estar condenado ao declínio e ao fracasso, pelo que o sacrifício era em vão. O ideal continha a promessa de um destino tão fulgurante como só o amor pode ser, acompanhada de um antegosto de catástrofe e desesperança, que era tão amargo quanto só a morte pode ser.

Muitas características da tradição alemã de crença e comportamento explicam-se melhor por referência ao modelo peculiar de história alemã como uma história de declínio. Assim, é possível enxergar, de um modo algo mais claro, quais dos muitos potenciais que estão escondidos dentro dessa tradição se aglutinaram nas origens de um movimento tão cruel e bárbaro quanto o nazismo. A ascensão e queda desse movimento marcou o ponto em que todo um período da história da Alemanha chegou ao fim, o período em que os alemães tiveram um sentimento de grandeza orientado principalmente para o seu passado, simbolizado através do conceito de um "Império" (*Reich*).

Quase todas as nações européias foram arrastadas, mais cedo ou mais tarde, para a competição por um império. Mas suas energias foram, em sua maior parte, dirigidas, pelo menos em épocas recentes, para a obtenção de um império ultramarino. Os alemães foram praticamente os únicos que tinham como parte de sua tradição de crenças e comportamento a imagem de um império na própria Europa. Prendia-os com tanto mais força a essa tradição o fato de que, na luta por um império ultramarino, eles tinham ficado muito para trás, por falta de bases tanto internas quanto externas.

O movimento nacional-socialista entrou em cena numa época em que o sonho tradicional de restaurar o império alemão estava sendo ameaçado, mais fortemente que nunca, pelo rumo concreto dos acontecimentos. Alguns grupos da população alemã estavam cada vez mais preocupados porque o sonho de um grande império alemão na Europa e, com ele, muito do que consideravam sumamente significativo e valioso, parecia ser crescentemente incompatível com a situação real da Alemanha. Até à derrota de 1918, o sonho permanecera vivo. Agora, porém, a história da Alemanha tinha quase atingido um ponto em que os alemães, que durante séculos, a despeito de sua real fraqueza, tinham-se visto como uma grande e poderosa nação, teriam de abrir os olhos para o fato de que seu país não era mais uma nação de primeira categoria ou o centro potencial de um vasto império. O episódio nacional-socialista assinalou o momento na Alemanha em que se tornou quase inevitável reconhecer que o sonho imperial era o eco de um passado que se fora para sempre e de uma grandeza que nunca mais voltaria. Além de tudo o mais que foi responsável pela barbárie do período de Hitler, cumpre assinalar que uma de suas bases foi certamente a recusa em ver e aceitar esse desenvolvimento. A força da tendência de declínio estava refletida na extrema brutalidade dos meios com que as pessoas procuraram sustá-la.

Outras nações européias enfrentaram simultaneamente ou mais tarde o mesmo problema. Exigia-se por toda a parte uma dolorosa reconstrução da auto-imagem nacional e de um sentimento de valor pessoal; por toda a parte se solicitava uma recomposição das tradições de crença e comportamento. Para os alemães, entretanto, essa tarefa era particularmente difícil porque a realidade de sua existência nacional só muito raras vezes correspondera às suas expectativas, à imagem ideal de si mesmos como alemães.

A Grã-Bretanha foi atingida, menos abruptamente, pelo choque que uma nação sofre quando seus membros adquirem consciência de sua perda de poder, de redução do seu status internacional. No caso britânico, a inevitável turbulência da transição do status de potência mundial para o de uma potência de segunda classe, quando as pessoas tiveram de reconhecer que seu sonho de um império acabara, foi perceptivelmente mais silenciosa. Entretanto, mesmo nesse caso, foi possível ouvir vozes que se queixaram amarga e furiosamente a respeito do curso dos eventos. Por exemplo, o seguinte manifesto foi publicado em *The Times* de 1º de janeiro de 1962:

— Todas as pretensões de liderança mundial nos escaparam
— A nossa política externa é quase inexistente...
— A nossa participação no comércio mundial está em declínio...
— Os impostos estão aumentando
— A burocracia floresce e torna-se cada vez mais arrogante
— Os monopólios e as práticas restritivas infernizam a indústria e a livre iniciativa
— O padrão de educação está caindo
— O nosso tradicional orgulho de excelência e esmero artesanais está desaparecendo
— A nacionalização e o egoísmo dos mineiros mataram entre eles o nosso comércio de exportação de carvão...
— Crime e violência estão aumentando e deixaram de receber punição adequada
— Os sindicatos (*trade unions*) mantêm abertamente o país sob seu domínio para negociar o resgate e tornaram-se um Estado dentro de um Estado
— A eletricidade, a nossa indústria-chave, ainda está largamente nas mãos do Sr. Frank Foulkes, presidente comunista da Electrical Trades Union
— Aumenta o número de mortos e feridos nas estradas, causados por embriaguez e egoísmo
— As crianças são criadas e educadas para acreditar que o mundo lhes deve uma existência irresponsável e parasitária
— O padrão moral da nação é inferior ao que foi há mais de 200 anos
— Patriotismo e lealdade estão fora de moda.[7]

A "National Fellowship" que anunciou ao público sua fundação com esse manifesto, descreveu os seus objetivos com as seguintes palavras:

> Assumimos a tremenda tarefa de nos empenharmos em dar à Grã-Bretanha uma direção e um exemplo no processo de recuperação dos nossos padrões morais e de retorno à nossa anterior grandeza. Acreditamos que, apesar de muitos erros de omissão e de

comissão, a Grã-Bretanha contribuiu mais para o avanço da civilização do que outras nações, e que o mundo ainda necessita de nossa liderança.

A situação histórica e a fase de desenvolvimento em que a Grã-Bretanha se encontrou, por volta de 1960, tinham muitas coisas em comum com as da Alemanha na época da ascensão dos nacional-socialistas.[8]

Em ambos os casos, deparamo-nos com o declínio de poder nacional, o alvorecer da compreensão de perda e o desejo candente de recuperação da antiga grandeza. Não obstante, a reação a uma situação comparável, em correspondência com a distinta tradição de crenças e comportamento, também foi diferente em muitos aspectos. Percebe-se a enorme dificuldade, após ter sido uma potência de primeira grandeza durante séculos, em conformar-se com um status inferior no concerto internacional das nações. Na Grã-Bretanha, a mais antiga e mais consolidada elite no poder também usou essa dificuldade, em certa medida, como uma arma em sua luta contra a mais ampla distribuição de poder que é uma concomitante e uma condição para a industrialização. Também a usou contra as reformas sociais que são necessárias para que tal processo possa continuar e para habilitar uma nação a manter a mesma categoria na luta competitiva com outras nações mais avançadas pela conquista de mercados. Havia o mesmo sentimento previamente manifestado pela Alemanha de que a própria nação a que se pertence era superior a todas as outras, ainda que no caso alemão isso fosse justificado em termos do inexplicado fato natural de uma superioridade racial, e na Grã-Bretanha, por referência a uma ímpar contribuição para a civilização. Havia a mesma pressão pela recuperação da anterior grandeza em face da corrosiva influência dos sindicatos, dos mineiros e, sobretudo, de todos os grupos sociais em relação aos quais as pessoas se sentiam hostis; mas, num caso, o retorno à antiga glória estava ligado ao anterior padrão moral, ao passo que, no outro, a recuperação tinha que ser conseguida sem qualquer consideração de ordem moral e de humanidade. Havia a cegueira interior para tudo o que não afetasse o próprio grupo a que se pertencia, o reforço mútuo de desejos e esperanças, e a persuasão mútua de que o irrecuperável podia e devia ser trazido de volta, de que a antiga grandeza, o papel de liderança na política mundial, podiam e deviam ser restaurados.

Mas embora isso possa servir como presságio para futuras dificuldades de ajustamento, a Grã-Bretanha foi, não obstante, uma das poucas entre as grandes nações européias que tentou ajustar-se a uma perda de poderio sem usar de violência numa exacerbação final e sem resistir à mudança ameaçadora no equilíbrio de forças entre os Estados através de uma guerra. Comparadas com as sangrentas ações de retaguarda de numerosos países, as poucas ocasiões em que a Grã-Bretanha tentou preservar pela força a sua anterior posição, como na crise de Suez, por exemplo, parecem pequenas atitudes irrefletidas, pequenas imprudências. Evidentemente, uma tradição nacional veio em ajuda dos britânicos, a qual os ajudou, em considerável medida, a julgar e rever seus ideais nacionais em função de um diagnóstico bastante realista de acontecimentos concretos.

Além disso, séculos de poderio e de brilhantes realizações tinham criado na Grã-Bretanha um sentimento de elevado mérito nacional, que era muito mais sólido do que na maioria dos outros países europeus, especialmente a Alemanha. O sistema britânico de crenças nacionais tinha, desde tempos imemoriais, legitimado suas pretensões de superioridade, pelo menos parcialmente, através do serviço e das realizações da Grã-Bretanha para outros, para a humanidade e a civilização. A reivindicação de um papel de líderança na política mundial — um freqüente *leitmotiv* na ideologia nacional britânica — foi característico da forma e maneira como as vistas do povo britânico estavam voltadas, por seu sistema de crenças, para o mundo além das fronteiras do Reino Unido. Estava refletida nisso a experiência de um povo que, durante séculos, colonizara e comerciara com grandes partes do mundo. Em contraste, a ideologia nacional alemã estava voltada para si mesma. Uma pretensão que assentava na superioridade da própria raça não podia ser justificada em função de serviços para outros, nem mesmo para seus líderes. Os britânicos, tal como os alemães, usavam a palavra "raça" num sentido que estabelecia a sua superioridade. Mas quando os primeiros diziam "a raça britânica", a expressão estava impregnada de um sentimento de superioridade que já não precisava ser especialmente sublinhado. As pessoas formam perpetuamente hierarquias; mas a polidez em relação aos outros, e o serviço que lhes é prestado, estavam entre as coisas que eram necessárias para o bem-estar da própria pessoa.

O ideal nacional alemão era muito mais ambicioso e muitíssimo mais distante dos eventos reais. Como resultado, o seu caráter tirânico e opressivo veio à tona de um modo muito mais espalhafatoso numa situação de declínio. O seu caráter compulsivo não permitiu correções de rumo com base em algo tão destituído de importância quanto o curso real dos acontecimentos. As realidades tinham de ser alteradas sem considerar as perdas e ajustadas ao ideal nacional. Com uma tradição nacional do tipo da que se formara na Alemanha, o choque de se encontrarem uma vez mais como potência de segunda ou terceira categoria era muito mais difícil de suportar. Havia muitos fatores que favoreceram o extremismo dos movimentos sociais alemães nas décadas de 1920 e 1930. Um dos mais poderosos dentre eles foi a tentativa de evitar, a qualquer custo, o choque de reconhecer a posição alterada da Alemanha, e o desejo veemente de reverter o processo de desenvolvimento que estava ameaçando mergulhar a Alemanha no status de potência de segunda ou terceira categoria. Em parte, a tentativa resultou desvairada e bárbara porque, em comparação com o ideal, com o sonho do império que os nacional-socialistas se propunham restaurar, os recursos efetivos da Alemanha já eram muito pequenos.

13

A última seqüência de pensamento não pode ser adequadamente levada adiante sem retornar, uma vez mais, a algumas das implicações mais amplas do que foi dito sobre a imagem que se tem dos seres humanos. Muito dela, ou assim pode parecer, contradiz a idéia usual do relacionamento entre "indivíduo" e "sociedade".

O que era observável no caráter nacional dos alemães como tendência para a autocompaixão e a sentimentalidade era, pelo menos em parte, à semelhança de outras peculiaridades alemãs, o sintoma de um profundo conflito. Era a versão reforçada de um típico conflito básico que encontramos, em uma ou outra forma, entre os membros de todas as grandes nações-Estados com uma população altamente individualizada. Na Alemanha, através do modelo especial de desenvolvimento do país como nação-Estado, recebeu um desvio especial.

Não era simplesmente um conflito do gênero que Freud parece ter postulado e que resulta do desenvolvimento independente dos indivíduos. À primeira vista, parece ser um conflito entre o desejo de um indivíduo de sobrevivência pessoal e o seu desejo de sobrevivência da sociedade a que ele pertence — uma unidade social a que o indivíduo está vinculado através de um sentimento de identidade e que, ao mesmo tempo, o transcende. Quanto mais os grupos de parentesco, como famílias e clãs, perderam sua função como portadores da identidade de pessoas que se prolonga para além da morte, mais a mesma função foi fortalecida por outras formações sociais. Durante um certo tempo na Europa, organizações religiosas especializadas, como as igrejas, que cresceram a par das organizações do Estado e eram, com freqüência, suas rivais na luta pelo poder, constituíram os principais focos para onde eram dirigidos os desejos gêmeos por uma identidade e por um valor, uma pertença e um significado que se estende para além do tempo de vida de um indivíduo. Mais do que os Estados dinásticos de seu tempo, se bem que, com freqüência, também em uníssono com eles, os representantes sociais de tais tradições sobrenaturais de crença e comportamento prometiam ao indivíduo um valor e um significado que sobrevivia à sua existência física. E o medo de que esse valor pudesse ser destruído, o temor de uma perda de significado, no caso deles, também despertou sentimentos de total inimizade, tão fortes e tão imperiosos que os crentes, em nome de sua religião sobrenatural exclusiva, estavam prontos — como foi o caso, mais tarde, em nome de tais religiões sociais como as religiões de classe e as religiões nacionais, entre outras — para fazer a guerra contra os adeptos de outros sistemas opostos de crença e valor, e, se possível, destruí-los a fim de assegurar a sobrevivência ou a supremacia de sua própria organização religiosa e das tradições por ela representadas.

Em épocas mais recentes, sobretudo nos séculos XIX e XX, tais sentimentos ligaram-se, de modo crescente, a produtos sociais de uma espécie puramente secular e às correspondentes tradições de crença e comportamento; unidades tais como classes ou nações passaram agora a ser os principais focos para necessidades dessa espécie. Assumiram cada vez mais a função previamente desempenhada por menores unidades de descendência, como famílias, clãs e outros agrupamentos de parentesco, como fiadores e símbolos de uma identidade e de um valor que eram, simultaneamente, muito pessoais e transcendiam a vida pessoal. Hoje, o registro escrito, ensino e aprendizado de sua própria história nacional tomou o lugar ocupado em sociedades mais primitivas pela transmissão oral de um fundo, em muitos aspectos secreto, de conhecimentos — os nomes e feitos de ancestrais, as lendas, os rituais etc. — que conferem ao indivíduo um sentimento de identidade e solidariedade com um grupo, e um significado e valor duradouros em seu relacionamento com outras pessoas e outros povos.

Assim, o conflito básico antes mencionado, o qual parece à primeira vista e superficialmente ser um simples conflito entre o desejo de sobrevivência de indivíduos e o seu desejo de sobrevivência de sua nação, prova ser, num nível mais profundo, um conflito entre o desejo de uma pessoa de sobrevivência física e o seu desejo de sobrevivência daquilo que ajudou a garantir o significado e valor de sua existência. No tocante à nação de uma pessoa, como anteriormente em relação aos seus bens patrimoniais, ao seu grupo profissional, à sua igreja, tribo ou clã, defrontava-se a pessoa com uma escolha entre a contínua existência daquilo em relação a que ela diz "eu", e aquilo em relação a que diz "nós". A alternativa de arriscar a própria vida parecia freqüentemente ser mera sobrevivência física que tinha sido despojada de seu valor, orgulho e significado. E existem poucas experiências que atinjam uma pessoa tão dolorosa e traumaticamente quanto a perda e destruição do que ela sente ser o valor e significado de sua vida.

O que é em particular pode variar. Pode ser preenchido com fortes emoções ou afetos mas, no plano consciente, ser experimentado somente de um modo nublado e fora de foco. Em sociedades individualizadas de uma forma tão característica quanto a nossa, é fácil esquecer que mesmo o valor e o significado que as pessoas atribuem às suas próprias vidas, num sentido puramente pessoal e individual, é sempre um valor e significado em relação a outros, a algo para além da própria pessoa, seja real ou imaginário. Sem funções para os outros, sem funções sociais, qualquer que seja a aparência de que se revestem, uma vida humana permanece vazia e sem sentido. Assim, a vida pode tornar-se sem significado para uma pessoa quando seu amor e afeição por outra deixou de ter reciprocidade, ou quando a pessoa amada morre. Pois a dádiva de amor, ainda que possa ser uma necessidade imperiosamente pessoal, não é uma função social menor que a de receber amor. A principal fonte donde uma pessoa deriva seu valor, seu significado a mais longo prazo, pode ser a prática eficiente de uma profissão. Para outros, pode ser sua riqueza, seu nascimento, sua coleção de selos ou o amor incondicional e exigente de uma criança pequena; ou a experiência de uma prece atendida e o conhecimento de ter sido tocado pela graça de Deus. Sociedades como a nossa oferecem as mais variadas fontes a partir das quais os indivíduos podem criar, à sua própria maneira pessoal, um sentimento de seu próprio valor e significado na vida, mas também geram ameaças constantes a essas fontes e destroem significado e valor pessoais.

É muito raro os sentimentos de satisfação ou insatisfação — que em sociedades sumamente individualizadas as pessoas vivenciam numa forma puramente pessoal, como resultado de sua necessidade de valor e significado — não serem afetados pelos sentimentos de satisfação ou insatisfação, os prazeres e os desapontamentos, que fluem para as suas vidas em decorrência do desenvolvimento, dos sucessos e dos fracassos das unidades sociais com que elas se identificam. No nível atual do desenvolvimento humano, o bem-estar e a prosperidade do país, da nação a que se pertence, passou a desempenhar um papel cada vez mais central como fator na realização ou destruição daquilo que, aos próprios olhos da pessoa, confere significado e valor à sua vida. Em tempos normais, não é necessário prestar demasiada atenção a esse respeito. De fato, isso talvez lhe passe até despercebido. Só começa a notar a existência do vínculo invisível que liga o significado e valor da sua própria existência individual ao destino do seu país, ou de uma outra unidade social, quando desenvolvimentos no nível nacional ou internacional põem em perigo o que a pessoa sente ser significativo e valioso em sua vida individual. Mas quer se tenha ou não consciência disso, fracassos e sucessos no nível nacional, ou em qualquer nível entre o individual e o nacional, também têm uma função como fontes permanentes de satisfação e desapontamento pessoal, prazer e depressão individual, as quais podem fortalecer ou enfraquecer sentimentos oriundos de fontes mais pessoais.

No mundo atual, as nações em seu relacionamento mútuo, em sua ordem hierárquica, parece terem-se tornado a dominante e a mais poderosa de todas essas influências supra-individuais sobre os sentimentos de significado e valor das pessoas. Nos níveis nacional e internacional, a interdependência dos indivíduos está ficando cada vez mais estreita e mais coerciva. E as pessoas, no plano individual, estão adquirindo uma consciência cada vez maior do grau em que praticamente tudo o que sentem ser suscetível de imprimir uma direção e conferir um significado em suas vidas está ligado à sobrevivência de unidades sociais no nível nacional, e que não pode continuar existindo sem os países com que elas se identificam. Estão começando a reconhecer, cada vez com maior clareza, a função de nações ou grupos nacionais como os fiadores, guardiões, símbolos ou incorporações de uma grande parte daquilo que percebem como valor duradouro em sua existência individual. E o fato de que as nações-Estados do século XX, talvez mais do que qualquer outra forma anterior de Estado, são "nós-Estados" — organizações com que, em graus variáveis, todos os estratos sociais se identificam —, de que no caso delas a solidariedade e a lealdade estão asseguradas, provavelmente mais do que nunca, através da proposição de um exclusivo sistema de crença com sentimentos embutidos de inimizade em relação a estranhos que não compartilhem da religião e identidade nacionais comuns, fortalece a eficácia de todos os outros fatores que contribuem para inimizades e conflitos entre Estados.

14

Neste ponto, surge um problema particularmente difícil: a significação peculiar daquilo que as pessoas vivenciam como significativo e valioso parece, com freqüência, estar ligado (se não causado, de fato) por sua exclusividade, sua restrição a grupos parciais de humanidade e inimizade intrínseca em relação a outros. O valor e significado que as pessoas se atribuem como membros de uma nação-Estado é um exemplo — talvez o exemplo mais revelador que pode ser apontado nos tempos modernos.

Por causa da exclusividade, uma polaridade inerente, uma inimizade latente ou manifesta em relação a outros, conta entre seus atributos característicos, formas atuais de valor e significado contêm em si mesmas as sementes de sua própria destruição. Cumpre aos membros instituidores de significado, e altamente valiosos, das nações-Estados pertencerem a uma nação e não a nenhuma outra. O valor e significado de suas vidas individuais parece, em última instância, depender da preservação da integridade de seu país. E o temor da destruição dessa integridade, o medo da destruição daquilo que parece ser significativo e valioso para as suas próprias vidas, é expresso quase automaticamente em ameaças ostensivas ou veladas de destruição do que parece ser significativo e valioso para os membros de outras nações — os quais, por seu lado, são colhidos no mesmo dilema, que a profunda insegurança que eles sentem em relação à preservação de seu próprio país ou grupo de países e, concomitantemente, à preservação de valores e artigos de fé tidos em elevado apreço gera uma inimizade em relação a outros países ou grupos de países que, por seu lado, sentem-se ameaçados e, portanto, inseguros nas mesmas bases. Também nesse nível, se encontram processos de ampliação recíproca. Não estão restritos à ampliação de crenças comuns e ideais *internos* de determinadas nações. Nas relações entre nações, elas revelam-se com particular clareza no caráter recíproco de suas ameaças e em seu medo umas das outras. Em ambos os níveis, tais processos podem resultar numa dinâmica de crescente escalada. E sempre que isso acontece, a civilização sofre um retrocesso e avizinha-se do seu colapso.

Em tais situações, mesmo as pessoas que mal se apercebem delas adquirem uma compreensão mais aguda do fato de que sua auto-imagem individual contém uma imagem de sua nação. Na vida corrente, a identificação da pessoa com a sua nação, a consciência de lhe pertencer, as vozes de uma consciência nacional e dos ideais nacionais como níveis na consciência e ideais dos indivíduos, mantêm-se freqüentemente mudos. São disposições para uma forma específica de experiência e ação que emerge de seu estado latente, mais ou menos inconsciente, em reação a sinais específicos. Esses sinais, planejados ou não, são dados em situações específicas.

Um processo de reforço recíproco de sentimentos nacionais individuais numa nação é uma dessas ocasiões. Por via de regra, está ligado a uma intensificação de medos e ameaças entre nações, sobretudo entre aquelas que formam o principal eixo de tensões num sistema de equilíbrio de forças. O recíproco reforço de ameaças e medos, em nível internacional, pode atingir um ponto em que nenhum dos participantes será capaz de sustar o processo; é quando uma inexorável dinâmica de escalada impele ambos os lados para a luta armada e a destruição mútua. E em tais situações, as vozes latentes da consciência e do ideal nacionais tornam-se particularmente fortes nos indivíduos. Ameaças e ansiedades crescentes no nível internacional podem servir como um detonador que ativa nos membros individuais das nações envolvidas a disposição para agir em conformidade com os ideais e normas nacionais. Quando esses sentimentos se avolumam num nível individual, podem reforçar-se mutuamente e a ebulição de sentimentos nacionais intensificará as tensões e os medos no nível internacional. Disposições pessoais para identificar-se com o seu país, que ganham vida numa situação internacional dessas, não são, como pode parecer à primeira vista, fatores extrínsecos; elas constituem uma parte da situação. O mútuo reforço de ideais, doutrinas e crenças, num nível intra-Estado, contribui, de um modo ou de outro, para o reforço mútuo de ameaças e medos no nível internacional, e vice-versa.

O fato de que esses processos de reforço recíproco podem ser postos mais ou menos simultaneamente em movimento em, pelo menos, dois níveis de um sistema de nações-Estados, torna ainda mais difícil para as unidades envolvidas — para as nações participantes ou seus agrupamentos constituintes — impedirem que a deriva imanente para o conflito armado escape a qualquer possibilidade de controle. Uma intervenção efetiva para restringir tal processo exigiria uma autoridade que não estivesse inteiramente identificada com nenhum dos dois lados, armada com suficiente conhecimento teórico da natureza de tais processos, a fim de poder estar apta a rejeitar a idéia de culpa exclusiva deste ou daquele lado, e com suficiente poder para ser capaz de elaborar e realizar uma estratégia pertinente.

Os níveis que a mobilização de sentimentos nacionais através do reforço recíproco e da concomitante deterioração da conduta civilizada nas relações com adversários pode alcançar variam entre países e situações. Muitos fatores são cruciais a esse respeito: a estrutura corrente de governo, a acuidade e forma de conflitos internos, tradições de crença e comportamento, a divisão de poder passada e presente e muitos mais. Sejam eles quais forem, entretanto, nunca é a situação imediata de um só país que determina o vigor e o caráter particular de sentimentos nacionais ou o grau de barbarismo de que é capaz em suas relações com aqueles que foram marcados como seus inimigos. O padrão de seu passado, suas oportunidades e expectativas para o futuro, desempenham um papel tão grande como determinantes da conduta de uma nação, aqui e agora, quanto o seu presente imediato. Tanto nesse como em outros aspectos, o passado deixa sua marca na ordem atual e nos modos de comportamento. Como determinantes de comportamento, passado, presente e futuro trabalham em conjunto. As situações vividas são, por assim dizer, tridimensionais.

Assim, embora as crenças nacionais possam variar consideravelmente, de acordo com as percepções das pessoas das características distintas do desenvolvimento passado, presente e futuro de um país, ao mesmo tempo elas também têm muitas características comuns — embora isso só fique claro se recuarmos um pouco e as olharmos de uma certa distância. Diferentes patriotismos e nacionalismos têm, com freqüência, uma notável semelhança familiar. Eles podem alimentar-se uns aos outros porque, como exclusivos sistemas de crença com sua ênfase sobre o valor preponderante de uma sociedade fechada, de uma única nação-Estado, assemelham-se uns aos outros como gêmeos. Situações em que as ameaças e o medo entre nações são reciprocamente fechadas têm quase sempre seu correlato intra-Estado num reforço de sentimentos nacionais por contágio, como numa infecção. De fato, a repetição de tais situações em nível internacional é uma das principais razões, se não *a* principal, para a persistência de tradições nacionais de crença e comportamento que estão concentradas exclusivamente em algumas nações em sua função como guardiãs de tudo o que é considerado significativo, como o valor supremo a que tudo, incluindo as vidas de indivíduos, está subordinado, e como a justificação para sentimentos ocultos ou manifestos de inimizade em relação aos membros de outras nações e em relação a minorias, ou seja, a estrangeiros e a grupos marginalizados na própria nação a que se pertence. E essas tradições exclusivas de crença e de comportamento são, por sua parte, uma das principais razões, se não *a* principal razão, para a repetição de processos de recíproca ameaça e medo no nível internacional e das conseqüentes guerras.

Em épocas em que a consciência nacional e os ideais nacionais são assim mobilizados, a forma e a maneira como as pessoas se percebem também mudam de modos específicos. É uma das características mais elementares dos seres humanos não possuírem somente uma imagem de si mesmos como pessoas individuais que podem dizer "eu" mas também uma imagem de si mesmos como membros de grupos em relação aos quais podem dizer "nós". Em sociedades mais simples, a experiência "eu" e a experiência "nós" na auto-imagem de seus membros são praticamente inseparáveis uma da outra. Nas mais desenvolvidas nações-Estados contemporâneas, a experiência "eu" e a experiência "nós" estão, em condições normais, nitidamente distintas, e a primeira, a experiência pessoal como indivíduo separado de todos os outros, destaca-se, bem definida e clara, no centro da autoconsciência, ao passo que a percepção de relações vivenciadas como "nós" permanece em segundo plano. É essa forma de autopercepção que encontra expressão, nos dias atuais, na fala cotidiana, por exemplo, quando a sociedade é descrita como o "*background* social" das pessoas. Em situações de emergência nacional, porém, o centro de gravidade transfere-se para um tempo mais curto ou mais longo: o conteúdo emocional do nível "nós" na auto-imagem fica usualmente mais forte e o do nível "eu" torna-se mais fraco. O que o nível "nós" ganha em carga emocional é retirado do nível "eu".

Mas tais situações de emergência não são, em absoluto, as únicas circunstâncias que mostram que, mesmo em sociedades altamente individualizadas, imagens de grupos "nós", como a nação, pertencem à auto-imagem de indivíduos e que, ao mesmo tempo, a estrutura da personalidade de qualquer indivíduo representa uma das inúmeras variações sobre um padrão nacional comum. Uma outra situação em que a força e a elasticidade do vínculo que liga o cunho expressivo e a autopercepção dos indivíduos à sua sociedade ficam mais claros é quando eles mudam de nacionalidade.

Pelo menos para os adultos, uma mudança de identidade nacional está longe de ser mais fácil que uma mudança de personalidade, e a chance de êxito dificilmente é maior. Está envolvido mais do que apenas uma troca de passaporte. Uma perturbação de identidade nacional, da imagem nacional embutida nas auto-imagens das pessoas, quer causada por uma transformação na vida de um único indivíduo ou na de toda uma nação, leva sempre a uma reorientação de comportamento e sentimentos. Isso requer uma reavaliação dos valores e crenças de uma pessoa e uma reorganização de sua percepção do eu e dos outros. Por muito que a capacidade para realizar tal ajustamento possa variar de indivíduo para indivíduo, com os adultos ela tem, por via de regra, limites definidos. Um francês ou um alemão adulto não perde facilmente o seu caráter básico de francês ou de alemão, nem perde sua identidade anterior, se passar a ser um cidadão americano. Nem, quando muda a sua situação presente, toda uma nação perde imediatamente as características básicas de sua tradição de crença e comportamento. No caso de uma nação, também o passado, todo o modelo de seu desenvolvimento, decide se e até que ponto pode ajustar-se às novas circunstâncias, se e em que medida pode reorganizar seu tradicional "nós-ideal" e sua auto-imagem.

15

É somente à luz de reflexões como essas que se torna acessível o pleno significado que a história da auto-imagem de uma nação tem para a história da auto-imagem de seus membros individuais. Assim como as condições nacionais são uma das fontes de significado e realização nas vidas dos indivíduos, elas também podem contribuir para o sentimento de que valor e significado estão ameaçados ou perdidos.

A Alemanha oferece um exemplo do curioso relacionamento em que, dado o mundo tal como ele é, a perda de poder leva à perda de significado e valor. Mas a conexão não está restrita a um país específico. Ela pode ser observada em muitas outras nações — e não só em nações ameaçadas com uma perda de poder, grupos dominantes de todas as épocas sofrem aos olhos de seus membros uma correspondente perda de significação e valor. Inúmeros exemplos mostram que grupos dominantes de todo o tipo — tribos, elites, classes ou nações — cujo poder está declinando, raramente deixam vago o terreno sem luta, mesmo que as probabilidades de manutenção de seu poder e domínio sejam nulas. Quanto mais fracos estão, mais insegura e ameaçada está, de fato, a sua superioridade, e mais estúpidas, imprudentes e irrealistas são, por via de regra, provavelmente, as medidas com que procuram preservar sua posição.

Há uma idéia muito difundida de que os membros de grupos sociais em declínio agarram-se com unhas e dentes ao poder e com freqüência lutam por ele até o último minuto, principalmente porque não desejam renunciar às vantagens "materiais" que ele lhes proporciona — por exemplo, um nível mais elevado de consumo ou as oportunidades de serviços físicos prestados por seus subordinados. E a perda de tais vantagens desempenha, sem dúvida, um papel nos temores e visões de um futuro desagradável que os leva a lutar; usam freqüentemente meios cada vez mais cruéis e mais desesperados, embora desenvolvimentos além de seu controle possam estar fazendo, de um modo visível, com que a balança do poder se incline contra eles. Mas a explicação de tal comportamento em termos "materiais" ou, como é freqüentemente expresso, "econômicos", nunca é mais que uma explicação parcial.

À parte tudo o mais que possa significar, uma perda ameaçada de poder está invariavelmente associada, pelos membros de formações dominantes, a uma séria perturbação de sua auto-imagem e, com bastante freqüência, à completa destruição daquilo que, a seus próprios olhos, confere significado e valor a suas vidas; ameaça-os, simultaneamente, com a perda de sua identidade — uma perda do eu. E, acima de tudo isso, a ameaça ao que sentem ser sua identidade, seu valor e status social, torna impossível para eles enxergarem sua situação tal como é, e adaptarem sua identidade, suas metas e o sentimento que nutrem de seu próprio significado e valor às novas circunstâncias. Quase invariavelmente, são derrotados não apenas pelo maior poder físico ou social de seus adversários em ascensão, mas ainda mais por seu próprio sentimento de que já não vale a pena viver a vida se a antiga ordem em que desfrutavam de supremacia desaparecer. Sem os atributos de sua superioridade social, a vida parece-lhes vazia de valor e significado. Se em tal situação grupos inteiros de pessoas resistem à mudança até o fim, se estão preparados, a fim de preservar sua supremacia, para lutar e sacrificar a própria vida, não é apenas porque temem uma existência sem os confortos materiais a que estão acostumados: não é, em primeiro lugar, porque a perda de seus meios de subsistência ou de seus luxos esteja ameaçada, mas por causa da ameaça ao seu modo de vida como um todo. O que está ameaçado, sobretudo, é seu amor-próprio, seu orgulho.

Talvez exista hoje uma tendência para subestimar um pouco o significado que muitas coisas, incluindo coisas de um tipo "material" ou "econômico", podem ter para as pessoas pelo fato de servirem como símbolos de seu orgulho, de sua auto-estima e do status superior que quase todo o adulto e quase todos os grupos humanos na Terra reivindicam em relação a alguém ou a outrem. É através da exploração de tais conexões que, mais cedo ou mais tarde, a chave será encontrada para os muitos problemas que a curiosa relação entre perda de poder e perda de significado e valor continua apresentando. Os membros de formações sociais mais poderosas estão dispostos a lutar quando o seu poder lhes está escapando e, com freqüência, em tais circunstâncias, nenhum meio é bastante violento ou bárbaro para eles, porque seu poder e a imagem que fazem de si mesmos como uma grande e esplêndida formação tem para eles um valor superior ao de suas vidas. E quanto mais fracos, inseguros e desesperados ficam na estrada que os leva ao seu declínio, quanto mais se avoluma neles o sentimento de que estão lutando por sua supremacia com as costas contra o muro, mais selvático se torna, geralmente, o seu comportamento e mais agudo o perigo de que desprezem e destruam os padrões civilizados de conduta de que se orgulhavam. Isso porque, independentemente de quaisquer outras funções a que possam servir, os padrões civilizados de conduta só são significativos, com freqüência, para os grupos dominantes, enquanto permanecerem como símbolos e instrumentos de seu poder. Por conseguinte, elites no poder, classes dominantes ou nações lutam muitas vezes em nome de seu valor superior, de sua civilização superior, com meios que são diametralmente opostos aos valores que pretendem defender. Com as costas contra a parede, os campeões tornam-se facilmente os maiores destruidores de civilização. Tendem facilmente a converter-se em bárbaros.

Assim, somente no caso de se incluir a importância conferida ao valor e significado do poder e da superioridade de status no diagnóstico de declínio social é que se pode avaliar as dificuldades que estão ligadas à adaptação a um status inferior. Tal adaptação é bastante difícil no caso de indivíduos. No caso de poderosas formações sociais — se é que sobrevivem — ela é tão difícil que se tem por quase impossível consegui-la em uma só geração. Normalmente, são necessárias, pelo menos, três ou mais gerações antes que uma nação poderosa (ou algum outro agrupamento social outrora poderoso) que sobreviva a tal perda de poder seja capaz de reconhecer claramente seu status inferior e de o aceitar emocionalmente; antes que a imagem do maior passado deixe de pairar diante da geração presente como medida e desafio; e antes que esta última tenha desenvolvido uma nova imagem da nação como uma unidade social que oferece a seus membros uma fonte de orgulho e amor-próprio, e na qual estão aptos, apesar de tudo, a encontrar tarefas significativas para o futuro e metas pelas quais vale a pena viver.

Os efeitos imediatos de tal declínio, de uma tal perda de poder e status, são usualmente sentimentos de desalento e desilusão. Podem passar a predominar os sentimentos de falta de méritos, de imprestabilidade e de ausência de objetivos na vida, intercalados com tendências para o cinismo, o niilismo e o egocentrismo. Por estranho que isso possa parecer, encontramos os mesmos efeitos em pessoas que perderam suas crenças ou cujos ideais foram destroçados pela realidade. Lembram os sentimentos e atitudes associados ao luto por um amor perdido, e têm muito em comum com os processos que os médicos, em seus diagnósticos de indivíduos, classificam como "regressões".

Se um processo de declínio ocorre lentamente, se a luta para detê-lo se prolonga por várias gerações e permanece indecisa por muito tempo, se ocasionais melhorias e recuperações, de tempos em tempos, reacendem as esperanças de restauração da antiga glória, se, em resumo, o declínio nunca vai tão longe que as pessoas *tenham* de enfrentá-lo, então as ambigüidades do status de uma nação e os sintomas de uma insegurança maciça em torno do status podem penetrar fundo no caráter de seus membros e impregnar toda a sua tradição de crenças e conduta. Foi precisamente isso o que aconteceu no caso do desenvolvimento da Alemanha. Como foi dito, a nossa própria época oferece muitos exemplos de nações que — muitas vezes de uma forma um tanto súbita e inesperada para elas — se defrontam com a perda de poder e status e são, em conseqüência, compelidas a adaptar seus ideais nacionais, sua auto-imagem, seu orgulho e seu amor-próprio à perda de seu papel imperial. A adaptação da Alemanha à perda do seu papel imperial depois de 1918 foi especialmente complexa, porque envolveu uma continuação do processo traumático de declínio que já se iniciara bem lá atrás na Idade Média. No espectro de diferentes casos que mostram a conexão entre experiências de perda de poder e de perda de significado e valor, o padrão de declínio da Alemanha foi curioso e talvez único. É o caso de lento declínio ao longo dos séculos, com muitos altos e baixos, que nunca atingiu um ponto suficientemente baixo para dissipar os impulsos imperiais, tornando-os obsoletos e obrigando uma adaptação final entre os alemães a seu status inferior, bem como o início de uma reorientação da auto-imagem e dos ideais nacionais alemães.

O que está aqui em discussão, a tentativa de extermínio dos judeus pelos nacional-socialistas, é apenas um episódio na ascensão e queda de povos. Mas, em muitos aspectos, possui uma significação paradigmática. Mostra o que os líderes de uma nação civilizada são capazes de fazer em sua luta pela restauração ou preservação de seu papel imperial, quando uma crônica sensação de declínio, de estar cercado de inimigos e encurralado num canto, desperta a convicção de que só uma crueldade implacável pode salvar seu poder e glória de uma gradual e inexorável decadência. Também deixa claro a que extremos de comportamento as pessoas podem ser levadas pela exclusividade de um sistema de crença nacional contra aqueles a quem tratam como "estrangeiros", como *outsiders*, membros de um grupo diferente e potencialmente hostil.

O grau de crueldade e barbarismo a que chegaram os líderes da nação alemã nessa ocasião correspondeu à força das ameaças que eles viam estar se avizinhando cada vez mais e pondo em perigo suas esperanças e aspirações para a Alemanha. Pois o amor à pátria que proclamavam, e em nome do qual reuniram vastas seções da população alemã à sua volta, não era amor pela Alemanha como ela era. Não era amor pela Alemanha como uma entre numerosas nações em pé de igualdade, e, certamente, não por uma Alemanha como potência de segunda ou terceira classe. Era amor por uma Alemanha como devia ser de acordo com seus sentimentos, por uma Alemanha que era maior do que outras nações européias e, de um modo específico, maior do que todas as nações do mundo. Era amor por um ideal, não por uma Alemanha real.

Os esforços dos líderes nazistas e, em sua esteira, de vastos setores do povo alemão visaram a plena realização dessa auto-imagem; eram demasiadamente monstruosos, desesperados e implacáveis, pois, em comparação com a "grande império alemão", que eles estavam empenhados em realizar e com os potenciais de poder de todas as outras nações que teriam de ser combatidas e subjugadas para realizá-lo, os recursos da Alemanha real já se tinham tornado muito reduzidos. A distância entre o ideal nacional alemão e a identidade nacional alemã era grande e estava aumentando. O próprio Hitler considerou a sua própria época o derradeiro momento histórico em que ainda restava uma esperança para a Alemanha recuperar seu papel imperial e o mundo ingressar numa era quiliástica de um "Reich milenar" alemão. Para se atingir esse objetivo, como ele repetidamente afirmou, seria requerida uma total mobilização dos recursos alemães, uma guerra total sem olhar as perdas, uma luta completamente implacável e inescrupulosa, incluindo o extermínio maciço de grupos hostis, "racialmente inferiores". Se os alemães fossem incapazes de restabelecer o maior império que pensavam ter perdido, então, aos olhos de Hitler, também poderiam, merecidamente, afundar para sempre. Ele tampouco tinha amor pela Alemanha tal com realmente era; o que ele amava era a *afta morgada* da Alemanha e sua própria grandeza. A guerra nacional-socialista e, como parte dela, toda a monstruosidade desses anos, era o desesperado lance de uma nação que, em relação a outras e mais poderosas nações, estava rapidamente caindo para o status de segunda ou terceira classe. Foi empreendida como uma última tentativa de viver de acordo com a imagem ideal que a Alemanha nutria de si mesma como potência mundial de primeira grandeza.

Poder-se-ia pensar, sem dúvida, que os alemães podiam ter aprendido a viver com uma imagem menos exaltada de si mesmos, sem o assassinato de milhões de judeus. Mas só em raros casos, quando outros estão ficando mais fortes e eles cada vez mais fracos, as formações sociais poderosas se submetem pacificamente a uma redução de seu poder, a uma diminuição de seus status social e, portanto, a uma mudança em sua auto-imagem, seu "nós-ideal", sua identidade — simplesmente com base num vislumbre, claro e intuitivo, do fato de que a maré do desenvolvimento está correndo contra eles. Mesmo se, para observadores de fora e talvez para uns poucos indivíduos e grupos de dentro da própria unidade em declínio, o diagnóstico sociológico é bastante claro, por via de regra a esmagadora maioria dos afetados permanece incapaz de perceber fatos que feririam profundamente sua auto-estima e seu orgulho. Em tais circunstâncias, voltam-se repetidamente para líderes que erguem diante deles a imagem de sua superior grandeza, que se valem deles em nome de seus valores superiores e os conclamam a resistir à ameaça, a lutar por sua superioridade coletiva e pelos ideais que a acompanham. Em tais momentos, a cegueira dos que estão dentro, a incapacidade de perceberem o que não se deseja perceber, o reforço mútuo de uma crença que — também contrária à realidade da situação — corresponde às esperanças e desejos comuns correntes na sua sociedade, explodem com toda a sua violência e fúria. Como animais ferozes, nações poderosas ou outras poderosas formações sociais tornam-se perigosas ao máximo quando se sentem acossadas — quando farejam que o equilíbrio de forças lhes está sendo desfavorável, que os recursos de poder de rivais e inimigos potenciais estão ficando maiores que os deles, que seus valores estão ameaçados e sua superioridade dissipando-se. Nas condições passadas e presentes da vida social humana, desenvolvimentos dessa espécie constituem uma das mais típicas e freqüentes situações em que os povos são impelidos para o uso da violência; são uma das situações que levam à guerra.

16

Muitos fatores contribuíram para o fato de que o colapso das restrições civilizadoras, no caso da Alemanha nazista, foi particularmente profundo, e de que a violência foi dirigida com especial fúria contra os judeus. Alguns desses fatores já foram mencionados; falta examinar outros. Do que foi dito até aqui, talvez tenha ficado algo mais claro sobre as atitudes e crenças dos nazistas, não somente na época de sua ascensão e sob o seu domínio. Na Alemanha um movimento nacionalista, antidemocrático e anti-semítico extremo, com uma religião social fortemente dominada pela fantasia e uma tendência para o uso da força bruta pôde chegar ao poder, de fato, mas todo o episódio nacional-socialista, está fadado a permanecer obscuro se não se levar simultaneamente em conta o seu lugar e função no contexto mais amplo no desenvolvimento a longo prazo da Alemanha. Entre as tendências de desenvolvimento a longo prazo que contribuíram para o surto de movimentos desse tipo, depois da derrota de 1918, favorecendo finalmente a captura do poder por um deles, o lento declínio da Alemanha como grande potência européia, brevemente interrompido depois de 1871 pela implantação do Segundo Reich, foi um dos mais importantes. Em contraste com outras potências européias comparáveis, a Alemanha só conheceu umas poucas décadas de grandeza em que a sua posição real se aproximou um pouco mais do ideal nacional. Após esse interlúdio, ideal e realidade distanciaram-se cada vez mais, como antes.

Já foi sugerido que essa tendência teria sido, em certa medida, responsável pela ênfase emocional peculiarmente "romântica" do ideal alemão de "pátria" e do conceito de papel imperial da Alemanha, conforme simbolizado pelo termo "Reich". Também ajuda a explicar por que vastas seções da população alemã estavam inclinadas a orientar seus objetivos para o futuro nacional em torno da imagem do passado maior. Criou uma disposição nas atitudes nacionais, no sentido do que pode ser chamado, em termos tradicionais, de "conservadorismo romântico". Além disso, a elevada posição ocupada na auto-imagem alemã pelo passado idealizado, como o único tempo de grandeza nacional, desempenhou pelo menos um papel como determinante da elevada posição que a preocupação com a história — um tipo específico de história — adquiriu na escala de valores dos alemães.

Estreitamente ligados a essa tendência do desenvolvimento estavam também elementos específicos da tradição alemã de crença e comportamento que prepararam o caminho para a extrema violência dos alemães numa época em que o conflito entre sua auto-imagem tradicional e o curso efetivo dos evento se tornou mais agudo, ameaçando impor-se à consciência quando o momento da verdade ficou mais próximo. Um exemplo altamente característico dessas persistentes disposições foi a idéia de política que encontrou expressão na palavra alemã *Realpolitik*. Em sua raiz encontra-se toda uma parte da ideologia nacional alemã que pode ser resumida nestes termos: "Seja o que for que outros possam dizer, a única visão realista é que a política assenta no uso infrene da força. Em especial, a política internacional nada mais é do que a continuação da guerra por outros meios. Apesar de todas as belas palavras que os diplomatas possam usar, quando chega a hora de pôr as cartas na mesa, eles também confiam em seu 'poderio' a fim de atingir seus objetivos políticos e, tal como os alemães, usam-no sem o menor escrúpulo. A única diferença é que os alemães são mais honestos."

A crença nacional alemã na *Realpolitik* está ligada à crença geral na guerra, com o uso da força armada como o meio, em último recurso, para solucionar conflitos entre nações. Mostra, com particular e convincente vigor, como essas crenças descendem das tradições dos Estados pré-industriais, dinásticos e geralmente absolutistas. Os príncipes autocráticos de Estados predominantemente agrários, com uma população largamente iletrada, que vive num certo nível mínimo de subsistência ou logo acima dele, podiam acreditar, com uma certa justificação, que todas as disputas com outros príncipes podiam ser resolvidas a seu favor pelo uso de força militar superior. Podiam conquistar territórios, se necessário impor a seus habitantes a religião dos conquistadores; se quisessem poderiam até forçá-los a usar a língua deles, e, desse modo, absorver territórios disputados, que muitas vezes eram simplesmente territórios com tentadoras riquezas naturais ou fronteiras estrategicamente mais favoráveis, em seus próprios reinos.

A *Realpolitik* alemã, como os objetivos de guerra dos líderes da Alemanha em ambas as guerras mundiais revelaram claramente, ainda se situava na linha de sucessão desse tipo de ação política dos príncipes autocráticos. A crença em que "Deus está sempre do lado dos batalhões mais fortes", em que todas disputas entre nações são correntemente decididas, em última instância, pelos exércitos mais fortes e melhor comandados — e sempre o serão —, sobreviveu mesmo depois que ficou suficientemente claro, num mundo de nações-Estados industriais interdependentes, que os vencedores militares não são necessariamente os maiores beneficiários de suas vitórias e os vencidos não serão necessariamente enfraquecidos ou levados a sofrer mais do que seus adversários. A crença na eficácia da força militar como *ultima ratio regum*, a qual não estava inteiramente deslocada no contexto de limitados equilíbrios de forças entre Estados pré-industriais com relativamente pouca dependência mútua, foi transferida, quase como um processo natural, para um sistema de poder em escala mundial que consistia num crescente número de nações-Estados cada vez mais estreitamente interligadas. Níveis crescentes de educação, a crescente consciência nacional, até mesmo dos mais baixos estratos sociais, os padrões de vida cada vez mais elevados até das pessoas mais pobres, tudo ajudou a fazer com que a conquista e anexação (ou seja, a rápida ou gradual incorporação de populações estrangeiras) se tornassem cada vez mais difíceis.

A *Realpolitik* alemã em 1914, assim como em 1939, estava orientada para objetivos de guerra deste último tipo. Muitas razões contribuíram para o fato de os círculos dirigentes de um império com uma história como a dos alemães estarem imbuídos de uma crença tão forte na violência física como decisivo instrumento político. Uma dessas razões era a fraqueza de longa data da Alemanha. Durante séculos, os alemães tinham estado expostos a ataques e invasões por príncipes estrangeiros. Como membros de um conglomerado de Estados relativamente fracos, tinham amplas oportunidades para observar como outros usavam seu poderio superior e com que crueldade freqüentemente o faziam. E o fato de que primeiro a Prússia e depois a própria Alemanha deveram sua ascensão em considerável medida a uma série de vitórias militares — o que foi importante para a sobrevivência de uma aristocracia guerreira e latifundiária como grupo de elite — consolidou essas tendências na tradição alemã de crenças e comportamento. A unilateralidade de sua percepção correspondia ao padrão de sua história. Cientes de sua anterior fraqueza e nunca inteiramente seguros de sua força depois de 1871, os alemães eram propensos a colocar os aspectos de poder da política acima de todos os outros. Em conseqüência, estavam conceitualmente aptos a apreendê-los com mais clareza do que muitas outras nações européias cujos governantes e pensadores representativos tratavam o poder de um modo um tanto axiomático.

Embora os alemães fossem altamente sensíveis a respeito do papel da violência física e do "poder" nas relações entre Estados, eles eram menos sensíveis acerca das limitações no uso do poder superior que se desenvolveram em algum outro lugar. Nas nações-Estados européias que podiam recordar uma tradição mais extensa de sua própria superioridade de poder, o papel das chances de poder e da violência física na vida social foi freqüentemente — com exceções tais como, por exemplo, Hobbes — conceituado e articulado de um modo menos conciso. Os recursos do poder foram usados, antes, em formas tradicionais, e a experiência acumulada em muitas gerações tinha contribuído muito para a criação de regras tradicionais que determinavam quando era útil empregar o poder superior de maneira implacável e quando não o era. Elas tinham, portanto, contribuído para o cultivo de um sentimento para os limites no uso da força bruta como um meio de política prática e, em muitos casos, para a formação de uma consciência dela — a qual, mesmo que não pudesse ser completamente impedida, agia como um freio. A tradição alemã de crenças e comportamento, com sua tendência para absolutos, produziu, entretanto, uma disposição para subestimar tais limites e restrições; com muita freqüência, bloqueou totalmente a capacidade para percebê-los. Com referência a este ou àquele exemplo do uso puro e simples de força — o que, é claro, encontra-se por toda a parte — eles nada viram nos limites e restrições além de uma ardilosa camuflagem, uma expressão de hipocrisia.

Assim, quando os próprios alemães se tornaram, por um breve período de tempo, mais fortes e mais poderosos, sua tradição de crenças e comportamento encarnou uma tendência pronunciada para ver as relações entre nações como nada mais que uma política de força, na acepção mais elementar do termo — como *Realpolitik.* Os grupos dominantes do Segundo e do Terceiro Reich eram, comparativamente, novatos na cena da política nacional. Como herdeiros de uma tradição fortemente autocrática, eram particularmente suscetíveis, em seus pensamentos e ações, de seguir o exemplo de príncipes bem-sucedidos, como o Grande Eleitor ou Frederico II, que tinham sido capazes de absorver territórios inteiros pela conquista sem sentir qualquer necessidade de considerar os desejos das populações envolvidas, ainda que suas línguas e tradições fossem muito diferentes. Entretanto, embora a lembrança do passado da Alemanha tivesse aumentado a sensibilidade de seus estratos dirigentes para a política de poder e levasse os aspectos de poder da política a articularem-se de um modo mais nítido do que em qualquer outra parte, sua percepção era quase inexistente para — e tinham poucos conceitos referentes a — os limites que são fixados em complexos sistemas multinacionais para o uso da força em geral e da força militar em particular. Era, de fato, um dos paradoxos fundamentais da tradição alemã de crenças e comportamento que o mesmo povo que seguia um idealismo nacional absoluto, incondicional e muitas vezes altamente irrealista, se vangloriasse ao mesmo tempo do que acreditava ser o seu realismo, a sua *Realpolitik.*

Tal como outras formas de idealismo, o idealismo nacional dos alemães — à semelhança do das nações em geral — funcionou como uma estrela-guia que deu direção, valor, significado e, ocasionalmente, realização às ações de indivíduos. Visto sob essa luz, era uma das condições necessárias para os sacrifícios que eles faziam por seu país. Se usarmos os indivíduos, singularmente, como quadro de referência, o idealismo nacional, patriotismo, nacionalismo — como quer que lhe chamemos — possui alguns atributos que são usualmente classificados como sentimento e comportamento "moralmente bons". Se o quadro de referência que se usa são as nações-Estados como um todo, os ideais nacionais têm muitos atributos que são usualmente classificados como sentimento e comportamento "moralmente maus". Na Alemanha, como em outros países, o idealismo nacional coletivo era uma forma extrema de egoísmo coletivo. Tinha o caráter exclusivo de toda a crença nacional com suas hostilidades embutidas contra os grupos de fora. Tornou-se facilmente associado à política de força. O uso de violência no esforço para a realização de ideais nacionais era apenas debilmente restringido por normas e convenções comuns.

E assim como, nesse sentido, o idealismo nacional alemão era nada menos que "idealista", também a *Realpolitik* alemã não era outra coisa senão "realista". Num período de Estados agrários dinásticos cujas populações atribuíam freqüentemente maior valor ao fato de estarem sendo governadas por um bom ou mau príncipe, do que ao fato desse príncipe vir da Espanha, Áustria, Baviera, França ou Grã-Bretanha, os batalhões mais fortes tinham certamente um papel a desempenhar na solução de problemas pendentes de rivalidades associadas ao equilíbrio de forças. O vencedor podia tomar terras e populações, as principais fontes de poder e riqueza do vencido, até que este tivesse de retirar-se da disputa. Num sociedade multinacional em escala mundial com um equilíbrio de forças altamente complexo e uma crescente dependência mútua, dotada de controles cada vez mais efetivos contra a usurpação de territórios e povos estrangeiros — em parte como conseqüência de uma crescente consciência nacional — o irrestrito, incondicional e intransigente uso de força por uma nação, seu uso como uma espécie de dispositivo mágico, com o qual todos os problemas internacionais podiam ser remediados, dificilmente continuava a corresponder — como o destino de Hitler mostra claramente — às realidades da política internacional. Em tal sociedade, as autocoações no uso de força, em particular da força militar, estavam ficando mais necessárias que nunca, para os fins de realização dos objetivos de uma estratégia "realista".

17

Nada mostra melhor a qualidade irreal da *Realpolitik* alemã do que os objetivos bélicos alemães. Embora os grupos dirigentes das duas guerras alemãs do século XX diferissem de forma considerável em termos de suas origens sociais, seus objetivos de guerra eram praticamente os mesmos em todos os aspectos essenciais. Estavam dirigidos para a criação de um império alemão na Europa, talvez com algumas dependências ultramarinas. As continuidades de uma tradição absolutista, combinada com a imagem do antigo Reich produziram a visão de um futuro Estado que, na prática, nada mais era que um império colonial alemão na Europa e mais além.

Afora a anexação direta de territórios especialmente no Leste, entre os objetivos de guerra alemães na I Guerra Mundial estava a formação de uma união centro-européia incluindo a França, Bélgica, Holanda, Alemanha, Dinamarca e Áustria-Hungria, com a Itália, Suécia e Noruega como membros associados. Muitos territórios no Leste, incluindo a Polônia e grandes partes da Rússia, tornar-se-iam pura e simplesmente colônias. Na África, também estava prevista uma expansão do império colonial alemão. O título característico sob o qual eram defendidos esses e outros objetivos de guerra era "política de potência" (*Politik der Stärke*): esse slogan usado pelo chanceler do Reich, von Behmann-Hollweg, aponta para a conexão com a crença na *Realpolitik*. Logo no começo da guerra, o general alemão von Falkenhayn, tinha sublinhado que a Alemanha já não era suficientemente forte para tal política. O historiador Fritz Fischer demonstrou em detalhe como esses planos eram irreais.[9] Chegou à conclusão de que, mesmo se a Alemanha tivesse ganho a guerra em 1918 e tentasse concretizar seus objetivos de guerra — ou seja, erigir o império de seus sonhos e estabelecer a hegemonia alemã na Europa, qualquer que fosse o nome a ser adotado — isso apenas retardaria o colapso final.

Não é preciso supor que o governo alemão tivesse claramente desenvolvido idéias sobre quais seriam as implicações dos objetivos de guerra que anunciavam. Entretanto, uma olhada de relance para os números de pessoas envolvidas fornece uma idéia da magnitude da tarefa que os alemães se propunham empreender. Se os objetivos oficiais da I Guerra Mundial tivessem sido alcançados, teriam resultado, numa estimativa muito pelo alto, num império de 400 a 500 milhões de habitantes, com um grupo dominante de cerca de 60 milhões de alemães. O domínio alemão teria de ser mantido, em primeiro lugar, negando a muitos dos povos conquistados o direito a terem um exército próprio. Além disso, muitos deles teriam de perder suas próprias moedas. Em suma, a fim de preservar a supremacia dos alemães e manter o caráter alemão de todo o império, teriam de ser indispensáveis um rigoroso monopólio da violência e toda uma série de monopólios, num território tão gigantesco quanto esse. Nessa época, talvez inevitavelmente, não era tão evidente quanto é hoje que esse modelo de conquista e de construção de impérios já estava ficando obsoleto à data de sua concepção, o qual era profundamente influenciado pelos tradicionais estereótipos das etapas pré-industrial e pré-nacional de desenvolvimento social. E o fato de que as elites tradicionalistas com modos de pensar pré-industriais, pré-nacionais e até antiindustriais ainda tinham uma importante participação no poder e na formulação da política nacional alemã, de que esses modos de pensar, em comparação com os das mais importantes elites industriais e outras da classe média, de quem aquelas eram aliadas, ainda dominavam essa política ou desempenhavam nela, na medida em que grupos das duas classes tinham-se fundido, um papel co-determinante, é de se presumir que fosse significativa a sua contribuição para as características tradicionalistas básicas dessa visão de conquista e de construção do império.

Com as técnicas de dominação que contemplavam, a soberania dessa pequena minoria sobre tão vasto e populoso território dificilmente poderia ter sido sustentada, mesmo que fosse questão de um império consistente em sociedades agrárias mais simples, do tipo que ainda predominava na África desse tempo. Mas nesse caso, pelo menos, a diferença entre a minoria dominante e a massa da população dominada e mantida no que, com freqüência, são chamados os seus "níveis de civilização", a sua capacidade para controlar eventos naturais e sociais, teria ainda continuado a ser enorme. E isso poderia ter dado aos conquistadores, pelo menos, uma supremacia temporária. Num império do tipo que as lideranças alemãs de 1914 tinham em mente, governantes e governados teriam sido mais iguais no tocante aos seus níveis de conhecimento e qualificações; a diferença em níveis de "civilização" teria sido, pelo menos, muito menor e às vezes nenhuma. Não só a desfavorável proporção numérica de pessoal, mas também sua relativamente pequena superioridade em termos de educação e treinamento teriam prejudicado severamente as oportunidades dos alemães criarem qualquer espécie de estrutura política duradoura através de suas ações imperiais.

Mas não é necessário supor que os líderes alemães da guerra pensaram sobre esses assuntos em termos particularmente realistas, para não dizer sociológicos. Os líderes de um país em guerra estão, com freqüência, tão preocupados em vencê-la que só percebem de forma comparativamente vaga os problemas do período do pós-guerra, da provável estrutura social depois da vitória. Então como agora, as pessoas parecem ter imaginado que, uma vez obtida a vitória, todas as suas esperanças seriam realizadas e todos os seus problemas automaticamente resolvidos.

Na I e depois, de novo, na II Guerra Mundial, os líderes alemães agiram como se, após a vitória, o império lhes caísse nos braços, de bandeja. A discrepância entre os remanescentes tradicionalistas em seu modo de pensar e a tarefa concreta com que se defrontavam pode contribuir em certa medida para explicar suas ações e seu destino. A idéia de que nações altamente industrializadas, educadas e autoconscientes, ou até vastas massas camponesas sob a liderança de elites sumamente articuladas e conscientes de si mesmas, consentiriam em ser governadas por outros por largo período de tempo só era concebível se os vencedores fossem muito superiores aos vencidos, pelo menos numericamente, ou se estivessem deliberadamente preparados para dizimar e talvez exterminar populações súditas, a fim de as substituir por membros do seu próprio grupo. A primeira possibilidade estava excluída para os alemães. A segunda, até onde se pode perceber, não passou pela idéia dos líderes alemães durante a I Guerra Mundial.

Mas para os líderes alemães na II Guerra Mundial, isso acudiu-lhes logo ao espírito. Hitler já alimentara essa idéia nos começos da década de 1920. O problema que o preocupava então, nada tinha de substancialmente novo. Fora formulado com bastante freqüência em relação aos membros de sociedades que tinham sido lançados, na visão deles, dos pináculos de seu poder para um abismo de derrota. Em séculos anteriores, as mais duramente atingidas tinham sido, em sua maior parte, as elites das classes altas, príncipes e nobres. Agora, pessoas mais pobres, até proscritos sociais, compartilhavam também a profunda humilhação da derrota. A reação era simples e elementar. A derrota era negada. Ela tinha sido causada por fraude, por perversa impostura, por criminosos, por uma conspiração, por uma "punhalada nas costas" das tropas combatentes, desferida por traidores internos. Uma verdadeira derrota jamais acontecera. Assim, foi suscitada a questão sobre como reerguer a Alemanha e torná-la grande de novo. Todo o modo de pensar de Hitler — e o mesmo vale para a maioria dos alemães que estavam tolhidos na armadilha da tradição nacional — continuava ostentando um cunho pré-industrial. Ele pensava, em primeiro lugar, e acima de tudo, na conquista de terras para assentamento de agricultores. "Conquistemos a Rússia. Escravizemos ou matemos a população nativa. Colonizemos a terra com agricultores alemães e a Alemanha tornar-se-á a maior nação da Europa, na verdade, do mundo. No futuro, serão 250 milhões de alemães." Esse era o sonho.

A realidade tinha um aspecto diferente. O sonho pressupôs que as nações industriais ocidentais, em particular a Gra-Bretanha, tolerariam a expansão alemã e, como sócias e aliadas, repartiriam o governo do mundo com a Alemanha. Hitler nunca teve uma compreensão correta da sensibilidade dos políticos britânicos em relação ao perigo de uma potência européia ser capaz de dominar as outras. O problema do equilíbrio de potências que surgiria com a expansão da Alemanha foi sempre incompreensível para ele. Por conseguinte, tal como os generais alemães na I Guerra Mundial, ele não tinha a menor chance de travar uma guerra em uma só frente. Em ambos os casos, a Alemanha teve de lutar simultaneamente contra seus vizinhos orientais e ocidentais — e não só contra seus vizinhos europeus: a ameaça de domínio alemão na Europa, incluindo a submissão da Rússia, era sentida como uma subversão tão dramática do equilíbrio de potências existente que, em ambas as vezes, os Estados Unidos foram levados a entrar na guerra.

Assim, a simples, pré-industrial, disposição mental de Hitler e de seus generais deparou-se com a realidade de uma guerra entre nações industriais. O sonho simplista — "matemos as populações dos territórios conquistados" — que prometia diminuir o potencial humano de inimigos e esmagar sua vontade de resistir, colidiu, igualmente, com os fatos concretos de uma guerra que forçava cada vez mais os alemães a transgredir, de forma exorbitante, os limites do seu potencial humano e a ficar na dependência cada vez maior da força de trabalho de estrangeiros. A destruição de populações hostis que, em sociedades pré-industriais, com um excedente de camponeses, teria sido para vantagem dos conquistadores, provou ser, na conquista de países industriais, contraproducente. Ela debilitou a produtividade industrial.

Esse foi um dilema com o qual os líderes da Alemanha nazista se defrontaram durante a guerra. Não tinham escrúpulos quanto a tolerar condições que levassem a uma diminuição das populações inimigas; por vezes, eles próprios criaram deliberadamente essas condições. Mas no decorrer da guerra, a crescente necessidade de mão-de-obra forçou-os a mudar essa política em certa medida. A mudança no tratamento dos prisioneiros em campos de concentração a partir de 1942 foi sintomática dessa necessidade. Ela prenunciou os problemas que, se o sonho se tivesse realizado, não tardariam, mais cedo ou mais tarde, por materializar-se num *grossdeutsches Reich*. A não ser que os vencedores sejam capazes de substituir populações inimigas por gente de sua própria nação, é improvável que a conquista de territórios com habitantes altamente industrializados e educados por outros do mesmo nível de desenvolvimento resulte numa estrutura razoavelmente estável e duradoura. A substituição de tais populações por uma de seu próprio povo, só é viável se este último for numericamente superior e contar com um excedente demográfico. Os alemães não estavam, como os chineses poderão um dia estar, em situação de seguir tal rumo. Sua conquista de territórios industriais era inútil, a menos que as pessoas que neles viviam estivessem dispostas e aptas a colaborar no alto nível de produção de bens e complicados serviços que são típicos das sociedades industriais. O dilema com que os nacional-socialistas se defrontaram durante a guerra consistiu, por um lado, no medo dos incontáveis "inimigos" que os cercavam e seu desejo de compensar sua própria inferioridade numérica matando tantos inimigos quanto possível e, por outro, em sua necessidade de mão-de-obra, o que os forçou a manter vivos o maior número possível de seus inimigos. Era um dilema que, se eles tivessem saído vitoriosos, os perseguiria no futuro previsível.

Não se pode rejeitar inteiramente a idéia de que o morticínio em massa de judeus tinha algo a ver com esse dilema. Os judeus também poderiam ter sido usados como força de trabalho. Mas no seu caso, a hostilidade dos nacional-socialistas era tão irreprimível e o seu ódio tão forte que as chamadas considerações "racionais" não puderam, por via de regra, prevalecer. Tem-se a impressão, por vezes, de que toda a raiva que os nazistas não podiam permitir-se descarregar contra seus outros inimigos e vítimas porque precisavam de sua mão-de-obra ou porque os grupos envolvidos eram, em geral, demasiado poderosos, era transferida contra os judeus, que em termos de poder eram os mais fracos de seus inimigos declarados. Os nazistas agiam como um homem que, impedido de destruir seus reais inimigos, descarregou sua raiva acumulada contra inimigos que representaram um perigo predominantemente imaginário para ele.

Avaliar a magnitude da desproporção entre a população de um império alemão, tal como os nazistas o contemplavam, e a população da Alemanha como o planejado estrato governante, não é tarefa fácil. As fronteiras do Reich do milênio não estavam definidas com muita precisão. Se somarmos a população austríaca à alemã e admitirmos a inclusão no império da Europa continental, Rússia e partes da África, pode-se dizer, em números redondos, que um grupo alemão de 70 a 80 milhões teria formado a classe dominante num império de 500 a 600 milhões de habitantes.

A liderança nazista não ignorava o problema da relativamente pequena população alemã que estava à sua disposição, em comparação com o tamanho das populações que ela queria subjugar e governar. Mas sua consciência do problema era desvirtuada por suas crenças sociais. Imediatamente após sua tomada do poder, os nazistas promulgaram todo um pacote de medidas para acelerar o crescimento populacional da Alemanha. Introduziram bonificações e isenções fiscais para famílias numerosas, aumentaram os impostos para solteiros e fundaram estabelecimentos de procriação para "arianos racialmente puros". Depois veio a incorporação de grupos de fala alemã de outros países, a coleção de crianças de "tipo ariano" — por vezes, até depois de já terem sido destinadas a campos de concentração — e sua "arianização", sua educação como alemães e nacional-socialistas. Essas e muitas outras medidas destinadas a aumentar, o mais rapidamente possível, o número de dirigentes potenciais do império indica como os nazistas tinham uma intensa percepção da pequenez de *sua* população "eleita", em comparação com o número esmagador de inimigos, de reais ou potenciais populações-súditas, pelas quais estavam cercados. Mas sua crença na superioridade mágica da raça ariana sobre outros povos era extremamente inadequada como fio condutor de uma política populacional compatível com seus objetivos imperiais. Tal como outras religiões sociais, a dos nacional-socialistas derrotou freqüentemente os seus próprios fins. Criou pontos cegos e bloqueios de percepção. A estratégia que daí resultou malbaratou recursos humanos e estava cheia de contradições. Este é um exemplo. Se por um lado o sistema de crença nacional-socialista levou a um aumento de população, por outro redundou em pesadas perdas humanas: está na raiz das medidas que levaram milhões de alemães para a morte ou o cativeiro.

18

A inadequação do sistema de crença nazista como instrumento de ação política entra claramente em foco se considerarmos uma das outras funções a que serve. Foi usado como instrumento de construção do império e, depois, na consolidação e controle que fora construído.

Sua profissão de um credo social específico que podia ser propagado e, assim se esperava, conquistar adeptos não só entre as massas alemãs como também nas de outras nações industriais altamente desenvolvidas, que seriam absorvidas no *grossdeutsches Reich* era uma das características que distinguiam os nazistas como elite dirigente das elites alemãs tradicionalistas do começo da I Guerra Mundial. Tal sistema de crença era sintomático do recrudescimento do potencial de poder das massas depois que as antigas elites do Kaiserreich haviam sido derrotadas em 1918. Embora em outros aspectos, sobretudo a respeito do caráter de seus ideais, os nazistas ainda se assemelhassem às antigas elites e dessem continuidade às suas tradições, nesse aspecto eles aproximaram-se mais do novo tipo de elite que, mais cedo ou mais tarde, surge em todas as sociedades no rumo da industrialização e da democratização. As elites dirigentes alemãs de 1914 entram na guerra ainda sem sentir qualquer necessidade especial de um credo social que pudesse servir como ponto de partida para um movimento de massa. Também eles tinham de mobilizar o apoio popular; mas, para esse fim, era suficiente apelar para o então firmemente estabelecido e internalizado credo popular, para o amor à "pátria" e ao dever tradicional que o sustentava, reforçado através de formas então correntes de controles externos, como serviço militar obrigatório. Que os nazistas procuraram e obtiveram apoio maciço baseado numa crença comum e simbolizado por uma palavra híbrida derivada de "nacionalismo" e "socialismo", é indicativo do aumento em poder da população geral durante a fase de desenvolvimento que o povo se habituou a designar como a "República de Weimar". A composição e a mentalidade da liderança do Estado e do partido depois de 1933 refletiram esse ganho em poder, assim como as suas limitações.

Enquanto os exércitos foram recrutados principalmente entre a população pobre e inculta, era suficiente que os oficiais tivessem convicções. E as convicções deles não assumiram a forma de um credo social geral, nem mesmo de uma crença nacional; eram mais pessoais e específicas. Os oficiais nobres batiam-se pelo príncipe, não pelo que teriam chamado de "a ralé" — não pela nação. O que os fazia lutar era a defesa de sua honra e dignidade de fidalgos e um sentimento de dever para com o príncipe. Suas convicções eram, por via de regra, as de uma casta. Crenças nacionais mais fortemente unificadas surgiram quando as técnicas militares exigiram a formação de exércitos de cidadãos. Consolidaram-se, de um modo ainda mais decisivo, quando as guerras deixaram caracteristicamente de ser travadas apenas por soldados e tiveram, em resultado da crescente interdependência de todas as atividades sociais, de apoiar-se nos esforços da nação como um todo, tanto dos civis quanto dos soldados. Nessas condições, tornou-se cada vez mais imperativo manter o moral através de uma crença coletiva no valor da nação a que se pertence e na justiça da sua causa; e uma vez que a contínua existência de Estados dependia do moral e dos sentimentos de solidariedade de todos os seus cidadãos, dificilmente as nações poderiam sobreviver sem implantar em seus membros, mesmo em tempo de paz, um profundo sentimento de pertença e de identidade com a nação, somado à crença inabalável no valor de sua sobrevivência.

O credo nacional-socialista foi um exemplo extremo dos sistemas de crença desse tipo. Mostrou com muita clareza que todos esses sistemas de crença possuem o caráter ambíguo de uma faca de dois gumes: protegem as nações dos perigos que elas próprias tinham ajudado a criar. Com efeito, as crenças nacionais, os credos sociais de uma potência ou de um grupo de potências, são usualmente experimentados por outros como uma ameaça a seus valores e existência, contra a qual têm de proteger-se fazendo a propaganda do seu credo contrário — o qual, por sua vez, é interpretado pelo primeiro grupo como uma ameaça. A intensificação de uma propaganda leva, com grande freqüência, à intensificação da contrapropaganda, até que o círculo vicioso atinge seu clímax numa guerra.

Dado que o sistema de crença nacional-socialista incorporou as características comuns a todas as religiões nacionais numa forma extrema, ele ilustra muito bem algumas dessas características comuns. Como foi explicado, idéias mais realistas fundiram-se nas doutrinas nazistas com certas concepções que eram profundamente fantasiosas. Para os protagonistas das crenças, assim como para a massa de adeptos, era com freqüência impossível distinguir umas das outras. As segundas eram apresentadas de um modo tão convincente quanto as primeiras. Ambos os aspectos expressavam o que queriam e esperavam ouvir as pessoas a quem as doutrinas eram dirigidas, e que as assumiram, como se fossem suas próprias. As fantasias puras pareciam tão verdadeiras quanto as idéias realistas, porque toda a mistura lisonjeava o amor-próprio e o orgulho dos crentes. O credo nazista representou os alemães como um povo com uma missão ímpar no mundo, como o "povo eleito". De acordo com a mais democrática divisão de poder que tinha sido realizada a partir de 1918, foi permitido a todos os alemães, não só aos nobres, aos ricos e aos educados, sentirem que pertenciam à elite da humanidade — pelo menos, se tivessem a cabeça e a forma de corpo corretas ou os ancestrais certos, isto é, se pertencessem à raça certa. A introdução de uma qualidade relativamente inespecífica como "raça" — a qual só excluía pessoas que eram classificadas como "judeus" ou que tinham, em definitivo, características físicas "erradas" — criou ampla base ideológica para uma pretensão de superioridade capaz de tentar e seduzir a massa do povo alemão.

Ao mesmo tempo, entretanto, o critério de "raça" ofereceu aos não-alemães uma participação nessa superioridade. As autoridades nazistas empenharam-se ao máximo em usar o seu sistema de crença como instrumento de construção do império. Esperavam, não inteiramente sem êxito, que um credo comum com fortes tendências antidemocráticas e anti-semitas, com um mito racial que prometia até às pessoas com um forte senso de sua inferioridade um sentimento compensatório de superioridade, o qual justificava matar e torturar como meios legítimos para esmagar os adversários "racialmente inferiores" — esperavam que semelhante credo, de alguma forma, lhes trouxesse simpatizantes dos países submetidos, em quem pudessem delegar parte da responsabilidade para governar esses países. Assim, a propagação e exploração de uma religião social comum formaram um componente integrante da organização e especialmente do sistema de controle do *grossdeutsches Reich*, tal como era idealizado em 1939. Com a sua ajuda, uma elite dominante imperial seria gradualmente construída, a qual incluiria também, além do grupo nuclear alemão, membros de outras nações. Esperavam, provavelmente, que o credo nacional-socialista, apoiado pela força necessária, com o tempo acabaria sendo aceito por cada vez mais pessoas nos territórios conquistados. E nesse caso teria, de fato — como ocorreu com as religiões sociais de todos os impérios do século XX que necessitaram de apoio das massas —, servido como fator de unificação e consolidação no processo de construção do império.

As mais tradicionalistas elites alemãs encabeçadas por nobres com mentalidade militarista, que lideraram a Alemanha na I Guerra Mundial, ainda consideraram que a tarefa de pacificar e governar um império alemão era, em primeiro lugar, um problema militar e de policiamento. Em segundo lugar, porém, em correspondência com a ascensão ao poder das elites industriais, que eram aliadas daquelas, também contemplaram a criação de controles econômicos. Hitler e sua gente, em contrapartida, representaram um impulso democratizante, uma ascensão ao poder de estratos sociais mais amplos, que muito dificilmente lhe tinham acesso antes. E assim, aos outros instrumentos de domínio, adicionaram mais um que é característico das sociedades de massa: governar e disciplinar por meio de uma crença social. Eles não estavam sós ao proceder desse modo. O uso de uma nova religião social como instrumento de construção imperial, como um meio para manter e estabilizar o domínio de uma minoria sobre uma maioria mantida em sujeição, era um desenvolvimento geral desses tempos. Massas educadas e semi-educadas que tinham aprendido, em certa medida, a pensar por si mesmas não podiam continuar sendo exclusivamente controladas por coerções externas. Mais do que nunca, era-lhes necessário, por assim dizer, controlarem-se — com a ajuda de suas próprias crenças. E como as religiões metafísicas tinham perdido muito de seu antigo poder como meio de dominação, as religiões sociais vieram cada vez mais ocupar seu lugar.

É claro, o credo nazista, o qual ensinava que só uma raça específica, com a Alemanha como seu centro, estava destinada a governar a humanidade inteira só podia, por sua própria natureza, ter exercido um atrativo estritamente limitado para os povos submetidos de um império, sobretudo quando, como no caso da França, Holanda, Itália ou Noruega, eles já possuíam uma forte e vibrante consciência nacional própria. Os protagonistas do nacional-socialismo como sistema de crença, podem ter esperado que pelo menos alguns de seus aspectos negativos, como o isolamento e eliminação dos judeus, encontrassem ampla aceitação entre os povos da Europa e atraíssem assim colaboradores e prosélitos de outras nações, que se recomendariam como membros da casta dirigente do império e ajudariam a engrossar suas fileiras ainda ralas. Mas embora o potencial de sentimentos antijudaicos estivesse generalizado entre os povos da Europa, nem mesmo esse aspecto de suas crenças conquistou muitos adeptos para os nazistas. Não pôde prevalecer contra os sentimentos nacionais nutridos por esses povos, os quais foram ainda mais reforçados pelo comportamento desumano dos colonizadores alemães nos países ocupados.

Além disso, os aspectos fantasiosos do sistema de crença nazista eram tão óbvios e grosseiros que, em outros países, ainda mais que na Alemanha, a sua atração foi maior entre pessoas de escassa cultura e proscritos sociais. Se atraiu alguns membros de outras nações, repeliu um número muitíssimo superior. E o tipo de pessoas de que se compunha a elite nazista não era particularmente adequado para a tarefa de propagação do seu credo entre os não-alemães. Tal como Hitler, compreendiam-se uns aos outros e, de um modo geral, ao seu próprio povo; mas sua abordagem de outras nações assentava, em considerável medida, no pressuposto implícito de que elas deviam conduzir-se e sentir exatamente como alemães. Não tinham qualquer noção das diferenças entre tradições nacionais de comportamento e crença. Talvez pudessem ter sido capazes de intimidar as massas de camponeses sem lideranças no Leste, mas não foram colonizadores muito eficientes de nações com um senso plenamente desenvolvido de sua originalidade e de um firme orgulho nacional.

Mesmo que tivessem ganho a guerra, teriam sido reduzidas as suas probabilidades de pacificar por qualquer extensão de tempo o *grossdeutsches Reich* por eles projetado. Numa época de "despertar de nações", um império na Europa que envolvia, em grande parte, nações que já estavam "despertas", tinha muito menores perspectivas de manter-se que os impérios ultramarinos.

Havia, pois, uma proporção numérica desfavorável entre governantes e governados. Havia um sistema de crença oficial dos governantes que se deparava com a reprovação, senão de todos, da maioria das pessoas subjugadas. Havia falta de tato e de qualificações sociais por parte da maioria do grupo nuclear nazista, com sua defeituosa compreensão dos sentimentos dos outros e sua postura inabilmente superior em relação aos povos conquistados. E havia o próprio Hitler, com sua perspicácia intuitivamente certa concentrada num campo limitado, seu faro para o bem-sucedido uso de poder e violência desde um vantajoso ponto de observação, e seu senso profundamente deteriorado de realidade em quase todos os outros aspectos. Com toda a probabilidade, o Terceiro Reich, se tivesse tido realmente existência, ver-se-ia forçado a lutar cada vez mais contra grupos de guerrilha e movimentos de resistência — talvez até no interior da Alemanha — que teriam sido apoiados pela maioria dos países não ocupados do mundo. E, mais cedo ou mais tarde, ter-se-ia desintegrado sob essa pressão, deixando um rastro de sofrimento e ódio que superaria de longe todas as conseqüências da II Guerra Mundial.

19

Mas também nesse caso há muito pouca coisa sugerindo que Hitler e seu círculo tenham alguma vez pensado em termos realistas sobre o Reich de mil anos que queriam construir. A incapacidade da maioria dos líderes da guerra para imaginar, de modo claro e realista, as tarefas suscetíveis de surgir após a vitória, era aumentada no caso deles pela multissecular disposição dos alemães para fazer o que seus ideais exigiam — sem levar em conta se essas exigências eram exeqüíveis ou não, se havia quaisquer perspectivas de êxito ou não. A visão nacional-socialista de um Terceiro Reich era a culminância de uma longa tradição de crenças e comportamento. Nela se confirmava, uma vez mais, a tendência alemã para obedecer incondicionalmente a um ideal nacional e aos líderes que os representavam. Essa característica básica foi expressa nas atitudes dos líderes do Estado e do partido, não menos que nas das massas que os seguiam. O episódio nacional-socialista mostrou o caráter opressivo e tirânico de semelhante ideal com superlativa nitidez e pungência.

Ao mesmo tempo, projeta uma luz clara sobre a peculiar identificação com o opressor a que já nos referimos. Neste caso, era questão de uma forma extrema de um padrão mais geral, a saber, a identificação com um senhor (ou um grupo de senhores); o seu primeiro e freqüentemente formativo protótipo na vida de um indivíduo é a identificação de uma criança com seus pais. Exemplos simples de identificação com o opressor são oferecidos por escravos e prisioneiros em campos de concentração que fizeram suas as atitudes, crenças e valores de seus amos ou guardas SS. Em sociedades altamente diferenciadas, as relações são, com freqüência, mais complexas.

As massas dos governados, em sociedades como as nossas, vêem-se muitas vezes colhidas, por exemplo, entre, por um lado, interesses e sentimentos que são antagônicos dos da mais poderosa elite governante, e, por outro lado, os interesses, sentimentos, valores e crenças de que compartilham com essa mesma elite. Interesses e crenças nacionais, em particular, criam — por causa de sua exclusividade, a frente comum contra estrangeiros (em especial contra os arquiinimigos do momento) — um vínculo entre todos os membros individuais e todas as seções de um Estado-sociedade. Tais sentimentos de união que resultam de crenças e ideais nacionais comuns podem, sobretudo em situações onde as tensões em relação a outras nações estão sendo vividas mais profundamente que as tensões e divisões internas, atenuar estas últimas e, com freqüência, bloquear por completo sua expressão pública. Por outras palavras, os credos nacionais cimentam uma unidade de conduta e de sentimento entre as minorias governantes, sejam elas quais forem, e a grande massa daqueles cujo acesso às posições mais elevadas e mais poderosas em seus países se encontra geralmente bloqueado. Através de sua adoção dessas doutrinas, a maioria menos poderosa identifica-se com os círculos governantes, que funcionam como seus representantes em relação a outras nações e tomam a maior parte das decisões nesse campo. Ela identifica-se com os seus senhores.

Quando o regime é autocrático e quando, como era normal no passado e ainda é em muitas sociedades atuais, o poder é primordialmente exercido em benefício dos próprios governantes e de um modo mais ou menos opressivo, a adesão em pensamento, sentimento e ação ao credo nacional comum tem, de fato, o caráter de uma identificação com os opressores. Mesmo que uma pessoa se sinta oprimida, a vontade e a capacidade para trabalhar por uma redução ou o fim da opressão são paralisadas através da identificação com ideais nacionais e com as pessoas que os encarnam — pessoas que, por um lado, desempenham a tarefa indispensável de representar a nação como um todo e, por outro, muitas vezes sem ter consciência disso, mantêm vastos setores dela em total servidão. O envolvimento do orgulho nacional na defesa e proteção de valores coletivos cujos principais porta-vozes e intérpretes têm também a função de governantes, em alguns casos de governantes opressivos, e na defesa de idiossincrasias e antagonismos comuns em relação a nações estrangeiras — em particular os canonizados objetos de ódio, os inimigos mortais — impede a capacidade de lutar de forma efetiva contra a opressão.

Na Alemanha, onde a maior parte das realizações políticas, sobretudo a própria realização da unidade nacional, tinha sido obra de regimes autocráticos ou semiautocráticos largamente monopolizados por grupos sociais oligárquicos relativamente pequenos, o dilema da grande massa de súditos também não podia deixar de ser maior. Eles encontraram-se numa situação em que seu orgulho nacional e amor-próprio como alemães, humilhados e feridos pela prolongada fraqueza da Alemanha em comparação com outras potências, só poderiam ser satisfeitos se engolissem seu orgulho em relação aos seus governantes; pois só estes, assim parecia — e como fora comprovadamente o caso por várias décadas — estavam em posição de erguê-los de sua insignificância e de integrá-los nas fileiras das grandes e poderosas potências.

Foi provavelmente esse dilema que contribuiu para o "desejo de submissão" que se observa como repetida disposição entre os alemães, sobretudo em situações de crise — contribuindo para a sua tendência subordinarem-se, quase com entusiasmo, e, como freqüentemente parece, com um sentimento de extasiado júbilo, às ordens de severas elites patriarcais (no caso de suas elites autocráticas tradicionalistas) ou também dos líderes mais implacáveis e mais brutais (no caso dos recém-chegados e mais democratizados autocratas), desde que suas ordens sejam dadas em nome da Alemanha, do seu ideal nacional. Se os líderes apelarem para "o ideal pátrio" cumpre obedecer-lhes, sem discutir seus objetivos ou quais são as chances concretas que têm de realizá-los. Essa submissão era inevitável para os alemães não só por causa de coerções externas, não só porque tinham sido forçados a isso por governantes rigorosos ou tirânicos, mas também por causa da pressão de suas próprias vozes interiores, seu rigoroso e muitas vezes tirânico "ideal pátrio". Essa foi a armadilha em que eles caíram.

O Estado nacional-socialista foi a mais recente encarnação de uma tradição sumamente opressiva e tirânica de crença e comportamento, na qual era habitual exigir e esperar que, em tempos de crise nacional, os indivíduos se subordinassem de maneira incondicional — e mais incondicionalmente que em qualquer outro país — ao comando do Estado, que cumprissem o seu dever para com a "pátria", sem olhar às conseqüências para si mesmos e para o futuro, mesmo que isso significasse sua própria queda ou uma catástrofe nacional. Esse era um tema assíduo nas canções dos soldados alemães: "Cumprimos o nosso dever para com a Pátria. Cumprimo-lo com júbilo e orgulho. Sacrificamo-nos e a morte nos aguarda no final da estrada." Era algo inevitável. O indivíduo era levado a isso como o pescador pela suave e fascinante canção da Lorelei, como as crianças de Hamelin pela sedutora música do tocador de flauta, como os deuses no Valhalla, que eram levados a agir de um modo tão inexorável, sabendo muito bem que assim fazendo estavam contribuindo para a sua própria derrocada.

O sentimento de fatalidade entre os alemães nunca esteve longe de aflorar mesmo nos momentos de triunfo e tornou-se cada vez mais forte quando as derrotas se sucederam — sem moderar o fascínio de seu ideal opressivo ou diminuir a atração de sua promessa: a profunda satisfação que se sentiria quando, em tempos de crise, se obedecia, junto com seus compatriotas, às exigências da "Pátria". O cumprimento do ideal nacional também prometeu a muitos membros da nação uma incomparável realização pessoal. Os fracassos e derrotas deixaram repetidamente em sua esteira desalentadas gerações "perdidas". Um conflito clássico era inerente na identificação com governantes e ideais rigorosos ou tirânicos, conflito esse a partir do qual podia surgir um desejo de submissão. Sua forma básica era a seguinte.

De um modo geral, um indivíduo pode libertar-se da opressão pela resistência ou rebelião contra o opressor. Mas isso só é possível quando os povos subjugados possuem um sistema integrado de ideais e valores que podem opor aos dos seus governantes ou, se for o caso, aos seus opressores. Quando o seu sistema de ideais e valores é mais ou menos idêntico ao de seus governantes, quando sua própria consciência e "nós-ideal" estão do lado dos opressores, os componentes negativos de seu conjunto de sentimentos em relação aos seus opressores não podem expressar-se direta e abertamente. As tensões e conflitos entre súditos e senhores, oprimidos e opressores, convertem-se em tensões e conflitos internos dos próprios governados e oprimidos. Mãos que em outras circunstâncias poderiam erguer-se contra os governantes ficam paralisadas. A hostilidade gerada pela opressão torna-se impotente e inadmissível. O principal campo de batalha do conflito transfere-se do nível inter-humano para o intra-humano. Em relação aos opressores, o conflito só se torna perceptível através de um reforço do gesto oposto, isto é, num "desejo de submissão".

Há muitas outras formas em que o aspecto intra-humano de tal conflito pode tornar-se manifesto. Por exemplo, o "desejo de submissão" é muitas vezes suplementado por um "desejo de agressão" numa outra direção. A hostilidade, que é bloqueada da consciência e expressão em relação a superiores poderosos, pode mostrar-se como ressentimento ou ódio contra pessoas que são, ou parecem ser, socialmente inferiores ou mais fracas. Na Alemanha, havia uma metáfora característica para esse tipo de deslocamento. Falava-se de certos gêneros de pessoas como *Radfahrer,* ou seja, ciclistas, porque inclinam as costas diante daqueles que estão acima deles e pisam nos que estão por baixo.

Grande parte da hostilidade contra os judeus era desse tipo. Já antes de 1933, muitos alemães tinham visto os judeus como um grupo socialmente inferior, e algo que deu ensejo a seus sentimentos negativos contra eles foi o fato da maioria dos judeus alemães agirem como se ignorassem completamente o status inferior que lhes era atribuído. Seria supersimplificar a questão se os sentimentos antijudaicos fossem explicados dizendo-se meramente que os governantes ofereceram os judeus ao povo como "bode expiatório" a fim de desviar deles próprios quaisquer sentimentos negativos. Os judeus eram os alvos prediletos do ódio de estratos sociais que viviam sob considerável pressão social de cima e que, através de seus próprios ideais, os quais adotavam geralmente a forma de um sistema de crença nacionalista, se identificavam com seus superiores, de modo que sua amargura reativa a respeito de sua própria inferioridade concreta era incapaz de encontrar uma descarga apropriada nessa frente e procurava, ainda com maior veemência, uma saída contra pessoas a quem consideravam socialmente mais fracas e inferiores.

Como era de se esperar, o sistema nazista era particularmente propício ao reforço dos velhos e à produção de novos mecanismos *Radfahrer*. Um exemplo característico desse deslocamento de sentimentos, diretamente ligado às atitudes antijudaicas, é fornecido por certos rituais típicos dos guardas SS nos campos de concentração.

> Usualmente — escreveu um ex-prisioneiro que sobreviveu —, a iniciação típica de prisioneiros ocorria durante o trânsito da prisão local para o campo de concentração. Se a distância era curta, o transporte era freqüentemente em marcha lenta a fim de dar tempo suficiente para quebrar o ânimo dos prisioneiros. Durante seu transporte inicial para o campo, os prisioneiros eram expostos à tortura quase constante. A natureza dos maus-tratos dependia da fantasia do homem das SS encarregado de um grupo de prisioneiros. Todos tinham, porém, um padrão bem definido. A punição física consistia em chicotadas, freqüentes pontapés (abdômen ou virilhas), bofetadas no rosto, tiros ou ferimentos com baioneta. Alternavam com tentativas para produzir extrema exaustão. Por exemplo, os prisioneiros eram forçados a manter-se de olhos abertos durante horas em frente de luzes ofuscantes, ficar de joelhos horas a fio, e assim por diante.
>
> De tempos em tempos, um prisioneiro era morto, mas a nenhum prisioneiro era permitido cuidar de seus ferimentos ou dos de um companheiro. Os guardas também forçavam os prisioneiros a agredir-se mutuamente e a profanar o que os SS consideravam ser os valores diletos dos prisioneiros. Eram forçados a amaldiçoar o seu Deus, a acusar-se uns aos outros de cometerem ações infames, e suas esposas de adultério e prostituição. Nunca encontrei um prisioneiro que tivesse escapado a esse tipo de iniciação, a qual durava no mínimo doze horas e, com freqüência, muito mais. (...)
>
> A finalidade desses maciços maus-tratos iniciais era traumatizar os prisioneiros e quebrar sua resistência; mudar-lhes pelo menos o comportamento, se não a personalidade. Isso podia ser notado a partir do fato de que as torturas tornavam-se cada vez menos violentas à medida que os prisioneiros paravam de resistir e obedeciam imediatamente a qualquer ordem dos SS, por mais brutal ou ultrajante que fosse.[10]

Podemos certamente pensar sobre boas razões práticas para esse tipo de tratamento inicial dos prisioneiros. Com o passar do tempo, como reação, muitos deles identificaram-se com os SS e submeteram-se-lhes. Também nesse caso a identificação com o opressor pode ter sido, em certa medida, deliberadamente induzida como um meio deveras adequado de salvaguarda do domínio do opressor e de lhe evitar problemas.

Não obstante, havia, em diferentes países, métodos muito diferentes de impor disciplina no campo entre os maciços contingentes de prisioneiros, que tinham sido descritos aos seus guardas como inimigos de sua pátria. As semelhanças funcionais da situação deixavam considerável margem para variações nacionais no comportamento dos guardas. Se a conduta dos guardas nazistas era particularmente cruel e bárbara, isso era característico de sua própria identificação com um chefe excessivamente cruel e tirânico. Também no caso deles, o mecanismo *Radfahrer* estava em ação.

Até onde nos é dado saber, os guardas provinham das camadas sociais menos educadas. Muitos deles eram, provavelmente, jovens camponeses. Tinham aprendido desde cedo em suas jovens vidas a submeter-se à dura, e muitas vezes desumana pressão de cima, que impregnava todo o regime. Acostumados a ser espezinhados por outros, como guardas de campo de prisioneiros, muitos deles conheceram provavelmente pela primeira vez uma situação em que podiam maltratar outros. Impulsos latentes que tinham sido previamente sufocados pela necessidade de reprimir todos os sentimentos hostis em relação aos superiores e de submeter-se de bom grado à rigorosa disciplina exigida pelo regime, em nome de um cruel e opressivo ídolo, em conjunto com sua identificação autoprotetora com esse regime, irromperam com terrível força, como uma descarga de vapor sob alta pressão em seu comportamento contra pessoas, que tinham de considerar inferiores e que eram profundamente impotentes. Em relação aos prisioneiros, os próprios guardas podiam desempenhar o papel de chefes e opressores.

O comportamento deles revelava, em certa medida, como em sua imaginação os opressores com quem eles se identificavam podiam e, talvez, deviam hostilizar e punir as pessoas, incluindo eles próprios, se não obedecessem incondicional e imediatamente às ordens que lhes eram dadas, se não cortassem com firmeza pela raiz, como eles próprios tinham de fazer, todo e qualquer indício, todo e qualquer sentimento de rebeldia. Eles também tinham de contar com severa punição e talvez a morte se, por um momento que fosse, esquecessem sua submissão total aos seus superiores e deixassem de mostrar aquela *Kadavergehorsam* (palavra alemã muito usada), aquela "obediência-de-cadáver" a Hitler e seus representantes, que se esperava deles. Assim, não é surpreendente que, por sua parte, eles impusessem com zelo e ainda mais rigorosamente a "obediência-de-cadáver" aos prisioneiros. Todo o indício de independência, o menor sinal de rebelião, tinha de ser violentamente esmagado. Nada era permitido a um prisioneiro, salvo a absoluta submissão.

É possível que os guardas de campos de concentração se deleitassem com tudo isso. Talvez essa experiência produzisse neles uma espécie de sentimento de libertação. Mas fosse qual fosse o caso, as barbaridades dos campos de concentração não eram, por certo, acontecimentos isolados, explicáveis primordialmente em termos das propensões de um certo número de indivíduos para o sadismo. Elas são indicativas da enorme pressão dos conflitos e tensões (inter- e intrapessoais) por trás da fachada monolítica de um sistema social, cujos líderes tinham empreendido, de dentes cerrados, por assim dizer, uma gigantesca tarefa, para a qual seus recursos estavam longe de ser suficientes. Projetam alguma luz sobre o preço que as pessoas tinham de pagar por sua identificação com um ideal nacional sumamente opressivo e por sua submissão incondicional a um Führer, que pode ter prometido vitória e um Reich de mil anos, mas que, ao mesmo tempo, nunca deixou de lembrar a seus seguidores que poderiam ser indignos dele, que todos os seus sacrifícios poderiam ser em vão, e que, também desta vez, os inimigos da Alemanha poderiam sair vitoriosos. Era como se toda essa mistura de sentimentos perversos e contraditórios, para os quais o regime deixava poucas saídas alternativas, se revelasse em toda a sua fúria no tratamento dos prisioneiros de campos de concentração: "Finalmente, os inimigos estão desta vez em nosso poder. Temo-los em nossas mãos e ninguém está observando. Enquanto esta situação durar, vamos mostrar-lhes quem é que manda." E assim, infligiram-lhes tudo o que tinham secretamente desejado infligir a outros. Fizeram-lhes coisas que em sociedades organizadas até as crianças são proibidas de fazer, e tiraram desforra por todos os desapontamentos que tinham sofrido.

20

Todos esses horrores aconteceram com a aprovação da única autoridade que, para muitos alemães, tomou o lugar de uma consciência, ou seja, o Führer, a suprema autoridade no Estado: aconteciam num meio conhecimento de que isso não duraria muito e talvez sem muitas preocupações acerca do que aconteceria depois: "O imperativo categórico de ação no Terceiro Reich", escreveu um dos mais altos funcionários do Estado hitlerista, Hans Frank, *Reichsminister* e governador-geral da Polônia ocupada,[11] "é este: aja de um modo tal que o Führer, se tivesse conhecimento de sua ação, a aprovaria." O sistema nazista favoreceu a identificação com o opressor. Nos campos de concentração são visíveis alguns dos resultados.

A máxima de Frank foi sintomática de uma tendência que tinha sido comum entre os alemães — como entre outros povos que tinham uma longa e poderosa tradição autocrática — muito antes de 1933, e que os anos de domínio nazista tornaram ainda mais pronunciada.

O desenvolvimento e tradições da sociedade alemã produziram, com freqüência, uma consciência individual bastante fraca. Mesmo entre adultos, o funcionamento da consciência de um indivíduo manteve-se, pelo menos no extenso setor dos assuntos públicos mais impessoais, dependente de alguém de fora observando e reforçando a compulsão, a disciplina que os indivíduos eram incapazes de impor-se a si mesmos sem ajuda. E entre as autoridades externas de que muitos alemães necessitavam nessas esferas da vida a fim de poder dominar seus impulsos puramente egoístas e regular seu comportamento, o Estado e seus representantes desempenharam um papel muito importante. Entregues aos recursos de sua própria consciência, eles não eram suficientemente fortes para fixar limitações estáveis aos impulsos inaceitáveis, proibidos ou perigosos. Para fins de autocontrole, eles precisavam da ajuda de um Estado forte e, em situações de crise, era precisamente por isso que ansiavam. Sobretudo em tempos de emergência nacional e guerra, muitos alemães desfaziam-se alegremente do fardo de terem que controlar-se e arcar com a responsabilidade por suas próprias vidas. Em tais situações, as autoridades do Estado e, em especial, a figura simbólica à testa do Estado, tomavam o lugar, no todo ou em parte, da consciência individual, assim reforçando ainda mais uma atitude de submissão e temor reverente em relação ao chefe do Estado. As pessoas contentavam-se em deixar às autoridades do Estado a decisão sobre o que fazer e o que não fazer, sobre o que era certo e o que era errado.

Antes da ascensão dos nazistas, enquanto a Alemanha foi um Estado de direito (*Rechtsstaat*) regido sob o domínio da lei, onde até as pessoas mais poderosas estavam sujeitas à legislação prevista por um código impessoal, onde os administradores de justiça possuíam elevado grau de autonomia e procuravam basear suas sentenças em princípios solidamente fundamentados, os indivíduos necessitados de apoio do Estado para o funcionamento de sua própria consciência recebiam dele instruções e modelos baseados em padrões razoavelmente desenvolvidos de decência e honestidade humana. Mas quando o aparelho do Estado caiu nas mãos de pessoas que ignoravam esses padrões, quando os governantes da Alemanha, incluindo o chefe do Estado, encorajaram o que antes era visto como tendências associais e criminosas, a massa de alemães não tinha uma consciência pessoal suficientemente forte e independente que lhes permitisse agir por iniciativa própria. As apreensões, os rebates de consciência que possam ter tido individualmente quando chegaram a seus ouvidos que homens, mulheres e crianças estavam sendo terrivelmente tratados e assassinados em campos de concentração, foram rapidamente suprimidos e semi-esquecidos. Habituados a confiar, para reforço de suas consciências, nos representantes do Estado, sentiam-se profundamente perturbados por qualquer conflito entre o padrão de controle pelo Estado e o de controle pela consciência. Por isso se esforçaram por apagar automaticamente qualquer evento que ameaçasse gerar tal conflito. Não o admitiam — não queriam tomar conhecimento dele. Mais tarde, perguntava-se com freqüência: "Mas você deve ter ouvido falar do que estava acontecendo nos campos de concentração, não é verdade?" A resposta era sempre a mesma: "Eu não sabia." Tentaram o melhor que puderam não perceber qualquer dissabor. No conflito entre um Estado poderoso e uma consciência pessoal relativamente fraca e dependente, o primeiro não pôde deixar de prevalecer. O controle do Estado suplantou o controle da consciência.

O regime nazista também diferiu de formas anteriores de governo autocrático na Alemanha, através dos seus mais deliberados esforços para abalar a confiança das pessoas em sua própria consciência individual, no tocante a questões públicas. Não confiava em pessoas que afirmassem ter consciência própria, independente de Hitler e do credo do partido, e as punia, se possível. Tinha pouco respeito e deixava escassa margem para o exercício de uma consciência baseada em qualquer outra coisa que não fosse o ideal do Führer e a *Weltanschauung* nacional-socialista. A reformulação por Frank do imperativo categórico de Kant expressou simplesmente o que era, de fato, uma tendência geral no desenvolvimento do sistema nazista. Criou muitos Führers, grandes e pequenos. E, como acontece com tanta freqüência, os situados no nível mais baixo da hierarquia, gente humilde como os guardas SS em campos de concentração, eram os mais ferozes opressores dos que estavam abaixo deles.

Tampouco a pressão era, de maneira alguma, unilateral. O Führer, aparentemente a origem e a fonte de toda a opressão, estava longe de ser um árbitro livre de suas decisões. Ele próprio estava sujeito aos ditames de um ideal inexorável e de uma crença nacional, que o levavam de crise em crise e a esforços cada vez maiores, independentemente das circunstâncias. Quanto mais gente aderia à crença, quanto maiores e mais poderosos ficavam o movimento, a organização e o Estado que ele chefiava, mais o impeliam no rumo inexorável de seu destino. Uma vez fixado o seu caminho, todo o sistema com o seu Führer no topo e sua *Weltanschauung* como força aglutinante desenvolveu uma dinâmica de autoperpetuação e auto-reforço. Hitler era tão incapaz de escapar às exigências de seus seguidores quanto estes de furtar-se às dele. Não podia correr o risco de desapontá-los em suas expectativas sem pôr em perigo a sua posição e, de fato, a própria vida. Quanto maior a sua pressão sobre eles, tanto maior a pressão deles sobre si. Como de costume, a severidade e a opressão do regime eram proporcionais às forças contrárias que o ameaçavam. Sob a superfície serena de disciplina e eficiência de que os líderes nazistas se vangloriavam, era enorme a pressão de tensões, conflitos e rivalidades.

A poderosa máquina bélica em que a Alemanha se transformou depois de 1933, e seus sucessos iniciais na rápida conquista da maior parte da Europa, ocultaram freqüentemente das vistas o ingente e sombrio esforço que estava por detrás deles. As vitórias pareciam então ser obra de um gênio e as brutalidades meramente acidentais. Em face dos sucessos, as pessoas esqueceram o preço que tinha de ser pago. O fato de, em tempo de paz, outros povos não estarem dispostos a pagar um preço proporcional tornou possíveis os êxitos iniciais. As vitórias e a opressão do regime eram complementares; prestavam-se a obscurecer a feroz determinação com que Hitler e seus homens mobilizaram todos os recursos de seu país com o único objetivo de obter superioridade militar e, possivelmente, hegemonia militar na Europa. Todas as outras considerações estavam subordinadas a esse objetivo.

As técnicas usadas pelos nazistas para impedir a contrapressão engendrada por sua brutalidade provaram ser sumamente eficazes. Em tempos recentes, dificilmente o terror tem sido usado como instrumento de poder a curto prazo com maior eficácia do que o foi pelos nazistas. Os campos de concentração não só retiraram inimigos reais e imaginários de seu campo potencial de atividade, mas também contribuíram imensamente para a intimidação da população restante. Eram sintomáticos da pressão que tornou possível o esforço de guerra alemão. Mas seria muito difícil que essa e muitas outras razões semelhantes tivessem sido tão eficazes para impor conformidade e obediência se os nazistas não fossem herdeiros de uma tradição de crença e comportamento que tornou os alemães altamente suscetíveis à disciplina exigida pelo Estado como necessário corolário do autocontrole individual — se a formação da consciência alemã não fosse de um tipo que, para a consciência individual funcionar adequadamente em questões públicas, requeria um elevado grau de regulamentação e controle por órgãos do Estado. Foi essa dependência que deu à identificação alemã com a nação e o Estado — e se o Estado era opressivo, com o opressor — seu cunho específico.

Na própria Alemanha sentia-se freqüentemente que nenhuma resistência contra a opressão nazista era possível, porque as medidas tomadas pelo regime contra qualquer possível oposição ou revolta eram sumamente eficazes e abrangentes. De fato, nenhuma resistência efetiva por parte dos alemães era possível porque, além de todos os controles externos que desencorajavam a resistência contra o Estado, a consciência, o autocontrole da grande maioria do povo alemão em todas as matérias de interesse público, permaneciam muito dependentes do Estado, quaisquer que fossem seus governantes e representantes. As técnicas intensivas de educação e propaganda que os nazistas empregavam a fim de assegurar a absoluta lealdade da massa do povo ao Estado serviram tão-só para reforçar as características de uma estrutura da personalidade que tornou a regulamentação do comportamento individual altamente dependente da regulamentação pelo Estado, criando nos indivíduos uma disposição para submeterem-se lealmente às exigências de um chefe de Estado que podia ser venerado e cuja imagem podia ser internalizada pelas pessoas como parte de sua própria consciência.

A única tentativa que alemães com uma consciência fortemente dependente do Estado fizeram para derrubar o governo "legalmente" estabelecido por meios "ilegais" patenteou com bastante clareza algumas dessas dificuldades. Os participantes que decidiram em plena guerra matar o chefe do Estado alemão foram incapazes de tomar tal decisão sem sérios conflitos de consciência. Foi sem precedente na história da Alemanha o fato de homens, que se consideravam bons alemães, se identificarem plenamente com a tradição nacional alemã e ideais concomitantes; nobres e militares de altas patentes entre eles desejarem levantar suas mãos contra o homem que era chefe do Estado e tentar matá-lo. O fracasso do atentado talvez não fosse tão fortuito quanto pareceu.

21

Que a identificação com o opressor permaneceu muito forte, apesar de todo o ódio e dúvida que muitos alemães possam ter sentido, no mais recôndito de seus corações, também pode ser depreendido do fato de que, do começo ao fim da guerra, nenhum desfalecimento digno de nota ocorreu no moral tanto das forças combatentes quanto do povo alemão como um todo. Se considerarmos o sistema nazista com alguma percepção do alto nível de tensão e pressão em que seus membros viviam, pode-se avaliar melhor como foi verdadeiramente notável que a identificação da massa do povo alemão com seus governantes e sua crença neles se mantivessem mais ou menos intatas até o colapso final. Mesmo quando as tropas inimigas já tinham penetrado nas fronteiras alemãs do leste e do oeste, e estavam avançando impetuosamente rumo às regiões centrais do país, a vasta maioria dos alemães continuou obedecendo incondicionalmente às ordens das autoridades do Estado e do partido, enquanto elas ainda conseguiam chegar-lhes ao conhecimento.

Por certo, isso devia-se em certa medida ao fato de que, ao final, Hitler, e somente Hitler, parecia permanecer aos olhos de muitos alemães entre eles e o total aniquilamento. Não tinham alternativa. Mas em outros países, entre outros povos, uma avaliação razoavelmente realista da situação poderia ter induzido as pessoas a perderem a fé; o sentimento de que novos morticínios e sacrifícios de vida eram inúteis, poderia, em desespero de causa, tê-las levado a deixar de obedecer a ordens ou talvez a rebelar-se contra os chefes que as tinham traído. Os alemães nunca deixaram de obedecer. É provavelmente verdadeira a afirmação de que uma vasta proporção do povo alemão continuou acreditando no Führer até ele morrer e talvez ainda por muito tempo depois disso.

Um dos maiores talentos de Hitler — e um dos principais fatores de seu sucesso — era o seu entendimento intuitivo, emocional, das necessidades que um líder dos alemães e sua equipe tinham de satisfazer numa situação crítica. Suas próprias necessidades emocionais correspondiam às dos seus seguidores. Reagia, sem muita reflexão, aos sinais emocionais deles, verbais ou não-verbais, com os sinais emocionais que pediam e esperavam de um líder para continuarem acreditando que ele seria capaz de salvá-los de uma situação aparentemente irreversível de perigo e desespero. Seu modo de responder às necessidades deles não era o único possível. Havia outros Führers potenciais que poderiam ter ocupado o lugar de "salvador" nacional oferecido pela situação da Alemanha na época de um modo algo diferente. E houve também um bom número de alemães que reagiu negativamente a seus símbolos e sinais.

Entretanto, a correspondência entre a personalidade de Hitler e as necessidades de muitos alemães era suficientemente grande para permitir-lhe, uma vez no poder, desempenhar com êxito o papel de um líder alemão — um papel que era muito específico e diferente, em alguns aspectos, do de um líder de crise (*Krisenführer*) em outros países. Ele desempenhou o papel de chefe de Estado de um modo tão convincente, que foi gradualmente aceito como tal pela vasta maioria do povo alemão. Por outras palavras, foi aceito pelos alemães como complemento e representação da própria consciência deles e como encarnação simbólica do próprio "nós-ideal" deles.

Para muitos alemães, um fato que, em retrospecto, se destaca de forma acentuada é que Hitler era um nazista mas, no decorrer da guerra, esse papel recuou para o segundo plano, comparado com o seu papel como chefe do Estado alemão, como o Führer de todos os alemães. Como tal, satisfez necessidades emocionais que nenhum dos líderes na República de Weimar jamais lograria satisfazer plenamente. Uma dessas necessidades, a qual se tornou cada vez maior, primeiro, com a crescente crise de 1930, e depois com a série de crises que os próprios nazistas ajudaram a criar, era a necessidade de um homem a quem os alemães pudessem submeter-se cegamente, que retirasse magicamente o fardo de responsabilidade dos ombros deles e o colocasse sobre os seus próprios, que se responsabilizasse por todos os desejos e esperanças nacionais, toda a ânsia de um fim para a humilhação da Alemanha, de uma nova grandeza, de uma nova potência.

A esse respeito, como de outros, Hitler pôde servir como símbolo de uma característica básica que é comum nas sociedades de hoje. Muitos dos mais prementes problemas da vida social ainda são atualmente atacados de um modo análogo àquele como, em sociedades mais simples, são abordados os problemas dos dois domínios que separamos e a que chamamos "natureza" e "sociedade". Procuramos superá-los por meios semimágicos. Não é figura de retórica, mas simples constatação de um fato que Hitler, na Alemanha, tinha uma função e características semelhantes às de um pajé, de um xamã, em agrupamentos tribais mais simples. Restituía a confiança a um povo angustiado e sofredor prometendo dar-lhe tudo o que ele mais queria, assim como o xamã promete a um povo ameaçado de fome e sede por um longo período de estiagem que fará chover. E à semelhança de um chefe tribal, exigia sacrifícios materiais e humanos. Os alemães estavam sedentos de um novo respeito próprio, de uma nova grandeza e de um novo orgulho. Hitler prometeu-lhes a plena realização de seus desejos. Sem dúvida, ele próprio acreditava em seu talento e em sua capacidade para cumprir o que prometia. Estava imbuído, sem dúvida, de um profundo sentimento de onipotência e era capaz, até certo ponto, de o transmitir a seus seguidores. Por muito que teatralizasse e mentisse, ele também era completamente sincero em sua crença de que fora chamado a renovar a grandeza da Alemanha e talvez a dominar a Europa, se não o mundo inteiro.

Assim, Hitler revelou necessidades a respeito das quais, não só os alemães, mas também muitas outras nações modernas dificilmente podem ser vistas como menos simples e "infantis" ou, se preferirem, menos "primitivas" que as sociedades tribais. Apesar do relativamente elevado controle dos acontecimentos nesse nível do universo a que chamamos "natureza", mesmo nas sociedades que, até o presente, são as detentoras do mais alto desenvolvimento, o grau de controle que os homens têm sobre si mesmos como sociedades é ainda muito baixo. Nesse nível, mesmo hoje, as pessoas ainda pensam que, em muitos casos, podem controlar por meios mágicos o curso dos acontecimentos, quando falta um conhecimento adequado das ligações concretas; e as atitudes dos líderes em relação a eventos sociais, *lato sensu,* em que estão envolvidos são condicionadas, em grande parte, pelas atitudes da massa do povo. Sobretudo em situações críticas, as populações, mesmo nos países mais "avançados", sentem-se ameaçadas por perigos de cuja natureza não possuem uma compreensão muito melhor do que nas sociedades tribais, mais simples, as pessoas entendem os perigos de cheias, trovoadas, estiagens ou doenças. E, tal como nas últimas, também aquelas são suscetíveis de preencher as lacunas em seus conhecimentos com meias verdades e mitos.

Hitler foi, em essência, um inovador xamã político. Outros podem ser mais convencionais em seus procedimentos. E como o regime nazista representou uma forma particularmente maligna de mitologia social e manipulação mágica da sociedade, ele confere maior evidência à etapa de desenvolvimento alcançada no nosso tempo a respeito da capacidade das pessoas para conduzirem seus próprios assuntos sociais e solucionarem seus próprios problemas sociais.

O fato de que o moral do povo alemão se manteve inalterado durante toda a guerra, apesar de tantos choques e dúvidas, mostra com que firmeza ele estava ligado ao feiticeiro supremo e seus acólitos — não apenas por coerção externa mas também por suas próprias necessidades e crenças. A vida teria sido quase insuportável se as pessoas tivessem tido que enfrentar cara a cara suas incertezas e sua própria impotência. Rituais mágicos e crenças míticas agem como um bálsamo que protege as pessoas contra o pleno impacto da percepção consciente, o choque do reconhecimento de sua impotência em face de um curso dos acontecimentos que lhes ameaça tanto a existência física quanto a noção que nutrem sobre o significado da vida. Ao mesmo tempo, porém, os atos mágicos e as crenças míticas também contribuem para a preservação e a renovação das próprias condições que criam a necessidade deles, as condições de impotência e ignorância humanas em face de eventos ameaçadores. Fornecem às pessoas um paliativo emocionalmente satisfatório que as impede de conceber até a idéia de que possa ser possível ter um modo menos mítico, mais realista, de pensar sobre o nexo de eventos sociais que as ameaçam, e um modo menos mágico, mais realista, de agir em relação a esses perigos.

Foi esse o círculo vicioso que manteve os alemães prisioneiros dos nazistas, à semelhança de todos os outros povos com fortes elementos de fantasia em seu comportamento e pensamento. Hitler e a fé nazista ajudaram a reproduzir e a reforçar as próprias incertezas contra as quais eles pareciam ser, aos olhos de seus adeptos, uma proteção. O uso de conceitos biológicos como "raça", num sentido predominantemente mágico e mítico, foi apenas um entre muitos exemplos do modo curioso como, em nossos dias, métodos científicos de abordar a "natureza" podem ser usados a serviço de um enfoque mágico-mítico da "sociedade"; foi um exemplo do modo como conceitos que são científicos num contexto podem tornar-se míticos num outro.

A simplicidade elementar da crença de muitos alemães no Führer como símbolo da Alemanha, e a estreitamente ligada solidez do moral de guerra até o seu amargo desfecho, são freqüentemente obscurecidos por argumentos intelectuais, que parecem supor que o povo alemão (ou, quanto a isso, qualquer outro) tinha à sua disposição um sistema articulado e altamente integrado de crenças do gênero exposto em livros, que os alemães eram nacional-socialistas convictos ou, pelo contrário, antinazistas e democratas não menos convictos. Mas a crença no Führer e o poder que isso exerceu sobre as massas até o fim da guerra não podem ser explicados de forma adequada em função de tais categorias políticas concisas. Baseiam-se, essencialmente, nas simples necessidades de pessoas simples, cuja impotência em face dos grandes eventos da política mundial fizeram-nas acudir a alguém que, na imaginação delas, tinha a aura de um salvador, cujos atributos e características ajustavam-se às suas necessidades e que, fortalecidas por uma maquinaria de coerção externa, facilitou-lhes realizarem todos os esforços e sacrifícios, e suportarem a opressão de uma sociedade orientada para a guerra sem a ocorrência de um sério colapso em seu débil e dependente autocontrole.

22

Talvez se compreenda melhor a posição dessas pessoas, se escutarmos as suas próprias e autênticas vozes. Os seguintes excertos de cartas de civis para as frentes de batalha, as quais foram escritas no verão de 1944, podem ajudar a elucidar alguns dos problemas que foram examinados até aqui em termos mais gerais. Provêm de uma seleção de cerca de 300 cartas que por mero acaso ficaram à disposição do autor. Uma vez que tais testemunhos não são muito numerosos, sua publicação pode ter um certo valor documental. No que se segue, todos os nomes pessoais foram mudados ou alterados de forma a torná-los irreconhecíveis. Ortografia e pontuação foram cuidadosamente corrigidas.

6.7.44

Meu querido Robert,

O clube acaba de receber mais notícias ruins — Martin foi morto. Senti meu coração quase dilacerado quando soube... No último Natal, organizamos juntos a festa em família, e então ele foi subitamente convocado e depois disso nunca mais veio de licença... É horrível quando se pensa que nem todos vão voltar; me custa muito imaginar isso.

Hoje esteve aqui Anne-Marie para ir nadar. Ela está se correspondendo, de momento, com Hubert Uhlich. Esta é a minha novidade mais recente.

Hoje o banho foi maravilhoso. A água estava a 22 graus. As crianças também se divertiram muito. Seria bom demais se você viesse de licença e pudéssemos ir nadar juntos todos os dias. Mas, infelizmente devemos ambos esperar que a guerra termine e você volte enfim para casa.

Vou terminar agora, meu querido, já é tarde e os meus olhos começam a ceder ao sono...

Sua fiel
Lili

19.7.44

Ainda não me refiz do choque; é como se tivesse acabado de me levantar depois de uma doença muito grave. Estou tão cansada e não me sinto bem em outros aspectos.

Querido Hermann, o funeral foi no domingo. Eu estava de serviço, como já lhe escrevi, mas várias pessoas me disseram que se tivessem sabido o que ia acontecer no funeral, não teriam ido. Estavam muito irritadas com o teatro dos camisas pardas [os nazistas]. O padre foi insignificante. Os acompanhantes estavam tão indignados que nem conseguiam chorar. Mas tudo isso passará, tal como começou

(continuação, *20.7.44*)

... Houve outro alerta de ataque aéreo; sobrevoaram-nos a caminho de N. [uma grande cidade]. O ruído era horrível demais. A sra. Steiger tem um excelente porão.

As pessoas aqui andam tão agitadas; eu estou realmente muito calma. Só quando tenho que passar várias vezes pelas ruínas todos os dias, sinto muita pena quando penso na pobre gente que perdeu tudo o que tinha. Penso com que facilidade a minha casa também poderia estar como essas.

Até agora houve exatamente 63 mortes. Falei ontem com o papa-defuntos. Durante o alerta de ataque aéreo da manhã de ontem, a sra. Franzen do moinho teve um ataque cardíaco por causa da ansiedade. A sra. Leber também anda tão agitada que anteontem chorou o dia inteiro. No domingo, o culto protestante estava previsto, em princípio, para as 9 da manhã. Eu estava lá por volta das 7:45; o culto mal terminara quando houve outro alerta. O sinal de fim do alerta só soou um pouco antes das 10 horas. Os sinos tocaram, então, para os protestantes. As pessoas fizeram fila para entrar na igreja, o órgão começou e houve mais outro alerta.

A rádio ainda está tocando música, mas eu não quero ouvir música num momento como este...

21.7.44

... apenas algumas horas com você, beijar sua boca, suas queridas mãos, desejar mais do que isso, creio eu, seria impossível. Estou tão terrivelmente serena, entregue a meus pensamentos... Já tivemos de descer hoje duas vezes ao porão... Nada além de fogo e cinzas. Alles kaput. *É terrível não ter um momento de descanso... eles nunca param...*

25.7.44

... a única ambição que a gente pode satisfazer é continuarmos sendo verdadeiros camaradas dos soldados no "front". Se todos os homens ou, pelo menos, todos os SS, *pensassem como eu, não haveria motivos para preocupações. Mas toda a minha fé ainda está com a Velha Guarda. Embora nunca me tivesse encontrado com eles, soube por você como eles eram e confio plenamente neles porque conheço-o bem. Nenhum homem poderia dar um melhor exemplo a uma mulher do que você, tão orgulhoso, tão nobre... Todo o meu empenho é para ser, e continuar sendo, digna de você... Eu sei que, pela minha atitude, você me aceitará ainda mais como sua futura esposa.*

27.7.44

É uma pena que você já não esteja mais por dentro das coisas como antes. Mas as notícias do atentado contra a vida do nosso Führer terão provavelmente chegado aos seus ouvidos. E também espero que isso seja um bom sinal de uma virada decisiva no rumo dos acontecimentos. O dr. Goebbels falou a noite passada na rádio. Fizemos alguns quilômetros de carro para ouvir o discurso no campo. Foi um bom discurso e havia muito de verdade no que ele disse. O que não dá para entender é que o partido precisasse de 11 anos para dizer claramente que somos um Estado nacional-socialista. Impressiona-me como um tanto ridículo que, justamente agora, nesta situação de guerra, alguém pense que é o momento certo para colocar o povo sob a liderança do Partido... Nós dois já dissemos antes que um dia a decisão teria que ser tomada sobre quem controla o Estado, se a Wehrmacht ou o Partido. Agora que foi tomada, isso me preocupa. O Partido não esteve suficientemente ativo na guerra, as pessoas perderam muito da sua fé, e quem pode censurá-las por isso? Apesar de tudo, acredito que o dr. Goebbels pode solucionar o problema. Ele é um dos que se mantém 100% ao lado do Führer como um verdadeiro Pg.[12] *E o Pg Himmler como responsável pelas reservas internas — acho que isso deve funcionar direito. De qualquer modo, as SS já não podem continuar rindo da Wehrmacht. Eles também vão ter que fazer a "saudação alemã". Você acha que eles a farão? Gostaria de ver a cara deles.*

Posso imaginar a sua posição no exército, meu querido papai, é ruim se uma família se divide em dois partidos. Estávamos quase ficando na mesma situação que a Itália. O povo como um todo mantém-se firme. As pessoas estão começando a perceber que se perdermos a guerra, estaremos desgraçadamente liquidados para sempre.

23.7.44

Meu querido filho Wolf,
Hoje é domingo e neste momento estou de volta à casa e completamente sozinha. Seu pai foi à reunião da associação de veteranos, e Anneliese está com a tia Lina. Recebemos hoje com grande alegria uma outra e carinhosa carta sua, datada de 14 de julho; sinceros agradecimentos por suas doces linhas. Meu querido filho, você escreve que até agora as

coisas têm corrido bem do seu lado, o que eu também posso dizer a nosso respeito. Sim, meu querido filho, você também está agora enfrentando o inimigo e eu sei que exercerá o seu dever como cumpre a um soldado alemão. Que Deus Todo-Poderoso o proteja. A nossa querida pátria alemã está em grande perigo, atacada por todos os lados. E no dia 20 de julho aconteceu a pior coisa que se poderia imaginar — pessoas chegadas ao nosso amado Führer tentaram assassiná-lo. Mas Deus Todo-Poderoso não quis que tivessem êxito e estendeu Sua proteção sobre ele, que sofreu apenas leves ferimentos. Sim, meu querido filho, o que teria sido de todos nós se o Führer nos fosse levado em tempo de guerra. Tenhamos esperança, porém, em que, no final, tudo acabará bem. O nosso querido Erich também foi ferido. Esperamos que ele venha em breve ficar mais perto de casa. O ano passado, por esta época, meu querido filho, você estava aqui conosco e ceifou o nosso centeio. Este ano, você tem outro dever a cumprir. Esperemos que no próximo ano as coisas já estejam melhores. Bem, meu querido filho, vou terminar. Esta semana estamos armazenando a colheita. Escreva e diga onde está, em que cidade do Ocidente.

E agora, meu querido filho, que Deus o proteja,
são os melhores votos de sua querida mãe,
Aufwiedersehn, *se Deus quiser.*

23.7.44

Eu nunca tive ilusões a respeito da nossa atual situação militar e estava perfeitamente claro que os mais ingentes esforços e os maiores sacrifícios seriam necessários para superar as dificuldades. Também nunca esteve muito distante de mim a idéia de que os inimigos no interior do Reich pensariam ter chegado a sua hora de agir. Mas que generais alemães se rebaixariam ao ponto de fazer tão vergonhoso trabalho em benefício dos nossos inimigos foi algo que ninguém esperava. (...) E é por isso que a indignação é enorme entre a grande massa do povo. O estado de ânimo aqui pode ser resumido nesta frase: "Graças a Deus, nada aconteceu ao Führer. Mais do que nunca, é agora que devemos ficar desafiadoramente a seu lado."[13]

Mas a confiança em que, apesar de tudo, a nossa liderança e os nossos exércitos conseguirão deter a investida permanece inabalável.

24.7.44

Continua tudo bem, meu querido garoto? Fritz está agora em Z., mas pensa que se deslocarão em breve. Ele recebeu um uniforme tropical e acha que estará indo para a Itália. Tudo lá é terrivelmente caro: um copo de cerveja 7 marcos, um litro de vinho 20 marcos, um par de sapatos 1.500, uma libra de cerejas 50 marcos... Mas é mais ou menos a mesma coisa onde você está, não é? Mas se me lembro da nossa grande inflação no passado, esses preços, realmente, não são nada. Porque naquela época tínhamos de pagar um milhão por um pão, um número que hoje em dia ninguém mais precisa escrever. E isso teria certamente acontecido de novo se o atentado contra a vida do Führer tivesse tido êxito. O que é que pensam de tudo isso aí no "front"? Aqui, os nossos corações ficaram paralisados ao escutar as notícias pelo rádio. Provavelmente não teríamos mais guerra, se eles tivessem sido bem-sucedidos, mas em vez disso teríamos a ocupação, guerra civil e bolchevismo. Não posso imaginar que ainda exista gente que não enxerga isso e, sobretudo, que não tenham aprendido nada com a última Grande Guerra. Temos sorte que o Führer esteja vivo e com boa saúde. Mas o que esse homem tem tido que suportar, nada lhe foi poupado. Os prisioneiros de guerra franceses aqui em B. disseram que nunca lhes passaria pela cabeça que um oficial alemão tivesse feito aquilo. Devemos realmente sentir vergonha por esses sujeitos.

Estamos tendo agora ataques aéreos todos os dias. Anteontem, uma bomba caiu em M. e o estacionamento de automóveis do quartel-general das SA *recebeu um impacto direto... Em R., um prédio inteiro foi destruído do térreo ao telhado e houve dois mortos, ambos franceses... O funeral foi ontem. Uma grande parte da população alemã compareceu. Duvido que se a situação tivesse sido inversa os franceses fariam o mesmo. Nós, alemães, simplesmente não aprendemos nunca. Somos bons demais e os estrangeiros só riem de nós...*

Ainda temos bastante comida. Devemos ser fortes em nossa fé de que um dia a vitória ainda será nossa. É o momento de cada um fazer sua parte. Ainda há por aqui um grande número de mulheres sem nada que fazer e que poderiam ser postas em ação. Por vezes, sente-se que o trabalho do nosso partido não rendeu frutos mas, depois, encontramos provas de que fez algumas coisas boas e recuperamos de novo o ânimo.

Com um vigoroso Heil Hitler!

Tua Mãe

26.7.44

Alguns dias atrás, aviões inimigos chegaram e despejaram bombas na estação em E., mas não atingiram a estação, somente a rua é que ficou seriamente danificada, mas já devia ter sido reparada. Também foram lançadas bombas em L. e uma casa foi destruída com 16 vítimas. Surpreende-me que a fábrica T. e a fundição em O. ainda não tenham sido bombardeadas, já que ambas estão trabalhando dia e noite para a [...?] Provavelmente, os nossos inimigos estão desorientados. Em todo o caso, eles voltarão com certeza. A recém-construída usina química em P., onde gasolina é produzida a partir do carvão, foi completamente destruída há poucos dias, junto com todas as casas à sua volta, e as perdas de vidas foram bastante elevadas. Por quanto tempo pode continuar ainda esta obra de aniquilação? Não se pode chamar a isto uma guerra.

Por causa do fechamento do nosso negócio, perdi todo o incentivo na vida e faço qualquer tipo de trabalho, como cortar lenha, pois não se consegue mais um trabalhador para cortá-la, embora uma porção de gente fique zanzando por aí e roube o dia do nosso Senhor, recebe apoio e o trabalho é uma questão secundária.

27.7.44

Tenhamos esperança de que a guerra chegue este ano ao fim. Porque, a longo prazo, ninguém será capaz de a suportar! Mas nós temos que prosseguir sem desfalecimento, como é pedido.

30.7.44 (dos territórios orientais alemães)

Em princípio, não escrevi sobre assuntos relacionados com a guerra, só gostaria muito de saber o que você pensa realmente sobre o Leste. Espero, por certo, que um dia tudo comece a correr melhor — mas não seria preferível sairmos daqui? Papai deixou-nos doidos quando, há duas semanas, apareceu aqui de súbito e queria levar-nos para Q. [no sul da Alemanha]. Não levamos a coisa muito a sério e aí ele foi embora muito desconsolado, mas pensou que, quando os russos chegarem a Varsóvia, trataremos de sair rapidinho para Q. Esta manhã, bem cedo, recebemos um telefonema dele para dizer que, em qualquer caso, deveríamos ir para junto dele na propriedade. Agora não temos a menor idéia sobre o que fazer, há muitas coisas pró e contra... Que tempos loucos são estes. Estão sempre nos sendo apresentados novos problemas. O que é que você pensa de tudo isto?

Se estivéssemos realmente indo para Q. e você fosse transferido para aqui, então eu viria até você sozinho e saberíamos que, pelo menos, as crianças estavam a salvo.

30.7.44

... A situação aqui está começando agora a ficar realmente séria — o meu otimismo começa a vacilar — eles estão quase em Varsóvia e no Báltico as coisas tampouco estão cor-de-rosa — Estou agora francamente curiosa sobre se eles nos expulsarão daqui!... e se isso acontecer, com certeza, só poderemos levar conosco muito pouca coisa — e com esse pouco já tenho bagagem mais do que suficiente. Tentarei chegar à casa de Irma, pois é melhor com pessoas conhecidas do que ficar com o pequeno Hans e estranhos...

2.8.44

Meu querido maridinho,
Vou escrever-lhe rapidamente algumas linhas. Acabo de chegar do campo onde ceifamos o centeio e o trigo. Meu querido, o seu pai poderia ter feito isso com você, e eu, meu bem, também poderia tê-lo feito com você na cama... mas quando chegará esse dia? Ontem os aviões estiveram aqui durante quatro horas... mas tivemos sorte mais uma vez. Quer dizer, pessoalmente, em K. [e a fábrica X.]... tudo está em chamas, há incêndios por toda a parte. Eles despejaram fósforo e a estação em K. está completamente destruída, os trilhos levantados e voltados para o alto. Mas nem de longe foi tão ruim quanto ontem. Os trens pararam de circular e não há correio. Já dura há dias e tudo está destruído.

Muitas lembranças da tua querida. Heil...
Tivemos salada de feijão, estava muito gostosa.

6.8.44 (endereçada a uma destinatária no campo)

... Mas não adiantam tristezas. Um homem tem a nossa hora em suas mãos. Esse é agora o único conforto. Aqui predomina um grande desalento porque ninguém pode fazer mais o que lhe apetece. Ontem recebi a seguinte carta enviada por um membro da juventude hitlerista:

"Para a operação Marhold (um nome falso) você está designada para ajudar no serviço de cozinha e fazer outras tarefas femininas. É solicitada a manter-se de prontidão a partir de segunda-feira, 7 de agosto.

Mischke, chefe da Seção Feminina."

Averiguei e soube esta manhã que se trata de um trabalho de abrir trincheiras e que temos de cozinhar para os trabalhadores. Ontem, 150 rapazes das escolas superiores partiram com destino desconhecido e ouvi hoje no Liceu, em alvoroço, que vários diretores de estudos e orientadores de estudos têm de estar prontos amanhã para exercícios de treinamento militar (com suas roupas de trabalho). São todos eles professores com mais de 60 anos. E tudo sob este calor insuportável! As coisas estão ficando realmente pretas! Você sabe, cada um deve ajudar de boa vontade onde pode, mas os sexagenários não deviam ser enviados. Francamente, não suporto mais este calor nem passar a noite ao relento em condições tão primitivas... Continuo alimentando a esperança de que as coisas mudem um pouco para o meu lado e que possa permanecer aqui...

8.8.44

Meu querido Otto,
Recebi hoje as duas cartas de 30.7 e 1.8, que agradeço muito. Aqui ainda faz muito calor e, com freqüência, a umidade fica bastante pegajosa. Ontem à noitinha trovejou mas choveu muito pouco. A colheita está sendo agora armazenada e foi boa... O sr. Dahn, que casou com a filha dos Schulze, foi oficialmente declarado desaparecido no domingo — o que iremos ouvir a respeito de todos os outros que ainda não escreveram. Daqui são entre 20 e 30, incluindo Achim, que não voltou a escrever desde 20 de junho, exatamente o mesmo tempo que o sr. Dahn. Há sofrimento e infortúnio por toda a parte, com tudo o que se vê e ouve, às vezes sinto vontade de ficar longe das pessoas. Por ora, graças a Deus, estamos tendo uma pequena pausa nos bombardeiros, se ao menos também acontecesse o mesmo aí, vivo o tempo todo preocupadíssima com você. Estou geralmente tão ansiosa que já não sei o que é ter um sono profundo há muito tempo.

Amor e beijos
De sua Alma e das crianças

17.8.44

A guerra deve chegar ao fim em algum momento. Mas, querido Franz, eles estão avançando em toda a frente, na Prússia Oriental estão em nossos campos, estamos recorrendo às nossas últimas reservas. Ah, se eles conseguissem deter os russos, essa é a nossa preocupação. Não podemos criticar os nossos queridos soldados — a culpa cabe toda ao comando — pois estão dando o máximo de seu esforço. Aperta o coração quando lemos tantas vezes como eles estão lutando por sua pátria.

21.8.44

Por que lhe estou escrevendo tudo isto? Quis apenas desviar a sua atenção por meia hora dos pensamentos sobre seus deveres... G. também tinha uma visão idílica enquanto não se ouviu nem se viu nada da guerra, embora existisse um queixoso a quem tiveram de calar a boca. Muitas vezes ficávamos apenas surpreendidos quando líamos o jornal ou ouvíamos o noticiário do exército no rádio, mas estávamos propensos a pautar o nosso sentimento pelo das mulheres: "o que está acontecendo é num outro mundo e não está nos afetando".

E esta é a situação atual em que nos encontramos, tão terrivelmente séria. Não se pode negar a superioridade aérea deles. Você escreveu: "em algumas semanas, tudo será diferente". Para mim, é um enigma como isso poderá ser possível, mas você deve estar melhor informado! Os pilotos inimigos estão buscando sistematicamente as nossas fábricas de tanques e destruindo-as. A fábrica Y. poderia escrever uma canção a respeito... o gerente disse-me que 60% foram destruídos por incursões aéreas de terror inimigas... todo o pessoal teve que ser temporariamente empregado na remoção dos escombros a que ficaram reduzidos os galpões...; 90% dos trabalhadores eram estrangeiros... as V-2 estão agora realmente prontas para uso, embora muita gente esteja perplexa porque pensávamos que o alto comando do exército tinha todas as razões para lançá-las, e também porque pareceu a muitos como se já tivéssemos perdido a guerra, sobretudo porque, nestas redondezas, todas as mulheres foram convocadas para o serviço militar... sem consideração de profissão ou status, todas entre os 15 e os 50 anos... A ordem chegou num dia e no dia seguinte tinham que partir. Só posso pensar que as trincheiras que elas estão cavando tenham mais utilidade do que a muralha do Atlântico que tanto alardearam. Mas não devemos ficar resmungando.

Fiquei ontem muito animado com uma carta que o filho do nosso senhorio escreveu a seus pais; ele é dos serviços de intendência, tem uns 40 anos e está na extremidade setentrional da frente leste. Escreveu ele: "Não se preocupem porque não vamos perder a guerra, o inexaurível suprimento de homens que o Ivan parecia ter está esgotado, ele está preenchendo as lacunas em suas linhas com rapazes de 12 anos, e quando os nossos tanques rompem as linhas não encontram reservas, só a vastidão terrivelmente vazia, sem viv'alma. Não entendo por que não transferimos para aqui a frente de batalha, mas os nossos comandantes, em quem temos uma fé ilimitada, saberão por quê!"

Temos incursões aéreas todos os dias, também durante a noite, com freqüência... Quando a rádio, que está dando notícias o tempo todo, avisa exatamente onde os aviões inimigos vão estar (é realmente um trabalho magnífico), dirigimo-nos imediatamente para o abrigo antiaéreo... Mas eu não fico lá em baixo por muito tempo, prefiro ficar do lado de fora, junto da porta; é realmente um espetáculo muito bonito quando a artilharia antiaérea faz disparos com munição traçadora e as balas traçadoras iluminam a cidade toda como se fosse dia.... Nada mais temos a perder neste mundo, a vida e qualquer lampejo de sorte que ela nos pudesse trazer já não dependem mais de nós.

Estes excertos de cartas fornecem-nos uma idéia dos pensamentos e sentimentos de pessoas comuns numa época em que o curso efetivo dos acontecimentos estava tornando cada vez mais improvável que a guerra pudesse ser ganha e a derrota evitada. Eles mostram os primeiros momentos do despertar de um sonho de promissora grandeza para uma pavorosa realidade que, no começo, ainda era impensável. Como a população de muitas outras nações, se bem que, talvez, com maior veemência e menos capacidade crítica do que a maioria, os alemães tinham acreditado nas promessas de seus líderes. E agora revelava-se que essas promessas eram vazias e falsas.

Desde a ascensão de Hitler ao poder, a maioria dos alemães tinha sido objeto mais ou menos passivo nas mãos de uma minoria.[14] Um período de quase completa passividade e irresponsabilidade políticas, um período, além disso, em que qualquer tentativa de pensamento político independente teria sido muito perigosa, tornara-os relativamente impotentes. Quando a ilusão da vitória se dissipou e a vida ficou mais difícil, mutável e incerta, o lar, a família, os amigos e os bens pessoais adquiriram maior importância do que nunca como o único sustentáculo remanescente. Para um número cada vez maior de pessoas, o vasto mundo perdeu a sua forma familiar em que se confiava. Seus mundos privados tornaram-se cada vez mais o único elemento firme em suas vidas. Muitos alemães parecem ter reagido ao evidente agravamento da situação militar com uma crescente "privatização" de seus interesses.[15]

Naturalmente, encontramos nas cartas numerosas referências aos ataques aéreos. Em seu conjunto, elas mostram, pelo menos em nível superficial, um considerável autodomínio. É possível que as pessoas tenham sido advertidas para não se lamentarem nas cartas para os seus familiares nas frentes de batalha; e que tais medidas, por parte das autoridades, talvez tenham contribuído para uma estabilização do moral da população, pelo menos de fachada. Mesmo nos casos em que a destruição da vizinhança imediata e as mortes de pessoas de suas relações diretas estão sendo mencionadas, os relatos permanecem restritos a uma linguagem concreta. Redigidos às pressas e visivelmente sob grande tensão emocional, nenhum deles contêm, não obstante, quaisquer lamentações ou acusações claras. Somente apartes, por exemplo, sobre "a pobre gente que perdeu tudo o que tinha", revelam alguma coisa sobre a tensão subjacente.

Por outro lado, são mais freqüentes as referências gerais, assim como outras mais pessoais, à crescente destruição. Elas deixam bem claro como as pessoas não tinham sido praticamente preparadas para tais experiências — e como estavam numa ignorância quase total das incursões aéreas por bombardeiros alemães sobre cidades como Varsóvia, Roterdã ou Londres. Mesmo que tivessem ouvido ou lido relatos da destruição causada pela Luftwaffe, faltavam-lhes provavelmente os poderes da imaginação e o interesse em criar para si mesmas uma imagem das conseqüências da guerra no ar. A justificação pela propaganda das ações de guerra alemãs terá também produzido uma certa insensibilidade para o sofrimento que a Luftwaffe de Hitler infligiu às populações civis de cidades inimigas. Como resultado, quando a guerra lhes entrou portas adentro o choque foi tanto maior.

Há muitas indicações de que a disciplina e o autocontrole manifestos em relação aos ataques aéreos e a outras ameaças de guerra que emergem dessas cartas foram fruto não só de pressão e coerção contínuas, exercidas de fora, mas também do sentimento íntimo e profundo de que nada podia ser feito pelas pessoas para modificar a situação. Uma das mais fortes impressões deixadas pelos comentários acima (e por outros de um gênero semelhante) é a de um povo obediente e anestesiado, cujos membros perderam a capacidade e a possibilidade de organizar-se e de tomar a iniciativa para uma ação comum, independentemente dos representantes oficiais do Estado ou dirigida contra eles. A relativamente pronunciada circunspeção a respeito de questões públicas, a tendência para a "privatização", eram o reverso dessa incapacidade.

Agora, porém, com os exércitos inimigos avançando sobre eles do leste e do oeste, ficou cada vez mais difícil separar completamente os interesses próprios do rumo dos acontecimentos públicos. Os excertos das cartas mostram que as reações eram variadas. Um número significativo de seus subscritores, tanto homens quanto mulheres, recusou-se, mesmo nessa etapa final, a admitir a possibilidade de derrota. E mesmo aqueles que viram estar próximo o fim, segundo todas as evidências, nutriam o sentimento de que a derrota da Alemanha significaria o fim de todas as suas esperanças e desejos, senão de suas vidas; sentiam a derrota iminente como uma catástrofe da qual a Alemanha não se recuperaria durante a vida deles e que os condenaria para o resto de suas existências ao sofrimento e ao infortúnio.

Esse extremo desespero em face da derrota assinala um problema que não pode ser completamente ignorado a este respeito. Nessa altura do acontecimentos, é de se presumir que a maioria das pessoas — se é que realmente pensaram sobre que espécie de futuro estaria reservado para o seu país depois de uma derrota — esperasse que, por um largo período de tempo, a Alemanha ficaria incapacitada para desempenhar um papel de qualquer importância na política mundial e que levaria muitas gerações para que os alemães se recuperassem da derrota e uma vez mais estivessem em situação de levar uma vida satisfatória e pacífica. Não é este o lugar para entrar mais a fundo na questão de saber por que tais expectativas foram refutadas de um modo tão fundamental pelos desenvolvimentos subseqüentes. Mas o fato de terem sido refutadas, de a Alemanha, embora politicamente dividida em duas, ter-se recuperado plenamente, pelo menos num sentido econômico, é uma das provas mais impressionantes da futilidade e inutilidade da guerra em nossos dias.

Esse desenvolvimento, é razoável concluir-se, confirma com muita clareza o que foi dito antes sobre a diferença entre objetivos de guerra em sociedades pré-industriais e em sociedades numa era de avançada industrialização cujas populações adquiriram o conhecimento e as qualificações correspondentes que são necessárias à manutenção de tal sociedade. Na medida em que o resto do mundo estava relutante em varrer os alemães do mapa, em recolonizá-los ou em deixá-los morrer de fome onde estavam, dificilmente se encontraria outra possibilidade após a derrota senão ajudá-los a sair de dificuldades com o capital de que necessitavam para a reconstrução de sua sociedade industrial.

Conclusão

Dois conjuntos de fatores contribuíram, mutuamente, para o grave colapso de civilização associado ao nome de Hitler e do nacional-socialismo: as peculiaridades do desenvolvimento a longo prazo da Alemanha e as características específicas da etapa que o país tinha então alcançado nesse processo. Entre as primeiras deve-se considerar, em primeiro lugar, o padrão excepcionalmente perturbador do desenvolvimento alemão a longo prazo, o lento declínio que fez do há muito perdido Reich um símbolo da grandeza da Alemanha e de sua suposta restauração o supremo objetivo para o futuro, e depois a tradição autocrática quase unilinear que dotou a maioria dos alemães de uma consciência relativamente fraca e dependente em questões de natureza pública. Fatores como esses e as complicações que deles advieram não redundaram, necessariamente, no colapso, é claro, mas prepararam o caminho para essa forma específica de um colapso da civilização.

Além disso, havia as causas imediatas. Entre elas, um papel central foi desempenhado pelo conflito entre, por um lado, as aspirações herdadas e a auto-imagem nacional dos mais poderosos grupos alemães e, por outro, a renovada perda de poder alemão depois de 1918. A crise em torno de 1930 levou esse conflito ao seu auge.

A clássica situação de perigo com que muitas nações poderosas se defrontam, mais cedo ou mais tarde, em sua história ocorre menos quando o seu poderio declina *de facto*, do que quando seus membros não conseguem mais evitar o fato de adquirirem consciência de sua relativa perda de poder, e da ameaça que isso implica para a sua posição na escala hierárquica de nações. Que um homem como Hitler, e um movimento como o nacional-socialismo chegassem ao poder na Alemanha foi sintomático de tal situação.

Dentro da Alemanha, a crescente industrialização estava alterando o equilíbrio de forças com desvantagem para os velhos quadros dirigentes. Os representantes da nobreza alemã, com o velho marechal-de-campo Hindenburg como figura de proa, tinham tentado, com a ajuda de oficiais desapontados e outros grupos, recuperar o poder que estava escapando-lhes; e sua luta desesperada contra a mais amplamente formada República de Weimar, sua decisão de não renunciar ao poder e à hierarquia sem um combate final, facilitou o caminho para os nazistas.

Em comparação com outras nações, a ascensão nazista, seja o que for que possa ter acontecido mais em conjunção com o êxito deles, significou, acima de tudo, uma raivosa ação de escape para uma grande parte do povo alemão. Em poucas palavras, sob a tensão de uma crise econômica em escala mundial, muitos alemães reagiram ao pensamento e sentimento de que a antiga grandeza imperial de seu país estava perdida para sempre. A percepção de que a posição da Alemanha, entre as nações do mundo, enfraquecera, tinha de ser evitada a todo o custo. Hitler, o talentoso xamã, com seu símbolo mágico, a suástica, invocou uma vez mais para as massas alemãs a *fata morgana* de um superior Reich alemão.

Como tantas grandes nações, lutando com as costas contra o muro por sua antiga grandeza, os líderes alemães, nessa situação, jogaram fora todas as normas de decência, honestidade e identificação com outros povos sempre que isso conveio aos seus propósitos. O objetivo de salvar a decrescente glória da Alemanha parecia justificar qualquer coisa. Um reforço recíproco de idéias favoravelmente acolhidas e a rejeição de pontos de vista que não eram bem-vindos permitiu que amplos segmentos da população alemã se envolvessem num casulo de fantasias coletivas que os teria protegido do "choque da descoberta" — o choque que toda a nação poderosa e, de um modo mais geral, toda a formação social poderosa sente quando seus membros não podem mais evitar o reconhecimento de que seu antigo poder e superioridade estão irremediavelmente perdidos. Muitos alemães eram incapazes de admitir, mesmo para si, que a Alemanha tinha sofrido uma nítida derrota em 1918, ou que as condições do Tratado de Versalhes, independentemente de suas qualidades e defeitos, foram muito moderadas em comparação com as condições que os alemães teriam querido impor a seus inimigos se tivessem vencido. Os nazistas reviveram entre os alemães a crença de que ainda eram uma potência de primeira categoria e dispunham dos recursos necessários, de que, como os imperadores medievais, os senhores da Alemanha dominariam vastas regiões da Europa. O grau de opressão, violência e barbárie que eles usaram correspondeu ao grau de esforço que foi necessário para dar à Alemanha, uma vez mais, a aparência de grandeza e evitar o choque da descoberta de que os dias de preeminência alemã e o sonho de um Reich tinham terminado.

V

Pensamentos sobre a República Federal

1*

Se observarmos a situação, com um certo grau de distanciamento, uma das mais surpreendentes e assustadoras descobertas que se pode fazer na Alemanha Ocidental de hoje é a enorme acrimônia e inimizade que partes da população sentem em relação a outras partes. A consciência da interdependência efetiva de todas as classes e regiões da República Federal está em declínio, segundo parece. A tal respeito, pode-se pressentir como que um sentimento de crescente desorientação: "Para onde estamos realmente indo? A República Federal Alemã ainda tem um futuro? E se tem, que espécie de futuro?" O antagonismo em relação a grupos coirmãos, freqüentemente impregnado de sugestões de rancor, é, como em situações anteriores da história alemã recente, intransigente e absoluto. Os sentimentos de total inimizade em relação a opositores internos são dificilmente controláveis e talvez seja até considerado errôneo, insincero e, portanto, não-alemão, controlá-los. Assim, como em outros casos, divisões irreconciliáveis podem estar levando todas as partes de uma nação coletivamente numa direção que nenhuma delas pretendia nem desejava — na direção, por exemplo, de um Estado policial, ou de uma ditadura de partido.

Algum tempo atrás, na França, o secretário do Partido Comunista declarou que os comunistas estariam na primeira linha de defesa se o país fosse ameaçado com um ataque.[1] Na Grã-Bretanha, o sentimento de uma base comum e do alto valor de ser britânico, que impregna todas as classes e regiões, não sofreu, de um modo geral, qualquer abalo digno de registro, apesar de todas as convulsões políticas e sociais e da experiência de passar do status de grande potência para o de potência de segunda ordem que a Grã-Bretanha divide com as outras nações européias. Na Alemanha, o exorbitante auto-elogio da própria nação sob os nacional-socialistas, a áspera colisão de suas grandes fantasias coletivas com a dura realidade das relações de poder interestatais no período do pós-guerra, deflagrara, sobretudo entre os

---

* O ensaio seguinte foi escrito entre outubro de 1977 e março de 1978, a pedido da revista *Der Spiegel*. Agradeço a Michael Schröter por sua colaboração.

jovens, uma freqüente e igualmente forte inclinação dos sentimentos na direção oposta. A linguagem bombástica dos nacional-socialistas e os atos de violência por eles cometidos em nome do povo alemão, se não destruíram por completo o valor do nome da Alemanha aos olhos de muitos grupos mais jovens, pelo menos diminuíram o seu valor e cobriram de lama a sua antiga glória.

Como disse em outra ocasião,[2] a conversão dos mais jovens, sobretudo de grupos intelectualmente ativos de origem burguesa, ao marxismo, que atingiu o seu primeiro momento de apogeu nos eventos de 1968, está parcialmente relacionada com o desejo de se libertarem de ser identificados com um passado alemão sobre o qual pesa o estigma do nazismo. Foi-me perguntado se eu poderia falar sobre isso em maior detalhe. É com alguma hesitação que acato essa solicitação. Sinto que não posso furtar-me à obrigação de fazer isso. Como sociólogo, estou acostumado a examinar e a pôr a descoberto as conexões mais amplas entre eventos sociais. Talvez ajude se elas ficarem visíveis para muitas pessoas que, sob a pressão de seu próprio trabalho especializado, observam os acontecimentos cotidianos numa escala de tempo mais curta. Entretanto, se não me sentisse obrigado como sociólogo, não me aventuraria na arena dos acontecimentos diários, pois quando se sondam e exploram as conexões entre os mais recentes eventos sociais, então muitas das explicações a curto prazo resultam inadequadas. Não posso limitar-me a repetir o que outras pessoas — sejam elas de direita, de esquerda ou do centro — estão dizendo; e que significado teria o meu trabalho se eu fosse fazer isso? Posso apenas tentar *explicar* algo do que está acontecendo hoje na sociedade do Estado alemão ocidental e indicar algumas tendências — tendências especialmente perigosas — que observo nessa sociedade. Talvez seja ainda possível evitar o desastre.

Se pretendemos explicar a profunda divisão da população da Alemanha Ocidental e as ondas de ódio e medo que estão agitando hoje esse povo, então não basta fixarmos a vista no presente imediato. Os atos violentos de pequenos grupos terroristas solidamente estruturados na República Federal e a contra-onda da caça aos seus simpatizantes têm a mera função de um gatilho que põe a descoberto de um só golpe os latentes pontos de fratura para que todo o mundo os veja. As razões para a fragilidade e insegurança da sociedade alemã ocidental vêm de mais longe.

A liderança nacional-socialista, que ficou devendo sua ascensão em grande parte à ajuda ativa de grupos aristocráticos e da grande-burguesia, arrastou o povo alemão para a pior catástrofe que sofreu deste a Guerra dos Trinta Anos. A massa do povo alemão, entretanto, seja no leste ou no oeste, não parece ter-se apercebido da magnitude dessa catástrofe. Tem certamente consciência de sua mais visível conseqüência: a divisão da população alemã em dois Estados. Mas outras, e não menos sérias conseqüências, não são reconhecidas como tais. Não é fácil falar delas, porquanto muito do que tem de ser dito é certamente doloroso. Pode-se entender, portanto, por que vastos círculos na Alemanha Ocidental fecham os olhos para elas. Estão procurando esquecer a catástrofe histórica de seu povo, apenas porque a tentativa de explicá-la é constrangedora e dolorosa.

Poder-se-ia argumentar, de maneira análoga, que o regime Adenauer fez a coisa certa em sua época quando fez parecer como se o período nacional-socialista fosse agora coisa do passado e como se nada tivesse basicamente mudado. "A Alemanha desintegrou-se reconhecidamente em duas partes", assim pareciam pensar as pessoas, "mas isso só pode ser uma situação temporária. É simplesmente impossível admitir qualquer outra coisa. Não se pode falar de 'RDA' ou de 'povo alemão ocidental'. A unificação da Alemanha acontecerá de novo, porque tem de acontecer. Nada mudou de forma decisiva. Tudo ficou como costumava ser. O negócio habitual."

A problemática efetiva, os problemas reais de um Estado alemão ocidental, são assim obscurecidos. O choque talvez fosse ainda grande demais; a ferida profunda e dolorosa demais para que as pessoas pudessem ocupar-se dela abertamente. Ocorreu então o "milagre econômico" e a relativa prosperidade também contribuiu para excluir da discussão pública a perigosa herança que Hitler tinha deixado para o povo alemão. Até o momento presente, a relativamente elevada eficiência econômica da República Federal serve para suprimir da consciência pública da nação a necessidade de encarar de frente os sérios problemas não-econômicos do povo alemão ocidental.

Se olharmos hoje em retrospecto, podemos reconhecer com bastante clareza que essa política de encobrimento estava errada. Ainda é difícil esconder que algo irrevogável aconteceu. Novas gerações estão crescendo na Alemanha Ocidental que indagam qual é realmente o significado e o valor da sociedade em que vivem. Não se pode simplesmente iludi-las dizendo: "Esperem um pouco, e verão reaparecer unificada a velha e grande Alemanha." Desse modo, apenas se exacerba um dos mais sérios problemas que permanece até hoje por enfrentar na Alemanha Ocidental: a crise de identidade. A extensa e crescente desorientação acerca do valor direção e significado da República Federal que pode ser observada, é uma conseqüência da tentativa de ocultar o fato de que o desastre do nacional-socialismo e a destruição da unidade alemã que ele provocou criaram uma nova situação.

No começo, havia certamente bases muito sólidas para estimular a aparência de que, à parte o desaparecimento do Partido Nacional-Socialista, tudo na Alemanha continuava como antes. Essa atitude refletiu a sincera crença dos antigos estratos dominantes da Alemanha em que, sob a liderança de um respeitável ancião, após a remoção do terrível arrivista, estavam convocados, como nos velhos tempos, para continuar guiando o destino do povo alemão segundo a maneira antiga. E a massa do povo alemão ocidental, paralisada pela derrota, a destruição, o prolongado sofrimento e as reais privações que enfrentava, estava mais do que disposta a confiar seu destino, uma vez mais, a uma figura paternal.

Outrora, se os reis ou os grupos dirigentes de um país tinham provado sua falta de discernimento, conduzindo seu povo de derrota em derrota e, finalmente, à perda de uma parte de seu território, nesse caso eles perdiam usualmente a confiança desse povo. Em nossos dias, poder-se-ia esperar que, pelo menos, os tradicionais estratos dirigentes da Alemanha tivessem se submetido a um auto-exame, mesmo que o povo, por sua parte, não o pedisse. Poder-se-ia esperar, com efeito, que eles próprios se perguntassem: "O que há de errado em nossa tradição, nossas atitudes, nossa filosofia política, para que nos tenham conduzido a este desastre nacional?" O fato das camadas dirigentes da Alemanha não se submeterem a esse auto-exame, de quererem aparentar que tudo estava como nos velhos tempos e, assim, bloquearem, até para si mesmos, o entendimento dos novos problemas resultantes da criação de um Estado alemão ocidental, contribuiu decisivamente para as dificuldades dessa nova sociedade. O que essa sociedade necessitava, mais do que de qualquer outra coisa, era de uma reforma das atitudes de suas camadas dirigentes na direção de maior humanidade e tolerância, de uma solidariedade explícita com todas as classes e gerações de seu povo. Posso muito bem acreditar que teria sido melhor se então, ou em algum momento ulterior, uma pessoa a quem o povo escutava se levantasse e, com a mesma sinceridade com que Churchill declarou ao seu país, no início da guerra, que nada podia prometer além de sangue, suor e lágrimas, tivesse dito ao povo alemão:

Uma grande catástrofe nos afligiu. A velha Alemanha, como nossos pais a conheceram, pelo menos desde 1871, já não existe mais. Nasceu um novo Estado alemão, e devemos trabalhar unidos para que no interior das fronteiras deste Estado se forme um povo e talvez, no futuro, uma nação que dê continuidade ao melhor da antiga tradição alemã e, ao mesmo tempo, crie sua própria tradição, de modo que para as gerações mais novas, e para aquelas que virão depois de nós, seja agradável, excitante e significativo pertencer a esta nova Alemanha. Sobretudo, devemos mostrar ao mundo e a nós próprios que esta não é mais a velha Alemanha que deu origem ao regime desumano do nacional-socialismo. Devemos mostrar que somos uma nova e humana Alemanha. Para isso, é necessário pôr fim a várias formas de hostilidade, lutar contra algumas das velhas atitudes entre nós que encontraram expressão na violência do nacional-socialismo; devem ser erradicadas até na família, nos jardins de infância e nas escolas. Devemos desenvolver com plena consciência novas e decentes atitudes de mútuo respeito por todos os seres humanos, seja qual for sua idade, posição social ou partido.

Não podemos desembaraçar-nos da oposição de interesses entre empresários e trabalhadores, e a resultante queda-de-braço a respeito da distribuição do produto nacional. Até agora, nenhuma sociedade industrial foi bem-sucedida em encontrar uma solução para tais conflitos de classes. Ninguém, até a data, traçou um plano convincente para uma sociedade industrial em que as desigualdades sejam menores do que nas sociedades industriais capitalistas-comunistas. Tenho a certeza absoluta de que isso só será possível quando se mudar não simplesmente as relações de propriedade com os meios de produção mas, sobretudo, também os próprios meios de produção, ou seja, o caráter fabril da produção industrial. A nacionalização dos meios de produção, sem essa mudança nos próprios meios, dificilmente reduz a desigualdade entre pessoas, como os países marxistas mostram com bastante clareza.

Devemos, portanto, resignar-nos com o fato de que continuará havendo conflitos de classes na República Federal. Mas ambos os lados terão muito a perder, senão tudo, se, em vez de resolverem esses conflitos com deliberada moderação, investirem um contra o outro a todo o instante através da violência verbal ou das armas, até não haver outra saída senão tentar amordaçar a outra parte ou abatê-la fisicamente através da transformação da Alemanha Federal num Estado policial ou numa ditadura de partido único, quer da direita, quer da esquerda política. Isso é o que nos cumpre evitar a todo o custo. Para evitá-lo, tem de haver uma deliberada moderação, sobretudo a respeito das pessoas que se encontram do outro lado nas disputas internas. Somente quando formos capazes de fazer isso, esta Alemanha nova e menor terá uma chance de sobreviver, prosperar e florescer.

É lícito imaginar que se tais pensamentos tivessem sido ainda mais desenvolvidos publicamente por um grupo de pessoas decididas, eles teriam alcançado considerável receptividade em muitos círculos da República Federal. Então, talvez, uma correspondente reforma, não só das leis, mas também das normas de conduta das pessoas, sobretudo a respeito do modo como grupos rivais se relacionam entre si, teria sido capaz de proporcionar às gerações mais jovens, em crescente medida, o sentimento de que é gratificante viver nessa sociedade alemã federal. Ninguém pode dizer com absoluta certeza quantas pessoas mais jovens na Alemanha Ocidental carecem hoje de um tal sentimento. Mas tem-se a impressão de que a ausência de entusiasmo pela República Federal está, de momento, crescendo. Será necessário dizer que aqueles que contribuem para esse crescente descontentamento com a Alemanha, entre as gerações mais jovens, estão colocando em risco o futuro de seu próprio povo em troca de apenas algumas satisfações a curto prazo?

Outros Estados europeus sofreram pesadas derrotas, em séculos recentes, que não só reduziram seu território mas, ao mesmo tempo, abalaram radicalmente seu orgulho e puseram em dúvida sua identidade como povos e como estados. A Dinamarca, a Suécia, a própria França, são exemplos. Em tais casos, só raras vezes os movimentos de auto-exame se encontram inteiramente ausentes. No começo, grupos barulhentos clamavam por uma guerra revanchista, na França, depois de 1871, na Alemanha depois de 1918; era impensável que sua anterior grandeza tivesse sido irrevogavelmente perdida. Depois, talvez somente após uma ou duas gerações, impôs-se à consciência deles, superando as enganadoras fantasias nacionais, que a perda da antiga grandeza e, por conseguinte, de seu anterior *ranking* no concerto das nações, era permanente. A Polônia, depois de várias partilhas, a Dinamarca depois da perda da Noruega e de Schleswig-Holstein — como foi que as pessoas, nessas ocasiões, se renderam ao choque de realidade?

Na Dinamarca, a par do movimento para restaurar o antigo e mais vasto império, também surgiram, gradualmente, tendências para o auto-exame. De acordo com a estrutura social do país, elas orientavam-se, entre outras coisas, para a integração, num Estado menor, da massa de população camponesa, a qual tinha permanecido à margem dos estratos estabelecidos como uma classe que, em sua grande maioria, ainda era pobre e sem educação. Alguns dinamarqueses reconheceram então, evidentemente, que era uma necessidade tanto social quanto nacional elevar os padrões de vida e educacionais das pessoas, propiciando assim uma melhor chance de reduzir o gradiente de classes, bem como a formação da consciência de um destino nacional comum. Entre outras medidas, uma rede de escolas secundárias para a população rural favoreceu esse esforço para levar a efeito uma renovação nacional, após a derrota. Contribuiu para elevar o nível de conhecimento e assim, ao mesmo tempo, os padrões de produção e de vida do campesinato dinamarquês.

A gradual prosperidade da Dinamarca após as derrotas, e talvez a sobrevivência do país, certamente se basearam em boa parte nesse auto-exame, e nas reformas com ele relacionadas. Mas, provavelmente, não estaria muito longe da verdade a suposição de que, entre todos esses esforços, também desempenhou um papel o discernimento de que a defesa de um país depende, em considerável medida, do bem-estar e do sentimento de pertença de todos os estratos e, em particular, das gerações mais jovens.

Uma das peculiaridades da República Federal Alemã é que esse discernimento parece estar completamente ausente, em especial entre muitos membros dos grupos de liderança. Para os membros das gerações de Adenauer, Brandt e Scheel, que cresceram antes da guerra, a identificação com a tradição alemã ainda está enraizada em suas consciências como algo axiomático. Por isso não entendem que não seja, nem possa ser, esse o caso das gerações mais jovens, como a de Rudi Dutschke, que cresceram durante ou depois da guerra, ou que para elas a solução mais realista do problema da desintegração alemã pareça ser o cuidadoso *rapprochement* entre o Ocidente e o Leste.

Aqueles a quem não agrada essa solução devem realmente entender que serão mais suscetíveis de reforçar do que de atenuar tais convicções entre os membros das gerações do pós-guerra, se desandarem, por assim dizer, esbravejando e vociferando contra elas, tomados de uma espécie de pânico. Excessivas campanhas na mídia, leis opressivas e, sobretudo, o uso da lei como um expediente do poder político-partidário pelas autoridades, só servem para engrossar as fileiras dos que nutrem a convicção (e é de uma *convicção* que estamos tratando) de que *slogans* políticos como "liberdade" e "democracia" estão por demais surrados, e de que o furtivo aumento de opressão na Alemanha Ocidental está se aproximando continuamente do nível de opressão manifesta na Alemanha Oriental. Conheço cidadãos mais jovens da República Federal que têm pouca simpatia pelo regime vigente no Leste, mas que me disseram: "Qual é a diferença? Lá, expulsam-no de sua carreira se não for marxista. Aqui, expulsam-no de sua carreira se for ou tiver sido marxista, e talvez até um elemento ativo dos Jovens Socialistas ou dos Jovens Liberais." Surpreende-nos, por vezes, a miopia daqueles que concedem verbas incalculáveis para o mais moderno armamento de defesa da República Federal mas, ao mesmo tempo, alienam irrevogavelmente parcelas consideráveis das gerações mais jovens, ou seja, parcelas daquelas gerações de cujos sentimentos de pertença e consciência de que seu país é merecedor de contínua existência, depende a efetiva defesa do país, pelo menos tanto quanto depende de *hardware*. Com paciência, moderação, tolerância e consciente desvelo a respeito das oportunidades de plena realização daqueles que estão crescendo e se instruindo, não seria sequer muito difícil fazer com que as gerações das quais depende o futuro da República Federal se convencessem de que os países marxistas não descobriram, em absoluto, a chave para uma sociedade mais justa, não-autoritária e não-opressiva. Mas o paciente autodomínio, moderação, humanidade e, sobretudo, compreensão para com pessoas de diferentes opiniões só raras vezes constituíram os pontos fortes das lideranças da Alemanha.

2

Existe atualmente uma certa confusão a respeito da natureza das tensões que se manifestam na sociedade mundial. Essa confusão é aumentada ainda mais pelo fato de que grupos politicamente mais fracos, dos mais diversos tipos, tentam encontrar orientação, aliados e justificação ideológica recorrendo ao pensamento de Marx como seu quadro de referência. A teoria de Marx referiu-se, como é sabido, a um tipo muito específico de conflito: aos conflitos entre especialistas econômicos que têm à sua disposição os meios de capital e outros que dependem deles, porquanto nada possuem além de sua força de trabalho. Mas ligada à sóbria análise de figurações em Marx estava uma profecia. Ele previu a inevitável queda da ordem vigente através da vitória revolucionária do proletariado — mais tarde entendida, com freqüência, como a vitória revolucionária de seus seguidores e de sua ditadura, em nome dos trabalhadores industriais, com a conseqüência necessária de uma ordem social sem classes, desigualdade social e opressão.

Devo abster-me de examinar aqui as múltiplas transformações dessa teoria profética da sociedade, como as suas transformações num *slogan* das lutas de emancipação de minorias nacionais ou, em alguns casos, até por maiorias étnicas oprimidas. Posso apenas sublinhar, *en passant*, que o *corpus* de pensamento marxista desempenha nos dias atuais um papel relativamente secundário na prática das lutas industriais entre empresários e trabalhadores nos Estados industriais mais ricos, e que neste adiantado século — talvez o último — de trabalho fabril em moldes tradicionais, o caráter hierárquico deste trabalho não é menor, e talvez seja até maior no Leste do que no Ocidente. O sistema marxista de pensamento não mudou nem um pouco essa desigualdade na fábrica. Pelo contrário, desempenha agora um importante papel em outros tipos de tensões e conflitos, dentro dos Estados industriais mais ricos; tensões e conflitos cujo caráter sociológico não é, com freqüência, corretamente entendido. Refiro-me às tensões e conflitos entre as gerações. Na cadeia de gerações, as guerras são, hoje em dia, os divisores de águas. A ruptura entre os mundos, vivenciada por aqueles que cresceram e se fizeram adultos antes e depois da guerra, foi, no caso da grande guerra dos anos de 1939-45, especialmente profunda. Isto aplica-se a grandes áreas do mundo. Em particular, vale para os países imperiais da Europa. Mas é à Alemanha, entretanto, que se aplica em mais extensa medida.

A Grã-Bretanha e a França entraram nessa guerra ainda como grandes potências imperiais. Saíram dela como potências de segunda ordem que perderam, pouco a pouco, seus impérios coloniais. Num grau correspondente, o potencial de poder (que nem sempre significa, em absoluto, o potencial econômico) de países menores, como a Holanda e a Bélgica, ou a Hungria e a Tchecoslováquia, foi reduzido.

Raras vezes se indaga como os povos da Europa estão assimilando o declínio de poder de seu continente. Como resultado, muito do que está acontecendo agora em sociedades européias, não pode ser explicado. Entre essas ocorrências inadequadamente explicadas está o movimento estudantil, o qual encontrou sua expressão mais notável até hoje na França, na Alemanha, na Grã-Bretanha e em alguns outros países, nos acontecimentos em torno de 1968. Quero falar aqui, sobretudo, acerca de certos aspectos sociológicos do movimento estudantil alemão e do movimento mais amplo com o qual estava relacionado. Mas isso não pode ser feito sem levar em consideração que se tratava de uma questão de ocorrência européia. A capacidade de enxergar a explicação do que, por vezes, parecia ser uma revolta juvenil, é distorcida se, ao procurar uma explicação, a pessoa se concentrar unicamente em seu próprio país.

A onda de tensões, cujo momento culminante foi, até agora, o movimento estudantil em torno de 1968, recebeu e recebe seu impulso central, segundo me parece, dos já mencionados conflitos entre as gerações. É bastante simples diagnosticá-las e explicá-las. A primeira característica estrutural que atrai a atenção é o *background* social das pessoas que exercem a liderança e de uma considerável parte de seus seguidores: são predominantemente jovens de classe média, aos quais se soma um pequeno número de estudantes socialmente emergentes, oriundos de círculos da classe trabalhadora. Essas pessoas das gerações do pós-guerra, em sua grande maioria de famílias de extração burguesa, viram-se colocadas num mundo social que era amplamente dominado pela burguesia e também, em parte, por gerações aristocráticas de antes da guerra. De Gaulle, não menos que Adenauer, pertencia-lhes. O movimento estudantil era a vanguarda das gerações ainda excluídas e assim continuou sendo até hoje.

Seus campeões repudiaram enfaticamente os valores políticos e, num sentido mais amplo, os ideais humanos das ainda dominantes classes médias de antes da guerra de suas respectivas sociedades. Efetuaram um balanço do que seus pais tinham planejado e feito, e rejeitaram-no. Os impérios coloniais que, como prova visível da grandeza e do valor de suas próprias nações, alimentavam o orgulho e o amor-próprio das classes médias antes da guerra, tinham-se desintegrado. No caso da Alemanha, o desejo de restauração do império, de renascimento da auto-estima imperial, convertera-se numa fantasia muito além de sua capacidade de realização e, portanto, autodestrutivo. Era semelhante ao anseio, nunca inteiramente extinto nos círculos da grande-burguesia, de recuperação do controle irrestrito sobre seus negócios e empresas, anseio esse que encontrara novo estímulo na Alemanha através da política econômica dos nazistas. Enfim, na visão dos que nasceram depois da guerra, foram as gerações de seus pais que, em nome de tão opressivos ideais, empurraram a Europa e vastas regiões do mundo dependentes da Europa para a guerra catastrófica de 1939-45 e, em última instância, tinham de ser culpadas não só pela destruição e degradação da Alemanha, mas também pela humilhação da maioria dos Estados europeus vencedores, pela perda de sua anterior grandeza.

Não se faz, com freqüência, a tentativa de visualizar com nitidez a tarefa com que se defrontaram os jovens intelectualmente mais atentos e perspicazes das gerações do pós-guerra. Não só na Alemanha mas também em muitas outras nações-Estados européias, o problema que surgiu para eles é indicado na Alemanha pela idéia de "superação do passado". Não só a juventude pós-guerra da República Federal Alemã, como também muitos jovens britânicos, holandeses, franceses, italianos e dinamarqueses defrontaram-se — talvez com um pouco menos de urgência — com o problema de sua própria identidade. A antiga identidade nacional não se tornara, em toda a parte, tão suspeita e problemática quanto na dividida Alemanha, especialmente na República Federal. Para os relutantes herdeiros do nacional-socialismo, "superar o passado" era uma tarefa particularmente embaraçosa e difícil. Entretanto, em outros países, sobretudo para os franceses e britânicos, que possuem "nós-imagens" e "nós-ideais" muito mais estáveis e profundamente enraizados — graças a muitos séculos de contínuo desenvolvimento —, a perda do status de grandes potências também significou um severo abalo para os sentimentos nacionais tradicionais.

A perda pela Alemanha do status de grande potência aconteceu em duas fases. Ambas foram o resultado de tentativas malogradas dos estratos aristocráticos e burgueses dominantes de obter a hegemonia da Alemanha sobre todos os outros Estados europeus e suas dependências em outras regiões do mundo. Na segunda metade do século XX, não é difícil reconhecer que essa competição entre os Estados europeus selou a destruição da posição hegemônica da Europa em relação ao resto dos países do mundo.

De qualquer modo, para as lideranças da Alemanha, orientadas para a tradição do Kaiserzeit, a perda do status de grande potência em conseqüência da derrota de 1918 era tanto mais insuportável por quanto só recentemente, em 1871, elas tinham ganho para o seu país essa igualdade com as grandes potências mais antigas, e agora perdiam, simultaneamente, a oportunidade de hegemonia na Europa e de supremacia na Alemanha. Esse duplo choque de realidade que os representantes e sucessores dos estratos dirigentes do derrotado Kaiserreich sofreram em conseqüência de suas simultâneas derrotas externa e interna, era doloroso e insuportável demais para admitirem o entendimento claro de que o tempo de sua supremacia externa e interna acabara para sempre. Assim, depois de 1918, eles prepararam-se — passo a passo, com a ajuda de arrivistas populares como Hitler, em quem eles provavelmente viram, no início, instrumentos convenientes à realização de seus próprios objetivos — para erguer de novo a Alemanha, não só à categoria de grande potência econômica, mas à de uma nação que era também poderosa em termos político-militares. Ao mesmo tempo, almejavam recuperar seu poder interno.

Depois, quando os arrivistas tomaram as rédeas do poder em suas mãos, esses grupos viram-se tolhidos em sua própria armadilha. As profundas raízes prussiano-alemãs de sua formação de consciência tornaram quase impossível para a maioria dos estratos sociais dominantes, criados nessa tradição, perturbar e frustrar os objetivos do chefe do Estado, mesmo quando reconheciam os enormes riscos de sua política — e esse era certamente o caso para apenas uma minoria deles. Assim, qualquer política efetiva de resistência ao chefe do Estado alemão era sufocada — sem levar em conta a ameaça de atos de represália — pelo sentimento de lealdade ao Estado, o qual estava profundamente implantado na consciência da maioria dos membros desses estratos. O resultado foi Hitler ter o apoio da maior parte dos mais antigos estratos dominantes, em conjunto com as suas novas e próprias lideranças, na preparação para o segundo uso de armas na tentativa de assegurar a hegemonia da Alemanha sobre a Europa e suas dependências ultramarinas. O enorme esforço organizacional e de propaganda, a total mobilização do potencial bélico alemão, que se tornou necessária para isso no decorrer da guerra, dão-nos uma impressão de como se tornou gradualmente perceptível a contradição entre o fantasioso objetivo de supremacia do grande império alemão e os seus reais recursos de potência, em comparação com os de seus adversários, a América e a Rússia incluídas. Assim se dissipou o sonho de hegemonia alemã na Europa. Ao mesmo tempo, e também desse modo, terminou, ainda que involuntariamente, a hegemonia de potências européias entre as nações do mundo.

Foi o choque com as atitudes e os ideais dominantes dos pais e mães da burguesia de antes da guerra, que levou muitos dos filhos e filhas, nascidos depois da guerra, a uma crucial rejeição de aspectos dessa tradição burguesa. Acharam-na desumana e foram levados, ao mesmo tempo, à afirmação enfática de um *ethos* mais humanista. Com freqüência, fizeram — e ainda fazem — uso de rotinas de discurso e pensamento que remontam a Marx. Na verdade, não só as principais lideranças políticas e industriais burguesas prepararam o caminho para a organização nacional-socialista em sua ascensão ao poder, mas o mesmo vinha também sendo feito pela nobreza tradicional da Alemanha, quer dizer, sobretudo pelos grupos de aristocratas constituídos por militares e grandes proprietários rurais. Mas para as gerações nascidas depois da guerra, a estrutura de sua sociedade antes da guerra fazia parte de um passado muito distante. Em especial, os grupos das gerações do pós-guerra com maior disposição para a militância viram a sociedade pré- e pós-guerra de seu país em perspectiva reduzida, simplesmente como uma sociedade burguesa dominada pela luta de classes com o proletariado. Mal se apercebiam de que, acobertada por esse uso do conceito de luta de classes por grupos predominantemente burgueses das gerações do pós-guerra, desenrolava-se com freqüência uma luta mais decisiva entre gerações, uma luta de filhas e filhos de origem burguesa contra as atitudes e normas burguesas de pais que tinham crescido e se formado antes da guerra. O edifício de idéias de Marx — o qual, como realização de síntese sociológica e em sua relativa congruência com a realidade, tem poucos rivais — ofereceu-lhes um meio de orientação que era emocional e intelectualmente satisfatório em sua luta com os meios de orientação política e moral das gerações dos pais, os quais tinham tão óbvia e catastroficamente fracassado.

Essa veemente rejeição de atitudes e normas das gerações dos pais, a qual era agora concebida como total rejeição de atitudes e normas burguesas como tais, dá-nos uma idéia da diferença entre os mundos onde viveram essas gerações pré- e pós-guerra. (Ela foi precedida, diga-se a propósito, por uma ruptura comparativamente mais fraca mas, não obstante, análoga depois da I Guerra Mundial.) Tal profissão de um novo *ethos* por aqueles que cresceram depois de uma guerra não está limitada, em absoluto, a grupos que lutam à sombra da bandeira do marxismo. É verdade que, graças à sistemática sociológica da obra de Marx e à sua profecia de uma ordem social futura e mais justa, os grupos marxistas possuem um meio relativamente coeso de argumentação e orientação que empresta, ao mesmo tempo, força e impulso especiais aos seus programas de ação; mas uma nova disposição sócio-ética básica, um sentimento da incorreção de muitas das atitudes autoritárias, que tinham sido lugar-comum entre as gerações paternas durante o período de hegemonia européia, podem ser geralmente encontrados entre pessoas das gerações do pós-guerra, mesmo entre muitas que não são marxistas.

Uma das mais tocantes experiências dos nossos tempos é ver a dedicação com que, precisamente, nas mais ricas nações industriais, setores da juventude pós-guerra estão empenhados na luta contra a injustiça, a opressão, a exploração de seres humanos em todo o mundo, a favor dos presos políticos de regimes tirânicos, a favor da proteção de espécies animais ameaçadas, ou da beleza da Terra não devastada. Seu *ethos* humanista ora é utópico, ora realista e, com freqüência, uma mistura de ambos. Além disso, falta por vezes ao seu compromisso sócio-ético o inseparável complemento de um compromisso ético em nível individual, isto é, a obrigação de decência nas relações pessoais, o que é freqüentemente denegrido como um princípio burguês-liberal, mas que, examinado mais de perto, constitui um dever social com o outro. A criação de uma ordem social menos desigual e opressiva teria pouco significado se as pessoas, em suas relações pessoais, mentissem umas às outras, se fraudassem mutuamente, se, por outras palavras, não fizessem o menor esforço para ser decentes, amistosas e idôneas em suas relações sociais.

Talvez não seja descabido lembrar que esse gênero de intensa dedicação pessoal a ideais e princípios relativamente impessoais, a qual dificilmente é inspirada pela expectativa de alguma vantagem pessoal, será somente observada, na realidade, em sociedades mais ricas e mais desenvolvidas. O filósofo escocês Hume observou, certa vez, como era surpreendente que os partidos de seu tempo, ou seja, a aristocracia Tory e Whig e seus adeptos no país, diferissem um do outro em termos de princípios impessoais. Hume, que também era historiador, declarou que esse tipo de divisão partidária era, que ele soubesse, única na história, uma vez que os agrupamentos partidários nasciam, usualmente, do empenho na realização pura e simples dos interesses particulares de vários grupos. Essa é uma observação perspicaz e extremamente esclarecedora. Mesmo hoje, em países mais pobres, onde a desigualdade entre grupos relativamente pequenos de pessoas muito ricas e a massa de pobres urbanos e rurais — vivendo freqüentemente na fronteira da fome — é muito maior, verifica-se que as divisões partidárias estão orientadas, de um modo relativamente ostensivo, para a satisfação de interesses particulares, sejam os de uma família, de uma tribo ou de uma determinada região. Não é preciso esconder o empenho na realização de interesses pessoais, porque a massa da população é pobre, inexperiente e, em seu todo, impotente.

Percebe-se aqui, sem dificuldade, algo do paradoxo que existe na raiz da estigmatização da Europa *ante bellum* por substanciais segmentos das gerações européias do pós-guerra, que a acusam de exploradora e colonialista: a riqueza dessas nações — sobretudo, o seu alto nível *per capita* de investimento de capital, comparado com o de nações mais pobres — dificilmente poderia ter sido adquirida sem as desigualdades de poder do passado. Quer dizer, ela não teria sido certamente possível sem a exploração de outros povos e classes por grupos dominantes — principescos, aristocráticos e burgueses — o que constitui uma das condições prévias para o modo de vida que habilita os membros das gerações do pós-guerra desses países a rejeitarem o *ethos* explorador de seus pais e, além disso, a rejeitarem a injustiça em todo o mundo.

Esta breve alusão a alguns dos aspectos comuns do novo *ethos* humanista que observamos entre muitos grupos da geração pós-guerra nas nações-Estados industriais mais ricas, deve ser suficiente para os nossos atuais propósitos. Torna mais fácil entender a peculiaridade das relações entre as gerações pré- e pós-guerra na República Federal. A ruptura causada pela guerra de 1939-45 nos mundos conhecidos dessas gerações, através de suas experiências próprias, foi consideravelmente maior e mais difícil de assimilar na Alemanha Federal do que em outros países. As tensões internas para as quais contribuiu tornaram-se muito mais agudas quando os grupos dominantes, sob cuja liderança teve lugar a primeira reconstrução, conferiram especial valor à preservação da continuidade com o passado. Isso obrigou-os a empurrar para segundo plano ou a ocultar por completo os novos problemas com que se defrontaram, sobretudo, as pessoas nascidas na República Federal depois da guerra. Entretanto, essa ocultação reforçou, por seu turno, a tensão entre as gerações.

Na nova situação da jovem República Federal alemã, uma das tarefas mais urgentemente necessárias era uma discussão pública a respeito do significado e valor da República, ou seja, um processo de exame de consciência, um debate realista sobre possíveis intenções e objetivos. Tal debate era devido não só às gerações atuais mas, sobretudo, também às gerações futuras do povo alemão e, para além delas, aos inimigos profundamente feridos de ontem, parceiros de hoje e de amanhã. O que era preciso era revelar publicamente e reformar aquelas tradições de governo e comportamento que tinham sido responsáveis pela regressão do mais complexo Estado multipartidário ao mais primitivo e autocrático Estado de partido único, e pelo concomitante colapso do padrão de civilização previamente alcançado na Alemanha. Assim, as gerações emergentes de alemães, e de vizinhos da Alemanha, não teriam necessidade de continuar vivendo no secreto medo de nova recaída numa ditadura de partido autocrático, não só na Alemanha Oriental, mas também na Alemanha Ocidental, ou no temor de um novo colapso no padrão alcançado de civilização. A esse respeito, poder-se-ia perguntar: Que explicação dar para a óbvia falta de julgamento realista por parte das lideranças da Alemanha no século XX, ou para a persistente preferência de grandes parcelas do povo alemão por ser governado de cima, sem qualquer responsabilidade individual ou co-responsabilidade.

Como primeiro passo no caminho de autopurificação da maldição de irrestrita violência que Hitler tinha deixado em herança ao povo alemão, teria sido indispensável a tentativa de elucidação da sociogênese e psicogênese do "Terceiro Reich" e de sua ascensão e queda. Talvez tivesse sido útil realizar um imparcial exame oficial de tais problemas como prelúdio para a tão discutida mas nunca concluída "superação do passado", a qual, desnecessário seria dizer, dificilmente poderia ter sequer começado sem uma decidida iniciativa pública pelo governo. "A atitude de uma nação para com o seu passado", de acordo com um recente editorial sobre a "consciência da Grã-Betanha", em *The Times*, "condiciona as suas respostas ao presente. Se uma nação varre os seus crimes para debaixo do tapete, aumenta o risco de repeti-los e perpetua a falsa imagem de si mesma, a qual é suscetível de distorcer as suas outras percepções."[3]

Os governos de todas as nações cometem crimes. O que distingue os crimes alemães durante o governo de Hitler dos de outras nações é a sua extensão, seu extraordinariamente elevado conteúdo de fantasia e relativamente baixo conteúdo de realidade e, relacionado com isso, a insensatez e a desproporção que são características de certos aspectos da formação de consciência alemã. Que a assimilação do passado continuou sendo apenas uma frase na nova República Federal alemã; que estava faltando o discernimento do modo como "as respostas atuais de uma nação estão condicionadas por suas atitudes em relação ao seu passado"; que, muito pelo contrário, nos primeiros anos da República Federal, os grupos dominantes divulgaram o *slogan* de que nada tinha essencialmente mudado — tudo isso era, talvez, compreensível nas circunstâncias desse período e em função da intervenção aliada. Mas o prosseguimento inalterado dos negócios do país no estilo dos antigos estratos dominantes foi, certamente, uma das razões fundamentais por que muitos membros jovens das gerações emergentes tinham a impressão de que basicamente nada mudara e de que estavam continuando ainda a viver num Estado autoritário. Não importa se essa noção estava certa ou errada; o fator decisivo era, muito simplesmente, o fato de que um considerável número de jovens, cujo conhecimento do passado por experiência própria era cada vez menor, chegou a essa convicção. É certamente aí que reside uma das raízes de sua radicalização e também, portanto, em casos extremos, o recurso ulterior ao terrorismo.

A crise em que a República Federal Alemã se encontra hoje não assenta menos nesse fracasso em fornecer uma explicação clara para a ascensão de Hitler e, assim, também para a criação da República Federal, que aponta o caminho pela frente. Pois, assim como as gerações que cresceram antes da guerra e tiveram a experiência dela foram envelhecendo e ficando numericamente reduzidas, e assim como aumentou o número daqueles que só conheciam a antiga Alemanha de "ouvir dizer", também entre estes últimos, que eram seus herdeiros, tornou-se correspondentemente maior a necessidade de saber como se poderia explicar as guerras perdidas da Alemanha, a ascensão do nacional-socialismo e a queda da Alemanha. Para a consciência e a identidade dessas gerações mais jovens como alemães, o debate franco acerca do passado tornou-se mais urgente. Mas não foram ajudados nisso pelo fato de a política oficial ter evitado, de um modo geral, o debate aberto sobre o passado, contribuindo assim não só para banir a perigosa herança de Hitler da consciência da população alemã ocidental, mas também, em especial, para forçar os jovens intelectualmente mais inquietos a buscar sua identidade no marxismo, o único edifício de idéias que fornecia uma explicação pronta e acabada do fascismo e, ao mesmo tempo, oferecia a possibilidade de sentirem que nada tinham a ver com esse passado, que estavam livres de qualquer culpa.

Também foi esse o processo pelo qual o Estado alemão oriental procurou chegar a termos com o passado. Aí, tornou-se política oficial explicar às gerações mais jovens que a burguesia capitalista viu-se ameaçada pelo crescente poderio da classe trabalhadora, que muitos empresários em grande escala viam, por isso, com bons olhos a ascensão de Hitler, e que Hitler esmagou, então, os movimentos de trabalhadores e estabeleceu um regime violento e brutal, deixando uma herança que fica bem clara para as crianças de escola em visitas a campos de concentração vazios. Por fragmentária que essa explicação possa ser, ela representa, pelo menos, uma tentativa de exame oficial do passado traumático. Por certo, essa tentativa de elucidação é ao mesmo tempo, em certos aspectos, uma tentativa de obscurecimento. Gera a impressão de que a população daquelas regiões da antiga Alemanha, que hoje em dia pertencem à Alemanha Oriental, não teve qualquer participação na ascensão de Hitler ao poder. Além disso, obscurece a política defeituosa do antigo Partido Comunista que descreveu como "fascista" a República de Weimar, rotulou os sociais democratas de então como "fascistas sociais" e assim contribuiu com sua parte para a irreconciliável divisão das organizações de trabalhadores alemães e, por conseguinte, para a ascensão do fascismo alemão.

Há uma inconfundível relação estrutural entre a polarização de opiniões então e agora. Hoje, de novo, os mais radicais entre os grupos que estão alienados do Estado, o grupo Baader-Meinhof e seus sucessores terroristas, também declaram, por certo com extrema injustiça, que o Estado alemão existente — isto é, não mais a República de Weimar, mas a de Bonn — já é um Estado fascista, que oprime os grupos inconformistas com a ajuda de juízes tendenciosos, cassetetes policiais, uma imprensa que instiga o ódio e outros meios de violência, e que, portanto, só pode ser combatido e destruído por meios de violência física. Hoje, de novo, poderosos grupos dominantes aproveitam os atos de violência dessas minorias como uma ocasião para usar todos os meios do Estado e a violência verbal contra grupos e indivíduos pelos quais sentem antipatia, muito além do nível de sua culpa. Assim como antes os judeus serviram de bode expiatório, contra os quais foram descarregados os profundos conflitos sociais internos da República de Weimar, da mesma forma a excitação gerada pela luta partidária em torno dos assassinatos terroristas fixou-se na palavra "simpatizante", a qual foi aplicada de um modo completamente indiscriminado até a grupos que se opunham à violência de qualquer espécie. Em conjunto com essa onda de ódio, o uso ativo de violência estatal contra grupos esquerdistas foi intensificado em grau crescente, mesmo quando as convicções desses grupos os levavam a condenar vivamente e a lutar contra atos de terror. E uma vez que, desse modo, muitos jovens são ameaçados com a destruição de suas carreiras ou simplesmente postos no olho da rua, a faixa de pessoas que são alienadas do Estado e, possivelmente, de seus simpatizantes também é ampliada como um imprevisto subproduto da promulgação de leis cada vez mais duras.

Ninguém pode ficar mais satisfeito com esse desenvolvimento da República Federal alemã do que os próprios terroristas. Eles sempre disseram que a liberdade dos alemães na República Federal é uma fachada, detrás da qual está escondido um Estado policial autoritário, senão, na realidade, fascista. Através dos mais recentes desenvolvimentos na República Federal, a ideologia deles está ganhando maior poder de convicção do que antes. Se um dos objetivos dos terroristas era intensificar tensões no seio da República Federal, então foram muito bem-sucedidos. Pode ser que a morte do seu líder e a mais recente onda de detenções tenham abalado sua organização. Mas a reação que desencadearam só pode contribuir para convicção deles de que estão numa posição para acelerar a desintegração do Estado que detestam, ou precipitar a sua transformação aberta numa ditadura partidária autoritária. E uma vez que, à semelhança de alguns extremistas na República de Weimar, eles parecem acreditar que o fascismo aberto é preferível à variedade encoberta, podem sentir que, também a esse respeito, sua estratégia provou seus méritos e, por conseguinte, decidir continuá-la a todo custo.

3

Tensões e conflitos entre as organizações de trabalhadores e de empresários, entre partidos da esquerda e da direita, são alguns dos fatos sociais permanentes de nações-Estados altamente industrializadas. Mas aquelas nações-Estados que podem contar com uma longa tradição de métodos não-violentos para tratar de tais conflitos de estratos ou classes sociais, como a Grã-Bretanha e a Holanda, por exemplo, aprenderam a conviver com tensões desse gênero como um fato normal da existência nacional. Os membros desses Estados possuem, como parte de sua herança nacional, uma seleção de padrões de comportamento que os habilitam e, ao mesmo tempo, os coagem a manter seus sentimentos mais ou menos sob controle, no decorrer de debates e conflitos no seio da sociedade. As pessoas que formam nações-Estados com uma tradição relativamente longa e contínua também possuem, usualmente, uma certa percepção da dependência recíproca dos grupos antagônicos que constituem sua nação, do seu vínculo comum como herdeiros de um grupo sobrevivente que compartilha de um destino comum. Mesmo quando se detestam uns aos outros com veemência, são capazes, ainda assim, de entender que seus choques mútuos nunca podem chegar a um ponto em que seus sentimentos de comunidade e solidariedade, em última instância, sua confiança recíproca como pessoas que são britânicas, francesas ou holandesas, sejam postos em dúvida nas lutas de sobrevivência das nações.

Por certo, salvo em casos extremos como uma catástrofe natural ou uma guerra, essa vinculação dos estratos antagônicos de um Estado só se forma ao longo de muitas gerações. Somente em condições muito específicas os estratos e grupos antagônicos de um país estão em situação de eliminar sua desconfiança mútua, seu medo de atos violentos pelos outros grupos e adquirir suficiente confiança recíproca, para ter a certeza de que os adversários, tal como eles próprios, respeitarão as regras da luta não-violenta pelo poder e, pela parte deles, deixarão não-violentamente posições governamentais, com todos os recursos de poder que colocam à disposição de um grupo, se as regras do jogo assim o exigem. Pode-se acompanhar em detalhe como e por que na Grã-Bretanha — entre cerca de 1650 e 1750 — houve uma transição da violenta luta para solução de conflitos grupais, e a constante suspeita de que o outro lado estava se preparando para tomar o governo pela força das armas, para um padrão de luta parlamentar não-violenta de acordo com as regras.

Em solo alemão, as lutas, sem derramamento de sangue, dos partidos políticos, salvaguardadas por regras firmes contra a violência, não têm uma tradição muito extensa. As estruturas de personalidade dos alemães, as quais são mais importantes do que leis e constituições escritas para o funcionamento de lutas entre estratos na forma parlamentar não-violenta, ainda estão, pois, inadequadamente apetrechadas para esse tipo de resolução de tensões e conflitos. No século XIX e, de fato, essencialmente até 1918, a Alemanha ainda era governada por príncipes absolutos, ou seja, governada de cima para baixo. Essa forma governamental correspondia a um tipo de caráter nacional, que também se encontra entre outros povos que tiveram experiências semelhantes. Basicamente suas estruturas da personalidade estão aparelhadas para ser governadas desde cima. Isso significa, entre outras coisas, que na Alemanha houve muito pouco tempo e oportunidade para desenvolver aquele gênero de autodomínio, aquela forma de consciência que habilita as pessoas individualmente, por si mesmas, a manter um firme controle sobre o seu antagonismo em relação a outros grupos e estratos de sua própria sociedade — mesmo que seu discernimento lhe permita reconhecer a necessidade de tal controle. Elas só aprenderam a refrear seus antagonismos através de controles externos, através de ordens vindas de cima.

Quando o Kaiser, o soberano imperial, desapareceu da cena alemã em 1918, os ódios partidários expressaram-se imediatamente numa explosão de violência. Foi o caso, em particular, dos membros dos antigos estratos dirigentes do Kaiserreich que sentiram a fundação da Primeira República alemã como um insuportável ultraje, o qual se manifestou em atos de violência dos terroristas dessa época, como, por exemplo, nos assassinatos de Erzberger, Rosa Luxemburgo, Rathenau e Liebkecht, mas também, no de muitas pessoas menos conhecidas. Seguiu-se então crescente polarização entre direita e esquerda, a qual se expressou inicialmente, por exemplo, nas brigas e batalhas nas salas de reunião dos exércitos de partidos antagônicos, e resultou, finalmente, na ditadura nacional-socialista. Era uma situação típica, semelhante em sua estrutura básica ao que foi observável durante e depois da revolução inglesa do século XVII nas relações entre realistas e puritanos e também, mais tarde, no relacionamento entre *Whigs* e *Tories*: cada um dos grupos humanos polarizados teme ser violentamente dominado pelo outro (ou outros) numa situação em que o centralizado monopólio estatal da força física não está mais capacitado para impor-se com eficácia. A fim de evitar serem derrotados pelos outros, cada um dos agrupamentos ameaçados e ameaçadores no país mobiliza os seus meios de violência para subjugar os outros. A escalada de ameaças mútuas leva, por fim, ao governo ditatorial baseado na monopolização dos meios de força por um ou outro lado.

Hoje, encontramos justamente na República Federal uma tal polarização crescente. Muitas pessoas da esquerda estão seriamente preocupadas com a possibilidade de que uma nova ditadura fascista esteja em gestação. Muitas nos círculos burgueses temem que uma ditadura do proletariado surja a partir do movimento marxista. O seu temor foi intensificado pelos atos de violência dos terroristas e passaram a exigir medidas cada vez mais duras de repressão pelo Estado — especialmente pela polícia, por exemplo — o que, por sua vez, aumenta o número de pessoas alienadas do Estado, e o reservatório de potenciais recrutas para o terrorismo. A irracionalidade de semelhante movimento de "caça às bruxas" na República Federal fica mais clara se compararmos os comentários de jornais alemães e britânicos. Assim, *The Economist* escreveu em 1977 que: "O objetivo deve ser destruir o núcleo de terroristas ativos sem aumentar o tamanho do anel externo de pessoas alienadas, doutrinadas ou apenas confusas, que agora estão dispostas a ajudar os terroristas e talvez a substituí-los mais adiante. É um caso para armas de precisão, não para bombardeio cego."[4]

A diferença entre a tradição britânica e a alemã de comportamento — em especial dos grupos conservadores dominantes nos dois países — impressiona de maneira muito clara o observador numa comparação entre essa opinião de *The Economist* e as atitudes de órgãos comparáveis da imprensa na Alemanha Federal. A tradicional falta de proporção das lideranças alemãs, que tanto contribuiu para o infortúnio do povo alemão, evidenciou-se de forma drástica no "bombardeio cego" de "simpatizantes". Mesmo hoje, as pessoas ainda parecem admitir, tacitamente, que basta apenas manterem-se afastadas do conteúdo das doutrinas nacional-socialistas sem se libertarem, ao mesmo tempo, das atitudes humanas, que encontraram sua expressão — certamente extrema — no nacional-socialismo. Na Alemanha existe uma longa tradição que faz as pessoas segregarem-se em relação a grupos de fora e a rejeitá-los. Essa é uma tradição comportamental que difere, de forma acentuada, da tradição há muito praticada na Grã-Bretanha, de limitada e gradual assimilação por grupos de fora, por exemplo, de trabalhadores nativos no século XIX e trabalhadores estrangeiros (se bem que, com freqüência, portadores de passaportes britânicos) no século XX.

Mas seja como for, a dinâmica fatídica do círculo vicioso — no decorrer da qual os atos violentos de um lado, até o mero anúncio ou medo deles, são explorados pelo outro — é mantida assim em movimento. Como já foi dito, isso pode ser encontrado no desenvolvimento de muitos Estados. Um exemplo contemporâneo é o terrorismo e o antiterrorismo na Irlanda do Norte. A violência verbal — não se deve esquecer isso — não contribui menos que a violência das armas para manter em movimento esse círculo vicioso. A dinâmica espontânea de tais processos já foi exposta: se um grupo, num país, teme a violência de um outro grupo, então ambos se perguntam se poderiam ou não usar antecipadamente a violência a fim de frustrar a ação do outro lado. Se, dessa forma, o medo da violência do outro grupo leva ao uso da violência por parte do primeiro e, como reação, ao uso de violência por aquele, então o resultado provável, que possivelmente não estava nas intenções de nenhum dos grupos, é a violenta ditadura de um ou do outro lado. A dinâmica desse círculo vicioso não era particularmente perceptível na República Federal, enquanto a ascensão econômica do jovem Estado criou e reforçou um sentimento de coletividade. Entretanto, se as perspectivas econômicas ficarem mais sombrias e, de modo correspondente, se desintegrar o único símbolo de orgulho comum, então a inimizade mútua virá mais à luz sem disfarces e o círculo vicioso de medo da violência daqueles que são "os outros", nesse momento, começará uma vez mais o seu trabalho subterrâneo.

Ao mesmo tempo, o já mencionado problema central da República Federal, um problema que é correntemente obscurecido pelo "milagre econômico", revelar-se-á com maior claridade: o problema da identidade nacional. No nível atual de meios de orientação social, fica-se freqüentemente com a impressão de que a pior coisa que pode acontecer a uma nação é uma crise econômica. A esse respeito, comunistas e capitalistas encontram-se na mesma plataforma: uns e outros pensam que a economia é a esfera central de toda e qualquer sociedade. Não compartilho do ponto de vista dessa unidade paradigmática marxista-capitalista. Uma insidiosa crise de identidade, como a que atingiu a República Federal, não é menos ameaçadora que uma crise econômica.

É perfeitamente compreensível que a desorientação a respeito do significado, valor e futuro da nação seja enorme na República Federal — maior, parece-me, do que em qualquer outra nação-Estado contemporânea da Europa. Para as gerações mais jovens desse país, isso é ruim. Pessoas disseram-me repetidas vezes: "Nesta sociedade não existe nada que possa dar sentido, valor e direção à vida." Esse é o hiato que foi preenchido, para muitos jovens, pelo marxismo. Ele deu direção e esperança a pessoas que não encontraram outra bússola em sua sociedade. É mau, assim me parece, que hoje seja comum, em outros círculos, recriminar os estudantes por voltarem-se em tão grande número para o marxismo ou, pelo menos, por não terem a menor confiança em seu próprio Estado. Na excitação, as pessoas contentam-se simplesmente em acusá-los em termos antagônicos, mas não se perguntam, em seu foro íntimo, como *explicar* que esse Estado tenha alienado um número tão grande de seus filhos mais inteligentes. Será que, em reação à produção imposta de um sentimento de pertença nacional sob o nacional-socialismo, pouquíssima atenção foi prestada no novo Estado alemão ocidental ao mais simples problema de sentimentos de pertença e que, precisamente por causa disso, as pessoas são incapazes de enfrentar o problema da crescente divisão no seio da República Federal? Está certamente entre os mais difíceis problemas da República Federal aquele que decorre da aparente falta da consciência de se pertencer a uma comunidade que abrange todos os grupos, e de se compartilhar de um destino comum. Essa falta é um destino comum dos alemães da República Federal e constitui simplesmente um fato social. Nada indica, realmente, que muitos alemães da República Federal, marxistas ou não-marxistas, nutram seriamente o desejo de recriar a unidade alemã segundo a estrutura do Estado alemão oriental e, por conseguinte, dentro do bloco soviético. É somente a consciência dessa não premeditada pertença, dessa dependência de um modo de vida a que as pessoas estão acostumadas, da dependência de sua própria existência social da permanente existência da República Federal, o que está faltando em muita gente. De um modo geral, as pessoas são propensas a varrer esse problema para debaixo do tapete. Muitas pessoas mais idosas (que estão gradualmente desaparecendo) parecem considerar a identificação com o velho Estado alemão, tal como existiu, por exemplo, depois de 1871, como algo axiomático. Mas isso é insuficiente para as pessoas mais jovens que só conhecem o novo Estado federal a partir de sua própria experiência, e apenas sabem sobre a antiga Alemanha o que aprendem nos livros de história. A expectativa de que a antiga Alemanha seja restaurada num futuro previsível está se tornando cada vez mais uma fantasia. A Alemanha Oriental, pelo menos superficialmente unida através de sua filiação no credo marxista, está seguindo o seu próprio caminho. Não há bases realistas para acreditar que ela possa abandonar o Pacto de Varsóvia num futuro previsível e unir-se à Alemanha Ocidental. Talvez as pessoas devam examinar mais detidamente as conseqüências que decorrem desses fatos. Pois quando aguardar a reintegração da antiga e maior Alemanha resulta ser uma atitude irrealista, o problema da identidade de membros da República Federal como alemães ocidentais adquire uma nova urgência.

Que a discussão pública desse problema tenha sido amplamente evitada, que até mesmo a expressão "Alemanha Ocidental", que está sendo cada vez mais usada em outros países europeus ocidentais, fosse por algum tempo um tabu político na República Federal, contribuíram não pouco para o fato de que a maioria de seus cidadãos só está vagamente consciente e, com freqüência, nem isso, de como os vários agrupamentos sociais (incluindo os regionais) da República Federal confiam essencialmente uns nos outros e são mutuamente interdependentes. A possibilidade de um Estado federal alemão profundamente dividido se desintegrar não deve, por certo, ser rejeitada de chofre. As forças centrífugas em ação nas *Länder* da República Federal talvez não sejam ainda visíveis na superfície, embora já possam ser reconhecidas sem ambigüidade no primeiro plano cultural. Entretanto, elas são, certamente, muito fortes, e reforçadas, sem dúvida, pela severidade da luta competitiva entre os dois grandes partidos políticos e pela encoberta aversão recíproca de seus principais líderes. Poder-se-ia dizer que os interesses econômicos mantêm o país unido — mas, na realidade, desde que o país não seja afetado por uma crise econômica. Quem pode saber se, com o passar do tempo e a ajuda de eficientes máquinas partidárias, diferentes *Länder* não se converterão em inabaláveis domínios de certos partidos? Quem pode dizer se, em tais circunstâncias, um futuro Primeiro Ministro bávaro não se sentiria em primeiro lugar um bávaro e só secundariamente um alemão?

Talvez seja tacitamente pressuposto que os sentimentos nacionais são, por assim dizer, igualmente inculcados pela natureza em todos e em cada um dos membros de uma nação. Por isso a tendência é para não ser percebido o fato de que a República Federal é um dos poucos Estados europeus em cujos membros está quase inteiramente faltando, se excluirmos o frágil orgulho no "milagre econômico", o cimento de um sentimento de identidade comum. E o especialmente amplo abismo entre gerações que separa aqueles que ainda conheceram a velha Alemanha e os que só conhecem a nova Alemanha, a República Federal, contribui com sua parte para a falta de unidade e o desmembramento do país. Pessoas das gerações mais velhas podem dizer: "Se um jovem não possui esse sentimento de identidade nacional, então pode simplesmente cair fora; é desprezível, um 'sujeito sem pátria'." Mas talvez elas não tenham reconhecido que, por enquanto, na Alemanha Ocidental existe apenas a carapaça externa de uma organização estatal. Dizer isto não sugere, em absoluto, que a população desse Estado se sinta como sendo uma nação.

O abuso que os nazistas cometeram com seu apelo ao sentimento nacional alemão torna, além disso, muito mais difícil articular o conceito "nacional" com um valor positivo. Não existe em alemão nenhuma palavra que corresponda fielmente à expressão britânico-americana *nation-building*. Mas é quase como se a República Federal só possa ter escolha entre integração consciente e desintegração espontânea. Em Estados mais antigos com um desenvolvimento contínuo, um sentimento de identidade nacional — "Sou francês, sou holandês, italiano, britânico" etc. — o qual incorpora todas as regiões e classes, formou-se através de um processo espontâneo ao longo dos séculos. Na maioria dos Estados mais jovens, observa-se um esforço razoavelmente consciente de construção de uma nação. Na sociedade da Alemanha Oriental, que está longe de ser uma sociedade sem classes, os governantes estão deliberadamente envidando todos os esforços para construir uma nação. Também na União Soviética há o cultivo muito deliberado do sentimento de pertença à mãe pátria soviética. Onde tal política é difícil, como na Bélgica ou Irlanda do Norte, a população vive há décadas na condição de uma guerra civil latente, à beira da desintegração. Não está fora de questão que a República Federal tenha que preparar-se para um tipo semelhante de existência.

Depois das experiências do nacional-socialismo, certamente deixou de ser possível, dentro do quadro de referência de um Estado alemão não-ditatorial, usar a construção de uma nação e o desenvolvimento de um sentimento de pertença nacional como camuflagem para a supremacia dos antigos estratos dirigentes. Por isso a construção de uma nação na República Federal é uma tarefa particularmente difícil. Ela exige, sobretudo, que se dê às gerações mais jovens, de cuja boa vontade e sentimento de pertença depende o futuro de todo e qualquer país, o sentimento de que vale a pena viver nessa sociedade. Os êxitos econômicos obtidos pela Alemanha Ocidental mudarão rapidamente para o pólo oposto se a unidade do país for ameaçada ou desmoronar; se, por exemplo, parcelas importantes das gerações mais jovens forem alienadas do Estado porque são incapazes de encontrar uma carreira satisfatória, ou porque estão bloqueados para elas todos os acessos a uma carreira. Construir uma nação exige a realização de um esforço, a despeito de conflitos de classe e de partido, para incorporar todos os grupos e classes na circulação da vida social com direitos iguais, para integrá-los na nação mesmo que não se concorde com as atitudes e idéias desses grupos.

Muito do que tenho a dizer, digo primordialmente como uma pessoa que se sente profundamente vinculada à tradição européia. Uma desintegração da República Federal ou sua transformação num regime ditatorial — duas possibilidades que devemos encarar de frente — seriam um infortúnio não só para o povo alemão, mas para os países europeus e a tradição européia como um todo. Ambas as possibilidades ameaçariam muito seriamente a oportunidade de uma união mais estreita dos países europeus e seriam um mau presságio para o futuro da Europa. Uma República Federal, em permanente conflito consigo mesma, teria uma voz fraca nos conselhos europeus, e uma segunda ditadura, por mais disfarçada que fosse, despertaria rapidamente de novo a desconfiança apenas levemente adormecida da Alemanha. As pessoas talvez esqueçam, por vezes, que os virulentos debates políticos internos na Alemanha Ocidental são travados numa arena aberta, na frente de um vasto público europeu, o qual, mesmo que os comente com circunspeção, ainda se sente diretamente afetado.

4

Muito do que na República Federal é banido, tanto quanto possível, da discussão pública, é debatido abertamente em outros países europeus, de um modo discreto mas com naturalidade. Não seria também mais salutar discutir franca e abertamente os problemas dolorosos na Alemanha Ocidental? Estou pensando, sobretudo, no problema do estigma e dos sentimentos de culpa legados pelo nazismo às gerações subseqüentes. Apesar de todos os protestos em contrário, ele nunca deixou de pesar na consciência alemã. Muito se tem dito a respeito de uma acomodação com o passado. Mas está muito claro que ele só foi reprimido e de forma alguma superado. Falar sobre isso não é certamente fácil. Dou-me conta de que, ao fazê-lo, toca-se numa chaga aberta da "nós-consciência" (*Wir-Bewusstseins*) dos alemães. Mas justamente porque não sarou, é necessário falar sobre isso — não para acusar, mas como prelúdio para o esforço de explicar o colapso temporário de civilização humana na Alemanha. Parece-me ser importante para a saúde e o futuro da Alemanha Ocidental (se o país tem um futuro) retirar o problema do esquecimento em que mergulhou e colocá-lo de novo diante dos olhos do público.

Eu próprio acreditei por algum tempo que estava na hora de esquecer o passado. A dificuldade é que talvez se possa esquecê-lo na Alemanha; mas não foi esquecido, em nenhuma outra parte, muito especialmente nos países vizinhos da Alemanha. Aí, onde a população sofreu profundamente com a ocupação pela máquina de guerra de Hitler, continua sendo até hoje um problema inteiramente atual como esta ou aquela pessoa se conduziu durante a ocupação. O sentimento nacional solidamente estruturado em países como a Holanda, a Noruega ou a França continua a manifestar-se na medida em que, de tempos em tempos mas, não obstante, com regularidade, o assunto da colaboração de um homem com os nazistas é trazido a público e a questão de apurar se alguém mais cometeu esse tipo de traição é intensamente discutida de um extremo ao outro do país.

Os jovens alemães estão muito certos quando dizem: "Mas nós não tivemos nada a ver com isso. Por que estamos sendo responsabilizados por algo que nossos pais fizeram?" A verdade é que em suas relações mútuas, as pessoas de diferentes nações não fazem distinções tão nítidas. Para elas, um britânico é um britânico, um francês é um francês e um alemão é um alemão, não importa de que idade. Neste ponto, estamos chegando ao cerne do problema. Para um político britânico, holandês, dinamarquês ou francês, significaria o fim de sua carreira se apenas a mais leve suspeita de ter colaborado com o regime de Hitler o atingisse. Pôde-se comprovar a realidade desse sentimento de desonra, que o tempo não diminuiu, quando na França, recentemente, acusações feitas ao secretário do Partido Comunista, Marchais, levantaram a suspeita de que ele não tinha sido forçado mas, pelo contrário, fora trabalhar voluntariamente na Alemanha. A confirmação dessa suspeita teria sido suficiente para inviabilizá-lo como figura política, e ele, o comunista, defendeu-se — como francês.

A República Federal da Alemanha Ocidental é hoje o único país na Europa em que não é um estigma e, dificilmente, um obstáculo para a carreira de uma pessoa ter sido nacional-socialista. O bárbaro assassinato do dr. Schleyer ilustrou subitamente esse problema. O conservador *The Times* relatou mais tarde em seu obituário, com a tradicional precisão e prosaica naturalidade, que o dr. Schleyer tornara-se membro do Partido Nazista em sua mocidade, trabalhara na liderança das organizações estudantis nazistas, fizera-se depois membro das SS, estivera ativo nessa qualidade na administração econômica da Tchecoslováquia ocupada e, finalmente, quando a SS foi classificada como organização criminosa, fora internado pelos aliados durante três anos. Nos obituários de jornais alemães, dificilmente se encontrará tal informação. Alguns dos meus amigos britânicos estavam muito consternados com essa informação em *The Times*. "Parece", disse-me um deles, "que na Alemanha tudo continuou na mesma." E, sem dúvida, no fundo estava o pensamento: "Lutamos numa guerra muito dura e acreditávamos ter eliminado o câncer na Alemanha e na Europa... mas será que o tumor ainda sobreviveu?"

Esses pensamentos não são meus. Não se coaduna com o meu sentimento de decência humana não perdoar os inimigos de ontem. Eu próprio sou um ancião e considero desumano que, para dar um exemplo, um velho como Rudolf Hess, que já não pode causar dano algum a ninguém, ainda seja mantido em confinamento solitário. A meu ver, teria o significado de um gesto simbólico de humanidade se ele fosse libertado. O que mencionei acima é simplesmente um relato concreto, indicando que o problema nazista não é um problema do passado; ele nunca deixou de ser um problema atual.

Parece-me ser uma política equivocada, sobretudo no sentido do futuro da própria sociedade da República Federal Alemã, impor um tabu secreto à discussão pública do nacional-socialismo e suas raízes. As pessoas têm, hoje em dia, uma compreensão maior do que antes de que uma violenta experiência traumática na vida de um indivíduo causa graves danos, se não for alçada ao nível da consciência através de sua verbalização e discussão, dando assim uma chance ao processo de cura. Estou convencido há muito tempo de que também nas vidas de nações e, de fato, de muitos outros agrupamentos sociais existem experiências traumáticas coletivas que penetram muito fundo na economia psíquica dos membros dessas nações e causam aí grave dano — dano, sobretudo, ao comportamento na vida social da comunidade — se lhes for negada a possibilidade de uma eliminação catártica e o alívio e libertação que lhe estão associadas. A situação hoje na República Federal deve permanecer incompreensível sem referência à experiência traumática do regime nacional-socialista e às terríveis conseqüências que teve para a Alemanha. Que foi permitido a esse trauma desaparecer, que a discussão política declinou e a oportunidade associada de purificação se perdeu, eis algo que foi amargamente punido. Não estou certamente escondendo de mim mesmo que havia razões sociais para isso. Era, sem dúvida, a honesta opinião da geração da transição que tomou as rédeas do poder imediatamente após a derrota, que seria possível continuar tratando dos negócios da Alemanha como se nada tivesse acontecido, e que o melhor para o povo alemão seria esquecer o interlúdio nacional-socialista. Mas era uma expressão de sua reivindicação de domínio e de sua vontade de potência acreditarem que podiam riscar, de um só golpe, esse passado.

Já falei a respeito de como a sociedade da República Federal corre o perigo de ser colhida numa escalada de medo, numa polarização cada vez maior de conflitos entre aqueles que temem o estabelecimento de uma ditadura comunista na Alemanha Ocidental e aqueles que temem o retorno de uma ditadura fascista. A onda de terrorismo só pode ser entendida nesse contexto. Trata-se também de um fenômeno social, para o qual existem bases a longo prazo. Não enxergar essa ligação, explicar as atrocidades dos terroristas simplesmente como resultado de sua perversidade pessoal, de sua natureza criminosa, é uma tentativa de suprimir da consciência o fato óbvio de que esses bárbaros atos de violência são conseqüências a longo prazo dos bárbaros atos de violência dos nazistas com sinal invertido, e mesmo esses não formam certamente o primeiro elo da cadeia. Os nacional-socialistas também tinham simpatizantes, um círculo incomparavelmente maior de simpatizantes do que os terroristas de hoje. Ambos os conjuntos de violência só podem ser explicados, a longo prazo, em relação ao destino particular reservado ao povo alemão.

O grupo Baader-Meinhof viveu, e seus sucessores ainda hoje vivem, sob a impressão de que o fascismo voltou à Alemanha, de que a República Federal é um Estado fascista, e de que só se pode destruir o domínio fascista da violência através da contraviolência. É certamente uma fantasia chamar à República Federal um Estado fascista. Mas não se pode ignorar o fato de que esses atos de terror ajustam-se ao contexto da escalada do conflito entre antifascistas e anticomunistas de que acabei de falar. Tal como no caso dos nazistas, também neste caso as fantasias coletivas fazem parte da realidade social. Só é possível dominá-las, se encararmos frontalmente a realidade dessas fantasias coletivas. Elas também são uma conseqüência a longo prazo do trauma nazista. Se tentarmos apresentar o terrorismo simplesmente como as ações de um punhado de criminosos, não teremos percebido o seu significado social precisamente por estar procurando assim reprimir da consciência as conseqüências, a longo prazo, desse trauma sobre o futuro rumo do desenvolvimento alemão. Estou convencido de que teria um efeito catártico, purificador, se se falasse mais sobre essas conexões, se esses problemas fossem discutidos concretamente e com total franqueza, sobretudo em escolas e universidades, a bem dizer, em todos os lugares onde os jovens estão aprendendo.

Os choques entre diferentes classes e partidos são inevitáveis. Entretanto, é possível evitar uma elevação do nível de paixão envolvida em tais choques e coibir os seus excessos. Hoje, parece não existir nenhuma comunicação real entre os campos inimigos na Alemanha Ocidental. O mútuo recrudescimento de medos, o processo espontâneo de escalada, permanecem encobertos para ambos os lados. Portanto, quero sublinhar uma vez mais, em resumo, a estrutura dessa polarização.

Na esquerda, hoje em dia, sobretudo entre os jovens, deparamo-nos com o medo muito sério de que no futuro estejam vivendo num Estado autoritário cada vez mais rígido. Alguns chamam-lhe um Estado policial, outros um Estado fascista — o nome em si não importa realmente. Eles têm muitas e sólidas razões para esse medo. Existem personalidades de destaque na direita que, embora estejam longe do credo nacional-socialista, têm atitudes que, aos olhos do lado oposto, mostram uma sinistra semelhança com a atitude dos representantes de um Estado fascista autoritário. Isso refere-se a homens em elevadas posições governamentais e partidárias, tais como juízes, grandes empresários e policiais. A exorbitante campanha, impregnada de ódio, desencadeada contra os "simpatizantes" fortaleceu compreensivelmente, de maneira considerável, o temor de que a Alemanha estivesse caminhando na direção de uma ditadura partidária *de facto*, mesmo no âmbito de um sistema nominalmente parlamentar. Na direita, por outro lado, está sendo constantemente enfatizado que seus adversários estão no rumo de uma revolução. Esse é o temor central desse lado, e para isso também existem sólidas razões. Muitos marxistas usam palavras como "revolução" ou "revolucionário" um tanto levianamente, como se uma revolução fosse uma questão de um alegre passeio ao campo. Na realidade, uma revolução não é menos sangrenta e violenta que uma guerra e, atualmente, como a experiência em países africanos mostra, está ficando cada vez mais impossível separar uma da outra, essas duas formas do uso da violência organizada.

A ameaça de revolução e o medo dela, a ameaça de um ditatorial Estado policialesco e o medo dele, fazem entre si o seu jogo diabólico. É difícil dizer se a dinâmica desse movimento em espiral já atingiu o seu ponto sem volta. Espero que haja ainda tempo para sustar o movimento nessa direção. Senão... pobre, autodestrutiva Alemanha.

Posfácio editorial

MICHAEL SCHRÖTER

O presente volume é uma coletânea dos trabalhos de Norbert Elias sobre o desenvolvimento alemão, nos séculos XIX e XX. Gravitam em torno de dois principais problemas interligados: o do "habitus" nacional, que ele já tinha tratado no primeiro capítulo de seu livro *O processo civilizador* ("Sociogênese da diferença entre *Kultur* e *Zivilisation* no emprego alemão"), e o do impulso barbarizante do nacional-socialismo, o modelo específico de formação do Estado alemão e os processos civilizadores que o facilitaram, e suas conseqüências.

A seleção e compilação dos artigos aqui publicados foi aprovada pelo autor mas, em última instância, é de responsabilidade do editor. Por certo, a maioria dos textos — como os seus títulos indicam — foram escritos acerca de questões mais amplas, e usam condições alemãs, para começar, como material para discussão. Entretanto, a referência à Alemanha, neles, reveste-se de tal significação, que pareceu apropriado fazer dela o critério para selecionar o conteúdo do volume, que assim ganha uma certa unidade.

Os artigos foram escritos durante um extenso período de tempo (mas especialmente nos anos do regresso temporário de Elias à Alemanha) e são inteiramente independentes uns dos outros. Essa circunstância pode explicar alguma repetição de seqüências de pensamento, mas também fornece a oportunidade de acompanhar a continuidade e o desenvolvimento de um corpo de pesquisa teórica e empírica muito original.

Com exceção da Parte III (excluindo notas finais e os apêndices), nenhum dos textos aqui editados foi finalizado para publicação pelo próprio autor. Portanto, preparar uma versão adequada para publicação exigiu trabalho editorial em maior ou menor extensão, o qual foi empreendido pelo editor com permissão do autor.

A introdução foi escrita especialmente para a publicação neste volume.

A Parte I nasceu em conjunto com uma conferência proferida na Universidade de Bielefeld em 18 de dezembro de 1978. A Parte IA reproduz o texto preparado da conferência (com uma nova conclusão), a Parte IB, a elaboração ulterior de um de seus temas centrais. Em ambos os casos, os subtítulos foram adicionados pelo editor. Há diferentes versões do manuscrito original, em conjunto com emendas textuais. O que se oferece aqui é uma seleção completa, editorialmente integrada.

O corpo principal foi organizado em seções e, em parte, também em parágrafos, cuidadosamente condensados e lingüisticamente checados pelo editor. A orientação foi preparar um máximo do original para publicação, numa forma coerente.

A Parte II surgiu, provavelmente, na segunda metade da década de 1960, em ligação com um plano para usar a Parte 1 de *O processo civilizador* como base para um estudo, independente, em inglês, da sociologia do conhecimento. O texto original foi traduzido para o alemão pelo editor e consistiu, em sua maior parte, de uma extensa cópia passada a limpo; algumas passagens onde tinha sido tentado um trabalho fragmentário adicional foram incorporadas sem notas finais; passagens de ligação e a organização de seções (a partir do item 16) foram fornecidas pelo editor.

A Parte III nasceu em conjunto com uma conferência proferida em 18 de setembro de 1980 no 20º Congresso da Associação Sociológica Alemã. O texto reelaborado da conferência foi publicado em *Lebenswelt und soziale Probleme: Verhandlungen des 20. Deutschen Soziologentages zu Bremen 1980* (*Mundo vital e problemas sociais: Atas do 20º Congresso da Associação Sociológica Alemã*, Bremen, 1980), org. Joachim Matthes, Frankfurt e Nova York, Campus, 1981, p.98-122. É aqui publicada numa forma um pouco condensada pelo editor. As seções foram reorganizadas, e removidos os vestígios do estilo de conferencista original do autor. Nas duas primeiras seções foram incorporadas partes de uma versão posterior e, no final da terceira parte, foram incorporados trechos de uma versão anterior. Os Apêndices (com títulos formulados pelo editor) e as numerosas notas finais foram extraídos das várias versões e de elementos textuais do manuscrito original. Os mesmos princípios adotados na Parte I guiaram aqui o nosso trabalho.

A Parte IV teve origem em 1961-62. O texto original inglês, dividido em seções (a partir da seção 7) e traduzido pelo editor, existe em cópia integral, com algumas alterações e inserções manuscritas. A penúltima seção provém de uma parte inacabada de uma conclusão, a seção final de uma versão em rascunho.

A Parte V foi escrita com a colaboração de Michael Schröter, entre outubro de 1977 e março de 1978, a pedido da revista *Der Spiegel*. O texto foi publicado em *Merkur*, n.39, 1985, p.735-55, com algumas supressões, e é reimpresso aqui na íntegra.

Notas

Notas ao Prefácio

1. *O processo civilizador*, Rio de Janeiro, Zahar, 2 vols., 1990 e 1993. Com o título *Über den Prozess der Zivilisation*, a primeira edição alemã da *magnum opus* de Elias foi publicada em dois volumes em 1939 pela Haus zum Falken, da Basiléia, uma editora que se especializou na publicação de obras de judeus alemães emigrados. As referências, ao longo de *Os alemães*, são feitas à primeira edição inglesa em um só volume, de 1944, cujo aparecimento limitaria a tendência dos *scholars* a não reconhecer o caráter integrado dos vols. I e II. A tradução inglesa de 1978 do vol.I foi subintitulada *The History of Manners* (*Uma história dos costumes*) pelos editores, Urizen, apesar das objeções muito fortes de Norbert Elias. O subtítulo do próprio Elias para a edição alemã foi *Wandlungen des Verhaltens in den weltlichen Oberschichten des Abendlandes*, e a tradução direta do mesmo — *Changes in the Behaviour of the Secular Upper Classes in the West* (*Mudanças no comportamento das classes altas seculares no ocidente*) — poderia ter ajudado a evitar alguns mal-entendidos. A confusão sobre o livro como um todo aumentou quando, em 1982, a tradução inglesa do volume II foi publicada sob dois diferentes títulos: *State-Formation and Civilization* (*Formação do Estado e civilização*) na edição britânica, e *Power and Civility* (*Poder e civilização*) (ao qual Elias também fez objeção) na edição norte-americana.

2. Desde a publicação de *Studien über die Deutschen*, dois exaustivos estudos sobre o lugar do duelo na sociedade alemã foram publicados: de Ute Frevert, *Ehrenmänner: das Duell in der bürgerlichen Gesellschaft*, Munique C.H. Beck, 1991; e de Kevin McAleer, *Duelling: The Cult of Honour in Fin-de-Siècle Germany*, Princeton, NJ, Princeton University Press, 1994. O livro de McAleer, embora escrito num irritante tom jocoso, contém um material muito importante; ver, especialmente, o cap.4, p.119-58, sobre as confrarias combatentes em universidades alemãs. Frevert enfatiza aquilo a que denomina "a feudalização" da burguesia alemã, mas também argumenta que se deu um aburguesamento do duelo aristocrático. McAleer critica Frevert, vendo uma contradição entre as duas tendências; mas, como Elias mostra no presente livro e em outras obras (ver, por exemplo, *The Civilizing Process*, p.460-5, 499-513), a entremistura de elementos culturais de diferentes proveniências culturais é comum em sociedades modernas. O exame da tradição do duelo confunde-se com o debate em torno do *Sonderweg* ("caminho especial"), entre os historiadores alemães desde a II Guerra Mundial, a respeito da peculiaridade ou do "excepcionalismo" do caminho alemão de desenvolvimento. Um livro ligeiramente anterior, *The Duel in European History*, de V.G. Kiernan (Oxford, Oxford University Press, 1986), contém muita informação fatual sobre o duelo na Grã-Bretanha, França e em outros países.

3. Ver, por exemplo, Pierre Bourdieu, *Distinction: a Social Critique of the Judgement of Taste*, trad. de Richard Nice, Londres, Routledge and Kegan Paul, 1979. O termo "habitus" aparece pela primeira vez na p.xi do prefácio para a edição de 1939 de *Über den Prozess der Zivilisation*.

Foi, evidentemente, um termo de uso muito comum na sociologia alemã entre as guerras. Foi traduzido por Edmund Jephcott, de uma forma não muito precisa, como "*psychical make-up*" ("disposição psíquica"); ver, por exemplo, p.xii da edição inglesa de 1994.

4. Anthony Giddens procura — com argumentação inaceitável, em nossa opinião — negar que exista qualquer ligação entre a história de um grupo e o seu "habitus" atual. Ver Giddens, *The Constitution of Society*. Cambridge, Polity Press, 1994, p.241-2 [edição brasileira: *A constituição da sociedade*, São Paulo, Martins Fontes, 1989]; para uma refutação de Giddens, ver Eric Dunning, "Comments on Elias's 'Scenes from the life of a knight'", *Theory, Culture, and Society*, 4 (2-3), 1987: 366-71.

5. Para uma bibliografia e um resumo das principais questões neste debate, ver Stephen Mennell, *Norbert Elias: An Introduction*, Oxford, Blackwell, 1992 (1ª edição, intitulada *Norbert Elias: Civilization and the Human Self-Image*, 1989), p.241-6. A "tese de informalização" foi desenvolvida especialmente por Cas Wouters, que descreve suas origens em suas discussões com Elias em Han Israëls, Mieke Komen e Abram de Swaan (eds.), *Over Elias: herinneringen en ankedotes*, Amsterdã. Her Spinhuis, 1993, p.7-19; embora o artigo seja em holandês, Wouters cita esclarecedoras cartas de Elias em inglês.

6. Elias, *The Civilizing Process*, p.339-45. Este breve "excurso" parece não ter sido levado em conta por aqueles críticos de Elias que o vêem como proponente de uma espécie de teoria "unilinear" de desenvolvimento social. Ver, por exemplo, R.J. Robinson, "The civilizing process: some remarks on Elias' social history", *Sociology*, 21 (1), 1987:1-17, e Eric Dunning, "A response to R.J. Robinson's 'The civilizing process: some remarks on Elias's social history'", *Sociology*, 23 (2), 1989:299-307.

7. Elias, *The Civilizing Process*, p.339, 343.

8. Norbert Elias, *What is Sociology?*, trad. de Stephen Mennell e Grac Morrissey, Nova York, Columbia University Press, 1978, p.159.

9. J.P. Arnason, *The Future that Failed: Origins and Destinies of the Soviet Model*, Londres, Routledge, 1993, é parcialmente influenciado pela obra de Elias.

10. *The Civilizing Process*, p.344-5.

11. Norbert Elias, *The Court Society*, trad. de Edmund Jephcott, Oxford Blackwell, 1983.

12. Norbert Elias, *Mozart: Portrait of a Genius*, trad. de Emund Jephcott, Cambridge, Polity Press, 1993 [edição brasileira: *Mozart, sociologia de um gênio*, Rio de Janeiro, Zahar, 1994].

13. Norbert Elias e Eric Dunning, *Quest for Excitement: Sport and Leisure in the Civilizing Process*, Oxford, Blackwell, 1936.

14. Norbert Elias, "Studies in the genesis of the naval profession", *British Journal of Sociology*, 1 (4), 1950:291-309.

15. Edward W. Said, *Orientalism*, Nova York, Pantheon, 1978.

16. Ver, por exemplo, a pesquisa de Lipset sobre as primeiras investigações, em seu *Political Man*, Londres, Heinemann, 1960, p.140-54.

17. Cf. F.L. Carsten, *The Origins of Prussia*, Oxford, Clarendon Press, 1954; E.J. Feuchtwanger, *Prussia, Myth and Reality: the Role of Prussia in German History*, Londres, Wolff, 1970.

18. Ralf Dahrendorf, *Society and Democracy in Germany*, Londres, Weidenfeld & Nicolson, 1968.

19. Hannah Arendt, *The Origins of Totalitarianism*, Londres, Allen & Unwin, 1967.

20. T.W. Adorno, E. Frenkel-Brunswick, D.J. Levinson e R.N. Sanford, *The Authoritarian Personality*, Nova York, Harper & Row, 1950.

21. Para um estudo atual e recapitulação crítica da literatura, ver Alison Palmer, "Colonial genocides: aborigines in Queensland, 1840-1897, and hereroes in South-West Africa, 1884-1906", tese de doutorado inédita, Universidade de Londres.

22. Charles Maier, in Ralf Dahrendorf et al. *The Unresolved Past: a Debate in German History*, Londres, Weidenfeld & Nicolson, 1990, p.4.

23. Sobre as questões da *Historikerstreit* ("a briga dos historiadores"), ver: Charles Maier, *The Unmasterable Past: History, Holocaust and German National Identity*, Cambridge, Mass.,

Harvard University Press, 1988; Richard J. Evans, *Rethinking German History: Nineteenth-Century German History and the Origins of the Third Reich*, Londres, Allen & Unwin, 1987; Dahrendorf et al., *The Unresolved Past*; Stefan Berger, "Historians and nation-building in Germany after reunification", *Past and Present* 148, 1995, 187-22.

24. Zygmunt Bauman, *Modernity and the Holocaust*, Cambridge, Polity Press, 1989.

25. Cf. Johan Goudsblom, "The formation of military-agrarian regimes", in Johan Goudsblom, E.L. Jones e Stephen Mennell, *Human History and Social Process*, Exeter, University of Exeter Press, 1989, p.79-92.

26. Norbert Elias e John L. Scotson, *The Established and the Outsiders*, 2ª. ed., Londres, Sage, 1994 (publicado originalmente em 1965); cf. T.J. Scheff, *Bloody Revenge: Emotions, Nationalism and War*, Boulder, Westview Press, 1994.

27. Bauman, *Modernity and the Holocaust*, p.12, 107, 224n.

28. Elias, *The Civilizing Process*, p.3-41.

29. Esta é a nossa tradução do original alemão (Elias, *Über den Prozess der Zivilisation*, p.278). Edmund Jephcott traduz *Triebhaushalt* como "economia de instintos" (ver Elias, *The Civilizing Process*, p.165). Mudamo-la, porque Elias não teria usado a palavra "instintos" ao examinar o comportamento humano. Uma tradução mais livre, menos freudiana mas de acordo com a terminologia ulterior de Elias, poderia ser "os padrões das exigências feitas à administração das emoções também são muito gradualmente alterados".

30. Elias, *The Civilizing Process*, p.253.

31. Norbert Elias, *The Symbol Theory*, org. Richard Kilminster, Londres, Sage, 1991, p.146-7.

Notas à Introdução

1. É com um propósito deliberado que falo aqui sobre "processos", num campo de investigação que é convencionalmente considerado "história". A noção tradicional do passado das sociedades como "história" está num baixo nível de síntese: está usualmente restrita a ligações a curto prazo. Na realidade, os efeitos de eventos sociais são com freqüência sentidos pela primeira vez somente séculos depois. Portanto, são necessários modelos de processos a longo prazo para explicá-los.

2. Norbert Elias, *The Civilizing Process*, edição em 1 volume, trad. de Edmund Jephcott, Oxford, Blackwell, 1994 (originalmente publicado em alemão em 1939). [Nota dos tradutores ingleses.] [Trad. bras.: *O processo civilizador* vol.1.: *Uma história dos costumes*. Rio de Janeiro: Zahar, 1990.]

3. Cf. Norbert Elias, "Studies in the genesis of the naval profession", *British Journal of Sociology*, 1 (4), 1950: 291-309. [Nota dos tradutores ingleses.]

4. Norbert Elias, *The Civilizing Process*, p.3-38. [Nota dos tradutores ingleses.]

5. Os ducados de Schleswig e Holstein tinham estado unidos desde a Idade Média, com o rei da Dinamarca como duque, embora uma grande parte de sua população fosse alemã e Holstein passasse a ser membro da Confederação Alemã em 1815. Quando um membro de um ramo colateral da família real sucedeu ao trono, em 1863, como rei Cristiano IX, o seu direito sucessório também como duque foi contestado. Após uma breve guerra no verão de 1864, os ducados foram cedidos: Holstein para ser administrado pela Áustria; Schleswig, pela Prússia. Finalmente, em 1920, sob a égide do Tratado de Versalhes, foi realizado um plebiscito no Schleswig, e a parte setentrional, onde os dinamarqueses estavam em maioria, foi incorporada à Dinamarca. [Nota dos tradutores ingleses.]

Notas à Parte I.A

1. O Japão na década de 1970 é um exemplo da rápida transição do primeiro período de industrialização, orientado para a elevada formação de capital (em parte através da manutenção de um baixo nível de consumo da população), para o segundo, no qual esforços

têm de ser desenvolvidos para incrementar o mercado de consumo interno e estimular as necessidades de consumo do povo, a fim de manter o crescimento econômico.

2. De um modo geral, pode-se dizer que a República de Weimar foi o palco de uma intensa luta pela supremacia entre dois *establishments*. Afirmar que foi uma luta entre um *establishment* burguês e um dos trabalhadores não é exatamente incorreto, mas não é suficientemente preciso. Com os hábitos atuais de pensamento, tal afirmação poderia ser facilmente entendida no sentido de que estamos lidando com um *establishment*, cujos membros são burgueses por origem social e com um outro cujos membros eram trabalhadores pela origem. Mas essa tendência, quando atribui uma pessoa a um certo estrato social, a fim de adotar a origem social dessa pessoa (isto é, o estrato a que ela ou sua família, e em especial o pai, pertence) como critério decisivo — freqüentemente o único — não está em total acordo com a realidade. É sobejamente sabido que muitos líderes do movimento trabalhista foram (e são) de origem burguesa. Na Alemanha, como em outros países, os dirigentes dos partidos burgueses e dos trabalhadores, que lutaram uns contra os outros pelo controle das instituições centrais do poder no Estado, diferiam entre si principalmente nos códigos de comportamento e sentimento que sustentavam e representavam. E os líderes dos partidos dos trabalhadores, independentemente da origem, eram representantes de uma tradição de pensamento e comportamento diferentes das dos líderes de partidos burgueses. Sua identificação, seus objetivos e ideais, eram diferentes dos de partidos burgueses.

Essa dessemelhança era ainda mais acentuada, porquanto na Alemanha o código de comportamento e sentimento dos políticos burgueses também continuou sendo influenciado, em considerável medida, pela tradição de comportamento e sentimento da nobreza alemã, e particularmente da prussiana. Com efeito, alguns aspectos do código guerreiro alemão, sustentado pela nobreza, impregnaram o comportamento em tempo de paz, servindo como modelo de comportamento entre extensos círculos de alemães.

Um componente típico da tradição nobre que tinha sido adotado e adaptado pela burguesia está relacionado com a ênfase especial da nobreza alemã sobre o seu fechamento para classes socialmente inferiores, mostrado, entre outras coisas, em suas imaculadas linhagens aristocráticas. A árvore genealógica inteira estava poluída e alguns de seus direitos e privilégios eram perdidos se uma única mulher originária da classe mercantil ou, de qualquer modo, de uma categoria inferior, fosse encontrada, mesmo quatro ou cinco gerações atrás, entre os ancestrais da família. A singularidade dessa tradição aristocrática alemã fica bem evidenciada quando é comparada com a britânica. O prestígio e o status de nobres britânicos entre eles próprios eram pouco prejudicados pela existência em sua ancestralidade de uma mulher cuja família tinha estado no comércio — ou fosse até judia — desde que fossem observadas pelos descendentes as exigências do código aristocrático de comportamento e sentimento. Que o tipo de personalidade se ajustasse rigorosamente a esse código era a consideração decisiva. Em todo o caso, exceto para os primogênitos, os descendentes de família da alta aristocracia entranharam-se de novo, pouco a pouco, na burguesia com o passar das gerações. Isso favoreceu a preservação da fortuna de famílias nobres. Na Alemanha, em contraste, todos os filhos e filhas de nobres ostentavam o título e grau hierárquico diferenciador de seus antepassados. Portanto, havia numerosos nobres mais pobres, ou só podiam legitimar-se através de sua descendência, de seu "sangue". Assim, a descendência era um critério de pertença mais importante do que a conduta.

A "prova de ancestralidade" aristocrática reapareceu aburguesada no código nacional-socialista de comportamento e sentimento. Transferiu a noção da "pureza do sangue", isto é, a descendência imaculada da quarta ou quinta geração para a população inteira. O povo alemão, purificado tanto quanto possível de caldeamentos com grupos socialmente inferiores a ele próprio, estava agora pronto, como a nobreza da Europa, por assim dizer, para assumir o governo de todos os povos de sangue menos puro. Que isso deveria ser realizado através da conquista de outros países europeus era também uma expressão da continuação da tradição guerreira aristocrática em indumentária pequeno-burguesa.

3. *The Letters of Mozart and his Family*, trad. e org. De Emily Anderson, 2 vols., Londres, Macmillan, 1966, vol.II, p.601. A tradução dos cerimoniosos títulos foi modificada à luz do texto alemão (*Mozart, Briefe und Aufzeichnungen*, orgs. Wilhelm A. Bauer e Otto Erich Deutsch, Kassel, Bärenreiter, 1961, vol.2, p.462). Ver também Norbert Elias, *Mozart: Portrait of a Genius*, trad. de Edmund Jephcott, Oxford, Polity Press, 1993. [Nota dos tradutores ingleses.] [Trad. bras.: *Mozart — Sociologia de um gênio*. Rio de Janeiro: Zahar, 1994.]

4. Num pós-escrito para a sua carta de 4 de novembro de 1777 de Mannheim para seu pai em Salzburgo, Mozart escreveu:

> Quanto aos alvos, se não for tarde demais, isto é o que eu gostaria. Um homem baixinho, louro, de bruços e mostrando seu traseiro nu. De sua boca saem as palavras: "Bom apetite para a refeição." O outro homem deve ser apresentado com botas e esporas, uma capa vermelha e uma bela peruca à moda. Deve ser de altura mediana e em tal posição que lamba o traseiro do outro homem. De sua boca saem as palavras: "Oh, não há maior delícia." Assim, por favor, se não for desta vez, numa outra oportunidade.
> (*The Letters of Mozart and his Family*, vol.I, p.357-8).

5. Um dos permanentes debates na literatura sobre Mozart gravita em torno do fato de que em suas cartas faz gracejos, com a maior despreocupação, sobre assuntos tais como os concomitantes musicais de flatulência, mas que hoje, em vez de risos, produzem constrangedores sentimentos de embaraço. No século XIX e começos do atual, essas partes indesejáveis das cartas de Mozart e os aspectos desagradáveis de sua personalidade, que se pensava serem expressos nelas, eram atenuados e sofismados; eram suprimidos, porque não se ajustavam realmente à imagem ideal de um gênio alemão e talvez perturbassem o deleite causado nas pessoas pela música de Mozart, a qual era sempre considerada graciosa e encantadora. Na literatura mais recente, é evidente o processo de informalização social. O tabu sobre falar diretamente sobre esses aspectos indecentes da existência humana perdeu muito de sua severidade. Uma conseqüência disso é que embora a galhofeira preocupação com os aspectos excrementícios e anais da vida humana, observada em particular nas famosas cartas da Basiléia do jovem Mozart, seja mencionada e analisada, ela é, de um modo geral, entendida como uma idiossincrasia pessoal, um tipo de fixação neurótica do grande homem em problemas daquela fase da vida em que as crianças pequenas são encorajadas a ser asseadas e a restringir seus apelos da natureza a lugares e momentos específicos.

Esta interpretação pode ser ou não correta. Mas, em muitos casos, os biógrafos ainda se mostram correntemente preocupados com as idiossincrasias de uma determinada pessoa, como se ela se desenvolvesse num vácuo social. Enquanto for esse o caso, não será fácil ajuizar quais os modos de conduzir-se e de pensar de uma pessoa que são realmente características únicas dessa pessoa e quais são traços sociais da era que a pessoa compartilha, portanto, com outros membros da sua sociedade. De fato, uma teoria de processos civilizadores é necessária em tais casos a fim de permitir uma diferenciação clara entre que aspectos do comportamento e sentimento de uma pessoa são, em qualquer momento dado, representativos do padrão da sociedade a que a pessoa pertence e quais constituem uma elaboração muito pessoal desse código.

6. Alguns de meus amigos e alunos holandeses mostraram-se especialmente interessados no problema da tendência moderna para a informalização, como um aspecto de processo civilizador. Um deles, Cas Wouters, apresentou realmente o conceito de informalização em seu ensaio "Infomalization and the civilizing process", em Peter Gleichmann, Johann Goudsblom e Hermann Korte (orgs.), *Human Figurations: Essays for/Aufsätze für Norbert Elias*, Amsterdã, Amsterdams Sociologisch Tijdschrift, 1977, p.437-53; e desenvolveu-o mais no ensaio "Developments in behavioural codes between the sexes: formalization and informalization in the Netherlands 1930-85", *Theory, Culture and Society*, 4 (2-3), 1987: 405-20. Comparar também Christien Brinkgreve e Michel Korzec, *Margriet weet raad: Gevoel, Gedrag, moraal in Nederland 1938-1978*, Utrecht/Antuérpia, Het Spectrum, 1978 (resumido em inglês em "Feelings, behaviour, morals in the Netherlands, 1938-78: analysis and interpretation of

an advice column", *Netherlands Journal of Sociology*, 15 (2), 1979; 123-40). Todos os três autores usam o seu material para testar e desenvolver ainda mais a minha teoria de civilização.

[Nota adicional dos tradutores ingleses: Para novas contribuições relativas à discussão dos processos informalizantes e da chamada "sociedade permissiva", ver Christien Brinkgreve, "On modern relationships: the commandments of the new freedom", *Netherlands Journal of Sociology*, 18 (1), 1982: 47-56, e os seguintes ensaios de Cas Wouters: "Formalization and informalization: changing tension balances in civilizing processes", *Theory, Culture & Society* 3 (1), 1986: 1-18; "The sociology of emotions and flight attendants: Hochschild's *Managed Heart* ", *Theory, Culture & Society* 6 (1), 1989: 95-123; "Social stratification and informalization in global perspective", *Theory, Culture & Society*, 7 (4), 1990: 69-90; "On status competition and emotion management", *Journal of Social History*, 24 (4), 1991; 699-717.]

7. Norbert Elias, *The Civilizing Process*, trad. de Edmund Jephcott, Oxford, Blackwell, 1994, p.66. "Thingis somtyme alowed is now repreuid", do livro de Caxton do final do século XV, *Book of Curtesye*, p.45, v.64.

8. Com efeito, no começo, o problema da civilização pareceu-me ser um problema completamente pessoal, relacionado com o grande colapso de comportamento civilizado, o ímpeto de barbarização, algo totalmente inesperado e inimaginável, que ocorreu sob os meus próprios olhos na Alemanha. Sob o nacional-socialismo, uma tendência latente para soltar-se, para afrouxar o controle da própria consciência, para a violência e a brutalidade — tendência essa que, enquanto a coerção externa do controle estatal permanecesse intato, só podia, no máximo, manifestar-se informalmente nos interstícios privados da rede de controle do Estado — tornou-se formalizada e, para os grupos institucionalizados, elevada a um tipo de comportamento exigido e sustentado pelo próprio Estado. Mesmo quando a questão da arrancada alemã no caminho da barbarização estava se tornando para mim uma questão de enorme urgência, mesmo quando eu estava começando a escrever o meu livro sobre civilização, parecia-me ser inteiramente inadequado discutir esse colapso agudo dos controles civilizadores simplesmente como um problema para os cientistas políticos que estudam doutrinas partidárias — como um problema de fascismo, como seria hoje expresso com uma razoável dose de vergonha. Desse modo, alguns de seus aspectos centrais dificilmente poderiam ser compreendidos de forma apropriada. Eu estava convencido de que isso só podia ser feito se, como cientista social, pudesse distanciar-me suficientemente da situação imediata, se não fossem formuladas apenas questões a curto prazo tais como: por que o padrão de consciência civilizada faliu entre um povo altamente civilizado, no segundo quartel do século XX?

Em primeiro lugar, parecia-me que ainda não sabíamos absolutamente nada sobre como e por quê, no decorrer do desenvolvimento humano — e, de um modo mais específico, no desenvolvimento europeu — as mudanças de comportamento e sentimento tiveram lugar numa direção civilizadora. Em poucas palavras, não se pode entender o colapso de comportamento e sentimento civilizados enquanto não for possível, em primeiro lugar, compreender e explicar como o comportamento e sentimento civilizados vieram a ser construídos e desenvolvidos em sociedades européias. Os antigos gregos, por exemplo, que são tantas vezes apontados como modelos de comportamento civilizado, consideravam perfeitamente natural cometer atos de destruição maciça, não inteiramente idênticos aos dos nazistas mas, no entanto, semelhantes a eles em certos aspectos. A assembléia popular ateniense decidiu eliminar toda a população de Melos, porque a cidade não quis ingressar no império colonial ateniense. Há dezenas de outros exemplos na antigüidade daquilo a que hoje chamamos genocídio.

A diferença entre isso e o genocídio tentado nas décadas de 1930 e 1940 não é, à primeira vista, fácil de compreender. Não obstante, é muito clara. No período da antigüidade grega, esse comportamento belicoso era considerado normal. Estava em conformidade com o padrão. A formação da consciência das pessoas, a estrutura de suas personalidades, eram de tal natureza, que esse tipo de ação lhes parecia ser o comportamento humano normal. O modo como a consciência é formada nas sociedades européias — e, de fato, em grandes partes da humanidade — no século XX é diferente. Fixa um padrão para o comportamento humano em contraste com o qual as ações dos nazistas se apresentam como incompatíveis e olhadas com sentimentos espontâneos de horror. O problema que me propus examinar foi, portanto, explicar e tornar compreensível o desenvolvimento de estruturas da personalidade e, em especial, de estruturas da consciência ou de autocontrole que representam um padrão de humanidade que vai muito além do da antigüidade e que, por conseguinte, faz as pessoas reagirem com espontânea repugnância a um comportamento como o dos nazistas (ou a comportamentos análogos de outras pessoas).

9. Andreas Capellanus, *De amore libri tres*, E. Trojel (org.), Copenhague, Havniae, 1892, p.235 e seg.

10. Elias, *The Civilizing Process*, p.248 n.69; Norbert Elias, *The Court Society*, trad. Edmund Jephcott, Oxford, Blackwell, 1983, p.48 n.15.

11. "*Dem krassen Fuchs*" ("as raposas crassas") era equivalente, em certos aspectos, a "*fags*" ("calouros", "bichos") nas escolas públicas britânicas. Cada novo membro de uma confraria tinha de prestar serviços a um estudante mais velho (ser o seu *Leibbursche*), em troca do que era incorporado por ele à confraria e recebia também um certo grau de proteção. [Nota dos tradutores ingleses.]

12. *Time Magazine*, 27 de novembro de 1978, "America's new manners", Letitia Baldridge, p.47.

13. *The Amy Vanderbilt Complete Book of Etiquette: a Guide to Contemporary Living*, revisto e ampliado por Letitia Baldridge, Nova York, Doubleday, 1978; citação, p.48.

14. Cf. Norbert Elias, "The changing balance of power between the sexes in the history of civilization", *Theory, Culture & Society*, 4 (2-3), 1987: 287-316, especialmente p.287-90. [Nota dos tradutores ingleses.]

15. *Bielefelder Universitätszeitung*, n.108, 12 de dezembro de 1978.

16. Wouters, "Informalization and the civilizing process", p.444.

Notas à Parte I.B

1. Ver Norbert Elias, "The personal pronouns as a figurational model", *What is Sociology?*, trad. de Stephen Mennell e Grace Morrissey, Nova York, Columbia University Press, 1978, p.122-7.

2. Heinrich Mann, *Man of Straw*, trad. de Ernest Boyd, Harmondsworth, Penguin, 1984. O título original em alemão é *Der Untertan* (*O súdito*), 1918; essa é a primeira parte da trilogia *Das Kaiserreich*, de Mann. [Nota dos tradutores ingleses.]

3. No romance, "Cimber" é o nome da confraria a que pertence Werner. [Nota dos tradutores ingleses.]

4. Essas eram as cores da confraria de Werner. Tais confrarias estudantis eram correntemente denominadas *farbentragenden Verbindungen* — confrarias cujas insígnias eram caracterizadas por determinadas cores exclusivas. [Nota dos tradutores ingleses.]

5. Walter Bloem, *Der krasse Fuchs*, Berlim, Vita, 1906, p.73 e seg.

6. Norbert Elias, *The Court Society*, trad. de Edmund Jephcott, Oxford, Blackwell, 1983. [Nota dos tradutores ingleses.]

7. Ver Norbert Elias, "Studies in the genesis of the naval profession", *British Journal of Sociology*, 1 (4) 1950: 291-309. [Nota dos tradutores ingleses.]

8. Para a história e detalhes dos vários tipos de confrarias estudantis ver, por exemplo, R.G.S. Weber, *The German Student Corps in the Third Reich*, Basingstoke, Macmillan, 1986. [Nota dos tradutores ingleses.]

9. Esta observação é mais rica em alemão, uma vez que *Land* tem o sentido de "província" além dos significados de "*land*" (terra, território etc.) em inglês; a alusão aqui é aos principados independentes e semi-independentes, como a Prússia, Baviera, Hesse etc. [Nota dos tradutores ingleses.]

10. "Particularismo" está sendo aqui usado principalmente num sentido relacionado com o seu específico significado político, "o princípio de deixar a independência política a cada estado num império" (OED); está sendo menos diretamente usado na mais abstrata e recente acepção sociológica (associada, por exemplo, com Talcott Parsons), embora algo disso esteja também envolvido. No texto alemão, Elias usa nessa passagem os dois termos, *Partikularismus* e *Vielstaaterei,* que também podem ser traduzidos como "particularismo". Para Elias, é claro, os "princípios políticos" são mais "determinados" pela prática política do que "determinantes" desta. [Nota dos tradutores ingleses.]

11. A padronização entre estudantes e oficiais do código de honra, as regras para o duelo e tudo o que com ele se relacionava, eram um sintoma do processo de formação de uma "boa sociedade" formada por aqueles que tinham direito a exigir satisfação. Fez progressos, apesar da recusa do Ministro da Guerra, quando procurado pelos líderes das confrarias combatentes estudantis, em promulgar uma regulamentação oficial porque o duelo era legalmente proibido. Entretanto, uma convergência entre os dois grupos sobre o código de honra e as regras de duelo foi conseguida po vias menos oficiais, mais informalmente sociais.

As mudanças no código de comportamento e sentimento dos estudantes pertencentes a confrarias com insígnias de cores exclusivas (sobre as quais voltaremos a falar mais adiante) não eram, portanto, apenas mudanças no seio de uma "subcultura". O desenvolvimento do código, ao qual os jovens de origem nobre e burgueses se sentiam vinculados pela honra, era sintomático do caráter de uma classe alta alemã que estava em processo de formação nesse período e reunia os grupos aristocráticos e burgueses numa ordem hierárquica.

12. A sociedade da corte imperial incluía, *lato sensu,* todo o grupo de pessoas elegíveis para apresentação na corte: não apenas aquelas que aí exerciam funções, mas todas a quem era regular ou periodicamente ordenado o comparecimento na corte ou que, depois de deixarem seu cartão de visita com o *kaiserlicher Zeremonienmeister* (mestre-de-cerimônias imperial) e terem suas credenciais cuidadosamente esmiuçadas por funcionários cortesãos, eram admitidas a uma das recepções imperiais ou talvez a um baile de gala.

Essa sociedade de corte abrangia um grupo bastante amplo. Membros leais da aristocracia provinciana eram todos considerados qualificados para apresentação na corte. A "temporada" tornou-se uma instituição regular no império, provavelmente seguindo o modelo da mais antiga *season* londrina (a qual remontava ao século XVII), e com sua abundância de esplendorosos bailes também proporcionava à aristocracia provinciana a oportunidade de apresentar suas filhas ao casal imperial na corte e fazer seu *début* em sociedade. O cerimonial aí desenvolvido era uma versão alemã dos cerimoniais tradicionais das grandes cortes européias. Havia cortes menores na Baviera, Saxônia e em muitas outras partes do império, mas a corte do imperador, com sua deslumbrante aura, era mais importante do que qualquer uma dessas como centro para integrar a emergente classe alta alemã e seus modos de comportamento.

Embora a nobreza formasse o cerne da sociedade de corte, era política da corte imperial, evidentemente, convidar servidores públicos dos altos escalões que, por seus méritos, fossem merecedores da distinção a fazerem-se presentes em determinadas cerimônias cortesãs. Eu mesmo me lembro de que, num ano, o diretor do meu colégio foi um dos convidados que acompanhou o Kaiser em seu cruzeiro anual a bordo do seu iate.

13. Alguns casamentos desiguais ocorreram certamente todos os anos, sobretudo nos níveis superiores da nobreza, e a sociedade falava sobre eles; mas, de longe, a maior parte da nobreza alemã casava entre sua própria gente. Alguns membros da alta nobreza aliaram-se a empresários e houve, por exemplo, um conde que renunciou ao seu título como uma concessão ao outro lado, quando assumiu a administração de uma grande fábrica. Mas tais casos eram relativamente raros. Os nobres mais pobres, em particular, eram contidos pelo seu medo da humilhação que dedicar-se a negócios inevitavelmente significaria aos olhos de seus pares.

14. Hans-Ulrich Wehler, *The German Empire, 1871-1918*, trad. de Kim Traynor, Leamington Spa, Berg, 1985, p.69, fornece os seguintes dados:

Depois de 1871, é certo, passara o tempo em que, como em 1858, 42% de todos os servidores civis prussianos nos escalões médio e superior tinham sido recrutados na nobreza. Mesmo assim, por volta de 1910, 9 em cada 11 ministros de Estado da Prússia, 36 dos 65 membros do Conselho Privado, 11 de 12 chefes de distrito, 25 de 36 chefes de município e 271 de 467 corregedores distritais eram oriundos da nobreza. Nos postos principais do serviço diplomático, em 1914, havia 8 príncipes, 29 condes, 54 nobres sem título e apenas 11 funcionários recrutados nos estratos burgueses. Ao mesmo tempo, 55,5% de todos os estagiários (*Referendare*) no governo prussiano eram nobres; em 1890, tinham sido 40,4% e em 1900 o número era de 44,6%. Em 1918, 55% dos *Assessoren* ainda eram recrutados na nobreza.

15. Apesar de todas as tensões internas, que não faltavam no começo do século XX, esses grupos aristocráticos e burgueses ainda formavam entre eles o *establishment* alemão, com as maiores oportunidades de poder e o mais elevado status, o *establishment* daqueles que gozavam do direito de exigir satisfação. Comparada com o papel central que isso desempenhava no funcionamento da sociedade, a economia (como seria hoje chamada) desempenhava, por ora, apenas um papel secundário.

Entretanto, se a dinâmica geral da sociedade nessa época for levada em conta, torna-se evidente que as oportunidades de poder de ambos os grupos econômicos — ou seja, de todos os grupos profissionais que eram interdependentes como antagonistas e se especializavam na produção e distribuição de bens — estavam aumentando em relação aos das classes altas. Superficialmente, a sociedade de corte da Alemanha imperial pode facilmente fazer parecer como se a era de Luís XIV não pertencesse a um passado longínquo. O problema consiste em descrever retrospectivamente as oportunidades de poder das classes altas alemãs nesse período como não muito grandes, nem muito exíguas. Por um lado, elas não eram outra coisa senão os órgãos executivos dos empresários ou os funcionários da burguesia. Por outro lado, suas posições privilegiadas de poder estavam muito mais sob pressão e ameaça decorrentes da ascensão em curso de ambos os grupos econômicos, os trabalhadores e os empresários, do que as das classes altas sob a monarquia de séculos passados. Somos levados a indagar em que medida as lideranças das classes altas, ou talvez mesmo a maioria de seus membros, estavam conscientes do seu poder em declínio e da crescente desfuncionalização.

16. O fato de que, em contraste com a França, por exemplo, as famílias nobres na Alemanha tinham sempre enviado alguns de seus filhos à universidade a fim de os preparar para uma carreira no serviço civil foi de crucial importância no desenvolvimento do código estudantil alemão.

17. É preciso um exame mais minucioso da composição profissional dos membros das sociedades de ex-alunos, as *Alte-Herren-Verbänden*, a fim de estabelecer quando e como ocorreu essa mudança gradual nos valores.

18. Cf. Elias, *The Court Society*.

19. Norbert Elias, *The Civilizing Process*, trad. de Edmund Jephcott, Oxford, Blackwell, 1994, cap.1; ver também Elias, "Das Schicksal der deutschen Barocklyric: Zwischen höfischer und bürgerlicher Tradition" ("O destino da lírica barroca alemã: entre as tradições cortesã e burguesa"), *Merkur*, 41, 1987:451-68.

20. Tenho consciência de que me estou referindo aqui, de um modo sumamente condensado, a um padrão de desenvolvimento social que requer, na realidade, uma exposição muito mais extensa. Estou contrastando a fase setecentista de desenvolvimento alemão, na qual distintos movimentos burgueses obtiveram um grau relativamente elevado de autonomia em face da tradição especificamente cortesã da época, com o rumo de desenvolvimento adotado pela sociedade alemã durante o Kaiserzeit, quando setores da burguesia alemã se submeteram à liderança de grupos da nobreza cortesã e absorveram elementos de sua tradição cultural. Ao traçar esse contraste, estou deixando de lado o que aconteceu no período intermédio, desde o começo do século XIX até 1871. O desenvolvimento das relações entre nobreza e burguesia nesse período certamente merece mais

atenção e um estudo mais cuidadoso. Não obstante, o contraste é óbvio: no século XVIII, o duelo não era, definitivamente, um componente integrante da tradição cultural burguesa mas, depois de 1871, na *satisfaktionsfähige Gesellschaft*, adquiriu significação como parte integrante da tradição cultural *nacional* alemã.

21. Ver o exame do "mecanismo real" em Elias, *The Civilizing Process*, p.390-421, e *The Court Society*, p.146-213. [Nota dos tradutores ingleses.]

22. Para um mais detalhado exame deste ponto, ver p.26-40 da "Introdução" de Elias para Elias e Dunning, *Quest for Excitement: Sport and Leisure in the Civilizing Process*, Oxford, Blackwell, 1986. [Nota dos tradutores ingleses.]

23. Na França, o poderio do exército somado ao volume da renda régia permitiu normalmente ao rei e a seus generais realizarem guerras destrutivas pela supremacia na Europa fora do seu próprio país. As regiões centrais e economicamente mais importantes da França, e Paris em particular, nunca foram seriamente ameaçadas por potências inimigas, desde meados do século XVII até o final do século XVIII.

24. Uma das condições que limitavam a extensão do poder dos príncipes alemães em relação à alta nobreza era a fragmentação da Alemanha em muitos Estados e as possibilidades alternativas que isso oferecia aos que estavam a serviço de um príncipe. Na França do Ancien Régime, havia somente uma corte que contava. Um cortesão de alta linhagem não tinha alternativas se perdesse o favor do rei. Em contraste, na Alemanha, quando um nobre perdia o favor de um príncipe, ou sentia-se insultado por ele, podia deixar sua corte ou serviço e encontrar lugar na corte ou no serviço de um outro príncipe alemão, sem que por isso se sentisse no exílio ou que sua vida perdesse todo o brilho e propósito.

Há muitos exemplos de tais estratégias alternativas. Posso mencionar uma da era guilhermina (cf. Fedor von Zobeltitz, *Chronik der Gesellschaft unter dem letzten Kaiserreich* (*Crônica da sociedade sob o último Kaiser*), 2 vols., Hamburgo, Alster Verlag, 1922, vol.1. p.133 e seg.). Guilherme II gostava muito de atrair para a sua corte homens da alta aristocracia que lhe dessem brilho. Entre eles estava o príncipe Carl Egon von Fürstenberg. Este era um membro da nobreza alemã original, descendente em linha ininterrupta de condes e *landgraves* desde o século XIII, cujos sucessores tinham sido elevados a príncipes do Sacro Império Romano no século XVII, até que seu principado de Fürstenberg foi "mediatizado" no decorrer das guerras napoleônicas. O príncipe von Fürstenberg, do período guilhermino, casado com uma princesa de Talleyrand-Périgord, era imensamente rico, deleitava-se na boa vida da sociedade cortesã em Berlim e Potsdam, e era o que nesses tempos se conhecia como um entusiástico esportista, que gostava de corridas de cavalos, de jogo e da vida do *smart set*. O velho Kaiser tinha muita simpatia por ele e sua esposa. Mas alguns anos após sua subida ao trono, o jovem Kaiser Guilherme II, que era açodado e impulsivo, durante suas tentativas para limitar o sempre crescente luxo da vida na corte e, sobretudo, entre os oficiais, fez um comentário difamante, com o qual o príncipe von Fürstenberg se considerou pessoalmente ofendido. O príncipe voltou imediatamente as costas à capital, instalou-se em suas propriedades do sul da Alemanha e deixou, como diziam as pessoas, um notório vácuo na sociedade berlinense. O Kaiser tentou levar o rico nobre de volta à sua corte. Para começar, concedeu-lhe um alto posto honorário no exército e nomeou-o para funções cada vez mais elevadas como dignitário da corte. Com o tempo, os dois homens reconciliaram-se e o príncipe von Fürstenberg e sua família voltaram a Berlim.

25. Onde, de acordo com suas estruturas de poder, um elevado valor é atribuído no código de comportamento de uma sociedade às estratégias de comando e obediência, as estratégias de persuasão e convencimento das pessoas através da discussão gozam, compreensivelmente, de escasso valor. Em tal ambiente, a arte da discussão não tem grande oportunidade de se desenvolver, e com isso sofre a habilidade no uso de estratégias apropriadas. Muito perceptível na tradição alemã, é o fato das pessoas se habituarem a estratégias de comando e obediência — com muita freqüência através do uso direto ou indireto de força física — e, até data recente, o nível comparativamente baixo de habilidade no debate, como herança do longo período de regime absoluto ou quase absoluto. Um certo constrangimento com a

restrição de emoções e afetos relativamente complicada, que é requerida para a solução de conflitos somente através de discussão e, inversamente, um sentimento de comodidade e de despreocupação com as mais simples estratégias de comando e obediência, ainda podem ser observados hoje na Alemanha.

Em meu livro *The Civilizing Process*, p.482-3, ilustrei uma correspondente diferença nas estratégias sociais usando o exemplo de dois aristocratas da oposição francesa, no começo e no final do século XVII. O duque de Montmorency rebelou-se abertamente contra o rei e lutou por realizar seus objetivos no estilo do guerreiro em combate corporal, ao passo que o duque de Saint-Simon, no estilo do cortesão, esforçou-se por usar a intriga e a persuasão com o herdeiro do trono.

26. Ludwig Hassel, *Die letzten Stunden des Polizeidirektors von Hinckeldey: Beitrag zu seinem Nekrolog von einem Augenzeugen* (*As últimas horas do chefe de polícia Hinckeldey: Contribuição para o seu obituário por uma testemunha ocular*), Leipzig. Brockhaus, 1856. Estou citando o relato do caso feito por Zobeltitz, *Chronik der Gesellschaft unter dem letzten Kaiserreich*, vol.1, p.208-10.

27. Cf. Norbert Elias, "Zum Begriff des Alltags" ("Sobre o conceito de cotidiano"), em Kurt Hammerich e Michael Klein (orgs.), *Materialen zur Soziologie des Alltags* (*Materiais sobre a sociologia do cotidiano*), Colônia, Westdeutscher Verlag, 1978, p.22-9. (Edição especial n.20 de *Kölner Zeitschrift für Soziologie und Sozialpsychologie*.)

28. Com efeito, na literatura antiga, nenhuma distinção era feita entre *duellum* e *bellum*; eram duas formas da mesma palavra. Só durante o processo de formação do Estado, com a crescente monopolização do uso da violência física por um governante central, as pessoas passaram a ser capazes de diferençar entre a guerra como um ato de violência formalmente declarado e organizado, desde o altaneiro ponto de vista de um chefe de Estado, e o duelo como, por assim dizer, um ato de violência de nível inferior, particularmente declarado e particularmente organizado.

29. Talvez seja útil acrescentar que, durante o século XIX e, em especial, com a integração dos níveis superiores de servidores civis e professores burgueses na sociedade de corte do Kaiserreich, o tratamento dos casos de honra passou a permitir uma interpretação mais tolerante do código de honra, sobretudo no caso de civis. Quando no início de 1894, o galhardo barão von Stumm-Hallberg desafiou o muito conhecido Conselheiro Privado Adolf Wagner para duelo, Wagner solicitou que fosse instalado um tribunal de honra. Declarou estar preparado para retratar-se daquelas suas declarações que o barão von Stumm considerou insultuosas, se von Stumm mostrasse a mesma disposição a respeito de seus próprios e insultuosos comentários. Até onde pode ser apurado, o tribunal de honra acolheu seu apelo: o duelo não se realizou. Na sociedade onde o barão von Stumm circulava, a conduta do erudito conselheiro Wagner foi considerada desonrosa mas, uma vez que atuou estritamente de acordo com as regras do código de honra, não pôde ser formalmente censurado. (Extraído de Zobeltitz, *Chronik der Gesellschaft unter dem letzten Kaiserreich*, vol.I, p.10.)

30. Cf. W.H.R. Rivers, "The psychological factor", em W.H.R. Rivers (org.), *The Depopulation of Melanesia*, Cambridge, Cambridge University Press, 1922, p.84-113.

31. Zobeltitz, *Chronik der Gesellschaft unter dem letzten Kaiserreich*, vol.I, p.138-40.

32. Ibid., vol.I, p.144.

33. Ibid., vol.I, p.124 e seg.

34. Ibid., vol.I, p.77 e seg.

35. Ibid., vol.I, p.5 e seg.

36. Ibid., vol.II, p.318.

37. Ibid., vol.II, p.309

38. Ibid., vol.II, p.351 e seg.

39. *Koofmich* é uma palavra do dialeto de Berlim para *Kaufmann*, "comerciante". [Nota dos tradutores ingleses.]

40. Zobeltitz, *Chronik der Gesellschaft unter dem letzten Kaiserreich*, vol.I, p.69.

41. Cf. Hermann Haupt, "Karl Follen", in *Hundert Jahre Deutscher Burschenschaft: Burchenschaftliche Lebensläufe* (*Cem anos das associações duelistas estudantis alemãs: carreiras nas as-*

sociações), vol.VII de Hermann Haupt e Paul Wentzcke (orgs.), *Quellen und Darstellungen zur Geschichte der deutschen Burschenschaften und der deutschen Einheitsbewegung* (*Fontes e descrições para a história das associações duelistas estudantis alemãs e o movimento de unificação*), Heidelberg, C. Winter, 1921, p.27.

42. Friedrich Ludwig Jahn (1778-1852), agitador nacionalista alemão durante o período napoleônico, que tentou organizar movimentos populares para difundir a consciência nacional e mobilizar a resistência à França. Em 1881, em Berlim, ele fundou uma sociedade de ginástica, definindo a sua intenção como "proteger os jovens da indolência e dos excessos, a fim de mantê-los vigorosos e resolutos na próxima luta pela pátria" (citado por James Riordan, em E.G. Dunning, J. Maguire e R.E. Pearton, orgs., *The Sports Process*, Champaign, Ill., Human Kinetics Publishers, 1993, p.247). Os seus ginastas foram dispersados pelas autoridades prussianas depois do Congresso de Viena. Ver também George L. Moose, *The Nationalization of the Masses: Political Symbolism and Mass Movements in Germany from the Napoleonic Wars through the Third Reich*, Nova York, H. Fertig, 1975. [Nota dos tradutores ingleses.]

43. Wilhelm Hopf, "Turnte Turnvater Jahn?" ("Jahn, o pai da ginástica, faz realmente ginástica?"), *päd. extra*, 11, 1978, p.39 e seg.

44. Zobeltitz, *Chronik der Gesellshaft unter dem letzen Kaiserreich*, vol.I, p.47.

45. Com a mudança de posição das confrarias nacionalistas, de serem grupos à margem dos *establishments* da classe alta de sua sociedade para serem grupos dentro da hierarquia desse *establishment* e comungando em seus pontos de vista, houve uma correspondente mudança no relacionamento dos estudantes nessas corporações em relação às gerações mais velhas, especialmente aos antigos membros que estavam agora ocupando elevadas posições. Depois de 1871, números crescentes de antigos membros de confrarias formaram associações de veteranos. Da década de 1880 em diante, essas associações adquiriram gradualmente maior influência sobre as confrarias. Financiaram casas para alojar confrarias, as quais se tornaram mais numerosas como resultado da competição entre as confrarias combatentes e da melhoria da situação econômica dos estratos pertinentes no período guilhermino. Também como conseqüência da competição por status, as casas das confrarias tornaram-se cada vez mais luxuosas. Georg Heer (em Paul Wentzcke e Georg Heer, *Geschichte der deutschen Burschenschaft* (*História das associações duelistas estudantis alemãs*), Heidelberg, C. Winter, 1939, vol.IV, p.65) escreve: "No começo, essas casas eram bastante simples... A partir de 1900, tornaram-se cada vez mais espaçosas e melhor mobiliadas; surgiu um verdadeiro zelo competitivo entre os estudantes das confrarias, não apenas das nacionalistas, para construir edifícios grandiosos."

46. Por certo, o treinamento para o duelo, quer dizer, um tipo formal — preciso e regulado — de violência era importante em si mesmo. Veio de encontro às necessidades da juventude que, na Grã-Bretanha, no mesmo período, por exemplo, obtinham satisfação em esportes competitivos. Mas, ao mesmo tempo, os jovens foram preparados para uma sociedade na qual, para os homens, as possibilidades de serem desafiados ou de desafiar ao duelo eram sempre presentes. (Incidentalmente, foi somente em 26 de maio de 1933 que passou a lei que legalizava as disputas de esgrima de estudantes com florete.)

47. *Einen* or *den Salamander reiben*: "de uso de estudantes [significado] raspar o copo de alguém três vezes sobre a mesa, esvaziá-lo, e depois de uma breve batida, pô-lo ao chão com um golpe (como marca de honra)". *Oxford Duden German Dictionary*, Oxford, Clarendon Press, 1990, p.618. [Nota dos tradutores ingleses.]

48. Wentzke and Heer, *Geschichte der deutschen Burschenschaft*, p.47.

49. Ibid., p.82 e seg.

Ainda era excepcional, nos anos 1870, que as disputas de esgrima fossem discutidas nas convocações de cada confraria. Mais tarde, tornou-se prática comum, depois de cada disputa de esgrima, estabelecer-se uma assim chamada convocação que punia, sem perdão, cada erro cometido por um membro, o julgamento ficando a cargo de um único observador. E os observadores, nas competições, raramente faziam algo mais que assistir, com uma concentração tensa, como seu próprio irmão de confraria saía-se... Qualquer um que lutasse de um modo considerado "tecnicamente" ou até mesmo "moralmente" inadequado era punido; da primeira vez, geralmente só com um aviso e um "duelo para limpar o nome", mas bem freqüentemente com a permanente expulsão. Se o "duelo para limpar o nome" também fosse fracassado, ou geralmente, se a última competição se mostrasse inadequada, nesse caso o oferecedor seria expulso.

50. Ibid., p.82.

51. Ibid., p.85.

52. Há também uma diferença radical em relação ao duelo: o cerimonial de corte, que acontecia integralmente na residência do príncipe, em sua presença, excluía disputas abertas. Então, até mesmo o ajuste formalizado das disputas em duelos, tinha de acontecer às escondidas. Contrastadamente, entre os estudantes, a ameaça mútua através do conflito e assuntos de honra permanecia mais próxima à superfície. A despeito da proibição legal, ela era, basicamente, encoberta.

53. Bloem, *Der krasse Fuchs*, p.89.

54. Ibid., p.11. De modo similar, nas considerações do Marburg Museum Association Ball (p.92 e seg.):

> E as mães e as senhoras assistiam aos procedimentos, sorrindo, tranqüilas... as coisas que são jovens devem divertir a vida... mesmo que isso signifique um encontro ocasional e alguns beijos... afinal, as moças não estavam seriamente em perigo com os estudantes... para isso, há outras garotas... mais fáceis, com menos possibilidade de perigo.

55. Ibid., p.13.

56. Ibid., p.154.

57. Ibid., p.158 e seg.

58. O *Bestimmungsmensur* é um bom exemplo da transitoriedade de tais convicções. À luz de maiores desenvolvimentos, parece ser algo sem função, o produto do desenvolvimento de um código não planejado, de que as pessoas marcadas por ele não podem esperar. São enlaçadas no código.

59. H. Pachnicke, *Führende Männer des alten und neuen Reichs*, Berlin, Reiner Hobbing, 1930, p.13; ver também, von Heydebrand, "Beiträge zu einer Geschichte der konservativen Partei in den letzten 30 Jahren (1888-1919)", *Konservative Monatsschrift*, 1920:607.

60. Este aspecto incondicional do comportamento dos guerreiros, a expectativa de que devem lutar até o final pelo seu lado a fim de preservar sua honra, é um ideal que desempenhou um papel central na tradição européia. Nesse sentido, talvez seja interessante notar que o código guerreiro japonês oferecia, para um homem que, numa batalha, se via confrontado a um poder superior, que evidentemente não podia derrotar, uma saída que não estava presente na tradição guerreira européia ou, no mínimo, não era parte do código. Era possível para os guerreiros japoneses, numa situação sem saída, juntarem-se aos inimigos de antes e servi-los com a mesma total devoção com que serviam ao antigo senhor.

A extensão em que tradições guerreiras podem se tornar tradições nacionais pode ser vista também neste caso. Parece óbvio pensar que a extraordinária habilidade japonesa para assimilar-se aos vencedores da II Guerra Mundial estava relacionada, entre outras coisas, ao fato de que, de acordo com o modo tradicional da formação de superego, tornar-se mais semelhante a um oponente inegavelmente mais forte, como uma estratégia de vida, não era algo carregado de sentimentos profundos de culpa e de inferioridade — esta adaptação era, por assim dizer, uma das estratégias de vida permitidas.

61. Ver a discussão sobre a "Sociogenesis of the difference between *Kultur* and *Zivilisation* in German usage", in *The Civilizing Process*, p.3-28. [Nota dos tradutores ingleses.]

62. Friedrich Nietzsche, *The Antichrist*, org. e trad. Walter Kaufman, in *The Portable Nietzsche*, Nova York, Viking, 1954, p.570. [Nota dos tradutores ingleses. Texto levemente modificado.]

NOTAS À PARTE II

1. Ver a discussão de Elias sobre "redução de processo" como uma aflição da sociologia moderna, em *What's Sociology?*, trad. Stephen Mennell and Grace Morissey, Nova York, Columbia University Press, 1978, p.111 e seg; ver também sua crítica, no trabalho também relacionado, embora mais genérico, "Retreat of sociologists into the present", *Theory, Culture & Society*, 4(2-3), 1987: 223-47. [Nota dos tradutores ingleses.]

2. Friedrich Schiller, "Was heisst und zu welchem Ende studiert man Universal-geschichte?", in *Schillers Werke*, Nationalausgabe, Weimar, Herman Bölhous Nachfolger, 1970, vol.17, parte 1, p.365, 367 e seg.

3. Ibid., p.370.

4. Jacob Burckhardt, *The Civilisation of the Renaissance in Italy*, trad. de Middlemore, Oxford, Phaidon. (Publicado originalmente em alemão em 1860.) [Nota dos tradutores ingleses.]

5. Eberhard Gothein, *Die Aufgaben der Kulturgeschichte* (*As tarefas da história cultural*), Leipzig, Duncker & Humblot, 1889, p.2 e seg.

6. Dietrich Schäfer, *Deutsches Nationalbewusstsein in Licht der Geschichte* (*Consciência nacional alemã à luz da história*), Iena, Fischer, 1884, p.1 e seg.

7. Expressões particularmente fortes dessa mudança nos sentimentos de identidade podem ser claramente observadas durante a Revolução Francesa. Uma das mais conhecidas expressões literárias dessa transição para um sistema de valor e crença que eleva a imagem da nação ao mais alto nível pode ser encontrada em E.J. Sieyès, *What is the Third Estate?*, publicado originalmente em 1789 e aqui citado na tradução de M. Blondel, Londres, Pall Mall Press, 1963. Uma expressão característica da nova ênfase sobre a nação é esta:

> A nação é anterior a tudo. Ela é a fonte de tudo. Sua vontade é sempre legal; na verdade, é a própria lei. Anterior e acima da nação existe apenas o direito natural.

Sieyès representa as classes médias ascendentes no sentido literal da palavra, as classes no meio entre os estados privilegiados — na França, a nobreza e o clero — e "os pobres" que não ganhavam o suficiente para contribuir para a manutenção do Estado. Teoricamente, Sieyès ainda sustentava com firmeza o ideal da igualdade de todos os seres humanos, que era usado como arma das classes médias ascendentes em sua luta com os estados privilegiados acima delas. Mas, na prática, em suas propostas para a nova constituição, ele quis limitar o direito de voto para a Assembléia Nacional àqueles cidadãos que podiam contribuir com, pelo menos, três libras anuais em impostos. Porém, a principal frente em que Sieyès lutou, como representante das "classes do meio", foi na posição revolucionária, a frente contra as privilegiadas classes dominantes, contra os reis, os nobres e o clero: "O que é, pois, 'o Terceiro Estado'? Tudo; mas um tudo que está agrilhoado e oprimido" (p.57).

Frases como essa mostram claramente como os começos de uma identificação com a "nação" já anunciavam mudanças específicas na atmosfera emocional. Encontramos aqui — numa idade cujo modo de pensar em muitas áreas estava se tornando mais realista ou "racional" e menos emocional — o nascimento de uma nova mística, relacionada não com a "natureza", mas com a "sociedade", o nascimento de um novo sistema de crença centrado numa imagem ideal da própria nação a que se pertence, uma combinação de fato e fantasia. A diferença em atmosfera torna-se particularmente clara se compararmos essas e outras expressões do nascente sistema de crenças nacionalista com as atitudes de autores como Maquiavel no tocante às relações entre Estados dinásticos que ainda não eram concebidos como nações.

8. Num capítulo de *O príncipe* que tem o título "De que forma os príncipes devem guardar a fé", Maquiavel escreveu:

> Deveis saber, portanto, que existem duas formas de se combater: uma, pelas leis, outra, pela força. A primeira é própria do homem; a segunda, dos animais. Como, porém, muitas vezes a primeira não é suficiente, é preciso recorrer à segunda.

Ao príncipe torna-se necessário, porém, saber empregar convenientemente o animal e o homem. Isto foi ensinado à socapa aos príncipes pelos antigos escritores que relatam o que aconteceu com Aquiles e outros príncipes antigos, entregues aos cuidados do centauro Quiron, que os educou. É que isso (ter um preceptor metade animal e metade homem) significa que o príncipe sabe empregar uma e outra natureza. E uma sem a outra é a origem da instabilidade.

Sendo, portanto, um príncipe obrigado a bem servir-se da natureza da besta, deve dela tirar as qualidades da raposa e do leão, pois este não tem defesa alguma contra os laços, e a raposa, contra os lobos. Precisa, pois, ser raposa para conhecer os laços e leão para aterrorizar os lobos. Os que se fizerem unicamente de leões não serão bem-sucedidos.

Por isso, um príncipe prudente não pode nem deve guardar a palavra dada quando isso se lhe torne prejudicial, e quando as causas que o determinaram cessem de existir. Se todos os homens fossem bons, este preceito seria mau. Mas, dado que são pérfidos e que não observariam a teu respeito, também não é obrigado a cumpri-la para com eles. Jamais faltaram aos príncipes razões para dissimular quebra da fé jurada. Disto poder-se-iam dar inúmeros exemplos modernos mostrando quantas convenções e quantas promessas se tornaram írritas e vãs pela infidelidade dos príncipes. E, dentre estes, o que melhor soube valer-se das qualidades da raposa saiu-se melhor. (De *O príncipe*, Col. "Os Pensadores", Abril Cultural, 1973, trad. de Lívio Xavier, p.79-80.)

9. O nacionalismo, como expressão de amor para com, orgulho em, e "identificação" com uma determinada "nós-unidade", é diferente dos vínculos aparentemente semelhantes dos grupos aristocráticos tradicionais. Bismark, por exemplo, é considerado com freqüência o protótipo do nacionalismo alemão. De fato, o seu amor era dirigido, em primeiro lugar, para o rei e o país, não para a nação alemã como representação simbólica da massa do povo alemão como um todo — se bem que, como viveu num período de transição, tivesse que tecer-lhe tardios e superficiais louvores como um ideal, quando surgiu a necessidade.

10. Henri Bergson, *The Two Sources of Morality and Religion*, trad. de R. Ashley Audra e Cloudesley Brereton, com a assistência de W. Horsfall Carter, Londres, Macmillan, 1935. (Originalmente publicado em francês em 1932.)

11. Ibid., p.20.

12. Maquiavel, *O príncipe*, p.79-80 (ed. bras. citada).

13. Kingsley Davies, *Human Society*, Nova York, Macmillan, 1965, p.10 e seg.

14. Até mesmo a Grã-Bretanha vitoriana, freqüentemente considerada uma sociedade dominada pelas classes médias industriais, tinha uma estrutura de poder muito mais complexa. Só do ponto de vista das classes trabalhadoras industriais do país poderiam as suas classes médias apresentar-se como grupos dominantes. Vistos no contexto da sociedade britânica e do seu desenvolvimento como um todo, os conflitos e tensões entre as classes médias emergentes e as classes altas tradicionais nada deviam aos existentes entre estas últimas e os grupos que eram mencionados pelos seus contemporâneos como "as massas" ou "os trabalhadores".

No que diz respeito à política interestatal, a precedência de tradições dinástico-aristocráticas na Grã-Bretanha vitoriana em comparação com os Estados continentais só tinha um cunho diferente na medida em que, na estratégia britânica de potência, uma esquadra e não um exército de terra desempenhou o papel mais importante. Além disso, o exército não consistia em cidadãos alistados mas, como em séculos anteriores, em mercenários que eram recrutados, em sua maioria voluntariamente, entre as camadas mais pobres da população. Ademais, graças à sua superioridade naval, o principal ímpeto expansionista da Grã-Bretanha era dirigido para a aquisição do controle de territórios fora da Europa. Pequenos continentes de tropas, apoiados por navios de guerra, armamentos e conhecimentos superiores, eram suficientes para a conquista de vastos territórios habitados por sociedades em nível menos avançado de desenvolvimento.

Estes e outros aspectos da posição especial ocupada pela Grã-Bretanha no contexto das rivalidades interestatais são responsáveis pelo fato de que a nacionalização do povo britânico, no sentido exato da palavra, começou algo mais tarde do que os processos comparáveis na Alemanha e França. Enquanto a expansão e as guerras eram dirigidas para sociedades não-européias, menos desenvolvidas, e executadas usando exércitos mercenários, a massa do povo britânico não era muito afetada. A *intelligentsia* de classe média ainda podia entender essas guerras sob o signo de uma "missão civilizadora", como definida por Matthew Arnold: "Civilização é a humanização do homem em sociedade" (M. Arnold, *Mixed Essays: Works,* Londres, Edition de Luxe, 1904, vol.10, p. vi). Ou, se estava familiarizada com características da expansão colonial britânica que transgrediam os padrões do humanismo da classe média, podia mesmo assim criticar o seu próprio país com uma liberdade que teria transformado em proscritos, ou traidores, os membros de sociedades continentais como a Alemanha e a França, onde, em grande parte, conjuntamente com certas contingências associadas a razões de Estado, a nacionalização de sentimentos e ideais já avançara muito mais. Um exemplo é fornecido pelo virulento assomo de Wilfred Scawen Blunt contra o fracasso da política britânica no Egito ("The wind and the whirlwind" ["O vento e o furacão"], 1883, em *The Poetical Works of Wilfrid Scawen Blunt,* Londres, Macmillan, 1914, vol.2, p.233):

Thou art become a by-word for dissembling,
A beacon to thy neighbours for all fraud.
Thy deeds of violence men count and reckon.
Who takes the sword shall perish by the sword.
Thou has deserved men's hatred. They shall hate thee.
Thou hast deserved men's fear. Their fear shall kill.
Thou hast thy foot upon the weak. The weakest
With his bruised head shall strike thee on the heel.
Thou wentest to this Egypt for thy pleasure.
Thou shalt remain with her for thy sore pain.
Thou hast possessed her beauty. Thou wouldst leave her
Nay. Thou shalt lie with her as thou hast lain.

[Tu te converteste na expressão suprema da hipocrisia,/Um guia para todas as fraudes de teus vizinhos./Teus atos de homem violento somam-se e contam./Quem empunha a espada pela espada perecerá./Tu mereceste o ódio dos homens. Eles te odiarão./ Tu mereceste o medo dos homens. O medo matará./Tu espezinhaste os fracos. Os mais fracos/Com suas cabeças pisadas te golpearão no calcanhar./Vieste neste Egito para teu prazer./Nele ficarás para teu cruel sofrimento./Tu possuíste sua beleza. Tu não o deixarás/Mas ficarás com ele até o dia do teu final repouso.]

O que aos olhos das pessoas criadas na tradição da moralidade da classe média parecia ser hipocrisia, falsidade e violência era, de fato, uma marca normal que caracterizava a tradição guerreira dinástica e aristocrática. Nos interesses próprios e nos de seu país — para os príncipes e as elites nobres dominantes — todos esses meios contavam como armas necessárias e inevitáveis na luta permanente com outros governantes e outros países, de acordo com o tradicional código da classe alta. Tais armas eram usadas nas relações entre Estados de um modo tido como evidente. Somente numa época em que as nascentes classes industriais, com as elites de classe média como sua vanguarda, estavam combatendo as tradicionais classes altas numa frente mais ampla por status iguais e uma participação no poder governamental, as primeiras começaram a voltar-se abertamente e, em muitos casos, com grande contundência, contra os maquiavélicos recursos de gestão política. Presumivelmente, na Grã-Bretanha, há mais exemplos de conflito aberto entre os porta-vozes de um código moral, humanístico, e os de um código maquiavélico do que é o caso nos países continentais, onde começou mais cedo a pressão para sujeitar-se a um código nacionalista e não ver com bons olhos o inconformismo.

A primeira grande onda de nacionalismo na Grã-Bretanha parece ter estado ligada à Guerra Boer e ao cerco de Mafeking. Aí ocorreu na época a formação e propagação de um sistema unificado de crença que deslocou para o centro a nação como símbolo de um valor indiscutível; nesse centro, os indispensáveis requisitos de estadística, como as pessoas então os concebiam, estavam combinados, com maior ou menor êxito, com as expectativas das massas educadas das classes média e trabalhadora de que a nação, de que o Estado e seus representantes, satisfariam a forma ideal de um padrão moral e humanista do tipo que elas tinham que seguir, numa forma menos perfeita, em suas relações sociais domésticas.

15. Citado em John Drinkwater, *Patriotism in Literature*, Londres, Williams & Norgate, 1924. p.244-5.

16. A percepção de mudanças a longo prazo desse gênero é obscurecida, com freqüência, pela falta de clareza a respeito dos critérios a serem usados. Em muitos casos, não é feita uma distinção suficientemente nítida entre a ascensão de um indivíduo de um estado ou classe para um outro ou outra, sem qualquer mudança nas posições relativas desses estratos sociais, e uma mudança nas posições de superordenação e subordinação de diferentes estratos sociais como tais. Como resultado, os dois tipos de ocorrência não são claramente investigados em sua relação mútua. Tal distinção é crucial para a investigação de tradições, "culturas", normas, crenças e padrões específicos de diferentes estratos. A ascensão individual tem normalmente como sua conseqüência que o indivíduo com mobilidade ascendente abandona a "cultura" do seu "estrato de origem" e adota a do estrato a que aspira. Ou melhor, é a família com mobilidade ascendente que assim passa, no decurso de duas ou três gerações, de uma cultura para uma outra. ("São necessárias três gerações para fazer um cavalheiro.") Em contraste, a ascensão de todo um estrato social, seu aumento de *status* e poder em relação a outros, pode envolver, com efeito, um desenvolvimento adicional de sua própria "cultura", mas não envolve incondicionalmente uma ruptura com suas tradições. É muito consentâneo com uma continuidade no desenvolvimento de normas, padrões e crenças tradicionais, mesmo quando está envolvida a absorção de elementos da tradição de um estrato previamente superior ou uma mistura razoavelmente extensa de culturas. Neste último caso, o processo específico de mudança nas relativas oportunidades de poder dos estratos ascendentes e decadentes é decisivo para a forma e maneira em que duas culturas se influenciam mutuamente e para o tipo de mistura que finalmente resulta.

Notas à Parte III

1. Se, como no presente caso, se contrasta civilização com violência, com a espécie de violência que as pessoas se infligem mutuamente em guerras, em lutas políticas, na vida privada ou seja onde for, então estreita-se desde o começo a imagem que se tem de civilização. Delimita-se o conceito de tal modo que, na realidade, apenas um de seus aspectos é considerado: a coexistência não-violenta de seres humanos. Mas conviver de um modo civilizado inclui muitíssimo mais do que apenas a não-violência. Inclui não apenas o aspecto negativo subentendido pelo desaparecimento de atos de violência das relações humanas, mas também um campo inteiro de características positivas, sobretudo a moldagem específica de indivíduos em grupos, o que só pode ocorrer quando for banida de suas relações sociais a ameaça de que as pessoas se agredirão fisicamente umas às outras ou forçarão outras, graças a músculos mais fortes ou a melhores armas, a fazer coisas que, se não fosse isso, elas nunca fariam. A modelagem civilizadora de indivíduos em territórios pacificados é refletida nas artes, com as quais as pessoas agradam umas às outras, nos jogos esportivos com que se testam mutuamente sem se causarem danos recíprocos, nas viagens e passeios por regiões pacíficas, e de muitas outras maneiras. Nenhuma pacificação é possível enquanto a distribuição de riqueza for muito desigual e as proporções de poder demasiado divergentes. E, vice-versa, nenhuma prosperidade a longo prazo é possível sem uma pacificação estável.

2. Formular o tipo errado de perguntas também está ligado à atual e generalizada tendência para atribuir os conflitos entre pessoas, e os conflitos internos que surgem nelas, a uma agressividade inata dos seres humanos. Não tem fundamento a idéia de que os seres humanos possuem uma tendência inata para atacar os seus semelhantes, um instinto agressivo, o qual é semelhante, em sua estrutura, a outras tendências inatas, como a pulsão

sexual. Os seres humanos possuem um potencial inato para cambiar automaticamente todo o seu aparelhamento corporal para uma outra marcha se sentirem que estão em perigo. Por vezes, dá-se a isso o nome de reação de alarme. O corpo reage à experiência perigosa com uma adaptação automática que o prepara para intensos movimentos dos músculos esqueletais, especialmente para a luta ou a fuga. Os impulsos humanos que correspondem ao modelo de uma pulsão instintiva são deflagrados fisiologicamente, ou seja, como se costuma dizer, "vêm de dentro", sendo relativamente independentes da situação dada. O câmbio da economia corporal a fim de se preparar para lutar ou fugir é determinado em muito maior medida por situações específicas, quer estejam presentes aqui e agora, quer sejam recordadas.

O potencial de agressão pode ser ativado por situações naturais e sociais de tipos específicos, sobretudo por conflitos. Como um desafio deliberado a Konrad Lorenz e outros investigadores que atribuem aos seres humanos um instinto de agressão análogo à pulsão sexual, eu gostaria de sugerir, talvez um tanto rudemente, que *não é a agressão que deflagra conflitos, mas os conflitos que deflagram a agressão.* Os nossos hábitos de pensamento levam-nos a esperar que tudo o que temos a explicar sobre seres humanos possa ser explicado por referência a um indivíduo isolado. É evidentemente difícil a harmonização de pensamento e, assim, do aspecto que se espera que uma explicação tenha, com o modo como as pessoas estão reunidas em grupos (ou seja, com as estruturas sociais). Os conflitos são um aspecto de tais estruturas, isto é, do convívio de humanos com humanos. Além disso, são um aspecto da vida dos seres humanos em conjunto com animais, plantas, lua e sol, em suma, com a natureza não-humana. As criaturas humanas estão equipadas pela natureza para esse convívio de pessoas e natureza, e para os conflitos que fazem parte dele.

3. Em poucas palavras, a forma de vida social dentro de um Estado e a pacificação que ela acarreta estão baseadas na violência. A polaridade entre civilização e violência, que poderia, à primeira vista, parecer excessivamente absoluta, revela-se relativa num exame mais minucioso. O que está por detrás disso é a diferença entre pessoas que ameaçam outras com violência ou usam armas e músculos em nome do Estado e protegidas pela lei, e pessoas que fazem a mesma coisa sem permissão do Estado e sem a proteção da lei.

4. Apresentei um modelo explicativo do seu desenvolvimento em *The Civilizing Process*, trad. de Edmund Jephcott, Oxford, Blackwell, 1994.

5. Sobre este assunto e este conceito, ver Norbert Elias, *Involvement and Detachment*, Oxford, Blackwell, 1987; ver também Norbert Elias. *Humana Conditio*, Frankfurt, Suhrkamp, 1985.

6. Mas esses especialistas em violência também podem vir a apoiar um estrato social ou um partido político específico, em suas lutas com outros, em conflitos intra-estatais. Como já disse, o monopólio da violência é bifronte.

Aliás, as pessoas que, por um lado, são criadas e educadas num nível relativamente elevado de civilização, numa comparativamente forte aversão ao uso da força física em relações intra-estatais, são as mesmas que, por outro lado, conscritas para o serviço militar, por exemplo, são treinadas para tornar-se especialistas em matar, nos casos de conflitos interestatais. A diferença no nível de civilização em relações internas e externas das sociedades-Estados atuais está refletida, pois, em desequilíbrios e conflitos pessoais específicos das pessoas afetadas. Expressa-se em sua estrutura da personalidade. Em tempos de paz, dentro dos espaços pacificados onde os atos de violência são punidos, as pessoas são treinadas para a guerra, na qual os atos de violência são permitidos e exigidos. Os sobreviventes regressam da guerra, onde se acostumaram a toda a espécie de violência, para os espaços pacificados de suas sociedades-Estados. Espera-se deles que se ajustem num abrir e fechar de olhos à não-violência aí exigida. Mas, com freqüência, isso não pode ser feito com tanta rapidez. O caudal de guerras leva ondas de violência para dentro de sociedades-Estados pacificadas, com efeitos que podem perdurar durante várias gerações.

7. Este código tinha sido formado na prática dos oficiais, ao longo de muitas gerações, de uma aristocracia que, com freqüência, não estava em muito boa situação econômica.

Nesses grupos, era ponto pacífico que a guerra era um negócio infame. Matava-se inimigos, quando necessário queimava-se-lhes as casas, assolava-se-lhes a terra e, com toda a certeza, saqueava-se tudo o que surgisse pela frente. Mas, para os oficiais, havia ao mesmo tempo certas regras, um código de comportamento que era também observado em relação aos inimigos, especialmente aqueles que pertenciam à mesma classe deles. Para a nobreza, a guerra era um tipo de profissão. Por muito que se pudesse detestar o adversário, a conduta em relação a ele era, de um modo geral, determinada por um código de cavalheiros relativamente uniforme, o qual permaneceu válido e em vigor para todos os oficiais de Estados europeus até o século XIX e talvez até o início do século XX.

8. Não só pessoas individuais mas também grupos de pessoas, como classes e nações, aprendem a partir de suas experiências. Como um correlato da continuidade entre gerações existe algo, portanto, como uma memória coletiva em grupos sociais. Uma das experiências coletivas fundamentais de vastos setores da burguesia do império guilhermino foi a lembrança de que a tão sonhada unificação da Alemanha não foi conseguida pacificamente, através da razão e de uma revolução burguesa contra a supremacia dos príncipes e da aristocracia mas, pelo contrário, através de uma vitória militar sobre a França, obtida sob a liderança da aristocracia. A reviravolta que ocorreu em consideráveis parcelas da burguesia alemã por causa dessa experiência coletiva pode ser expressa, talvez correndo o risco de um certo grau de supersimplificação, da seguinte maneira. Foi como se muitos de seus membros dissessem: "Todas as nossas belas idéias nenhum préstimo tiveram para nós. O que nos tirou das profundezas abissais e nos levou para as alturas e, portanto, para a meta pela qual nos esforçamos tanto por alcançar, foi a força militar, a violência militar. Obviamente, isso é o que conta nas questões humanas. As belas, as grandes palavras de Schiller, Goethe e os outros, com seu apelo à espécie humana e à humanidade — tudo isso ajudou muito pouco. No final das contas, o que ajudou mesmo foi apenas a força armada. a vontade de potência e a firmeza de decisão."

9. Walter Bloem, *Volk wider Volk*, Leipzig, H. Fikentscher, 1912, p.326 e seg.

10. Eu mesmo, apenas com 17 anos de idade, tive a experiência desses sentimentos como algo estranho e não muito compreensível. Mas tinha colegas de escola e conhecidos que, diferentes de mim, compartilharam desses estado de ânimo predominante.

11. *Kriegsbrief gefallener Studenten* (*Cartas de serviço ativo por estudantes mortos em combate*), org. Philipp Witkop, Munique, Müller, 1929, p.7 e seg.

12. De um modo geral, pareceu a muitos membros dos antigos estratos dirigentes ser um rompimento com a tradição alemã, uma redução de seus próprios direitos de governar, que representantes desses grupos que tinham estado anteriormente muito abaixo deles assumissem agora funções de governo. O regime parlamentar, alinhado com os modelos ocidentais — o qual era favorecido e apoiado pelos aliados, os inimigos de ontem — apresentava-se aos olhos daqueles como duplamente condenável: porque promovido pelos inimigos ocidentais e porque parecia projetado para assegurar aos representantes da classe trabalhadora um acesso duradouro a posições governamentais e abrir-lhes, portanto, oportunidades de poder que jamais haviam possuído na Alemanha.

Pode-se entender esse contraste como uma expressão de um conflito de classes — mas não um conflito de classes como retratado em livros. As tensões freqüentes, beirando a guerra civil, entre diferentes campos da população alemã, acompanhadas de violência no período inicial da República de Weimar, não correspondem exatamente à imagem um tanto simplificada de tais conflitos descrita por Marx. No seu roteiro, as fábricas situam-se no ponto central dos conflitos de classes, formam o foco das tensões entre a burguesia e a classe trabalhadora. Em seu âmago, essas tensões parecem ser simplesmente uma expressão dos interesses econômicos antagônicos de empresários industriais e de trabalhadores industriais. No tempo de Marx, isso talvez fosse um diagnóstico adequado, embora, é claro, mesmo então, a fábrica fosse um aparato para exercer o domínio e as lutas por oportunidades econômicas formassem um aspecto — embora um aspecto muito central — de uma luta pelo poder. Durante o século XX, entretanto, os conflitos e tensões no nível político adquiriram crescente significação em relação aos registrados em nível de fábrica. E o acesso a posições dirigentes, como a toda uma série de outras posições na administração estatal e urbana, que os representantes dos trabalhadores tinham alcançado na Alemanha (como na Grã-Bretanha) depois de 1914-18, desempenhou um papel considerável na divisão de oportunidades de poder entre esses dois grupos sociais.

Quando num relacionamento entre o *establishment* e os que se encontram à margem dele, com um gradiente de poder muito acentuado, a distribuição de pesos de poder desloca-se um pouco a favor dos grupos de fora, sem eliminar a superioridade de poder do *establishment*, então, com grande regularidade, a tensão entre os dois campos intensifica-se — embora, com freqüência, não de maneira óbvia. O fato de que os prévios grupos subordinados, incluindo neste caso os representantes de partidos dos trabalhadores, tinham ganho acesso às posições de comando decisório do Estado e, através dele, a muitas posições intermédias e inferiores na hierarquia da administração, não foi percebido em muitos círculos burgueses e nobres do velho *establishment* como um passo significativo no sentido da integração da classe trabalhadora na nação mas simplesmente como uma restrição às suas próprias posições de liderança, como uma redução dos seus méritos pessoais, como uma destruição de seus ideais.

13. Ambas as metas, a interna assim como a externa, dificilmente tinham alguma coisa a ver com as efetivas relações de poder e por isso tinham, num alto grau, o caráter de racionalização de desejos. Com a crescente industrialização da Alemanha, elevara-se a proporção de poder nas mãos de empresários e outros grupos detentores de capital, mas também o da classe trabalhadora empregada na indústria. Seriam necessárias condições extraordinárias — como uma crise econômica particularmente severa acompanhada de alto nível de desemprego — para conseguir destruir os recursos de poder central da classe trabalhadora, suas organizações profissionais e políticas. Se isso teria sido possível a mais longo prazo, em condições de relativa paz, é um ponto discutível. Tão discutível quanto saber se, num período em que a ascensão dos Estados Unidos a uma posição de supremacia global já se anunciava, a proporção de poder da Alemanha teria sido suficiente para garantir a hegemonia na Europa contra a resistência dos Estados Unidos e seus aliados. Esse curso de ação estava com toda a certeza fora de questão se a liderança alemã agisse de um modo a jogar os reconhecidos rivais, Rússia e Estados Unidos, nos braços um do outro a fim de combaterem juntos a Alemanha.

Quando os grupos dirigentes de uma nação e todos os que se identificam com eles são dominados pelo sedutor sonho de que o destino do seu próprio país é tornar-se grande e deter uma posição de supremacia mundial, ou ter uma missão a cumprir que envolve toda a população, então raramente existe outro caminho humanamente menos devastador do que a derrota social e militar. Só assim os grupos em questão podem ser despertados de seu sonho, e a falsa crença narcisista do valor superior de sua nação, comparada com todos os outros povos, e o concomitante esforço em busca de hegemonia, podem ser extintos. Que na Alemanha duas severas derrotas de suas lideranças ufanistas e autoglorificadoras foram necessárias a fim de reduzir o tom da imagem nacional e dos correspondentes objetivos da política alemã a um nível mais realista estava certamente relacionado, em parte, com a atração que a meta de potência mundial exercia para uma nação que durante séculos tinha sofrido de fraqueza.

14. Pseudo-Xenofonte, *Athenaion politeia*, 1, 5, em *Xenophon* (*Collected Works*), VII, *Scripta minora*, Londres e Cambridge, Mass., 1968 (Loch Classical Library 183), p.476 e seg. Sobre o padrão geral de tais relações entre o *establishment* e os que estão à margem dele, ver Norbert Elias e J.L. Scotson, *The Established and the Outsiders: a Sociological Enquiry into Community Problems*, Londres, Frank Cass, 1965; 2ª ed. com uma nova introdução teórica, Londres, Sage, 1994 (a citação de Pseudo-Xenofonte está nas p.xxv-xxvi).

15. Emil Julius Gumbel, *Verschwörer* (*Conspiradores*), Viena, Malik-Verlag, 1914, p.14.

16. Ibid., p.45.

17. Os guerrilheiros tinham uma canção muito conhecida:

Knallt ab den Walther Rathenau,
die gottverdammt Judensau!

[Fuzilem Walther Rathenau,
O maldito porco judeu!]

Eles cantaram e fizeram isso. O culto da brutalidade e o alto valor atribuído à violência física, que já tinham começado a desenvolver-se entre os jovens burgueses da Alemanha guilhermina, faziam agora parte integrante da cultura dos Freikorps. Estes representavam, no mais alto grau, os padrões anticivilização e antimoral da tradição neoburguesa que idealizou a violência. Ela encontrou sua expressão suprema no regime nacional-socialista. Também existem sinais de que os jovens terroristas alemães do nosso tempo se enquadram nessa tradição.

18. Gumbel, *Verschwörer*, p.29.

19. Ibid., p.27.

20. Friedrich Wilhelm von Oertzen, *Kamerad reich mir die Hände* (*Camarada, dá-me as tuas mãos*), Berlim, 1933, p.156.

21. Ibid., p.158 e seg.

22. Nos comentários dos estratos superiores dessa época, os estratos inferiores apresentam-se de novo de duas maneiras: como as pessoas que são, em princípio, bondosas, afáveis e obedientes, como os leais e subordinados praças e graduados com quem os oficiais do exército lidam na guerra; e, ao mesmo tempo, as pessoas que, depois da guerra, provam ser rebeldes, antagonistas ou até violentas e perigosas. Essa diferença entre os dois aspectos de "o povo" era então explicada com o argumento de que pessoas fundamentalmente bondosas tinham sido instigadas e incitadas sobretudo por agitadores bolchevistas.

23. Ernst von Salomon, *Die Geächteten* (*Os proscritos*), Berlim, Rowohlt, 1931.

24. Ibid., p.69.

25. Um exame mais atento revela três níveis nos sonhos dos guerrilheiros que estavam interligados de um modo complexo. Os guerrilheiros necessitavam de um modo de vida, uma renda, uma carreira; necessitavam de um *grupo*, o qual oferecia aos jovens de sociedades de grande mobilidade, que eram menos dependentes da coesão familiar, um segundo lar, um abrigo contra a solidão, uma resposta para a necessidade de amor, amizade e confirmação de auto-estima através da afeição ou respeito de outras pessoas; e necessitavam do sentimento de ter uma tarefa que era superior à sua própria existência, uma tarefa *que poderia criar um significado.*

26. O *Wandervögel* era um movimento da juventude na Alemanha antes da I Guerra Mundial, e os *Pachants* eram uma de suas seções. [Nota dos tradutores ingleses.]

27. Salomon, *Die Geächteten*, p.109.

28. Ibid., p.110.

29. Muitos alemães e, portanto, a maioria dos guerrilheiros, detestaram o novo Estado e a nova sociedade, simplesmente porque contradiziam seu conceito da grandeza e orgulho da Alemanha ao apresentarem-se como perdedores. A antiga visão de uma Alemanha unida e forte que finalmente se concretizou em 1871, tornou impossível para eles reconhecerem que seu país tinha sucumbido diante de um poderio militar superior e que não fora derrotado por causa de alguma traição interna.

Além disso, a lenda da pretensa "punhalada nas costas" era um modelo muito eficaz de estigmatização que serviu, ao mesmo tempo, como álibi, como um meio de absolver o velho *establishment* alemão e como arma na luta contra a ascensão das marginalizadas massas da classe trabalhadora. Isentou Hindenburgo e o regime do Kaiser de qualquer responsabilidade pela derrota e suas conseqüências para o povo alemão; e jogou firmemente a culpa pela derrota nas costas de grupos de pessoas que eram consideradas de nível social inferior e que tinham agora, como conseqüência não premeditada da guerra, obtido um considerável aumento de poder. Tal como em outros casos, as forças da estigmatização corresponderam à proporção de forças na relação entre o poder institucionalizado, o *establishment*, e os estratos marginalizados (cf. Elias e Scotson, *The Established and the Outsiders*).

É caso para perguntar-se se algumas coisas no desenvolvimento da Alemanha poderiam ter corrido de forma diferente se os homens do alto comando militar, sobretudo Hindenburgo em pessoa, tivessem assumido publicamente a responsabilidade pela derrota e pela decisão de assinar o Tratado de Versalhes. Em vez disso, eles dissociaram-se da decisão de assinar o tratado e assim mantiveram em aberto a opção de um novo confronto armado quando chegasse o momento oportuno. Sintomático disso é o episódio quando Ebert telefonou a Hindenburgo e quis saber dele se o governo aceitaria as condições do tratado de paz, ou se o supremo comando militar pensava haver ainda uma probabilidade de resistência militar. Hindenburgo deixou a sala e coube ao seu lugar-tenente, General Groener, informar o presidente que, na opinião do supremo comando militar, a resistência militar não era possível (para os detalhes, cf. Gordon A. Craig, *The Politics of the Prussian Army*, Oxford, Clarendon Press, 1964, p.372 e seg.). Ebert e os outros representantes partidários, cujo dever indeclinável era assinalar o tratado, foram largamente estigmatizados por uma decisão que, em última instância, deveria ter ficado com Hindenburgo.

30. Por exemplo, Oertzen, *Kamerad reich mir die Hände*, p.131.

31. Salomon, *Die Geächteten*, p.144 e seg.

32. Não é coincidência o fato de que, durante a década de 1920, a liderança da luta extraparlamentar terrorista contra a República parlamentar alemã se transferisse dos Freikorps, com sua ainda perceptível tradição do oficialato militar da sociedade guilhermina, para os bandos armados do Partido Nacional-Socialista. Em nações-Estados industrializadas altamente diferençadas, o potencial de poder da grande massa da população em relação ao governo já é demasiado grande para que um governo esteja apto a cumprir suas funções sem a concordância ideológica — manipulada ou não — de consideráveis parcelas dos governados. A concordância é obtida e mantida mediante uma organização partidária que incorpora vastos setores da população e no topo da qual estão aqueles que serão os governantes, em qualquer momento dado. As Repúblicas parlamentares multipartidárias e as Repúblicas de partido único, ditatorialmente governadas, são formas de organização social no mesmo nível de desenvolvimento da sociedade humana. A necessidade de partidos de massa como organizações de ligação, servindo de ponte entre governantes e governados, não existia em Estados territoriais em séculos passados, e é sintomática do caráter coercivo do processo a que chamei “democratização funcional” (cf. Norbert Elias, *What is Sociology?*, trad. de Stephen Mennell e Grace Morrissey, Nova York, Columbia University Press, p.63).

33. Muito do que é característico da ulterior onda de terrorismo também pode ser mostrado no exemplo da anterior — talvez até com um pouco mais de clareza, porque somos capazes de enxergar a situação social de um período anterior com um grau mais elevado de desprendimento. Ao observar os eventos mais recentes, sua implicação nas intensas lutas partidárias pode facilmente distorcer o reconhecimento das questões cruciais relativas às razões para o surgimento de grupos terroristas e a explicação do seu desenvolvimento. Em especial, o simples fato é mais facilmente elucidado, no tocante ao período de Weimar, de que cumpre tomar em consideração a situação social específica em que tais organizações se desenvolveram a fim de explicar o seu surgimento. Soaria talvez um tanto estranho se alguém se contentasse em explicar os atos de violência dos terroristas alemães dos anos 20 usando o mesmo modelo, como tem sido freqüentemente feito para explicar o terrorismo dos anos 70, de que é resultado, por exemplo, a leitura de certos livros ou as idéias de certos professores.

34. Uma mudança pouco investigada e raramente mencionada em nossa sociedade é refletida no espelho do movimento terrorista: quebrar o monopólio estatal da força foi, até data recente, um privilégio masculino. Uma terrorista é, com algumas raras exceções, algo novo. Não é apenas uma questão de atos de violência cometidos sob a pressão espontânea ou reprimida de uma aversão pessoal — esses existiram sempre tanto entre mulheres quanto em homens. É uma questão de atos de violência relativamente impessoais e friamente pensados, executados por homens e mulheres conjuntamente.

35. Esse posicionamento diferente no espectro político estava ligado a uma diferença adicional entre os dois movimentos terroristas: o financiamento de seus planos era muito

menos difícil para os terroristas da República de Weimar do que para os da República de Bonn. O número de simpatizantes ricos era muito maior no período de Weimar.

36. É um tanto fútil discutir sobre qual dos adversários envolvidos num tal processo deve ser responsabilizado pelo que aconteceu. Ambas as partes se excederam. A questão é como se pode moderar e talvez sustar a escalada. Normalmente, o lado mais poderoso em tal processo é muito mais capaz de fazer isso que o lado mais fraco.

37. Em ambos os casos, a transição para a formação de violentas organizações terroristas conspiratórias, as quais procuraram abalar e, se possível, destruir o regime vigente através de flagrantes violações do monopólio estatal da violência, teve lugar numa situação em que tinham fracassado as tentativas por outros meios para efetuar mudanças numa direção desejada na ordem política existente, a qual era considerada sem significado ou valor.

38. Jochen Steffen, "Nachwort" (Epílogo) em K.R. Kohl, *Fünf Finger sind keine Faust* (*Cinco dedos não fazem um punho*), Colônia, Kiepen, Heuer &Witsch, 1977, p.452.

39. Hans-Joachim Klein, *Rückkehr in die Menschlichkeit* (*Regresso à humanidade*), Reinbeck, Rowohlt, 1979.

40. Michael Baumann, *Wie alles anfing* (*Como tudo começou*), Munique, Trikont, 1980, p.13.

41. Ibid., p.10 e seg.

42. Rudolf Herzog, *Hanseaten* (*Mercadores hanseáticos*), Stuttgart e Berlim, J. G. Cotta, 1923, p.126 e seg.

43. Ibid., p.99.

44. Bloem, *Volk wider Volk*, p.400 e seg.

45. Ernst Jünger, In *Stahlgewittern: ein Kriegstagebuch* (*Trovoada de aço: um diário de guerra*), Berlim, E.S. Mittler & Sohn, 1926 (publicado originalmente em 1922), p.166. (Tradução inglesa, *The Storm of Steel*, trad. de Basil Creighton, Londres, Chatto & Windus, 1929.)

46. Ibid., p.288.

47. Ibid., p.246.

48. Ibid., p.257.

49. Ibid., p.142.

50. Arthur Rosenberg, em *A History of the Weimar Republic* (trad. de I.F.D. Morrow e L. Marie Sieveking, Londres, Methuen, 1936, p.105), argumenta que:

> Verdadeiros revolucionários teriam, sobretudo, enfrentado o perigo ameaçador proveniente do exército. A Assembléia Nacional poderia ter declarado, à maneira da Convenção [Revolucionária francesa] que a República estava em perigo. Poderia ter chamado às armas todos os socialistas e republicanos para salvar o país. O armamento geral do povo teria tornado inofensivos os Freikorps, teria abortado logo de início qualquer perigo de golpes individuais, teria garantido a fronteira oriental contra os poloneses e, possivelmente, poderia ter fortalecido a posição da Alemanha, em face da Entente, nas negociações de paz.

Rosenberg está se referindo aos modelos das Revoluções Francesa e Inglesa. Vê as regularidades dos processos revolucionários exclusivamente como seqüências de eventos intra-estatais. Não reconhece, por isso, a situação política externa da jovem República alemã. É extremamente improvável que os Aliados tivessem simplesmente aceito semelhante *levée en masse* da população alemã, de armas em punho. Tal levantamento em massa — mesmo se o exército nacional tivesse tolerado isso, mesmo se as armas estivessem disponíveis — só teria sido possível com *slogans* revolucionários patentes ou dissimulados. O movimento revolucionário russo já estava bulindo seriamente nos nervos dos Aliados ocidentais. Um movimento análogo na Alemanha teria sido o sinal para a invasão.

51. A *Reichswehr* deu seu apoio neste ponto, não por simpatia para com a República parlamentar, mas porque considerou ser prematura essa primeira tentativa de derrubar o governo e a subseqüente proclamação de uma ditadura. Sua política era aguardar o momento certo. Por muito que suas esperanças e desejos se assemelhassem aos dos rebeldes, os líderes mais velhos e mais experientes do quadro de oficiais viram claramente que não

chegara ainda o momento para o rearmamento, nem para liquidar o Estado multipartidário a favor de um regime com a força e a popularidade suficientes para empreender o rearmamento. Essa hesitação por parte da *Reichswehr* foi responsável, em parte, pelo fato de uma ditadura de partido único só ter surgido em 1933 e de isso ter acontecido pela via parlamentar formal, acarretando consigo, entre outras coisas, a dissolução dos partidos e sindicatos existentes.

52. A seguinte citação ilustra, proveitosamente, até que ponto essa crença contribuiu para o fracasso de seus adversários, em especial dos intelectuais entre eles, em reconhecer o potencial político do movimento de Hitler. Já em 1924, Emil Julius Gumbel tinha escrito em seu livro *Verschwörer*:

> O nacional-socialismo só pode ser entendido instintivamente. Ele contradiz até os mais primitivos padrões de racionalidade. É uma paixão criada a partir da necessidade econômica e da amargura da alma gerada por ela. Nada tem a ver com formas realistas de política. Todo o seu embasamento é produto do romantismo... [A] idéia de um Estado racialmente puro não tem a menor possibilidade, é claro, de ser posta em prática, e as exigências nesse sentido são, naturalmente, meros arroubos de oratória, mas encontram apoio entre os jovens...Tais idéias levam, naturalmente, a um modo direto de realizá-las: agressões contra judeus nas ruas, destruição de jornais etc., porquanto esse nível corresponde aos instintos mais baixos e violentos... (p.177 e seg.)

Estas observações esclarecem por que o padrão de pensamento hoje em dia conhecido como "racionalismo", em conjunto com o conceito afim de razão humana como dote natural — os quais estabeleceram estreita relação com a onda de pacificação no desenvolvimento de Estados absolutistas e mais tarde, dentro de nações-Estados, favoreceram a sua pacificação interna — torna difícil para os seus expoentes incorporar em sua imagem da humanidade o controle ou ausência de controle da violência ao tratar de conflitos entre seres humanos como um problema universal da vida social. De acordo com o nível de civilização expresso em conceitos como "intelecto", "razão" ou "racionalidade", seus representantes não refletem ainda sobre as condições civilizadoras de seus respectivos conceitos. Portanto, não sabem que um alto grau e uma forma peculiar de pacificação estão entre as condições para o movimento a que chamam "racionalismo" e, assim, também para os seus conceitos de "razão" ou "entendimento". O uso de violência como um fato social é, pois, muito simplesmente relegado para o domínio do irracional, senão do anti-racional, e assim permanece, em princípio, incompreensível.

53. Salomon, *Die Geächteten*, p.297-8.

54. *Völkischer Beobachter*, 14 de julho de 1934, citado aqui de Max Domarus (org.), *Hitler: Reden und Proklamationen, 1932-1945* (*Discursos e proclamações*), Neustadt, Verlagsdrucker Schmidt, 1962, vol.1, p.411 e seg. [Tradução inglesa por Mary Gilbert, *The Chronicle of a Dictatorship,* Londres, I.B. Tauris, 1990, vol.1, p.487-8.] Cf. também Robert G.L. Waite, *Vanguard of Nazism,* Cambridge, Mass., Harvard University Press, 1952, p.280 e seg.

55. Na maioria da classe trabalhadora, o problema das gerações parece manifestar-se de um modo comparativamente atenuado. Até agora, em sociedades industriais dos tipos capitalista e comunista, as oportunidades para a massa de filhos de trabalhadores, as chances de ascensão fora do trabalho industrial, têm sido relativamente limitadas. Tais oportunidades só são acessíveis a uma pequena minoria. A maioria, como se expressa o *drop-out* e "alpinista social" Baumann, é constituída de "adaptados" (*Wie alles anfing,* p.8). Os filhos e filhas de pais da classe trabalhadora vivem e trabalham, em geral, como seus pais, mesmo levando em conta as melhorias no padrão de vida; eles permanecem com as tradições culturais e sociais da classe trabalhadora. Baseada em grande parte no seu caráter relativamente incontestável, essa tradição satisfaz o desejo de significação de pessoas que, como indivíduos, tanto no trabalho quanto na esfera privada, estão inseridas em elevado grau na vida comunitária como um grupo.

A situação é diferente para os grupos de classe média burguesa das gerações ascendentes. Como indivíduos, estão isolados e entregues a si mesmos em muito maior escala — mesmo quando tentam dissipar ou, pelo menos, limitar seu isolamento, como hoje acontece, por vezes, através da formação de grupos secundários baseados mais numa reflexão consciente, como é o caso das "repúblicas", onde vários jovens dividem entre si as acomodações para morar. Correspondentemente, o problema de significação pessoal adquire muito maior urgência e realidade — com freqüência, como assinalei, na área da política.

56. No alemão, introduzi o adjetivo *arbeiterlich* ["trabalhadora"], porque o neologismo parece preencher uma lacuna na língua alemã, como na maioria das línguas européias.

O uso adjetival de outras designações de classe, pelo que se fala de classes "aristocráticas" e "burguesas", é óbvio. De acordo com as relações sociais de poder, a designação das respectivas classes inferiores tem usualmente um tom negativo. Aqueles que têm mais poder podem efetivamente estigmatizar os que têm menos poder. Os meios tons pejorativos que são facilmente associados ao termo "burguês" ou "classe média" originam-se no seu uso por aristocratas. Foi somente com seu uso deliberado na luta de classes por uma classe trabalhadora cada vez mais poderosa que esses termos adquiriram o caráter social de estigmatização de baixo para cima.

A falta do adjetivo correspondente ao termo "trabalhador" foi pela primeira vez percebida, evidentemente, como uma lacuna no vocabulário por Marx e Engels. Supriram-na com a forma adjetival da anteriormente pejorativa palavra "proletariado", que eles tentaram transformar numa palavra de louvor e enaltecimento. Mas, para o meu gosto, ao termo "proletariado" aplica-se um tipo de avaliação política positiva ou negativa que o torna inutilizável para o trabalho de pura investigação. Parece-me que a expressão em falta, *arbeiterlich*, é a que melhor preenche os requisitos de pesquisa da sociologia.

57. Baumann, *Wie alles anfing*, p.92 e seg.

58. Numa era em que conflitos militares de mais longa duração exigem a mobilização da população inteira, uma guerra evidencia a dependência das classes governantes dos grupos menos poderosos dos governados com muito mais clareza que em tempos de paz. Foi característico das duas grandes guerras totais do presente século a promessa feita à população de elevadas recompensas após a vitória. E embora as promessas nunca fossem inteiramente cumpridas, ambos os períodos do pós-guerra mostraram no começo, de fato, um claro movimento para a "esquerda", como se diz na linguagem política de hoje — isto é, um aumento nas oportunidades de poder dos grupos menos poderosos, especialmente a classe trabalhadora. O subseqüente desenvolvimento dessa democratização obedeceu ao modelo de uma famosa procissão: três passos para a frente, dois passos para trás.

59. O seguinte depoimento por uma testemunha ocular que participou do evento fala por si mesmo (Ralf Reinders, "Schlusswort in Lorenz-prozess" ("Palavras finais no julgamento de Lorenz") em: *Die Tageszeitung*, edição especial de 11 de outubro de 1980, p.60):

> A nossa revolta tinha, assim, um importante ponto de partida político. Foi ele o Movimento da Marcha da Páscoa (*Ostermarsch-bewegung*)... O Movimento da Marcha da Páscoa foi o ponto de partida para a APO (*ausserparlamentarische Opposition* — Oposição extraparlamentar). APO, três letras que então traduziam esperança para uma geração... era exatamente isso o que as três letras diziam, uma oposição extraparlamentar em que todas as classes da geração mais jovem estavam representadas.
>
> E a expressão política geral da rebelião era o desejo e a vontade de sermos capazes de determinar o nosso próprio destino, coletiva e individualmente. Era a tentativa de estruturarmos as nossas próprias vidas, livremente, e não mais deixar que algumas autoridades idiotas e grupos de interesses da capital as decidam para nós.
>
> O que nos deixou tão eufóricos, portanto, foi o fato de não estarmos lutando sozinhos. A luta contra o capitalismo, imperialismo e as incrustadas estruturas de poder alastra com estrépito pelo mundo inteiro. No Vietnã... até na América... na França... na China... Aprendemos muito desde então.

Esta é uma das declarações que transmitem às pessoas que vivem mais recentemente um quadro da seqüência de pensamento que impressionou muitos membros da oposição extraparlamentar na República Federal nessa época. Apesar da garantia de que era um movimento envolvendo jovens de todos os estratos sociais, este breve excerto já mostra até que ponto foi uma influência decisiva a visão global de jovens intelectuais burgueses. A referência a Marx satisfez a grande necessidade que sentiam de orientação teórica. Entretanto, o edifício intelectual de Marx estava restrito à análise de um gradiente específico de poder dentro dos Estados. Nesse meio tempo, toda uma série de outras relações entre os membros do *establishment* e os fora dele, sobretudo, as entre Estados, tinham ingressado no campo de visão de grupos que eram sensíveis aos problemas de desigualdade de poder e opressão. Mas faltava-lhes a capacidade para desenvolver a limitada teoria oitocentista da opressão, de acordo com o amplo campo de experiência do século XX. Assim, despejaram o vinho novo em velhas garrafas.

60. Este conflito aparece no quadro de referência do esquema marxista e seus descendentes, não só como o modelo teórico para todos os outros conflitos sociais, mas também como a verdadeira raiz deles. A dificuldade é que, embora o conflito das duas grandes classes industriais tivesse, com efeito, uma significação bastante central como motor de desenvolvimento social nos séculos XIX e XX, houve, ao mesmo tempo, um certo número de outros conflitos centrais que, com toda a certeza, desempenharam um papel não menor no desenvolvimento social do século XX e, em alguns casos, tiveram uma influência consideravelmente maior do que os conflitos de classes de natureza econômica. A orientação deficiente a que o monismo explanatório economístico de todas as versões do marxismo dá origem tem simplesmente que ser corrigida, sublinhando assim também a função ideológica do marxismo.

Dos conflitos passíveis de serem obscurecidos por esse monismo, há três que serão focalizados mais detalhadamente neste estudo, em parte direta, em parte indiretamente: (1) o conflito entre governantes e governados (este desenvolve-se nos Estados multipartidários de um modo diferente do caso dos Estados de partido único, e aqui estaremos falando quase exclusivamente dos primeiros); (2) o conflito entre Estados; e (3) o conflito entre as gerações. Esta lista não é completa. Em particular, o conflito entre os sexos, vistos como grupos sociais, permanece negligenciado neste contexto, embora pertença, com toda a certeza, à lista. O conflito entre Estados também será menos enfatizado do que corresponderia ao seu real significado.

61. *Der Minister und der Terrorist: Gespräche zwischen Gerhart Baum und Horst Mahler* (*O ministro e o terrorista: Conversações entre Gerhart Baum e Horst Mahler*), org. Axel Jeschke e Wolfgang Malanowski, Hamburgo, Rowohlt, 1980, p.32.

62. Baumann, *Wie alles anfing*, p.86.

63. Além de que existe uma outra mudança de ênfase que teve lugar no século XX, e que parece agora, com freqüência, ser óbvia, embora esteja longe de o ser. A ordem social existente é vista como a causa de todas as coerções que tornam difícil, senão impossível, ao adolescente encontrar satisfação para o seu desejo de significação. No século XIX e começos do atual, desempenhou um papel considerável a idéia de que era uma invisível barreira interna em cada pessoa o que impedia a sua plena realização (cf. Norbert Elias, *The Society of Individuals*, org. M. Schröter, trad. de Edmund Jephcott, Oxford, Blackwell, 1991, por exemplo, p.120 e seg.; ed. bras: *A sociedade dos indivíduos*, Rio de Janeiro: Zahar, 1994.). Desde então, houve, evidentemente, uma mudança de ênfase a esse respeito. A explicação de autocoações opressivas e negadoras de realização é agora procurada em primeiro lugar nas opressivas coações externas da sociedade, as quais devem, portanto, ser mudadas ou mesmo destruídas para que as pessoas sejam capazes de "encontrar-se" e de satisfazer seu desejo de significação.

64. A mudança estrutural neste conflito, no decorrer do desenvolvimento social, torna absurda qualquer tentativa de explicação em termos de uma seqüência causal. As expectativas das pessoas ainda são predominantemente dirigidas para a idéia de que a explicação

dessa intensificação do conflito entre as gerações tem apenas uma causa, ou talvez dez causas. Mas não existem começos absolutos e, portanto, tampouco existem causas, em processos contínuos; na realidade, existe apenas uma complexa teia humana, em ininterrupto movimento e transformação como um todo.

65. Iring Fetscher, "Thesen zum Terrorismusproblem" ("Teses sobre o problema do terrorismo"), in *Der Minister und der Terrorist*, p.116.

66. O paradoxo neste caso é que uma luta de gerações tão ostensiva quanto a que foi travada na década de 1960, pela oposição extraparlamentar e o movimento estudantil, só foi possível no âmbito de uma estrutura social que deu a seus membros margem relativamente ampla para a expressão de discordância entre grupos — incluindo gerações — com ideais políticos contrários. Nos atuais Estados absolutistas totalmente opressivos, seja qual for a sua bandeira política, pode haver conflitos latentes de gerações, mas têm poucas chances de tornar-se manifestos — ainda que, por essa mesma razão, fervilhem com muito mais intensidade sob a superfície. O fato de que conflitos de gerações podem surgir e ser combatidos tão às claras como aconteceu na República Federal alemã nesses anos é, pois, um sinal da relativa elasticidade de suas instituições políticas e do caráter minimamente opressivo de seu regime.

67. Um dos mais surpreendentes aspectos dos depoimentos de participantes nesse movimento foi a total fixação no que viram e sentiram aqui e agora em sua presença. Eles estavam obviamente a tal ponto empolgados pela força de seus desejos, que pouco se preocuparam com os detalhes do que aconteceria, uma vez eliminado o Estado capitalista. Conceitos como "socialismo" eram suficientes para que eles tivessem a certeza de que livrarem-se do Estado existente seria uma bela façanha. Sua crença na necessidade de destruir a sociedade-Estado contemporânea nunca deixou inteiramente de ser um sonho grupal sustentado por afetos esmagadoramente fortes.

68. Isto vale também para os Estados Unidos, embora as conseqüências da mais recente guerra européia fossem aí um tanto obscurecidas pela forma particular de nacionalismo norte-americano. A experiência do Vietnã pode ter impelido na mesma direção.

69. Cf. *Der Minister und der Terrorist*, p.16.

70. Ibid., p.19.

71. Ainda um outro ponto é digno de atenção a este respeito: hoje, se lermos retrospectivamente comentários feitos por pessoas envolvidas na época como porta-vozes ou como líderes na luta das gerações mais jovens contra as mais velhas, então o que impressiona repetidas vezes, é a força de sua convicção moral na justiça de sua causa e a sua falta de entendimento dos meios de poder do Estado, dos partidos — em suma, de todos os grupos políticos e econômicos que foram desafiados para uma luta de poder por suas ações. Do outro lado estavam as pessoas mais velhas que, em muitos casos, não estavam menos interessadas em distanciar-se da teoria e prática da desigualdade social e da opressão, tal como eram encarnadas no credo nacional-socialista. Mas, através da longa experiência, estavam condicionadas a usar de extrema cautela em atividade política. Ensinadas pela constante colisão de objetivos que lhes podem ter parecido desejáveis e o poder de grupos humanos opostos a que eles fossem concretizados, essas pessoas foram impedidas e paralisadas desde o começo em sua defesa dos objetivos desejados.

72. *Der Minister und der Terrorist*, p.20.

73. Ver também Norbert Elias, "Die Zivilisierung der Eltern" ("Civilizando os pais"), in Linde Burkhardt, org., ...*Und wie wohnst Du?* (... E como você vive?), Berlim, IDZ, 1980, p.21 e seg.

74. Esta é mais outra semelhança entre os grupos de jovens de classe média à margem do *establishment* que formaram uma oposição extraparlamentar depois das I e II Guerras Mundiais. Para ambos (e, no começo, também para os Freikorps), o Estado era, se não seu exclusivo suporte financeiro, por certo o mais importante. Mas dificilmente estavam cônscios disso.

75. A situação na República de Weimar era notável a esse respeito. A cultura estudantil desse período, em especial as associações acadêmicas, ainda se orientavam, de um modo

geral, pelo código do Segundo Reich. Sua decisiva estrutura normativa coincidia, correspondentemente, com a da velha burguesia conservadora.

76. Também existem, por certo, conflitos razoavelmente intensos de gerações nos Estados menos desenvolvidos que estão passando por uma fase inicial do processo de modernização. Eles diferem, entretanto, dos conflitos de gerações dos países mais desenvolvidos, e essa diferença é altamente instrutiva para o entendimento das relações entre a estrutura do desenvolvimento social e a estrutura dos conflitos de gerações. Em ambos os casos, a geração mais velha inclina-se mais para a tradição e a continuação imutável das coisas como estão, ao passo que as mais jovens estão abertas para mudanças. Mas os chamados países em desenvolvimento são sociedades cujas gerações mais jovens — justificadamente ou não — sentem que as coisas em seus países estão melhorando. Querem escapar da situação de pobreza econômica e humilhação política, e, para elas, a tradição que as suas gerações predecessoras sustentam e querem proteger contém, de múltiplas formas, o estigma da humilhação nacional. Os mais jovens contra-atacam com o orgulho de sua recém-descoberta auto-estima, orgulho da nação como porta-estandarte do progresso de sua terra. Em especial nas nações-Estados com um desenvolvimento relativamente elevado nas partes não-ditatoriais da Europa, a situação é quase inversa.

77. É discutível se se deve caracterizar um tal sentimento de auto-estima simplesmente como "nacionalismo". Pois essa expressão pode referir-se a um sistema puramente cerebral de argumentação, a um programa de ação predominantemente intelectual ou a uma ideologia partidária atrás da qual estão escondidos interesses específicos de classe. Talvez fosse útil distinguir entre nacionalismo assim entendido e algo nem sempre articulado de um modo nitidamente intelectual, a saber, o sentimento de pertencer a uma nação ou consciência nacional.

78. Isto prevaleceu desde, pelo menos, o excesso de "jingoísmo" (como os opositores britânicos lhe chamaram) no começo do século XX.

79. Num de seus ensaios, George Orwell descreveu alguns aspectos do sentimento britânico de nacionalidade ("England, your England", in *Inside the Whale and Other Essays*, Harmondsworth, Penguin, 1957, p.72-4; devo a Cas Wouters ter chamado a minha atenção para esse volume). Um excerto necessariamente breve pode ilustrar isso:

> É muito verdadeiro que as chamadas raças da Grã-Bretanha sentem-se muito diferentes umas das outras. Um escocês, por exemplo, não lhe ficará grato se você o chamar de inglês... Mas, de algum modo, essas diferenças dissipam-se a partir do momento em que um europeu se depara com dois britânicos... Vistos de fora, até mesmo o *cockney* [o natural de Londres] e o homem do Yorkshire têm uma forte semelhança familiar.
>
> E até a distinção entre ricos e pobres declina um pouco quando se olha a nação de fora. É indiscutível a desigualdade de riqueza na Inglaterra. É maior do que em qualquer país europeu... No plano econômico, a Inglaterra é certamente duas nações, senão três ou quatro. Mas, ao mesmo tempo, a grande maioria da população *sente-se* uma só nação e está consciente de que se assemelham mutuamente muito mais do que se assemelham com estrangeiros. O patriotismo é usualmente mais forte do que qualquer espécie de internacionalismo. Exceto por um breve momento em 1920 (o movimento "Hands off Russia"), a classe trabalhadora britânica nunca pensou ou agiu internacionalmente....
>
> Na Inglaterra, o patriotismo adota diferentes formas em diferentes classes, mas está presente em quase todas elas como se um fio de ligação as juntasse. Somente a *intelligentsia* europeizada lhe é imune. Como emoção positiva, é mais forte na classe média que na classe alta... Na classe trabalhadora, o patriotismo é profundo mas inconsciente... As famosas "insularidade" e "xenofobia" do inglês são muitíssimo mais fortes na classe trabalhadora que na burguesia... Durante a guerra de 1914-18, a classe trabalhadora inglesa esteve em contato com estrangeiros numa extensão que raras vezes é possível. O único resultado foi terem voltado para casa com maior aversão ainda a todos os europeus, exceto os alemães, cuja coragem admiravam... A insularidade dos ingleses, sua recusa em

levar os estrangeiros a sério, é uma tolice que tem de ser paga muito cara de tempos em tempos. Mas desempenha seu papel na *mystique* inglesa.

80. "Na verdade, o Estado não é desmoralizado por isso, nem mesmo seriamente abalado, a coisa não é assim tão fácil. Mas o seu monopólio da violência fora quebrado. Ele tinha simplesmente que ser quebrado..." ("Schlusswort im Lorenz-Prozess", Reiners, p.63).

81. Se as pessoas não vêem essas relações com maior clareza é principalmente por causa da tendência a buscar explicações a curto prazo quando somente explicações a longo prazo podem fornecer conclusões convincentes. E só quando se leva em conta estas últimas é também possível, talvez, superar os problemas envolvidos na ação e política práticas.

82. *Der Minister und der Terrorist*, p.16.

83. A este respeito, as coisas são mais fáceis para o Estado ditatorial da República Democrática Alemã, onde existe um monopólio estatal dos meios de orientação com a ajuda dos quais pode ser criada a fachada, pelo menos, de uma consciência de Estado unificada. O cruzamento entre ideais nacionalistas e marxistas permite transformar superficialmente o credo social do marxismo na peça central da consciência social e talvez do despertar de uma consciência nacional. O que está por trás dessa fachada é, atualmente, difícil de dizer.

84. É justo que se diga que não faltaram as tentativas para realizar isso. Mas foram demasiado fracas e difusas, excessiva a resistência contra elas para que pudessem ter atuado como núcleos para a cristalização da consciência do significado e valor positivo desse Estado.

85. O desenvolvimento dessa postura foi denominado "informalização"; cf. Parte IA deste volume, especialmente p.389-90, n.6.

86. A referência à luta de classes tal como está contida, por exemplo, na teoria marxista do fascismo é inadequada como explicação para a ascensão de Mussolini e seus seguidores na Itália, ou de Hitler e seus adeptos na Alemanha. Pois conflitos dessa espécie também ocorreram em muitos países industriais avançados, incluindo a França e a Grã-Bretanha. Portanto, cumpre indagar também por que esses conflitos não levaram em outros países à formação e, em última instância, ao estabelecimento de ditaduras de partidos que começaram por ser extraparlamentares e acabaram tomando o poder através do terror e do uso de violência, e por que foi justamente na Alemanha e na Itália que isso ocorreu. Se essas indagações forem formuladas, então ver-se-á de forma clara que tais diferenças fundamentais não podem ser exclusivamente explicadas levando em conta as estruturas econômicas. Neste caso, processos a longo prazo que, no quadro de referência de análises econômicas a curto prazo, são usualmente varridos para debaixo do tapete, desempenham um papel sumamente decisivo. A esse respeito, são centrais os processos de formação do Estado, os processos civilizadores e os processos de pacificação que lhes estão intimamente vinculados.

87. Deve-se perguntar se é fecundo e útil para a compreensão do desenvolvimento social da Europa obscurecer as diferenças entre as duas ditaduras nacionais-populistas de Hitler e Mussolini classificando ambas de "ditaduras".

88. Não era coincidência que a maior das cortes principescas, a do Kaiser em Berlim, tivesse um forte cunho militar. Em Estados como a França e a Grã-Bretanha, a pacificação ocorreu consideravelmente mais cedo que na Alemanha — assim, um de seus símbolos envolveu restrições ao uso de uniforme militar às ocasiões marciais. Já no tempo de Luís XIV não era mais costume comparecer à corte em uniforme militar. A atitude britânica é ainda melhor ilustrada, uma vez mais, por uma citação do ensaio de Orwell ("England your England", p.69). A este respeito, cumpre ter em mente a função de fixador de modelos do quadro de oficiais alemães e a paixão por uniformes da corte imperial até 1918:

> O que o inglês de quase todas as classes detesta mais profundamente é o tipo de oficial arrogante, fanfarrão, o tilintar de esporas e o estrondear de botas. Décadas antes de se ouvir falar de Hitler, a palavra "prussiano" tinha na Inglaterra um significado muito parecido ao de "nazista" nos dias de hoje. Esse sentimento é tão profundo, que nos últimos cem anos os oficiais do exército britânico, em tempo de paz, sempre usam roupas civis quando não se encontram em serviço.

89. Mais conhecido é o estudo publicado por T.W. Adorno, E. Frenkel-Brunswick, D.J. Levinson e R.N. Sanford com o título de *The Authoritarian Personality*, Nova York, Harper & Row, 1950.

90. Cf. Norbert Elias, "Introduction", in Norbert Elias e Eric Dunning (orgs.), *Quest for Excitement: Sport and Leisure in the Civilizing Process*, Oxford, Blackwell, 1986, p.26 e seg.

91. De fato, um regime ditatorial é muito mais consentâneo com a noção de uma ordem perfeita e racionalmente organizada da existência humana do que um sistema parlamentar multipartidário — tudo funciona como um relógio de alto a baixo, em completa harmonia e com ótima eficiência. Um Estado ditatorial bem organizado seria, por outras palavras, a encarnação da racionalidade.

Talvez não seja coincidência que uma filosofia que coloca o conceito de racionalidade em seu centro, como é o caso de Kant, por exemplo, tenha encontrado sua mais elevada expressão numa época de absolutismo. No fundo de seu coração, o próprio Kant era um tanto mais crítico da ditadura real. Essa ditadura, o Estado dos Hohenzollern, era tudo, menos perfeita. Mas o ideal de uma ordem sujeita à mais estrita coerência lógica de leis gerais, que Kant inferia na natureza e no mundo moral dos seres humanos, encontrou, certamente, forte apoio na imagem do Estado ideal do despotismo esclarecido representado, por exemplo, por Frederico II da Prússia em sua juventude.

Apenas para reiterar este ponto: para a racionalidade clássica não existem conflitos. Assim, Kant viu o mundo natural, a par do mundo moral, como áreas de suprema harmonia. Conflitos podem realmente ocorrer entre pessoas, poderia ele ter dito, mas se todas agissem racionalmente, se toda a pessoa obedecesse às leis do Estado como obedece às da natureza, então não haveria mais conflitos, pois os conflitos são anormais; são perturbações na vida social humana, a qual, se se ajustasse às leis da racionalidade, procederia harmoniosamente e sem atrito.

92. A informação sobre diferenças de opinião e conflitos nos mais altos níveis chegam ao conhecimento do povo, no máximo, de uma forma indireta — através de boatos e mexericos. De um modo geral, as instituições de Estados autocraticamente governados expõem uma frente compacta e unidade àqueles sobre quem governam.

93. A transformação de um regime absolutista ou ditatorial em regime parlamentar parece ser representada por muitas teorias em ciência política simplesmente como resultado de uma decisão intelectual em favor de uma forma de vida social mais livre e mais racional dentro de um Estado. Se for encarado desse modo, ignorando o problema civilizador afim, é fácil perder de vista as dificuldades enfrentadas pelas sociedades contemporâneas que passam de uma estrutura tribal tradicional para a integração no nível de uma nação governada por um parlamento, ou de um regime ditatorial de partido único estabelecido de longa data para um regime multipartidário.

94. Uma dificuldade adicional que poderia ser mencionada é que o nível de controle emocional no próprio nível parlamentar é, com freqüência, muito superior ao do grande público, a quem os membros eleitos do Parlamento têm que justificar constantemente suas ações. Por essa e outras razões, uma das peculiaridades dos regimes parlamentares no nosso tempo é uma discrepância entre as lutas concretas pelo poder, que têm lugar nos níveis parlamentar e governamental, e que se desenrolam através de canais relativamente estreitos, e as imagens ideais, a afetividade artificial dos chavões e slogans apresentados ao público pelos políticos em seus escritos e discursos, e que apelam muito mais fortemente para as emoções. Assim, o problema torna-se pungente, precisamente porque os debates políticos nas sociedades de hoje têm, com freqüência, funções que se assemelham às de batalhas religiosas em tempos idos. Mas a ressonância encontrada por tais necessidades emocionais, no decorrer efetivo de lutas parlamentares, com sua restrição de afetividade pessoal, é pequena.

NOTAS À PARTE IV

1. Ver, por exemplo, G. Reitlinger, *The Final Solution: the Attempt to Exterminate the Jews of Europe, 1939-1945*. Londres, Vallentine, Mitchell, 1953.

2. Ver, por exemplo, W.F. Könitzer e Hansgeorg Trurnit (orgs.), *Weltentscheidung in der Judenfrage der Endkampf nach 3.000 Jahren Jugendgegnerschaft* (*Veredicto mundial sobre a questão judaica: o encontro final após 3.000 anos de oposição aos judeus*), Dresden, Zwinger-Verlag, 1939.

3. O problema geral de que tipos de crenças podem ter essa função e em que condições, situa-se além do âmbito do presente estudo. Mas até um estudo limitado como este pode ajudar as pessoas a vê-lo na perspectiva correta e apreciar a sua urgência.

4. Ver o artigo "Reich" em Waldermar Besson (org.), *Geschichte* (vol.24), Frankfurt, Fischer-Lexikon, 1961.

5. Georg Herwegh (1817-75); ver Ludwig Reiners (org.), *Der ewige Brunnen: ein Volksbuch deutscher Dichtung* (*A primavera eterna: um livro popular de poesia alemã*), Munique, Beck, 1955. [Nota dos tradutores ingleses.]

6. O testamento político de Hitler continha as palavras: "Também não cairei nas mãos de inimigos que precisam de uma nova peça, encenada por judeus, para divertimento de suas inflamadas massas. Decidi, portanto, ficar em Berlim e aí, por minha livre vontade, optar pela morte quando acreditar que o cargo de Führer e Chanceler já não pode mais ser mantido" (citado em Max Domarus, org., *Hitler: Reden und Proklamationen, 1932-1945*, Munique, Süddeutscher Verlag, vol.11/2, 1965, p.2237).

7. De um anúncio para o "National Fellowship".

8. Um outro exemplo notável da mesma situação é oferecido pela história recente de Portugal. Uma reportagem do correspondente do *Daily Telegraph* datada de 20 de dezembro de 1961, tendo como manchete "Queda de Goa assombra Lisboa: rádio lamenta fim de um império", descreve em cores vivas alguns dos aspectos típicos do momento de crise em que o curso concreto dos acontecimentos colide de forma cruel com as fantasias coletivas de elites tradicionais e o modo como esse choque de realidade é exposto. Chegou o momento da verdade. Previamente tolhidos em sua cegueira interior e no reforço mútuo de suas crenças, eles são agora compelidos a encarar o fato de que o seu império e os sonhos de grandeza e superioridade eternas que lhe estão associados se perderam:

> Lisboa estava esta noite completamente cortada de suas próprias fontes de notícias provenientes de Goa. As mensagens de rádio captadas em Karachi falando de "contínua resistência heróica em Pangim e Masmagão" não foram confirmadas pelo governo.
>
> Mas todos acreditam que se os combates ainda não terminaram, isso ocorrerá muito em breve. Milhares assistiram esta noite a uma missa solene dedicada a Goa na igreja dos Jerônimos do século XV, no mesmo altar que Vasco da Gama levou com ele em sua viagem de descoberta até a Índia.
>
> Durante todo o dia, os programas radiofônicos portugueses restringiram-se à transmissão de música solene. Parecia ser, e era, o funeral de um império.
>
> *Morre um Mito*
>
> Este é o dia em que os portugueses se deram conta, pela primeira vez, de que não são, em nenhum sentido, uma potência imperial. A súbita perda de Goa destrói de uma vez por todas o mito que durante anos sustentou o regime de Salazar.
>
> É a suposição de que Portugal, embora militar e economicamente fraco, possui uma peculiar fortaleza espiritual, que lhe permite ser a única entre todas as nações européias a permanecer na Ásia e na África para dar prosseguimento a uma missão civilizadora cristã e não-racial.
>
> É essa mesma fé que permitiu aos portugueses travarem em Angola uma guerra colonial que, para o resto do mundo, parece irremediavelmente perdida. Pergunta-se se eles terão agora ânimo bastante para continuá-la.

9. Fritz Fischer, *Germany's Aims in the First World War*, trad. de Lancelote L. Ferrar, Robert e Rita Kimber, Londres, Weidenfeld & Nicolson, 1975.

10. Bruno Bettelheim, *The Informed Heart*, Glencoe, Ill., Free Press, 1960, p.123 e seg.

11. Hans Frank, *Die Technik des Staates*, 2ª ed., Cracóvia, Burgverlag Krakow, 1942, p.l5 e seg.

12. "Pg" é a abreviatura de *Parteigenosse* — isto é, membro do partido. [Nota do tradutor.]

13. Apesar das necessárias cautelas que devem ser tomadas em relação a observações isoladas desse gênero, surge aqui, não obstante, um problema que talvez mereça ser comentado. Na França e em outros países, a resistência contra o regime nazista tinha o apoio de vastos setores da população, porque ela unia os membros de diferentes estratos sociais em revolta contra o opressor estrangeiro, e juntava adeptos de diferentes convicções políticas em oposição a um inimigo comum. Em contraste, faltava ao movimento de resistência alemão uma ampla base na população. Ele apoiava-se numa aliança entre remanescentes das elites pré-nazistas, entre as quais as velhas elites militares desempenhavam um papel dominante. Não é improvável que o fato de oficiais do exército e nobres terem sido os protagonistas no atentado contra a vida de Hitler tenha fortalecido as simpatias em relação a ele entre a massa da população alemã, dado que em comparação com as antigas elites Hitler era, por certo, em grau muito maior, um "homem do povo".

14. (Aditamento de 1984.) Se considerarmos o desenvolvimento de Estados neste século, damo-nos conta, repetidas vezes, de como a massa da população é realmente impotente, face a grupos institucionalizados relativamente pequenos, em especial os ocupantes de posições no governo, que tomam decisões sobre o bem-estar e, por vezes, a vida e morte das pessoas a quem governam. Com muita freqüência, resulta que essas decisões são desastrosos equívocos. Mas ainda que soubessem isso, os governantes dificilmente estariam em situação de mudar as coisas. Seus recursos de poder não teriam sido suficientes. E, na maioria dos casos, não se apercebiam de que eram as vítimas de decisões erradas, talvez se mostrassem até exultantes a tal respeito. Os movimentos de protesto, em geral, apenas demonstram a impotência dos governados — não só em relação ao seu próprio regime de governo, mas também em relação às decisões de outros governos de que depende o seu destino.

É nesse pé que as coisas se encontram hoje. Por que não dizer claramente, de uma vez por todas, que todos os povos do mundo estão hoje dependentes de decisões tomadas por elites governamentais em Moscou e Washington? A consciência da própria impotência de cada um de nós não deve levar à idéia de que os governos das duas potências mundiais, de cujas decisões depende o destino de quase toda a humanidade, são constituídos por pessoas que tomam suas decisões com a ajuda de um conhecimento mais amplo e detalhado, do que o das pessoas a quem governam, ou que as tomam livremente e não estorvadas por compulsões internas ou externas. As oportunidades de conhecimento e a capacidade de decisão para os governos das grandes potências são maiores que para os povos que dependem delas. Mas até eles vêem os contextos intra-estatais e interestatais para os quais um quadro nítido é necessário, a fim de tomar decisões através dos óculos de suas ideologias sociais e valores pessoais. Também tomam decisões sob a pressão de coações sociais que não entendem e cuja mera existência está, em sua maior parte, encoberta para eles. São cada vez menores as chances daqueles que são governados de vir a tomar conhecimento e entender os desagradáveis processos de que depende o seu próprio futuro.

15. Os excertos das cartas citadas, os quais foram escolhidos em parte a respeito de comentários políticos, obscurecem um pouco essa tendência.

Notas à Parte V

1. Cf. *Der Spiegel*, 1977, n.42, p.188.

2. Norbert Elias, "Adorno-Rede: Respekt und Kritik" ("Discurso Adorno: respeito e crítica"), in Norbert Elias e Wolf Lepenies, *Zwei Reden anlässlich der Verleihung des Theodor-W.-Adorno-Preises*, 1977 (*Dois discursos por ocasião da entrega do Prêmio Theodor W. Adorno, 1977*), Frankfurt, Suhrkamp, 1977. [O primeiro Prêmio Adorno foi concedido a Norbert Elias em 1977 — Nota dos tradutores ingleses.]

3. "On Britain's conscience", *The Times*, 20 de fevereiro de 1978, p.15. O artigo continua:

Uma das manchas mais sinistras da história britânica recente é a repatriação forçada de cidadãos soviéticos no final da II Guerra Mundial. Alguns preferiam cometer suicídio a regressar. Muitos foram assassinados no momento em que tocaram em solo soviético. Muitos mais morreram em campos de concentração em condições estarrecedoras. Poucos sobreviveram.

4. *The Economist*, 17 de setembro de 1977, p.13.

Índice remissivo